THE ENCYCLOPAEDIC CROSS-REFERENCE DICTIONARY OF THE QURAN

ARABIC-ARBIC-ENGLISH

A First Quranic Dictionary Mixing the Root System and the Non-Arabic Order and Attaching Derivatives to their Entries

Gatie Niema Al-Hilfy

Dedication

I wish my parents, father and mother, were here with me to enjoy this companion of the Book of Allah. It is His will that it will be till the Day of Judgment an enduring charity for them .

May Allah accept this in dedication to their purified souls.

May Allah bestow mercy on all those who recite the Fatiha for my father's and mother's purified souls upon using this Dictionary of the Quran. I am also begging my charitable readers to recite the Fatiha also for my two brothers, Radhi and Younis who passed away some years back.

May Allah multiply your rewards, honest readers

سألت الله لكم مضاعفة الأجر ورحم الله موتاكم

The Encyclopaedic Cross-reference Dictionary of the Quran .

المعجم المحيط الترجمان في مفردات وألفاظ القرآن

(Arabic- Arabic-English Edition)

عربي-عربي- انكليزي

A First Bilingual Quranic Dictionary Mixing the Traditional Arabic Root System and the Non-Arabic Alphabetical Order and Attaching Derivatives to their Lexical Entries

أول معجم قرآني ثنائي اللغة يخلط النظامين العربي والإفرنجي ويُدرج الألفاظ جنب مفرداتها

FOR ARABS AND NON -ARABS ALIKE

By Gatie Niema Al-Hilfy

INTRODUCTION TO THE CURRENT (EXPLANATORY ARABIC – ARABIC – ENGLISH EDITION)

In the Name of Allah , Most Gracious, Most Merciful

INTRODUCTION

I thank Allah, the Almighty God, for His great guidance and assistance throughout the most pleasing course of compiling this unrivalled Dictionary . I do aspire that this Dictionary will be forever the companion for His eternal and final revelation, by His will.

This is an Arabic-English Quranic dictionary entitled The *Encyclopaedic Cross-reference Dictionary of the Quran: Arabic-English* , which has been in preparation since Friday 24th August; 1990.

The first ever Arabic-English Quranic dictionary was compiled by John Penrice, an orientalist, in 1873,i.e. more than a century ago . It was entitled *A Dictionary and Glossary of the Quran*. The second Quranic Dictionary was compiled by Dr. Abdulla Al-Nadawi, an Indian Muslim Scholar. This Dictionary was published in 1983 under the title *Vocabulary of the Holy Quran*.

Dr. Al-Nadawi has stated expressly in his Arabic introduction that Penrice's dictionary was the only Arabic-English Quranic dictionary complied more than a century ago which is a reality.

The Encyclopaedic Cross-reference Dictionary of the Quran comes, therefore, third in this very short series of Arabic-English Quranic dictionaries.

1 .PENRICE'S *A DICTIONARY AND GLOSSARY OF THE QURAN*: *ARABIC-ENGLISH*

Penrice's dictionary is a very small dictionary and it falls in about 160 pages in two long columns. Despite this small number of pages, a huge section goes to clarifications and personal comments which go beyond the lexical nature of his dictionary.

2 . *DR. AL-NADAWI'S VOCABULARY OF THE HOLY QURAN: ARABIC-ENGLISH.* Dr. Al-Nadawi's dictionary is much larger than that of Penrice. It falls in about 900 pages. A simple look at Al-Nadawi's dictionary may reveal that he has moved his dictionary away from its lexical nature by providing extra English which a user can find easily in such works as commentaries and translations. This can be said despite the assertion of the author himself in his Arabic introduction that he found 'a keen desire in the hearts of Muslims the world over to understand directly the meanings of the great Book of God without (consulting) translations." As a matter of fact there is not a single verse or expression in the whole dictionary which is not accompanied by its translation, let alone the relatively long clarifications given here and there. He has also provided the meanings of every Quranic verb in the Quran. This certainly can be contained in a general rule under which all verbs are conjugated. The author of *The Encyclopaedic Cross-reference Dictionary of the Quran* hopes that he has supplied such a rule.

3. *THE ENCYCLOPAEDIC CROSS-REFERENCE DICTIONARY OF THE QURAN: ARABIC-ENGLISH*

This dictionary is completely different in its compilation from the above-mentioned two dictionaries. These are some of the outstanding features of *The Encyclopaedic Cross-reference Dictionary of the Quran*: *Arabic-English:*

1. English meanings are "*extracted*" from very well selected translations by Muslim scholars approved by religious Islamic authorities especially Al-Azhar Sheikhdom in Egypt and the Arabic language Academy in Cairo casting aside all translations done by non-Muslims and orientalists.

The translation of Muhammad Marmaduke Pickthall entitled *The Meaning of the Glorious Koran* , is the "first English translation of the Quran by an Englishman who is a Muslim" which is approved by Al-Azhar Sheikhdom in Egypt and has therefore been selected as *translation number one.* The second is by Abdullah Yusuf Ali from India and the third one is by M.H Shakir from Egypt .However, Yusuf Ali was consulted only for some letters of the Arabic alphabet because of the similarities of meanings provided . Penrice's dictionary has been completely disregarded and it was never consulted except, maybe, in a very small number of entries throughout the whole dictionary. If some of the meanings are found to be taken from Penrice, then most of them must have been given by one of the translators, which is very easy to verify. In the case of Yusuf Ali, for example, the author has cited Penrice's dictionary as one of his main references. Nothing is taken from Al- Nadawi's dictionary since I came across it while the whole dictionary was in its final drafting. Dr. Al-Nadawi has also cited Penrice's dictionary as one of his references.

2. It is the only dictionary which can be translated into the languages of the world without deleting any Arabic entry or expression since all are Quranic. The author has never added a single comment that is not part of the Quranic content of the Dictionary. A translator may choose to delete or add only when a correction is intended. The endeavour of such translators is, therefore, acknowledged as the Quran puts it.

3. *The Encyclopaedic Cross-reference Dictionary of the Quran*:Arabic -English gathers essential Quranic idioms and expressions as reflected in the selected translations and adds them next to the main Arabic lexical entries. If a translator, for example, does not give the literal equivalent of a Quranic word or is compelled to do so, an idiom or expression is supplied next to the word which is supposed to carry the meaning given by that translator only.

4. It is the first ever cross-reference Dictionary in the sense that it can be used by non- native readers of the Quran exactly as they use their own English-English Dictionaries by completely disregarding the traditional Arabic root system and having full resort to the ordinary non-Arabic alphabetical order provided they treat the Arabic root letters, overwhelmingly triliteral, exactly as independent lexical entries as far as the alphabetical arrangement is concerned. A detailed method of "How to Use the Dictionary" has been provided. This, as a matter of fact, represents a "revolution" in the history of Arabic lexicography since all authoritative Quranic and non-Quranic dictionaries adopt strictly the traditional root system which is a bit difficult even to native speakers who are much affected these days by local dialects leading to what has come to be known as Modern Standard Arabic (MSA). Consequently, this Dictionary is supposed to come as a relief for the speakers of this type of Arabic all over the Arab World. The author also hopes that the method of mixing the two systems can lead to compiling new dictionaries extracted from the traditional ones of course.

This introduction concentrates mainly on this *Arabic- Arabic - English Encyclopaedic Cross-reference Dictionary of the Quran* where Arabic is added as an extra explanatory language so that the Dictionary may be used by Arabs and Arabic-speakers , Muslims and non-Muslims alike, in any part of the world.

The idea of adding the Arabic meanings for the Arabic lexical entries came too late . This is why they were not included in the previous bilingual versions .

As a matter of fact, I have all these Arabic meanings thoroughly traced and *extracted* mostly but not mainly from the most authoritative Dictionary of the "Utterances" of the Holy Quran و معجـم ألفـاظ القـرآن الكـريم, compiled by the Arabic Language Academy in Cairo in addition to المعجم الوسيط by the same Academy .

As far as the term "utterances ألفـاظ" is concerned, one may be forced to declare, unfortunately, that it does not have an accurate equivalent in English. I stands almost literally for *alfaz* in Arabic where two terms are strictly defined. In Arabic lexicography we have two terms : *alfaz* and *mufradat*: both are misleadingly translated, I think, as "vocabulary, glossary, words."

Alfaz ألفـاظare totally different from *mufradat* مفـردات as far as the English reader is concerned. Amazingly many Arabs ,outside Arabic departments of course, never know this huge difference though they are by one way or another seekers of meanings of words whether Quranically or linguistically .

The main difference between the two is as follows:

Alfaz , lit. *utterances,* may be best equated with derivatives which make the word "grammatically meaningful" through including all persons, tenses, moods and cases the last two being specific to Arabic as far as endings are concerned. *Mufradat,* on the other hand, may be best equated with lexical entries with only one person, one mood, and one case. The person is the third person singular, the tense is the "preterite" as agreed upon by orientalists and it is in Arabic no more than broad past since Arabic verbs have no tenses. The other two elements apply only to Arabic as manifested in inflectional endings. In nouns the ending is a *tanwin* of the indefinite as a sign of the "nominative" and in verbs, i.e, the preterite, the ending is a fatha.

Now we may safely say that "word ", meaning: that which is uttered, is the nearest equivalent to the Arabic *lafz* لفـظ plur. *alfaz* ألفـاظ as contrasted with *mufradat* مفردات .

Arabs can now use the Dictionary either as an Arabic-Arabic dictionary if they are not interested in the English meanings or add the English feature to their knowledge for whatever reason they deem beneficial. .

But before I arrived at a final strategy to include this feature, I would like to share with my beloved readers the preliminary stages I had to go through before

I opted for the current one. The first attempt was to drop all that is English in the whole body of the bilingual Dictionary and replace it with Arabic to come out with a purely Arabic-Arabic Dictionary exclusively for Arab lovers of the Quran. I used even to refer to this process in the introductions of the Dictionary as a real "translation" of the Dictionary into Arabic not differing from translating it into other world languages such as French, German, Turkish and so on. I started working on this project in reality but I stopped it after sometime when I found that I had to drop many meanings included in the Arabic-English version. This belongs to the following reasons which should be present in the mind of my readers from now onwards as guidelines for the current trilingual(explanatory) Arabic-Arabic-English edition:

¶ The original English meanings of the bilingual version are "extracted" ,as I used to describe them, from the English translations without considering any Arabic commentary except in very limited problematic cases.

¶ This has led to have more meanings supported by Quranic verses(about 2680 verses) than the meanings provided by the معجم ألفاظ القرآن الكريم of the Arabic Language Academy in Cairo.

¶This implied in its turn that Arab readers would be deprived of many meanings which are equally correct and essential in case I go ahead with the "Arabic translation" since English translations are based on Arabic commentaries .

¶ Therefore, I am left with no option but to maintain the original and "stuff" the whole Dictionary with ALL the meanings provided by the معجم ألفاظ القرآن الكريمwhether they have English "counterparts" or not.

¶To overcome this dilemma I have to provide the meaning according to the key word, derivative, i.e., "utterance" or "word" which I find the nearest in giving the equivalent of Arabic alfaz ألفاظ as mentioned earlier . This means I have to trace the meaning according to the manifestation of this" word" in its verse.

¶This method has resulted in many "redundant" meanings with no Arabic coverage by the معجم ألفاظ القرآن الكريم : a process which has forced me to repeat the same meaning as long as it is supported by a Quranic verse and has a different meaning for the English reader. The reverse is also true but in very limited cases. That is to say, an Arabic reader may come across different meanings supported by verses but they have the same meaning in English. This leads to an automatic conclusion that the English meanings are not "literal "translations of the Arabic ones. Each category has its own references.

Before I lay down my pen, as we put it in Arabic, I wish to seek the forgiveness of my beloved readers for inescapable mistakes and mishaps of various types in such a multi-purpose Dictionary. I am very sure of that when the reader compares such authoritative Arabic-Arabic dictionaries compiled by committees of eminent scholars at the Arabic language Academy in Cairo ,for example, where complete entries have been dropped such as the entry of the Arabic preposition فـي which I have supplied from other sources , giving this as a single conspicuous example not mentioning other scattered corrections , though these two authoritative dictionaries are the sheet anchor of every researcher on the Holy Quran and the Arabic language in general. The two dictionaries meant here are the معجـم ألفـاظ القـرآن الكـريم and the المعجـم الوسـيط .This is simply because such works, including mine of course, are compiled by human beings with a huge difference between the two: mine is compiled by ordinary personal efforts whereas the Arabic language Academy dictionaries are compiled by committees of eminent scholars with extraordinary joint support from each other .So, please be patient with me and report every single error to have your Dictionary error-free in the next editions by the will of God. You will be rewarded for that by the most bounteous Lord.

وآخر دعوانا أن الحمد لله رب العالمين

Main References:

1. المعجم المفهرس لألفاظ القرآن الكريم المؤلف: محمد فؤاد عبد الباقي.

2. معجم ألفاظ القرآن الكريم : مجمع اللغة العربية بالقاهرة.

3. المعجم الوسيط : معجم عربي من إصدار مجمع اللغة العربية بالقاهرة.

4. مختار الصحاح كتبه محمد بن أبي بكر بن عبد القادر الرازي.

5. لسان العرب : معجم لغوي عربي من تصنيف ابن منظور الأنصاري.

6. Merriam-Webster's Collegiate Dictionary

7. A group of well-known English –English, English-Arabic ,Arabic-English and Arabic-Arabic Dictionaries.

How to Use the *Encyclopaedic Cross-reference Dictionary of the Quran: Arabic-Arabic-English*

1) ألكلمة العليا المظللة باللون الرصاصي والمكونة في غالبيتها الساحقة من ثلاثة أحرف منفصلة تمثل جذر المفردة أو ما يطلق عليه أيضا مادتها. وقد اعتبرت في"المعجم المحيط الترجمان في مفردات وألفاظ القرآن" كلمة مستقلة من حيث ترتيبها الألفبائي.

1. The top word shaded in grey and consisting overwhelmingly of three radicals is considered the root or what is referred to also as its "material" .This word has been treated in The *Encyclopaedic Cross-reference Dictionary of the Quran: Arabic-Arabic-English* as an independent word as far as its alphabetical order is concerned .

2.تندرج تحت هذه الكلمة المفترضة الصور القرآنية المشتقة منها

2.Under this" hypothetical "word all Qur'anic lexical entries and derivatives are listed.

3.إذا ورد بعد الجذر جذر آخر دون الاعت ا رض للترتيب الألفبائي فان الجذر يستمر في نفس الترتيب مثل:

3.If a root is followed by another root without disrupting the alphabetical order, then the root continues in the same order. Examples:

ت ب ب → جذر Rt. (root)

تَبَّ (-ِ):

تَبابٌ:

تَتْبِيبٌ:

ت ب ت → جذر Rt. (root)

تَابُوتٌ:

:

ث م د → جذر Rt. (root)

ثَمُودُ:

ث م ر → جذر Rt.(root)

أَثْمَرَ:

ثَمَرَةٌ:

ثَمَرٌ:

ثُمُرٌ: 1

ثَمَرٌ: 2

ث م م → جذر Rt. (root)

:

4.إذا اعترضت كلمة تسبق حروفها الجذر الآتي فإنها تفصل عن الجذرين بعلامة ❋❋❋ وتحال إلى جذرها وإذا كانت جمعا فإنها يعطى مفردها متبوعا بالإحالة على جذرها مثل:

4.If there is a word whose alphabetical order precedes the next or subsequent root, then it is separated from both roots by the sign*** and it is referred (cross-referenced) to its root and when that word is in plural, its singular form is given and referred similarly to its root. Examples:

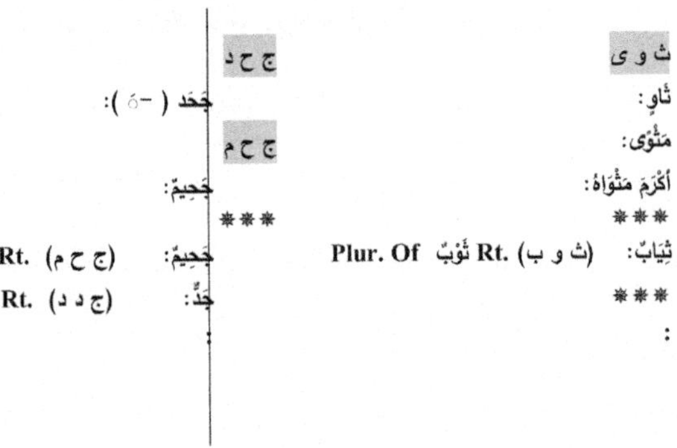

5.إذا وردت مفردة تشكل اضطرابا لدى القارئ بسبب تشابهها مع كلمة تسبقها دون مشاركتها في الجذر فإنها تميز عن طريق حصرها بين كتابين صغيرين هكذا📖...📖 وتحدد ماهيتها وتحال الى جذرها . وهذا يعني أنها وردت بهذا الشكل في الكتاب العزيز مثلا:

5.If a word which is likely to make confusion to the reader is mentioned with reference to its being similar to a preceding word without sharing its root, then it is distinguished by being separated by two small book sign 📖...📖 meaning that this word is exclusively mentioned in this form in the Holy Book. Examples:

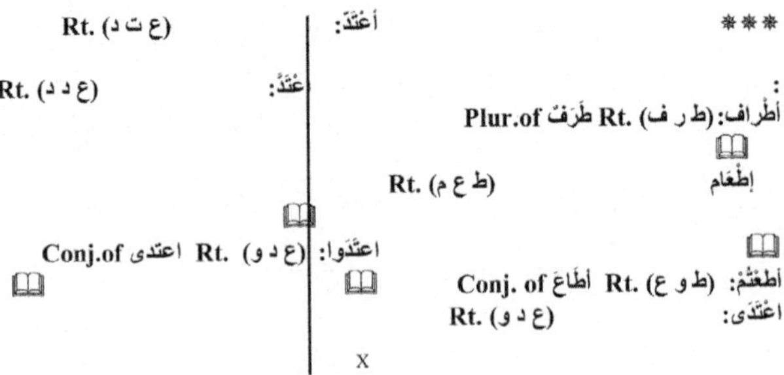

أَطْعَمَ: Rt. (ط ع م)

📖:

أَطِعْنَ: (ط و ع) Conj. of أَطَاعَ Rt.

📖

6. بسبب نظام الإحالة الشاملة هذه لجميع المفردات القرآنية فانك ستعثر بين الفينة والفينة على كلمات وردت للتو تحت جذورها أو أنها تسبق بقليل جذورها التي سترد فيها فلا تظنن أن ذلك تكرار أو سهو بل هو تطبيق عملي للنظام المتبع في "المعجم المحيط الترجمان في مفردات وألفاظ القرآن" مثل:

6. Because of the comprehensive cross-referencing system for all the Qur'anic words, you may, from time to time, come across words which have already been mentioned or that they are coming for a short time before their corresponding roots , you should not judge that this a repetition or oversight; rather it is a practical application for the system followed in *The Encyclopaedic Cross-reference Dictionary of the Quran: Arabic-Arabic-English* as in the following examples:

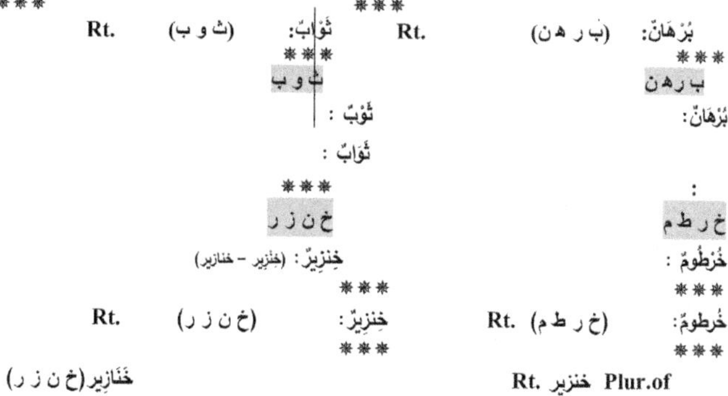

7) ترد أحيانا ضمن المفردات الداخلية في الجذر مفردة أو أكثر متبوعة في ذيلها بكلمة أو أكثر لغاية أربع كلمات محصورة بين قوسين صغيرين وتكاد تكون ملتصقة بالمفردة الرئيسة فهذه هي الصورة القرآنية للمفردة الرئيسة. فان كانت كلمة واحدة فهي إذن الاشتقاق القرآني الوحيد للمفردة الرئيسة والهدف من ذلك إضافة صفة الفهرسة للمعجم بما يجعله مفيدا لدرجة كبيرة كمعجم مفهرس وخصوصا أن المعاني المختلفة مدعومة بآيات قرآنية كريمة تحمل رقم الآية واسم سورتها.ويمكن الاستفادة من الفهرسة حين يكون للمفردة أكثر من معنى واحد وتكون الفهرسة اقل حين تزيد الكلمات عن أربع وحتى مع الكلمة الواحدة فإن هناك معلومة قرآنية مهمة تتعلق بتك ارر الكلمة في القرآن الكريم . فلعل المعجم أصبح بذلك محيطا وبالانكليزية **Encyclopaedic** لأنه معجم مفردات وألفاظ وفهرسة وإحالة على أوائل الكلمات حين يصعب الجذر إضافة إلى ياء المضارعة والكلمات القرآنية الخاصة. كما في الأمثلة (عشوائيا بدون ترتيب):

7. The overwhelming majority if not all of the lexical entries are neatly followed by smaller-font words neatly annexed to their lexical entry up to four:):(جمع‘جمعناكم‘تجمعوا‘يجمع‘...): these are the Quranic derivatives "*alfaz*" ألفاظ of these lexical entries. If the enclosed annexed word is only one , then it is the only derivative for the lexical entry .This applies also when the enclosed annexed words are two and three and four in number as long as the enclosed word(s) is not followed by dots. If there are dots , it means that the derivatives of the lexical entry are more than four. This makes of the Dictionary a fully comprehensive indexed one : a process which saves the reader much time when searching in a purely indexed Qur'anic dictionary as in the following randomly selected examples:

8.(In some editions or versions but not this version,unfortunately, because of difficulty in formatting this Dictionary whose compilation goes back to 2000 and even below where working on the text box became impossible but fortunately the presence of the feature "search" has replaced this absence),because of the comprehensive cross-referencing system , the root has been treated as an independent word (within the guide words) as its alphabetical order is concerned, moving side by side with the actual cross-referenced word.The

guide words in the two columns will include both the lexical entry as well as the derivative as found in both columns for the first time in the history of traditional Arabic dictionaries where the guide words are normally roots. Examples:

8.(في بعض النسخ وليس في هذه النسخة الموسعة لأمور تتعلق بصعوبة التنسيق في هذا المعجم حيث لم يتم اعادة العمل بمربع النص كون النسخة الأصلية للمعجم تعود الى عام 2000 فما دون غير أن ما أراح المؤلف وسيريح القراء الأعزاء إن شاء الله هو وجود خاصية "البحث" في عالم الكتب الألكترونية وغيرها كبديل للكلمات الدالة فوق كل عمود في الصفحة) بسبب نظام الإحالة الشاملة تم اعتبار الجذر كلمة مستقلة من حيث ترتيبها الألفبائي لتسير جنبا إلى جنب مع الكلمة المحالة إلى جذرها فان المواد المأخوذة من أول العمود الأول وآخر العمود الثاني ستضم لأول مرة في نظام المعاجم الجذر أو الكلمة المحالة حسب مصادفتها وليس الجذر فقط كما هو المألوف في المعاجم العربية التقليدية:

ح ب ب	ح ب ل
ح ب ب :	ح ب ل
حَبَّبَ:	حَبْلٌ: (حَبْل – حِبَالهم)
:	

خبير:	خ ر ج
خَبيرٌ: Rt. (خ ب ر)	:
خَتَّارٌ Rt. (خ ت ر)	خ ر ج
:	خَرَجَ (-ُ):
***	:

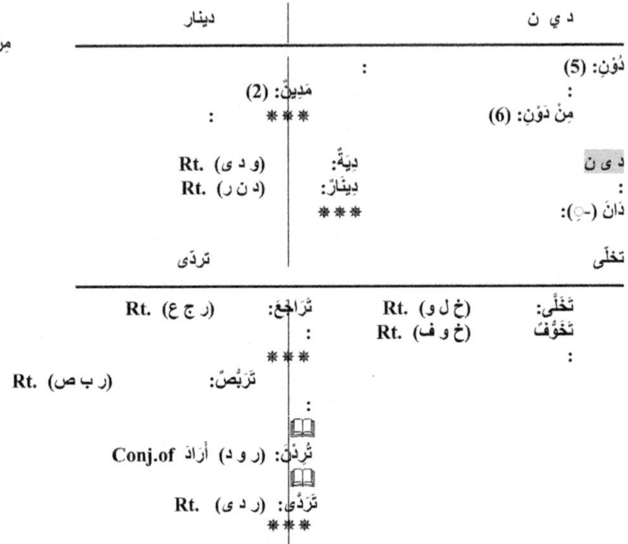

10.تستطيع الآن أن تحصل على المفردة المرادة بمجرد متابعة أوائل حروفها دون الحاجة إلى التفكير في الجذر. وهذا يشمل جميع المفردات ما لم تكن فعلاً غير ماض فان كان فعلا ماضيا تتطابق حروفه مع جذره فانك واجده في جذره إن شاء الله. مثلا

10.Now you can pick any word you are looking up simply by tracing their first letters without the slightest need to think of the root .Assume you are using an English-English dictionary .This includes all words unless they are NOT past (preterite) verbs. So , if it is a past verb whose letters are identical with its root, then you are finding it under its root, God willing. Examples:

.10

:

أ ل ف

أَلَفَ: →

"فألف بين قلوبكم"

ح م ل

حَمَلَ: →

"وقد خاب من حمل ظلما"

:

خ ر ج

خَرَجَ(ـُ): →

:

"ومن حيث خرجت فولّ وجهك شطر المسجد الحرام"

ح ك م

حَكَمَ: →

"وإذا حكمتم بين الناس أن تحكموا بالعدل"

11.But in case it is a verb whose letters are not identical with its root, then you will find it cross-referenced and referred to its root. Examples:

أما إذا كان فعلا ماضيا لا تتطابق حروفه مع جذره فانك تجده محالا على الجذر

***

حَاقَ: Rt. (ح ى ق)

"وحاق بهم ما كانوا به يستهزءون"

***

ح ى ق

حَاقَ (ـِ): →

:

***

خَرَّ: Rt. (خ ر ر)

"فلما خرّ تبينت الجن"

***

خ ر د ل

خَرْدَلَةٌ :

خ ر ر

خَرَّ(ـِ): →

11. وهذا يعني أنك لن تستطيع تطبيق نظام "المعجم المحيط الترجمان في مفردات وألفاظ القرآن" ما لم يكن الفعل ماضيا فان كان فعلك مضارعا وجب عليك أن ترده إلى الماضي بحذف أحرف المضارعة ولواحقها.

مثلا:

11.This means you cannot apply the system of *The Encyclopaedic Cross-reference Dictionary of the Quran: Arabic-Arabic-English* unless your verb is triliteral ; otherwise if your verb is quadriliteral , that is, an augmented verb, then you have to drop the augmentation. However, augmentation can affect also non triliteral verbs.(It is recommended that you consult a reference on Arabic grammar in English for that purpose). You have examples below showing how to "predict" augmentation for triliteral verbs only which can be extended to include all other "measures" of verbs.

12.In that case you have to consult the conjugations of the Arabic verbs to know the abstract and augmented ones. However, ***The Encyclopaedic Cross-reference Dictionary of the Quran: Arabic-Arabic-English*** can still help in case you have a "confusing" derivative whose letters are overlapping with other words though it is not sharing the root as mentioned above.

12.فما عليك في هذه الحالة إلا أن تطلع على تصاريف الأفعال العربية لمعرفة التغييرات التي تطرأ على الفعل الماضي عند تحويله إلى المضارع أو الأمر، غير أنك بالرغم من ذلك تجد أحيانا أفعالا في صيغة المضارع أو الأمر وقد أعطيت بصورتها القرآنية وتستطيع متابعتها كأي كلمة أخرى خاضعة لنظام "المعجم المحيط الترجمان في مفردات وألفاظ القرآن" كما في الأمثلة أعلاه:

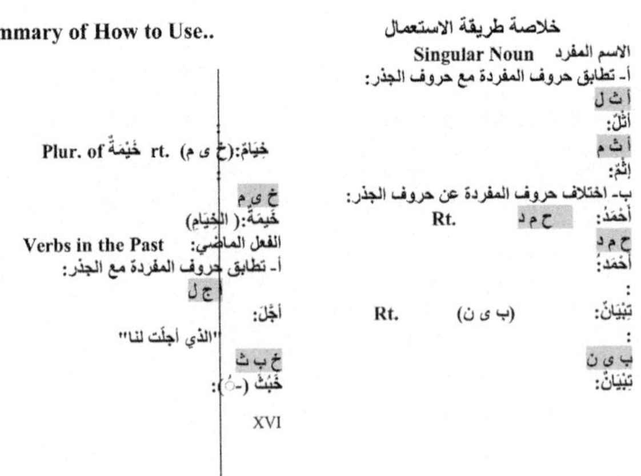

"والذي خبث لا يخرج إلا نكدا"

الاسم الجمع Plural Noun

أ- تطابق حروف المفردة مع حروف الجذر:

د س ر

دُسُرٌ: (د س ر) .Rt بِسَارٌ Plur. of

:

ح ج ج

حِجَجٌ: (ح ج ج) .Rt حِجَّةٌ Plur. of

ب- اختلاف حروف المفردة عن الجذر:

حُكَّامٌ: (ح ك م) حَاكِمٌ Plur.of خ ط ب

:

ح ك م

حَاكِمٌ:

(حَاكِم – حُكَّام)

ب- اختلاف حروف المفردة مع الجذر:

تَأَخَّرَ: أ خ ر .Rt

:

أ خ ر

:

تَأَخَّرَ:

:

خَاطَبَ: (خ ط ب) .Rt

خَاطَبَ:

كافة ألوان المفردات الأخرى Other Parts of Speech

أ ل ل ذي

أَلَّذِي

:

إنَّ: (أ ن ن) .Rt

:

أ ن ن

إنَّ:

:

ثَجَّاجاً: (ث ج ج) .Rt

ث ج ج

ثَجَّاجاً:

:

ثُمَّ: (ث م م) .Rt

:

ث م م

ثُمَّ:

:

Appendix II ملحق رقم 2

Conjugations of Some Verbs تصاريف بعض الأفعال

إليك قائمة بالأفعال التي وردت في الماضي فقط. وقد قسمت إلى سبع مجموعات هي كالآتي، لاحظ ما يطرأ عليها عند تحويلها إلى المضارع وقس عليها:

المجموعة الأولى: First Group

Past الماضي	Present المضارع
أَبَى( )	يَأْبَى

أمثلة أخرى: أَبَى: البقرة/ 34؛ أَبَوا: الكهف/ 77؛ أَبَيْنَ: الأحزاب/ 82؛
تَأْبَى: التوبة/8؛ يَأْبَ؛ البقرة/ 282

المجموعة الثانية: Second Group

Past الماضي	Present المضارع
أَوَى ( )	يَأْوِي

أمثلة أخرى: أوَى: الكهف/ 10؛ أَوَيْنَا: الكهف/ 63؛ آوَى: هود/ 43؛ فَأْووا: الكهف/ 16

بَغَى ( )	يَبْغِي

أمثلة أخرى: بَغَتْ: الحجرات/ 9؛ بَغَوا: الشورى/ 27؛ نَبْغِي: يوسف/ 65؛ يَبْغُونَ: يونس/ 23

المجموعة الثالثة: Third Group

Past	Present	
الماضي	المضارع	
أسِيَ ( )	يَأسَى	

أمثلة أخرى: تَأسَ: المائدة/ 26؛ تَأسَوا: الحديد/ 23؛ آسَى: الأعراف/ 93

بَلِيَ ( )	يَبْلَى	يَبْلَى : طه/ 120
خَفِيَ ( )	يَخْفَى	

أمثلة أخرى: تَخْفَى: الحاقة/ 18؛ يَخْفُونَ: فصلت/ 40

المجموعة الرابعة: Fourth Group

Past	Present
الماضي	المضارع
ألا ( )	يَألُو

أمثلة أخرى: يَألُونَكُم: آل عمران/ 118

خَلا ( )	يَخلُو

أمثلة أخرى: خَلَتْ: البقرة/ 134؛ خَلَوا: البقرة/ 214؛ يَخْلُ: يوسف/ 9

دَعَا ( )	يَدْعُو

أمثلة أخرى: دَعَوَا: الأعراف/ 189؛ دَعَوتُ؛ نوح/ 5؛ دُعِيْتُمْ؛ الأحزاب/ 53

المجموعة الخامسة: Fifth Group

Past	Present
الماضي	المضارع
بَاتَ ( )	يَبِيتُ

أمثلة أخرى: يَبِيتُونَ: الفرقان/ 64

بَادَ ( )	يَبِيْدُ	تَبِيْدُ : الكهف/ 35
تاه ( )	يَتِيهُ	

أمثلة أخرى: يَتِيهُونَ: المائدة/ 26

حَاقَ ( )	يَحِيقُ

أمثلة أخرى: حَاقَ: الأنعام/ 10؛ يَحِيقُ: فاطر/ 43

المجموعة السادسة: Sixth Group

Past	Present
الماضي	المضارع
تَابَ ( )	يَتُوبُ

أمثلة أخرى: تَابُوا: البقرة/ 160؛ تُبْتُ: النساء/ 18؛ تَتُوبَا: التحريم/ 4؛ تُبْ: البقرة/ 128

المجموعة السابعة: Seventh Group

Past	Present
الماضي	المضارع
خَافَ ( )	يَخَافُ

أمثلة أخرى: خَافَتْ: النساء/ 128؛ خِفْتُمْ: البقرة/ 229؛ أخَافُ: المائدة/ 28؛ تَخَافَنَّ: الأنفال/ 58

I am also grateful to all those who have contributed directly and indirectly to the appearance of this Dictionary as well as those who will rejoice this event inside and outside Iraq.
May God bless them all.

Symbols and Abbreviations

The Dictionary uses the following symbols and abbreviations:
Rt. : Root جذر
Plur.of: Plural of جمع كذا
Conj.of: Conjugation of تصريف كذا
***** :To separate between roots of real lexical words and the cross-referenced ones**
📖...📖 : To separate between Quranic words as used in the Quran and real lexical entries as well as the cossreferenced entries
ا ب ت : Radicals of the Arabic root
(ا ب ت) :Parentheses enclosing the root of the cross-referenced words
(....،...،...،...):**Small parentheses enclosing Quranic derivatives up to four words**
(-) large parentheses enclosing the vowel of the aorist ("ياء المضارعة" presentness")

طريقة استخدام "المعجم المحيط الترجمان في مفردات وألفاظ القرآن"

How to Use the Encyclopaedic Crossreference Dictionary of the Quran

1) الكلمة العليا المظللة باللون الرصاصي والمكونة في غالبيتها الساحقة من ثلاثة أحرف منفصلة تمثل جذر المفردة أو ما يطلق عليه أيضا مادتها. وقد اعتبرت في "المعجم المحيط الترجمان في مفردات وألفاظ القرآن" كلمة مستقلة من حيث ترتيبها الألفبائي.

2) تندرج تحت هذه الكلمة المفترضة الصور القرآنية المشتقة منها.

3) إ ذا ورد بعد الجذر جذر آخر دون الاعتراض للترتيب الألفبائي فان الجذر يستمر في نفس الترتيب مثل:

ت ب ب → جذر Rt. (root)
تَبَّ (ـِ):
تَبابٌ:
تَتْبِيبٌ:
ت ب ت → جذر Rt. (root)
تَابُوتٌ:
:
ث م د → جذر Rt. (root)
ثَمُودُ:

ث م ر → جذر Rt.(root)
أَثْمَرَ:
ثَمَرَةٌ:
ثَمَرٌ:
ثَمَرٌ: 1
ثَمَرٌ: 2
ث م م → جذر Rt. (root)
:

4) إذا اعترضت كلمة تسبق حروفها الجذر الآتي فإنها تفصل عن الجذرين بعلامة ✱✱✱ وتحال إلى جذرها وإذا كانت جمعا فإنها يعطى مفردها متبوعا بالإحالة على جذرها مثل:

ث و ى
ثَاوٍ:

ج ح د
جَحَدَ (ـَ):

مثْوَى:	ج ح م
أكْرَمَ مَثْوَاهُ:	جَحِيمٌ:
***	***
ثِيَابٌ: (ث و ب) .Rt ثَوْبٌ Plur. Of	جَحِيمٌ: (ج ح م) .Rt
***	جَدٌّ: (ج د د) .Rt
:	:

5) إذا وردت مفردة تشكل اضطرابا لدى القارئ بسبب تشابهها مع كلمة تسبقها دون مشاركتها في الجذر فإنها تميز عن طريق حصرها بين كتابين صغيرين هكذا📖...📖 وتحدد ماهيتها وتحال الى جذرها.وهذا يعني أنها وردت بهذا الشكل في الكتاب العزيز مثلا:

***	أعْتَدَ: (ع ت د) .Rt
:	اعْتَدَّ: (ع د د) .Rt
أطراف: (ط ر ف) .Rt طرَفٌ Plur.of	
📖	
إطْعَام (ط ع م) .Rt	📖
	اعْتَدَوا: (ع د و) .Rt اعتدى Conj.of
📖	📖
أطعْتُمْ: (ط و ع) .Rt أطاعَ Conj. of	اعْتَدَى: (ع د و) .Rt
📖	
أطعَمَ: (ط ع م) .Rt	
:📖	
أطِعْنَ: (ط و ع) .Rt أطاعَ Conj. of	
📖	

6) بسبب نظام الإحالة الشاملة هذه لجميع المفردات القرآنية فانك ستعثر بين الفينة والفينة على كلمات وردت للتو تحت جذورها أو أنها تسبق بقليل جذورها التي سترد فيها فلا تظننَ أن ذلك تكرار أو سهو بل هو تطبيق عملي للنظام المتبع في "**المعجم المحيط الترجمان في مفردات وألفاظ القرآن" مثل:**

***	***

بُرْهَانٌ: (ب ر ه ن) Rt.

***

ب ر ه ن

بُرْهَانٌ:

:

خ ر ط م

خُرْطُومٌ :

***

خُرطومٌ: (خ ر ط م) Rt.

***

ثوْابٌ: (ث و ب) Rt.

***

ث و ب

ثَوْبٌ :

ثَوَابٌ :

***

خ ن ز ر

خِنزِيرٌ: (خِنْزِير – خنازير)

***

خِنزِيرٌ: (خ ن ز ر) Rt.

***

خَنَازِير(خ ن ز ر) Rt. خنزير Plur.of

7) ترد أحيانا ضمن المفردات الداخلية في الجذر مفردة أو أكثر متبوعة في ذيلها بكلمة أو أكثر لغاية أربع كلمات محصورة بين قوسين صغيرين وتكاد تكون ملتصقة بالمفردة الرئيسة فهذه هي الصورة القرآنية للمفردة الرئيسة. فان كانت كلمة واحدة فهي إذن الاشتقاق القرآني الوحيد للمفردة الرئيسة والهدف من ذلك إضافة صفة الفهرسة للمعجم بما يجعله مفيدا لدرجة كبيرة كمعجم مفهرس وخصوصا أن المعاني المختلفة مدعومة بآيات قرآنية كريمة تحمل رقم الآية واسم سورتها.ويمكن الاستفادة من الفهرسة حين بكون للمفردة أكثر من معنى واحد وتكون الفهرسة اقل حين تزيد الكلمات عن أربع وحتى مع الكلمة الواحدة فإن هناك معلومة قرآنية مهمة تتعلق بتكرار الكلمة في القرآن الكريم . فلعل المعجم أصبح بذلك محيطا وبالانكليزية **Encyclopaedic** لأنه معجم مفردات وألفاظ وفهرسة وإحالة على أوائل الكلمات حين يصعب الجذر. كما في الأمثلة (عشوائيا بدون ترتيب):

ب د ن

:

بُدْنَة: (والبُدن)

:

ج ل ت

جَالُوتُ: (جالوت لجالوت بجالوت)

:

ر ك ع

رَكَعَ (- َ) :(يركعون اركعوا اركعى)

c

ب ر ج

بُرْجٌ: (بُرُوج)

ج ذ ع

جِذْعٌ: (جِذع – جُذُوع)

:

:

:

ب ل د

:

بَلَدٌ :(بلد' البلد'بلدا'البلاد)

:

***

:

ج م ع

جَمَعَ :(جمع'جمعناكم'تجمعوا'يجمع'...)

:

***

:

8) بسبب اعتبار الجذر كلمة مستقلة من حيث ترتيبها الألفبائي لتسير جنبا إلى جنب مع الكلمة المحالة إلى جذرها فان المواد المأخوذة من أول العمود الأول وآخر العمود الثاني ستضم **لأول مرة في نظام المعاجم الجذر أو الكلمة المحالة حسب مصادفتها وليس الجذر فقط كما هو المألوف في المعاجم العربية التقليدية:**

ح ب ب	ح ب ل
ح ب ب حَبَّبَ: : :	ح ب ل حَبْلٌ: (حَبْل – حِبَالهم)

خبير:	خ ر ج
خَبِيرٌ: Rt. (خ ب ر) خَتَّارٌ Rt. (خ ت ر) : ***	: خ ر ج خَرَجَ (-): :

مِنْ دُوْن: (5)
:
مِنْ دَوْن: (6)

د ى ن
:
دَانَ (ـِ):

:
مَدِينٌ: (2)
:***

دِيَة: (و د ى) Rt.
دِينارٌ: (د ن ر) Rt.
***

تَخَلَّى: (خ ل و) Rt.
تَخَوُّفٌ (خ و ف) Rt.
:

تَرَاجَعَ: (ر ج ع) Rt.
:
***
تَرَبُّصٌ: (ر ب ص) Rt.
:
🕮
تُرِدْنَ: (ر و د) أَرَادَ Conj.of
🕮
تَرَدَّى: (ر د ى) Rt.
***

9) تستطيع الآن أن تحصل على المفردة المرادة بمجرد متابعة أوائل حروفها دون الحاجة إلى التفكير في الجذر. وهذا يشمل جميع المفردات ما لم تكن فعلاً غير ماض فان كان فعلا ماضيا تتطابق حروفه مع جذره فانك واجده في جذره إن شاء الله.

مثلا:

أ ل ف

أَلَفَ: →

"فألف بين قلوبكم"

ح م ل

حَمَلَ: →

"وقد خاب من حمل ظلما"

:

خ ر ج

خَرَجَ (ـُ): →

:

"ومن حيث خرجت فولّ وجهك شطر المسجد الحرام"

ح ك م

حَكَمَ: →

"وإذا حكمتم بين الناس أن تحكموا بالعدل"

أما إذا كان فعلا ماضيا لا تتطابق حروفه مع جذره فانك تجده محالا على الجذر

***

حَاقَ: (ح ى ق) Rt.

"وحاق بهم ما كانوا به يستهزئون"

***

ح ى ق

حَاقَ (ـِ): →

:

***

خَرَّ: (خ ر ر) Rt.

"فلما خرّ تبينت الجن"

***

خ ر د ل

خَرْدَلَة :

خ ر ر

خَرَّ (ـِ): →

وهذا يعني أنك لن تستطيع تطبيق نظام "**المعجم المحيط الترجمان في مفردات وألفاظ القرآن**" ما لم يكن الفعل ماضيا فان كان فعلك مضارعا وجب عليك أن ترده إلى الماضي بحذف أحرف المضارعة ولواحقها.

مثلا:

تَحْسَبَنَّ = تَ+حسِبَ+نَّ

فالفعل من باب الحاء وليس من باب التاء

ح س ب

حَسِبَ (-) →

:

يُخَالِفُونَ =ي+ خَالفَ + ونَ

فالفعل من باب الخاء وليس من باب الياء

***

خَالفَ: (خ ل ف) Rt.

***

خ ل ف

خَالفَ: →

***

دَامَ: (د و م) Rt.

***

د و م

دَامَ: →

دُمْتُمْ = دَامَ + تُم

فالفعل الماضي هو دَامَ

فما عليك في هذه الحالة إلا أن تطلع على تصاريف الأفعال العربية لمعرفة التغييرات التي تطرأ على الفعل الماضي عند تحويله إلى المضارع أو الأمر، غير أنك بالرغم من ذلك تجد أحيانا أفعالا في صيغة المضارع أو الأمر وقد أعطيت بصورتها القرآنية وتستطيع متابعتها كأي كلمة أخرى خاضعة لنظام "**المعجم المحيط الترجمان في مفردات وألفاظ القرآن**" كما في الأمثلة أعلاه:

خلاصة طريقة الاستعمال Summary of How to Use..

الاسم المفرد **Singular Noun**

أ- تطابق حروف المفردة مع حروف الجذر:

أ ث ل

أثْل:

أ ث م

إثْمٌ:

:

خِيامٌ:(خ ي م) rt. خَيْمَة Plur. of

:

ب- اختلاف حروف المفردة عن حروف الجذر:
أحْمَدُ: Rt. ح م د
ح م د
أحْمَدُ:
:
تِبْيَانٌ: (ب ى ن) Rt.
:
ب ى ن
تِبْيَانٌ:

الاسم الجمع Plural Noun
أ- تطابق حروف المفردة مع حروف الجذر:
د س ر
دُسُرٌ: (د س ر) Rt. دِسَارٌ Plur. of
:
ح ج ج
حِجَجٌ: (ح ج ج) Rt. حِجَّةٌ Plur. of
ب- اختلاف حروف المفردة عن الجذر:
حُكَّامٌ: (ح ك م) حَاكِمٌ Plur.of
:
ح ك م
حَاكِمٌ:
(حَاكِم – حُكَّام)
كافة ألوان المفردات الأخرى
أ ل ل ذى
ألذِي
:
إنَّ: (أ ن ن) Rt.
:
أ ن ن
إنَّ:
:
ثجَّاجاً: (ث ج ج) Rt.

خ ى م
خَيمَةٌ:(الخِيَام)
الفعل الماضي: Verbs in the Past
أ- تطابق حروف المفردة مع الجذر:
أ ج ل
أجَّلَ:
"الذي أجلت لنا"
خ ب ث
خَبُثَ (-):
"والذي خبث لا يخرج إلا نكدا"

ب- اختلاف حروف المفردة مع الجذر:
تَأخَّرَ: أ خ ر Rt.
:
أ خ ر
:
تَأخَّرَ:
:
خَاطَبَ: (خ ط ب) Rt.
خ ط ب
خَاطَبَ:

Other Parts of Speech
ث ج ج
ثجَّاجاً:
:
ثَمَّ: (ث م م) Rt.
:
ث م م
ثَمَّ:
:

Appendix II — ملحق رقم 2

Conjugations of Some Verbs — تصاريف بعض الأفعال

إليك قائمة بالأفعال التي وردت في الماضي فقط وقد قسمت إلى سبع مجموعات هي كالآتي، لاحظ ما يطرأ عليها عند تحويلها إلى المضارع وقس عليها:

المجموعة الأولى: First Group

Past | Present

الماضي	المضارع
أبى(ـَ)	يَأبى

أمثلة أخرى: أبَى: البقرة/ 34؛ أبَوا: الكهف/ 77؛ أبَيْنَ: الأحزاب/ 82؛ تأبَى: التوبة/8؛ يَأبَ؛ البقرة/ 282

المجموعة الثانية: **Second Group**

Past	Present
الماضي	المضارع
أوَى (ـِ)	يَأوِي

أمثلة أخرى: أوَى: الكهف/ 10؛ أوَيْنَا: الكهف/ 63؛ آوَى: هود/ 43؛ فَأووا: الكهف/ 16

بَغَى (ـِ)	يَبْغِي

أمثلة أخرى: بَغَتْ: الحجرات/ 9؛ بَغوا: الشورى/ 27؛ نَبْغِي: يوسف/ 65؛ يَبْغُونَ: يونس/ 23

المجموعة الثالثة: **Third Group**

Past	Present
الماضي	المضارع
أسِيَ (ـَ)	يَأسَى

أمثلة أخرى: تأسَ: المائدة/ 26؛ تأسَوا: الحديد/ 23؛ آسَى: الأعراف/ 93

بَلِي (ـَ)	يَبْلَى	يَبْلَى : طه/ 120
خَفِيَ (ـَ)	يَخْفَى	

أمثلة أخرى: تَخْفَى: الحاقة/ 18؛ يَخْفَونَ: فصلت/ 40

المجموعة الرابعة: **Fourth Group**

Past	Present
الماضي	المضارع
ألا (ـُ)	يَألُو

أمثلة أخرى: يَألونَكُم: آل عمران/ 118

خَلا (ـُ)	يَخلُو

أمثلة أخرى: خَلَتْ: البقرة/ 134؛ خلوا: البقرة/ 214؛ يَخْلُ: يوسف/ 9

دَعَا (ـُ)	يَدْعُو

أمثلة أخرى: دَعَوَا: الأعراف/ 189؛ دَعَوتُ؛ نوح/ 5؛ دُعِيْتُمْ؛ الأحزاب/ 53

المجموعة الخامسة: **Fifth Group**

Past	Present
الماضي	المضارع
بَاتَ (ـِ)	يَبِيتُ

أمثلة أخرى: يَبِيتُونَ: الفرقان/ 64

بَادَ (ـِ)	يَبِيْدُ	تَبِيْدُ : الكهف/ 35
تاه (ـِ)	يَتِيهُ	

أمثلة أخرى: يَتِيهُونَ: المائدة/ 26

حَاقَ (ـِ)	يَحِيقُ

أمثلة أخرى: حَاقَ: الأنعام/ 10؛ يَحِيقُ: فاطر/ 43

المجموعة السادسة: **Sixth Group**

Past	Present
الماضي	المضارع
ثَابَ (ـُ)	يَثُوبُ

أمثلة أخرى: ثابُوا: البقرة/ 160؛ ثُبْتُ: النساء/ 18؛ تَتُوبَا: التحريم/ 4؛ تُبْ: البقرة/ 128

المجموعة السابعة: **Seventh Group**

Past	Present
الماضي	المضارع
خَافَ (ـَ)	يَخَافُ

أمثلة أخرى: خَافتَ: النساء/ 128؛ خِفْتُمْ: البقرة/ 229؛ أخَافُ: المائدة/ 28؛ تَخَافَنَّ: الأنفال/ 58

باب الهمزة

أ

أ:

أ[1]: الحرف الأول من حروف الهجاء وتستعمل للإستفهام — Is it? Are you? Etc

* * *

آبَاءٌ : جمع أبٌ	Plur.of أبٌ rt.(أ ب و)
آتٍ :	Rt.(أ ت ى)
آتَى :	Rt.(أ ت ى)
آثَارٌ : جمع أثرٌ	Plur.of أثرٌ rt.(أ ث ر)
آثَرَ :	Rt.(أ ث ر)
آثِمٌ :	Rt.(أ ث م)
آخَذَ :	Rt.(أ خ ذ)
آخِذٌ :	Rt.(أ خ ذ)
آخَرُ :	Rt.(أ خ ر)
آخِرٌ :	Rt.(أ خ ر)
آخِرَةٌ :	Rt.(أ خ ر)
آدَ :	Rt.(أ و د)
آدَمُ :	Rt.(أ د م)
آذَانٌ : جمع أذنٌ	Plur.of أُذُنٌ rt.(أ ذ ن)
آذَنَ :	Rt.(أ ذ ن)
آذَى :	Rt.(أ ذ ى)
آزَرَ :	Rt.(أ ز ر)
آزَرُ :	Rt.(أ ز ر)
آزِفَةٌ :	Rt.(أ ز ف)
آسَفَ :	Rt.(أ س ف)
آسِنٌ : 🕮	Rt.(أ س ن)
آسَى : تصريف أسِيَ 🕮	Conj.of أسِيَ rt.(أ س ى)
آصَالٌ : جمع أصيلٌ	Plur.of أصِيلٌ rt. (أ ص ل)
آفَاقٌ : جمع أفقٌ	Plur.of أُفُقٌ rt.(أ ف ق)
آفِلٌ :	Rt.(أ ف ل)
آكِلٌ :	Rt.(أ ك ل)
آلٌ :	Rt.(أ و ل)
آلَاءٌ : جمع إلىً	Plur.of إلىً rt. (ا ل و)
آلافٌ : جمع ألفٌ	Plur.of ألْفٌ rt.(أ ل ف)
آلِهَةٌ :جمع إلهٌ	Plur.of إلهٌ rt.(أ ل هـ)
آلَى :	Rt.(أ ل و)
آمِرٌ :	Rt.(أ م ر)
آمِنٌ :	Rt.(أ م ن)
آمِّينَ :	Rt.(أ م ن)
الآنَ :	Rt.(أ و ن)
آنٍ :	Rt.(أ ن ى)
آنَاءٌ : جمع إنى	Plur.of إنًى rt.(أ ن ى)
آنَسَ :	Rt.(أ ن س)
آنِفاً :	Rt.(أ ن ف)

آنِيَةٌ : جمع إناء — Plur.of إناءٌ rt.(أ ن ى)

آوَى : — Rt.(أ و ى)

آيَاتٌ : جمع آية — Plur.of آيةٌ rt.(أ ى ى)

آيَةٌ : — Rt.(أ ى ى)

ائْتَلَى : — Rt.(أ ل و)

ائْتَمَرَ : — Rt.(أ م ر)

ائْتَمَنَ : — Rt.(أ م ن)

أئِمَّةٌ : جمع إمام — Plur.of إمَامٌ rt.(أ م م)

أبٌ : — Rt.(أ ب و)

أبٌّ : — Rt.(أ ب ب)

أبابِيلُ : — Rt.(أ ب ل)

أبارِيقُ : جمع إبريق — Plur.of إبْرِيقٌ rt. (ب ر ق)

أبَانَ : — Rt.(ب ى ن)

* * *

أ ب ب

أبٌّ: (وأبّاً):عشب وكلأ — Grasses; herbage.

* * *

📖

أبَتِ : — Same as أبِي rt.(أ ب و)

📖

ابْتَأَسَ : — Rt.(ب أ س)

ابْتَدَعَ : — Rt.(ب د ع)

ابْتَرَ : — Rt.(ب ت ر)

ابْتِغَاءَ : — Rt.(ب غ ى)

ابْتَغَى : — Rt.(ب غ ى)

ابْتَلَى : — Rt.(ب ل و)

ابْتَهَلَ : — Rt.(ب هـ ل)

أبْحُرٌ : جمع بحر — Plur.of بَحْرٌ rt.(ب ح ر)

* * *

أ ب د

أبَداً:

أبَداً[1] :دهرا — Ever

﴿لاَ تَقُمْ فِيهِ أَبَدًا﴾ [التوبة 108]

أبَداً[2] :الوقت الى آخر الدهر — Never

﴿يَعِظُكُمُ اللَّهُ أَنْ تَعُودُوا لِمِثْلِهِ أَبَدًا﴾ [النور 17]

* * *

أبْدَأَ : — Rt.(ب د أ)

أبْدَلَ : — Rt.(ب د ل)

أبْدَى : — Rt.(ب د و)

* * *

أ ب ر

إبْرَاهِيمُ :نبي الله وخليله وأبو اسماعيل واسحاق(ع) — Abraham; Ibrahim.

* * *

أبْرَارٌ : جمع برّ — Plur.of بَرٌّ rt.(ب ر ر)

إبْرَاهِيمُ : — Rt.(أ ب ر)

أبْرَأَ : — Rt.(ب ر أ)

أبْرَصُ : — Rt.(ب ر ص)

أبْرَمَ : — Rt.(ب ر م)

أبْسَلَ : — Rt.(ب س ل)

أبْشَرَ : — Rt.(ب ش ر)

أبْصَارٌ : جمع بصر — Plur.of بَصَرٌ rt (ب ص ر)

أبْصَرَ : — Rt.(ب ص ر)

أبْطَلَ : — Rt.(ب ط ل)

* * *

أ ب ق

أبَقَ:(;): هرب وفر — To flee; to run away

**

أبقى : — Rt.(ب ق ى)

أبقى : — Rt.(ب ق ى)

أبْكَارٌ : جمع بِكْر — Plur.of بِكْرٌ rt.(ب ك ر)

إبْكَارٌ : — Rt.(ب ك ر)

أبْكَمُ : — Rt.(ب ك م)

أبْكَى : — Rt.(ب ك ى)

***

أ ب ل

إبِلٌ :(الإبل) جمال لا واحد له — Camels

أبَابِيلُ : جماعات كثيرة وهو جمع لا واحد له — Swarms (of flying creatures); flocks (of birds)

***

أبْلَسَ : — Rt.(ب ل س)

أبْلَغَ : — Rt.(ب ل غ)

أبْلَى : — Rt.(ب ل و)

إبْلِيسُ : — Rt.(ب ل س)

ابْنِ : تصريف بنى — Conj of بَنَى rt(ب ن ي)

ابْنٌ : — Rt.(ب ن و)

أبْنَاءٌ : جمع ابْنٌ — Plur.of ابْنٌ rt.(ب ن و)

ابْنَتٌ : — Rt.(ب ن و)

***

أ ب و

أبٌ :(أباً، أباكم، أبانا، آباء...)

أبٌ[1] :والد — Father

﴿وَجَاءُوا أَبَاهُمْ عِشَاءً يَبْكُونَ﴾ [يوسف 16]

أبٌ[2] : جدّ — Ancestor; forefather

﴿أَوَآبَاؤُنَا الأَوَّلُونَ﴾ [الصافات 17]

أبٌ[3] :عم — Sire

﴿وَمَا كَانَ اسْتِغْفَارُ إِبْرَاهِيمَ لأَبِيهِ إِلاَّ عَنْ مَوْعِدَةٍ﴾ [التوبة114]

أبوانِ/ أبوَيْنِ : والدان — Parents

يا أبَتِ : يا والدي — O! My father!

***

أبَوْا : تصريف أبى — Conj.of أَبَى rt.(أ ب ى)

أبْوَابٌ : جمع بَابٌ — Plur.of بَابٌ rt. (ب و ب)

أبَى : — Rt.(أ ب ى)

***

أ ب ى

أبَى(;)(وأبى، فأبى، فأبوا،فأبين...) : امتنع كراهة وعدم رضاء — To refuse; to disdain; to demur

***

أبي : تصريف أبى — Rt.(أ ب و)

أبْيَضُ : — Rt.(ب ى ض)

ابْيَضَّ : — Rt.(ب ي ض)

أبَيْنَ : تصريف أبى — Conj.of أَبَى rt.(أ ب ى)

اتّباعٌ :	Rt.(ت ب ع)
أتْبعَ :	Rt.(ت ب ع)
اتّبعَ :	Rt.(ت ب ع)
اتّخاذٌ :	Rt.(أ خ ذ)
اتّخذَ :	Rt.(أ خ ذ)
أتْرابٌ : جمع تِرْبٌ	Plur.of تِرْبٌ rt. (ت ر ب)
أتْرفَ :	Rt.(ت ر ف)
اتّسَقَ :	Rt.(و س ق)
أتْقى :	Rt.(و ق ى)
اتّقى :	Rt.(و ق ى)
اتّكأ :	Rt.(و ك أ)
أتمّ :	Rt.(ت م م)

* * *

أ ت ى

أتَى (:)(أتى، أتاك، أتاكم،تأتنا...)

أتَى[1] : قرب ودنا — To come (to pass)

﴿أَتَى أَمْرُ اللَّهِ فَلاَ تَسْتَعْجِلُوهُ﴾ [النحل 1]

أتَى[2] : هدم — To strike; to demolish

﴿فَأَتَى اللَّهُ بُنْيَانَهُمْ مِنَ الْقَوَاعِدِ﴾ [النحل26]

أتَى[3] : عاد، رجع — To become

﴿فَأَلْقُوهُ عَلَى وَجْهِ أَبِي يَأْتِ بَصِيرًا﴾ [يوسف39]

أتَى[4] : جاء — To bring (withب)

﴿فَأَتَتْ بِهِ قَوْمَهَا تَحْمِلُهُ﴾ [مريم 27]

أتَى[5] : جاء — To produce; to bring forth

﴿فَارْتَقِبْ يَوْمَ تَأْتِي السَّمَاءُ بِدُخَانٍ مُبِينٍ﴾ [الدخان 10]

﴿لاَ يَأْتُونَ بِمِثْلِهِ وَلَوْ كَانَ بَعْضُهُمْ لِبَعْضٍ ظَهِيرًا﴾ [الإسراء88]

أتَى[6] : جاء — To bear; to give (testimony)

﴿ذَلِكَ أَدْنَى أَنْ يَأْتُوا بِالشَّهَادَةِ عَلَى وَجْهِهَا﴾ [المائدة108]

أتَى[7] : جاء — To give command; to accomplish

﴿فَاعْفُوا وَاصْفَحُوا حَتَّى يَأْتِيَ اللَّهُ بِأَمْرِهِ﴾ [البقرة49]

أتَى[8] : ارتكب — To utter; to slander; to produce

﴿وَلاَ يَأْتِينَ بِبُهْتَانٍ يَفْتَرِينَهُ بَيْنَ أَيْدِيهِنَّ وَأَرْجُلِهِنَّ﴾ [الممتحنة 12]

أتَى[9] : كان — To attain; to go

﴿وَلاَ يُفْلِحُ السَّاحِرُ حَيْثُ أَتَى﴾ [طه69]

أتَى[10] : جاء — To aim to; to bring destruction upon

﴿أَوَلَمْ يَرَوْا أَنَّا نَأْتِي الأَرْضَ نَنْقُصُهَا﴾ [الرعد 41]

أتَى[11] : مرّ — To come; to come upon

﴿هَلْ أَتَى عَلَى الإِنسَانِ حِينٌ مِنَ الدَّهْرِ﴾ [الإنسان 1]

﴿فَأَتَوْا عَلَى قَوْمٍ يَعْكُفُونَ عَلَى أَصْنَامٍ لَهُمْ﴾ [الأعراف 138]

أتَى[12] : جاء — To enter; to go to

﴿وَلَيْسَ الْبِرُّ بِأَنْ تَأْتُوا الْبُيُوتَ مِنْ ظُهُورِهَا﴾ [البقرة 189]

﴿وَإِذْ نَادَى رَبُّكَ مُوسَى أَنِ ائْتِ الْقَوْمَ الظَّالِمِينَ﴾ [الشعراء26]

أَتَى[13] : فعل — To commit

﴿وَلُوطًا إِذْ قَالَ لِقَوْمِهِ أَتَأْتُونَ الْفَاحِشَةَ وَأَنْتُمْ تُبْصِرُونَ﴾ [النمل54]

أَتَى[14] : فعل — To succumb to; to yield to

﴿أَفَتَأْتُونَ السِّحْرَ وَأَنْتُمْ تُبْصِرُونَ﴾ [الأنبياء 3]

أَتَى[15] : جاء — To assault; to lurk in ambush

﴿ثُمَّ لَآتِيَنَّهُمْ مِنْ بَيْنِ أَيْدِيهِمْ وَمِنْ خَلْفِهِمْ﴾ [الأعراف 17]

أَتَى[16] "على" : مرّ، أهلك — To reach; to blow

﴿مَا تَذَرُ مِنْ شَيْءٍ أَتَتْ عَلَيْهِ إِلاَّ جَعَلَتْهُ كَالرَّمِيمِ﴾ [الذاريات 42]

آتَى :(وآتى، آتاك، آتينا، تؤتون...)

آتَى[1] : اعطى — To give

﴿وَآتَى الْمَالَ عَلَى حُبِّهِ ذَوِي الْقُرْبَى وَالْيَتَامَى وَالْمَسَاكِينَ﴾ [البقرة177]

آتَى[2] : دخل في — To commit; to do

﴿وَلَوْ دُخِلَتْ عَلَيْهِمْ مِنْ أَقْطَارِهَا ثُمَّ سُئِلُوا الْفِتْنَةَ لَآتَوْهَا﴾ [الأحزاب 14]

آتَى[3] : أعطى — To bring forth

﴿كَمَثَلِ جَنَّةٍ بِرَبْوَةٍ أَصَابَهَا وَابِلٌ فَآتَتْ أُكُلَهَا ضِعْفَيْنِ﴾ [البقرة 265]

آتَى[4] : جاء بـ — To bring

﴿آتِنَا غَدَاءَنَا لَقَدْ لَقِينَا مِنْ سَفَرِنَا هَذَا نَصَبًا﴾ [الكهف 62]

آتَى[5] : اعطى — To pay (the due); to render (the dues that are proper)

﴿وَأَقِيمُوا الصَّلَاةَ وَآتُوا الزَّكَاةَ﴾ [البقرة 43]

﴿كُلُوا مِنْ ثَمَرِهِ إِذَا أَثْمَرَ وَآتُوا حَقَّهُ يَوْمَ حَصَادِهِ﴾ [الأنعام 147]

أُوتِيَ سُؤْلَهُ:أعطي مسؤوله ومطلوبه — To be granted one's request (petition)

آتٍ :(لآتٍ، آتي، آتيكم، آتية...)

آتٍ[1] : قادم — One who comes

﴿وَأَنْ لاَ تَعْلُوا عَلَى اللَّهِ إِنِّي آتِيكُمْ بِسُلْطَانٍ مُبِينٍ﴾ [الدخان 19]

آتٍ[2] : قادم — That which comes to pass

﴿إِنَّ مَا تُوعَدُونَ لَآتٍ وَمَا أَنْتُمْ بِمُعْجِزِينَ﴾ [الأنعام 134]

ايْتَاءٌ :(وإيتاء): إعطاء الصدقة؛ دفع الزكاة — The paying of (the due); giving

مأتيٌّ:(مأتيا): آت ومنجز — That which comes to pass

مُؤْتٍ :(والمؤتون): معط — One who pays (the poor-due); one who gives (the poor -rate)

***

أثاب:	Rt.(ث و ب)
أثاثٌ :	Rt.(أ ث ث)
أثارَ :	Rt.(أ ث ر)
أثارةٌ :	Rt.(أ ث ر)
اثّاقلَ :	Rt.(ث ق ل)

أَثَامٌ : Rt.(أ ث م)

أَثْبَتَ : Rt.(ث ب ت)

❋❋❋

أ ث ث

أَثاثٌ :(أثاث): متاع — Household stuff; caparison; gear; goods.

❋❋❋

أَثْخَنَ : Rt.(ث خ ن)

❋❋❋

أ ث ر

أَثَرَ (ُ):(يؤثر): اتبع — To narrate

آثَرَ :(آثر، آثرك، تؤثرون، يؤثرك...): اختار وفضل — To choose; to prefer

أَثَرٌ :(أثر، أثري، آثار، وآثاراً...)

أَثَرٌ [1] : علامة — Trace; effect

﴿ سِيمَاهُمْ فِي وُجُوهِهِمْ مِنْ أَثَرِ السُّجُودِ ﴾ [الفتح 29]

أَثَرٌ [2] : عقب — Foot-step ; footprint

﴿ قَالَ هُمْ أُولَاءِ عَلَى أَثَرِي ﴾ [طه 84]

❋❋❋

أَثْقَالٌ : جمع ثقل — Plur.of ثِقْلٌ rt.(ث ق ل)

أَثْقَلَ : Rt.(ث ق ل)

❋❋❋

أ ث ل

أَثْلٌ :(وأثل): شجر طويل مستقيم يعمّر أغصانه كثيرة العقد وورقه دقيق وثمره حبّ لا يؤكل — Tamarisks

أ ث م

إِثْمٌ :(إثم، لإثم، الإثم، بالإثم...) ذنب يستحق العقوبة — Sin; wrong; evil

بِالإِثْمِ : بصورة خاطئة — Wrongfully

آثِمٌ :(آثم، آثماً، آثمين): مرتكب الذنب الذي يستحق العقوبة عليه — Sinful; one who is guilty; sinner

أَثَامٌ :(أثاماً): عقاب — Requital of the sin

أَثِيمٌ :(أثيم، الأثيم، أثيماً): كثير الإثم — Guilty; sinful; malefactor

تَأْثِيمٌ :(تأثيم، تأثيماً): إثم أو نسبة إلى الإثم — Recrimination; cause of sin

❋❋❋

أَثْمَرَ : Rt.(ث م ر)

اثْنَانِ : Rt.(ث ن ى)

اثْنَتَانِ : Rt.(ث ن ى)

أَثِيمٌ : Rt.(أ ث م)

أَجَاءَ : Rt.(ج ى أ)

أَجَابَ : Rt.(ج و ب)

أُجَاجٌ : Rt.(أ ج ج)

أَجَارَ : Rt.(ج و ر)

📖

أُجِبْتُمْ : تصريف أجاب — Conj.of أَجَابَ rt.(ج و ب)

📖

اجْتَبَى : Rt.(ج ب ى)

اجْتُثَّ : Rt.(ج ث ث)

اجْتَرَحَ : Rt.(ج ر ح)

اجْتَمَعَ : Rt.(ج م ع)

اجْتَنَبَ : Rt.(ج ن ب)

❋❋❋

أ ج ج

أُجَاجٌ :(اجاج، اجاجاً): شديد الملوحة — Bitter; that which burns by its saltiness

* * *

أَجِدُ : تصريف وجد — Conj.of وَجَدَ rt. (و ج د)

أَجْدَاثٌ : جمع جَدَث — Plur.of جَدَثٌ rt. (ج د ث)

أَجْدَرُ : — Rt.(ج د ر)

* * *

أ ج ر

أَجَرَ (ُ) :(تاجرني): كان أجيراً له — To hire oneself to; to serve

إِسْتَأْجَرَ :(استاجرت، استاجره): اتّخذ اجيراً — To hire; to employ

أَجْرٌ :(اجر ،اجرا، اجورهن ...)

أَجْرٌ [1] : عوض العمل وجزاؤه — Reward

﴿ قُلْ لاَ أَسْأَلُكُمْ عَلَيْهِ أَجْرًا إِلَّا الْمَوَدَّةَ فِي الْقُرْبَى﴾ [الشورى 23]

أَجْرٌ [2] : مهر — Dower; marriage portion; due

﴿ فَمَا اسْتَمْتَعْتُمْ بِهِ مِنْهُنَّ فَآتُوهُنَّ أُجُورَهُنَّ ﴾ [النساء 24]

* * *

إِجْرَامٌ : — Rt.(ج ر م)

أَجْرَمَ : — Rt.(ج ر م)

أَجْسَامٌ : جمع جسْم — Plur.of جِسْمٌ rt. (ج س م)

* * *

أ ج ل

أَجَّلَ : (أجّلت، أجّلت): حدّد — To appoint; to fix.

أَجَلٌ :(اجل، لاجل، الأجل، اجلاً): وقت محدّد — Term; appointed time

أَجَلٌ مُسَمًّى: وقت معيّن محدد — Appointed term; fixed period of time

مُؤَجَّلٌ :(مؤجلاً):موقت بوقت معلوم — Cause; reason

مِنْ أَجْلِ ذَلِكَ: بسبب ذلك — For (that) cause; on (that) account

* * *

أَجْلَبَ : — Rt.(ج ل ب)

أَجْمَعَ : — Rt.(ج م ع)

أَجْمَعُ :(اجمعون، اجمعين) — Rt.(ج م ع)

أَجِنَّةٌ : جمع جَنِين — Plur.of جَنِينٌ rt. (ج ن ن)

أَجْنِحَةٌ : جمع جناحَ — Plur.of جَنَاحٌ rt. (ج ن ح)

أُجُورٌ : جمع أجر — Plur.of أَجْرٌ rt.(أ ج ر)

أَحَادِيْثُ : — Rt.(ح د ث)

أَحَاطَ : — Rt.(ح و ط)

أَحَبَّ : — Rt.(ح ب ب)

أَحِبَّاءُ : جمع حَبِيب — Plur.of حَبِيبٌ rt.

	(ح ب ب)
أحْبَارٌ : جمع حَبْر	Plur.of حَبْرٌ rt. (ح ب ر)
أحْبَطَ :	Rt.(ح ب ط)
احْتَرَقَ :	Rt.(ح ر ق)
احْتَسَبَ :	Rt.(ح س ب)
احْتَمَلَ :	Rt.(ح م ل)
احْتَنَكَ :	Rt.(ح ن ك)

***

أ ح د

أَحَدٌ :(أحد، كأحد، لأحدٍ، أحداً...): اسم لكل من يصلح أن يخاطب وفي سياق النفي وما في حكمه يكون لاستغراق الجنس	One; any one
أَحَدَ عَشَرَ: العدد التالي للعقد الأول	Eleven
إِحْدَى:(إحدى،لإحدى، إحداهما، إحداهن): مؤنث أحَدَ	Fem. of أَحَدٌ

***

أَحْدَثَ :	Rt.(ح د ث)
إِحْدَى :	Rt.(أ ح د)
أَحْرَصُ :	Rt.(ح ر ص)
أَحْزَابٌ : جمع حِزْب	Plur.of حِزْبٌ rt.(ح ز ب)
أَحَسَّ :	Rt.(ح س س)
إِحْسَانٌ :	Rt.(ح س ن)
أَحسَنَ :	Rt.(ح س ن)
أَحْسَنُ :	Rt.(ح س ن)
أَحْصَرَ :	Rt.(ح ص ر)
أَحْصَنَ :	Rt.(ح ص ن)
أَحْصَى :	Rt.(ح ص ى)
أَحْضَرَ :	Rt.(ح ض ر)
أَحْفَى :	Rt.(ح ف ى)
أَحَقَّ :	Rt.(ح ق ق)
أَحَقُّ :	Rt.(ح ق ق)
أَحْقَابٌ : جمع حُقُب	Plur.of حُقُبٌ rt. (ح ق ب)
أَحْقَافٌ: جمع حِقف	Plur.of حِقْفٌ rt. (ح ق ف)
أَحْكَمَ :	Rt.(ح ك م)
أَحْكَمُ :	Rt.(ح ك م)
أَحَلَّ :	Rt.(ح ل ل)
أَحْلامٌ : جمع حُلم	Plur.of حُلُمٌ rt.(ح ل م)
أَحْمَالٌ : جمع حَمْل	Plur.of حَمْلٌ rt.(ح م ل)
أَحْمَدُ :	Rt.(ح م د)
أَحْوَى :	Rt.(ح و ى)
أَحْيَا :	Rt.(ح ى ى)
أَحْيَاءٌ : جمع حَيّ	Plur.of حَيٌّ rt.(ح ى ى)
أَخٌ : 🕮	Rt.(أ خ و)
أَخَا:مادة (أ خ و) 🕮	Rt.(أ خ و)
أَخْبَارٌ : جمع خَبَر	Plur.of خَبَرٌ rt.(خ ب ر)
أَخْبَتَ :	Rt.(خ ب ت)
أُخْتٌ :	Fem. of أَخٌ rt.(أ خ و)
اخْتَارَ :	Rt.(خ ى ر)
اخْتَانَ :	Rt.(خ و ن)
اخْتَصَّ :	Rt.(خ ص ص)

اخْتَصَمَ :	Rt.(خ ص م)
اخْتِلاَفٌ :	Rt.(خ ل ف)
اخْتِلاَقٌ :	Rt.(خ ل ق)
اخْتَلَطَ :	Rt.(خ ل ط)
اخْتَلَفَ :	Rt.(خ ل ف)
أَخْدَانٌ : جمع خِدْن	Plur.of خِدْنٌ rt.(خ د ن)
أُخْدُودٌ :	Rt.(خ د د)

❋ ❋ ❋

أ خ ذ

أَخَذَ(:): (أخذ، فأخذتكم، أخذنا، تأخذ...)

أَخَذَ[1] :أخرج — To bring forth

﴿ وَإِذْ أَخَذَ رَبُّكَ مِنْ بَنِي آدَمَ مِنْ ظُهُورِهِمْ ﴾ [الأعراف 172]

أَخَذَ[2] :تناول — To take(up; away; etc.)

﴿ وَلاَ يَحِلُّ لَكُمْ أَنْ تَأْخُذُوا مِمَّا آتَيْتُمُوهُنَّ شَيْئًا ﴾ [البقرة 229]

﴿ وَلَمَّا سَكَتَ عَنْ مُوسَى الْغَضَبُ أَخَذَ الأَلْوَاحَ ﴾ [الأعراف 154]

﴿ قُلْ أَرَأَيْتُمْ إِنْ أَخَذَ اللَّهُ سَمْعَكُمْ وَأَبْصَارَكُمْ وَخَتَمَ عَلَى قُلُوبِكُمْ ﴾ [الأنعام 46]

أَخَذَ[3] :امسك — To seize; to grasp

﴿ وَأَلْقَى الأَلْوَاحَ وَأَخَذَ بِرَأْسِ أَخِيهِ يَجُرُّهُ إِلَيْهِ ﴾ [الأعراف 150]

﴿ وَكَذَلِكَ أَخْذُ رَبِّكَ إِذَا أَخَذَ الْقُرَى وَهِيَ ظَالِمَةٌ ﴾ [هود 102]

أَخَذَ[4] :أهلك — To overtake

﴿ وَأَخَذَ الَّذِينَ ظَلَمُوا الصَّيْحَةُ ﴾ [هود 67]

﴿ لاَ تَأْخُذُهُ سِنَةٌ وَلاَ نَوْمٌ ﴾ [البقرة255]

أَخَذَ[5] :ألزم — To afflict; to straiten; to visit with

﴿ وَمَا أَرْسَلْنَا فِي قَرْيَةٍ مِنْ نَبِيٍّ إِلاَّ أَخَذْنَا أَهْلَهَا بِالْبَأْسَاءِ وَالضَّرَّاءِ ﴾ [الأعراف 94]

﴿ وَأَخَذْنَا الَّذِينَ ظَلَمُوا بِعَذَابٍ بَئِيسٍ ﴾ [الأعراف 165]

أَخَذَ[6] :عاقب — To accept; to receive; to take

﴿ يَقُولُونَ إِنْ أُوتِيتُمْ هَذَا فَخُذُوهُ ﴾ [المائدة 41]

﴿ وَمَا آتَاكُمُ الرَّسُولُ فَخُذُوهُ ﴾ [الحشر 7]

أَخَذَ[7] : استلم؛ استقبل ؛ قبل — To take care; to take (precaution).

﴿ وَإِنْ تُصِبْكَ مُصِيبَةٌ يَقُولُوا قَدْ أَخَذْنَا أَمْرَنَا مِنْ قَبْلُ ﴾ [التوبة 50]

أَخَذَ مِيثَاقاً: عقد ميثاقا — To take a covenant with

أَخَذَ مَوْثِقاً على: عقد موثقا على — To take an oath from; to take an undertaking from

آخَذَ: (تؤاخذنا،تؤاخذني،يؤاخذ..)

آخَذَ[1]: عاقب — To condemn; to punish

﴿ رَبَّنَا لاَ تُؤَاخِذْنَا إِنْ نَسِينَا أَوْ أَخْطَأْنَا ﴾ [البقرة 286]

آخَذَ[2]: لام ؛ غضب على — To bc wrath with; to blame

﴿ قَالَ لاَ تُؤَاخِذْنِي بِمَا نَسِيتُ ﴾ [الكهف73]

آخَذَ[3]: حاسب ؛ عاقب — To take to task; to call to account

﴿ لاَ يُؤاخِذُكُمُ اللَّهُ بِاللَّغْوِ فِي أَيْمَانِكُمْ ﴾ [البقرة 225]

اتَّخَذَ :(اتّخذ، اتّخذوا، تتّخذوا، لنتّخذن...)

اتَّخَذَ[1]: حصل وصنع — To take

﴿ قَالَ لَوْ شِئْتَ لاَتَّخَذْتَ عَلَيْهِ أَجْرًا ﴾ [الكهف 77]

اتَّخَذَ[2]: جعل وصيّر — To take into oneself

﴿ وَمِنَ النَّاسِ مَنْ يَتَّخِذُ مِنْ دُونِ اللَّهِ أَندَادًا ﴾ [البقرة 165]

﴿ وَقَالُوا اتَّخَذَ اللَّهُ وَلَدًا سُبْحَانَهُ ﴾ [البقرة 116]

اتَّخَذَ[3]: اختار — To choose; to take

﴿ وَاتَّخَذَ اللَّهُ إِبْرَاهِيمَ خَلِيلاً ﴾ [النساء 125]

اتَّخَذَ[4]: اقام ؛ بنى — To build; to raise

﴿ قَالَ الَّذِينَ غَلَبُوا عَلَى أَمْرِهِمْ لَنَتَّخِذَنَّ عَلَيْهِمْ مَسْجِدًا﴾ [الكهف 21]

أَخْذٌ :(أخذ، أخذاً، أخذه، أخذهم...)

أَخْذٌ[1]: تناول — Taking

﴿ وَأَخْذِهِمُ الرِّبَا وَقَدْ نُهُوا عَنْهُ ﴾ [النساء 161]

أَخْذٌ[2]: عقاب؛ إهلاك — Grip; grasp overtaking

﴿ وَكَذَلِكَ أَخْذُ رَبِّكَ إِذَا أَخَذَ الْقُرَى وَهِيَ ظَالِمَةٌ﴾ [هود 102]

أَخْذَةٌ : اسم مرّة بمعنى الهلاك — Grip; punishment

آخِذٌ :(آخذ، آخذين، بآخذيه)

آخِذٌ[1] : متناول — One who takes

﴿ آخِذِينَ مَا آتَاهُمْ رَبُّهُمْ ﴾ [الذاريات 16]

آخِذٌ[2] : ممسك — One who holds; one who grasps

﴿ مَا مِنْ دَابَّةٍ إِلاَّ هُوَ آخِذٌ بِنَاصِيَتِهَا ﴾ [هود 56]

إتِّخاذٌ :(باتخاذكم): تحصيل وصنع — Choosing; taking

مُتَّخِذٌ :(متّخذ، متّخذات، متّخذي): جاعل ومصيّر؛ محصل وصانع — One who takes; one who chooses

أ خ ر

أَخَّرَ :(وأخر، وأخرت، أخرتنا، نؤخره)

أَخَّرَ[1] : لم يؤدّ — To leave behind; to put back; to keep back

﴿ يُنَبَّأُ الإِنسَانُ يَوْمَئِذٍ بِمَا قَدَّمَ وَأَخَّرَ ﴾ [القيامة 13]

أَخَّرَ[2] : أجّل — To give respite; to reprieve; to give grace

﴿ وَقَالُوا رَبَّنَا لِمَ كَتَبْتَ عَلَيْنَا الْقِتَالَ لَوْلاَ أَخَّرْتَنَا إِلَى أَجَلٍ قَرِيبٍ ﴾ [النساء 77]

﴿ وَلَئِنْ أَخَّرْنَا عَنْهُمُ الْعَذَابَ إِلَى أُمَّةٍ مَعْدُودَةٍ لَيَقُولُنَّ مَا يَحْبِسُهُ ﴾ [هود 8]

تَأَخَّرَ :(تأخر، يتأخر) : جاء بعد

اسْتَأْخَرَ :(تستأخرون، يستأخرون): تأخر — To put off; to lag behind; to delay (the term)

مُسْتَأْخِرٌ :(المستأخرين): متأخر — Laggard; one who comes later

آخَرُ :(آخر، آخران، آخرون، آخرين...) أحد شيئين يكونان من جنس واحد — Another; other

أُخْرَى :(أخرى، الأخرى، أخراكم، أخراهم...) مؤنث آخر — Fem. of آخَرُ

آخِرٌ :(آخر، آخرنا، آخره، الآخرين): نهاية أي شيء — Last; end ; conclusion

آخِرُونَ : جمع آخر — Later generation; later folk; those of later time; the last

آخِرَةٌ :(الآخرة)

آخِرَةٌ[1] : دار الحياة بعد الموت — Hereafter

﴿ وَلَقَدْ اصْطَفَيْنَاهُ فِي الدُّنْيَا وَإِنَّهُ فِي الآخِرَةِ لَمِنَ الصَّالِحِينَ ﴾ [البقرة 130]

آخِرَةٌ[2] : أخرى ، ثانية — Second

﴿ فَإِذَا جَاءَ وَعْدُ الآخِرَةِ لِيَسُوءُوا وُجُوهَكُمْ ﴾ [الإسراء 7]

﴿ ثُمَّ اللَّهُ يُنشِئُ النَّشْأَةَ الآخِرَةَ ﴾ [العنكبوت 20]

❋ ❋ ❋

إِخْرَاجٌ : Rt.(خ ر ج)

أَخْرَبَ : Rt.(خ ر ب)

أَخْرَجَ : Rt.(خ ر ج)

أُخْرَى : Fem. of آخَرُ rt.(أ خ ر)

أَخْزَى : Rt.(خ ز ى)

أَخْزَى : Rt.(خ ز ى)

أَخْسَرَ : Rt.(خ س ر)

أَخْسَرُ : Rt.(خ س ر)

أَخْضَرُ : Rt.(خ ض ر)

أَخْطَأَ : Rt.(خ ط أ)

أَخْفَى : Rt.(خ ف ى)

أَخِلاَّءُ : جمع خليل — Plur.of خَلِيلٌ rt.(خ ل ل)

أَخْلَدَ : Rt.(خ ل د)

أَخْلَصَ : Rt.(خ ل ص)

أَخْلَفَ : Rt.(خ ل ف)

❋ ❋ ❋

أ خ و

أَخٌ :(أخ، الأخ، أخا، إخوان...): المشارك لغيره في الولادة من الأبوين أو من احدهما — Brother

أُخْتٌ :(أخت، اختك، لأخته، الأختين...) المشاركة لغيرها في الولادة من الأبوين أو من احدهما — Sister

❋ ❋ ❋

أَخَوَاتٌ : جمع أخت — Plur.of أُخْتٌ rt.(أ خ و)

أَخْوَالٌ : جمع خال — Plur.of خَالٌ rt.(خ و ل)

إِخْوَانٌ : جمع أخ — Plur.of أَخٌ rt.(أ خ و)

إِخْوَةٌ : جمع أخ — Plur.of أَخٌ rt.(أ خ و)

أَخْيَارٌ : جمع خير — Plur.of خَيِّرٌ rt.(خ ى ر)

إِدٌّ : Rt.(أ د د)

أَدَاءٌ : Rt.(أ د ى)

أَدَارَ : Rt.(د و ر)

ادَّارَءَ : Rt.(د ر أ)

ادَّارَكَ : Rt.(د ر ك)

أَدْبَارٌ : جمع دبر — Plur.of دُبُرٌ rt.(د ب ر)

إِدْبَارٌ : Rt.(د ب ر)

أَدْبَرَ : Rt.(د ب ر)

أَدْحَضَ : Rt.(د ح ض)

ادَّخَرَ : Rt.(د خ ر)

أَدْخَلَ : Rt.(د خ ل)

***

أ د د

إِدٌّ : (إدًّا): داهية فضيع — Disastrous; abominable

***

أَدْرَكَ : Rt.(د ر ك)

أَدْرَى : Rt.(د ر ى)

إِدْرِيسُ : Rt.(د ر س)

ادَّعَى : Rt.(د ع و)

أَدْعِيَاءُ : جمع دَعِيّ — Plur.of دَعِيّ rt. (د ع و)

ادَّكَرَ : Rt.(د ك ر)

أَدْلَى : Rt.(د ل و)

***

أ د م

آدَمُ : (آدم،لآدم) : أبو البشر عليه السلام — Adam

***

أَدْنَى : Rt.(د ن و)

أَدْنَى : Rt.(د ن و)

أَدْهَنَ : Rt.(د ه ن)

أَدْهَى : Rt.(د ه ى)

أَدَّى : Rt.(أ د ى)

***

أ د ى

أَدَّى :(تؤدوا، فليؤد، يؤدّه، أدّوا)

أَدَّى[1] : أوصل — To restore; to render back; to pay back

﴿ إِنَّ اللَّهَ يَأْمُرُكُمْ أَنْ تُؤَدُّوا الأَمَانَاتِ إِلَى أَهْلِهَا ﴾ [النساء 58]

أَدَّى[2] : سلّم إلى — To give up; to deliver

﴿ أَنْ أَدُّوا إِلَيَّ عِبَادَ اللَّهِ إِنِّي لَكُمْ رَسُولٌ أَمِينٌ ﴾ [الدخان 18]

أَدَاءٌ : (وأداء): قضاء — Payment

إ ذ

إِذْ :

إِذْ[1] : ظرف للحدث الماضي — when

﴿ إِلاَّ تَنصُرُوهُ فَقَدْ نَصَرَهُ اللَّهُ إِذْ أَخْرَجَهُ الَّذِينَ كَفَرُوا ثَانِيَ اثْنَيْنِ ﴾ [التوبة 40]

إِذْ[2] : للتعليل — Since; as

﴿ وَإِذْ لَمْ يَهْتَدُوا بِهِ فَسَيَقُولُونَ هَذَا إِفْكٌ قَدِيمٌ ﴾ [الأحقاف 11]

إ ذ ا

إِذَا : أداة شرط وجزاء حين تدخل على الجملة الفعلية. كما أنها تدخل أحيانا على الأسماء المرفوعة — If; when

إ ذ أ/إ ذ ن

إِذًا : حرف يقع في صدر الكلام يفيد الجواب والجزاء لكلام سابق — Then; in that case

***

أَذَاعَ : Rt.(ذ ى ع)

أَذَاقَ : Rt.(ذ و ق)

أَذَانٌ : Rt.(أ ذ ن)

أَذْقَانٌ : Plur of rt.ذَقَن rt. (ذ ق ن)

أَذَلَّ : Rt.(ذ ل ل)

أَذَلُّ : Rt.(ذ ل ل)

أَذِلَّةٌ : جمع ذليل — Plur.of ذَلِيلٌ rt.(ذ ل ل)

* * *

أ ذ ن

أَذِنَ (َ) :(اذن، اذنت، آذن، يأذن...)

أَذِنَ[1] :اباح — To permit; to give leave

﴿ قُلْ آللَّهُ أَذِنَ لَكُمْ أَمْ عَلَى اللَّهِ تَفْتَرُونَ ﴾ [يونس 59]

﴿ قَالَ آمَنتُمْ لَهُ قَبْلَ أَنْ آذَنَ لَكُمْ ﴾ [طه 71]

أَذِنَ[2] : استمع — To be attentive; to obey; to hearken

﴿ وَأَذِنَتْ لِرَبِّهَا وَحُقَّتْ ﴾ [الانشقاق 2]

أَذِنَ[3] : علم — To be warned of; to take notice of

﴿ فَإِنْ لَمْ تَفْعَلُوا فَأْذَنُوا بِحَرْبٍ مِنَ اللَّهِ وَرَسُولِهِ ﴾ [البقرة 279]

أَذَّنَ : اعلم ونادى — To cry; to shout out

تَأَذَّنَ : أقسم أو أعلم — To proclaim; to declare

آذَنَ :(آذنتكم،آذناك) :

آذَنَ[1] : أعلم وأخبر — To confess; to declare

﴿ وَيَوْمَ يُنَادِيهِمْ أَيْنَ شُرَكَائِي قَالُوا آذَنَّاكَ مَا مِنَّا مِنْ شَهِيدٍ ﴾ [فصلت 47]

آذَنَ[2] : أعلم وأخبر — To warn ; to give warning

﴿ فَإِنْ تَوَلَّوْا فَقُلْ آذَنْتُكُمْ عَلَى سَوَاءٍ ﴾ [الأنبياء 109]

اسْتَأْذَنَ :(استأذن، استأذنك، استأذنوك، يستأذن...): طلب الإذن — To ask leave; to seek permission; to ask permission

أَذَانٌ : (وأذان) : اعلام — Proclamation; announcement

إِذْنٌ :(إذن،إذنه، بإذني): مشيئة وأمر — Leave; permission; will

مُؤَذِّنٌ : مناد — Crier

أُذُنٌ :(أذن، الأذن، أذنيه، آذان...): حاسة السمع — Ear

ضَرَبَ عَلَى أُذُنِهِ: غطى سمعه — To seal up one's ear; to prevent from hearing

* * *

أَذْهَبُ : Rt.(ذ هـ ب)

أَذًى : Rt.(أ ذ ى)

* * *

أ ذ ى

آذَى :(آذوا، أذيتمونا، تؤذوا، يؤذون...)

آذَى[1] : ألحق الضرر — To slander; to insult; to vex

﴿ يَا أَيُّهَا الَّذِينَ آمَنُوا لَا تَكُونُوا كَالَّذِينَ آذَوْا مُوسَى ﴾ [الأحزاب 69]

آذَى[2] : ضرب، ألحق الضرر — To punish

﴿ وَاللَّذَانِ يَأْتِيَانِهَا مِنْكُمْ فَآذُوهُمَا ﴾ [النساء 16]

آذَى[3] : ألحق الضرر — To annoy; to cause annoyance

﴿ ذَلِكَ أَدْنَى أَنْ يُعْرَفْنَ فَلاَ يُؤْذَيْنَ ﴾ [الأحزاب 59]

أَذًى : (أذى، الأذى، أذاهم)

أَذًى[1] : ضرر	Ailment; impediment

﴿ فَمَنْ كَانَ مِنْكُمْ مَرِيضًا أَوْ بِهِ أَذًى مِنْ رَأْسِهِ ﴾ [البقرة 196]

﴿ وَلاَ جُنَاحَ عَلَيْكُمْ إِنْ كَانَ بِكُمْ أَذًى مِنْ مَطَرٍ ﴾ [النساء 102]

أَذًى[2] : ضرر	Pollution; discomfort

﴿ وَيَسْأَلُونَكَ عَنِ الْمَحِيضِ قُلْ هُوَ أَذًى ﴾ [البقرة 222]

أَذًى[3] : ضرر	Injury

﴿ لاَ تُبْطِلُوا صَدَقَاتِكُمْ بِالْمَنِّ وَالأَذَى ﴾ [البقرة 264]

أَذًى[4] : ضرر يسير	Trifling hurt; slight evil

﴿ لَنْ يَضُرُّوكُمْ إِلاَّ أَذًى ﴾ [آل عمران 111]

***

أَرَائِكُ : جمع أريكة	Plur.of أَرِيكَةٌ rt.(أ ر ك)
أَرَاحَ :	Rt.(ر و ح)
أَرَادَ :	Rt.(ر و د)
أَرَاذِلُ : جمع أرذل	Plur.of أَرْذَلُ rt.(ر ذ ل)

***

أ ر ب

إِرْبَةٌ : (الإربة): البغية والحاجة الشديدة	Vigour; physical need
غَيْرُ أُوْلِي الإِرْبَةِ: غير أصحاب البغية والحاجة الشديدة	Those who lack vigour; those free of physical needs.

مَأْرَبَةٌ : (مآرب): غرض وحاجة	Use

***

أَرْبَابٌ : جمع ربٌّ	Plur.of رَبٌّ rt. (ر ب ب)
أَرْبَعٌ :	Rt.(ر ب ع)
أَرْبَعَةٌ :	Rt.(ر ب ع)
أَرْبَعِيْنَ :	Rt.(ر ب ع)
أَرْبَى :	Rt.(ر ب و)
أَرْبَى :	Rt.(ر ب و)
أَرْتَابَ :	Rt.(ر ى ب)
أَرْتَدَّ :	Rt.(ر د د)
ارْتَضَى :	Rt.(ر ض و)
ارْتَقَبَ :	Rt.(ر ق ب)
ارْتَقَى :	Rt.(ر ق ى)
أَرْجَاءٌ : جمع رَجَا	Plur.of رَجَا rt.(ر ج و)
أَرْجَأَ، أَرْجَى :	Rt.(ر ج و)
أَرْجُلٌ : جمع رِجْل	Plur.of رِجْلٌ rt.(ر ج ل)
أَرْحَامٌ : جمع رَحِم	Plur.of رَحِمٌ rt.(ر ح م)
أَرْحَمُ :	Rt.(ر ح م)
أَرْدَى :	Rt.(ر د ى)
أَرْذَلُ :	Rt.(ر ذ ل)
أَرْسَلَ :	Rt.(ر س ل)
أَرْسَى :	Rt.(ر س و)
إِرْصَادٌ :	Rt.(ر ص د)

***

أ ر ض

أَرْضٌ :(أرض، ارضاً، أرضكم، ارضنا...)

أَرْضٌ[1] : الكوكب المعروف أو جزء منه — Earth

﴿ فَوَرَبِّ السَّمَاءِ وَالأَرْضِ إِنَّهُ لَحَقٌّ مِثْلَ مَا أَنَّكُمْ تَنطِقُونَ ﴾ [الذرايات 23]

أَرْضٌ[2] : الكوكب المعروف أو جزء منه — Land

﴿ وَأَوْرَثَكُمْ أَرْضَهُمْ وَدِيَارَهُمْ وَأَمْوَالَهُمْ ﴾ [الأحزاب 27]

طَرَحَهُ أَرْضاً : ألقاه على الكوكب المعروف أو جزء منه — To cast out to some land

❋❋❋

أَرْضَعَ : Rt.(ر ض ع)

أَرْضَى : Rt.(ر ض و)

❋❋❋

أ ر ك

أَرِيكَةٌ :(الأرائك): سرير — (Raised) throne; raised coach

❋❋❋

أَرْكَسَ : Rt.(ر ك س)

❋❋❋

أ ر م

إِرَمُ : قيل اسم بلدة عاد كانت أبنيتهم عالية أو من الخيام ذات العماد — Iram

❋❋❋

أَرِنَا : تصريف أرى — Conj.of أرَى rt. (ر أ ى)

أَرْهَبَ : Rt.(ر ه ب)

أَرْهَقَ : Rt.(ر ه ق)

أَرَى : Rt.(ر أ ى)

أَزَّ : Rt.(أ ز ز)

أَزٌّ : Rt.(أ ز ز)

أَزَاغَ : Rt.(ز ى غ)

أَزْجَى : Rt.(ز ج و)

أَزْدَادَ : Rt.(ز ى د)

أَزْدَجَرَ : Rt.(ز ج ر)

أَزْدَرَى : Rt.(ز ر ى)

❋❋❋

آ ز ر

آزَرَ :(فآزره): قوّى — To strengthen: to make strong

أَزْرٌ : (أزري): قوة — Strength

شَدَّ بِهِ أَزْرَهُ : قوّاه — To confirm one's strength with; to add to one's strength through

آزَرُ : لقب لأبي إبراهيم عليه السلام واسمه تارح وقيل آزرَ: عمّه — Azar

أ ز ز

أَزَّ (ُ) :(تؤزهم): أغرى وهيج ودفع إلى الوسوسة — To confound; to incite

أَزٌّ :(أزا): اغراء وتهييج ودفع — Confusion; fury

أ ز ف

أَزِفَ (َ) :(أزفت): اقترب ودنا — To draw nigh

آزِفَةٌ :(الآزفة): قيامة — Day of approaching doom; near event

❋❋❋

أَزْكَى : Rt.(ز ك و)

أَزَلٌ : Rt.(ز ل ل)

أَزْلامٌ : جمع زَلَمٌ Plur.of زَلَمٌ rt.(ز ل م)

أَزْلَفَ : Rt.(ز ل ف)

أَزْلَقَ : Rt.(ز ل ق)

أَزْوَاجٌ : جمع زَوْجٌ Plur.of زَوْجٌ rt.(ز و ج)

ازَّيَنَ : Rt.(ز ى ن)

أَسَاءَ : Rt.(س و أ)

أَسَارَى : جمع أسِير Plur.of أَسِيرٌ rt.(أ س ر)

أَسَاطِيرٌ : جمع إسْطَارَة Plur.of إِسْطَارَةٌ rt. (س ط ر)

أَسَاغَ : Rt.(س و غ)

أَسَالَ : Rt.(س ى ل)

أَسَامَ : Rt.(س و م)

أَسَاوِرُ : جمع أسْوِرَة Plur.of أَسْوِرَةٌ rt. (س و ر)

أَسَأْتُمْ : تصريف أساء Conj.of أَسَاءَ rt. (س و أ)

أَسْبَابٌ : جمع سَبَبٌ Plur.of سَبَبٌ rt. (س ب ب)

أَسْبَاطٌ : جمع سِبْط Plur.of سِبْطٌ rt. (س ب ط)

أَسْبَغَ : Rt.(س ب غ)

اسْتَأْجَرَ : Rt.(أ ج ر)

اسْتَأْخَرَ : Rt.(أ خ ر)

اسْتَأْذَنَ : Rt.(أ ذ ن)

اسْتَأْنَسَ : Rt.(أ ن س)

اسْتَبَانَ : Rt.(ب ى ن)

إسْتِبْدَالٌ : Rt.(ب د ل)

اسْتَبْدَلَ : Rt.(ب د ل)

إِسْتَبْرَقٌ : Rt.(ب ر ق)

اسْتَبْشَرَ : Rt.(ب ش ر)

اسْتَبَقَ : Rt.(س ب ق)

اسْتَتَرَ : Rt.(س ت ر)

اسْتَثْنَى : Rt.(ث ن ى)

اسْتَجَابَ : Rt.(ج و ب)

اسْتَجَارَ : Rt.(ج و ر)

اسْتَحَبَّ : Rt.(ح ب ب)

اسْتَحْسَرَ : Rt.(ح س ر)

اسْتَحْفَظَ : Rt.(ح ف ظ)

اسْتَحَقَّ : Rt.(ح ق ق)

اسْتَحْوَذَ : Rt.(ح و ذ)

اسْتَحْيَا : Rt.(ح ى ى)

اسْتِحْيَاءٌ : Rt.(ح ى ى)

اسْتَخْرَجَ : Rt.(خ ر ج)

اسْتَخَفَّ : Rt.(خ ف ف)

اسْتَخْفَى : Rt.(خ ف ى)

اسْتَخْلَصَ: Rt.(خ ل ص)

اسْتَخْلَفَ : Rt.(خ ل ف)

اسْتَدْرَجَ : Rt.(د رج)

اسْتَرْضَعَ : Rt.(ر ض ع)

اسْتَرَقَ : Rt.(س ر ق)

اسْتَرْهَبَ : Rt.(ر هـ ب)

اسْتَزَلَّ : Rt.(ز ل ل)

اسْتَسْخَرَ : Rt.(س خ ر)
اسْتَسْقَى : Rt.(س ق ى)
اسْتَشْهَدَ : Rt.(ش هـ د)
اسْتَصْرَخَ : Rt.(ص ر خ)
اسْتَضْعَفَ : Rt.(ض ع ف)
اسْتَطَاعَ : Rt.(ط و ع)
اسْتَطْعَمَ : Rt.(ط ع م)
اسْتَعَاذَ : Rt.(ع و ذ)
اسْتَعَانَ : Rt.(ع و ن)
اسْتَعْتَبَ : Rt.(ع ت ب)
اسْتِعْجَالٌ : Rt.(ع ج ل)
اسْتَعْجَلَ : Rt.(ع ج ل)
اسْتَعْصَمَ : Rt.(ع ص م)
اسْتَعَفَّ : Rt.(ع ف ف)
اسْتَعْلَى : Rt.(ع ل و)
اسْتَعْمَرَ : Rt.(ع م ر)
اسْتَغَاثَ : Rt.(غ و ث)
اسْتَغْشَى : Rt.(غ ش ى)
اسْتِغْفَارٌ : Rt.(غ ف ر)
اسْتَغْفَرَ : Rt.(غ ف ر)
اسْتَغْلَظَ : Rt.(غ ل ظ)
اسْتَغْنَى : Rt.(غ ن ى)
اسْتَفْتَحَ : Rt.(ف ت ح)
اسْتَفْتَى : Rt.(ف ت ى)
اسْتَفَزَّ : Rt.(ف ز ز)
اسْتَقَامَ : Rt.(ق و م)
اسْتَقْدَمَ : Rt.(ق د م)

اسْتَقَرَّ : Rt.(ق ر ر)
اسْتَقْسَمَ : Rt.(ق س م
اسْتَكَانَ : Rt.(ك ى ن)
اسْتِكْبَارٌ : Rt.(ك ب ر)
اسْتَكْبَرَ : Rt.(ك ب ر)
اسْتَكْثَرَ : Rt.(ك ث ر)
اسْتَمْتَعَ : Rt.(م ت ع)
اسْتَمْسَكَ : Rt.(م س ك)
اسْتَمَعَ : Rt.(س م ع)
اسْتَنْبَأَ : Rt.(ن ب أ)
اسْتَنْبَطَ : Rt.(ن ب ط)
اسْتَنْسَخَ : Rt.(ن س خ)
اسْتَنْصَرَ : Rt.(ن ص ر)
اسْتَنْقَذَ : Rt.(ن ق ذ)
اسْتَنْكَحَ : Rt.(ن ك ح)
اسْتَنْكَفَ : Rt.(ن ك ف)
اسْتَهْزَأَ : Rt.(هـ ز أ)
اسْتَهْوَى : Rt.(هـ و ى)
اسْتَوْفَى : Rt.(و ف ى)
اسْتَوْقَدَ : Rt.(و ق د)
اسْتَوَى : Rt.(س و ى)
اسْتَيْأَسَ : Rt.(ى أ س)
اسْتَيْسَرَ : Rt.(ى س ر)
اسْتَيْقَنَ : Rt.(ي ق ن)
أَسْحَارٌ : جمع سَحَرٍ Plur.of سَحَرٌ rt. (س ح ر)
أَسْحَتَ : Rt.(س ح ت)

إسْحَاقُ : — Rt.(س ح ق)

أسْخَطَ : — Rt.(س خ ط)

❋ ❋ ❋

أ س ر

أسَرَ (ِ): (وتاسرون): أخذه أسيراً — To make captive; to make Prisoner

أسَرَّ :(أسرهم): خلق — Frame; make

أسِيْرٌ :(أسيراً، أسرى، الأسرى، أسارى) المأخوذ من الأعداء في الحرب — Captive; Prisoner

أسْرَى : جمع أسير — Plur.of أسِيْرٌ

إسْرَائِيلُ : لقب يعقوب عليه السلام — Israel

بَنُو إسْرَائِيلَ : من ينتسبون إلى اسرائيل — Children of Israel

❋ ❋ ❋

أسَرُّ : — Rt.(س ر ر)

أسْرِ : تصريف سَرَى — Conj.o سَرَى rt.(س ر و)

إسْرَائِيلُ : — Rt.(أ س ر)

إسْرَارٌ : — Rt.(س ر ر)

إسْرَافٌ : — Rt.(س ر ف)

أسْرَعُ : — Rt.(س ر ع)

أسْرَفَ : — Rt.(س ر ف)

أسْرَى : جمع أسير — Plur.of أسِيْرٌ rt.(أ س ر)

أسْرَى : — Rt.(س ر ى) ; (س ر و)

❋ ❋ ❋

أ س س

أسَّسَ :(أسّس،أسّس): اقام على أساس — To found; to lay the foundation

❋ ❋ ❋

اسْطَاعَ : نفس استطاع — Same as اسْتَطَاعَ rt. (ط و ع)

❋ ❋ ❋

أ س ف

آسَفَ :(آسفونا): اغضب والمراد أفرط في المعاصي — To anger; to provoke

أسَفٌ :(أسفاً): حُزْنٌ — Grief

يا أسَفَى على: يا حزني على — Alas! My grief for

أسِفٌ :(أسفاً): حزين — Grieved; one in violent grief

❋ ❋ ❋

أسْفَارٌ : جمع سِفر وكذلك جمع سَفَر — Plur.of سِفْرٌ rt. (س ف ر) also plur.of سَفَرٌ rt. (س ف ر)

أسْفَرَ : — Rt.(س ف ر)

أسْفَلُ : — Rt.(س ف ل)

أسَفَى : — Rt.(أ س ف)

أسْقَطَ : — Rt.(س ق ط)

أسْقَى : — Rt.(س ق ى)

أسْكَنَ : — Rt.(س ك ن)

إسْلَامٌ : — Rt.(س ل م)

أسْلِحَةٌ :جمع سلاح — Plur.of سِلاَحٌ rt. (س ل ح)

أسْلَفَ : — Rt.(س ل ف)

أَسْلَمَ : Rt.(س ل م)

📖

أَسَلْنَا : تصريف أسال Conj.of أَسَالَ (س ى ل)

📖

اسْمٌ : Rt.(س م و)

❋❋❋

أ س م

إِسْمَاعِيلُ : (إسْمَاعِيل، إسْمَاعِيل): نبي الله اسماعيل بن إبراهيم الخليل عليه السلام — Ismael; Ismail

❋❋❋

أَسْمَاءٌ : جمع اسْمٌ — Plur.of اسْمٌ rt.(س م و)

إِسْمَاعِيلُ : Rt.(ا س م)

أَسْمَعَ : Rt.(س م ع)

أَسْمَنَ : Rt.(س م ن)

❋❋❋

أ س ن

آسِنٌ : متغير الرائحة — Polluted; corruptible

غَيْرُ آسِنٌ : غير متغير الرائحة — Unpolluted

أ س و

أُسْوَةٌ : قدوة — Example; pattern (of conduct)

❋❋❋

أَسْوَاقٌ : جمع سُوقٌ — Plur.of سُوقٌ rt.(س و ق)

أَسْوَأ : Rt.(س و أ)

أُسْوَةٌ : Rt.(أ س و)

أَسْوَدُ : Rt.(س و د)

اسْوَدَّ : Rt.(س و د)

أَسْوِرَةٌ : Rt.(س و ر)

❋❋❋

أ س ى

أَسِيَ(َ): (أسَى، تأسَ، تأسوا): حزِنَ — To sorrow for; to lament for

❋❋❋

أَسِيرٌ : Rt.(أ س ر)

أَشَارَ : Rt.(ش و ر)

أَشْتَاتٌ : جمع شَتٌّ — Plur.of شَتٌّ rt. (ش ت ت)

اشْتَدَّ : Rt.(ش د د)

اشْتَرَى : Rt.(ش ر ى)

اشْتَعَلَ : Rt.(ش ع ل)

اشْتَكَى : Rt.(ش ك و)

اشْتَمَلَ : Rt.(ش م ل)

اشْتَهَى : Rt.(ش هـ و)

أَشِحَّةٌ :جمع شحيح — Plur.of شَحِيحٌ rt. (ش ح ح)

أَشُدُّ : Rt.(ش د د)

أَشَدُّ : Rt.(ش د د)

أَشِدَّاءُ : جمع شديد — Plur.of شَدِيدٌ rt.(ش د د)

❋❋❋

أ ش ر

أَشِرٌ : (أشر، الأشر): بطِرٌ مستكبر — Rash; insolent

كَذَّابٌ أَشِرٌ : انظر كذابٌ — See كَذَابٌ rt.(ك ذ ب)

❋❋❋

أَشْرَارٌ : جمع شِرِّيرٌ — Plur.of شِرِّيرٌ rt.(ش ر ر)

أَشْرَاطٌ : جمع شرط — Plur.of شَرْطٌ rt.(ش ر ط)

إِشْرَاقٌ : Rt.(ش ر ق)

أَشْرَبَ : Rt.(ش ر ب)

أَشْرَقَ : Rt.(ش ر ق)

أَشْرَكَ : Rt.(ش ر ك)

أَشَطُّ : Rt.(ش ط ط)

أَشْعَارٌ : جمع شعر Plur.of شَعَرٌ rt. (ش ع ر)

أَشْعَرَ : Rt.(ش ع ر)

أَشْفَقَ : Rt.(ش ف ق)

أَشَقُّ : Rt.(ش ق ق)

أَشْقَى : Rt.(ش ق ى)

أَشْمَأَزَّ : Rt.(ش م ز)

أَشْمَتَ : Rt.(ش م ت)

أَشْهَادٌ : جمع شاهد Plur.of شَاهِدٌ rt. (ش هـ د)

أَشْهَدَ : Rt.(ش هـ د)

أَشْهُرٌ : جمع شهر Plur.of شَهْرٌ rt. (ش هـ ر)

أَشْيَاءُ : جمع شيء Plur.of شَيْءٌ rt. (ش ى أ)

أَشْيَاعٌ : جمع شيعة Plur.of شِيْعَةٌ rt. (ش ي ع)

أَصَابَ : Rt.(ص و ب)

أَصَابِعُ : جمع إصبع Plur.of إِصْبَعٌ rt. (ص ب ع)

📖

أَصْبُ : تصريف صبا Conj.of صَبَا rt. (ص ب و)

📖

إِصْبَاحُ : Rt.(ص ب ح)

أَصْبَحَ : Rt.(ص ب ح)

أَصْبِرُ : Rt.(ص ب ر)

أَصْحَابٌ : جمع صاحب Plur.of صَاحِبٌ rt. (ص ح ب)

❋❋❋

أ ص د

مُؤْصَدَةٌ : مطبقة مغلقة — Closed in (on); closed over (upon)

❋❋❋

أَصْدَرَ : Rt.(ص د ر)

أَصْدَقُ : Rt.(ص د ق)

❋❋❋

أ ص ر

إِصْرٌ :(إصراً، إصرهم، إصري): تكاليف شاقة، عبء ثقيل — Burden

وَضَعَ عَنْهُ — To relieve

إِصْراً : خفف عنه التكاليف الشاقة والعبء الثقيل — Someone from one's burden

أَخَذَ عَلَيْهِ إِصْراً: اخذ منه عهداً — To take up a burden

❋❋❋

أَصَرَّ : Rt.(ص ر ر)

اصْطَادَ : Rt.(ص ى د)

اصْطَبِرْ : Rt.(ص ب ر)

اصْطَرَخَ: Rt.(ص ر خ)

اصْطَفَى: Rt.(ص ف ا)

اصْطَنَعَ : Rt.(ص ن ع)

أَصْعَدَ : Rt.(ص ع د)

أَصْغَرُ : Rt.(ص غ ر)

أَصْفَادٌ : جمع صفد	Plur.of صَفَدٌ rt. (ص ف د)
أَصْفَى :	Rt.(ص ف ا)

❋ ❋ ❋

أ ص ل

أَصْلٌ :(أصل، اصلها، أصولها):

أَصْلٌ[1] : جذر	Root

﴿ كَشَجَرَةٍ طَيِّبَةٍ أَصْلُهَا ثَابِتٌ وَفَرْعُهَا فِي السَّمَاءِ ﴾ [إبراهيم 24]

أَصْلٌ[2] : اسفل الشيء وقراره	Heart; bottom

﴿ إِنَّهَا شَجَرَةٌ تَخْرُجُ فِي أَصْلِ الْجَحِيمِ ﴾ [الصافات 64]

أَصِيلٌ :(وأصيلا، والآصال): عشيٌ	Evening

❋ ❋ ❋

أَصْلاَبٌ : جمع صُلْبٌ	Plur.of صُلْبٌ rt. (ص ل ب)
إِصْلاَحٌ :	Rt.(ص ل ح)
أَصْلَحَ :	Rt.(ص ل ح)
أَصْلَى :	Rt.(ص ل ى)
أَصَمَّ :	Rt.(ص م م)
أَصَمُّ :	Rt.(ص م م)
أَصْنَامٌ : جمع صنم	Plur.of صَنَمٌ rt. (ص ن م)
أَصْوَاتٌ :	Plur.of صَوْتٌ rt. (ص و ت)
أَصْوَافٌ : جمع صُوْفٌ	Plur.of صُوْفٌ rt. (ص و ف)
أُصُوْلٌ : جمع اصل	Plur.of أَصْلٌ rt. (أ ص ل)
🕮	
أُصِيْبُ : تصريف اصاب	Conj.of أَصَابَ rt. (ص و ب)
🕮	
أَصِيْلٌ :	Rt.(أ ص ل)
أَضَاءَ :	Rt.(ض و أ)
أَضَاعَ :	Rt.(ض ى ع)
أَضْحَكَ :	Rt.(ض ح ك)
اضْطَرَّ :	Rt.(ض ر ر)
أَضْعَافٌ : جمع ضعفٌ	Plur.of ضِعْفٌ rt. (ض ع ف)
أَضْعَفَ :	Rt.(ض ع ف)
أَضْغَاثٌ : جمع ضِغث	Plur.of ضِغْثٌ rt. (ض غ ث)
أَضْغَانٌ : جمع ضغن	Plur.of ضِغْنٌ rt. (ض غ ن)
أَضَلَّ :	Rt.(ض ل ل)
أَطَاعَ :	Rt.(ط و ع)
أَطَاقَ :	Rt.(ط و ق)
أَطْرَافٌ : جمع طرف	Plur.of طَرَفٌ rt. (ط ر ف)
إِطْعَامٌ :	Rt.(ط ع م)
🕮	
أَطَعْتُمْ : تصريف اطاع	Conj.of أَطَاعَ rt. (ط و ع)
🕮	

أَطْعَمَ : Rt.(ط و ع)

أُطِعْنَ : تصريف أطاع Conj.of أَطَاعَ rt. (ط و ع)

أَطْغَى : Rt. of (ط غ و - ى)

أَطْفَالٌ : تصريف طِفْل Plur.of طِفْلٌ rt. (ط ف ل)

أَطْفَأَ : Rt.(ط ف أ)

أَطْلَعَ : Rt.(ط ل ع)

اطَّلَعَ : Rt.(ط ل ع)

اطْمَأَنَّ : Rt.(ط م ن)

أَطْهَرُ : Rt.(ط ه ر)

اطَّهَرَ : Rt.(ط ه ر)

أَطْوَارٌ : جمع طَوْر Plur.of طَوْرٌ rt.(ط و ر)

اطَّوَّفَ : Rt.(ط و ف)

اطَّيَّرَ : Rt.(ط ى ر)

أَظْفَرَ : Rt.(ظ ف ر)

أَظْلَمَ : Rt.(ظ ل م)

أَظْلَمُ : Rt.(ظ ل م)

أَظْهَرَ : Rt.(ظ ه ر)

أَعَادَ : Rt.(ع و د)

أَعَانَ : Rt.(ع و ن)

اعْتَبَرَ : Rt.(ع ب ر)

أَعْتَدَ : Rt.(ع ت د)

اعْتَدَّ : Rt.(ع د د)

اعْتَدَوْا : تصريف اعتدى Conj.of اعْتَدَى rt.(ع د و)

اعْتَدَى : Rt.(ع د و)

اعْتَذَرَ : Rt.(ع ذ ر)

اعْتَرَفَ : Rt.(ع ر ف)

اعْتَرَى : Rt.(ع ر و)

اعْتَزَلَ : Rt.(ع ز ل)

اعْتَصَمَ : Rt.(ع ص م)

اعْتَمَرَ : Rt.(ع م ر)

أَعْثَرَ : Rt.(ع ث ر)

أَعْجَازٌ : جمع عَجُز Plur.of عَجُزٌ rt. (ع ج ز)

أَعْجَبَ : Rt.(ع ج ب)

أَعْجَزَ : Rt.(ع ج ز)

أَعْجَلَ : Rt.(ع ج ل)

أَعْجَمِيٌّ : Rt.(ع ج م)

أَعَدَّ : Rt.(ع د د)

أَعْدَاءٌ : جمع عدو Plur.of عَدُوٌّ rt.(ع د و)

أَعْرَابٌ : Rt.(ع ر ب)

إِعْرَاضٌ : Rt.(ع ر ض)

أَعْرَافٌ : Rt.(ع ر ف)

أَعْرَجُ : Rt.(ع ر ج)

أَعْرَضَ : Rt.(ع ر ض)

أَعَزَّ : Rt.(ع ز ز)

أَعَزُّ : Rt.(ع ز ز)

أَعِزَّةٌ : جمع عزيز Plur.of عَزِيزٌ rt.(ع ز ز)

إِعْصَارٌ : Rt.(ع ص ر)

أَعْطَى : Rt.(ع ط و)

أَعْظَمُ : Rt.(ع ظ م)

أعْقابٌ : جمع عقبٌ	Plur.of عَقِبٌ rt. (ع ق ب)
أعْقَبَ :	Rt.(ع ق ب)
أعْلامٌ : جمع علمٌ	Plur.of علَمٌ rt.(ع ل م)
أعْلَمُ :	Rt.(ع ل م)
أعْلَنَ :	Rt.(ع ل ن)
أعْلَى :	Rt.(ع ل و)
أعْمَالٌ : جمع عملٌ	Plur.of عَمَلٌ rt.(ع م ل)
أعْمَامٌ : جمع عمٌّ	Plur.of عَمٌّ rt.(ع م م)
أعْمَى :	Rt.(ع م ى)
أعْنَابٌ : جمع عنبٌ	Plur.of عِنَبٌ rt. (ع ن ب)
أعْنَاقٌ : جمع عنقٌ	Plur.of عُنُقٌ rt. (ع ن ق)
أعْنَتَ :	Rt.(ع ن ت)
أعْيُنٌ : جمع عينٌ	Plur.of عَيْنٌ rt. (ع ى ن)
أغَاثَ :	Rt.(غ و ث)
اغْتَابَ :	Rt.(غ ى ب)
اغْتَرَفَ :	Rt.(غ ر ف)
اغْتَسَلَ :	Rt.(غ س ل)
أغْتَرَفَ :	Rt.(غ ر ف)
اغْتَسَلَ :	Rt.(غ س ل)
أغْرَقَ :	Rt.(غ ر ق)
أغْرَى :	Rt.(غ ر و)
أغْشَى :	Rt.(غ ش ى)
أغْطَشَ :	Rt.(غ ط ش)
أغْفَلَ :	Rt.(غ ف ل)
أغْلالٌ : جمع غلٌّ	Plur.of غُلٌّ rt.(غ ل ل)
أغْمَضَ :	Rt.(غ م ض)
أغْنَى :	Rt.(غ ن ى)
أغْنِيَاءُ : جمع غنيٌّ	Plur.of غَنِيٌّ rt. (غ ن ى)
أغْوَى :	Rt.(غ و ى)
أفٌّ :	Rt.(أ ف ف)
أفَاءَ :	Rt.(ف ى أ)
أفَاضَ :	Rt.(ف ى ض)
أفَاقَ :	Rt.(ف و ق)
أفَّاكٌ :	Rt.(أ ف ك)
أفْئِدَةٌ : جمع فؤاد	Plur.of فُؤَادٌ rt.(ف أ د)
افْتَدَى :	Rt.(ف د ى)
إفْتِرَاءً :	Rt.(ف ر ى)
افْتَرَى :	Rt.(ف ر ى)
أفْتَى :	Rt.(ف ت ى)
أفْرِغْ :	Rt.(ف رغ)
أفْسَدَ :	Rt.(ف س د)
أفْصَحُ :	Rt.(ف ص ح)
أفَضْتُمْ : تصريف أفاض	Conj.of أفاض rt. (ف ى ض)
أفْضَى :	Rt.(ف ض ا- و)

* * *

أ ف ف

أفٌّ : اسم فعل معناه: اتضجر وهو يقال لما يكره	Fie

ويستثقل

أ ف ق

أُفُقٌ :(بالأفق، الآفاق): ناحية — Horizon

ا ف ك

أفَكَ(.):(لتأفكنا، يأفكون، يؤفك، تؤفكون...)

أفَكَ[1] : كذب وافترى — To fake falsehood; to show falsely

﴿ أَنْ أَلْقِ عَصَاكَ فَإِذَا هِيَ تَلْقَفُ مَا يَأْفِكُونَ ﴾ [الأعراف 117]

أفَكَ[2] : صرف — To turn away from; to delude away from

﴿ قَالُوا أَجِئْتَنَا لِتَأْفِكَنَا عَنْ آلِهَتِنَا ﴾ [الأحقاف 22]

إفْكٌ :(إفك، بالإفك، إفكاً، إفكهم...)

إفْكٌ[1] : كذب وافتراء — Slander; lie

﴿ إِنَّ الَّذِينَ جَاءُوا بِالإِفْكِ عُصْبَةٌ مِنْكُمْ ﴾ [النور 11]

إفْكٌ[2] : كذب وافتراء — Falsehood

﴿ أَئِفْكًا آلِهَةً دُونَ اللَّهِ تُرِيدُونَ ﴾ [الصافات 86]

أَفَّاكٌ : مبالغ في الكذب والافتراء — Liar; dealer in falsehood

مُؤْتَفِكَةٌ:(المؤتفكة، المؤتفكات): مقلوبة والمراد قرى قوم لوط — Al-Mu'tafikah; overthrown cities

أ ف ل

أَفَلَ(.): (أفل، أفلت): غاب — To set

آفِلٌ :(الآفلين): غائب — That which sets

❋ ❋ ❋

أفلَحَ : Rt.(ف ل ح)

أفْنَانٌ : جمع فَنَنٌ — Plur.of فَنَنٌ rt.(ف ن ن)

أفْوَاجٌ : جمع فوْجٌ — Plur.of فوْجٌ rt.(ف و ج)

أفْوَاهٌ : جمع فُوهٌ — Plur.of فُوهٌ rt.(ف و ه)

أقَامَ : Rt.(ق و م)

إقَامَ : Rt.(ق و م)

إقَامَةٌ : Rt.(ق و م)

أقَاوِيْلُ : جمع قَوْلٌ — Plur.of قَوْلٌ rt.(ق و ل)

أقْبَرَ : Rt.(ق ب ر)

أقْبَلَ : Rt.(ق ب ل)

❋ ❋ ❋

أ ق ت

أُقِّتَ :(أقتت): حدد وقتاً (للشهادة على الأمم يوم القيامة) — To fix a certain time

❋ ❋ ❋

اقْتَبَسَ : Rt.(ق ب س)

اقْتَتَلَ : Rt.(ق ت ل)

اقْتَحَمَ : Rt.(ق ح م)

اقْتَدَى : Rt.(ق د و)

اقْتَرَبَ : Rt.(ق ر ب)

اقْتَرَفَ : Rt.(ق ر ف)

أقْدَامٌ : جمع قَدَمٌ — Plur.of قَدَمٌ rt.(ق د م)

أقْدَمُ(الأقدمون) : Rt.(ق د م)

أقَرَّ : Rt.(ق ر ر)

أقْرَأَ : Rt.(ق ر أ)

أقْرَبُ : Rt.(ق ر ب)

أقْرَضَ : Rt.(ق ر ض)

أقْسَطَ : Rt.(ق س ط)

أَقْسَطُ : Rt.(ق س ط)

أَقْسَمَ : Rt.(ق س م)

اقْشَعَرَّ : Rt.(ق ش ع ر)

أَقْصَى : Rt.(ق ص و)

أَقْطَارٌ : جمع قطر — Plur.of قُطْرٌ rt.(ق ط ر)

أَقْفَالٌ : جمع قُفْل — Plur.of قُفْلٌ rt.(ق ف ل)

أَقَلَّ : Rt.(ق ل ل)

أَقَلُّ : Rt.(ق ل ل)

أَقْلاَمٌ : جمع قلم — Plur.of قَلَمٌ rt.(ق ل م)

أَقْلَعَ : Rt.(ق ل ع)

أَقْنَى : Rt.(ق ن ى)

أَقْوَاتٌ : جمع قُوت — Plur.of قُوْتٌ rt.(ق و ت)

أَقْوَمُ : Rt.(ق و م)

أَكَابِرُ : جمع كَبِيرٌ — Plur.of كَبِيْرٌ rt (ك ب ر).

أَكْبَرَ : Rt.(ك ب ر)

أَكْبَرُ : Rt.(ك ب ر)

اكْتَالَ : Rt.(ك ى ل)

اكْتَتَبَ : Rt.(ك ت ب)

اكْتَسَبَ : Rt.(ك س ب)

أَكْثَرَ : Rt.(ك ث ر)

أَكْثَرُ : Rt.(ك ث ر)

أَكْدَى : Rt.(ك د ى)

إِكْرَامٌ : Rt.(ك ر م)

إِكْرَاهٌ : Rt.(ك ر ه)

أَكْرَمَ : Rt.(ك ر م)

أَكْرَمُ :(الأكرم) Rt.(ك ر م)

أَكْرَهَ : Rt.(ك ر ه)

أَكْفَرُ : Rt.(ك ف ر)

أَكْفَلَ : Rt.(ك ف ل)

***

أ ك ل

أَكَلَ (ـُ):(أكل، فأكلا، تاكل، ناكل...)

أَكَلَ[1] : مضغ وبلع — To eat

﴿ فَأَكَلاَ مِنْهَا فَبَدَتْ لَهُمَا سَوْآتُهُمَا ﴾ [طه 121]

أَكَلَ[2] : جرح فمات بجرحه — To devour

﴿ وَمَا أَكَلَ السَّبُعُ إِلاَّ مَا ذَكَّيْتُمْ ﴾ [المائدة 3]

﴿ قَالُوا لَئِنْ أَكَلَهُ الذِّئْبُ وَنَحْنُ عُصْبَةٌ ﴾ [يوسف 14]

أَكَلَ[3] : أفنى — To consume

﴿ حَتَّى يَأْتِيَنَا بِقُرْبَانٍ تَأْكُلُهُ النَّارُ ﴾ [آل عمران183]

﴿ فَإِنْ طِبْنَ لَكُمْ عَنْ شَيْءٍ مِنْهُ نَفْسًا فَكُلُوهُ هَنِيئًا مَرِيئًا ﴾ [النساء 4]

أَكَلَ[4] : أخذ — To take

﴿ وَمَنْ كَانَ فَقِيرًا فَلْيَأْكُلْ بِالْمَعْرُوفِ ﴾ [النساء 6]

أَكَلَ[5] : أخذ بغير حق — To swallow (down)

﴿ الَّذِينَ يَأْكُلُونَ الرِّبَا لاَ يَقُومُونَ ﴾ [البقرة 275]

أَكَلَ لَحْمَ أَخِيْهِ: اغتابه — To backbite

أَكْلٌ :(أكلاً، وأكلهم): أخذ بغير حق — Eating; devouring

آكِلٌ :(الآكلون، للآكلين): من يمضغ ويبلع — One who eats

أَكَّالٌ :(أكالون): كثير الأكل — Greedy; devouring

مَأْكُولٌ : متساقطة أوراقه أوأكل حبة وبقي تبنه — Devoured; eaten up

أُكُلٌ :(اكل، الأكل، أكله، أكلها)

أُكُلٌ[1] : ما يؤكل — Fruit

﴿ تُؤْتِي أُكُلَهَا كُلَّ حِينٍ ﴾ [إبراهيم 25]

أُكُلٌ[2] : ما يؤكل — Food

﴿ أُكُلُهَا دَائِمٌ وَظِلُّهَا ﴾ [الرعد 35]

***

أَكْمَامٌ : جمع كمّ — Plur.of كِمٌّ rt.(ك م م)

أَكْمَلَ : — Rt.(ك م ل)

أَكْمَهُ : — Rt.(ك م ه)

أَكْنَانٌ : جمع كِنّ — Plur.of كِنٌّ rt.(ك ن ن)

أَكَنَّ : — Rt.(ك ن ن)

أَكِنَّةٌ :جمع كِنان — Plur.of كِنَانٌ rt.(ك ن ن)

أَكْوَابٌ : جمع كُوب — Plur.of كُوبٌ rt.(ك و ب)

***

أ ل

أَلْ : اداة تعريف النكرة — The

***

إِلٌّ :(إلاً) — Rt.(أ ل ل)

***

أ ل ا

أَلاَ : أداة استفتاح للكلام وتنبيه للمخاطب

أَلاَ[1] : للعرض أو التحضيض — Is it not? Etc

﴿ أَلاَ تُحِبُّونَ أَنْ يَغْفِرَ اللَّهُ لَكُمْ ﴾ [النور 22]

أَلاَ[2] : تدل على تحقق الجملة — Verily; surely.

﴿ أَلاَ إِنَّهَا قُرْبَةٌ لَهُمْ ﴾ [التوبة 99]

***

أَلاَ (:) : — Rt.(أ ل و)

أَلاَّ : — Rt.(أ ل ل ا)

إِلاَّ : — Rt.(أ ل ل ا)

أَلآنَ : — Rt.(ل ى ن)

أَلْبَابٌ : جمع لُبّ — Plur.of لُبٌّ rt.(ل ب ب)

***

أ ل ت

أَلَتَ (:) :(ألتناهم): نقص — To deprive; to diminish

***

أَلْتَفَّ : — Rt.(ل ف ف)

أَلْتَفَتَ : — Rt.(ل ف ت)

أَلْتَقَطَ : — Rt.(ل ق ط)

أَلْتَقَمَ : — Rt.(ل ق م)

أَلْتَقَى : — Rt.(ل ق ى)

أَلْتَمَسَ : — Rt.(ل م س)

الَّتِي : مؤنث الذي — Fem. of الَّذِي rt. (أ ل ل ذ ى)

إِلْحَادٌ : — Rt.(ل ح د)

إِلْحَافٌ : — Rt.(ل ح ف)

أَلْحَدَ : — Rt.(ل ح د)

أَلْحَق :	Rt.(ل ح ق)
أَلَدُّ :	Rt.(ل د د)
الَّذِي :	Rt.(أ ل ل ذي)
الَّذِينَ : جمع الذي	Plur.of الَّذِى rt. (أ ل ل ذ ى)

❋ ❋ ❋

أ ل ر

الر~ : حروف وردت في مفتتح سورة من القرآن الكريم	Alif lam ra

❋ ❋ ❋

أَلْزَمَ :	Rt.(ل ز م)
أَلْسِنَةٌ : جمع لِسانٌ	Plur.of لِسانٌ rt.(ل س ن)

❋ ❋ ❋

أ ل ف

أَلَّفَ(بَيْنَ):(ألف، فألف،ألفت،يؤلف ...)

أَلَّفَ[1]: جمع على المحبّة	To attune; to unite

﴿ فَأَلَّفَ بَيْنَ قُلُوبِكُمْ فَأَصْبَحْتُمْ بِنِعْمَتِهِ إِخْوَانًا ﴾ [آل عمران 103]

أَلَّفَ[2]: جمع بعضاً على بعض	To gather

﴿ أَلَمْ تَرَ أَنَّ اللَّهَ يُزْجِي سَحَابًا ثُمَّ يُؤَلِّفُ بَيْنَهُ ﴾ [النور 43]

مُؤَلَّفٌ :(المؤلّفة): مستمال إلى الإسلام بالاحسان إليه	Reconciled
إِيلافٌ :(لإيلاف، إيلافهم): حب واعتياد	Taming; protection
أَلْفٌ :(ألف، ألفاً، ألفين، آلاف...): عشر مئات	Thousand

❋ ❋ ❋

أَلْفافٌ:	Rt.(ل ف ف)

أَلْفَى :	Rt.(ل ف ى)
أَلْفَيْنِ : مثنى ألف	Dual of أَلْفٌ rt.(أ ل ف)
أَلْقابٌ : جمع لقب	Plur.of لَقَبٌ rt.(ل ق ب)
أَلْقَى :	Rt.(ل ق ى)

❋ ❋ ❋

أ ل ل

إِلٌّ :(إلاً): كل ما له حُرمة كالعهد والحلف والقرابة والرّحم	Ties of relationship; pact

أ ل ل ا

أَلاَّ : اداة مركبة من (أنْ) الناهية للفعل أو المخففة و(لا) النافية أو الناهية	That not
إِلاَّ : حرف استثناء	Unless; except; if not

❋ ❋ ❋

اللاَّئِي : موئث الذي	Fem. plur.of الَّذِي rt.(أ ل ل ذ ى)
اللاَّتُ :	Rt.(ل و ت)

❋ ❋ ❋

اللاَّتِي : نفس اللائي	Same as اللائِي rt. (أ ل ل ذ ى)
اللَّذانِ/اللَّذَيْنِ: مثنى الذي	Dual of الَّذِي rt. (أ ل ل ذ ى)

أ ل ل ذ ي

الَّذِي:(الذي،اللذان، اللذين، الذين...)	Who; whom ; which

❋ ❋ ❋

اللهُ : Rt.(أ ل هـ)

اللَّهُمَّ : Rt.(أ ل هـ)

❋❋❋

أ ل م

الم~ : حروف وردت في مفتتح ست سور من القرآن الكريم — Alif lam mim

أَلِمَ (َ) :(تألمون، يألمون): حسّ بالوجع — To suffer (pain)

أَلِيمٌ :(أليم، الأليم، أليماً): شديد الإيلام — Painful

أ ل م ر

المر~ : حروف وردت في مفتتح سورة من القرآن الكريم — Alif lam mim ra

أ ل م ص

ألمص~ : حروف وردت في مفتتح سورة من القرآن الكريم — Alif lam mim sad

أ ل هـ

إلَهٌ :(إله، الهك، إلهكم، آلهة...)

إلَهٌ[1] : كلّ ما اتّخذ معبوداً — God

﴿ وَمَا أُمِرُوا إِلاَّ لِيَعْبُدُوا إِلَهًا وَاحِدًا لاَ إِلَهَ ﴾ [التوبة 31]

إلَهٌ[2] : كلّ ما اتّخذ معبوداً — god

﴿ قَالُوا يَامُوسَى اجْعَل لَنَا إِلَهًا كَمَا لَهُمْ آلِهَةٌ ﴾ [الأعراف 138]

اللهُ : اسم الذات العلية الواجبة الوجود المعبودة بحق — Allah

اللَّهُمَّ : يا الله — O Allah!

❋❋❋

أَلْهَمَ : Rt.(ل هـ م)

أَلْهَى : Rt.(ل هـ و)

❋❋❋

أ ل و

أَلاَ (ُ) :(يألونكم): قصّر فيما يفسد — To spare no pains; to fall short of

آلَى :(يؤلون): أقسم — To forswear; to swear not to go in (to one's wife)

إِئْتَلَى :(يأتل): قصّر أو أقسم — To swear

إِلَى :(آلاء): نعمة وفضل — Favour; bounty

❋❋❋

أَلْوَاحٌ : جمع لَوْحٌ — Plur.of لَوْحٌ rt.(ل و ح)

أَلْوَانٌ : جمع لَوْنٌ — Plur.of لَوْنٌ rt.(ل و ن)

أُلُوفٌ : جمع أَلْفٌ — Plur.of أَلْفٌ rt.(أ ل ف)

❋❋❋

ا ل ى

إِلَى : حرف جر

إِلَى[1] : الانتهاء إلى الغاية في المكان — To

﴿ سُبْحَانَ الَّذِي أَسْرَى بِعَبْدِهِ لَيْلاً مِنَ الْمَسْجِدِ الْحَرَامِ إِلَى الْمَسْجِدِ الأَقْصَى ﴾ [الإسراء 1]

إِلَى[2] : انتهاء الغاية في الزمان — For

﴿ وَلَكُمْ فِي الأَرْضِ مُسْتَقَرٌّ وَمَتَاعٌ إِلَى حِينٍ ﴾ [البقرة 36]

إِلَى[3] : مع — Into; with; to

﴿ وَلاَ تَأْكُلُوا أَمْوَالَهُمْ إِلَى أَمْوَالِكُمْ ﴾ [النساء 2]

إِلَى[4] : للغاية	Till

﴿ ثُمَّ أَتِمُّوا الصِّيَامَ إِلَى اللَّيْلِ ﴾ [البقرة 187]

إِلَى[5] : انتهاء الغاية في الزمان	On; unto

﴿ لَيَجْمَعَنَّكُمْ إِلَى يَوْمِ الْقِيَامَةِ لاَ رَيْبَ فِيهِ ﴾ [الأنعام 12]

ا ل ى ا س

إلياسُ: (إلياس، وإلياس): رسول وصف في القرآن الكريم بأنه من الصالحين وهو إلياسين	Elias; Ilyas
إِلْ ياسِينَ : إلياس	Elias; Elyas

❋❋❋

الْيَسَعُ :	Rt.(ى س ع)
أَلِيمٌ :	Rt.(أ ل م)

❋❋❋

أ م

أَمْ : تفيد الإضراب بمعنى بل وكذلك تفيد التسوية وهي محتملة الاتصال والانقطاع	Or

❋❋❋

أُمّ :	Rt.(أ م م)
أَمَّا :	Rt.(أ م م ا)
إِمَّا :	Rt.(أ م م ا)
إِمَاءٌ : جمع أمة	Plur.of أَمَةٌ rt.(أ م و)
أَمَات :	Rt.(م و ت)
أَمَارَةٌ :	Rt.(أ م ر)
أَمَامَ :	Rt.(أ م م)
إِمَامٌ :	Rt.(أ م م)

أَمَانَةٌ :	Rt.(أ م ن)
أَمَانِيُّ : جمع أمنية	Plur.of أُمْنِيَّةٌ rt.(م ن ى)
أَمَةٌ :	Rt.(أ م و)
أُمَّةٌ :	Rt.(أ م م)

❋❋❋

أ م ت

أَمْتٌ: (أمتاً): ارتفاع وانخفاض	Raggedness; unevenness

❋❋❋

امْتَازَ :	Rt.(م ى ز)
امْتَحَنَ :	Rt.(م ح ن)
امْتَرَى :	Rt.(م ر ى)
أَمْتِعَةٌ : جمع متاع	Plur.of مَتَاعٌ rt.(م ت ع)
امْتَلأَ :	Rt.(م ل أ)
أَمْثَالٌ : جمع مثل	Plur.of مَثَلٌ rt.(م ث ل)
أَمْثَلُ :	Rt.(م ث ل)

❋❋❋

أ م د

أَمَدٌ : (الأمد، أمداً): زمن وغاية	(Distant) term; time; duration of time

❋❋❋

أَمَدَّ :	Rt.(م د د)

❋❋❋

أ م ر

أَمَرَ(ُ) :(أمر، أمرتك، تأمرك، يأمر...)

أَمَرَ[1] : كلف شيئاً	To order; to command; to bid

﴿ وَيَقْطَعُونَ مَا أَمَرَ اللَّهُ بِهِ أَنْ يُوصَلَ ﴾ [البقرة 27]

﴿ لَئِنْ أَمَرْتَهُمْ لَيَخْرُجُنَّ ﴾ [النور 53]

﴿ قَالَ مَا مَنَعَكَ أَلاَّ تَسْجُدَ إِذْ أَمَرْتُكَ ﴾ [الأعراف 12]

أَمَرَ 2 : كلف شيئاً — To enjoin; to exhort

﴿ لاَ خَيْرَ فِي كَثِيرٍ مِنْ نَجْوَاهُمْ إِلاَّ مَنْ أَمَرَ بِصَدَقَةٍ ﴾ [النساء 114]

﴿ قُلْ أَمَرَ رَبِّي بِالْقِسْطِ﴾ [الأعراف 29]

﴿ إِنَّ اللَّهَ يَأْمُرُ بِالْعَدْلِ وَالإِحْسَانِ ﴾ [النحل 90]

ائْتَمَرَ : (يأتمرون، وأتمروا): أمر بعضهم بعضاً أو شاور بعضهم بعضاً — To take (mutual) counsel together; to consult together

أَمْرٌ :(أمر، الأمر، أمرنا، أمور ...)

أَمْرٌ 1 : فعل أو طلبه؛ حكم — Order; commandment; decree; command

﴿ وَتَنَازَعْتُمْ فِي الأَمْرِ ﴾ [آل عمران 152]

﴿ وَكَانَ أَمْرُ اللَّهِ مَفْعُولاً ﴾ [النساء 47]

﴿ بِإِذْنِ رَبِّهِمْ مِنْ كُلِّ أَمْرٍ ﴾ [القدر 4]

﴿ وَلاَ تُطِيعُوا أَمْرَ الْمُسْرِفِينَ ﴾ [الشعراء 151]

أَمْرٌ 2 : فعل أو طلبه؛ حكم — Decision; concern

﴿ لَيْسَ لَكَ مِنَ الأَمْرِ شَيْءٌ أَوْ يَتُوبَ عَلَيْهِمْ ﴾ [آل عمران 128]

أَمْرٌ 3 : شان — Case; question; affair; matter

﴿ وَقُضِيَ الأَمْرُ وَإِلَى اللَّهِ تُرْجَعُ الأُمُورُ ﴾ [البقرة 210]

أَمْرٌ 4 : شان — Affair; all things

﴿ فَإِنَّ ذَلِكَ مِنْ عَزْمِ الأُمُورِ ﴾ [آل عمران 186]

﴿ ثُمَّ اسْتَوَى عَلَى الْعَرْشِ يُدَبِّرُ الأَمْرَ ﴾ [يونس 3]

آمِرٌ :(الآمرون): طالب (فعل الشيء) — One who enjoins

أَمَّارٌ :(لأمارة): مبالغة من الأمر — That which enjoins; that which is wont to command

إِمْرٌ (إمرا): عظيم منكر أو عجيب — Dreadful; grievous

***

أَمَرٌّ :	Rt.(م ر ر)
امْرَأٌ (امرؤ، امرئ)	Rt.(م ر أ)
امْرَأَةٌ :	Rt.(م ر أ)

***

أ م س

أَمْسِ :(بالأمس): اليوم الذي قبل اليوم الحاضر وقد يدل على الماضي مطلقاً — Yesterday; the day before

***

إِمْسَاكٌ :	Rt.(م س ك)
أَمْسَكَ :	Rt.(م س ك)
أَمْسَى :	Rt.(م س ى)
أَمْشَاجٌ : جمع مشيج	Plur.of مَشِيجٌ.rt.(م ش ج)
أَمْطَرَ :	Rt.(م ط ر)
أَمْعَاءٌ : جمع مِعَى	Plur.of مِعًى rt.(م ع ى)
أَمْكَنَ :	Rt.(م ك ن)

***

أ م ل

أَمَلٌ :(الأمل، أملاً): رجاء — Hope

خَيْراً أَمَلاً : احسن رجاء — Better in respect to hope

* * *

أَمَلٌ : Rt.(م ل ل)

إِمْلَاقٌ : Rt.(م ل ق)

أَمْلَى : Rt.(م ل و)

أَمْلَى:(تملى) Rt.(م ل ى)

* * *

أ م م

آمِّينَ : قاصدين — Those who repair to (the Sacred House); those who go the Scared house

أُمٌّ :(أمّ، أمّك، أمهات، امهاتكم...)

أُمٌّ[1] : والدة — Mother

﴿ أَأَنتَ قُلْتَ لِلنَّاسِ اتَّخِذُونِي وَأُمِّيَ إِلَهَيْنِ ﴾ [المائدة 116]

﴿ وَأَوْحَيْنَا إِلَى أُمِّ مُوسَى أَنْ أَرْضِعِيهِ ﴾ [القصص 7]

أُمٌّ[2] : اصل — Source; substance; basis

﴿ مِنْهُ آيَاتٌ مُحْكَمَاتٌ هُنَّ أُمُّ الْكِتَابِ ﴾ [آل عمران 7]

أُمٌّ[3] : ماوى ومقر — Abode; mother

﴿ فَأُمُّهُ هَاوِيَةٌ ﴾ [القارعة 9]

أُمَّةٌ :(امة، امتكم، أمم، الأمم...)

أُمَّةٌ[1] : جماعة من الناس — Community; nation

﴿ كَانَ النَّاسُ أُمَّةً وَاحِدَةً ﴾ [البقرة 213]

أُمَّةٌ[2] : جماعة من الناس — People

﴿ تِلْكَ أُمَّةٌ قَدْ خَلَتْ لَهَا مَا كَسَبَتْ ﴾ [البقرة 141]

أُمَّةٌ[3] : جماعة من الناس — Party; group

﴿ مِنْهُمْ أُمَّةٌ مُقْتَصِدَةٌ ﴾ [المائدة 66]

أُمَّةٌ[4] : حين — Time; period of time

﴿ وَلَئِنْ أَخَّرْنَا عَنْهُمُ الْعَذَابَ إِلَى أُمَّةٍ مَعْدُودَةٍ ﴾ [هود 8]

أُمَّةٌ[5] : رجل جامع لخصال الخير — Example; nation

﴿ إِنَّ إِبْرَاهِيمَ كَانَ أُمَّةً قَانِتًا لِلَّهِ ﴾ [النحل 120]

أُمَّةٌ[6] : دين — Religion

﴿ إِنَّا وَجَدْنَا آبَاءَنَا عَلَى أُمَّةٍ ﴾ [الزخرف 22]

أَمَامَ :(امامه): قدام — Before; in front of

إِمَامٌ :(إمام، بإمام، إماماً، بإمامهم)

إِمَامٌ[1] : مقتدىً به — Leader ;pattern

﴿ قَالَ إِنِّي جَاعِلُكَ لِلنَّاسِ إِمَامًا ﴾ [البقرة 124]

إِمَامٌ[2] : مقتدىً به — Example ; guide

﴿ وَمِنْ قَبْلِهِ كِتَابُ مُوسَى إِمَامًا وَرَحْمَةً ﴾ [الأحقاف 12]

إِمَامٌ[3] : طريق متبع واضح — High-road; open road

﴿ فَانْتَقَمْنَا مِنْهُمْ وَإِنَّهُمَا لَبِإِمَامٍ مُبِينٍ ﴾ [الحجر 79]

إِمَامٌ[4]: اللوح المحفوظ؛ القرآن — Register; writing

﴿ وَكُلَّ شَيْءٍ أَحْصَيْنَاهُ فِي إِمَامٍ مُبِينٍ﴾ [يس 12]

أُمِّيٌّ :(الأمي، أميون، الأميين): من لا يقرأ ولا يكتب	Unlettered; one who can not read and write; unlearned
أُمَمٌ : جمع أمة	Plur.of أُمَّةٌ

أ م م ا

أَمَّا :

أَمَّا[1] : حرف شرط وتفصيل وتوكيد	As for

﴿ أَمَّا مَنْ اسْتَغْنَى ﴾ [عبس 4]

أَمَّا[2] : حرف شرط وتفصيل وتوكيد	Or that which

﴿ قُلْ أَالذَّكَرَيْنِ حَرَّمَ أَمْ الأُنْثَيَيْنِ أَمَّا اشْتَمَلَتْ عَلَيْهِ أَرْحَامُ الأُنْثَيَيْنِ ﴾ [الأنعام 143]

أَمَّا[3] :	Or (what)

﴿ أَمَّا ذَا كُنتُمْ تَعْمَلُونَ ﴾ [النمل 84]

إِمَّا :

إِمَّا[1] : حرف شرط وتفصيل وتوكيد	When; if

﴿ يَابَنِي آدَمَ إِمَّا يَأْتِيَنَّكُمْ رُسُلٌ مِنْكُمْ ﴾ [الأعراف 35]

إِمَّا[2] : حرف للتخيير والتفصيل والإبهام	Either

﴿ قَالُوا يَامُوسَى إِمَّا أَنْ تُلْقِيَ وَإِمَّا أَنْ نَكُونَ نَحْنُ الْمُلْقِينَ ﴾ [الأعراف 115]

إِمَّا[3] : حرف للتخيير والتفصيل والإبهام	Whether

﴿ وَآخَرُونَ مُرْجَوْنَ لأَمْرِ اللَّهِ إِمَّا يُعَذِّبُهُمْ وَإِمَّا يَتُوبُ عَلَيْهِمْ﴾ [التوبة 106]

إِمَّا ...وإِمَّا : للتخيير	Either … or; whether

أ م ن

أَمِنَ (َ) :(أمن، أمنتكم، تأمنا، يأمن...)

أَمِنَ[1] : اطمأن ولم يخف	To feel secures; to be secure

﴿ أَفَأَمِنَ أَهْلُ الْقُرَى أَنْ يَأْتِيَهُمْ بَأْسُنَا بَيَاتًا ﴾ [الأعراف 97]

أَمِنَ[2] : وثق به	To entrust; to trust

﴿ قَالَ هَلْ آمَنُكُمْ عَلَيْهِ ﴾ [يوسف 64]

آمَنَ :(آمن، آمنت، تؤمن، تؤمن...)

آمَنَ[1] : أذعن وصدق	To believe; to have faith (in)

﴿ وَآمِنُوا بِمَا أَنزَلْتُ مُصَدِّقًا لِمَا مَعَكُمْ ﴾ [البقرة 41]

آمَنَ[2] :جعل يأمن	To make; to give security.

﴿ الَّذِي أَطْعَمَهُمْ مِنْ جُوعٍ وَآمَنَهُمْ مِنْ خَوْفٍ ﴾ [قريش 4]

أْتَمَنَ :(أؤتمن): وثق به وجعله حافظاً ل	To trust

آمِنٌ :(آمنا، آمنة، آمنون، آمنين...)

آمِنٌ[1] : مطمئن	One who is secure

﴿ يَامُوسَى أَقْبِلْ وَلاَ تَخَفْ إِنَّكَ مِنْ الآمِنِينَ ﴾ [القصص 31]

آمِنٌ[2] : ذو أمن أو أمن أصحابه	Secure; safe

﴿ وَضَرَبَ اللَّهُ مَثَلا قَرْيَةً كَانَتْ آمِنَةً مُطْمَئِنَّةً ﴾ [النحل 112]

﴿ وَإِذْ قَالَ إِبْرَاهِيمُ رَبِّ اجْعَلْ هَذَا بَلَدًا آمِنًا ﴾ [البقرة 126]

أَمَانَةٌ:(الأمانة، أمانته، الأمانات، أماناتكم...): حق مرعٍ يجب حفظه وأداؤه وكذلك تعني التكاليف — Trust; deposit

أَمْنٌ :الأمن، بالأمن، أمنا): اطمئنان وحفظ — Safety; security

أَمَنَةٌ : أمْن — Security; reassurance

أَمِينٌ :(أمين، الأمين)

أَمِينٌ[1] : ثقة مؤتمن او آمن أو مامون — True; trusted; faithful

﴿ إِنِّي لَكُمْ رَسُولٌ أَمِينٌ ﴾ [الشعراء 125]

أَمِينٌ[2] : بعيد عن المكاره ؛ مطمئن من أقام فيه — Safe ; secure

﴿ وَهَذَا الْبَلَدِ الأَمِينِ ﴾ [التين 3]

﴿ إِنَّ الْمُتَّقِينَ فِي مَقَامٍ أَمِينٍ ﴾ [الدخان 51]

إِيْمَانٌ:(والإيمان، بالإيمان، إيماناً، إيمانكم...): إذعان وتصديق — Faith; belief

مَأْمَنٌ :(مامنه): مكان أمن — Asylum; place of safety

مَأْمُونٌ : موثوق بعدم وقوعه — That before which one feels secure; thing to be felt secure of

مُؤْمِنٌ:(مؤمن، المؤمن، مؤمنين، مؤمنون...)

مُؤْمِنٌ[1]: مذعن ومصدّق — Believer; one who believes

﴿ وَلَعَبْدٌ مُؤْمِنٌ خَيْرٌ مِنْ مُشْرِكٍ وَلَوْ أَعْجَبَكُمْ ﴾ [البقرة 221]

﴿ وَمَا كَانَ لِمُؤْمِنٍ أَنْ يَقْتُلَ مُؤْمِنًا إِلاَّ خَطَأً﴾ [النساء 92]

مُؤْمِنٌ[2]: من أسمائه تعالى — Keeper of faith; Giver of peace

﴿ الْمَلِكُ الْقُدُّوسُ السَّلاَمُ الْمُؤْمِنُ ﴾ [الحشر 23]

مُؤْمِنَةٌ:(مؤمنة، المؤمنات، للمؤمنات، مؤمنات...): مؤنث مؤمن — Believing woman

***

أُمْنِيَةٌ : — Rt.(م ن ى)

***

أ م و

أَمَةٌ :(لأمة، وإمائكم): عبدة مملوكة — Bond woman; Maid

***

أَمْهَلَ : — Rt.(م هـ ل)

أَمْوَاتٌ : جمع ميْت — Plur.of مَيِّتٌ rt.(م و ت)

أَمْوَالٌ : جمع مال — Plur.of مَالٌ rt.(م و ل)

أُمُورٌ : جمع أمْر — Plur.of أَمْرٌ rt.(أ م ر)

أُمِّيٌّ : — Rt.(أ م م)

أَمِيْنٌ : — Rt.(أ م ن)

***

أ ن

أَنْ :

أَنْ[1] : تاتي مضدرية وتدخل على المضارع فتنصبه — That

﴿ أَفَتَطْمَعُونَ أَنْ يُؤْمِنُوا لَكُمْ ﴾ [البقرة 75]

أَنْ [2] : تأتي مصدرية وتدخل على المضارع فتنصبه	In order that
﴿ بِئْسَمَا اشْتَرَوْا بِهِ أَنفُسَهُمْ أَن يَكْفُرُوا بِمَا أَنزَلَ اللَّهُ بَغْيًا ﴾ [البقرة 90]	
أَنْ [3] : مخففة من أنّ	Because
﴿ ذَلِكَ أَن لَّمْ يَكُن رَّبُّكَ مُهْلِكَ الْقُرَى بِظُلْمٍ ﴾ [الأنعام 131]	
أَنْ [4] : تأتي مصدرية وتدخل على المضارع فتنصبه	Lest
﴿ أَن تَقُولُوا إِنَّمَا أُنزِلَ الْكِتَابُ عَلَى طَائِفَتَيْنِ مِن قَبْلِنَا ﴾ [الأنعام 156]	
أَنْ [5] : زائدة للتوكيد	Expletive (for emphasis but not needed for the sense)
﴿ فَلَمَّا أَن جَاءَ الْبَشِيرُ أَلْقَاهُ عَلَى وَجْهِهِ ﴾ [يوسف 96]	
إلاّ أَنْ :	
إلاّ أَنْ [1] : ما لم	Unless
﴿ مَا كَانُوا لِيُؤْمِنُوا إِلَّا أَن يَشَاءَ اللَّهُ ﴾ [الأنعام 111]	
إلاّ أَنْ [2] : لا شيء عدا	Naught else than; naught but
﴿ هَلْ يَنظُرُونَ إِلَّا أَن يَأْتِيَهُمُ اللَّهُ ﴾ [البقرة 210]	
إِنْ :	
إِنْ [1] : شرطية	If
﴿ إِن يَنتَهُوا يُغْفَرْ لَهُم مَّا قَدْ سَلَفَ ﴾ [الأنفال 38]	
إِنْ [2] : مخففة من إنّ	Indeed; surely
﴿ وَإِن كَادُوا لَيَسْتَفِزُّونَكَ مِنَ الْأَرْضِ ﴾ [الإسراء 76]	
إِنْ ... إلاّ : مركبة من إن+إلاّ	Naught ... but; naught ... else than; only

* * *

أَنَّ :	Rt.(أ ن ن)
إِنَّ :	Rt.(أ ن ن)
إِنَّمَا :	Rt.(أ ن ن)

* * *

أ ن ا

أنا : ضمير رفع منفصل للمتكلم أو المتكلمة	I

* * *

أَنَابَ :	Rt.(ن و ب)
إِنَاثٌ : جمع أنثى	Plur.of أُنثَى rt.(أ ن ث)
أُنَاسٌ :	Rt.(أ ن س)
أَنَاسِيُّ : جمع إنسيّ	Plur.of إِنسِيٌّ rt.(أ ن س)
أَنَامٌ :	Rt.(أ ن م)
أَنَامِلُ : جمع أنملة	Plur.of أَنْمُلَةٌ rt.(ن م ل)
أَنْبَأَ :	Rt.(ن ب أ)
أَنْبَاءٌ : جمع نبأ	Plur.of نَبَأٌ rt.(ن ب أ)
أَنْبِيَاءُ : جمع نبيّ	Plur.of نَبِيٌّ rt.(ن ب أ)
أَنْبَتَ :	Rt.(ن ب ت)
انْبَجَسَ :	Rt.(ب ج س)
انْبِعَاثٌ :	Rt.(ب ع ث)
انْبَعَثَ :	Rt.(ب ع ث)
انْبَغَى :	Rt.(ب غ ى)

آنَسَ :(انس، آنست، آنستم)

آنَسَ [1] : ابصر	To perceive; to see

﴿ إِنِّي آنَسْتُ نَارًا ﴾ [النمل 7]

آنَسَ [2] : ادرك وعلم	To find

﴿ فَإِنْ آنَسْتُمْ مِنْهُمْ رُشْدًا فَادْفَعُوا إِلَيْهِمْ أَمْوَالَهُمْ ﴾ [النساء 6]

اسْتَأْنَسَ :(تستأنسوا): استأذن	To ask permission; to announce one's presence
إِنْسٌ :(إنس، الإنس): ناس	Mankind; humankind
إِنْسَانٌ :إنسان، أناس): الذكر والانثى من بني آدم	Man

أُناسٌ :

أُناسٌ [1] : جماعة من الناس	Folk; people

﴿ أَخْرِجُوهُمْ مِنْ قَرْيَتِكُمْ إِنَّهُمْ أُنَاسٌ يَتَطَهَّرُونَ ﴾ [الأعراف 82]

أُناسٌ [2] : جماعة من الناس	Tribe

﴿ قَدْ عَلِمَ كُلُّ أُنَاسٍ مَشْرَبَهُمْ ﴾ الأعراف 160]

إِنْسِيٌّ :(إنسيا، أناسيّ): الواحد من البشر	Man; mortal
مُسْتَأْنِسٌ : (مستأنسين): يؤنس (بعضهم بعضاً بالحديث)	One who lingers for (conversation); one who seeks to listen to (talk)

***

أَنْسَابٌ : جمع نسَبٌ	Plur.of نَسَبٌ rt. (ن س ب)

***

أ ن ت

أَنْتَ : ضمير رفع منفصل للمخاطب	You (sing)
أَنْتُمَا : ضمير رفع منفصل للمخاطبتين والمخاطبين	You (dual)
أَنْتُمْ : ضمير رفع منفصل للمخاطبين	You (plur.)

***

انْتَبَذَ :	Rt.(ن ب ذ)
انْتَثَرَ :	Rt.(ن ث ر)
انْتَشَرَ :	Rt.(ن ش ر)
انْتَصَرَ :	Rt.(ن ص ر)
انْتَظَرَ :	Rt.(ن ظ ر)
انْتِقَامٌ :	Rt.(ن ق م)
انْتَقَمَ :	Rt.(ن ق م)
انْتَهَى :	Rt.(ن ه ى)

***

أ ن ث

أُنْثَى :(أنثى ، الأنثى، الأنثيين، إناثاً...): خلاف الذكر	Female

***

أَنْجَى :	Rt.(ن ج و)
إِنْجِيلٌ :	Rt.(ن ج ل)
أَنْدَادٌ : جمع ندّ	Plur.of نِدٌّ rt.(ن د د)
أَنْذَرَ :	Rt.(ن ذ ر)
أَنْزَفَ :	Rt.(ن ز ف)
أَنْزَلَ :	Rt.(ن ز ل)

***

أ ن ث

إنْسَانٌ :	Rt.(أ ن س)
انْسَلَخَ :	Rt.(س ل خ)
أَنْسَى :	Rt.(ن س ى)
إِنْسِيٌّ :	Rt.(أ ن س)
إِنْشَاءٌ :	Rt.(ن ش أ)
أَنْشَأَ :	Rt.(ن ش أ)
أَنْشَرَ :	Rt.(ن ش ر)
أَنْشَزَ :	Rt.(ن ش ز)
انْشَقَّ :	Rt.(ش ق ق)
أَنْصَابٌ: جمع نُصُبٌ	Plur.of نُصُبٌ rt. (ن ص ب)
أَنْصَارٌ: جمع نصير	Plur.of نَصِيرٌ rt. (ن ص ر)
أَنْصَتَ :	Rt.(ن ص ت)
انْصَرَفَ :	Rt.(ص ر ف)
أَنْطَقَ :	Rt.(ن ط ق)
انْطَلَقَ :	Rt.(ط ل ق)
أَنْظَرَ :	Rt.(ن ظ ر)
أَنْعَامٌ :	Rt.(ن ع م)
أَنْعَمَ :	Rt.(ن ع م)
أَنْعُمٌ : جمع نعمة	Plur.of نِعْمَةٌ rt.(ن ع م)
أَنْغَضَ :	Rt.(ن غ ض)

* * *

أ ن ف

أَنْفٌ :(والأنف، بالأنف): عضو التنفس والشم	Nose
آنِفاً : منذ ساعة أو أقرب وقت مضى	Just now

* * *

إِنْفَاقٌ :	Rt.(ن ف ق)
أَنْفَالٌ : جمع نفل	Plur.of نَفَلٌ rt.(ن ف ل)
انْفَجَرَ :	Rt.(ف ج ر)
أَنْفُسٌ : جمع نفس	Plur.of نَفْسٌ rt.(ن ف س)
إِنْفِصَامٌ :	Rt.(ف ص م)
انْفَضَّ :	Rt.(ف ض ض)
انْفَطَرَ :	Rt.(ف ط ر)
أَنْفَقَ :	Rt.(ن ف ق)
انْفَلَقَ :	Rt.(ف ل ق)
أَنْقَذَ :	Rt.(ن ق ذ)
أَنْقَضَ :	Rt.(ن ق ض)
انْقَضَّ :	Rt.(ق ض ض)
انْقَلَبَ :	Rt.(ق ل ب)
أَنْكَاثٌ : جمع نِكث	Plur.of نِكْثٌ rt.(ن ك ث)
أَنْكَالٌ : جمع نِكل	Plur.of نِكْلٌ rt.(ن ك ل)
أَنْكَحَ :	Rt.(ن ك ح)
انْكَدَرَ :	Rt.(ك د ر)
أَنْكَرَ :	Rt.(ن ك ر)
أَنْكَرُ :	Rt.(ن ك ر)

* * *

أ ن م

أَنَامٌ :(للأنام): خلق	(Living) creatures

أ ن ن

أَنَّ : تأتي حرف توكيد ونصب بمعنى لعلّ	That; since; because
إِنَّ : تأتى حرفاً للتوكيد فتنصب الاسم وترفع الخبر	Lo!; Verily; surely
إِنَّمَا : اداة حصر	Only; (to be) but

أن ن ى

أنَّى :

أنَّى[1] : بمعنى كيف — How

﴿ قَالُوا أَنَّى يَكُونُ لَهُ الْمُلْكُ عَلَيْنَا ﴾ [البقرة 247]

أنَّى[2] : كيف — As; when

﴿ نِسَاؤُكُمْ حَرْثٌ لَكُمْ فَأْتُوا حَرْثَكُمْ أَنَّى شِئْتُمْ ﴾ [البقرة 223]

أنَّى[3] : بمعنى من اين — Whence

﴿ قَالَ يَامَرْيَمُ أَنَّى لَكِ هَذَا ﴾ [آل عمران 37]

***

أَنْهَارٌ : جمع نَهر — Plur.of نَهْرٌ rt.(ن هـ ر)

انْهَارَ : — Rt.(هـ و ر)

***

أ ن و

إِنًى :(إناه، آناء)

إِنًى[1] : وقت النضج والأكل — Proper time; (the act of) finishing the cooking

﴿ إِلاَّ أَنْ يُؤْذَنَ لَكُمْ إِلَى طَعَامٍ غَيْرَ نَاظِرِينَ إِنَاهُ ﴾ [الأحزاب 53]

إِنًى[2] : ساعة — Hour

﴿ أَمَّنْ هُوَ قَانِتٌ آنَاءَ اللَّيْلِ سَاجِدًا وَقَائِمًا ﴾ [الزمر 9]

آنَاءَ اللَّيْلِ : ساعات الليل — Hours of night; all night long

***

أَنَّى : — Rt.(أ ن ى)

***

أ ن ى

آنَ (يـ):(يأن): حان — To be ripe (the time); to come (the time)

أَلَمْ يَأْنِ : : ألم يحن — Is not the time yet come? Has not the time yet come?

آنٍ :(آن، آنية): بالغ النهاية في شدة الحر — Fierce; hot

إِنَاءٌ :(آنية): وعاء — Goblet; vessel

***

أَهَانَ : — Rt.(هـ و ن)

اهْتَدَى : — Rt.(هـ د ى)

اهْتَزَّ : — Rt.(هـ ز ز)

أَهْدَى : — Rt.(هـ د ى)

***

أ هـ ل

أَهْلٌ :(أهل، لأهل، أهلك، بأهلكم...)

أَهْلٌ[1] : أصحاب — People

﴿ قُلْ يَاأَهْلَ الْكِتَابِ تَعَالَوْا إِلَى كَلِمَةٍ سَوَاءٍ ﴾ [آل عمران 64]

﴿ فَابْعَثُوا حَكَمًا مِنْ أَهْلِهِ وَحَكَمًا مِنْ أَهْلِهَا ﴾ [النساء 35]

أَهْلٌ[2] : سكان — Folk; People

﴿ لِيُذْهِبَ عَنْكُمُ الرِّجْسَ أَهْلَ الْبَيْتِ ﴾ [الأحزاب 33]

أَهْلٌ[3] : أقارب وعشيرة — Household; family

﴿ شَغَلَتْنَا أَمْوَالُنَا وَأَهْلُونَا فَاسْتَغْفِرْ لَنَا ﴾ [الفتح 11]

أَهْلٌ[4] : أصحاب — Owners

﴿ إِنَّ اللَّهَ يَأْمُرُكُمْ أَنْ تُؤَدُّوا الأَمَانَاتِ إِلَى أَهْلِهَا ﴾ [النساء 58]

أهْلٌ[5] : اصحاب	Masters; folk

﴿ فَانكِحُوهُنَّ بِإِذْنِ أَهْلِهِنَّ وَآتُوهُنَّ أُجُورَهُنَّ ﴾ [النساء 25]

أهْلٌ[6] : سكان	Dwellers; Inmates

﴿ إِنَّ ذَلِكَ لَحَقٌّ تَخَاصُمُ أَهْلِ النَّارِ ﴾ [ص 64]

﴿ حَتَّى تَسْتَأْنِسُوا وَتُسَلِّمُوا عَلَى أَهْلِهَا ﴾ [النور 27]

أهْلٌ[7] : مستحق لـ	Worthy; fount

﴿ هُوَ أَهْلُ التَّقْوَى وَأَهْلُ الْمَغْفِرَةِ ﴾ [المدثر 56]

❋ ❋ ❋

أهَلَّ :	Rt.(هـ ل ل)
أهِلَّةٌ : جمع هلال	Plur.of هِلاَلٌ rt.(هـ ل ل)
أهْلَكَ :	Rt.(هـ ل ك)
أهَمَّ :	Rt.(هـ م م)
أهْوَاءٌ : جمع هوى	Plur.of هَوًى rt.(هـ و ى)
أهْوَنُ :	Rt.(هـ و ن)
أهْوَى :	Rt.(هـ و ى)

❋ ❋ ❋

أ و

أَوْ : جاءت لمعان منها الشك والابهام والاضراب والتسوية والتقسيم	Or; either; whether; only

❋ ❋ ❋

أوَّابٌ :	Rt.(أ و ب)
أوَّاهٌ :	Rt.(أ و هـ)

❋ ❋ ❋

أ و ب

أوِّبَ :(أوّبى): رَجِّع التسبيح	To echo the psalms of praise; to sing praises
إيَابٌ : رجوع	Return
أوَّابٌ : كثير الرجوع إلى الله	One who turns in sincere repentance; one who turns (to Allah) frequently
مَآبٌ : مرجع أو رجوع	Return

❋ ❋ ❋

أوْبَارٌ : جمع وبَر	Plur.of وَبَرٌ rt.(و ب ر)
أوْتَادٌ :جمع وَتِد	Plur.of وَتِدٌ rt.(و ت د)
أوْثَانٌ : جمع وَثَن	Plur.of وَثَنٌ rt.(و ث ن)
أوْثَقَ :	Rt.(و ث ق)
أوْجَسَ :	Rt.(و ج س)
أوْجَفَ :	Rt.(و ج ف)
أوْحَى :	Rt.(و ح ى)

❋ ❋ ❋

أ و د

آدَ (ُ) :(يؤوُدُه): اثقل واجهد	To tire; to make weary

❋ ❋ ❋

أوْدِيَةٌ : جمع وادٍ 🕮	Plur.of وادٍ rt.(و د ى)
أوْذِيَ : تصريف آذى 🕮	Conj.of آذَى rt.(أ ذ ى)
أوْرَثَ :	Rt.(و ر ث)
أوْرَدَ :	Rt.(و ر د)
أوْرَى :	Rt.(و رى)
أوْزَارٌ : جمع وِزر	Plur.of وِزْرٌ rt.(و ز ز)
أوْزَعَ :	Rt.(و ز ع)

أَوْسَطُ : Rt.(و س ط)

أَوْصَى : Rt.(و ص ى)

أَوْضَعَ : Rt.(و ض ع)

أَوْعَدَ : Rt.(و ع د)

أَوْعَى : Rt.(و ع ى)

أَوْعِيَةٌ : جمع وعاء Plur.of وِعَاءٌ rt.(و ع ى)

أَوْفَضَ : Rt.(و ف ض)

أَوْفَى : Rt.(و ف ى)

أَوْقَدَ : Rt.(و ق د)

أَوْقَعَ : Rt.(و ق ع)

* * *

أ و ل

تَأْوِيلٌ :(تأويل، بتأويل، تأويلا، تأويله...)

تَأْوِيلٌ[1] : تفسير وتبيين ما يؤول اليه الأمر — Interpretation; explanation

﴿ وَمَا نَحْنُ بِتَأْوِيلِ الأَحْلامِ بِعَالِمِينَ ﴾ [يوسف 44]

﴿ وَمَا يَعْلَمُ تَأْوِيلَهُ إِلاَّ اللَّهُ ﴾ [آل عمران 7]

تَأْوِيلٌ[2] : تفسير وتبيين ما يؤول اليه الأمر — Significance; interpretation

﴿ ذَلِكَ تَأْوِيلُ مَا لَمْ تَسْتَطِعْ عَلَيْهِ صَبْرًا ﴾ [الكهف 82]

تَأْوِيلٌ[3] : تفسير وتبيين ما يؤول اليه الأمر — Fulfillment; final sequel

﴿ هَلْ يَنظُرُونَ إِلاَّ تَأْوِيلَهُ ﴾ [الأعراف 53]

﴿ يَوْمَ يَأْتِي تَأْوِيلُهُ يَقُولُ الَّذِينَ نَسُوهُ مِنْ قَبْلُ ﴾ [الأعراف 53]

آلٌ : (آل ، وآل)

آلٌ[1] : اهل — Descendants; family

﴿ إِنَّ اللَّهَ اصْطَفَى آدَمَ وَنُوحًا وَآلَ إِبْرَاهِيمَ وَآلَ عِمْرَانَ ﴾ [آل عمران 33]

آلٌ[2] : اهل — House; Children

﴿ وَبَقِيَّةٌ مِمَّا تَرَكَ آلُ مُوسَى وَآلُ هَارُونَ ﴾ [البقرة 248]

آلٌ[3] : اهل — Folks; followers

﴿ فَأَنْجَيْنَاكُمْ وَأَغْرَقْنَا آلَ فِرْعَوْنَ ﴾ [البقرة 50]

أَوَّلٌ :(اول، الأول، الأولون، الأولى...)

أَوَّلٌ[1] : ضد آخر — First

﴿ وَلاَ تَكُونُوا أَوَّلَ كَافِرٍ بِهِ ﴾ [البقرة 41]

﴿ هُوَ الأَوَّلُ وَالآخِرُ وَالظَّاهِرُ وَالْبَاطِنُ ﴾ [الحديد 3]

أَوَّلٌ[2] : ضد آخر — Former; earlier; that which goes before

﴿ وَإِنَّ لَنَا لَلآخِرَةَ وَالأُولَى ﴾ [الليل 13]

﴿ إِنَّ هَذَا لَفِي الصُّحُفِ الأُولَى ﴾ [الأعلى 18]

الأَوَّلُونَ : جمع الأول — The ancients; folk of old; men of old.

الجاهِلِيَةُ الأُولَى: ما كان عليه العرب قبل الإسلام من الجهالة والظلالة — Time of Ignorance; ignorance of yore

أُوْلُوا :اولوا، اولى، اولات، اولاء...)

أُوْلُوا[1] : اصحاب — Those of; those possessed of; those who have; those possessing

﴿ إِنَّمَا يَتَذَكَّرُ أُوْلُوا الأَلْبَابِ﴾ [الرعد 19]

﴿ جَاعِلِ الْمَلائِكَةِ رُسُلاً أُولِي أَجْنِحَةٍ ﴾ [فاطر 1]

﴿ فَلَوْلاَ كَانَ مِنَ الْقُرُونِ مِنْ قَبْلِكُمْ أُوْلُوا بَقِيَّةٍ يَنْهَوْنَ ﴾ [هود 116]

أُوْلُوا[2] : أصحاب	Owners of; possessors of

﴿ وَأُوْلُوا الأَرْحَامِ بَعْضُهُمْ أَوْلَى بِبَعْضٍ ﴾ [الأنفال 75]

أُوْلُوا الأَرْبَةِ : انظر إربة	See إِرْبَة rt. (أ ر ب)
أُوْلُوا الأَمْرِ : أصحاب الأمر	Those in authority
أُوْلُوا القُرْبَى (قُرْبَى): أصحاب القربى(قربى)	Near of kin; near relatives
أُوْلاتُ حَمْلٍ (الأَحْمَالِ): صاحبات حمل(الأحمال)	Woman with child

أ و ل ا ء

أُوْلاءِ(هؤُلاءِ) : اسم يشار به إلى الجماعة ذكوراً أو إناثاً	These; those; such
ها أَنْتُمْ أُوْلاءِ : إنكم أنتم لا غيركم!	Lo! Ye are those;...; behold; you are they

❋ ❋ ❋

أُوْلاتٌ :	Fem. of أُوْلُوا rt.(أ و ل)
أَوْلادٌ : جمع وَلَد	Plur.of وَلَدٌ rt.(و ل د)
🕮	
أُولاَهُمْ :مادة (ا و ل)	Rt.(أ و ل)
🕮	
أَوْلَجَ :	Rt.(و ل ج)
أَوْلَى :	Rt.(و ل ى)
أُوْلَى : مؤنث أوّل	Fem. of أَوَّلٌ rt.(أ و ل)
أَوْلِيَاءُ : جمع وليّ	Plur.of وَلِيٌّ rt.(و ل ى)

❋ ❋ ❋

🕮	
أَوْلِيَانِ :مادة (و ل ى)	Rt.(و ل ى)
🕮	

أ و ن

الآنَ : للوقت الذي أنت فيه	Now; at this present time

أ و هـ

أَوَّاهٌ :(لأوّاه): رجل كثير التوجع وطلب في العبادة الضراعة لله	Soft of heart; tender-hearted

❋ ❋ ❋

أَوْهَنُ :	Rt.(و هـ ن)
أَوَى :	Rt.(أ و ى)

❋ ❋ ❋

أ و ى

أَوَى(:) :(أوى،أوينا، أوى، أوى...): نزل والتجأ	To flee for refuge; to take refuge; to seek refuge
آوَى :(أوى ، فآواكم، تؤوي، تؤويه...)	
آوَى[1] : ضمّ	To receive; to lodge; to take to oneself

﴿ تُرْجِي مَنْ تَشَاءُ مِنْهُنَّ وَتُؤْوِي إِلَيْكَ مَنْ تَشَاءُ ﴾ [الأحزاب 51]

﴿ فَلَمَّا دَخَلُوا عَلَى يُوسُفَ آوَى إِلَيْهِ أَبَوَيْهِ ﴾ [يوسف 99]

آوَى[2] : ضمّ وقرّب	To give shelter; to

protect; to harbour

﴿ أَلَمْ يَجِدْكَ يَتِيمًا فَآوَى ﴾ [الضحى 6]

﴿ وَفَصِيلَتِهِ الَّتِي تُؤْوِيهِ ﴾ [المعارج 13]

مأوَى: (المأوى،مأواكم، مأواه، مأواهم...): مكان الإيواء — Abode; home

أ ي

إي : حرف جواب يقع قبل القسم ومعناه: نعم — Yea; aye!

* * *

أيٌّ (أيّاً) : — Rt.(أ ى ى)

إيّا(ك...الخ): — Rt.(أ ى ى)

إيَابٌ : — Rt.(أ و ب)

أيَّامٌ : جمع يوم — Plur.of يَوْمٌ rt.(ى و م)

أيَامَى : جمع أيّم — Plur.of أيّمٌ rt.(أ ى م)

أيَّان : — Rt.(أ ى ن)

* * *

📖

إيّانا :مادة (أ ى ى) — Rt.(أ ى ى)

📖

أ ي ب

أيّوبُ :(أيوب،وأيوب): احد الأنبياء كان قوياً ذا مال وبنين ثم ابتلي في ذلك كله وصبر — Job

* * *

إيتَاءٌ : — Rt.(أ ت ى)

أيَّتُها : — Rt.(أ ى ى)

* * *

أ ي د

أيَّدَ :(أيدتك، أيدك، أيدكم، فأيّدنا...): قوى — To strengthen

أيْدٌ :(بأيد، الأيد): قوة وقدرة وإحكام — Might; power

* * *

أيْدٍ : جمع يد — Plur.of يَدٌ rt.(ى د ى)

أيْقَاظٌ : جمع يقظ — Plur.of يَقِظٌ rt.(ى ق ظ)

أيْقَنَ : — Rt.(ى ق ن)

* * *

أ ي ك

أيْكَةٌ :(الأيكة): الشجر الكثيف الملتف — Wood; thicket

أصْحَابُ الأيْكَةِ: هم قوم شعيب عليه السلام كانت مساكنهم كثيفة الأشجار — Dwellers in the wood; dwellers of the thicket

* * *

📖

أيُكم :مادة (أ ى ى) — Rt.(أ ى ى)

📖

إيلافٌ : — Rt.(أ ل ف)

* * *

أ ي م

أيّمٌ :(الأيامى): من لا زوج له رجلاً أو امرأة — One who is solitary; one who is single

* * *

أيُّمَا : — Rt.(أ ى ى)

أيْمانٌ : جمع يمين — Plur.of يَمِينٌ rt.(ى م ن)

إيمَانٌ : — Rt.(أ م ن)

أيْمَنُ : — Rt.(ى م ن)

* * *

أ ي ن

الآنَ : للوقت الذي أنت فيه — Now

أيَّانَ : اسم استفهام عن الزمان المستقبل — When

أَيْنَ : جاءت في القرآن للاستفهام عن المكان — Where

أَيْنَ مَا :

أَيْنَ مَا[1] : اسم مكان ومعناها: في أيّ موضع — Wheresoever; wherever

﴿ وَجَعَلَنِي مُبَارَكًا أَيْنَ مَا كُنتُ﴾ [مريم 31]

أَيْنَ مَا[2] : للإستفهام عن المكان — Where … that

﴿ وَقِيلَ لَهُمْ أَيْنَ مَا كُنْتُمْ تَعْبُدُونَ﴾ [الشعراء 92]

أَيْنَمَا : اين+ ما — Wheresoever; wherever; whither; withersoever

***

أيّنا : مادة (ا ى ى) — Rt.(أ ى ى)

أينما : — Rt.(أ ى ن)

أيّة : مادة (ا ى ى) — Rt.(أ ى ى)

أيّها : مادة (ا ى ى) — Rt.(أ ى ى)

أيّهمْ : مادة (أ ى ى) — Rt.(أ ى ى)

أيّوبُ : — Rt.(أ ى ب)

***

أ ي ي

آيَةٌ : (آية، بآية، الآية، ايتك...)

آيَةٌ[1] : جملة أو جمل أثر الوقف في نهايتها غالباً — Verse

﴿ الر تِلْكَ آيَاتُ الْكِتَابِ الْمُبِينِ﴾ [يوسف 1]

آيَةٌ[2] : جملة أو جمل من القرآن الكريم أثر الوقف في نهايتها غالباً — Revelation; communication

﴿ يَتْلُو عَلَيْهِمْ آيَاتِكَ﴾ [البقرة 129]

﴿ مَا نَنسَخْ مِنْ آيَةٍ أَوْ نُنسِهَا ﴾ [البقرة 106]

آيَةٌ[3] : علامة ومعجزة ودلالة وعبرة — Sign; portent; token

﴿ إِنَّ فِي ذَلِكَ لآيَاتٍ لأُوْلِي النُّهَى ﴾ [طه 128]

﴿ وَلَقَدْ آتَيْنَا مُوسَى تِسْعَ آيَاتٍ بَيِّنَاتٍ﴾ [الإسراء 101]

﴿ إِن نَّشَأْ نُنَزِّلْ عَلَيْهِم مِّنَ السَّمَاءِ آيَةً ﴾ [الشعراء 4]

آيَةٌ[4] : علامة ومعجزة ودلالة وعبرة — Monument

﴿ أَتَبْنُونَ بِكُلِّ رِيعٍ آيَةً تَعْبَثُونَ ﴾ [الشعراء 128]

أيٌّ : (أيّ، أيّا، أيّتها، ...)

أيٌّ[1] : أداة استفهام غالباً وقد تأتي دالّة على الكمال أو موصولة — What

﴿ قُلْ أَيُّ شَيْءٍ أَكْبَرُ شَهَادَةً ﴾ [الأنعام 19]

أيٌّ[2] : أداة استفهام غالباً وقد تأتي دالّة على الكمال أو موصولة — Which

﴿ فَأَيُّ الْفَرِيقَيْنِ أَحَقُّ بِالأَمْنِ ﴾ [الأنعام 81]

﴿ فَبِأَيِّ آلاَءِ رَبِّكُمَا تُكَذِّبَانِ ﴾ [الرحمن 13]

أيٌّ[3] : أداة استفهام غالباً وقد تأتي دالّة على الكمال أو موصولة — Whichsoever; whichever

﴿ أيًّا مَا تَدْعُوا فَلَهُ الأَسْمَاءُ الْحُسْنَى ﴾ [الإسراء 110]

Whatsoever; whatever	أيٌّ[4] : أداة استفهام غالباً وقد تأتي دالّة على الكمال أو موصولة
	﴿ فِي أيِّ صُورَةٍ مَا شَاءَ رَكَّبَكَ ﴾ [الانفطار 8]
Whichever	أيُّمَا : شرطية
O (you); O(thou)	أيَّتُها، أَيُّهَ، أيُّهَا: وصلة للنداء ما فيه (أل)
	إيَّا :(إيّاك، إياكم، إيانا، إياه...): ضمير نصب منفصل
Thee we worship	إيَّاكَ (نَعْبُدُ) : ضمير نصب منفصل
And you	وإيّاكُم : ضمير نصب منفصل
Us ye worship	إيَّانا(تَعْبُدُونَ) : ضمير نصب منفصل
He Whom ye worship	إيَّاهُ(تَعْبُدونَ) : ضمير نصب منفصل
And (for) them	وَإيَاهُم : ضمير نصب منفصل
And fear Me	وإيَّايَ (فارْهَبُونِ): ضمير نصب منفصل
Rt.(أ ى ى)	أيِيِّكُمُ :مادة (أ ى ى)

باب الباء

ب

ب :

ب[1] : للمصاحبة — With

﴿ يَايَحْيَى خُذْ الْكِتَابَ بِقُوَّةٍ ﴾ [مريم 12]

﴿ اهْبِطْ بِسَلاَمٍ ﴾ [هود 48]

ب[2] : للسببية أو الظرفية — At

﴿ وَلَقَدْ نَصَرَكُمْ اللَّهُ بِبَدْرٍ ﴾ [آل عمران 123]

ب[3] : للظرفية — In

﴿ ادْخُلُوهَا بِسَلاَمٍ آمِنِينَ ﴾ [الحجر 46]

﴿ نَجَّيْنَاهُمْ بِسَحَرٍ ﴾ [القمر 34]

ب[4] : للمقابلة والعوض — For

﴿ النَّفْسَ بِالنَّفْسِ وَالْعَيْنَ بِالْعَيْنِ ﴾ [المائدة 45]

ب[5] : للتبعيض — From

﴿ عَيْنًا يَشْرَبُ بِهَا عِبَادُ اللَّهِ ﴾ [الإنسان 6]

ب[6] : للتعدية — For transitivity

﴿ ذَهَبَ اللهُ بِنُوْرِهِم ﴾ [البقرة 17]

ب[7] : للقسم — By

﴿ قَالَ فَبِعِزَّتِكَ لأُغْوِيَنَّهُمْ أَجْمَعِينَ ﴾ [ص 82]

ب[8] : للمجاوزة — Respecting; concerning

﴿ الرَّحْمَانُ فَاسْأَلْ بِهِ خَبِيرًا ﴾ [الفرقان 59]

ب[9] : للاستعلاء بمعنى على — Same as عَلى rt.(ع ل و)

﴿ وَمِنْ أَهْلِ الْكِتَابِ مَنْ إِنْ تَأْمَنْهُ بِقِنطَارٍ يُؤَدِّهِ إِلَيْكَ ﴾ [آل عمران 75]

ب[10] : للمقابلة والعوض — Because of; for

﴿ ادْخُلُوا الْجَنَّةَ بِمَا كُنتُمْ تَعْمَلُونَ ﴾ [النحل 32]

ب[11] : للغاية بمعنى إلى — To

﴿ وَقَدْ أَحْسَنَ بِي إِذْ أَخْرَجَنِي مِنْ السِّجْنِ ﴾ [يوسف 100]

ب[12] : زائدة — Expletive (it serves special stylistic purposes but not needed for the sense)

﴿ وَكَفَى بِاللَّهِ حَسِيبًا ﴾ [النساء 6]

﴿ وَمَا أَنْتَ بِمُؤْمِنٍ لَنَا﴾ [يوسف 17]

***

بَاءَ :	Rt.(ب و أ)
بَائِسٌ :	Rt.(ب أ س)

***

ب ا ب

بَابِلُ :(بِبابل): مدينة قديمة على شاطئ الفرات جنوب شرق بغداد — Babel; Babylon

***

بَابٌ :	Rt.(ب و ب)
بَابِلُ :	Rt.(ب ا ب)
بَاتَ :	Rt.(ب ى ت)
بَاخِعٌ :	Rt.(ب خ ع)
بَادَ :	Rt.(ب ى د)
بَادٍ :	Rt.(ب د و)
بَادِى :	Rt.(ب د و)
بَازَ :	Rt.(ب و ر)

بَارِئٌ : Rt.(ب ر أ)

بَارِدٌ : Rt.(ب ر د)

بَارِزٌ : Rt.(ب ر ز)

بَارَكَ : Rt.(ب ر ك)

بَاسِرَةٌ : Rt.(ب س ر)

بَاسِطٌ : Rt.(ب س ط)

بَاسِقَاتٌ : Rt.(ب س ق)

بَاشَرَ : Rt.(ب ش ر)

بَاطِلٌ : Rt.(ب ط ل)

بَاطِنٌ : Rt.(ب ط ن)

بَاعَدَ : Rt.(ب ع د)

بَاغٍ : Rt.(ب غ ى)

بَاقٍ : Rt.(ب ق ى)

بَالٌ : Rt.(ب و ل)

بَالِغٌ : Rt.(ب ل غ)

بَايَعَ : Rt.(ب ى ع)

❋ ❋ ❋

ب ا ر

بِئْرٌ : حفرة عميقة يستخرج منها الماء — Well

ب ا س

ابْتَأَسَ :(تبتئس): اكتاب وحزن — To sorrow; to grieve

بَأْسٌ :(بأس ، البأس، بأساً، بأسكم...)

بَأْسٌ[1] : قوة — Power; might; war

﴿ وَأَنْزَلْنَا الْحَدِيدَ فِيهِ بَأْسٌ شَدِيدٌ ﴾ [الحديد 25]

بَأْسٌ[2] : حرب — Distress; fight

﴿ وَالصَّابِرِينَ فِي الْبَأْسَاءِ وَالضَّرَّاءِ وَحِينَ الْبَأْسِ ﴾ [البقرة 177]

بَأْسٌ[3] : عذاب — Wrath; punishment; doom

﴿ فَمَنْ يَنصُرُنَا مِنْ بَأْسِ اللَّهِ إِنْ جَاءَنَا ﴾ [غافر 29]

بَأْسٌ[4] : قوة وشدة — Tyranny; vengeance; violence

﴿ وَيُذِيقَ بَعْضَكُمْ بَأْسَ بَعْضٍ ﴾ [الأنعام 65]

﴿ لِتُحْصِنَكُمْ مِنْ بَأْسِكُمْ ﴾ [الأنبياء 80]

أُوْلُوا بَأْسٍ شَدِيدٍ: اولوا قوة شديدة — Of great might

بَأْسَاءُ:(البأساء، بالبأساء) :بؤس وفقر — Tribulation; suffering; distress

بَائِسٌ :(البائس): شديد الحاجة — Unfortunate; distressed

بَئِيسٌ : قوي وشديد — Dreadful; grievous

بِئْسَ :(بئس، لبئس، فبئس، فلبئس): كلمة ذم ويقابلها نِعْمَ — To be bad; to be evil

بِئْسَمَا : بئس — To be evil that (which)

❋ ❋ ❋

بَئِيسٌ : Rt.(ب أ س)

❋ ❋ ❋

ب ت ر

أَبْتَرُ :(الأبتر): منقطع من الخير أو منقطع عن الخير فهو حقير ذليل — One who is without posterity

ب ت ك

بَتَّكَ :(فليبتكن): قطع — To cut; to slit

ب ت ل

تَبَتَّلَ :(تبتّل): انقطع إلى العبادة — To devout

تَبْتِيلٌ :(تبتيلا): انقطاع للعبادة — Devotion

بَثَّ : — Rt.(ب ث ث)

بَثٌّ : — Rt.(ب ث ث)

***

ب ث ث

بَثَّ (ُ):(بثّ يبثّ): نشر وفرّق — To disperse; to scatter

بَثٌّ :(وبثّي): حال أو غم أو شدّة حزن — Distraction; distress

مَبْثُوثٌ :(المبثوث، مبثوثة): منشور مفرّق — Thickly-scattered; spread (out)

مُنْبَثٌّ :(منبثاً): منتشر متفرّق — Scattered

ب ج س

انْبَجَسَ :(فانبجست): انفجر — To gush forth; to outflow

***

بِحَارٌ : جمع بَحْر — Plur.of بَحْرٌ rt. (ب ح ر)

***

ب ح ث

بَحَثَ (َ) :(يبحث): حفر — To scratch (up); to dig up

ب ح ر

بَحْرٌ :(بحر، البحران، البحرين، البحار...): ماء واسع كثير — Sea

بَحِيْرَةٌ : ناقة مشقوقة الأذن — Bahirah

ب خ س

بَخَسَ(َ):(تبخسوا، يبخس، يبخسون): انقص — To diminish; to withhold (what is due); to wrong

بَخْسٌ :(بخس، بخساً)

بَخْسٌ[1] : نقص أو شيء ناقص — Loss

﴿ فَلا يَخَافُ بَخْسًا وَلاَ رَهَقًا ﴾ [الجن 13]

بَخْسٌ[2] : ناقص او منقوص — Miserable; low

﴿ وَشَرَوْهُ بِثَمَنٍ بَخْسٍ دَرَاهِمَ مَعْدُودَةٍ ﴾ [يوسف 20]

ب خ ع

باخِعٌ : قاتِلٌ غيظا او غمّا — One who torments oneself; one who kills oneself with grief

ب خ ل

بَخِلَ(َ)(بخل، بخلوا، تبخلو، يبخل...) : ظن بما عنده ولم يَجُدْ — To hoard; to be niggardly

بُخْلٌ : إمساك المال عمّا لا يصلح حبسه — Niggardliness; avarice

***

بَدَا : — Rt.(ب د و)

بِدَاراً : — Rt.(ب د ر)

***

ب د أ

بَدَأَ (َ):(بدأ، فبدأ، بدأكم، يبدأ...)

بَدَأَ[1] : فتّش أولاً — To begin (the search)

﴿ فَبَدَأَ بِأَوْعِيَتِهِمْ قَبْلَ وِعَاءِ أَخِيهِ ﴾ [يوسف 76]

بَدَأَ[2] : خلق على غير مثال — To originate; to bring into being

﴿ فانظُرُوا كَيْفَ بَدَأَ الْخَلْقَ ﴾ [العنكبوت 20]

﴿ كَمَا بَدَأَكُمْ تَعُودُونَ ﴾ [الأعراف 29]

بَدَأَ[3] : قاتل اولاً — To attack; to assault

﴿ وَهَمُّوا بِإِخْرَاجِ الرَّسُولِ وَهُمْ بَدَءُوكُمْ أَوَّلَ مَرَّةٍ ﴾ [التوبة 13]

أَبْدَأَ :(يبدئ)

أَبْدَأَ[1] : خلق غير مسبوق بالخلق — To produce; to originate

﴿ أَوَلَمْ يَرَوْا كَيْفَ يُبْدِئُ اللَّهُ الْخَلْقَ ثُمَّ يُعِيدُهُ ﴾ [العنكبوت 19]

أَبْدَأَ[2] : ترك اثراً أمام — To show the face

﴿ وَمَا يُبْدِئُ الْبَاطِلُ وَمَا يُعِيدُ ﴾ [سبأ 49]

ب د ر

بَدْرٌ : موقع قرب لمدينة قامت به وقعة بين مسلمين وكفار مكّة — Badr

بِدَاراً : مسارعين — In haste

ب د ع

ابْتَدَعَ :(ابتدعوها): احدث على غير مثال — To invent

بِدْعٌ : :(بدعًا): أول مرسل أو مبتدع من عنده ما يدعو إليه — New thing; bringer of newly-fangled doctrine

بَدِيعٌ : خالق على غير مثال سابق — Originator

ب د ل

بَدَّلَ :(بدّل،بدّلنا، نبدّل، يبدّل...)

بَدَّلَ[1] : غيّر أو حرّف — To change; to alter

﴿ فَبَدَّلَ الَّذِينَ ظَلَمُوا قَوْلًا غَيْرَ الَّذِي قِيلَ لَهُمْ ﴾ [البقرة 59]

﴿ فَإِنَّمَا إِثْمُهُ عَلَى الَّذِينَ يُبَدِّلُونَهُ ﴾ [البقرة 181]

بَدَّلَ[2] : غيّر — To substitute for; to put in place of

﴿ وَإِذَا بَدَّلْنَا آيَةً مَكَانَ آيَةٍ﴾ [النحل 101]

أَبْدَلَ :يبدلنا، يبدله، يبدلهما) : جعل عوضاً عن — To give in exchange

تَبَدَّلَ :(تبدّل، تتبدّلوا، يتبدّل):

تَبَدَّلَ[1] : وضع مكان ؛ اخذ بدل — To change for

﴿ وَلاَ أَنْ تَبَدَّلَ بِهِنَّ مِنْ أَزْوَاجٍ ﴾ [الأحزاب 52]

تَبَدَّلَ[2] : وضع مكان ؛ اخذ بدل — To exchange for

﴿ وَلاَ تَتَبَدَّلُوا الْخَبِيثَ بِالطَّيِّبِ ﴾ [النساء 2]

اسْتَبْدَلَ :(اتستبدلون، يستبدل): جعل عوضاً عن — To exchange for

بَدَلٌ :(بدلاً): عوض — Exchange; change

تَبْدِيلٌ :(تبديل، تبديلاً): عوض

تَبْدِيلٌ[1] : تغيير — Change

﴿ لاَ تَبْدِيلَ لِكَلِمَاتِ اللَّهِ ﴾ [يونس 64]

تَبْدِيلٌ[2] : تغيير — Altering

﴿ لاَ تَبْدِيلَ لِخَلْقِ اللَّهِ ذَلِكَ الدِّينُ الْقَيِّمُ ﴾ [الروم 30]

مُبَدِّلٌ : مغيّر — One who changes; one who alters

اسْتِبْدَالٌ : جعل الشيء عوضاً عن — Exchange

ب د ن

بَدَنٌ :(ببدنك): جسد	Body
بَدَنَةٌ :(والبدن) : الواحدة من الإبل أو البقر ذكراً أو انثى	Camel
بُدْنٌ : جمع بدنة	Plur.of بَدَنَةٌ rt.(ب د ن)

ب د و

بَدَا (ُ) :(بدا ،وبدا، بدت، فبدت): ظهر ؛ جدّ رأي جديد	To become clear; to become manifest; to appear; to be revealed
أَبْدَى :(تبدوا، تبدون، تبدونها، يبدها...)	
أَبْدَى[1] : اظهر	To disclose; to make known

﴿ إِنْ تُبْدُوا الصَّدَقَاتِ فَنِعِمَّا هِيَ ﴾ [البقرة 271]

﴿ وَإِنْ تُبْدُوا مَا فِي أَنفُسِكُمْ أَوْ تُخْفُوهُ ﴾ [البقرة 284]

أَبْدَى[2] : اظهر	To show; to display

﴿ تَجْعَلُونَهُ قَرَاطِيسَ تُبْدُونَهَا ﴾ [الأنعام 91]

﴿ وَلاَ يُبْدِينَ زِينَتَهُنَّ إِلاَّ مَا ظَهَرَ مِنْهَا ﴾ [النور 31]

بَدْوٌ :(البدو) : البادية وهو خلاف الحضر	Desert
بَادٍ :(والباد، بادي، بادون)	
بَادٍ[1] : طارىء من المقيمين في البادية	Nomad; visitor

﴿ سَوَاءً الْعَاكِفُ فِيهِ وَالْبَادِ ﴾ [الحج 25]

بَادٍ[2] : طارىء من المقيمين في البادية	One who is in the desert

﴿ يَوَدُّوا لَوْ أَنَّهُمْ بَادُونَ فِي الأَعْرَابِ ﴾ [الأحزاب 20]

بَادِيَ الرَّأْيِ : ظاهره الذي لا روية فيه	Meanest; most abject
مُبْدٍ :(مبديه): مظهر	One who brings to light; one who makes manifest

❋ ❋ ❋

بَدِيعٌ :	Rt.(ب د ع)

❋ ❋ ❋

ب ذ ر

بَذَّرَ :(تبذر): انفق باسراف	To squander
تَبْذِيرٌ :(تبذيرا): انفاق باسراف	Wantonness; squandering wastefully
مُبَذِّرٌ :(المبذرين): منفق باسراف	Squanderer

❋ ❋ ❋

بَرٌّ :	Rt. (ب ر ر)
بَرٌّ :	Rt.(ب ر ر)
بِرٌّ :	Rt.(ب ر ر)
بَرَاءٌ :	Rt.(ب ر أ)
بَرَاءَةٌ :	Rt.(ب ر أ)

❋ ❋ ❋

ب ر أ

بَرَأَ (َ) :(نبرأها): خلق	To bring into being; to bring into existence
أَبْرَأَ : :(أبرئ ،تبرئ): اشفى	To heal
بَرَّأَ :(برأه،ابرئ): اظهر براءته أو قطع الصلة بالسوء	To prove one's innocence; to declare oneself free
تَبَرَّأَ :(تبرأ، تبرأنا، فنتبرأ، تبرؤوا): تخلص من وتخلى عن	To disown; to renounce;

to declare someone clear of

بَرِيءٌ :(برئٌ، بريئاً، بريئون، برءاء): خالص نقي — Innocent; guiltless; quit; clear (of)

بُرَءَاءُ : جمع بريء — Plur.of بَرِيءٌ

بَرَاءٌ : نقيّ خالص — Innocent; clear (of)

بَراءَةٌ : خلاص — Immunity; freedom from obligations; exemption

بَرِيَّةٌ :(البرية): خليقة — Created beings; men

بَارِيءٌ :(الباريء، بارئكم): خالق — Creator; Shaper out of naught; Evolver

مُبَرَّأٌ : (مبرؤون): مخلص منقّى — Innocent ; free

***

بُرَءَاءُ : جمع بريء — Plur.of بَرِيْءٌ rt.(ب ر أ)

***

ب ر ج

تَبَرَّجَتِ(المَرْأَةُ): (تبرّجن): أظهرت (المرأة) محاسنها وزينتها للرجال — To bedizen; to display one's finery

تَبَرُّجٌ : اظهار المحاسن والزينة للرجال — Bedizenment; displaying of one's finery

مُتَبَرِّجَةٌ :(متبرجات): مظهرة محاسنها — One who shows adornment; one who displays the ornaments

بُرْجٌ :(البروج، بروج، بروجاً)

بُرْجٌ[1] : حصن — Tower

﴿ وَلَوْ كُنتُمْ فِي بُرُوجٍ مُشَيَّدَةٍ ﴾ [النساء 78]

بُرْجٌ[2] : منزل للشمس والقمر والنجوم — Mansion of the star; stronghold; constellation

﴿ وَالسَّمَاءِ ذَاتِ الْبُرُوجِ ﴾ [البروج 1]

ب ر ح

بَرِحَ (َ):(أبرح، نبرح): فارق — To give up; to cease

ب ر د

بَرْدٌ :(برداً): انخفاض للحرارة ؛ ما يتبرد به ظاهر الجسم — Coolness

بَرَدٌ : ماء جامد ينزل من السماء قطعاً صغاراً — Hail

بَارِدٌ : منخفض الحرارة — Cool

ب ر ر

بَرَّ (َ):(تبرروا، تبروهم): وصل الرحم وأحسن معاملته — To do good; to show kindness; to be righteous

بَرٌّ :(البر، براً، الأبرار، للأبرار)

بَرٌّ[1] : من اسماء الله تعالى — Benign; Beneficent

﴿ إِنَّهُ هُوَ الْبَرُّ الرَّحِيمُ ﴾ [الطور 28]

بَرٌّ[2] : محسن واصل — Dutiful; virtuous; righteous

﴿ وَبَرًّا بِوَالِدَيْهِ وَلَمْ يَكُنْ جَبَّارًا عَصِيًّا ﴾ [مريم 14]

بَرٌّ[3] : ما انبسط من سطح الأرض ولم يغطه الماء — Land

﴿ وَحُرِّمَ عَلَيْكُمْ صَيْدُ الْبَرِّ مَا دُمْتُمْ حُرُمًا ﴾ [المائدة 96]

Piety; righteousness	بِرٌّ :(البر ، بالبر): كلمة جامعة لكل صفات الخير
Righteous; virtuous	بَارٌّ :(بررة): من يصدر عنه البر والطاعة
Plur.of بَارٌّ	بَرَرَةٌ: جمع بارّ

ب ر ز

	بَرَزَ (ُ) :(لبرز ، وبرزوا، برزوا)
To go forth; to go out	بَرَزَ [1] : خرج

﴿ قُلْ لَوْ كُنْتُمْ فِي بُيُوتِكُمْ لَبَرَزَ الَّذِينَ كُتِبَ عَلَيْهِمُ الْقَتْلُ ﴾ [آل عمران 154]

To come forth	بَرَزَ [2] : خرج

﴿ وَبَرَزُوا لِلَّهِ الْوَاحِدِ الْقَهَّارِ ﴾ [إبراهيم 48]

To make manifest; to make to appear plainly; to make to stand visible	بَرَّزَ : (وبرزت): أظهر وبين
	بَارِزٌ :(بارزة، بارزون)
One who comes forth	بَارِزٌ [1] : ظاهر أو خارج من القبر

﴿ يَوْمَ هُمْ بَارِزُونَ لاَ يَخْفَى عَلَى اللَّهِ مِنْهُمْ شَيْءٌ ﴾ [غافر 16]

Emerging; levelled plain	بَارِزٌ [2] : مكشوف ليس عليه جبال ولا تلال

﴿ وَتَرَى الأَرْضَ بَارِزَةً وَحَشَرْنَاهُمْ ﴾ [الكهف 47]

ب ر ز خ

Barrier; partition	بَرْزَخٌ :(برزخ، برزخاً): ما بين الموت والبعث ؛ حاجز بين شيئين

ب ر ص

Leper; Leprous	أَبْرَصُ :(والأبرص): المصاب بداء البرص وهو بياض يقع في الجسد لعلّة

ب ر ق

To become confound; to become dazed	بَرِقَ (َ): فزع ودهش فلم يبصر
Lightning	بَرْقٌ :(برق، البرق): ضوء يلمع في السماء على أثر انفجار كهربائي في السحاب
Ewer; beaker	إِبْرِيقٌ :(أباريق): إناء له خرطوم وقد تكون له عروة
Gold embroidery; heavy brocade; thick silk interwoven with gold	اسْتَبْرَقٌ : حرير غليظ

ب ر ك

To bless; to show blessings	بَارَكَ (فِي، عَلَى):(وبارك، باركنا، بورك): جعل في الشيء الخير والنماء
To be blessed	تَبَارَكَ :(تبارك، فتبارك): تقدّس وتنزّه وتعالى
Blessing	بَرَكَةٌ :(بركات، وبركاته): خير ونماء
Blessed	مُبَارَكٌ :(مبارك، مباركاً، مباركة، المباركة): كثير المنافع والفوائد

ب ر م

To determine; to settle	أَبْرَمَ :(أبرموا): أحكمَ والمراد الكيد والمكر بالنبي عليه السلام
One who determines; settler	مُبْرِمٌ :(مبرمون): محكم والمراد الكيد والمكر

❋ ❋ ❋

بُرْهَانٌ :	Rt.(ب ره ن)

***

ب ر ه ن

بُرْهَانٌ:(برهان، برهانكم، برهانان): حجّة بيّنة فاصلة	Proof; evidence; argument

***

بُرُوجٌ : جمع بُرْجٌ	Plur.of بُرْجٌ rt.(ب رج)
بَرِيٌّ :	Rt.(ب رأ)
بَرِيَّةٌ :	Rt.(ب ر أ)

***

ب ز غ

بَازِغٌ :(بازغاً، بازغة): مبتدئ في الطلوع	Uprising; rising in splendour

***

بَسٌّ :	Rt.(ب س س)
بَسٌّ :	Rt.(ب س س)
بِسَاطٌ :	Rt.(ب س ط)

***

ب س ر

بَسَرَ (ُ) :(وبسر): اظهر العبوس	To show displeasure; to scowl
بَاسِرَةٌ : كالحة متغيّرة	Sad and dismal; despondent; gloomy

ب س س

بَسَّ (ُ):(بسّت): فتّت	To grind to powder; to crumple to atoms
بَسٌّ :(بسّاً): تفريق	Crumbling; grinding to powder

ب س ط

بَسَطَ(ُ) :(بسط، بسطت، تبسطها، ويبسط)

بَسَطَ[1] : مدّ	To stretch (out; forth); to open

﴿ لَئِنْ بَسَطتَ إِلَيَّ يَدَكَ لِتَقْتُلَنِي ﴾ [المائدة 28]

﴿ وَلاَ تَبْسُطْهَا كُلَّ الْبَسْطِ ﴾ [الإسراء 29]

بَسَطَ[2] : وسّع وكثّر	To provide in abundance; to enlarge

﴿ إِنَّ اللَّهَ يَبْسُطُ الرِّزْقَ لِمَنْ يَشَاءُ وَيَقْدِرُ ﴾ [الروم 37]

بَسَطَ[3] : نشر وفرّق ؛ تجاوز القصد في الإنفاق	To spread (along; forth)

﴿ فَتُثِيرُ سَحَابًا فَيَبْسُطُهُ فِي السَّمَاءِ ﴾ [الروم 48]

باسِطٌ :(باسط، بباسط، كباسط، باسطو): فارش	One who stretches (out; forth)
بَسْطٌ :(البسط): المد بالبذل والعطاء	Stretching forth; opening
بِسَاطٌ :(بساطاً): ما يُبسط أي يفرش	Carpet; wide expanse
بَسْطَةٌ : توسعة	Excellence
زَادَهُ بَسْطَةً : زاده توسعة	To increase in excellence; to increase abundantly
مَبْسُوطٌ :(مبسوطتان): ممدود بالبذل والعطاء	Spread out; widely outstretched

ب س ق

بَاسِقَاتٌ : تامّات الارتفاع	Lofty; tall (and stately):

ب س ل

أُبْسَلَ :(أبسلوا، تبسل): أسلم للهلكة	To deliver to ruin; to destroy

ب س م

تَبَسَّمَ :(فتبسم): ضحك من غير صوت — To smile

ب ش ر

بَشَّرَ :(ابشرتموني، بشرناك، لتبشر، نبشرك...):

بَشَّرَ 1 : أخبر بخبر سار — To give good tidings; to bring good tidings

﴿ قَالُوا بَشَّرْنَاكَ بِالْحَقِّ ﴾ [الحجر 55]

﴿ وَبَشِّرْ الَّذِينَ آمَنُوا وَعَمِلُوا الصَّالِحَاتِ ﴾ [البقرة 25]

بَشَّرَ 2 : اخبر بخبر — To announce; to give tidings; to bear tidings

﴿ بَشِّرْ الْمُنَافِقِينَ بِأَنَّ لَهُمْ عَذَابًا أَلِيمًا ﴾ [النساء 138]

بَاشَرَ :(تباشروهن، باشروهن): خالط وغشى — To hold intercourse; to have contact with (a woman); to touch (a woman)

أَبْشَرَ :(وأبشروا): فرح بالشيء كجزاء — To hear glad tidings; to receive good news

اسْتَبْشَرَ :(يستبشرون، فاستبشروا): انتظر خيراً ؛ وجد خيراً — To rejoice

بُشْرَى : وعد بالثواب — Good (glad) tidings; good news; message of hope

يَا بُشْرَى : يا فرحاً وسروراً — Good luck; O good news!

بَشِيرٌ :(بشير، البشير، بشوراً): مُبشّر بالخير — Bringer of glad tidings

بُشْرًا : جمع بشير — Plur.of بَشِيرٌ

مُبَشِّرٌ :(مبشراً، مبشرين، مبشرات): واعد بثواب الله ؛ من يعلم بالخير — Bearer of good tidings; giver of good news

مُسْتَبْشِرٌ :(مستبشرة): منتظر الخير — One who rejoices at good news; joyous

بَشَرٌ :(بشر، للبشر، بشراً، لبشرين...) : انسان الذكر والانثى والواحد والاثنان والجمع فيه سواء — Mortal (s); man; mortal man; human

❋ ❋ ❋

بَشِيرٌ : — Rt.(ب ش ر)

بَصَائِرٌ : جمع بصيرة — Plur.of بَصِيرَةٌ rt. (ب ص ر)

❋ ❋ ❋

ب ص ر

بَصَرَ (ُ) :(بصرت، فبصرت، يبصروا)

بَصَرَ 1 : علم — To perceive; to see

﴿ قَالَ بَصُرْتُ بِمَا لَمْ يَبْصُرُوا بِهِ ﴾ [طه 96]

بَصَرَ 2 : رأى — To observe; to watch

﴿ فَبَصُرَتْ بِهِ عَنْ جُنُبٍ ﴾ [القصص 11]

بَصَّرَ :(يبصرونهم): جعل الأخلاء والأقرباء يبصر بعضهم بعضا — To give sight; to make to see

أَبْصَرَ :(أبصر، أبصرنا، يبصر، يبصرون) — To see

أَبْصِرْ بِهِ وأَسْمِعْ : ما أشدَّ ابصاره وسمعه — How clear of sight is He and keen of hearing!; How clear His sight and how clear His hearing

أَسْمِعْ بِهِمْ وأَبْصِرْ : ما أشدَّ سمعهم وابصارهم — See and hear them; how clearly shall they hear and how clearly shall they see!

بَصِيرٌ :(بصير ، البصير ، بصيرا): شديد الرؤية ؛ من اسمائه تعالى — Seer; one who sees; fully observant

بَصِيْرَةٌ :(بصيرة، بصائر)

بَصِيْرَةٌ[1] : حجة واضحة — Sure knowledge

﴿ عَلَى بَصِيرَةٍ أَنَا وَمَنْ اتَّبَعَنِي ﴾ [يوسف 108]

بَصِيْرَةٌ[2] : شاهد ومراقب — Telling witness; evidence

﴿ بَلْ الإِنسَانُ عَلَى نَفْسِهِ بَصِيرَةٌ ﴾ [القيامة 14]

بَصِيْرَةٌ[3] : قوة الإدراك والفطنة — Proof; insight; light

﴿ هَذَا بَصَائِرُ مِنْ رَبِّكُمْ ﴾ [الأعراف 203]

مُبْصِرٌ :(مبصرون، مبصرة)

مُبْصِرٌ[1] : ذو إبصار — One who sees; seer

﴿ تَذَكَّرُوا فَإِذَا هُمْ مُبْصِرُونَ ﴾ [الأعراف 201]

مُبْصِرٌ[2] : مُضيء — That which gives light; manifest; sight-giving

﴿ لِتَسْكُنُوا فِيهِ وَالنَّهَارَ مُبْصِرًا ﴾ [يونس 67]

﴿ وَجَعَلْنَا آيَةَ النَّهَارِ مُبْصِرَةً ﴾ [الإسراء 12]

مُبْصِرٌ[3] : بيّن واضح يبصره الناس ويعتبرون به — Clear portent; manifest-sign

﴿ وَآتَيْنَا ثَمُودَ النَّاقَةَ مُبْصِرَةً ﴾ [الإسراء 59]

مُبْصِرٌ[4] : ذو إبصار ؛ بيّن واضح — Plain to see; clear

﴿ فَلَمَّا جَاءَتْهُمْ آيَاتُنَا مُبْصِرَةً ﴾ [النمل 13]

مُسْتَبْصِرٌ : (مستبصرين): عاقل يمكنه التمييز بين الحق والباطل بالاستدلال والنظر — Keen observer; one who is endowed with intelligence and skill

بَصَرٌ :(البصر ، بالبصر ، ابصار ، وأبصاراً...)

بَصَرٌ[1] : حاسة الرؤية — Eye

﴿ وَمَا أَمْرُ السَّاعَةِ إِلاَّ كَلَمْحِ الْبَصَرِ ﴾ [النحل 77]

بَصَرٌ[2] : حاسة الرؤية — Sight; vision; sense of seeing

﴿ إِنَّ السَّمْعَ وَالْبَصَرَ وَالْفُؤَادَ ﴾ [الإسراء 36]

بَصَرٌ[3] : حاسة الرؤية — Gaze; look

﴿ وَقُلْ لِلْمُؤْمِنَاتِ يَغْضُضْنَ مِنْ أَبْصَارِهِنَّ ﴾ [النور 31]

ب ص ل

بَصَلٌ :(وبصلها): نبات يؤكل، رأسه تحت الأرض يخرج منه أوراق انبوبية — Onions

* * *

بَصِيرٌ : Rt.(ب ص ر)

بَصِيرَةٌ : Rt.(ب ص ر)

بِضَاعَةٌ : Rt.(ب ض ع)

* * *

ب ض ع

بِضْعٌ : عدد من ثلاثة إلى تسعة — Some; a few; ten

بِضَاعَةٌ:(بضاعة، ببضاعة، بضاعتنا، بضاعتهم...)

بِضَاعَةٌ[1] : ما يُتجر به — Merchandise; capital

﴿ هَذِهِ بِضَاعَتُنَا رُدَّتْ إِلَيْنَا ﴾ [يوسف 65]

بِضاعَةٌ[2] : ما يُتَّجر به — Treasure; article of merchandise

﴿ وَأَسَرُّوهُ بِضَاعَةً ﴾ [يوسف 19]

❋❋❋

بَطَائِنُ : جمع بطانة — Plur.of بَطَانَةٌ rt. (ب ط ن)

بَطَانَةٌ : — Rt.(ب ط ن)

❋❋❋

ب ط أ

بَطَّأَ :(ليبطئن): تثبط عن أمرٍ عزم عليه — To loiter; to tarry behind

ب ط ر

بَطِرَ (:) :(بطرت): استخف بالشيء فكفره — To be thankless; to exult

بَطَرٌ :(بطراً): مجاوزة للحد في الزهو — Boastfulness; great exultation

ب ط ش

بَطَشَ(:):(بطشتم، نبطش، يبطش، يبطشون): أخذ بعنف — To seize (by force); to lay hold of; to fall upon

بَطْشٌ :(بطش، بطشاً): أخذٌ بعنف ، عقاب — Prowess; might; punishment

بَطْشَةٌ :(بطشتنا): المرة من البطش — (Violent) seizure; blow

ب ط ل

بَطَلَ (:) : ذهب ضياعاً — To become null; to be made vain

أَبْطَلَ :(تبطلوا، سيبطله، يبطل): جعله يذهب ضياعاً — To cancel; to render vain

بَاطِلٌ :(وباطل، افبالباطل، بالباطل، باطلاً)

بَاطِلٌ[1] : فاسد لا ثبات له ، نقيض الحق — Falsehood; vanity

﴿ وَلاَ تَلْبِسُوا الْحَقَّ بِالْبَاطِلِ ﴾ [البقرة 42]

﴿ وَلاَ تَأْكُلُوا أَمْوَالَكُمْ بَيْنَكُمْ بِالْبَاطِلِ ﴾ [البقرة 188]

بَاطِلٌ[2] : عبث لا فائدة فيه — Vain

﴿ وَبَاطِلٌ مَا كَانُوا يَعْمَلُونَ ﴾ [الأعراف 139]

بَاطِلاً : عبثاً لا فائدة فيه — In vain

مُبطِلٌ :(مبطلون، المبطلون): مُدّعي الباطل وهو المشرك — Dealer in falsehood; talker of vanities; one who follows falsehood

ب ط ن

بَطَنَ (:) : خفي — To be concealed

بَاطِنٌ :(والباطن، باطنه، وباطنة)

بَاطِنٌ[1] : خافٍ ؛ من أسمائه تعالى — Inward

﴿ وَأَسْبَغَ عَلَيْكُمْ نِعَمَهُ ظَاهِرَةً وَبَاطِنَةً ﴾ [لقمان 20]

﴿ هُوَ الأَوَّلُ وَالآخِرُ وَالظَّاهِرُ وَالْبَاطِنُ﴾ [الحديد 3]

بَاطِنٌ[2] : خافٍ — Inwardness

﴿ وَذَرُوا ظَاهِرَ الإِثْمِ وَبَاطِنَهُ ﴾ [الأنعام 120]

بَاطِنٌ[3] : خافٍ — Inner side; inside (of)

﴿ بَاطِنُهُ فِيهِ الرَّحْمَةُ ﴾ [الحديد 13]

بَطَانَةٌ :(بطانة، بطائنها)

بَطَانَةٌ[1] : أولياء — Intimate friends; intimates

﴿ لاَ تَتَّخِذُوا بِطَانَةً مِنْ دُونِكُمْ ﴾ [آل عمران 118]

بِطَانَةٌ[2] : ما يُجعل تحت الثوب — Inner linings

﴿ مُتَّكِئِينَ عَلَى فُرُشٍ بَطَائِنُهَا مِنْ إِسْتَبْرَقٍ ﴾ [الرحمن 54]

بَطْنٌ :(ببطن، بطنه، بطون، البطون...)

بَطْنٌ[1] : جوف مقابل ظهر — Belly

﴿ فَمِنْهُمْ مَنْ يَمْشِي عَلَى بَطْنِهِ ﴾ [النور 45]

﴿ يَخْرُجُ مِنْ بُطُونِهَا شَرَابٌ مُخْتَلِفٌ أَلْوَانُهُ ﴾ [النحل 69]

بَطْنٌ[2] : جوف مقابل ظهر — Womb; belly

﴿ إِنِّي نَذَرْتُ لَكَ مَا فِي بَطْنِي مُحَرَّرًا ﴾ [آل عمران 35]

بَطْنٌ[3] : جهة منخفضة — Midst; valley

﴿ وَأَيْدِيَكُمْ عَنْهُمْ بِبَطْنِ مَكَّةَ ﴾ [الفتح 24]

ب ع ث

بَعَثَ (َ) :(بعث، بعثنا، نبعث، يبعث...)

بَعَثَ[1] : أرسل — To send

﴿ هُوَ الَّذِي بَعَثَ فِي الأُمِّيِّينَ رَسُولاً مِنْهُمْ ﴾ [الجمعة 2]

بَعَثَ[2] : ارسل — To set up; to raise (up); to appoint

﴿ إِنَّ اللَّهَ قَدْ بَعَثَ لَكُمْ طَالُوتَ مَلِكًا ﴾ [البقرة 247]

﴿ فَإِذَا جَاءَ وَعْدُ أُولاَهُمَا بَعَثْنَا عَلَيْكُمْ عِبَادًا ﴾ [الإسراء 5]

بَعَثَ[3] : ايقض ؛ احيا — To bring back to life; to revive; to raise up

﴿ قَالُوا يَاوَيْلَنَا مَنْ بَعَثَنَا مِنْ مَرْقَدِنَا ﴾ [يس 52]

يَوْمَ يُبْعَثُونَ : يوم القيامة — Day of Resurrection

انْبَعَثَ : هبَّ واندفع — To break forth; to be debuted

بَعْثٌ :(البعث، بعثكم): نشر وأحياء — Resurrection; raising (from the dead)

انْبِعَاثٌ :(انبعاثهم): نهوض للخروج — Being sent forth; going forth

مَبْعُوثٌ :(مبعوثون، لمبعوثون، بمبعوثين): مُحيي — Resurrected; raised (again from the dead)

ب ع ث ر

بَعْثَرَ :(بُعثِر، بُعثِرت): أثار واستخرج — To overturn; to turn upside down; to pour forth

ب ع د

بَعُدَ (ُ) :(بعدت): صار بعيداً — To seem too far; to be too long

بَعِدَ (َ) : (بعدت): هلك — To perish; to be removed afar

بَاعَدَ (بَيْنَ) :(باعِدْ): فرّقَ — To make the stage longer; to place longer distances

بُعْدٌ :(بعد، بعداً، فبعدا): مسافة ؛ هلاك — Distance

بُعْداً لِـ : هلاكاً لـ — Far removal for! Away with!

بَعِيدٌ :(بعيد، ببعيد، البعيد، بعيداً)

بَعِيدٌ[1] : واسع غير — Far off; afar off; far-

قريب — off; distant

﴿ وَإِنْ أَدْرِي أَقَرِيبٌ أَمْ بَعِيدٌ مَا تُوعَدُونَ ﴾ [الأنبياء 109]

﴿ إِنَّهُمْ يَرَوْنَهُ بَعِيدًا ﴾ [المعارج 6]

﴿ وَأَنَّى لَهُمُ التَّنَاوُشُ مِنْ مَكَانٍ بَعِيدٍ ﴾ [سبأ 52]

بَعِيدٌ[2] : واسع غير قريب — Open; great; prolonged

﴿ وَإِنَّ الظَّالِمِينَ لَفِي شِقَاقٍ بَعِيدٍ ﴾ [الحج 53]

مُبْعَدٌ : (مبعدون): منحى — Far removed; one who is kept far off

بَعْدَ،بَعْدُ :(بعد، بعدك، بعدكم، بعدها...)

بَعْدَ[1] : ظرف مبهم يفهم معناه بالإضافة لما بعده — After

﴿ رَبَّنَا لاَ تُزِغْ قُلُوبَنَا بَعْدَ إِذْ هَدَيْتَنَا ﴾ [آل عمران 8]

بَعْدُ[2] : ظرف مبهم يفهم معناه بالإضافة لما بعده — Afterward; henceforth

﴿ فَمَنْ يَكْفُرْ بَعْدُ مِنْكُمْ فَإِنِّي أُعَذِّبُهُ عَذَابًا ﴾ [المائدة 115]

﴿ لاَ يَحِلُّ لَكَ النِّسَاءُ مِنْ بَعْدُ ﴾ [الأحزاب 52]

بَعْدَ[3] : ظرف مبهم يفهم معناه بالإضافة لما بعده — Besides; outside; at other (times)

﴿ لَيْسَ عَلَيْكُمْ وَلاَ عَلَيْهِمْ جُنَاحٌ بَعْدَهُنَّ ﴾ [النور 58]

مِنْ بَعْدُ : بعد ذلك — Afterwards; enceforth; even after; after then

مِنْ بَعْدِ : بعد — After

ب ع ر

بَعِيرٌ : ما يصلح للركوب والحمل من الدواب كالجمل والناقة — Camel

ب ع ض

بَعْضٌ : (بعض، بعضاً، بعضكم، بعضنا...)

بَعْضٌ[1] : طائفة من الشيء قلت أو كثرت — Some

﴿ يَلْتَقِطْهُ بَعْضُ السَّيَّارَةِ ﴾ [يوسف 10]

﴿ وَمَا بَعْضُهُمْ بِتَابِعٍ قِبْلَةَ بَعْضٍ ﴾ [البقرة 145]

بَعْضٌ[2] : طائفة من الشيء قلت أو كثرت — Part

﴿ أَفَتُؤْمِنُونَ بِبَعْضِ الْكِتَابِ وَتَكْفُرُونَ بِبَعْضٍ ﴾ [البقرة 85]

بَعْضٌ[3] : طائفة من الشيء قلت أو كثرت — One

﴿ وَإِذْ أَسَرَّ النَّبِيُّ إِلَى بَعْضِ أَزْوَاجِهِ ﴾ [التحريم 3]

﴿ وَلَوْ نَزَّلْنَاهُ عَلَى بَعْضِ الأَعْجَمِينَ ﴾ [الشعراء 198]

بَعْضُهُم(بَعْضُها، بَعْضُكُم) إلى (لـ) بَعْضٍ: واحد للآخر — One to the other; one to another; one to each other

بَعْضُهُم (بَعْضُكُم ... الخ) مِنْ بَعْضٍ: واحد من الآخر — One of another

بَعْضٌ عَلَى بَعْضٍ: طائفة فوق طائفة — Some above(upon to..) other(s)

بَعْضُهُم (بَعْضُكُم ...الخ) بَعْضاً : طائفة منهم لطائفة — Each other; one of another

(others)

بَعُوضَةٌ: حشرة ضارة صغيرة — Gnat

بَعُوضَةً فَما فَوْقَها: بعوضة أو مادونها في الصغر أو فوقها في الكبر — Even of a gnat; a gnat or anything above that; lowest as well as highest

ب ع ل

بَعْلٌ :(بعلاً، بعلها، بعولتهن، لبعولتهن...)

بَعْلٌ[1] : زوج — Husband

﴿ أَأَلِدُ وَأَنا عَجُوزٌ وَهَذَا بَعْلِي شَيْخًا ﴾ [هود 72]

بَعْلٌ[2] : اسم صنم — Baal

﴿ أَتَدْعُونَ بَعْلاً وَتَذَرُونَ أَحْسَنَ الْخَالِقِينَ ﴾ [الصافات 125]

* * *

بَعُوضَةٌ :	Rt.(ب ع ض)
بُعُولَةٌ : جمع بَعْل	Plur.of بَعْلٌ rt.(ب ع ل)
بَعِيدٌ :	Rt.(ب ع د)
بَعِيرٌ :	Rt.(ب ع ر)
بِغَاءٌ :	Rt.(ب غ ى)
بِغَالٌ : جمع بَغْل	Plur.of بَغْلٌ rt.(ب غ ل)

* * *

ب غ ت

بَغْتَةً : فجاة — Suddenly; on a sudden

ب غ ض

بَغْضَاءُ :(البغضاءُ): شدة البغض — Hatred

ب غ ل

بَغْلٌ :(والبغال): ابن الفرس من الحمار — Mule

* * *

بَغَى : Rt.(ب غ ى)

* * *

ب غ ي

بَغَى(:) :(بغى ، بغت، تبغوا، يبغون...)

بَغَى[1] : جاوز الحدّ وتسلط وظلم ؛ اعتدى — To act insolently; to wrong; to rebel; to transgress beyond all bounds

﴿ فَلَمَّا أَنْجَاهُمْ إِذَا هُمْ يَبْغُونَ فِي الأَرْضِ ﴾ [يونس 23]

﴿ فَإِنْ بَغَتْ إِحْدَاهُمَا عَلَى الأُخْرَى فَقَاتِلُوا الَّتِي تَبْغِي ﴾ [الحجرات 9]

بَغَى[2] : طلب وأراد — To seek; to desire

﴿ قُلْ أَغَيْرَ اللَّهِ أَبْغِي رَبًّا ﴾ [الأنعام 164]

﴿ قَالُوا يَاأَبَانَا مَا نَبْغِي ﴾ [يوسف 65]

بَغَى[3] : طغى (أحدهما) على الآخر ؛ اختلط — To encroach: to pass

﴿ بَيْنَهُمَا بَرْزَخٌ لاَ يَبْغِيَانِ ﴾ [الرحمن 20]

ابْتَغَى :(ابتغى، ابتغوا، ابتغي، تبتغوا...)

ابْتَغَى[1] : طلب — To desire; to be pleased with

﴿ وَمَنْ ابْتَغَيْتَ مِمَّنْ عَزَلْتَ فَلاَ جُنَاحَ عَلَيْكَ ﴾ [الأحزاب 51]

ابْتَغَى[2] : طلب — To seek; to crave

﴿ فَمَنْ ابْتَغَى وَرَاءَ ذَلِكَ فَأُولَئِكَ هُمُ الْعَادُونَ ﴾ [المؤمنون 7]

انْبَغَى :(ينبغي)

انْبَغَى[1] : حسن وصلح وجاز — To be meet for; to be worth

﴿ وَمَا يَنْبَغِي لِلرَّحْمَانِ أَنْ يَتَّخِذَ وَلَدًا ﴾ [مريم 92]

انْبَغَى 2 : سهل وتيسر — To belong; to be fit for

﴿ وَهَبْ لِي مُلْكًا لاَ يَنْبَغِي لأَحَدٍ مِنْ بَعْدِي ﴾ [ص 35]

انْبَغَى 3 : سهل وتيسر — To be allowable; to be for

﴿ لاَ الشَّمْسُ يَنْبَغِي لَهَا أَنْ تُدْرِكَ الْقَمَرَ ﴾ [يس 40]

بَغْيٌ : (البغي، بغياً، بغيكم، ببغيهم): ظلم وفساد ومجاوزة للحد ؛ حسدٌ أو حاسد — Wickedness; oppressive wrong; rebellion

بَاغٍ : ظالم معتدٍ متجاوز حدود الضرورة — Craving; desiring

بَغِيٌّ : (بغيّاً): فاجرة تتكسب بفجورها — Unchaste woman; harlot

بِغَاءٌ : (البغاء): زنى — Prostitution; whoredom

ابْتِغَاءٌ : (ابتغاء، ابتغاؤكم): طلب — Pursuit; the act of seeking

ب ق ر

بَقَرَةٌ : (بقرة، البقر، بقرات): حيوان من فصيلة البقريات — Cow

بَقَرٌ : اسم جنس واحدته بقرة — Plur.of بَقَرَةٌ

بَقَرَات: جمع بقرة — Kine

ب ق ع

بُقْعَةٌ : (البقعة): قطعة من الأرض تتميز مما حولها — Field; ground

ب ق ل

بَقْلٌ : (بقلها): نبات عشبي يتغذى الإنسان به أو بجزء منه — Herbs

ب ق ي

بَقِيَ (َ): (بقي، يبقى):

بَقِيَ 1 : فضل — To remain

﴿وَذَرُوا مَا بَقِيَ مِنَ الرِّبَا [البقرة 278]﴾

بَقِيَ 2 : ثبت بعد غيره — To endure for ever (the Countenance of Allah)

﴿ وَيَبْقَى وَجْهُ رَبِّكَ ﴾ [الرحمن 27]

أَبْقَى : (أبقى، تبقي): حفظ — To spare; to leave

أَبْقَى : (وأبقى): أدوم — More lasting; more abiding

بَاقٍ : (باق، الباقين، باقية، الباقيات)

بَاقٍ 1 : ثابت بعد غيره — Remaining; enduring

﴿ مَا عِنْدَكُمْ يَنفَدُ وَمَا عِنْدَ اللَّهِ بَاقٍ ﴾ [النحل 96]

﴿ وَجَعَلَهَا كَلِمَةً بَاقِيَةً فِي عَقِبِهِ لَعَلَّهُمْ يَرْجِعُونَ ﴾ [الزخرف 28]

بَاقٍ 2 : ما بقي ؛ عمل — That which endures

﴿ وَالْبَاقِيَاتُ الصَّالِحَاتُ خَيْرٌ عِنْدَ رَبِّكَ ﴾ [الكهف 46]

بَاقٍ 3 : بقاء ؛ ما بقي — That which endures ; one who remains (behind) ;remnant

﴿ فَهَلْ تَرَى لَهُمْ مِنْ بَاقِيَةٍ ﴾ [الحاقة 8]

﴿ ثُمَّ أَغْرَقْنَا بَعْدُ الْبَاقِينَ ﴾ [الشعراء 120]

بَاقٍ[3] : من بقيَ	Survivor

﴿ وَجَعَلْنَا ذُرِّيَّتَهُ هُمُ الْبَاقِينَ ﴾ [الصافات 77]

بَقِيَّةٌ : ما بقى	A remnant; that which one leaves
بَقِيَّةُ اللهِ : ما ادّخره عنده من طاعات وثواب	That which Allah leaves; that which remains with Allah
أُوْلوا بَقِيَّةٌ : ذو فضل وعقل	Men possessing a remnant (of good sense); those possessing understanding

❋ ❋ ❋

بَكَّةُ :	Rt.(ب ك ك)

❋ ❋ ❋

ب ك ر

بِكْرٌ :(بكر، أبكاراً)	
بِكْرٌ[1] : فتية لم تلد لا ليست صغيرة ولا كبيرة	Immature; too young

﴿ إِنَّهَا بَقَرَةٌ لاَ فَارِضٌ وَلاَ بِكْرٌ ﴾ [البقرة 68]

بِكْرٌ[2] :عذراء	Virgin

﴿ فَجَعَلْنَاهُنَّ أَبْكَارًا ﴾ [الواقعة 36]

بُكْرَةٌ : أول النهار إلى طلوع الشمس	Early morning
بُكْرَةً وأصيلاً: من أوّل النهار إلى العشي	Morning and Evening
إِبْكَارٌ :(والإبكار):	Morning

ب ك ك

بَكَّةُ :(ببكة): اسم لمكة وقيل: موضع البيت الحرام	Becca; Bekka

ب ك م

أَبْكَمُ :(أبكم، بكم، البكم، بكماً): أخرس	Dumb
بُكْمٌ : جمع أبكم	Plur.of أَبْكَمُ

❋ ❋ ❋

بَكَى :	Rt.(ب ك ى)

❋ ❋ ❋

ب ك ى

بَكَىَ(.) :(بكت، تبكون، وليبكوا، يبكون...): دمعت عينه حزناً	To weep
بَكَىَ عَلَى : حزن لفقده	To weep for
أَبْكَى :(وأبكى): أحزن	To make to weep
باكٍ :(وبكيّاً): دامع العينين حزناً	One who weeps

ب ل

بَلْ : تدخل على الجملة فتفيد إبطال المعنى بعدها وتفيد الانتقال من معنى إلى آخر	Nay rather; one the contrary; but

❋ ❋ ❋

بَلاَ(.) :	Rt.(ب ل و)
بَلاَءٌ :	Rt.(ب ل و)
بِلاَدٌ : جمع بلد	Plur.of بَلَدٌ rt.(ب ل د)
بَلاَغٌ :	Rt.(ب ل غ)

❋ ❋ ❋

ب ل د

بَلَدٌ :(بلد، البلد، بلداً، البلاد): مكان محدود يستوطنه جماعات ؛ مكان واسع من الأرض	City; Land
بَلْدَةٌ :(بلدة، البلدة): بلد	City; Land

ب ل س

أَبْلَسَ :(يبلس): سكت لحيرة أو لانقطاع حجّة	To despair; to be in despair.
مُبْلِسٌ :(مبلسون،	One who is in despair; confounded

لمبلسون): ساكت متحسر متحير — with sure despair; dump with despair

إبْلِيسُ : رأس الشياطين — Iblis

ب ل ع

بَلَعَ (َ) :(ابلعي): شرب وسرب إلى باطنه — To swallow (down)

ب ل غ

بَلَغَ : (َ)(بلغ، بلغا، تبليغ، يبلغ...)

بَلَغَ^{1} : وصل — To reach; to attain

﴿ لأُنذِرَكُمْ بِهِ وَمَنْ بَلَغَ ﴾ [الأنعام 19]

﴿ وَإِذَا بَلَغَ الأَطْفَالُ مِنكُمُ الْحُلُمَ فَلْيَسْتَأْذِنُوا ﴾ [النور 59]

بَلَغَ^{2} : وصل — To receive; to find

﴿ قَدْ بَلَغْتَ مِنْ لَدُنِّي عُذْرًا ﴾ [الكهف 76]

بَلَّغَ :(بلغت، ابلغكم، بلغ): أوصل — To proclaim; to make known; to convey

أَبْلَغَ :(ابلغتكم، ابلغوا، ابلغه)

أَبْلَغَ^{1} :أوصل إلى — To deliver (a message); to convey (a message)

﴿ ياقَوْمِ لَقَدْ أَبْلَغْتُكُمْ رِسَالَةَ رَبِّي ﴾ [الأعراف 79]

أَبْلَغَ^{2} : أوصل إلى — To convey to a place; to make to attain; to escort.

﴿ ثُمَّ أَبْلِغْهُ مَأْمَنَهُ ﴾ [التوبة 6]

بَالِغٌ :(بالغ، ببالغه، بالغيه، بالغة...)

بَالِغٌ^{1} : واصل إلى — Reaching to; brought to

﴿ يَحْكُمُ بِهِ ذَوَا عَدْلٍ مِنْكُمْ هَدْيًا بَالِغَ الْكَعْبَةِ ﴾ [المائدة 95]

﴿ لِيَبْلُغَ فَاهُ وَمَا هُوَ بِبَالِغِهِ ﴾ [الرعد 14]

بَالِغٌ^{2} : واصل إلى — One who attains; one who brings to pass

﴿ إِنَّ اللَّهَ بَالِغُ أَمْرِهِ ﴾ [الطلاق 3]

بَالِغٌ^{3} : واصل نهايته في القوة — Final; conclusive

﴿ قُلْ فَلِلَّهِ الْحُجَّةُ الْبَالِغَةُ ﴾ [الأنعام 149]

بَالِغٌ^{4} : واصل نهايته في القوة — Effective; consummate

﴿ حِكْمَةٌ بَالِغَةٌ فَمَا تُغْنِ النُّذُرُ ﴾ [القمر 5]

بَالِغٌ^{5} : واصل نهايته في القوة — Confirmed

﴿ أَمْ لَكُمْ أَيْمَانٌ عَلَيْنَا بَالِغَةٌ ﴾ [القلم39]

بَلِيغٌ :(بليغا): فصيح — Affecting; effectual; of plain tems

بَلاَغٌ :(بلاغ، البلاغ، بلاغاً، لبلاغا)

بَلاَغٌ^{1} : تبليغ أو كفاية — (Clear) message; plain statement; sufficient exposition

﴿ إِنَّ فِي هَذَا لَبَلاَغًا لِقَوْمٍ عَابِدِينَ ﴾ [الأنبياء 106]

بَلاَغٌ^{2} : تبليغ — Conveyance (of a message); delivering (of communications)

﴿ إِلاَّ بَلاَغًا مِنَ اللَّهِ وَرِسَالاَتِهِ ﴾ [الجن 23]

مَبْلَغٌ :(مبلغهم): حدّ ونهاية — Sum; goal

❋ ❋ ❋

بِمَ = بما: ب+ ما — (م ا).rt ما + ب

* * *

ب ل و

بَلاَ(ُ): (بلونا، بلوناهم، تبلو، نبلوهم...)

بَلاَ[1] : اختبر — To try

﴿ إِنَّا بَلَوْنَاهُمْ كَمَا بَلَوْنَا أَصْحَابَ الْجَنَّةِ ﴾ [القلم 17]

﴿ قَالَ هَذَا مِنْ فَضْلِ رَبِّي لِيَبْلُوَنِي ﴾ [النمل 40]

بَلاَ[2] : اختبر؛ كشف واظهر — To search out; to make manifest

﴿ يَوْمَ تُبْلَى السَّرَائِرُ ﴾ [الطارق 9]

أَبْلَى : (لتبلون، وليبلي): اختبر — To test; to confer (a gift)

ابْتَلَى: (ابتلى، ابتلاه، نبتليه، وليبتلي...): اختبر — To test; to try; to prove

بَلاَءٌ : (بلاء، البلاء)

بَلاَءٌ[1] : اختبار — Test; trial

﴿ إِنَّ هَذَا لَهُوَ الْبَلاَءُ الْمُبِينُ ﴾ [الصافات 106]

بَلاَءٌ[2] : اختبار — Gift; trial

﴿ وَلِيُبْلِيَ الْمُؤْمِنِينَ مِنْهُ بَلاَءً حَسَنًا ﴾ [الأنفال 17]

مُبْتَلٍ : (مبتليكم، لمبتلين): مختبِرٌ — One who tries; one who puts to test

بَلِيَ (َ) : (يبلى): فَنِيَ وزال — To waste away; to decay

* * *

بَلَى : — Rt.(ب ل ى)

* * *

ب ل ى

بَلَى : حرف جواب يجاب به النفي خاصة ويفيد إبطاله — Yea; nay

* * *

بَلِيَ : — Rt.(ب ل و)

بَلِيغٌ : — Rt.(ب ل غ)

بِنَاءٌ : — Rt.(ب ن ى)

بَنَّاءٌ : — Rt.(ب ن ى)

بَنَاتٌ : جمع بنت — Plur.of بِنْتٌ rt.(ب ن و)

بَنَانٌ : — Rt.(ب ن ن)

* * *

ب ن ن

بَنَانٌ : (بنان، بنانه): إصبع — Finger; fingertip

ب ن و

ابْنٌ : (ابن، ابنك، أبناء، بنون...): وَلَدٌ — Son

بَنُو إِسْرَائِيلَ : من ينتسبون إلى إسرائيل — Children of Israel

ابْنَ أُمَّ : اصلها ابن أميَ: أخي — Son of my mother!

ابْنُ السَبِيلِ : المسافر — Wayfarer

ابْنَةٌ : (ابنة، ابنتيَ): خلاف الولد — Daughter

بِنْتٌ : (بنات، البنات، بناتك، بناتكم) خلاف الابن — Girl

* * *

بُنُونَ/ بَنِينَ : جمع ابْنَ — Plur.of ابْنٌ rt.(ب ن و)

بَنَى : — Rt.(ب ن ى)

***

ب ن ى

بَنَى(.) :أقام (ورفع) ؛ خلق بإحكام — To build; to erect; to construct

بِنَاءٌ : مبنيّ والمراد مرفوع — Canopy

بَنَّاءٌ : حسن البناء محترف له — Builder

بُنْيَانٌ : بناء — Building; edifice; wall

مَبْنِيٌّ : مقامٌ — Built

***

بُنْيَانٌ : — Rt.(ب ن ى)

***

ب هـ ت

بَهَتَ (:):(فتبهتهم، فبهت): أدهش وحير — To confound; to stupefy; to abash

بُهْتَانٌ :(بهتان، ببهتان، بهتانا): كذبٌ وافتراء ؛ باطل بغير وجه حق ؛ فعل قبيح شنيع — Calumny; slander; lie; falsehood

ب هـ ج

بَهْجَةٌ : حسن ونظارة — Joy; beauty

ذَاتُ بَهْجَةٍ : ذات حسن ونظارة — Joyous; well-planted; beautiful

بَهِيجٌ : باعث على السرور بحسنه ونظارته — Lovely; beautiful

ب هـ ل

ابْتَهَلَ :(نبتهل): دعا واجتهد في الضراعة — To pray humbly; to be earnest in prayer

ب هـ م

بَهِيمَةٌ : كل ما له أربع قوائم من غير السباع — Beast; animal

بَهِيمَةُ الأَنْعَامِ : الانعام: الإبل والبقر والضأن والماعز — Four-footed animals

***

بَهِيجٌ : — Rt.(ب هـ ج)

بَهِيمَةٌ : — Rt.(ب هـ م)

بَوَارٌ : — Rt.(ب و ر)

***

ب و أ

بَاءَ (.) :(باء، باءوا، فباءوا، تبوء) : رجع ؛ رجع واعترف وتحمل — To draw oneself; to become deserving; to bear the punishment

بَوَّأَ :(بوأكم، بوأنا، تبوّيء، لنبوّئنهم)

بَوَّأَ[1] : انزل ورتب — To assign; to prepare

﴿ وَإِذْ غَدَوْتَ مِنْ أَهْلِكَ تُبَوِّئُ الْمُؤْمِنِينَ مَقَاعِدَ لِلْقِتَالِ ﴾ [آل عمران 121]

﴿ وَإِذْ بَوَّأْنَا لِإِبْرَاهِيمَ مَكَانَ الْبَيْتِ ﴾ [الحج 26]

بَوَّأَ[2] :انزل ومكن لـ — To settle; to allot; to sojourn: to abide

﴿ وَلَقَدْ بَوَّأْنَا بَنِي إِسْرَائِيلَ مُبَوَّأَ صِدْقٍ ﴾ [يونس 93]

تَبَوَّأَ :(تبوءوا، تتبوآ، يتبوأ، تبوّءا)

تَبَوَّأَ[1] : اتخذ مسكناً — To abide: to take to abide; to enter

﴿ وَالَّذِينَ تَبَوَّءُوا الدَّارَ وَالإِيمَانَ مِنْ قَبْلِهِمْ ﴾ [الحشر 9]

تَبَوَّأَ[2] : نزل وسكن — To be the owner; to have mastery

﴿ وَكَذَلِكَ مَكَّنَّا لِيُوسُفَ فِي الأَرْضِ يَتَبَوَّأُ مِنْهَا حَيْثُ يَشَاءُ ﴾ [يوسف 56]

مُبَوَّأٌ : — Abode; dwelling-place

ب و ب

بَابٌ :(باب، الباب، أبواب، أبواباً)

بَابٌ[1] : مدخل المكان — Gate

﴿ وَادْخُلُوا الْبَابَ سُجَّدًا وَقُولُوا حِطَّةٌ ﴾ [البقرة 58]

بَابٌ[2] : مدخل المكان — Door

﴿ وَغَلَّقَتْ الأَبْوَابَ وَقَالَتْ هَيْتَ لَكَ ﴾ [يوسف 23]

فَتَحَ عَلَيْهِ بَاباً :أصابه بمحنة شديدة — To open a door(gateway) upon

ب و ر

بَارَ ( ): (تبور،يبور): كسد وخسر ؛ بطل وذهب هباء — To fail; to be void; to perish

بُورٌ :(بوراً): هالك؛ فاسد لا خير فيه — Lost; one who is in perdition

بَوَارٌ :(البوار): هلاك — Loss; perdition

ب و ل

بَالٌ :(بال، بالهم): حال وشان — State; condition

مَا بَالُ : ما حال وشان — What is the case of? What is the condition of?

***

بَيَاتٌ : — Rt.(ب ى ت)

بَيَانٌ : — Rt.(ب ى ن)

***

ب ي ت

بَاتَ (ِ) :(يبيتون): قضى الليل أو أغلبه في الصلاة — To spend the night

بَيَّتَ :(بيّت، لنبيتنه، يبيتون)

بَيَّتَ[1] : دبر ليلاً — To meditate (a plan) all night

﴿ بَيَّتَ طَائِفَةٌ مِنْهُمْ غَيْرَ الَّذِي تَقُولُ ﴾ [النساء 81]

بَيَّتَ[2] : باغت بالإهلاك ليلاً — To attack by night

﴿ قَالُوا تَقَاسَمُوا بِاللَّهِ لَنُبَيِّتَنَّهُ وَأَهْلَهُ ﴾ [النمل 49]

بَيْتٌ :(بيت، البيت؛ بيتاً، بيوت ...): مسكن ؛ مسجد — House; dwelling

الْبَيْتُ الْحَرَامُ: الكعبة — The Sacred House

الْبَيْتُ الْعَتِيقُ: الكعبة — The Ancient House

بَيَاتٌ :(بياتاً): تدبير أمر في جوف الليل — Night-raid; raid by night; that which takes place by night

بَيَاتاً : ليلاً — As a night-raid; by night

ب ى د

بَادَ (ِ) :(تبيد): هلك وفني — To perish

ب ى ض

ابْيَضَّ :(ابيضت، تبيض): تحول السواد إلى بياض فلم يبصر ؛ أشرق — To whiten

أَبْيَضُ :(الأبيض، بيضاء، بيض): متصف بالبياض — White

بَيْضَاءُ :(بيضاء، بيض): — Fem. of أَبْيَضُ

مؤنث أبيض

بَيْضَةٌ :(بيض): ما تُلقيه إناث الطير — Egg

بَيْضٌ : جمع بَيْضَة — Plur.of بَيْضَةٌ

بِيْضٌ : جمع بَيْضَاء — Plur.of بَيْضَاءُ

ب ى ع

بَايَعَ :(بايع، يبايعنك، يبايعونك، فبايعهنّ)

بَايَعَ 1 :عاهد — To swear allegiance; to give a pledge

﴿ إِنَّ الَّذِينَ يُبَايِعُونَكَ إِنَّمَا يُبَايِعُونَ اللَّهَ ﴾ [الفتح 10]

بَايَعَ 2 : عاهد — To accept allegiance; to accept the pledge

﴿ فَبَايِعْهُنَّ وَاسْتَغْفِرْ لَهُنَّ اللَّهَ ﴾ [الممتحنة 12]

بَايَعَ 3 : عاهد وعاقد — To make a bargain

﴿ فَاسْتَبْشِرُوا بِبَيْعِكُمْ الَّذِي بَايَعْتُمْ بِهِ ﴾ [التوبة 111]

تَبَايَعَ :(تبايعتم): تبادل وعقد البيع — To sell one to another; to make a commercial contract

بَيْعٌ :(بيع، البيع، ببيعكم)

بَيْعٌ 1 : مبادلة مال بسلعة — Trade; trading; trafficking; bargaining

﴿ وَأَحَلَّ اللهُ الْبَيْعَ وَحَرَّمَ الرِّبَا ﴾ [البقرة 275]

بَيْعٌ 2 : معاهدة — Pledge; bargain

﴿ فَاسْتَبْشِرُوا بِبَيْعِكُمْ الَّذِي بَايَعْتُمْ ﴾ [التوبة 111]

بِيْعَةٌ :(بيع): كنيسة — Church

بِيَعٌ : جمع بِيْعَة — Plur.of بِيْعَةٌ

ب ى ن

بَيَّنَ 1 :(بيّنا، بيّناه، ولأبيّن، لتبيّن..)

بَيَّنَ 1 : وضّح وأظهر — To make clear

﴿ قَدْ بَيَّنَّا الآيَاتِ لِقَوْمٍ يُوقِنُونَ ﴾ [البقرة 118]

بَيَّنَ 2 : وضّح وأظهر — To make manifest; to declare openly

﴿ إِلاَّ الَّذِينَ تَابُوا وَأَصْلَحُوا وَبَيَّنُوا﴾ [البقرة 160]

أَبَانَ :(يبين): أفصح — To make (one's meaning) plain; to express oneself clearly

تَبَيَّنَ :(تبين، تبيّنت، يتبيّن، فتبيّنوا)

تَبَيَّنَ 1 : ظهر واتّضح — To become manifest; to be manifest

﴿ حَسَدًا مِنْ عِنْدِ أَنْفُسِهِمْ مِنْ بَعْدِ مَا تَبَيَّنَ لَهُمْ الْحَقُّ ﴾ [البقرة 109]

﴿ لِمَ أَذِنتَ لَهُمْ حَتَّى يَتَبَيَّنَ لَكَ الَّذِينَ صَدَقُوا ﴾ [التوبة 43]

تَبَيَّنَ 2 : ظهر واتّضح — To become distinct

﴿ حَتَّى يَتَبَيَّنَ لَكُمْ الْخَيْطُ الأَبْيَضُ مِنْ الْخَيْطِ الأَسْوَدِ ﴾ [البقرة 187]

تَبَيَّنَ 3 : تثبّت وتأمّل — To verify; to ascertain (the truth); to investigate carefully

﴿ إِنْ جَاءَكُمْ فَاسِقٌ بِنَبَإٍ فَتَبَيَّنُوا ﴾ [الحجرات 6]

﴿ إِذَا ضَرَبْتُمْ فِي سَبِيلِ اللَّهِ فَتَبَيَّنُوا ﴾ [النساء 94]

تَبَيَّنَ 4 : أدرك بوضوح — To see clearly; to come to know plainly

﴿ فَلَمَّا خَرَّ تَبَيَّنَتْ الْجِنُّ ﴾ [سبأ 14]

اسْتَبَانَ :(ولتستبين): ظهر واتّضح — To become manifest; to become clear

بَيِّنٌ : (بيّن، بيّنة، بيّنات، بالبيّنات): واضح — Clear

بَيِّنَةٌ :(بيّنة، بيّنات، البيّنات)

بَيِّنَةٌ[1] : حجة واضحة — Clear proof; clear sign

﴿ قُلْ إِنِّي عَلَى بَيِّنَةٍ مِنْ رَبِّي ﴾ [الأنعام 57]

بَيِّنَةٌ[2] : مؤنث بيّن — Fem. of بَيِّنٌ

﴿ كَمْ آتَيْنَاهُمْ مِنْ آيَةٍ بَيِّنَةٍ ﴾ [البقرة 211]

﴿ وَلَقَدْ أَنزَلْنَا إِلَيْكَ آيَاتٍ بَيِّنَاتٍ ﴾ [البقرة 99]

مُبَيِّنَةٌ :(مبيّنة، مبيّنات)

مُبَيِّنَةٌ[1] : واضحة أو موضّحة لأمر — Flagrant; Open

﴿ وَلاَ يَخْرُجْنَ إِلاَّ أَنْ يَأْتِينَ بِفَاحِشَةٍ مُبَيِّنَةٍ ﴾ [الطلاق 1]

مُبَيِّنَةٌ[2] : موضّح أو واضح — That which makes clear;

﴿ وَلَقَدْ أَنزَلْنَا إِلَيْكُمْ آيَاتٍ مُبَيِّنَاتٍ ﴾ [النور 34]

مُبِينٌ :(مبين، المبين، مبينا)

مُبِينٌ[1] : واضح أو موضّح — Plain; clear

﴿ فَإِنْ تَوَلَّيْتُمْ فَاعْلَمُوا أَنَّمَا عَلَى رَسُولِنَا الْبَلاَغُ الْمُبِينُ ﴾ [المائدة 92]

مُبِينٌ[2] : واضح — Open; avowed

﴿ خَلَقَ الإِنسَانَ مِنْ نُطْفَةٍ فَإِذَا هُوَ خَصِيمٌ مُبِينٌ ﴾ [النحل 4]

﴿ إِنَّهُ لَكُمْ عَدُوٌّ مُبِينٌ ﴾ [يس 60]

مُبِينٌ[3] : واضح — Mere; evident

﴿ لَقَالَ الَّذِينَ كَفَرُوا إِنْ هَذَا إِلاَّ سِحْرٌ مُبِينٌ ﴾ [الأنعام 7]

مُبِينٌ[4] : واضح أو موضّح — That which makes clear; one who makes plain

﴿ الر تِلْكَ آيَاتُ الْكِتَابِ وَقُرْآنٍ مُبِينٍ ﴾ [الحجر 1]

مُبِينٌ[5] : واضح أو موضّح — One who makes oneself plain; one who makes plain speech

﴿ أَوَمَنْ يُنَشَّأُ فِي الْحِلْيَةِ وَهُوَ فِي الْخِصَامِ غَيْرُ مُبِينٍ ﴾ [الزخرف 18]

مُبِينٌ[6] : : واضح أو موضّح — Signal; clear

﴿ إِنَّا فَتَحْنَا لَكَ فَتْحًا مُبِينًا ﴾ [الفتح 1]

مُسْتَبِينٌ :(المستبين): ظاهر واضح — Clear; that which makes (things) clear

بَيَانٌ: (بيان، البيان، بيانه)

بَيَانٌ[1]: إيضاح — Declaration; plain statement

﴿ هَذَا بَيَانٌ لِلنَّاسِ وَهُدًى وَمَوْعِظَةٌ لِلْمُتَّقِينَ ﴾ [آل عمران 138]

بَيَانٌ[2]: منطق فصيح — Utterance; speech

﴿ عَلَّمَهُ الْبَيَانَ ﴾ [الرحمن 4]

بَيَانٌ[3]: شرح وإيضاح — Explanation

﴿ ثُمَّ إِنَّ عَلَيْنَا بَيَانَهُ ﴾ [القيامة 19]

تِبْيَانٌ :(تبياناً): توضيح وشرح	Exposition
بَيْنٌ : فُرقة	Difference
ذَاتَ بيْنِكُم : ما بينكم من القرابة أو الصلة والمودة أو العداوة والبغضاء	Matter (s) of your difference
بَيْنَ : (بين، بينك، بينكم، بيننا ...): ظرف مبهم لا يتبين معناه إلا بإضافة إلى اثنين فصاعداً	Between; among
بَيْنَ يَدَي :انظر يَدٌ	See يَدٌ rt.(ى د ى)

❋ ❋ ❋

بُيُوتٌ : جمع بَيْتٌ	Plur.of بَيْتٌ rt. (ب ى ت)

❋ ❋ ❋

باب التاء

ت

تَ :(تَاللهِ): الحرف الثالث من حروف الهجاء وقد جاءت للقسم وتدل على التأنيث ويفرق بها بين المفرد والجمع — By

※※※

تَائِبٌ : — Rt.(ت و ب)

تَابَ : — Rt.(ت و ب)

تَابِعٌ : — Rt.(ت ب ع)

تَابُوتٌ : — Rt.(ت ب ت)

تَارَةً : — Rt.(ت و ر)

تَارِكٌ : — Rt.(ت ر ك)

تَالِيَاتٌ :جمع تالٍ — Plur.of تالٍ rt.(ت ل و)

تَاهَ : — Rt.(ت ى ه)

تَأْثِيمٌ : — Rt.(أ ث م)

تَأَخَّرَ : — Rt.(أ خ ر)

تَأَذَّنَ : — Rt.(أ ذ ن)

تُؤْذُونَنِي: تصريف آذى — Conj.of آذى rt.(أ ذ ى)

تَأْسَ : تصريف أسِيَ — Conj.of أسِيَ rt. (أ س ى)

تُؤْوِى : تصريف آوَى — Conj.of آوَى rt.(أ و ى)

تَأْوِيلٌ : — Rt.(أ و ل)

تُبْ : تصريف تاب — Conj.of تاب rt. (ت و ب)

تَبَّ : — Rt.(ت ب ب)

تَبَابٌ : — Rt.(ت ب ب)

تَبَارٌ : — Rt.(ت ب ر)

تَبَارَكَ : — Rt.(ب ر ك)

تَبَايَعَ : — Rt.(ب ى ع)

※※※

ت ب ب

تَبَّ (ُ) :(تَبَّتْ): خسِرَ وهلك — To perish

تَبَابٌ : فراق وهلاك — Ruin; perdition

تَتْبِيبٌ : إهلاك — Ruin; perdition

ت ب ت

تَابُوتٌ : (التابوت): صندوق — Arch; chest

※※※

تَبَتَّلَ : — Rt.(ب ت ل)

تَبْتِيلٌ : — Rt.(ب ت ل)

تُبْدَ : تصريف أبْدَى — Conj.of أبْدَى rt. (ب د و)

تَبَدَّلَ : — Rt.(ب د ل)

تَبْدِيلٌ : — Rt.(ب د ل)

تَبْذِيرٌ : — Rt.(ب ذ ر)

※※※

ت ب ر

تَبَّرَ :(تَبَّرْنا): أهلك — To bring to ruin; to bring to annihilation

تَتْبِيرٌ :(تتبيراً): إهلاك — Utter ruin; utter annihilation

مُتَبَّرٌ : مُهلك — Destroyed; brought to naught

تَبَارٌ :(تباراً): إهلاك — Ruin; perdition

***

تَبَرَّأَ : Rt.(ب ر أ)

تَبَرَّجَ : Rt.(ب ر ج)

تَبَرُّجٌ : Rt.(ب ر ج)

تَبَسَّمَ : Rt.(ب س م)

تَبْصِرَةٌ : Rt.(ب ص ر)

***

ت ب ع

تَبِعَ(َ): (تبع، تبعك، تتبعها، يتبعها...)

أَتْبَعَ : (اتبع، فأتبعنا، نتبعهم، يتبعون...)

أَتْبَعَ[1] : اتخذ موصلاً إلى؛ لحق وألحق ومشى خلف — To follow (up); to pursue

﴿ فَأَتْبَعَ سَبَبًا﴾ [الكهف 85]

﴿ ثُمَّ لاَ يُتْبِعُونَ مَا أَنفَقُوا مَنًّا وَلاَ أَذًى ﴾ [البقرة 262]

﴿ فَأَتْبَعَهُمْ فِرْعَوْنُ وَجُنُودُهُ بَغْيًا وَعَدْوًا ﴾ [يونس 90]

أَتْبَعَ[2] : ألحق وجعل تابعاً — To cause to follow

﴿ وَأَتْبَعْنَاهُمْ فِي هَذِهِ الدُّنْيَا لَعْنَةً ﴾ [القصص 42]

اتَّبَعَ :(اتبع، واتبعت، أتبع، تتبع...): اتخذ موصلاً إلى مقصده ؛ ألحق وجعل تابعاً ؛ لحق وأدرك ؛ تبع — To follow

تَابِعٌ :(بتابع)

تَابِعٌ[1] : متوجه إلى — One who follows

﴿ وَمَا بَعْضُهُمْ بِتَابِعٍ قِبْلَةَ بَعْضٍ ﴾ [البقرة 145]

تَابِعٌ[2] : خادم — Attendant; servant

﴿ أَوِ التَّابِعِينَ غَيْرِ أُوْلِي الإِرْبَةِ مِنَ الرِّجَالِ ﴾ [النور 31]

اتِّبَاعٌ :(اتباع، فاتباع)

اتِّبَاعٌ[1] : مطالبة بـ — Persecution

﴿ فَمَنْ عُفِيَ لَهُ مِنْ أَخِيهِ شَيْءٌ فَاتِّبَاعٌ بِالْمَعْرُوفِ ﴾ [البقرة 178]

اتِّبَاعٌ[2] : سير وراء — Pursuit; following

﴿ مَا لَهُمْ بِهِ مِنْ عِلْمٍ إِلاَّ اتِّبَاعَ الظَّنِّ ﴾ [النساء 157]

مُتَّبَعٌ :(متبعون): من يُتَّبَع — One who is pursued; one who is followed

مُتَتَابِعٌ :(متتابعين): متصل متوالٍ — Consecutive; successive

تَبَعٌ :(تبعاً): مقتدٍ ومقلِّد — Follower; following

تَبِيعٌ :(تبيعاً): نصير أو مطالب بالثأر — Avenger; helper

تُبَّعٌ : لقب ملوك اليمن — Tubba

***

تَبَوَّأَ : Rt.(ب و أ)

تِبْيَانٌ : Rt.(ب ى ن)

تَبِيعٌ : Rt.(ت ب ع)

تَبَيَّنَ : Rt.(ب ى ن)

تَتْبِيبٌ : Rt.(ت ب ب)

تَتْبِيرٌ : Rt.(ت ب ر)

تَتْرَا : Rt.(و ت ر)

تَثْبِيتٌ : Rt.(ث ب ت)

تَثْرِيبٌ: Rt.(ث ر ب)

***

ت ج ر

تِجَارَةٌ:(تجارة، التجارة، تجارتهم): بيع وشراء طلباً للربح ؛ عمل يترتب عليه خير أو شر — Commerce; trade; merchandise

❊❊❊

تَجَافَى :	Rt.(ج ف ا)
تَجَاوَزَ :	Rt.(ج و ز)
تَجَرَّعَ :	Rt.(ج ر ع)
تَجَلَّى :	Rt.(ج ل ا)
تَجَنَّبَ :	Rt.(ج ن ب)
تَحَاجَّ :	Rt.(ح ج ج)
تَحَاضَّ :	Rt.(ح ض ض)
تَحَاكَمَ :	Rt.(ح ك م)
تَحَاوَرَ :	Rt.(ح و ر)

❊❊❊

ت ح ت

تَحْتَ :(تحت، تحتك، تحته، تحتها...) ظرف مكان مقابل فوق — Beneath; underneath; under; below

❊❊❊

تَحَرَّى :	Rt.(ح ر ى)
تَحْرِيرٌ :	Rt.(ح ر ر)
تَحَسَّسَ :	Rt.(ح س س)
تَحَصَّنَ :	Rt.(ح ص ن)
تَحِلَّةٌ :	Rt.(ح ل ل)
تَحْوِيلٌ :	Rt.(ح و ل)
تَحِيَّةٌ :	Rt.(ح ى ى)
تَخَاصُمٌ :	Rt.(خ ص م)
تَخَافَتَ :	Rt.(خ ف ت)
تَخَبَّطَ :	Rt.(خ ب ط)
تَخْسِيرٌ :	Rt.(خ س ر)
تَخَطَّفَ :	Rt.(خ ط ف)
تَخَفْ : تصريف خاف	Conj.of خَافَ rt.(خ و ف)
تَخْفِيفٌ :	Rt.(خ ف ف)
تَخَلَّفَ :	Rt.(خ ل ف)
تَخَلَّى :	Rt.(خ ل و)
تَخَوُّفٌ :	Rt.(خ و ف)
تَخْوِيفٌ :	Rt.(خ و ف)
تَخَيَّرَ :	Rt.(خ ى ر)
تَدَارَكَ :	Rt.(د ر ك)
تَدَايَنَ :	Rt.(د ى ن)
تَدَبَّرَ :	Rt.(د ب ر)
تَدَلَّى :	Rt.(د ل و)
تَدْمِيرٌ :	Rt.(د م ر)
تَذَرُ : تصريف وذر	Conj.of وَذَرَ rt.(و ذ ر)
تَذَكَّرَ :	Rt.(ذ ك ر)
تَذْكِرَةٌ :	Rt.(ذ ك ر)
تَذْكِيرٌ :	Rt.(ذ ك ر)
تَذْلِيلٌ :	Rt.(ذ ل ل)
تَرَ : تصريف رأى	Conj.of رَأَى rt.(ر أ ى)

تَرَائِبُ : جمع تريبة — Plur.of تَرِيبَةٌ rt.(ت ر ب)

تَرَاءَى : Rt.(ر أ ى)

تُرَابٌ : Rt.(ت ر ب)

تُرَاثٌ : Rt.(و ر ث)

تَرَاجَعَ : Rt.(ر ج ع)

تَرَاضٍ : Rt.(ر ض ى)

تَرَاضَى : Rt.(ر ض ى)

تَرَاقٍ: (التراقي) — Rt.(ت ر ق)

❋❋❋

ت ر ب

تُرَابٌ :(تراب، التراب، تراباً): ما نَعِمَ من أديم الأرض — Dust; soil

تِرْبٌ :(أتراب) متماثلة في السن — Of equal age

تَرِيبَةٌ :(الترائب): عظم الصدر — Rib

مَتْرَبَةٌ : فقر شديد — Misery; dust

ذُوْ مَتْرَبَةٍ : ذو فقر شديد — Wretched in misery; lying in the dust

❋❋❋

تَرَبُّصٌ : Rt.(ر ب ص)

تَرَبَّصَ : Rt.(ر ب ص)

تَرْتِيلٌ : Rt.(ر ت ل)

تَرَدَّدَ : Rt.(ر د د)

📖

تُرِدْنَ :تصريف أراد 📖 — Conj.of أرَادَ rt. (ر و د)

تَرَدَّى : Rt.(ر د ى)

❋❋❋

ت ر ف

أَتْرَفَ :(أترفناهم، أترفتم، أترفوا): نَعَّمَ — To make soft; to bestow the good things

مُتْرَفٌ :(مترفين، مترفوها): مُنَعَّمٌ في — Indulged in luxury; pampered; wealthy

ت ر ق

تَرْقُوَةٌ :(التراقي): عظمة مشرفة بين ثُغرة النحر العاتق — Throat

❋❋❋

تَرَقَّبَ : Rt.(ر ق ب)

❋❋❋

ت ر ك

تَرَكَ (ُ):(ترك ، تركت، نتركه، نترك)

تَرَكَ[1] : ابقى وخلف — To leave (behind)

﴿ إِنْ تَرَكَ خَيْرًا الْوَصِيَّةُ لِلْوَالِدَيْنِ ﴾ [البقرة 180]

﴿ لَعَلِّي أَعْمَلُ صَالِحًا فِيمَا تَرَكْتُ ﴾ [المؤمنون 100]

تَرَكَ[2] : صدّ وانصرف عن — To forsake; to abandon

﴿ إِنِّي تَرَكْتُ مِلَّةَ قَوْمٍ لاَ يُؤْمِنُونَ بِاللَّهِ ﴾ [يوسف 37]

تَارِكٌ : متخلٍّ عن ، منصرف عن — One who forsakes; One who gives up; one who abandons; one who leaves

❋❋❋

تَزَاوَرَ : Rt.(ز و ر)

تَزَكَّى : Rt.(ز ك و)

تَزَوَّد :	Rt.(ز و د)
تَزَيَّل :	Rt.(ز ى ل)
تَسَاءَلَ :	Rt.(س أ ل)
تَسْبِيحٌ :	Rt.(س ب ح)
تَسْرِيحٌ :	Rt.(س ر ح)

***

ت س ع

تِسْعٌ :(تسع، تسعاً، تسعة): عدد بين الثمانية والعشرة (مؤنث/مذكر)	Nine
تِسْعَةَ عَشَرَ : العدد السابق على العقد الثاني	Nineteen
تِسْعُونَ : تسع عشرات	Ninety

***

📖	
تَسْطِعْ : تصريف استطاع	Conj.of استطاع rt. (ط و ع)
📖	
تَسَلَّلَ :	Rt.(س ل ل)
تَسْلِيمٌ :	Rt.(س ل م)
تَسَمَّعَ :	Rt.(س م ع)
تَسْمِيَةٌ :	Rt.(س م و)
تَسَنَّهَ :	Rt.(س ن ه)
تَسْنِيمٌ :	Rt.(س ن م)
تَسَوَّرَ :	Rt.(س و ر)
تَشَابَهَ :	Rt.(ش ب ه)
تَشَاوُرٌ :	Rt.(ش و ر)
تَشَقَّقَ :	Rt.(ش ق ق)

تَصَدَّعَ :	Rt.(ص د ع)
تَصَدَّقَ :	Rt.(ص د ق)
تَصَدَّى :	Rt.(ص د ى)
تَصْدِيَةٌ :	Rt.(ص د ى)
تَصْدِيقٌ :	Rt.(ص د ق)
تَصْرِيفٌ :	Rt.(ص ر ف)
تَصْعَدُ :(يصّعد)	Rt.(ص ع د)
📖	
تَصِلُ : تصريف وصل	Conj.of وَصَلَ rt. (و ص ل)
تُصَلِّ : تصريف صلى	Conj.of صَلَّى rt. (ص ل و)
📖	
تَصْلِيَةٌ :	Rt.(ص ل ى)
تَضْحَى :	Rt.(ض ح و)
تَضَرَّعَ :	Rt.(ض ر ع)
تَضَرُّعٌ :	Rt.(ض ر ع)
تَضْلِيلٌ :	Rt.(ض ل ل)
تَطَاوَلَ :	Rt.(ط و ل)
تَطَهَّرَ :	Rt.(ط ه ر)
تَطْهِيرٌ :	Rt.(ط ه ر)
تَطَوَّعَ :	Rt.(ط و ع)
تَطَيَّرَ :	Rt.(ط ى ر)
تَظَاهَرَ :	Rt.(ظ ه ر)
تَعَارَفَ :	Rt.(ع ر ف)
تَعَاسَرَ :	Rt.(ع س ر)
تَعَاطَى :	Rt.(ع ط ى)
تَعَالَ :(تعالوا، فتعالين)	Rt.(ع ل و)

تَعَالَى :	Rt.(ع ل و)
تَعَاوَنَ :	Rt.(ع و ن)
تَعَجَّلَ :	Rt.(ع ج ل)
تَعَدَّى :	Rt.(ع د و)

❋❋❋

ت ع س

تَعْسٌ :(فتعساً): إهلاك	Perdition; destruction
تَعْساً لَهُم : إهلاكاً لهم	For them is perdition! For them is destruction!

❋❋❋

تَعَفُّفٌ :	Rt.(ع ف ف)
تَعَلَّم :	Rt.(ع ل م)
تَعَمَّدَ :	Rt.(ع م د)

🕮

تَعُوْلُوا: تصريف عال	Conj.of عال rt.(ع و ل)

🕮

تَغَابُنٌ :	Rt.(غ ب ن)
تَغَامَزَ :	Rt.(غ م ز)
تَغَشَّى :	Rt.(غ ش ى)
تَغَيَّرَ :	Rt.(غ ى ر)
تَغَيُّظٌ :	Rt.(غ ى ظ)
تَفَاخُرٌ :	Rt.(ف خ ر)
تَفَاوُتٌ :	Rt.(ف و ت)

❋❋❋

ت ف ث

تَفَثٌ :(تفثهم): ما يصيب المحرم بالحج من ترك الاركان والحلق والغسل من الدرن والوسخ	Needful acts of shaving and cleansing; unkemptness

❋❋❋

تَفَجَّرَ :	Rt.(ف ج ر)
تَفْجِيرٌ :	Rt.(ف ج ر)
تَفَرَّقَ :	Rt.(ف ر ق)
تَفْرِيقٌ :	Rt.(ف ر ق)
تَفَسَّحَ :	Rt.(ف س ح)
تَفْسِيرٌ :	Rt.(ف س ر)
تَفْصِيلٌ :	Rt.(ف ص ل)
تَفَضَّلَ :	Rt.(ف ض ل)
تَفْضِيلٌ :	Rt.(ف ض ل)
تَفَطَّرَ :	Rt.(ف ط ر)
تَفَقَّدَ :	Rt.(ف ق د)
تَفَقَّهَ :	Rt.(ف ق ه)
تَفَكَّرَ :	Rt.(ف ك ر)
تَفَكَّهَ :	Rt.(ف ك ه)
تَفَيَّأَ :	Rt.(ف ى أ)

🕮

تَقِ : تصريف وقى	Conj.of وقى rt.(و ق ى)

🕮

تُقَاةٌ :	Rt.(و ق ى)
تَقَاسَمَ :	Rt.(ق س م)
تَقَبَّلَ :	Rt.(ق ب ل)
تَقْتِيلٌ :	Rt.(ق ت ل)
تَقَدَّمَ :	Rt.(ق د م)
تَقْدِيرٌ :	Rt.(ق د ر)
تَقَطَّعَ :	Rt.(ق ط ع)
تَقَلُّبٌ :	Rt.(ق ل ب)

تَقَلَّبَ : Rt.(ق ل ب)

* * *

ت ق ن

أَتْقَنَ : أحكم To perfect; to make thoroughly

* * *

تَقَوَّلَ : Rt.(ق و ل)

تَقْوَى : Rt.(و ق ى)

تَقْوِيمٌ : Rt.(ق و م)

تَقِيٌّ : Rt.(و ق ى)

تَكُ : تصريف كان Conj.of كَانَ rt.(ك و ن)

تَكَاثُرٌ : Rt.(ك ث ر)

تَكَبَّرَ : Rt.(ك ب ر)

تَكْبِيرٌ : Rt.(ك ب ر)

تَكْذِيبٌ : Rt.(ك ذ ب)

تَكَلَّمَ : Rt.(ك ل م)

تَكْلِيمٌ : Rt.(ك ل م)

تَلَّ : Rt.(ت ل ل)

تَلاَ : Rt.(ت ل و)

تَلاَقِ :(التلاقي) Rt.(ل ق ى)

تِلاَوَةٌ : Rt.(ت ل و)

تَلاَوَمَ : Rt.(ل و م)

تَلَبَّثَ : Rt.(ل ب ث)

تَلَطَّفَ : Rt.(ل ط ف)

تَلَظَّى : Rt.(ل ظ ى)

تِلْقَاءَ : Rt.(ل ق ى)

تَلَقَّى : Rt.(ل ق ى)

* * *

ت ل ك

تِلْكَ :(تلك، تلكم، تلكما)

تِلْكَ[1] : اسم إشارة للمفرد المؤنث البعيد والكاف فيه للخطاب — This; that; such

﴿ وَتِلْكَ حُجَّتُنَا آتَيْنَاهَا إِبْرَاهِيمَ ﴾ [الأنعام 83]

﴿ تِلْكَ إِذًا قِسْمَةٌ ضِيزَى ﴾ [النجم 22]

تِلْكَ[2]: اسم إشارة للمفرد المؤنث البعيد والكاف فيه للخطاب — These; those; such

﴿ تِلْكَ أَمَانِيُّهُمْ ﴾ [البقرة 111]

﴿ تِلْكَ أُمَّةٌ قَدْ خَلَتْ ﴾ [البقرة 134]

تِلْكُمْ: اسم إشارة للمفرد المؤنث البعيد ويخاطب به الجمع المذكر — Same as تلك for mas.piur

تِلْكُمَا :اسم إشارة للمفرد المؤنث البعيد ويخاطب به المثنى — Same as تلك for dual

ت ل ل

تَلَّ (ُ) :(وتلّه): ألقى على الوجه — To fling down; to lay prostrate

* * *

تَلَهَّى : Rt.(ل ه و)

* * *

ت ل و

تَلاَ (ُ) :(تلاها، تليت، نتلو، تتلو...)

تَلاَ[1] : قرأ — To recite; to read

﴿ الَّذِينَ آتَيْنَاهُمُ الْكِتَابَ يَتْلُونَهُ حَقَّ تِلاَوَتِهِ ﴾ [البقرة 121]

﴿ تِلْكَ آيَاتُ اللَّهِ نَتْلُوهَا عَلَيْكَ بِالْحَقِّ ﴾ [آل عمران 108]

تَلاَ2 : تبع — To follow

﴿ وَالْقَمَرِ إِذَا تَلاَهَا ﴾ [الشمس 2]

﴿ وَيَتْلُوهُ شَاهِدٌ مِنْهُ ﴾ [هود 17]

تَالٍ :(فالتاليات): قارئ — One who recites; one who reads (the Word)

التَّالِيَاتُ ذِكْرًا : القارئات ذكرا — Those who read (the Word) for reminder; those who recites; being mindful

تِلاَوَةٌ :(تلاوة، تلاوته): قراءة — Reading

* * *

تَلْوُوا/تَلْوُونَ: تصريف لوى — Conj.of لوى rt. (ل و ى)

تَمَّ : — Rt.(ت م م)

* * *

ت م م

تَمَّ (:) :(فتم، وتمت)

تَمَّ1 : كمل — To be complete

﴿ فَتَمَّ مِيقَاتُ رَبِّهِ أَرْبَعِينَ لَيْلَةً ﴾ [الأعراف 142]

تَمَّ2 : وجب وحق؛ استمر ومضى — To be fulfilled; to be accomplished; to be perfected.

﴿ وَتَمَّتْ كَلِمَةُ رَبِّكَ صِدْقًا وَعَدْلاً ﴾ [الأنعام 115]

﴿ وَتَمَّتْ كَلِمَةُ رَبِّكَ لأَمْلأَنَّ جَهَنَّمَ ﴾ [هود 119]

أَتَمَّ :(أتممت، أتممناها، ولأتم، يتم)

أَتَمَّ1 : أكمل — To complete; to add to; to make complete

﴿ فَإِنْ أَتْمَمْتَ عَشْرًا فَمِنْ عِنْدِكَ ﴾ [القصص 27]

﴿ وَأَتْمَمْنَاهَا بِعَشْرٍ ﴾ [الأعراف 142]

أَتَمَّ2 : أكمل (وأظهر) — To perfect

﴿ وَلأُتِمَّ نِعْمَتِي عَلَيْكُمْ وَلَعَلَّكُمْ تَهْتَدُونَ ﴾ [البقرة 150]

﴿ وَيَأْبَى اللَّهُ إِلاَّ أَنْ يُتِمَّ نُورَهُ ﴾ [التوبة 32]

﴿ لِمَنْ أَرَادَ أَنْ يُتِمَّ الرَّضَاعَةَ ﴾ [البقرة 233]

أَتَمَّ3 : أكمل — To fulfill

﴿ وَإِذْ ابْتَلَى إِبْرَاهِيمَ رَبُّهُ بِكَلِمَاتٍ فَأَتَمَّهُنَّ ﴾ [البقرة 124]

أَتَمَّ4 : أكمل — To observe; to complete

﴿ ثُمَّ أَتِمُّوا الصِّيَامَ إِلَى اللَّيْلِ ﴾ [البقرة 187]

أَتَمَّ5 : أكمل — To perform; to accomplish

﴿ وَأَتِمُّوا الْحَجَّ وَالْعُمْرَةَ لِلَّهِ ﴾ [البقرة 196]

تَمَامٌ :(تماما): إكمال للنعمة — That which is complete; something complete

تَمَاماً عَلَى الَّذِي: إكمالاً (للنعمة) على الذي — Complete for him who…; to complete (our blessings) on him who…

مُتِمٌّ : مُكمل ومظهر — One who perfects

* * *

تَمَاثِيلُ : جمع تمثال — Plur.of تِمْثَالٌ rt. (م ث ل)

تَمَارَى : — Rt.(م ر ى)

تَمَاسَّ : — Rt.(م س س)

تَمَامٌ : — Rt.(ت م م)

تَمَتَّعَ :	Rt.(م ت ع)
تَمَثَّلَ :	Rt.(م ث ل)
تَمَطَّى :	Rt.(م ط ى)
تَمَنَّى :	Rt.(م ن ى)
تَمْهِيدٌ :	Rt.(م هـ د)
تَمَيَّزَ :	Rt.(م ى ز)
تَنَابَزَ :	Rt.(ن ب ز)
تَنَاجَى :	Rt.(ن ج و)
تَنَادِ :	Rt.(ن د و)
تَنَادَى :	Rt.(ن د و)
تَنَازَعَ :	Rt.(ن ز ع)
تَنَاصَرَ :	Rt.(ن ص ر)
تَنَافَسَ :	Rt.(ن ف س)
تَنَاهَى :	Rt.(ن هـ ى)
تَنَاوُشٌ :	Rt.(ن و ش)

❋ ❋ ❋

ت ن ر

تَنُّورٌ :(التنور): وجه الأرض؛ تجويفة اسطوانية من فخار تجعل في الأرض ليخبز فيها — Oven; valley

❋ ❋ ❋

تَنَزَّلَ :	Rt.(ن ز ل)
تَنْزِيلٌ :	Rt.(ن ز ل)
تَنَفَّسَ :	Rt.(ن ف س)
تَنْكِيلٌ :	Rt.(ن ك ل)
تَنُّورٌ :	Rt.(ت ن ر)

📖

تَنْيَا : تصريف ونى — Conj.of ونى rt.

(و ن ى)

📖

تَوَّابٌ :	Rt.(ت و ب)
تَوَارَى :	Rt.(و ر ى)
تَوَاصَى :	Rt.(و ص ى)
تَوَاعَدَ :	Rt.(و ع د)

❋ ❋ ❋

ت و ب

تَابَ(ُ):(تاب، تابا، أتوب، تتوبا...): رجع عن المعصية ؛ وفق للتوبة وغفر لـ — To repent; to turn in repentance; to turn in penitence.

تَوْبٌ :(التوب) — Repentance

تَوْبَةٌ : (توبة، التوبة، توبتهم)

تَوْبَةٌ[1] : رجوع عن المعاصي — Repentance

﴿ وَهُوَ الَّذِي يَقْبَلُ التَّوْبَةَ عَنْ عِبَادِهِ ﴾ [الشورى 25]

﴿ تُوبُوا إِلَى اللَّهِ تَوْبَةً نَصُوحًا ﴾ [التحريم 8]

تَوْبَةٌ[2] : غفران — Forgiveness; repentance

﴿ وَلَيْسَتِ التَّوْبَةُ لِلَّذِينَ يَعْمَلُونَ السَّيِّئَاتِ ﴾ [النساء 18]

تَوْبَةٌ[3] : غفران — Penance

﴿ فَمَنْ لَمْ يَجِدْ فَصِيَامُ شَهْرَيْنِ مُتَتَابِعَيْنِ تَوْبَةً مِنَ اللَّهِ ﴾ [النساء 92]

تَائِبٌ :(تائبات، التائبون): راجع عن المعاصي — One who turns repentant (to Allah); penitent

تَوَّابٌ :(تواب، التواب، تواباً، التوابين)

Relenting	تَوَّابٌ [1] : من أسمائه تعالى

﴿ وَاتَّقُوا اللَّهَ إِنَّ اللَّهَ تَوَّابٌ رَحِيمٌ ﴾

[الحجرات 12]

Repentant; one who turns (to Allah) in repentance	تَوَّابٌ [2] : كثير الرجوع عن المعاصي

﴿ إِنَّ اللَّهَ يُحِبُّ التَّوَّابِينَ وَيُحِبُّ الْمُتَطَهِّرِينَ ﴾

[البقرة 222]

Recourse; return; (goodly) turning	مَتَابٌ :(متاب، متابا): رجوع عن المعاصي

***

Rt.(و ج ه)	تَوَجَّهَ :

***

ت و ر

Time	تَارَةً : مدة وحين
Second time	تَارَةً أُخْرَى : مرة ثانية
Torah; Taurat	تَوْرَاةٌ :(التوراة، بالتوراة): الكتاب المنزل على موسى عليه السلام

ت ي ن

Fig	تِينٌ :(والتين): اسم فاكهة أو جبل أو بلدة

ت ي ه

To wander (about)	تَاهَ (ِ):(يتيهون): ضلَّ وتحيّر

باب الثاء

❋ ❋ ❋

ثَابِتٌ :	Rt.(ث ب ت)
ثَاقِبٌ :	Rt.(ث ق ب)
ثَالِثٌ :	Rt.(ث ل ث)
ثَامِنٌ :	Rt.(ث م ن)
ثَانٍ :	Rt.(ث ن ى)
ثَاوٍ :	Rt.(ث و ى)
ثُبَاتٍ :	Plur.of ثُبَةٌ rt.(ث ب ى)

❋ ❋ ❋

ث ب ت

ثَبَتَ: (ُ):(فاثبتوا) استقر ولم يضطرب.	To be firm; to hold firm
ثَبَّتَ :(ثبتناك، نثبت، يثبت، وثبّت): مكّن من الثبات عند الشدّة	To make wholly firm; to establish
أَثْبَتَ :(ويثبت، ليثبتوك)	
أَثْبَتَ[1] : أقرّ	To establish

❋ ❋ ❋

﴿ يَمْحُوا اللَّهُ مَا يَشَاءُ وَيُثْبِتُ ﴾ [الرعد 39]

أَثْبَتَ[2] : حبس	To wound fatally; to confine

﴿ وَإِذْ يَمْكُرُ بِكَ الَّذِينَ كَفَرُوا لِيُثْبِتُوكَ ﴾ [الأنفال 30]

ثُبُوتٌ :(ثبوتها): تمكن واستقرار	Stability; the act of being planted firmly
ثَابِتٌ :(ثابت، الثابت): متمكن مستقر	Firm; sure
تَثْبِيتٌ :(تثبيتاً): تصديق ويقين	Strengthening; certainty

ث ب ر

ثُبُورٌ :(ثبوراً): هلاك	Destruction
مَثْبُــورٌ :(مثبــوراً): مصروف عن الحق	Given over to perdition; lost

ث ب ط

ثَبَّطَ :(فثبطهم): عوّق وبطّأ	To withhold; to hold back

❋ ❋ ❋

ثُبُوتٌ :	Rt.(ث ب ت)
ثُبُورٌ :	Rt.(ث ب ر)

❋ ❋ ❋

ث ب ى

ثُبَةٌ :(ثُبَاتٍ): جماعة أو جماعــــة الفرســـــان خاصة	Detachment; company of men
ثُبَاتٍ : في جماعات	In detachments

❋ ❋ ❋

ثَجَّاجاً :	Rt.(ث ج ج)

❋ ❋ ❋

ث ج ج

ثَجَّاجــاً : شـــديد الإنصباب	Abundant; pouring forth abundantly

ث خ ن

أَثْخَــنَ :(أثخنتمــوهم، يثخن): بالغ في القتل	To fight and triumph; to overcome

ث ر ب

تَثْرِيــبٌ : لـوم وتعييـر بالذنب	Reproof; fear

❋ ❋ ❋

ثَرَى : Rt.(ث ر ى)

❋❋❋

ث ر ى

ثَـرَى :(الثرى): تُـرابٌ نديّ — Ground; sod

ث ع ب

ثُعْبَانٌ : اسم عامل لكل حيوان زاحف يتميز بجسمه الطويل غير ذي الأرجل — Serpent

❋❋❋

ثِقَالٌ : جمع ثقيلٌ — Plur.of ثَقِيلٌ rt.(ث ق ل)

❋❋❋

ث ق ب

ثَاقِبٌ :(ثاقب، الثاقب): مضيء نافذ في الظلماء بضونه — Piercing; of piercing brightness

ث ق ف

ثَقِفَ (َ) :(تثقفوا، تثقفموهم، تثقفنهم): وجد وظفر به — To find

ث ق ل

ثَقُـلَ (ـُ) :(ثقلت): رجحت كفّته، عظم وجلّ — To be heavy; to be momentous

أَثْقَلَ :(اثقلت): استبان حمله — To become heavy; to grow heavy

إِثَّاقَـلَ :(اثاقلتم): أخلـد واطمأن — To bow down with heaviness; to incline heavily

ثَقِيـلٌ :(ثقيلاً، الثقال، ثقالاً)

ثَقِيلٌ[1] : محمل بالأمطار — Heavy

﴿ حَتَّى إِذَا أَقَلَّتْ سَحَابًا ثِقَالاً ﴾ [الأعراف 57]

ثَقِيـلٌ[2] : شـاقٌ وهـو الدعوة — Weighty; of weight

﴿ إِنَّا سَنُلْقِي عَلَيْكَ قَوْلاً ثَقِيلاً ﴾ [المزمل 5]

ثَقِيـلٌ[3] : شـاقٌ وهـو القيامة — Grievous

﴿ وَيَذَرُونَ وَرَاءَهُمْ يَوْمًا ثَقِيلًا ﴾ [الإنسان 27]

نَفَرُوا خِفَافاً وثِقَالاً: خرجوا إلى الجهاد أصحاء ومرضى موسرين ومعسرين شباباً وشيوخاً — To go forth; light-armed and heavy-armed; to go forth light and heavy

مُثْقَلٌ :(مثقلة، مثقلون)

مُثْقَلٌ[1] : محمل بالذنوب والآثام — One weighed down by burden

﴿ وَإِنْ تَدْعُ مُثْقَلَةٌ إِلَى حِمْلِهَا لا يُحْمَلْ مِنْهُ شَيْءٌ ﴾ [فاطر 18]

مُثْقَلٌ[2] : محمل بأعباء الغرم — Plunged (in debt); overburdened

﴿ أَمْ تَسْأَلُهُمْ أَجْرًا فَهُمْ مِنْ مَغْرَمٍ مُثْقَلُونَ ﴾ [الطور 4]

ثِقْـلٌ :(اثقالهم، اثقالهم، اثقالها)

ثِقْلٌ[1] :الحمل الثقيل — Heavy (load)

﴿ وَتَحْمِلُ أَثْقَالَكُمْ إِلَى بَلَدٍ لَمْ تَكُونُوا بَالِغِيهِ ﴾ [النحل 7]

ثِقْلٌ[2] : ما في الجوف — Burden

﴿ وَأَخْرَجَتْ الأَرْضُ أَثْقَالَهَا ﴾ [الزلزلة 2]

ثَقَـلٌ :(الثقلان): شـيء نفيس خطير — Dependent; army

ثَقَلانِ : مثنى ثقلٌ — Dual.of ثَقَلٌ rt.(ث ق ل)

مِثْقَالٌ : زنةٌ — Weight

مِثْقَالُ ذَرَّةٍ : زنة ذرة — Weight of an atom;

weight of an ant

***

ثَقِيلٌ : Rt.(ث ق ل)

ثَلاثٌ: (ثلاثة) Rt.(ث ل ث)

ثُلاثُ : Rt.(ث ل ث)

ثَلاثُونَ: (ثلاثين) Rt.(ث ل ث)

ثُلَّةٌ : Rt.(ث ل ل)

***

ث ل ث

ثَلاثٌ: (ثلاث، ثلاثة، بثلاثة ، الثلاثة...): عدد بين الاثنين والأربعة — Three

ثَلاثُونَ :(ثلاثون، ثلاثين): ثلاث عشرات — Thirty

ثُلُثٌ :(الثلث، ثلثي، الثالثة): جزء من ثلاثة أجزاء متساوية من الواحد — One-third

ثَالِثٌ :(وثلاث): مكمل الاثنين ثلاثة — Third (person)

ثُلاثُ: ثلاثة ثلاثة — Three by three; in threes

ث ل ل

ثُلَّةٌ : جماعة من الناس — Multitude; numerous company

***

ثَمَّ : Rt.(ث م م)

ثُمَّ : Rt.(ث م م)

ثَمانِيَ : Rt.(ث م ن)

ثَمَانِينَ : Rt.(ث م ن)

***

ث م د

ثَمُودٌ :(ثمود، لثمود، ثمودا): شعب عربي باد قبل ظهور الإسلام — Thamud; Samood

ث م ر

أَثْمَرَ : ظهر ثمره — To bear fruit; to fruit

ثَمَرَةٌ :(ثمرة، ثمرات، الثمرات): حمل الشجر — Fruit

ثَمَرٌ :(ثمر، ثمره، بثمره): حمل الشجر واحدته: ثمرة — Fruit; wealth

ثَمَرٌ[1] : جمع ثمرة — Plur.of ثَمَرَةٌ

﴿ انظُرُوا إِلَى ثَمَرِهِ إِذَا أَثْمَرَ وَيَنْعِهِ ﴾ [الأنعام 99]

ثَمَرٌ[2] : حمل الشجر؛ مال كثير — Wealth; fruit

﴿ وَأُحِيطَ بِثَمَرِهِ فَأَصْبَحَ يُقَلِّبُ كَفَّيْهِ ﴾ [الكهف 42]

ث م م

ثَمَّ :

ثَمَّ[1] : اسم يشار به إلى المكان البعيد بمعنى: هناك — And

﴿ مُطَاعٍ ثَمَّ أَمِينٍ ﴾ [التكوير 21]

ثَمَّ[2] : اسم يشار به إلى المكان البعيد بمعنى: هناك — There; thither

﴿ فَأَيْنَمَا تُوَلُّوا فَثَمَّ وَجْهُ اللَّهِ ﴾ [البقرة 115]

ثُمَّ : حرف عطف يقتضي التشريك في الحكم والترتيب والمهلة — Then

ث م ن

ثَامِنٌ :(ثامنهم): مكمل السبعة ثامن — Eight (person)

ثَمَانٍ :(ثماني، ثمانية): عدد بين السبعة والتسعة — Eight

ثَمَانُونَ :(ثمانين): العقد الثامن — Eighty

ثُمُــنٌ :(الـثمن) الجــزء الواحـد مـن ثمانيـة أجـزاء متساوية — One eighth

ثَمَـنٌ : (ثمنـاً، بثمن): عـوض يؤخـذ فـي مقابلـة البيع عيناً كان أو سلعة — Price

❋ ❋ ❋

ثَمُودُ : — Rt.(ث م د)

ثَنَى : — Rt.(ث ن ى)

❋ ❋ ❋

ث ن ى

ثَنَى (.) :(يثنون): طوى وستر — To fold up

اسْــتَثْنَى :(يـستثنون): اخرج حق المسكين أو قال إلا أن يشاء الله — To make no exception; to set aside a portion

ثَانٍ :(ثانيَ)

ثَــانٍ[1] : جاعـل الواحـد اثنين — Second

﴿ إِذْ أَخْرَجَهُ الَّذِينَ كَفَرُوا ثَانِيَ اثْنَيْنِ ﴾ [التوبة 40]

ثَانٍ[2] : لاوٍ — One who turns (one's side)

﴿ ثَانِيَ عِطْفِهِ لِيُضِلَّ عَنْ سَبِيلِ اللَّهِ ﴾ [الحج 9]

ثَـانِيَ عِطْفِـهِ :لاويـاً عنقـه والمـراد: إنـه متكبـر معرض — Turning away in pride

اثْنَـانِ:(اثنـان، اثنتـان، أثنتين، أثنـا...): عـدد بين الواحد والثلاثة (مذكر ومؤنث) — Two

اثْنَا عَشَرَ /اثْنَتَا عَشْرَةَ:(اثناعشر، اثني عشر، اثنتا عشرة، ..): عدد مركب من اثنين وعشر — Twelve

مَثْنَـى : اثنـين اثنـين أو اثنتين اثنتين — Two and two; by twos

مَثَانٍ :(مثاني، المثاني): التـي تثنـى وتكـرر قراءتهـا فـي الصلاة وقيل: هي سورة الفاتحة — Off- repeated (verses)

❋ ❋ ❋

ثَوَابٌ : — Rt.(ث و ب)

❋ ❋ ❋

ث و ب

ثَوَّبَ :(ثُوِّب): كافأ — To reward; to pay for

أَثَــابَ :(فأثـابكم، وأثـابهم، فأثـابهم): كافـأ وجازى — To reward

ثَـوَابٌ : (ثواب، الثواب، ثواباً): عطاء وجزاء — Reward

مَثَابَةٌ : ملجا أو موضع للثواب — Resort; pilgrimage

مَثُوبَةٌ :(مثوبـة، لمثوبـة): جزاء — Reward; recompense

ثَوْبٌ:(ثياب، ثياباً، ثيابك، ثيابكم...): ما يُلبس — Robe; raiment; clothes

ث و ر

أَثَــارَ :(أثـاروا، فـأثرن، تثير، فتثير):

أَثَــارَ[1] : شــقَ وقلــب للزراعة أو غيرها — To dig (up); to plough

﴿ وَأَثَارُوا الأَرْضَ وَعَمَرُوهَا ﴾ [الروم 9]

﴿ لاَ ذَلُولٌ تُثِيرُ الأَرْضَ ﴾ [البقرة 71]

أَثَارَ[2] : هيّج ونشر — To raise

﴿ فَأَثَرْنَ بِهِ نَقْعًا ﴾ [العاديات 4]

﴿ اللَّهُ الَّذِي يُرْسِلُ الرِّيَاحَ فَتُثِيرُ سَحَابًا ﴾ [الروم 48]

ث و ى

Dweller	ثَاوٍ :(ثاوياً): مقيم ومستقر
Abode	مَثْوًى:(مثوى، مثواكم، مثواه، مثواي): منـزل أو إقامة واستقرار
To receive someone honourably	أَكْـرَمَ مَثْـوَاهُ : جعـل محل اقامته كريماً مرضياً

***

Plur.of ثَوْبٌ rt. (ث و ب)	ثِيَابٌ : جمع ثوب

***

ث ى ب

Widow	ثَيِّـبٌ :(ثيبـات): مـن افتضت بكارتها

باب الجيم

جَاءَ :	Rt.(ج ى أ)
جَائِرٌ :	Rt.(ج و ر)
جَابَ :	Rt.(ج و ب)
جَاثِمٌ :	Rt.(ج ث م)
جَاثِيَةٌ :	Rt.(ج ث و - ى)
جَادَلَ :	Rt.(ج د ل)
جَارٌ :	Rt.(ج و ر)
جَارِيَةٌ :	Rt.(ج ر ى)
جَازٍ :	Rt.(ج ز ى)
جَازَى :	Rt.(ج ز ى)
جَاسَ :	Rt.(ج و س)
جَاعَ :	Rt.(ج و ع)
جَاعِلٌ :	Rt.(ج ع ل)
جَالُوتُ :	Rt.(ج ل ت)
جَامِدَةٌ :	Rt.(ج م د)
جَامِعٌ :	Rt.(ج م ع)
جَانٌّ :	Rt.(ج ن ن)
جَانِبٌ :	Rt.(ج ن ب)
جَاهَدَ :	Rt.(ج هـ د)
جَاهِلٌ :	Rt.(ج هـ ل)
جَاهِلِيَّةٌ :	Rt.(ج هـ ل)
جَاوَرَ :	Rt.(ج و ر)
جَاوَزَ :	Rt.(ج و ز)

❋❋❋

ج أ ر

جَأَرَ (ـَ): (تجاروا، تجارون، يجأرون): رفع صوته بالدعاء والتضرع — To cry for succour; to supplicate

❋❋❋

جُبٌّ :	Rt.(ج ب ب)
جَبَّارٌ :	Rt.(ج ب ر)
جِبَالٌ : جمع جبل	Plur.of جَبَلٌ rt.(ج ب ل)
جِبَاهٌ : جمع جبهة	Plur.of جَبْهَةٌ rt. (ج ب هـ)

❋❋❋

ج ب ب

جُبٌّ : (الجبّ): بئر بعيدة الغور لم تُبنَ بالحجارة ونحوها — Pit

ج ب ت

جِبْتٌ : (بالجبت): كل ما عبد من دون الله واستعمل في الصنم والكاهن والساحر ونحو ذلك — Idols

ج ب ر

جَبَّارٌ : (جبار ، بجبار ، جباراً، جبارين)

جَبَّارٌ [1] : عاتٍ متمرد — Insolent; forward; tyrant

﴿ وَاسْتَفْتَحُوا وَخَابَ كُلُّ جَبَّارٍ عَنِيدٍ ﴾ [إبراهيم 15]

﴿ وَلَمْ يَجْعَلْنِي جَبَّارًا شَقِيًّا ﴾ [مريم 32]

جَبَّارٌ [2] : متسلط قاهر — Compeller

﴿ وَمَا أَنْتَ عَلَيْهِمْ بِجَبَّارٍ ﴾ [قَ 45]

جَبَّارٌ [3] : قاهر أو مصلح(من أسمائه تعالى) — Mighty One

﴿ الْعَزِيزُ الْجَبَّارُ ﴾ [الحشر 23]

جَبَّارٌ [4] : عاتٍ متمرد — Giant; strong

﴿ قَالُوا يَامُوسَى إِنَّ فِيهَا قَوْمًا جَبَّارِينَ ﴾ [المائدة 22]

جِبْرِيلُ : أحد الملائكة المقربين سمي روح القدس والروح الأمين — Gabriel; Jibreel

❋❋❋

جِبْرِيلُ : — Rt.(ج ب ر)

❋❋❋

ج ب ل

جَبَلٌ :(جبل، الجبل، جبال،الجبال...): ما ارتفع من الأرض إذا عظم وطال — Mountain; hill

جِبِلٌّ :(جبلاً): جماعة من الناس مفردها جبِلة — Great multitude; numerous people

جِبِلَّةٌ :(والجبلة): جماعة من الناس — Great Multitude; numerous people

ج ب ن

جَبِينٌ :(للجبين): ما فوق الصدغ عن يمين الجبهة أو شمالها — Forehead

ج ب ه

جَبْهَةٌ :(جباههم): ما بين الحاجبين إلى الناحية — Forehead

❋❋❋

جَبَى : — Rt.(ج ب ى)

❋❋❋

ج ب ى

جَبَى (ـِ):(يُجبى): جمع وحمل إلى — To draw; to bring

اجْتَبَى:(اجتباكم، اجتباه، يجتبي، يجتبيك...)

اجْتَبَى [1] :اصطفى واختار — To choose

﴿ وَاجْتَبَيْنَاهُمْ وَهَدَيْنَاهُمْ إِلَى صِرَاطٍ مُسْتَقِيمٍ ﴾ [الأنعام 87]

اجْتَبَى [2] : اختلق وزوّر — To forge

﴿ وَإِذَا لَمْ تَأْتِهِمْ بِآيَةٍ قَالُوا لَوْلاَ اجْتَبَيْتَهَا ﴾ [الأعراف 203]

جَابِيَةٌ:(كالجواب): حوض كبير ويقصد به إناء الطعام الواسع — Watering-trough; well

ج ث ث

اجْتَثَّ :(اجتثت): اقتلع — To uproot; to pull out

ج ث م

جَاثِمٌ :(جاثمين): ميّت هامد لا يتحرك — Motionless

ج ث و –ى

جَاثٍ :(جاثية، جثياً)، راكع على ركبته في خشوع وترقب ، خاضع مهان ذليل — Motionless

❋❋❋

جِثِيٌّ : جمع جاثٍ — Plur.of جَاثٍ rt. (ج ث و)

❋❋❋

ج ح د

جَحَدَ (ـَ):(جحدوا، يجحد، يجحدون): كفر به — To deny

ج ح م

جَحِيمٌ :(جحيم، الجحيم، وجحيماً): من اسماء جهنم — Hell-fire; flaming-fire

❋❋❋

جَحِيمٌ : — Rt.(ج ح م)

جَدٌّ : — Rt.(ج د د)

جِدَارٌ : — Rt.(ج د ر)

جِدَالٌ : — Rt.(ج د ل)

* * *

ج د ث

جَدَثٌ :(الأجداث): قبر	Grave

ج د د

جَدٌّ : عظمة	Glory; majesty
جَدِيدٌ :(جديد، جديداً): حادث	New
جُـدَّةٌ :(جـدد): طريـق وخـط بـألوان مختلفة	Streak
جُدُدٌ :جمع جُدَّة	Plur.of جُدَّةٌ

ج د ر

أَجْدَرُ :(واجدر): احقُ	More disposed; more likely
جِدَارٌ :(جدارا، الجدار، جدر): حائط	Wall
جُدُرٌ : جمع جدار	Plur.of جِدَارٌ

ج د ل

جَادَلَ :(جادلتم، جادلتنا، تجادل، يجادل...)

جَادَلَ[1] : ناقش وخاصم من أجل	To dispute(with); to argue (with)

﴿ قَالُوا يَانُوحُ قَدْ جَادَلْتَنَا فَأَكْثَرْتَ جِدَالَنَا ﴾ [هود 32]

جَادَلَ[2] : ناقش	To plead for (with عن)

﴿ وَجَادِلْهُمْ بِالَّتِيْ هِيَ أَحْسَنُ ﴾ [النحل 125]

جَدَلٌ :(جدلا)	Contention; argument

جِدَالٌ :(جدال، جدالنا)

جِدَالٌ[1] : نزاع وخصام	Dispute; disputation

﴿ يَانُوحُ قَدْ جَادَلْتَنَا فَأَكْثَرْتَ جِدَالَنَا ﴾ [هود 32]

جِدَالٌ[2] : نزاع وخصام	Quarreling; angry conversation

﴿ وَلاَ فُسُوقَ وَلاَ جِدَالَ فِي الْحَجِّ ﴾[البقرة 197]

* * *

جَدِيدٌ :	Rt.(ج د د)
جُذَاذٌ :	Rt.(ج ذ ذ)

* * *

ج ذ ذ

مَجْذُوذٌ : مقطوع	Cut off; failing
غَيْرُ مَجْذُوذٍ: غير مقطوع	Unfailing; never cut off
جُذَاذٌ :(جذاذاً): حطام وقطع مكسرة	Broken pieces
جُذَاذاً : حطاماً وقطعاً مكسرة	Broken into pieces; in fragments

ج ذ ع

جِذْعٌ :(جذع، بجذع، جذوع): ساق	Trunk

ج ذ و

جَذْوَةٌ : جمرة ملتهبة	Brand (of fire)

* * *

جَذْوَةٌ :	Rt.(ج ذ و)
جُذُوعٌ : جمع جِذْعٌ	Plur.of جِذْعٌ rt. (ج ذ ع)
جَرٌّ :	Rt.(ج ر ر)
جَرَادٌ : جمع جَرَادة	Plur.of جَرَادَةٌ rt. (ج ر د)

* * *

ج ر ح

ج ر ح

جَرَحَ (َ) :(جرحتم): كسبَ — To acquire; to commit

اجْتَرَح :(اجترحوا): اكتسب وفعل — To commit

جُرْحٌ :(الجروح): شقٌ في البدن — Wound

جَارِحَـةٌ :(الجوارح): مـا يـصيد مـن الطير والسباع والكلاب — Beast of prey; bird of prey

ج ر د

جَـرَادَةٌ :(جراد، والجراد): حـشرة صـــغيرة الجـــسم تطيـــر جماعات وتهلك الزرع — Locust

ج ر ر

جَرَّ (ُ) :(يجُرُه): جذب نحو — To drag

ج ر ز

جُرُزٌ :(الجرز ، جرزاً): ارض جرداء لا نبات فيها — Without herbage; barren

ج ر ع

تَجَرَّعَ :(يتجرعه): ابتلع بمشقة وكره — To sip; to drink little by little

ج ر ف

جُرُفٌ : شقُ الوادي الذي حفر الماء أصله فعرّضه للانهيار — Bank; precipice

ج ر م

جَرَمَ (ِ) :(يجرمنكم): حمل أو كسبَ — To incite; to seduce

لاَ جَرَمَ : لابد ، لا محالة أو حقًا — Assuredly; truly

أجْـرَمَ :(أجرمنـا، أجرمـوا، تجرمـون): اذنبَ — To be guilty

إجْرَامٌ :(اجرامى): اكتساب الذنب — Guilt; crime

مُجْرِمٌ :(المجرم، مجرماً، المجرمون، المجرمين...): كافرٌ معاند — One who is guilty

ج ر ى

***

جُرُوحٌ : جمع جُرْحٌ — Plur.of جُرْحٌ rt.(ج ر ح)

جَرَى : — Rt.(ج ر ى)

***

ج ر ى

جَرَى (ِ) :(جرين، تجري، تجريان، يجري...)

جَرَى[1] : مرّ مسرعاً — To sail (on)

﴿ وَجَرَيْنَ بِهِمْ بِرِيحٍ طَيِّبَةٍ ﴾ [يونس 22]

جَرَى[2] : سار بنظام — To run on; to pursue the course

﴿ وَالشَّمْسُ تَجْرِي لِمُسْتَقَرٍّ لَهَا ﴾ [يس 38]

﴿ كُلٌّ يَجْرِي لأَجَلٍ مُسَمًّى ﴾ [الرعد 2]

جَرَى[3] : اندفع مسرعاً — To flow

﴿ أَنَّ لَهُمْ جَنَّاتٍ تَجْرِي مِنْ تَحْتِهَا الأَنْهَارُ ﴾ [البقرة 45]

جَارٍ :(جارية، الجارية، فالجاريات)

جَارٍ[1] : يمرُ ماؤه سريعاً — Flowing

﴿ فِيهَا عَيْنٌ جَارِيَةٌ ﴾ [الغاشية 12]

جَارٍ[2] : وصف للنجوم أو السحب أو الرياح أو السفن — Gliding

﴿ فَالْجَارِيَاتِ يُسْرًا ﴾ [الذاريات 3]

جَارِيَةٌ :(جارية، الجوار ،فالجاريات)

جَارِيَةٌ[1] : سفينة — Ship

﴿ وَمِنْ آيَاتِهِ الْجَوَارِي فِي الْبَحْرِ كَالأَعْلاَمِ ﴾ [الشورى 32]

جَارِيَةٌ[2] : نجم — Star; that which runs

the course.

﴿ الْجَوَارِي الْكُنَّسِ ﴾ [التكوير 16]

مَجْرًى :(مجريها): جري وسير — Course (of a ship); sailing

❋❋❋

جَزَاءٌ : Rt.(ج ز ى)

❋❋❋

ج ز أ

جُزْءٌ :(جزء، جزءاً): بعض — Part; portion

ج ز ع

جَزِعَ (:) :(أجزعنا): ضعف عن احتمال المكروه — To rage; to be impatient

جَزُوعٌ :(جزوعاً): كثير الضعف عند نزول المكروه — Greatly grieved; fretful

❋❋❋

جَزُوعٌ : Rt.(ج ز ع)

جَزَى : Rt.(ج ز ى)

❋❋❋

ج ز ى

جَزَى(:):(جزاهم، جزيتهم، تجزي، نجزي...)

جَزَى[1] : كافأ خيراً أو شراً — To reward; to requite

﴿ إِنِّي جَزَيْتُهُمُ الْيَوْمَ بِمَا صَبَرُوا ﴾ [المؤمنون 111]

﴿ ذَلِكَ جَزَيْنَاهُمْ بِبَغْيِهِمْ ﴾ [الأنعام 146]

جَزَى[2] : أغنى عن وسدّ مسدّ — To avail

﴿ وَاتَّقُوا يَوْمًا لاَ تَجْزِي نَفْسٌ عَنْ نَفْسٍ شَيْئًا ﴾ [البقرة 48]

جَازَى :(نجازي): كافأ خيراً أو شراً — To reward; to requite ; to avail; to punish

جَازٍ : كافٍ ومغنٍ — One who avails; maker of satisfaction

جَزَاءٌ:(جزاء، الجزاء، جزاءكم، جزاؤه...): مكافأة بخير أو شر — Reward; recompense; requital

جِزْيَةٌ :(الجزية): ضريبة تفرض على الرؤوس يأخذها المسلمون من غير المسلمين نظير التأمين والانتفاع — Tax; tribute

ج س د

جَسَدٌ :(جسداً): جسم جامد لا يأكل ولا يشرب ولا يتحرك — Body

ج س س

تَجَسَّسَ :(تجسسوا): اتبع ما خفي من شؤون الناس الخاصة بهم — To spy

ج س م

جِسْمٌ :(والجسم، أجسامهم):

جِسْمٌ[1] : كل ما له طول وعرض وعمق وقصد به جسد الحي — Stature; physique

﴿ وَزَادَهُ بَسْطَةً فِي الْعِلْمِ وَالْجِسْمِ ﴾ [البقرة 247]

جِسْمٌ[2] : جسد الحي — Figure; person

﴿ وَإِذَا رَأَيْتَهُمْ تُعْجِبُكَ أَجْسَامُهُمْ ﴾ [المنافقون 4]

ج ع ل

جَعَلَ(:):(جعل، فجعلتم، أجعل، تجعل...)

جَعَلَ[1] : صيّر حقيقة أو حكماً — To make

﴿ الَّذِي جَعَلَ لَكُمُ الأَرْضَ فِرَاشًا ﴾ [البقرة 22]

جَعَلَ[2] : صيّر — To invoke; to pray for

﴿ فَنَجْعَلْ لَعْنَةَ اللَّهِ عَلَى الْكَاذِبِينَ ﴾ [آل عمران 61]

جَعَلَ[3] : صيّر	To raise; to place
﴿ إِذْ جَعَلَ فِيكُمْ أَنْبِيَاءَ ﴾ [المائدة 20]	
﴿ قَالَ اجْعَلْنِي عَلَى خَزَائِنِ الأَرْضِ ﴾ [يوسف 55]	
جَعَلَ[4] : صيّر	To thrust; to put
﴿ جَعَلُوا أَصَابِعَهُمْ فِي آذَانِهِمْ ﴾ [نوح 7]	
جَعَلَ[5] : صيّر أو قرر أو حكم	To assign; to allot
﴿ وَجَعَلُوا لَهُ مِنْ عِبَادِهِ جُزْءًا ﴾ [الزخرف 15]	
جَعَلَ[6] : قرّر وشرع	To appoint; to ordain
﴿ إِنَّمَا جُعِلَ السَّبْتُ عَلَى الَّذِينَ اخْتَلَفُوا فِيهِ ﴾ [النحل 124]	
﴿ وَالْبُدْنَ جَعَلْنَاهَا لَكُمْ مِنْ شَعَائِرِ اللَّهِ ﴾ [الحج 36]	
جَاعِلٌ :(جاعل، جاعلك، لجاعلون، جاعلوه)	
جَاعِلٌ[1] : مصيّر	One who makes; maker
﴿ جَاعِلِ الْمَلائِكَةِ رُسُلاً أُولِي أَجْنِحَةٍ ﴾ [فاطر 1]	
جَاعِلٌ[2] : مصيّر	One who places
﴿ إِنِّي جَاعِلٌ فِي الأَرْضِ خَلِيفَةً ﴾ [البقرة 30]	

❋ ❋ ❋

جُفَاءٌ :	Rt.(ج ف أ)
جِفَانٌ : جمع جفنة	Plur.of جَفْنَةٌ rt.(ج ف ن)

❋ ❋ ❋

ج ف أ

جُفَاءٌ : ما يرميه القدر من زبد عند غليانها وما يحمله سيل الوادي من فتات الأشياء على وجه الأرض	Worthless; as scum upon the bank

ج ف ن

جَفْنَةٌ :(جفان): قصعة	Bowl; basin

ج ف ا

تَجَافَى :(تتجافى): تباعد	To draw away; to forsake

❋ ❋ ❋

جَلاَءٌ :	Rt.(ج ل ا)
جَلابِيبُ : جمع جلباب	Plur.of جِلْبَابٌ rt.(ج ل ب)
جَلاَلٌ :	Rt.(ج ل ل)

❋ ❋ ❋

ج ل ب

أَجْلَبَ :(أجلب): صاح وساق	To collect; to urge
جِلْبَابٌ :(جلابيبهن): الرداء الذي يستر من فوق إلى أسفل أو كل ما يستقر به في كساء وغيره	Cloak; over-garment

ج ل ت

جَالُوتُ :(جالوت، لجالوت، بجالوت): أحد عمالقة عاد وقد رماه داود بحجر فقتله	Goliath

ج ل د

جَلَدَ(ـِ):(فاجلدوا، فاجلدوهم): ضرب بالسوط	To flog; to scourge
جَلْدَةٌ : اسم مرّة من الجَلْد	Stripe
جِلْدٌ :(جلود، والجلود، جلوداً،جلودهم...): غشاء الحيوان وقد يراد به اعضاؤه	Skin

ج ل س

مَجْلِسٌ :(المجالس): موضع الجلوس	Assembly

ج ل ل

جَلاَلٌ :(الجلال): عظمة — Glory; might

❋ ❋ ❋

جُلُودٌ : جمع جلد — Plur.of جِلْدٌ rt.(ج ل د)

جَلّى : — Rt.(ج ل ا)

❋ ❋ ❋

ج ل ا

جَلّى :(جلاّها، يجليها): أظهر — To reveal; to manifest; to show

تَجلّى : ظهر بنوره — To reveal the glory; to manifest the glory

جَلاَءٌ :(الجلاء): خروج (اليهود من المدينة) — Exile; migration

❋ ❋ ❋

جَمٌّ : — Rt.(ج م م)

جَمَالٌ : — Rt.(ج م ل)

جِمَالَةٌ : جمع جمَل — Plur.of جَمَلٌ rt. (ج م ل)

❋ ❋ ❋

ج م ح

جَمَحَ (:) :(يجمحون): فرّ مسرعاً لا يثنيه شيء — To run away in all haste

ج م د

جَامِدٌ :(جامدة): ساكن ثابت — Solid

ج م ع

جَمَعَ(:):(جمع، جمعناكم، تجمعوا، يجمع...)

جَمَعَ[1] : ضمّ بعضاً إلى بعض — To gather (together); to bring together

﴿ فَكَيْفَ إِذَا جَمَعْنَاهُمْ لِيَوْمٍ لاَ رَيْبَ ﴾ [آل عمران 25]

﴿ خَيْرٌ مِمَّا يَجْمَعُونَ﴾ [يونس 58]

جَمَعَ[2] : حاز من أموال ومتاع — To amass; to hoard

﴿ وَجَمَعَ فَأَوْعَى ﴾ [المعارج 18]

جَمَعَ[3](بَيْنَ) : ضمّ بعضاً إلى بعض(في الزواج) — To have together

﴿ وَأَنْ تَجْمَعُوا بَيْنَ الأُخْتَيْنِ إِلاَّ مَا قَدْ سَلَفَ ﴾ [النساء 23]

جَمَعَ[4] : ضمّ بعضاً إلى بعض — To settle; to gather

﴿ فَجَمَعَ كَيْدَهُ ثُمَّ أَتَى ﴾ [طه 60]

أَجْمَعَ :(اجمعوا، فأجمعوا): التقى رايه — To agree; to be of one mind

أَجْمَعَ أَمْرَهُ : التقت آراؤه — To resolve upon one's affair; to fix one's plan

أَجْمَعَ كَيْدَهُ : ضمّ بعضه إلى بعض — To settle (arrange) a plan

اجْتَمَعَ:(اجتمعت، اجتمعوا): انضم بعض إلى بعض — To combine together

جَمْعٌ :

جَمْعٌ[1] : جماعة من الناس — Hosts

﴿ سَيُهْزَمُ الْجَمْعُ وَيُوَلُّونَ الدُّبُرَ ﴾ [القمر 45]

جَمْعٌ[2] : جماعة — Assembly

﴿ فَوَسَطْنَ بِهِ جَمْعًا ﴾ [العاديات 5]

جَمْعٌ[3] : — Amassings; multitude

﴿ قَالُوا مَا أَغْنَى عَنْكُمْ جَمْعُكُمْ ﴾ [الأعراف 48]

Gathering together; bringing together	جَمْعٌ[4] : مصدر جَمَعَ

﴿ وَهُوَ عَلَى جَمْعِهِمْ إِذَا يَشَاءُ قَدِيرٌ ﴾ [الشورى 29]

Putting together; collecting	جَمْعٌ[5] : مصدر جَمَعَ

﴿ إِنَّ عَلَيْنَا جَمْعَهُ وَقُرْآنَهُ ﴾ [القيامة 17]

Day of assembling; Day of gathering	يَوْمُ الجَمْعِ : يوم القيامة
	جَامِعٌ :
One who gathers; one who brings together	جَامِعٌ[1] : صفة لله تعالى لأنه يجمع الخلائق يوم القيامة لحسابهم

﴿ رَبَّنَا إِنَّكَ جَامِعُ النَّاسِ لِيَوْمٍ لاَ رَيْبَ فِيهِ ﴾ [آل عمران 9]

Momentous; common	جَامِعٌ[2] : أمر مهمّ يقتضي أن يجتمع الناس له ويتعاونوا عليه

﴿ وَإِذَا كَانُوا مَعَهُ عَلَى أَمْرٍ جَامِعٍ لَمْ يَذْهَبُوا ﴾ [النور 62]

One who is gathered together; one who is brought together	مَجْمُوعٌ: من يجمع ليُحاسب
One who gathers together	مُجْتَمِعٌ :(مجتمعون): من يجتمع
	جَمِيعٌ :(جميع، لجميع، جميعاً):

Whole; one body	جَمِيعٌ[1] : مجتمعون متساندون

﴿ تَحْسَبُهُمْ جَمِيعًا وَقُلُوبُهُمْ شَتَّى ﴾ [الحشر 14]

Multitude; host	جَمِيعٌ[2] : مجتمعون

﴿ وَإِنَّا لَجَمِيعٌ حَاذِرُونَ ﴾ [الشعراء 56]

Wholly; all	جَمِيعاً : يُؤتى بها لتوكيد معنى الجمع
All together; all	أَجْمَعُ :(أجمعون، أجمعين): استعملت للتوكيد لإفادة الشمول
Friday; congregation	جُمُعَةٌ :(الجمعة): سمي الجمعة لاجتماع الناس فيه للصلاة والخطبة
On Friday; day of congregation	يَوْمُ الجُمُعَةِ : ما يلي الخميس من أيام الأسبوع

ج م ل

Beauty	جَمَالٌ : بهاء وحسن
Kindly; good; fair; becoming	جَمِيلٌ :(جميل، الجميل، جميلاً): حسن طيب لا تبرم فيه ؛ مصحوب باحسان ؛ لا عتَب فيه
Goodly patience; comely patience	صَبْرٌ جَمِيلٌ: صبرٌ حسن طيب لا تبرم فيه
Camel	جَمَلٌ :(الجمل،جمالة): كبير ذكور الإبل
All	جُمْلَةٌ : مجتمع
All at once	جُمْلَةٌ واحِدَةٌ: مجتمع دفعة واحدة لا نجوماً متفرقة

ج م م

Exceeding; abounding	جَمٌّ :(جمّاً): كثير

***

Rt.(ج م ع)	جَميعٌ :
Rt.(ج م ل)	جَميلٌ :

جَنّ :	Rt.(ج ن ن)
جِنٌّ :	Rt.(ج ن ن)
جَنَاحٌ :	Rt.(ج ن ح)
جُنَاحٌ :	Rt.(ج ن ح)

***

ج ن ب

أَجْنَبَ :(اجنبني): أبعد ونحىَ — To save; to preserve

جَنَّبَ :(سيجنبها): نحى عن — To keep away from; to remove far from

تَجَنَّبَ :(ويتجنبها): تباعد عن — To avoid; to flout

اجْتَنَـــبَ:(اجتنبــو، تجتنبــوا، يجتنبــون، فاجتنبوا...): تباعد عن — To avoid; to shun; to leave aside

جَنْبٌ :(جنب، لجنبه، جنوبكم، جنوبها...)

جَنْبٌ[1] : ما تحت الإبط إلى الخاصرة — Side

﴿ وَإِذَا مَسَّ الإنسَانَ الضُّرُّ دَعَانَا لِجَنْبِهِ ﴾ [يونس 12]

جَنْبٌ[2] : ناحية — Flank (of an animal)

﴿ فَإِذَا وَجَبَتْ جُنُوبُهَا فَكُلُوا مِنْهَا ﴾ [الحج 36]

فِي جَنْبِ اللهِ: في شان الله وأمره على التمثيل — Towards Allah

الصاحِبُ بالجَنْبِ: الملازم الذي يقرب منك ويكون إلى جنبك — Companion in a journey; fellow-traveler

جُنُبٌ :(جنب، الجنب، جنبا)

جُنُبٌ[1] : وصف لمن أصابته الجنابة وهي في الأصل البعد — One who is under obligation to perform a total ablution; polluted; unclean

﴿ وَإِنْ كُنْتُمْ جُنُبًا فَاطَّهَّرُوا ﴾ [المائدة 6]

جُنُبٌ[2] : مكان بعيد — Distance

﴿ فَبَصُرَتْ بِهِ عَنْ جُنُبٍ ﴾ [القصص 11]

جُنُبٌ[3] : بعيد غريب ليس من ذوي القربى — Alien; not of kin

﴿ وَالْجَارِ الْجُنُبِ وَالصَّاحِبِ بِالْجَنْبِ ﴾ [النساء 36]

جَانِبٌ : ناحية — Side; slope; tract

نَأَى بِجَانِبِهِ : تنحى عنه بجنبه أي صدّ عن الشيء — To withdraw oneself; to be averse

***

جَنَّةٌ :	Rt.(ج ن ن)
جُنَّةٌ :	Rt.(ج ن ن)
جِنَّةٌ :	Rt.(ج ن ن)

***

ج ن ح

جَنَحَ (َ) :(جنحوا، اجنح) — To incline

جَنَاحٌ :(جناح، جناحك، بجناحيه، اجنحة)

جَنَاحٌ[1] : ما يخفق به الطائر — Wing

﴿ وَلا طَائِرٍ يَطِيرُ بِجَنَاحَيْهِ إِلاَّ أُمَمٌ أَمْثَالُكُمْ ﴾ [الأنعام 38]

جَنَاحٌ[2] : عضد — Side; armpit

﴿ وَاضْمُمْ يَدَكَ إِلَى جَنَاحِكَ تَخْرُجْ بَيْضَاءَ ﴾ [طه 22]

ضَمَّ إِلَيْهِ جَنَاحَهُ : ضمّ يده — To draw one's hand to

	oneself; to guard one's heart from fear
خَفَضَ جَنَاحَ الذُّلِ: ألان جانبه ومقاله	To make oneself submissively gentle
خَفَضَ جَنَاحَهُ: ألانَ جانبه ومقاله	To be gentle
جُنَاحٌ : إثم	Blame; sin

ج ن د

جُنْدٌ :(جند، جنداً، جنود، جنوداً): جيش وأنصار وأعوان	Host(s)

ج ن ف

جَنَفٌ :(جنفاً): ميل عن الحق خطأ من غير قصد	Unjust clause; inclination to a wrong course
مُتَجَانِفٌ : مائل يتجاوز قدر الضرورة	Inclining willfully

ج ن ن

جَنَّ (.) : ستر	To overshadow (the night); to grow dark (the night)
جَانٌّ :	
جَانٌّ[1] : جِنٌ	Jinn

﴿ وَخَلَقَ الْجَانَّ مِنْ مَارِجٍ مِنْ نَارٍ ﴾ [الرحمن 15]

جَانٌّ[2] : ضرب من الحيّات	Serpent; demon

﴿ فَلَمَّا رَآهَا تَهْتَزُّ كَأَنَّهَا جَانٌّ وَلَّى مُدْبِرًا ﴾ [النمل 10]

جِنٌّ :(الجن):عالم مستتر لايُرى	Jinn
جِنَّةٌ :(جنَّة، الجنَّة)	
جِنَّةٌ[1] : جِنٌ	Jinn

﴿ وَجَعَلُوا بَيْنَهُ وَبَيْنَ الْجِنَّةِ نَسَبًا ﴾ [الصافات 158]

جِنَّةٌ[2] : جنون	Madness; Unsoundness in mind

﴿ أَوَلَمْ يَتَفَكَّرُوا مَا بِصَاحِبِهِمْ مِنْ جِنَّةٍ ﴾ [الأعراف 184]

مَجْنُونٌ : ذاهب العقل أو فاسده	Insane; madman; mad
جَنَّةٌ :(جنة، الجنة، جنتين، جنات...)	
جَنَّةٌ[1] : دار النعيم في الآخرة	Paradise; garden

﴿ وَقُلْنَا يَاآدَمُ اسْكُنْ أَنْتَ وَزَوْجُكَ الْجَنَّةَ ﴾ [البقرة 35]

جَنَّةٌ[2] : حديقة ذات نخل وشجر	Garden

﴿ فَعَسَى رَبِّي أَنْ يُؤْتِيَنِي خَيْرًا مِنْ جَنَّتِكَ ﴾ [الكهف 40]

جُنَّةٌ : ستار	Shelter; cover; pretext
جَنِينٌ :(أجنَّة): حمل مستور في بطن أمه	Embryo; that which is hidden

ج ن ى

جَنًى :(وجَنى): ثمار	Fruit(s)
جَنِيٌّ :(جنياً): جُنيَ من ساعته	(Fresh) ripe

***

جِهَادٌ :	Rt.(ج هـ د)
جِهَاراً :	Rt.(ج هـ ر)

جَهازٌ :	Rt.(ج هـ ز)
جَهالَةٌ :	Rt.(ج هـ ل)

❋❋❋

ج هـ د

جَاهَدَ :(وجاهد، جاهداك، تجاهدون، يجاهد...)	
جَاهَدَ[1] : قاتل الكفار لإعلاء دين الله	To strive hard

﴿ تُؤْمِنُونَ بِاللَّهِ وَرَسُولِهِ وَتُجَاهِدُونَ فِي سَبِيلِ اللَّهِ ﴾ [الصف 11]

جَاهَدَ[2] : حاول إرغام	To contend with; to strive

﴿ وَإِنْ جَاهَدَاكَ عَلَى أَنْ تُشْرِكَ بِي ﴾ [لقمان 15]

جُهْدٌ :(جهد، جهدهم): طاقة ووسع	Endeavors; extent of earnings
جَهْدَ أَيْمانِهِ: بالغ في اليمين جاهداً فيها حتى الغاية	One's most binding oaths; most forcible one's oaths
جِهَادٌ :(وجهاد، جهاداً): قتال الكفار لاعلاء دين الله	Striving
حَقَّ جِهَادِهِ : جهاد صدق وعزم	The striving which is due to Him
مُجَاهِدٌ :(والمجاهدون، المجاهدين): مقاتل في سبيل الله	One who strives hard (in the cause of Allah)

ج هـ ر

جَهَرَ (َ):(جهر ، تجهر ، تجهروا، اجهروا): رفع الصوت	To speak openly; to noise abroad
جَهَرَ بالقَوْلِ: رفع صوته به	To utter the saying aloud; to speak aloud
جَهْرٌ :(الجهر ، كجهر ، وجهراً وجهركم)	
جَهْرٌ[1] : رفع الصوت	(Public) utterance

﴿ لاَ يُحِبُّ اللَّهُ الْجَهْرَ بِالسُّوءِ مِنَ الْقَوْلِ ﴾ [النساء 148]

جَهْرٌ[2] : رفع الصوت	Loud voice; breath

﴿ وَدُونَ الْجَهْرِ مِنَ الْقَوْلِ ﴾ [الأعراف 205]

جَهْرٌ[3] : ظاهر مكشوف ضد السر	That which is manifest; that which is disclosed

﴿ إِنَّهُ يَعْلَمُ الْجَهْرَ وَمَا يَخْفَى ﴾ [الأعلى 7]

سِرّاً وجَهْراً: اخفاء واعلاناً	Secretly and openly
جَهْرَةً : عياناً بالبصر	Plainly; manifestly
جِهَاراً : علانية	Aloud

ج هـ ز

جَهَّزَ :(جهزهم): اعدّ ما يُحتاج إليه	To provide with; to furnish with
جَهَازٌ :(بجهازهم): ما يحتاج إليه	Provision

ج هـ ل

جَهِلَ (َ):(تجهلون، يجهلون): طاش وسفه أو لم يعرف	To be ignorant; to act ignorantly
جَاهِلٌ :(الجاهل ،جاهلون ،الجاهلون، الجاهلين): الذي لا يعرف ، طائش سفيه	Ignorant man; unthinking man
جَهُولٌ :(جهولاً): خالٍ من المعرفة، صيغة مبالغة	Ignorant; fool

جَهَالَةٌ :(بجهالة): طيش ؛ عدم معرفة	Ignorance
بِجَهَالَةٍ : بطيش ؛ بعدم معرفة	In ignorance
جَاهِلِيَةٌ : (الجاهلية): الحالة التي كانت عليها الأمة قبل النبوّة	(Stat of) ignorance

ج هـ ن م

جَهَنَّمُ :(جهنم، لجهنم، بجهنم): نارٌ يُعذّب بها في الآخرة	Hell

❋ ❋ ❋

جَهُولٌ :	Rt.(ج هـ ل)
جَوٌّ :	Rt.(ج و و)
جَوَابٌ :	Rt.(ج و ب)
جَوابٌ :	Rt.(ج و ب)
جوابٍ : جمع جابية	Plur.of جَابِيَةٌ rt. (ج ب ى)
جَوَارٍ : جمع جارية	Plur.of جَارِيَةٌ rt. (ج ر ى)
جَوَارِحُ : جمع جارحة	Plur.of جَارِحَةٌ rt. (ج ر ح)

❋ ❋ ❋

ج و ب

جَابَ (ُ) :(جابوا): قطع	To cleave; to hew out
أَجَابَ :(أجبتم، أجيب، نجب، يجيب...)	
أَجَابَ[1] : ردّ على	To give an answer; to answer

﴿ فَيَقُولُ مَاذَا أَجَبْتُمُ الْمُرْسَلِينَ ﴾ [القصص 65]

أَجَابَ[2] : استجاب وآمن	To respond; to obey

﴿ رَبَّنَا أَخِّرْنَا إِلَى أَجَلٍ قَرِيبٍ نُجِبْ دَعْوَتَكَ ﴾ [إبراهيم 44]

أَجَابَ[3] : استجاب وقبل	To accept; to hear

﴿ قَالَ قَدْ أُجِيبَتْ دَعْوَتُكُمَا ﴾ [يونس 89]

اسْتَجَابَ :(فاستجاب، استجابوا، فاستجبتم...): قبل الدّعاء	To accept (one's prayer); to hear (one's prayer); to respond
جَوابٌ : ردّ على السؤال	Answer
مُجِيبٌ :(مجيب، المجيبون) : من الاسماء الحسنى	Responsive; one who answers

ج و د

جُودِيٌّ :(الجودي): جبل بالموصل استقرت عليه سفينة نوح عليه السلام	The Judi; Al-Judi
جَوَادٌ :(الجياد): فرسٌ سريع سابق في العدو	Swift when running; light-footed

ج و ر

جَاوَرَ :(يجاورونك): صار جاراً	To be a neighbour
أَجَارَ :(ويجركم، يجير ، يجار ، يجيرني): حَمَى ومنَع	To protect; to grant protection
اسْتَجَارَ :(استجارك): سأل الأمان	To seek protection;
جارٌ :(جار، والجار)	
جارٌ[1] : مقارب في السكن	Neighbour

﴿ وَالْيَتَامَى وَالْمَسَاكِينِ وَالْجَارِ ذِي الْقُرْبَى ﴾ [النساء 36]

جارٌ[2] : حليف ونصير	Protector

﴿ لاَ غَالِبَ لَكُمْ الْيَوْمَ مِنْ النَّاسِ وَإِنِّي جَارٌ لَكُمْ ﴾ [الأنفال 48]

جَائِرٌ : مائل عن الحق منحرف لا يوصل سالكه إليه — One that deviates; one that does not go straight

مُتَجَاوِرٌ :(متجاورات): مجاور بعضه بعضاً — Side by side; neighbouring

ج و ز

جَاوَزَ :(جاوزا، جاوزنا، نتجاوز ...)

جَاوَزَ [1] : خلف وبعد (عن) — To go further

﴿ فَلَمَّا جَاوَزَا قَالَ لِفَتَاهُ آتِنَا غَدَاءَنَا ﴾ [الكهف 62]

جَاوَزَ [2] : قطع وعبر — To bring across; to make to pass

﴿ وَجَاوَزْنَا بِبَنِي إِسْرَائِيلَ الْبَحْرَ ﴾ [الأعراف 138]

جَاوَزَ [3] : خلف وبعد عن — To cross

﴿ فَلَمَّا جَاوَزَهُ هُوَ وَالَّذِينَ آمَنُوا مَعَهُ ﴾ [البقرة 249]

تَجَاوَزَ :(ونتجاوز): صفح وغفر — To overlook; to pass over

ج و س

جَاسَ (ُ) :(فجاسوا): تردد وطاف للغارة والقتل — To go to and fro; to ravage

ج و ع

جَاعَ (ُ):(تجوع): خلت معدته من الطعام — To be hungry; to hunger

جُوْعٌ :(جوع، الجوع): خلو المعدة من الطعام — Hunger

ج و ف

جَوْفٌ :(جوفه): باطن — Body

ج و و

جَوُّ السَّمَاءِ : الهواء ؛ ما بين السماء والأرض — Mid-air; middle of the sky

❋ ❋ ❋

جِيَادٌ : جمع جواد — Plur.of جَوَادٌ rt. (ج و د)

❋ ❋ ❋

ج ى أ

جَاءَ (ِ) :(جاء، جاءت، جئتم، وجيء)

جَاءَ [1] :حلّ الموعد — To come

﴿ فَإِذَا جَاءَ أَجَلُهُمْ ﴾ [الأعراف 34]

جَاءَ [2] : تحقق وحصل — To come to pass

﴿ فَإِذَا جَاءَ وَعْدُ الآخِرَةِ ﴾ [الإسراء 7]

جَاءَ [3] : فعل وارتكب — To produce

﴿ فَقَدْ جَاءُوا ظُلْمًا وَزُورًا ﴾ [الفرقان 4]

جَاءَ [4] : اتى — To reach

﴿ حَتَّى إِذَا مَا جَاءُوهَا شَهِدَ عَلَيْهِمْ سَمْعُهُمْ ﴾ [فصلت 20]

جَاءَ [5] : فعل — To bring (with ب)

﴿ مَنْ جَاءَ بِالْحَسَنَةِ فَلَهُ عَشْرُ أَمْثَالِهَا ﴾ [الأنعام 160]

جَاءَ [6] : اتى — To bring (with ب)

﴿ قُلْ مَنْ أَنزَلَ الْكِتَابَ الَّذِي جَاءَ بِهِ مُوسَى ﴾ [الأنعام 91]

أَجَاءَ : (فأجاءها): ألجأ واضطر — To drive to; to betake

	ج ى ب
Bosom; opening of bosom	جَيْـبٌ :(جيب، جيوبهن): فتحة القميص على النحر
	ج ى د
Neck	جِيْدٌ :(جيدها): عنق

❋❋❋

Plur.of جَيْبٌ rt.(ج ى ب)	جُيُوبٌ : جمع جَيْبٌ

❋❋❋

باب الحاء

***

حَاجَّ : Rt.(ح ج ج)

حَاجٌّ : Rt.(ح ج ج)

حَاجَةٌ : Rt.(ح ج ج)

حَاجِزٌ : Rt.(ح ج ز)

حَادَ : Rt.(ح ى د)

حَاذِرٌ : Rt.(ح ذ ر)

حَارَ : Rt.(ح و ر)

حَارَبَ : Rt.(ح ر ب)

حَاسَبَ : Rt.(ح س ب)

حَاسِبٌ : Rt.(ح س ب)

حَاسِدٌ : Rt.(ح س د)

حَاشَ : Rt.(ح و ش)

حَاشِرٌ : Rt.(ح ش ر)

حَاصِبٌ : Rt.(ح ص ب)

حَاضَّ : Rt.(ح ض ض)

حَاضِرٌ : Rt.(ح ض ر)

حَافَ:(يحيف) Rt.(ح ى ف)

حَافٌّ : Rt.(ح ف ف)

حَافِرَةٌ : Rt.(ح ف ر)

حَافَظَ : Rt.(ح ف ظ)

حَافِظٌ : Rt.(ح ف ظ)

حَاقَ : Rt.(ح ى ق)

حَاقَّةٌ : Rt.(ح ق ق)

حَاكِمٌ : Rt.(ح ك م)

حَالَ : Rt.(ح و ل)

حَامٍ : Rt.(ح م ى)

حَامِيَةٌ : Rt.(ح م ى)

حَامِدٌ : Rt.(ح م د)

حَامِلٌ : Rt.(ح م ل)

حَاوَرَ : Rt.(ح و ر)

حَبٌّ : Rt.(ح ب ب)

حُبٌّ : Rt.(ح ب ب)

حِبَالٌ : جمع حَبْل Plur.of حَبْلٌ rt. (ح ب ل)

حَبَّةٌ : Rt.(ح ب ب)

***

ح ب ب

حَبَّبَ: جعل محبوباً — To endear

أَحَبَّ :(احببت، أحبَ، تحبوا، يحب...)

أَحَبَّ[1] : ودّ ومال إلى — To love; to like

﴿ إِنَّكَ لاَ تَهْدِي مَنْ أَحْبَبْتَ ﴾ [القصص 56]

﴿ أَيُحِبُّ أَحَدُكُمْ أَنْ يَأْكُلَ لَحْمَ أَخِيهِ مَيْتًا فَكَرِهْتُمُوهُ ﴾ [الحجرات 12]

أَحَبَّ[2] : ودّ ومال إلى — To prefer

﴿ فَقَالَ إِنِّي أَحْبَبْتُ حُبَّ الْخَيْرِ عَنْ ذِكْرِ رَبِّي ﴾ [ص 32]

اسْتَحَبَّ:(استحبوا،فاستحبوا،يستحبون): آثر — To love; to take pleasure

حُبٌّ : (حُبِّه): ميل النفس — Love

حُبُّ الْخَيْرِ : ميل النفس إلى الخير — Love of wealth; good things

عَلَى حُبِّهِ : ميل النفس إلى ما يطلبه والتقرب إليه بطاعته — For love of Him; out of love for Him

أَحَبُّ : أكثر حباً — Dearer

حَبِيبٌ : محبوب — Beloved

مَحَبَّةٌ : حبٌ وودّ — Love

حَبٌّ :(حبّ، الحبّ، حبّاً): اسم جنس للحنطة وغيرها مما يكون في السنبل — Grain

حَبَّةٌ : واحدة الحب — One grain

مِثْقَالُ حَبَّةٍ : وزن حبة — Weight of a grain

ح ب ر

حَبَرَ (ُ):(تحبرون، يحبرون): سرّ — To make happy; to make glad

حَبْرٌ :(الأحبار، أحبارهم): عالِمٌ — Doctor of law; priest

ح ب س

حَبَسَ (ِ) :(تحبسونها، يحبسه)

حَبَسَ[1] : منع من الانطلاق — To detain; to empanel

﴿ تَحْبِسُونَهُمَا مِنْ بَعْدِ الصَّلَاةِ ﴾ [المائدة 106]

حَبَسَ[2] : منع من الانطلاق — To withhold; to prevent

﴿ لَيَقُولُنَّ مَا يَحْبِسُهُ ﴾ [هود 8]

ح ب ط

حَبِطَ(َ):(حبط،لحبط،حبطت،تحبط...): بطل ولم يحقق ثمرته — To be of no account; to be vain

أَحْبَطَ :(فأحبط، سيحبط): ضيّع هباءً ولم يثب عليها — To make fruitless

ح ب ك

حُبُكٌ :(الحُبك): جمع حبيكة — Plur.of حَبِيكَةٌ

حَبِيكَةٌ :(الحبك): طريق — Way; path

ذَاتُ الْحُبُكِ : ذات الطرق التي تسير فيها الكواكب — Full of ways; full of paths

ح ب ل

حَبْلٌ :(بحبل، وحبل، حبالهم)

حَبْلٌ[1] : ما يُشدّ به — Rope

﴿ فِي جِيدِهَا حَبْلٌ مِنْ مَسَدٍ ﴾ [المسد 5]

حَبْلٌ[2] : رباط يُشدّ به — Cord

﴿ فَأَلْقَوْا حِبَالَهُمْ وَعِصِيَّهُمْ ﴾ [الشعراء 44]

حَبْلٌ[3] : ذمّة وعهد — Covenant; cable

﴿ وَاعْتَصِمُوا بِحَبْلِ اللَّهِ جَمِيعًا وَلَا تَفَرَّقُوا ﴾ [آل عمران 103]

حَبْلُ الْوَرِيدِ : عرق في العنق ويضرب به المثل في القرب — Jugular vein; life-vein

ح ت ت ا

حَتَّى :

حَتَّى[1] : انتهاء الغاية ويصح وضع "إلى" مكانها — Till; for

﴿ سَلَامٌ هِيَ حَتَّى مَطْلَعِ الْفَجْرِ ﴾ [القدر 5]

﴿ لَيَسْجُنُنَّهُ حَتَّى حِينٍ ﴾ [يوسف 35]

حَتَّى[2] : الغاية أو التعليل — In order that; so that; until

﴿ فَقَاتِلُوا الَّتِي تَبْغِي حَتَّى تَفِيءَ إِلَى أَمْرِ اللَّهِ ﴾ [الحجرات 9]

﴿ هُمُ الَّذِينَ يَقُولُونَ لَا تُنْفِقُوا عَلَى مَنْ عِنْدَ رَسُولِ اللَّهِ حَتَّى يَنْفَضُّوا ﴾ [المنافقون 7]

حَتَّى إِذَا :إلى أن — Until when

ح ت م

حَتْمٌ :(حتماً): لازم واجب لابد من فعله — Decree; ordinance

* * *

حَتَّى : — Rt.(ح ت ت ا)

* * *

ح ث ث

حَثِيثاً : سريعاً — Incessantly; in haste

* * *

حَجَّ : — Rt.(ح ج ج)

حَجٌّ : — Rt.(ح ج ج)

حِجٌّ : — Rt.(ح ج ج)

حِجَابٌ : — Rt.(ح ج ب)

حِجَارَةٌ : جمع حجر — Plur.of حَجَرٌ rt. (ح ج ر)

* * *

ح ج ب

حِجَابٌ :(حجاب، بالحجاب، حجابا)

حِجَابٌ[1] :حاجز او ستر حسّي او معنوي — Curtain

﴿ وَإِذَا سَأَلْتُمُوهُنَّ مَتَاعًا فَاسْأَلُوهُنَّ مِنْ وَرَاءِ حِجَابٍ ﴾ [الأحزاب 53]

حِجَابٌ[2] : حاجز أو ستر حسّي او معنوي — Veil

﴿ وَبَيْنَهُمَا حِجَابٌ ﴾ [الأعراف 46]

مَحْجُوبٌ :(لمحجوبون): مستور عن — Covered; debarred

حِجَّةٌ : — Rt.(ح ج ج)

حُجَّةٌ : — Rt.(ح ج ج)

* * *

ح ج ج

حَجَّ(ُ) : قصد للزيارة والنسك — To make a pilgrimage; to be on a pilgrimage

حَاجَّ :(حاجّ،حاجّك،تحاجّون، يحاجوكم...): نازعه الحجة في الأمر، جادل وأتى بالحجة والبرهان — To have an argument with; to dispute with; to argue (with; about)

حَجٌّ :(الحج،بالحج): قصد بيت الله للزيارة والنُّسك — Pilgrimage

حِجٌّ : قصد بيت الله للزيارة والنُّسك — Pilgrimage

حاجٌّ :(الحاج): من يحج البيت الحرام؛ جماعة الحجاج — Pilgrim(s); one who performs the pilgrimage

حِجَّةٌ :(حجج): سنة — Year; pilgrimage

حُجَّةٌ :حجة، الحجة، حجتنا، حجتهم): ما يحتج به أو المحاجة والمنازعة — Argument

حِجَجٌ : جمع حِجَّة — Plur.of حِجَّةٌ

ح ج ر

حِجْرٌ :(حجر ،الحجر ،حجراً ،حجوركم)

حِجْرٌ[1] : حرام ممنوع — That which is forbidden

﴿وَقَالُوا هَذِهِ أَنْعَامٌ وَحَرْثٌ حِجْرٌ لاَ يَطْعَمُهَا إِلاَّ مَنْ نَشَاءُ ﴾ [الأنعام 138]

حِجْرٌ[2] : حاجز — Ban; obstruction

Rt.(ح ج ج)

﴿ وَجَعَلَ بَيْنَهُمَا بَرْزَخًا وَحِجْرًا مَحْجُورًا ﴾ [الفرقان 53]

حِجْرٌ[3] : عقل — Understanding

﴿ هَلْ فِي ذَلِكَ قَسَمٌ لِذِي حِجْرٍ ﴾ [الفجر 5]

حِجْرٌ[4] : حصن — Protection guardianship

﴿ وَرَبَائِبُكُمُ اللاَّتِي فِي حُجُورِكُمْ مِنْ نِسَائِكُمْ ﴾ [النساء 23]

حِجْرٌ[5] : موضع بوادي القرى قرب خيبر — Rock; Hijr

﴿ وَلَقَدْ كَذَّبَ أَصْحَابُ الْحِجْرِ الْمُرْسَلِينَ ﴾ [الحجر 80]

حُجْـرَةٌ:(الحجرات): مكـان فـي الـدار يحاط بجدران — Private apartment; private chamber

حَجَرٌ : (الحجر ،حجارة،الحجارة،كالحجارة..): مادة صلبة جبلية — Rock; stone

مَحْجُـورٌ :(محجوراً): مـانع وممنوع أن يجتاز — Forbidding; inviolable

ح ج ز

حَاجِزٌ :(حاجزاً، حاجزين)

حَاجِزٌ[1] : فاصل — Barrier

﴿ وَجَعَلَ بَيْنَ الْبَحْرَيْنِ حَاجِزًا ﴾ [النمل 61]

حَاجِزٌ[2] : فاصل — One who holds off

﴿ فَمَا مِنْكُمْ مِنْ أَحَدٍ عَنْهُ حَاجِزِينَ ﴾ [الحاقة 47]

***

حُجُورٌ : جمع حِجْر — Plur.of حِجْرٌ rt. (ح ج ر)

حَدَائِقُ : جمع حَدِيقَة — Plur.of حَدِيقَةٌ rt. (ح د ق)

حِدَادٌ : جمع حديد — Plur.of حَدِيدٌ rt. (ح د د)

***

ح د ب

حَدَبٌ : جانبٌ مرتفع — Elevated place; mound

ح د ث

حَدَّثَ :(تحدّث، اتحدثونهم، فحدّث): اعلن وأخبر، شكر وأظهر الأثر — To relate; to talk; to prate; to announce

أَحْدَثَ :(أحدث، يحدث): اوجد — To produce

أَحْـدَثَ ذِكْـراً : اوجـد تذكيراً واتعاظاً — To make mention of; to produce a reminder

أَحْدَثَ أَمْرًا : اوجد محبة وصفاء — To bring some new thing to pass; to bring about reunion

مُحْدَثٌ : موجد، جديد — New; fresh

حَدِيثٌ :حديث ،بحديث، لحديث، حديثا...)

حَدِيثٌ[1] : كلام يتحدث به — Conversation; topic; speech

﴿ فَأَعْرِضْ عَنْهُمْ حَتَّى يَخُوضُوا فِي حَدِيثٍ غَيْرِهِ ﴾ [الأنعام 68]

حَدِيثٌ[2] : كلام يتحدث به — Fact; announcement

﴿ فَبِأَيِّ حَدِيثٍ بَعْدَهُ يُؤْمِنُونَ ﴾ [الأعراف 185]

حَدِيثٌ[3] : كلام يتحدث به — Story; history

﴿ وَهَلْ أَتَاكَ حَدِيثُ مُوسَى ﴾ [طه 9]

أَحَادِيثُ : (أحاديث، الأحاديث)

أَحَادِيثُ[1] : رؤى وأحلام — Sayings; events

﴿ وَلِنُعَلِّمَهُ مِنْ تَأْوِيلِ الأَحَادِيثِ ﴾ [يوسف 21]

أَحَادِيثُ[2] : جمع أحدوثة وهو ما يتحدث به الناس تلهياً وتعجبا — Bywords; stories

﴿ فَجَعَلْنَاهُمْ أَحَادِيثَ وَمَزَّقْنَاهُمْ كُلَّ مُمَزَّقٍ ﴾ [سبأ 19]

ح د د

حَادَّ :(حادّ، يحادد، يحادّون): عادى واغضب بالعصيان — To oppose

حَدٌّ :(حدود، لحدود، حدوده): حاجز مانع بين شيئين — Limit

حَدِيدٌ :(حديد، الحديد، حديداً، حداد)

حَدِيدٌ[1] : معدن معروف — Iron

﴿ وَلَهُمْ مَقَامِعُ مِنْ حَدِيدٍ ﴾ [الحج 21]

حَدِيدٌ[2] : نافذ ؛ قاطع ماضٍ — Piercing; sharp

﴿ فَبَصَرُكَ الْيَوْمَ حَدِيدٌ ﴾ [ق 22]

﴿ سَلَقُوكُمْ بِأَلْسِنَةٍ حِدَادٍ ﴾ [الأحزاب 19]

ح د ق

حَدِيقَةٌ :(حدائق): بستان ذو شجر مُسوَّر بسور — Garden-close; close

***

حُدُودٌ : جمع حَدّ — Plur.of حَدّ rt.(ح د د)

حَدِيثٌ : Rt.(ح د ث)

حَدِيدٌ : Rt.(ح د د)

***

ح ذ ر

حَذِرَ (َ):(تحذرون، يحذر، واحذرهم، فاحذروه)

حَذِرَ[1]: خشي وتحرز خوفا — To fear

﴿ إِنَّ اللَّهَ مُخْرِجٌ مَا تَحْذَرُونَ ﴾ [التوبة 64]

حَذِرَ[2]: خاف من — To beware

﴿ وَاحْذَرْهُمْ أَنْ يَفْتِنُوكَ ﴾ [المائدة 49]

حَذَّرَ :(يحذركم): خوّف — To bid beware of; to make cautious of

حَذَرٌ : خوف — Fear

حِذْرٌ :(حذركم، حذرهم): يقظة واستعداد — Precaution

حَاذِرٌ :(حاذرون): خائف متحرز — Vigilant

مَحْذُورٌ :(محذوراً): مَخُوفٌ يتقيه المؤمنون — That which is to be shunned; that which is to be cautious of

***

حَرٌّ : Rt.(ح ر ر)

حُرٌّ : Rt.(ح ر ر)

حَرَامٌ : Rt.(ح ر م)

***

ح ر ب

حَارَبَ :(حارب، يحاربون): أقام الحرب — To war against; to make war upon

حَرْبٌ :(الحرب، للحرب، بحرب): قتال — War

مِحْرَابٌ :(المحراب، محاريب)

مِحْرَابٌ[1] : حجرة في مقدم المعبد — Sanctuary

﴿ كُلَّمَا دَخَلَ عَلَيْهَا زَكَرِيَّا الْمِحْرَابَ ﴾ [آل عمران 37]

مِحْرَابٌ[2] : حجرة في مقدم المعبد — Royal chamber; private chamber

﴿ وَهَلْ أَتَاكَ نَبَأُ الْخَصْمِ إِذْ تَسَوَّرُوا الْمِحْرَابَ ﴾ [ص 21]

مِحْرَابٌ[3] : مسجد أو بناء مادون القصر أو قصر — Synagogue; fortress

﴿ يَعْمَلُونَ لَهُ مَا يَشَاءُ مِنْ مَحَارِيبَ وَتَمَاثِيلَ ﴾ [سبأ 13]

ح ر ث

حَرَثَ (ـُ) :(تحرثون): هيأ الأرض للزرع ووضع الحب فيها — To cultivate; to sow

حَرْثٌ :(حرث، الحرث، حرثكم، حرثه)

حَرْثٌ[1] : محروث مزروع — Tilth; land; crops; fields

﴿ إِنَّهَا بَقَرَةٌ لا ذَلُولٌ تُثِيرُ الأَرْضَ وَلاَ تَسْقِي الْحَرْثَ ﴾ [البقرة 71]

﴿ وَدَاوُودَ وَسُلَيْمَانَ إِذْ يَحْكُمَانِ فِي الْحَرْثِ ﴾ [الأنبياء 78]

حَرْثٌ[2] : ثواب الآخرة؛ نعم الدنيا — Harvest; gain

﴿ مَنْ كَانَ يُرِيدُ حَرْثَ الآخِرَةِ نَزِدْ لَهُ فِي حَرْثِهِ ﴾ [الشورى 20]

ح ر ج

حَرَجٌ :(حرج، حرجاً)

حَرَجٌ[1] : ضيق — Burden; difficulty

﴿ مَا يُرِيدُ اللَّهُ لِيَجْعَلَ عَلَيْكُمْ مِنْ حَرَجٍ ﴾ [المائدة 6]

حَرَجٌ[2] : ضيق او شك — Straitness; heaviness; dislike

﴿ كِتَابٌ أُنزِلَ إِلَيْكَ فَلاَ يَكُنْ فِي صَدْرِكَ حَرَجٌ مِنْهُ ﴾ [الأعراف 2]

حَرَجٌ[3] : إثم — Crime; fault

﴿ وَلاَ عَلَى الَّذِينَ لَا يَجِدُونَ مَا يُنفِقُونَ حَرَجٌ إِذَا نَصَحُوا لِلَّهِ وَرَسُولِهِ ﴾ [التوبة 91]

حَرَجٌ[4] : ضيق او إثم — Reproach; blame; harm

﴿ مَا كَانَ عَلَى النَّبِيِّ مِنْ حَرَجٍ فِيمَا فَرَضَ اللَّهُ لَهُ ﴾ [الأحزاب 38]

حَرَجٌ[5] : شديد الضيق — Strait; close

﴿ يَجْعَلْ صَدْرَهُ ضَيِّقًا حَرَجًا ﴾ [الأنعام 125]

ح ر د

حَرْدٌ : حرمان المساكين من حقهم في الثمار — Purpose; prevention

عَلَى حَرْدٍ قَادِرِينَ: لهم القدرة على حرمان المساكين من حقهم في الثمار — Strong in (this) purpose; having the power to prevent

ح ر ر

تَحْرِيرٌ :(تحرير، فتحرير): عتق — Setting free; freeing; liberation

مُحَرَّرٌ :(محرَّرا): مخصص لطاعة الله وخدمة المسجد) — Consecrated; devoted

حُرٌّ :(الحر، بالحر): ضد العبد — Freeman

حَرٌّ :(الحر): سخونة وحرارة — Heat

حَرُورٌ :(الحرور): حرُ الشمس — (Sun's full) heat

حَرِيرٌ :(حرير، وحريرا): نوع رقيق من الثياب — Silk

ح ر س

حَرَسٌ :(حرسا): حُرّاسٌ وحفاظ — Warders; guards

ح ر ص

حَرَصَ(ـِ):(حرصت، حرصتم، تحرص): اشتد رغبت وزاد تمسكه — To desire eagerly; to try much

حَرِيصٌ : شديد الحرص — Full of concern; excessively solicitous

أَحْرَصُ : أشدُّ حرصاً — Greediest for

ح ر ض

حَرِّضْ :(وحرِّض): حثَّ — To urge on; to rouse to ardour

حَرَضٌ :(حرضاً): عليل هزيل مشرف على الموت — Ruined health; prey to constant disease

ح ر ف

حَرَّفَ :(يحرِّفون، يحرِّفونه): بدّل وصرف عن المعنى — To alter; to change (the words)

مُتَحَرِّفٌ :(متحرِّفاً): مائل عن موضعه منحاز إلى موضع آخر — One who maneuvers; one who turns aside.

حَرْفٌ : طَرَفٌ — Narrow marge; verge

ح ر ق

حَرَّقَ :(لنحرِّقنه، حرِّقوه): أحرق — To burn

احْتَـرَقَ :(فاحترقت): أحـرق وأهلك — To be consumed by fire; to become blasted

حَرِيقٌ :(الحريق): اضطرام النار وتحرُّقها — Burning

ح ر ك

حَـرَّكَ :(تحـرِّك): أخرجه عن سكونه — To stir (the tongue)

ح ر م

حَرَّمَ :(حرَّم، حرَّمنا، تحرِّم، يحرِّم...)

حَرَّمَ[1] : جعله حراماً أو ممنوعاً — To forbid

﴿ وأَحَلَّ اللَّهُ الْبَيْعَ وَحَرَّمَ الرِّبَا ﴾ [البقرة 275]

﴿ فَقَدْ حَرَّمَ اللَّهُ عَلَيْهِ الْجَنَّةَ وَمَأْوَاهُ النَّارُ ﴾ [المائدة 72]

حَرَّمَ[2] : جعله حراماً أو ممنوعاً — To make sacred; to hallow

﴿ أَنْ أَعْبُدَ رَبَّ هَذِهِ الْبَلْدَةِ الَّذِي حَرَّمَهَا ﴾ [النمل 91]

﴿ وَلاَ تَقْتُلُوا النَّفْسَ الَّتِي حَرَّمَ اللَّهُ إِلاَّ بِالْحَقِّ ﴾ [الإسراء 33]

حَرَمٌ :(حرماً): مكان محمىّ يدافع عنه ولا يحلّ انتهاكه — Sanctuary; territory

حَرَامٌ :(حرام، حراماً، حرم، حرماً)

حَرَامٌ[1] : مُحرم — One who is on the pilgrimage; one who enters upon the performance of the pilgrimage

﴿ لاَ تَقْتُلُوا الصَّيْدَ وَأَنْتُمْ حُرُمٌ ﴾ [المائدة 95]

حَرَامٌ[2] : ممتنع غير جائز ؛ واجب — Ban; that which is binding

﴿ وَحَرَامٌ عَلَى قَرْيَةٍ أَهْلَكْنَاهَا أَنَّهُمْ لاَ يَرْجِعُونَ ﴾ [الأنبياء 95]

حَرَامٌ[3] : ممتنع غير جائز — Unlawful; unclean

﴿ لِمَا تَصِفُ أَلْسِنَتُكُمُ الْكَذِبَ هَذَا حَلاَلٌ وَهَذَا حَرَامٌ ﴾ [النحل 116]

حَرَامٌ[4] : ما لا يحِل انتهاكه — Sacred; inviolable

﴿ يَسْأَلُونَكَ عَنِ الشَّهْرِ الْحَرَامِ قِتَالٍ فِيهِ ﴾ [البقرة 217]

﴿ لَتَدْخُلُنَّ الْمَسْجِدَ الْحَرَامَ إِنْ شَاءَ اللَّهُ ﴾ [الفتح 27]

حُرُمٌ : جمع حَرَام — Plur.of حَرَامٌ

حُرْمَـةٌ :(حرمات): ما لا يحلُّ انتهاكها أو ما وجب القيام بها من حقوق الله والعباد وحرم التفريط — Sacred thing; forbidden Things; Sacred

فيها — ordinance

مَحْرُومٌ :(والمحروم، محرومون)

مَحْرُومٌ[1] : الذي لا يجد ما يدفع حاجته وهو متعفف لا يسأل الناس — Destitute; outcast; one who is denied (good)

﴿ لِلسَّائِلِ وَالْمَحْرُومِ ﴾ [المعارج 25]

مَحْرُومٌ[2] : ممنوع عن الخير تعيس شقي — Deprived; desolate

﴿ بَلْ نَحْنُ مَحْرُومُونَ ﴾ [الواقعة 67]

مُحَرَّمٌ :(محرّم، المحرّم، محرّمة)

مُحَرَّمٌ[1] : لا يحل انتهاكه — Holy; sacred

﴿ بِوَادٍ غَيْرِ ذِي زَرْعٍ عِنْدَ بَيْتِكَ الْمُحَرَّمِ ﴾ [إبراهيم 37]

مُحَرَّمٌ[2] : ممنوع بحكم شرعي — Unlawful; forbidden; prohibited

﴿ وَهُوَ مُحَرَّمٌ عَلَيْكُمْ إِخْرَاجُهُمْ ﴾ [البقرة 85]

* * *

حَرُورٌ : — Rt.(ح ر ر)

* * *

ح ر ى

تَحَرَّى :(تحرّوا): اجتهد في الطلب ودقق — To take purposefully; to aim at

* * *

حَرِيصٌ : — Rt.(ح ر ص)

حَرِيقٌ : — Rt.(ح ر ق)

* * *

ح ز ب

حِزْبٌ :(حزب، حزبه، الحزبين، الأحزاب)

حِزْبٌ[1] : طائفة يجمعها الإتجاه إلى غرض واحد — Party; sect

﴿ أَلاَ إِنَّ حِزْبَ اللَّهِ هُمْ الْمُفْلِحُونَ ﴾ [المجادلة 22]

﴿ كُلُّ حِزْبٍ بِمَا لَدَيْهِمْ فَرِحُونَ ﴾ [الروم 32]

حِزْبٌ[2] : طائفة يجمعها الإتجاه إلى غرض واحد — Clan; confederate

﴿ وَمَنْ يَكْفُرْ بِهِ مِنْ الأَحْزَابِ فَالنَّارُ مَوْعِدُهُ ﴾ [هود 17]

حِزْبٌ[3] : طائفة يجمعها الإتجاه إلى غرض واحد — Faction

﴿ إِنِّي أَخَافُ عَلَيْكُمْ مِثْلَ يَوْمِ الأَحْزَابِ ﴾ [غافر 30]

﴿ فَاخْتَلَفَ الأَحْزَابُ مِنْ بَيْنِهِمْ ﴾ [الزخرف 65]

ح ز ن

حَزَنَ(ُ): :(ليحزنني يحزنهم):) اوقع في الحزن والغم — To grieve

حَزِنَ(َ):(تحزن، ليحزن، يحزنُ يحزنون...): اهتم واغتمّ — To sadden

حُزْنٌ :(الحزن، وحزني): هم وغم — Sorrow; anguish

حَزَنٌ :(الحزن، حزنا): حُزْنٌ — Grief; sorrow

* * *

حَسٌّ : — Rt.(ح س س)

حِسَابٌ : — Rt.(ح س ب)

حِسَانٌ : جمع حسناء وكذلك حسنٌ — Plur of حَسْنَاءُ rt.(ح س ن) also plur.of حَسَنٌ rt.(ح س ن)

* * *

ح س ب

حَسِبَ(َ):(حسب، احسب، تحسبن، — To deem;

يحسبون): ظنَّ — to think; to imagine; to reckon

حَاسَبَ : احصى عليه أعماله ليجازيه — To call to account

احْتَسَبَ :(يحتسب، يحتسبوا، يحتسبون): ظنّ أو قدّر وتوقع — To reckon; to think

حَسْبٌ: (حسب،حسبنا،حسبه، ...) : كافٍ وكافل — One or that who (which) is sufficient

حَسْبُكَ اللهُ : كافيك الله وكافيك — Allah is sufficient for you

حَاسِبٌ : (حاسبين): عادٌ محصٍ — Reckoner

حِسَابٌ:(حساب، الحساب، حساباً، حسابه...)

حِسَابٌ[1] : محاسبة — Reckoning; account

﴿ وَاللَّهُ سَرِيعُ الْحِسَابِ ﴾ [البقرة 202]

حِسَابٌ[2] : محاسبة — Measure; stint

﴿ وَتَرْزُقُ مَنْ تَشَاءُ بِغَيْرِ حِسَابٍ ﴾[آل عمران 27]

حِسَابٌ[3] : عدد وإحصاء — Reckoning

﴿ لِتَعْلَمُوْا عَدَدَ السِّنِيْنَ وَالْحِسَابَ ﴾[يونس 5]

حَسِيبٌ :(حسيباً): محاسبٌ أو كافٍ وكفيل — Reckoner

حُسْبَانٌ :(بحسبان، حسباناً)

حُسْبَانٌ[1] : حساب وإحصاء مقدر معلوم — Reckoning

﴿ الشَّمْسُ وَالْقَمَرُ بِحُسْبَانٍ ﴾ [الرحمن 5]

حُسْبَانٌ[2] : بلاء وهلاك محسوب مُقدّر — Bolt; thunderbolt

﴿ وَيُرْسِلَ عَلَيْهَا حُسْبَانًا مِنَ السَّمَاءِ ﴾ [الكهف 40]

ح س د

حَسَدَ(ـُ): (حسد،تحسدوننا،يحسدون): كره نعمة الله على غيره وتمنى زوالها وقد يسعى لازالتها — To envy; to be envious (jealous)

حَسَدٌ :(حسداً): كره نعمة الله على الغير وتمنى زوالها والسعي لازالتها — Envy

حَاسِدٌ : من يكره نعمة الله على غير ويتمنى زوالها وقد يسعى لإزالتها — Envier

ح س ر

أسْتَحْسَرَ :(يستحسرون): أصابه التعب والكلال — To weary; to be languid

حَسْرَةٌ:(حسرة،احسرة، حسرات،بحسنهن): ندم وأسف — Anguish; intense regret; sighing; grief

يَاحَسْرَةً : يا ويلاً أو يا تندُماً — Alas

يا حَسْرَتَى : ندم وتفجع — Alas! my grief! O; woe to me!

حَسِيرٌ : كليل تَعِبٌ — Dim;fatigued

مَحْسُوراً : مجهودٌ تَعِبٌ — Stripped off; denuded

ح س س

حَسَّ (ـُ) :(تحسونهم): قتل واستأصل — To rout; to slay

أحَسَّ :(أحس، أحسّوا، تحسّ): شعر وعلم — To perceive; to be conscious; to ascertain; to inquire

تَحَسَّسَ :(فتحسسوا): طلب خبره — To assertion; to inquire

حَسِيْسٌ :(حسيسها): صوت حركة التلهّب — Slightest sound; faintest sound

ح س م

حُسُومٌ :(حسوما): قاطع مستأصل — Unremitting; fatal

ح س ن

حَسُنَ (ُ):(حسن، حسنت): جَمُلَ — To be goodly; to be fair

أَحْسَنَ :(احسن، أحسنتم، تحسنوا، يحسنون...)

أَحْسَنَ[1] : أتى بالفعل الحسن على وجه الإتقان وصنع الجميل — To do good

﴿ إِنْ أَحْسَنْتُمْ أَحْسَنْتُمْ لأَنفُسِكُمْ ﴾ [الإسراء 7]

أَحْسَنَ[2] : أتى بالفعل الحسن على وجه الإتقان وصنع الجميل — To be kind

﴿ وَأَحْسِنْ كَمَا أَحْسَنَ اللَّهُ إِلَيْكَ ﴾ [القصص 77]

﴿ وَقَدْ أَحْسَنَ بِي إِذْ أَخْرَجَنِي مِنَ السِّجْنِ ﴾ [يوسف 100]

أَحْسَنَ[3] : أتى بالفعل الحسن على وجه الإتقان وصنع الجميل — To make good; to perfect

﴿ وَصَوَّرَكُمْ فَأَحْسَنَ صُوَرَكُمْ ﴾ [التغابن 3]

حُسْنٌ : :(حسن وحسن، حسنا بحسنهن)

حُسْنٌ[1] : فعل حَسَن:جميل — Kindness; good

﴿ وَوَصَّيْنَا الإِنسَانَ بِوَالِدَيْهِ حُسْنًا ﴾ [العنكبوت 8]

حُسْنٌ[2] : جمال — Beauty

﴿ وَلَوْ أَعْجَبَكَ حُسْنُهُنَّ ﴾ [الأحزاب 52]

قَالَ حُسْناً : قال قولاً حسناً جميلاً — To speak kindly; to speak good words

حُسْنُ مآبٍ : مرجع جميل — Goodly return

حُسْنُ الثَّوابِ: الثواب الجميل — Fairest of rewards

حَسَنٌ :(حسن، حسناً): جميل رغوب — Goodly; good; fair

حَسَنَةٌ:(حسنة، بالحسنة، حسنات، الحسنات...)

حَسَنَةٌ[1] : خير وطاعة ؛ فعل حسن — Good; good deed

﴿ مَنْ جَاءَ بِالْحَسَنَةِ فَلَهُ عَشْرُ أَمْثَالِهَا ﴾ [الأنعام 160]

حَسَنَةٌ[2] : نعمة مؤنث حَسَن — Fem. of حَسَنٌ

﴿ قَدْ كَانَتْ لَكُمْ أُسْوَةٌ حَسَنَةٌ فِي إِبْرَاهِيمَ ﴾ [الممتحنة 4]

حُسْنَى :(الحسنى، للحسنى، بالحسنى، الحسنيين)

حُسْنَى[1] :مثوبة وحسن جزاء ؛ طريقة خيِّرة — Good; bliss; goodness; good thing

﴿ لِلَّذِينَ اسْتَجَابُوا لِرَبِّهِمُ الْحُسْنَى ﴾ [الرعد 18]

﴿ وَصَدَّقَ بِالْحُسْنَى ﴾ [الليل 6]

حُسْنَى[2] : طيبة مؤنث أحْسَن — Fem. of أَحْسَنُ

﴿ أَيًّا مَا تَدْعُوا فَلَهُ الأَسْمَاءُ الْحُسْنَى ﴾ [الإسراء110]

حُسْنَيَيْنِ : مثنى حُسنَى — Dual of حُسْنَى

حِسانٌ :

حِسانٌ[1] : جميلات الخَلق والخُلق — Beautiful women

﴿ فِيهِنَّ خَيْرَاتٌ حِسَانٌ ﴾ [الرحمن 70]

حِسانٌ[2] : غاية في الجمال — Fair; beautiful

﴿ مُتَّكِئِينَ عَلَى رَفْرَفٍ خُضْرٍ وَعَبْقَرِيٍّ حِسَانٍ ﴾ [الرحمن 76]

أَحْسَنُ :(احسن، باحسن، احسنه، الحسنى): أجمل وأكثر حسناً — Better; best; fairest

إحْسَانٌ :(والإحسان، بإحسان، إحساناً): إتقانٌ وإكرام وإجمال — Goodness; kindness

مُحْسِنٌ:(محسن، محسنون، المحسنين، للمحسنات...): من يفعل الإحسان مخلصاً — Doer of good

* * *

حُسُومٌ : Rt.(ح س م)

حَسِيبٌ : Rt.(ح س ب)

حَسِيرٌ : Rt.(ح س ر)

حَسِيسٌ : Rt.(ح س س)

* * *

ح ش ر

حَشَرَ (ُ):(فحشر، حشرتني، فحشر، يحشرهم...)

حَشَرَ[1] : جمع — To gather (together); to raise; to bring to the assembly; to assemble

﴿ وَاتَّقُوا اللَّهَ الَّذِي إِلَيْهِ تُحْشَرُونَ ﴾ [المجادلة 9]

﴿ فَحَشَرَ فَنَادَى ﴾ [النازعات 23]

﴿ وَإِذَا حُشِرَ النَّاسُ كَانُوا لَهُمْ أَعْدَاءً ﴾ [الأحقاف 6]

حَشَرَ[2] : جمع أو أهلك — To herd together; to make to go forth

﴿ وَإِذَا الْوُحُوشُ حُشِرَتْ ﴾ [التكوير 6]

حَشْرٌ :(حشر، الحشر)

حَشْرٌ[1] : بعث الناس من القبور وجمعهم إلى الحساب — Gathering (together)

﴿ ذَلِكَ حَشْرٌ عَلَيْنَا يَسِيرٌ ﴾ [ق 44]

حَشْرٌ[2] : خروج وإجلاء — Banishment; exile

﴿ هُوَ الَّذِي أَخْرَجَ الَّذِينَ كَفَرُوا مِنْ أَهْلِ الْكِتَابِ مِنْ دِيَارِهِمْ لأَوَّلِ الْحَشْرِ ﴾ [الحشر 2]

لأَوَّلِ الحَشْرِ : أول خروج وإجلاء إلى الشام — At the first banishment; to the first exile

حاشِرٌ :(حاشرين): جامع — Summoner; collector

مَحْشُورٌ :(محشورة): مجموعٌ — Assembled; gathered together

* * *

حَصَادٌ : Rt.(ح ص د)

* * *

ح ص ب

حَصَبٌ : كل ما يُلقى في النار لتشتعل به — Fuel; firewood

حَاصِبٌ : (حاصباً): ريح مهلكة مما تحمله من حصى وغيره — Sand-storm; tornado

ح ص ح ص

حَصْحَصَ : وضح وتبيَن بعد خفائه — To be out; to become established

ح ص د

حَصَدَ (ُ) :(حصدتم): قطعَ الزرعَ في إبَان نضجه — To reap

حَصَادٌ :(حصاده): قطعُ الزرع في إبَان نضجه — Harvest; reaping

حَصِيدٌ :(وحصيد،الحصيد..)

حَصِيدٌ[1] : محصود ومستأصل — Reaped; mown down; utterly destroyed

﴿ ذَلِكَ مِنْ أَنْبَاءِ الْقُرَى نَقُصُّهُ عَلَيْكَ مِنْهَا قَائِمٌ وَحَصِيدٌ ﴾ [هود 100]

خَصِيدٌ[2] : ما يُحصد — Crops; that which is reaped

﴿ فَأَنْبَتْنَا بِهِ جَنَّاتٍ وَحَبَّ الْحَصِيدِ ﴾ [ق 9]

ح ص ر

حَصِرَ (ـَ) :(حصرت):ضاق، ضيق وأحاط — To shrink; to forbid

أَحْصَرَ :(واحصروا، احصرتم، أحصروا): منع أو حبس — To prevent; to besiege; to confine; to straiten

حَصُورٌ :(وحصورا): مانع نفسه من النساء والشهوات — Chaste

حَصِيرٌ :(حصيرا): محبس وسجن أو مهاد وبساط — Dungeon; prison

ح ص ل

حَصَّلَ :(وحصّل): أظهر وجمع للحساب — To make known; to make apparent

ح ص ن

أَحْصَنَ :أحصنت،لتحصنكم،تحصنون، أحصن)

أَحْصَنَ[1] : زوّج — To marry (honourably)

﴿ فَإِذَا أُحْصِنَّ فَإِنْ أَتَيْنَ بِفَاحِشَةٍ ﴾ [النساء 25]

أَحْصَنَ[2] : صان وجعل محصنا كأنه في حصن — To protect

﴿ وَعَلَّمْنَاهُ صَنْعَةَ لَبُوسٍ لَكُمْ لِتُحْصِنَكُمْ مِنْ بَأْسِكُمْ ﴾ [الأنبياء 80]

أَحْصَنَ[3] : حفظ وصان — To store; to preserve

﴿ يَأْكُلْنَ مَا قَدَّمْتُمْ لَهُنَّ إِلاَّ قَلِيلاً مِمَّا تُحْصِنُونَ ﴾ [يوسف 48]

أَحْصَنَتْ فَرْجَهَا: صانته بالعفة — To be chaste; to guard her chastity

مُحْصِنٌ :(محصنين، محصنات، المحصنات): متزوّج — One who takes a woman in marriage

مُحْصَنَةٌ :(محصنات، المحصنات)

مُحْصَنَةٌ[1] : متزوجة — Married woman

﴿ وَالْمُحْصَنَاتُ مِنَ النِّسَاءِ إِلاَّ مَا مَلَكَتْ أَيْمَانُكُمْ ﴾ [النساء 24]

مُحْصَنَةٌ[2] : حرّة خلاف الأمة — Free woman; honourable woman

﴿ وَمَنْ لَمْ يَسْتَطِعْ مِنْكُمْ طَوْلاً أَنْ يَنْكِحَ الْمُحْصَنَاتِ الْمُؤْمِنَاتِ فَمِنْ مَا مَلَكَتْ أَيْمَانُكُمْ ﴾ [النساء 25]

﴿ وَالَّذِينَ يَرْمُونَ الْمُحْصَنَاتِ ثُمَّ لَمْ يَأْتُوا بِأَرْبَعَةِ شُهَدَاءَ ﴾ [النور 4]

مُحْصَنَةٌ[3] : عفيفة — One who is honest; one who is chaste

﴿وَآتُوهُنَّ أُجُورَهُنَّ بِالْمَعْرُوفِ مُحْصَنَاتٍ غَيْرَ مُسَافِحَاتٍ﴾ [النساء 25]

تَحَصُّنٌ :(تحصّنا): تصون من الفاحشة بالزواج و العفة — Preserving chastity; keeping chaste

حِصْنٌ :(حصونهم): مكان محمي منيع — Stronghold; fortress

مُحَصَّنٌ :(محصنة): منيعة كأنها في حصن — Fortified

❋ ❋ ❋

حَصُورٌ :	Rt.(ح ص ر)
حُصُونٌ : جمع حِصْنٌ	Plur.of حِصْنٌ rt. (ح ص ن)

❋ ❋ ❋

ح ص ى

أَحْصَى :(أحصى، أحصاه، تحصوه، وأحصوا)

أَحْصَى[1] : عدّ مع اقتضاء الإحاطة والحفظ — To keep count; to record; to count

﴿ أَحْصَاهُ اللَّهُ وَنَسُوهُ ﴾ [المجادلة 6]

﴿ عَلِمَ أَنْ لَنْ تُحْصُوهُ فَتَابَ عَلَيْكُمْ ﴾ [المزمل 20]

أَحْصَى[2] : عدّ مع اقتضاء الإحاطة والحفظ — To know; to have a comprehensive knowledge

﴿ لَقَدْ أَحْصَاهُمْ وَعَدَّهُمْ عَدًّا ﴾ [مريم 94]

أَحْصَى[3] : عدّ مع اقتضاء الإحاطة والحفظ — To reckon; to calculate; to compute

﴿ فَطَلِّقُوهُنَّ لِعِدَّتِهِنَّ وَأَحْصُوا الْعِدَّةَ ﴾ [الطلاق 1]

***

حَصِيدٌ : Rt.(ح ص د)

حَصِيرٌ : Rt.(ح ص ر)

***

ح ض ر

حَضَرَ (ُ):(حضر ، حضروه، يحضرون)

حَضَرَ[1] : نزل بـ وأصاب — To come to; to visit

﴿ أَمْ كُنتُمْ شُهَدَاءَ إِذْ حَضَرَ يَعْقُوبَ الْمَوْتُ ﴾ [البقرة 133]

حَضَرَ[2] : شهد — To be present

﴿ وَإِذَا حَضَرَ الْقِسْمَةَ أُوْلُوا الْقُرْبَى وَالْيَتَامَى وَالْمَسَاكِينُ فَارْزُقُوهُمْ مِنْهُ ﴾ [النساء 8]

أَحْضَرَ :(لنحضرنهم، وأحضرت)

أَحْضَرَ[1] : قدّم — To make ready; to prepare

﴿ عَلِمَتْ نَفْسٌ مَا أَحْضَرَتْ ﴾ [التكوير 14]

أَحْضَرَ[2] : أتى بـ — To bring; to make present

﴿ ثُمَّ لَنُحْضِرَنَّهُمْ حَوْلَ جَهَنَّمَ جِثِيًّا ﴾ [مريم 68]

أَحْضَرَ[3] : مال إلى — To be prone to

﴿ وَأُحْضِرَتِ الأَنفُسُ الشُّحَّ ﴾ [النساء 128]

حَاضِرٌ :(حاضراً، حاضري، حاضرة)

حَاضِرٌ[1] : ماثل غير غائب — Confronting; present

﴿ وَوَجَدُوا مَا عَمِلُوا حَاضِرًا ﴾ [الكهف 49]

﴿ ذَلِكَ لِمَنْ لَمْ يَكُنْ أَهْلُهُ حَاضِرِي الْمَسْجِدِ الْحَرَامِ ﴾ [البقرة 196]

حَاضِرٌ[2] : موجود(ة) في مجلس التعامل — Actual; ready

﴿ إِلاَّ أَنْ تَكُونَ تِجَارَةً حَاضِرَةً ﴾ [البقرة 282]

حَاضِرٌ[3] : قريب من — (That which stands)by

﴿ وَاسْأَلْهُمْ عَنْ الْقَرْيَةِ الَّتِي كَانَتْ حَاضِرَةَ الْبَحْرِ ﴾ [الأعراف 163]

مُحْضَرٌ :(محضراً، محضرون، لمحضرون، المحضرين)

مُحْضَرٌ[1] : حاضر مُشاهد — Present; confronting

﴿ يَوْمَ تَجِدُ كُلُّ نَفْسٍ مَا عَمِلَتْ مِنْ خَيْرٍ مُحْضَرًا ﴾ [آل عمران 30]

مُحْضَرٌ[2] : مُقيم — One who is brought up; one who is haled forth (to the doom)

﴿ فَكَذَّبُوهُ فَإِنَّهُمْ لَمُحْضَرُونَ ﴾ [الصافات 127]

﴿ وَلَقَدْ عَلِمَتْ الْجِنَّةُ إِنَّهُمْ لَمُحْضَرُونَ ﴾ [الصافات 158]

مُحْتَضَرٌ : يحضره صاحبه في نوبته	Witnessed; regulated

ح ض ض

حَضَّ (ُ) :(يحض): حثّ	To urge
تَحَاضَّ :(تحاضون): حثّ كل أحد غيره	To urge one another

※※※

حُطَامٌ :	Rt.(ح ط م)

※※※

ح ط ب

حَطَبٌ :(الحطب، حطباً): وقود يؤخذ من الشجر	Wood; firewood; fuel

※※※

حِطَّةٌ :	Rt.(ح ط ط)

※※※

ح ط ط

حِطَّةٌ : طلب المغفرة	Repentance; forgiveness

ح ط م

حَطَمَ (ِ):(يحطمنكم): كسر وأهلك	To crush
حُطَامٌ :(حطاماً): هشيم يابس	Chaff; that which is crushed and broken into pieces
حُطَمَةٌ :(الحطمة): كثيرة التحطيم	Crushing disaster; the consuming one

※※※

حَظٌّ :	Rt.(ح ظ ظ)

※※※

ح ظ ر

مَحْظُورٌ : ممنوع	Walled up; confined
مُحْتَظِرٌ : صانع الحظيرة المتخذة من الشجر	Builder of cattle-fold; maker of an enclosure

ح ظ ظ

حَظٌّ:(حظ، حظاً)

حَظٌّ[1] : نصيب	Share; portion

﴿ لِلذَّكَرِ مِثْلُ حَظِّ الأُنثَيَيْنِ ﴾ [النساء 11]

حَظٌّ[2] : نصيب	Part; portion

﴿ وَنَسُوا حَظًّا مِمَّا ذُكِّرُوا بِهِ ﴾ [المائدة 13]

حَظٌّ[3] : جدّ وسعادة	Fortune; happiness

﴿ وَمَا يُلَقَّاهَا إِلاَّ ذُو حَظٍّ عَظِيمٍ ﴾ [فصلت 35]

※※※

حَفٌّ:(حففناهما)	Rt.(ح ف ف)

※※※

ح ف د

حَافِدٌ :(وحفدة): ولدُ الولدِ	Grandson; grandchild
حَفَدَةٌ : جمع حَافِدٌ	Plur.of حَافِدٌ

ح ف ر

حُفْرَةٌ : جزء من الأرض نزع ترابه فانخفض	Pit; abyss
حَافِرَةٌ :(الحافرة): أول خِلقةٍ	First state

ح ف ظ

حَفِظَ(َ):(حفظ، حفظناها، ونحفظ ، يحفظوا...): شرع وأمر ؛ حرس ورعى ؛ صان (من الفاحشة)	To guard; to keep

حَفِظَ فَرْجَه : صان من الفاحشة — To guard one's private parts; to be modest

حَافَظَ:(يحافظون، حافظوا): رعى بالمواظبة وحسن الأداء — To attend constantly; to be careful

أسْتَحْفَظَ :(استحفظوا): استودع وائتمن — To bid to observe; to guard

حِفْظٌ :(وحفظاً، حفظهما)

حِفْظٌ[1] : محافظة وصيانة — Security; safeguard; rendering inviolable

﴿ وَحِفْظًا مِنْ كُلِّ شَيْطَانٍ مَارِدٍ ﴾ [الصافات 7]

حِفْظٌ[2] : صيانة وقيام بالشؤون — Preservation

﴿ وَلاَ يَئُودُهُ حِفْظُهُمَا ﴾ [البقرة 255]

حَافِظٌ:(حافظ،حافظات،حافظون، حفظة..):): رقيب ؛ حارس وراع ؛ مطلع وعالم به — Guardian; keeper; one who guards

حَفَظَةٌ : جمع حافظ — Plur.of حَافِظٌ

حَفِيظٌ:(حفيظ، بحفيظ، حفيظاً): رقيب مهيمن حافظ لكل شيء ؛ راعٍ ؛ مسجِّلٌ فيه — Keeper; preserver; guardian

مَحْفُوظٌ :(محفوظ،محفوظاً)

مَحْفُوظٌ[1] : مصون ومرعيّ — Guarded

﴿ فِي لَوْحٍ مَحْفُوظٍ ﴾ [البروج 22]

مَحْفُوظٌ[2] : مصون مرعيّ — Withheld; guarded

﴿ وَجَعَلْنَا السَّمَاءَ سَقْفًا مَحْفُوظًا ﴾ [الأنبياء 32]

ح ف ف

حَفَّ (ِ) :(حففناهما): أحاط — To surround with

حَافٌّ :(حافين) : مطيفٌ مُحدِق من حول — One who throngs round; one who goes round

ح ف ى

أَحْفَى :(فيحفكم): أجهد بشدة الطلب والمبالغة فيه — To importune; to urge

حَفِيٌّ :(حفيّ، حفيّاً)

حَفِيٌّ[1] : معنيّ بالسؤال أو باحث عن عالم به — Well- informed; solicitous

﴿ يَسْأَلُونَكَ كَأَنَّكَ حَفِيٌّ عَنْهَا ﴾ [الأعراف 187]

حَفِيٌّ[2] : لطيف ؛ مبالغ في ايصال الخير — Gracious; affectionate

﴿ إِنَّهُ كَانَ بِي حَفِيًّا ﴾ [مريم 47]

❋ ❋ ❋

حَفِيظٌ : — Rt.(ح ف ظ)

حَقٌّ : — Rt.(ح ق ق)

حَقٌّ : — Rt.(ح ق ق)

❋ ❋ ❋

ح ق ب

حُقُبٌ :(حقباً، أحقاباً): زمن طويل — Long space of time; space of eighty years

ح ق ف

حِقْفٌ :(بالأحقاف) ما استطال واعوجَّ من الرّمل — Wind-curved sandhill; sandy plain; sandhill

ح ق ق

حَقَّ (ِ):(حقّ، حقّت، ويحقّ، حقّ)

حَقَّ[1] : ثبت ووجب — To be justly due

﴿ وَكَثِيرٌ حَقَّ عَلَيْهِ الْعَذَابُ ﴾ [الحج 18]

حَقَّ²: ثبت ووجب — To prove true; to come true

﴿ قَالَ الَّذِينَ حَقَّ عَلَيْهِمُ الْقَوْلُ ﴾ [القصص 63]

﴿ وَحَقَّ عَلَيْهِمُ الْقَوْلُ فِي أُمَمٍ قَدْ خَلَتْ ﴾ [فصلت 25]

أَذِنَتْ لِرَبِّهَا وَحُقَّتْ: انقادت لها وكان حقاً ثابتاً أن تنقاد — To be attentive to her Lord and it must

أَحَقَّ :(يحق، ليحق): أظهر وبيّن — To manifest the truth; to cause (the truth) to triumph

أسْتَحَقَّ :(استحق، استحقا): استوجب — To merit; to be guilty of

الَّذِينَ اسْتَحَقَّ عَلَيْهِم: الذين استوجبا — Those nearly concerned; those who have a claim against them

حَقٌّ :(حق، بالحق، حقاً، حقه...)

حَقٌّ¹ : صحيح ثابت — Truth

﴿ فَأَمَّا الَّذِينَ آمَنُوا فَيَعْلَمُونَ أَنَّهُ الْحَقُّ مِن رَّبِّهِمْ ﴾ [البقرة 26]

﴿ وَلاَ تَلْبِسُوا الْحَقَّ بِالْبَاطِلِ ﴾ [البقرة 42]

حَقٌّ² : ثابت — True One; (the) Truth

﴿ ثُمَّ رُدُّوا إِلَى اللَّهِ مَوْلاَهُمُ الْحَقِّ ﴾ [الأنعام 62]

﴿ وَيَعْلَمُونَ أَنَّ اللَّهَ هُوَ الْحَقُّ الْمُبِينُ ﴾ [النور 25]

حَقٌّ³ : ما وجب للغير — Duty

﴿ وَلِلْمُطَلَّقَاتِ مَتَاعٌ بِالْمَعْرُوفِ حَقًّا عَلَى الْمُتَّقِينَ ﴾ [البقرة 241]

حَقٌّ⁴ : ما وجب — Due

﴿ وَآتُوا حَقَّهُ يَوْمَ حَصَادِهِ ﴾ [الأنعام 141]

حَقٌّ⁵ : مصدر بمعنى واجب — Incumbent

﴿ وَكَانَ حَقًّا عَلَيْنَا نَصْرُ الْمُؤْمِنِينَ ﴾ [الروم 47]

الَّذِي عَلَيْهِ الحَقُّ: الذي كان حقاً له ووجب للغير — He who owes the debt; he who incurs the debt

بَالحَقِّ : بالعدل — In the course of justice; for the requirements of justice; in truth

أَحَقُّ : أولى — More deserving; more worthy; having a better right

حَقِيقٌ : حريص — Worthy of; approved

حَاقَّةٌ :(الحاقة): قيامة — Reality; sure calamity

❋❋❋

حَقِيقٌ : — Rt.(ح ق ق)

حُكَّامٌ : جمع حاكم — Plur.of حَاكِمٌ rt. (ح ك م)

❋❋❋

ح ك م

حَكَمَ (ُ) :(حكم، حكمت،تحكم،يحكم،...)

حَكَمَ¹ : قضى وفصل — To judge

﴿ وَإِذَا حَكَمْتُم بَيْنَ النَّاسِ أَن تَحْكُمُوا بِالْعَدْلِ ﴾ [النساء 58]

حَكَمَ² : قضى وفصل في الأمر — To give judgment

﴿ وَدَاوُودَ وَسُلَيْمَانَ إِذْ يَحْكُمَانِ فِي الْحَرْثِ ﴾ [الأنبياء 78]

To come for judgment; to make a judge — حَكَّمَ : فوض الحكم إلى

أَحْكَمَ :

To perfect; to make decisive — أَحْكَمَ[1] : أتقن ووضح المعاني

﴿ الر كِتَابٌ أُحْكِمَتْ آيَاتُهُ ﴾ [هود 1]

To establish — أَحْكَمَ[2] : وضح المعاني

﴿ ثُمَّ يُحْكِمُ اللَّهُ آيَاتِهِ ﴾ [الحج 52]

To go for judgment — تَحَاكَمَ : (يتحاكموا): رفع الأمر للفصل

حُكْمٌ : (حكم، لحكم، حكماً، حكمه...)

Judgment — حُكْمٌ[1] : قضاء

﴿ أَفَحُكْمَ الْجَاهِلِيَّةِ يَبْغُونَ ﴾ [المائدة 50]

Decision; judgment — حُكْمٌ[2] : قضاء وفصل

﴿ إِنِ الْحُكْمُ إِلاَّ لِلَّهِ ﴾ [الأنعام 57]

Wisdom — حُكْمٌ[3] : حكمة

﴿ يَايَحْيَى خُذِ الْكِتَابَ بِقُوَّةٍ وَآتَيْنَاهُ الْحُكْمَ صَبِيًّا ﴾ [مريم 12]

Government; command; Judgment — حُكْمٌ[4] : قضاء وفصل

﴿ لَهُ الْحُكْمُ وَإِلَيْهِ تُرْجَعُونَ ﴾ [القصص 88]

﴿ وَلاَ يُشْرِكُ فِي حُكْمِهِ أَحَدًا ﴾ [الكهف 26]

Decisive utterance; true judgment — حُكْمٌ[5] : حكمة وحسن تصرف وصواب في القول والفعل

﴿ وَكَذَلِكَ أَنزَلْنَاهُ حُكْمًا عَرَبِيًّا ﴾ [الرعد 37]

Judge; arbiter — حَكَمٌ : (حكم وحكما...): قاض بين المتنازعين

Judge — حَاكِمٌ : (الحاكمين، حكام): من ينتصب للحكم بين الناس

Wisdom — حِكْمَةٌ : (حكمة وحكمة، الحكمة...): صواب من قول وعمل علم نافع ؛ عظة وعبرة

حَكِيمٌ : (حكيم، الحكيم، حكيماً)

Wise — حَكِيمٌ[1] : من الأسماء الحسنى

﴿ بَلْ هُوَ اللَّهُ الْعَزِيزُ الْحَكِيمُ ﴾ [سبأ 27]

Decisive; full of wisdom — حَكِيمٌ[2] : أحكمت آياته وأتقنت أو ذو حكمة

﴿ وَإِنَّهُ فِي أُمِّ الْكِتَابِ لَدَيْنَا لَعَلِيٌّ حَكِيمٌ ﴾ [الزخرف 4]

Most just; best in judgment — أَحْكَمُ : أعلم وأعدل وأتقن حكماً

Decisive — مُحْكَمٌ : (محكمة، محكمات): أحكمت عباراتها فصارت واضحة المعنى بعيدة عن الاحتمال

❋ ❋ ❋

حَكِيمٌ : Rt.(ح ك م)

حَلَّ : Rt.(ح ل ل)

حِلٌّ : Rt.(ح ل ل)

حَلاَئِلُ : جمع حليلة — Plur.of حَلِيلَةٌ rt. (ح ل ل)

حَلاَّفٌ : Rt.(ح ل ف)

حَلاَلٌ : Rt.(ح ل ل)

❋ ❋ ❋

ح ل ف

To swear — حَلَفَ(ـِ) : حلفتم، وليحلفن، يحلفون، وسيحلفون...): أقسم

حَلاَّفٌ : كثير الحلف — Oath-monger; swearer

ح ل ق

حَلَقَ (ِ) :(تحلقوا): أزال ما على الرأس من الشعر — To shave

مُحَلِّقٌ :(محلقين): مبالغ في إزالة ما على الرأس من شعر — One who shaves; one who is shaven

ح ل ق م

حُلْقُومٌ :(الحلقوم): حلق — Throat

***

حُلْقُومٌ : Rt.(ح ل ق م)

***

ح ل ل

حَلَّ (ِ):(حللتم، تحل، يحل، يحلل...)

حَلَّ[1] : صار في حل وأبيح له ما كان محظورا — To leave the sacred territory; to be free from the obligations of the pilgrimage

﴿ وَإِذَا حَلَلْتُمْ فَاصْطَادُوا ﴾ [المائدة 2]

حَلَّ[2] : اباح — To be lawful

﴿ فَإِنْ طَلَّقَهَا فَلاَ تَحِلُّ لَهُ مِنْ بَعْدُ ﴾ [البقرة 230]

حَلَّ[3] (على): نزل بـ — To fall upon; to come down on

﴿ مَنْ يَأْتِيهِ عَذَابٌ يُخْزِيهِ وَيَحِلُّ عَلَيْهِ عَذَابٌ مُقِيمٌ ﴾ [الزمر 40]

حَلَّ[4] : أزال من — To loose

﴿ وَاحْلُلْ عُقْدَةً مِنْ لِسَانِي ﴾ [طه 27]

حَلَّ(ُ) :(تحل) — To dwell; to alight

أَحَلَّ : (احل، احللت، تحلوا، يحل...)

أَحَلَّ[1] : اباح — To make lawful

﴿ وَلأُحِلَّ لَكُمْ بَعْضَ الَّذِي حُرِّمَ عَلَيْكُمْ ﴾ [آل عمران 50]

أَحَلَّ[2] : اباح — To violate; to profane; to allow

﴿ يُحِلُّونَهُ عَامًا وَيُحَرِّمُونَهُ عَامًا ﴾ [التوبة 37]

أَحَلَّ[3] : انزل — To install; to make to alight

﴿ وَأَحَلُّوا قَوْمَهُمْ دَارَ الْبَوَارِ ﴾ [إبراهيم 28]

حِلٌّ :

حِلٌّ[1] : مُباح — Lawful

﴿ وَطَعَامُكُمْ حِلٌّ لَهُمْ ﴾ [المائدة 5]

حِلٌّ[2] : نازل وحالٌ — Indweller; one who is made free from obligation

﴿ وَأَنْتَ حِلٌّ بِهَذَا الْبَلَدِ ﴾ [البلد 2]

حَلاَلٌ :(حلال، حلالا): مُباح — Lawful

حَلِيلَةٌ :(حلائل): زوجة — Wife

تَحِلَّةٌ : ما يُزال به إثم اليمين — Absolution; expiation

مَحِلٌّ :(محله)

مَحِلٌّ[1] : مكان يحلُّ فيه النحر — Destination

﴿ وَلاَ تَحْلِقُوا رُءُوسَكُمْ حَتَّى يَبْلُغَ الْهَدْيُ مَحِلَّهُ ﴾ [البقرة 196]

مَحِلٌّ[2] : وجوب النحر، موضع النبح — Place of sacrifice

﴿ ثُمَّ مَحِلُّهَا إِلَى الْبَيْتِ الْعَتِيقِ ﴾ [الحج 33]

مُحِلٌّ :(محلي): مبيح — One who violates the prohibition; one

who makes lawful	

ح ل م

	حُلُمٌ :(الحلم، احلام، الأحلام، احلامهم)
Dream	حُلُمٌ[1] : مايراه النائم
	﴿ وَمَا نَحْنُ بِتَأْوِيلِ الأَحْلاَمِ بِعَالِمِينَ ﴾ [يوسف 44]
Puberty	حُلُمٌ[2] : زمن البلوغ ؛ ادراك
	﴿ وَإِذَا بَلَغَ الأَطْفَالُ مِنْكُمُ الْحُلُمَ فَلْيَسْتَأْذِنُوا ﴾ [النور 59]
Mind; understanding	حُلُمٌ[3] : عقل
	﴿ تَأْمُرُهُمْ أَحْلاَمُهُمْ بِهَذَا ﴾ [الطور 32]
Clement; forbearing; mild	حَلِيمٌ :(حليم، لحليم، الحليم، حليماً)

***

Conj of حَلَّى rt. (ح ل ى)	حُلُّوا : تصريف حلى
Rt.(ح ل ى)	حَلَّى :

***

ح ل ى

To make to wear; to adorn; to wear	حَلَّــى :(حَلُّـوا، يُحَلَّـون)؛ الـبس الحَلي
Ornament(s); outward show	حِلْيَةٌ :(حلية، الحلية)؛ زينـة من الفضة والذهب وغيرها
Ornament	حَلْيٌ :(حَلْيِهِم): ما يتزين به من مصوغ المعدنيات أو الحجارة
Plur.of حَلْيٌ	حُلِيٌّ : جمع حلي

***

Rt.(ح ل ى)	حِلْيَةٌ :
Rt.(ح ل م)	حَلِيمٌ :

***

ح م

Ha Mim	حم~ : حرفان جاءا في مستهل سبع سور تُسمى الحواميم

***

Rt.(ح م ر)	حِمَارٌ :
Rt.(ح م ل)	حَمَّالَةٌ :

***

ح م أ

Black mud	حَمَأٌ : طين اسود
Muddy: black	حَمِيءٌ :(حمئة): خالطته الحمأة
Fem of. حَمِيءٌ	حَمِئَةٌ : مؤنث حمىء

ح م د

To praise	حَمِـدَ (ـَ) :(يحمـدوا): تثنـى بالجميل على
Praise	حَمْـدٌ :(بحمد، بحمدك، بحمده، الحمد): ثناء على الله بتحميده وتعظيمه
One who praises	حَامِـدٌ :(الحامدون): مُثنٍ على الله بما هو أهله
Praised; of great glory	مَحْمُـودٌ :(محموداً): مـن يقـع عليه الثناء
	حَمِيدٌ :(حميد، الحميد، حميداً)
Owner of praise; praiseworthy	حَمِيدٌ[1] : محمود وصف الله به تعالى
	﴿ وَكَانَ اللَّهُ غَنِيًّا حَمِيدًا ﴾ [النساء 131]
Glorious one; praised one	حَمِيدٌ[2] : من الأسماء الحسنى
	﴿ وَهُدُوا إِلَى صِرَاطِ الْحَمِيدِ ﴾ [الحج 24]
Praised one; Ahmed	أَحْمَدُ : اكثر حمداً وهو اسم

محمد (ص) في الإنجيل

مَحَمَّدٌ : — Muhammad

ح م ر

جِمَـارٌ :(الحمـار، حمـارك، الحمير، حُمُـر): حيوان معروف — Ass

حُمُرٌ : جمع جمارٌ — Plur.of جمارٌ

أَحْمَرُ :(حُمْر): ما لونه الحُمرة — Red

حُمْرٌ : جمع أحْمَر — Plur of أَحْمَرُ

ح م ل

حَمَلَ (:):حمل ، حملته، تحمل، يحمل،..)

حَمَلَ^{1} : اقلّ ورفع — To bear

﴿ وَقَدْ خَابَ مَنْ حَمَلَ ظُلْمًا ﴾ [طه 111]

حَمَلَ^{2} : جعل يحمل — To lay(withعلى)

﴿ رَبَّنَا وَلاَ تَحْمِلْ عَلَيْنَا إِصْرًا ﴾ [البقرة 286]

حَمَلَ(تْ)^{3} : حبلت — To conceive

﴿ فَحَمَلَتْهُ فَانتَبَذَتْ بِهِ مَكَانًا قَصِيًّا ﴾ [مريم 22]

﴿ فَلَمَّا تَغَشَّاهَا حَمَلَتْ حَمْلاً خَفِيفًا ﴾ [الأعراف 189]

حَمَلَ^{4} : اركب ؛اقلّ ورفع — To carry; to bear

﴿ ذُرِّيَّةَ مَنْ حَمَلْنَا مَعَ نُوحٍ ﴾ [الإسراء 3]

﴿ إِنِّي أَرَانِي أَحْمِلُ فَوْقَ رَأْسِي خُبْزًا ﴾ [يوسف 36]

حَمَلَ^{5} : اقلّ — To assume; to turn unfaithful; to be unfaithful; to bear

﴿ فَأَبَيْنَ أَنْ يَحْمِلْنَهَا وَأَشْفَقْنَ مِنْهَا وَحَمَلَهَا الإِنْسَانُ ﴾ [الأحزاب 72]

حَمَلَ^{6} : جعل يركب — To mount; to charge with (with على)

﴿ قُلْتَ لاَ أَجِدُ مَا أَحْمِلُكُمْ عَلَيْهِ ﴾ [التوبة 92]

حَمَلَ^{7} : كرّ وشدّ؛ طرد — To attack(withعلى)

﴿ فَمَثَلُهُ كَمَثَلِ الْكَلْبِ إِنْ تَحْمِلْ عَلَيْهِ يَلْهَثْ ﴾ [الأعراف 176]

حَمَّلَ :(تحملنا، حمل، حملتم، حُمّلوا،..)

حَمَّلَ^{1} : كلف حمل — To impose on; to charge with

﴿ رَبَّنَا وَلاَ تُحَمِّلْنَا مَا لاَ طَاقَةَ لَنَا بِهِ ﴾ [البقرة 286]

حَمَّلَ^{2} : كلف حمل — To make to bear; to lade

﴿ وَلَكِنَّا حُمِّلْنَا أَوْزَارًا مِنْ زِينَةِ الْقَوْمِ ﴾ [طه 87]

حَمَّلَ^{3} : كلف حمل — To entrust with; to charge with

﴿ مَثَلُ الَّذِينَ حُمِّلُوا التَّوْرَاةَ ﴾ [الجمعة 5]

احْتَمَلَ :(احتمل، فاحتمل، احتملوا)

احْتَمَلَ^{1} : حمل واقلّ — To bear

﴿ فَاحْتَمَلَ السَّيْلُ زَبَدًا رَابِيًا ﴾ [الرعد 17]

احْتَمَلَ^{2} : حمل واقلّ — To take a burden upon oneself; to burden oneself with

﴿ ثُمَّ يَرْمِ بِهِ بَرِيئًا فَقَدِ احْتَمَلَ بُهْتَانًا وَإِثْمًا مُبِينًا ﴾ [النساء 112]

حَمْلٌ :

حَمْلٌ^{1} : جنين محمول في بطن امه — Burden

﴿ وَتَضَعُ كُلُّ ذَاتِ حَمْلٍ حَمْلَهَا ﴾ [الحج 2]

حَمْلٌ^{2} : حَبَلٌ بـ — Bearing

﴿ وَحَمْلُهُ وَفِصَالُهُ ثَلاثُونَ شَهْرًا ﴾ [الأحقاف 15]

ذَاتُ حَمْلٍ : ذات جنين محمول في بطنها — Pregnant woman; woman with child

حِمْلٌ :(حمل، حملا، حملها): الشيء المحمول حسّيًا ومعنوياً — Load; burden

حَامِلٌ :(بحاملين، فالحاملات): مُقِلٌ ورافع — Bearer; one who bears

حَمَّالَةٌ : من تحمل (الحطب) — Carrier; bearer

حَمُولَةٌ : ما يحمل عليه من الدواب — Beasts of burden; those for burdens

ح م م

حَمِيمٌ :(حميم، الحميم، حميماً)

حَمِيمٌ[1] : ماء شديد الحرارة — Boiling water

﴿ لَهُمْ شَرَابٌ مِنْ حَمِيمٍ وَعَذَابٌ أَلِيمٌ ﴾ [الأنعام 70]

حَمِيمٌ[2] : قريب مشفق — Loving; true; warm

﴿ وَلاَ صَدِيقٍ حَمِيمٍ ﴾ [الشعراء 101]

حَمِيمٌ[3] : قريب مشفق — (Familiar) friend

﴿ وَلاَ يَسْأَلُ حَمِيمٌ حَمِيمًا ﴾ [المعارج 10]

يَحْمُومٌ : دخان شديد السواد — Black smoke

***

حَمُولَةٌ : — Rt.(ح م ل)

***

ح م ى

أَحْمَى :(يحمى): أوقد على — To heat

حَامٍ :(حام، حامية)

حَامٍ[1] : شديد(ة) الحرارة — That which burns; that which rages

﴿ نَارٌ حَامِيَةٌ ﴾ [القارعة 11]

حَامٍ[2] : فحل من الأبل إذا نتج من صلبه عشرة أبطن فحموه فلا يركب أو يجز وبره — Hami

﴿ وَلاَ سَائِبَةٍ وَلاَ وَصِيلَةٍ وَلاَ حَامٍ ﴾ [المائدة 103]

حَمِيَّةٌ :(حمية، الحمية): أنفة وغيرة — Zealotry; disdain

***

حَمِيدٌ : — Rt.(ح م د)

حَمِيرٌ : جمع حِمار — Plur.of حِمارٌ rt. (ح م ر)

حَمِيمٌ : — Rt.(ح م م)

حَنَاجِرُ : جمع حنجرة — Plur.of حَنْجَرَةٌ rt. (ح ن ج ر)

حَنَانٌ : — Rt.(ح ن ن)

***

ح ن ث

حَنِثَ (ـَ) :(تحنث): أثم في يمينه بعدم البر فيها — To break one's oath

حِنْثٌ :(الحنث): ذنب — Sin; violation

ح ن ج ر

حَنْجَرَةٌ :(الحناجر): حلقوم — Throat

ح ن ذ

حَنِيذٌ : مشوي بين حجرين — Roasted

ح ن ف

حَنِيفٌ :(حنيفاً، حنفاء): مائل إلى دينه في إخلاص ؛ مائل عن الشر — Upright; hanif

والضلال الى الخير والحق	
حُنَفاءُ : جمع حنيفَ	Plur.of حَنيفٌ

ح ن ك

احْتَنَكَ :(لاحتنكنّ): استولى واستمال أو استأصل بالإغواء	To seize; to cause to perish

ح ن ن

حَنَانٌ :(وحناناً): رحمة وعطف ورزق وبركة	Compassion; tenderness
حُنَينٌ : واد بين مكة والطائف كانت فيه غزوة حنين المشهورة	Huneyn; Hunain

❋❋❋

حَنيذٌ :	Rt.(ح ن ذ)
حَنيفٌ :	Rt.(ح ن ف)
حُنينٌ :	Rt.(ح ن ن)
حَوارِيٌّ :	Rt.(ح و ر)
حَوَايَا :	Rt.(ح و ى)

❋❋❋

ح و ب

حُوْبٌ :(حوباً): إثم عظيم	Sin; crime

ح و ت

حُوْتٌ :(الحوت، حوتهما، حيتانهما): سمكة صغيرة كانت أو كبيرة	(Big) fish

ح و ج

حَاجَةٌ : رغبة؛ أمر مرغوب فيه	Need: desire

ح و ذ

اسْتَحْوَذَ:(استحوذ، نستحوذ): استولى على ؛ حاط	To gain mastery over; to acquire mastery over; to engross

ح و ر

حَارَ (ـُ) :(يحور): رجع إلى الحياة مرة ثانية	To return
حَاوَرَ :(يحاوره): راجع في الكلام؛ جادل	To speak with; to dispute
تَحَاوَرَ :(تحاوركما): مراجعة القول	Contention; colloquy
حَوْرَاءُ :(حور، بحور): امرأة شديدة سواد المقلة في شدة بياضها في شدة بياض الجسد	Fair woman; pure woman
حُوْرٌ عِينٌ : نسوة عيونهن بياضها وسوادها كلاهما شديد	Fair ones with wide lovely eyes; pure; beautiful ones
حَوَارِيٌّ:(الحواريون، الحواريين، للحواريين): مخلص وشاع استعماله في المخلصين من الأنبياء	Disciple

ح و ز

مُتَحَيِّزٌ :(متحيزاً): مائل إلى فئة وصائر إلى حيزها لينصرها	One who is intent to join; one who withdraws

ح و ش

حَاشَ للهِ : تنزيهاً لله مع التعجب من خلقه	Allah blameless; remote is Allah (from imperfection)

ح و ط

أَحَاطَ :(أحاط، أحاطت، تحيطوا، يحيطون...)	
أَحَاطَ[1] : شمل وسد منافذ الهداية	To surround; to encompass

﴿ بَلَى مَنْ كَسَبَ سَيِّئَةً وَأَحَاطَتْ بِهِ خَطِيئَتُهُ ﴾ [البقرة 81]

أَحَاطَ[2] : شمل من جميع الجهات — To surroun ; to encompass

﴿ وَأَنَّ اللَّهَ قَدْ أَحَاطَ بِكُلِّ شَيْءٍ عِلْمًا ﴾ [الطلاق 12]

أَحَاطَ[3] : علم — To comprehend; to apprehend; to find out; to encompass

﴿ وَلاَ يُحِيطُونَ بِشَيْءٍ مِنْ عِلْمِهِ ﴾ [البقرة 255]

﴿ فَقَالَ أَحَطتُ بِمَا لَمْ تُحِطْ بِهِ وَجِئْتُكَ مِنْ سَبَإٍ ﴾ [النمل 22]

أَحَاطَ[4] : أهلك — To beset (with destruction); to destroy.

﴿ وَأُحِيطَ بِثَمَرِهِ فَأَصْبَحَ يُقَلِّبُ كَفَّيْهِ ﴾ [الكهف 42]

مُحِيطٌ :(محيط، محيطا، لمحيطة): محدق، مدرك من جميع النواحي — One who encompasses; surrounds or comprehends

ح و ل

حَالَ(ـُ) :(وحال، يحول، وحِيل): حجز وفصل — To come in between; to intervene between

حَوْلٌ :(الحول،حولين): سنة — Year

حَوْلَ :(حول، حولك، حوله،حولهم...): ما يحيط (بالشيء) ويستعمل منصوباً وتارة مجروراً بـ "مِن — Around; round (about)

حِوَلٌ :(حولاً): تحوّلٌ وانتقال — Removal

حِيلَةٌ : حذق ومهارة — Plan; means

تَحْوِيلٌ :(تحويلاً)

تَحْوِيلٌ[1] : تغيير — Transference

﴿ فَلاَ يَمْلِكُونَ كَشْفَ الضُّرِّ عَنكُمْ وَلاَ تَحْوِيلاً ﴾ [الإسراء 56]

تَحْوِيلٌ[2] : تغيّر وتحوّل — Change

﴿ وَلَنْ تَجِدَ لِسُنَّةِ اللَّهِ تَحْوِيلاً ﴾ [فاطر 43]

ح و ى

حَوَايَا :(الحوايا): مصارين وأمعاء — Entrails

أَحْوَى : اخضر ضاربٌ إلى السواد لشدة خضرته — Dust coloured; russet

* * *

حَيٌّ : Rt.(ح ى ى)

حَيَاةٌ : Rt.(ح ى ى)

حَيَّةٌ : Rt.(ح ى ى)

حِيتَانٌ : جمع حُوتْ — Plur.of حُوتٌ rt. (ح و ت)

* * *

ح ي ث

حَيْثُ : تكون ظرف مكان مبهماً يوضحه ما بعده — Wherever; wheresoever; where

حَيْثُ مَا : حيث + ما الكافة — Wheresoever

مِنْ حَيْثُ : حَيْثُ — From whatsoever place; whencesoever; from whence

* * *

حَيْرَانُ : Rt.(ح ى ر)

* * *

ح ى د

حَاذَ (ِ) :(تحيد): مال ونفر عن	To shun; to escape

ح ى ر

حَيْرَانُ : مضطرب لا يدري جهة الصواب	Bewildered; perplexed

ح ى ص

مَحِيْصٌ :(محيص، محيصاً): مهربٌ ومفرّ	Refuge; place of refuge

ح ي ض

حَاضَتِ(المَرأةُ) (ِ): (يحضن): نزل عليها دم الحيض	To menstruate; to have (her) course
مَحِيْضٌ :(المحيض): دم يفرزه الرحم بأوصاف خاصة وأوقات محددة	Menstruation; menstrual discharge

ح ى ف

حَافَ (ِ) :(يحيف): جار في الحكم فظلم	To wrong in judgment; to act wrongfully

ح ى ق

حَاقَ(ِ):(وحاق، فحاق، يحيق): نزل واصاب	To surround; to beset; to encompass

❋❋❋

حِيَلٌ : تصريف حَالَ	Conj.of حَالَ rt. (ح و ل)
حِيْلَةٌ :	Rt.(ح و ل)

❋❋❋

ح ى ن

حِيْنٌ :

حِيْنٌ[1] : وقت غير محدد في معناه بقلة أو كثرة	Period

﴿ هَلْ أَتَى عَلَى الإنسَانِ حِينٌ مِنَ الدَّهْرِ ﴾ [الإنسان 1]

حِيْنٌ[2] : وقت غير محدد في معناه بقلة أو كثرة ؛ مطلق الزمان	Time

﴿ وَلَكُمْ فِي الأَرْضِ مُسْتَقَرٌّ وَمَتَاعٌ إِلَى حِينٍ ﴾ [الأعراف 24]

حِيْنَ :(حين، وحين، حينئذٍ)

حِيْنَ[1] : ظرف زمان مبهم المعنى ويوضح بما يضاف اليه فهو غير منون	When

﴿ فَسُبْحَانَ اللَّهِ حِينَ تُمْسُونَ وَحِينَ تُصْبِحُونَ ﴾

حِيْنَ[2] : ظرف زمان مبهم المعنى ويوضح بما يضاف اليه فهو غير منون	In time of; at the time of

﴿ وَالصَّابِرِينَ فِي الْبَأْسَاءِ وَالضَّرَّاءِ وَحِينَ الْبَأْسِ ﴾ [البقرة 177]

حِيْنَئِذٍ : حين إذ	At that moment; at that time

❋❋❋

حَيَوَانٌ :	Rt.(ح ى ى)
حَيِّى :	Rt.(ح ى ى)

❋❋❋

ح ى ى

حَيَّ (َ):(حيّ،تحيون، ونحيا، ، ويحيا): صار حياً	To live
حَيَّى :(حيّوك، يحيّك، حييتم، فحيّوا): ألقى التحية والسلام بأي لفظ	To greet

أَحْيَا :(احيا، أحياها، أحيي، تحيي،...)

أَحْيَا[1] : نجى من الهلكة ، على عن	To save life; to keep alive

﴿ وَمَنْ أَحْيَاهَا فَكَأَنَّمَا أَحْيَا النَّاسَ جَمِيعًا ﴾ [المائدة 32]

أَحْيَا[2] : جعله حيًا	To revive; to bring to life

﴿ فَقَالَ لَهُمُ اللَّهُ مُوتُوا ثُمَّ أَحْيَاهُمْ ﴾ [البقرة 243]

أَحْيَا[3] : أخرج النبات	To revive; to give life

﴿ اعْلَمُوا أَنَّ اللَّهَ يُحْيِي الأَرْضَ بَعْدَ مَوْتِهَا ﴾ [الحديد 17]

أَحْيَا[4] : جعله حيًا	To make to live

﴿ فَلَنُحْيِيَنَّهُ حَيَاةً طَيِّبَةً ﴾ [النحل 97]

اسْتَحْيَا :(يستحيي، يستحيون، فيستحيي، واستحيوا)

اسْتَحْيَا[1] : خجل	To disdain; to be ashamed

﴿ إِنَّ اللهَ لاَ يَسْتَحْيِي أَنْ يَضْرِبَ مَثَلاً ﴾

اسْتَحْيَا[2] : خجل	To be shy; to forebear

﴿ إِنَّ ذَلِكُمْ كَانَ يُؤْذِي النَّبِيَّ فَيَسْتَحْيِي مِنْكُمْ ﴾ [الأحزاب 53]

اسْتَحْيَا[3] : أبقى على الحياة	To spare

﴿ يُذَبِّحُونَ أَبْنَاءَكُمْ وَيَسْتَحْيُونَ نِسَاءَكُمْ ﴾ [البقرة 49]

حَيٌّ :

حَيٌّ[1] : من الأسماء الحسنى	Alive; Ever-living

﴿ اللَّهُ لاَ إِلَهَ إِلاَّ هُوَ الْحَيُّ الْقَيُّومُ ﴾ [البقرة 255]

حَيٌّ[2] : فيه حياة	He or that which lives

﴿ وَمَا يَسْتَوِي الأَحْيَاءُ وَلاَ الأَمْوَاتُ ﴾ [فاطر 22]

﴿ يُخْرِجُ الْحَيَّ مِنَ الْمَيِّتِ ﴾ [الروم 19]

حَيٌّ[3] : به حياة	Living

﴿ وَجَعَلْنَا مِنَ الْمَاءِ كُلَّ شَيْءٍ حَيٍّ ﴾ [الأنبياء 30]

حَيَاةٌ :(الحياة، بالحياة، حياتنا، لحياتي...): نمو وبقاء	Life
الحَيَاةُ الدُّنْيَا : الحياة التي تسبق الأخرى	Life of the world; life of this world
حَيَوَانٌ :(الحيوان): حياة دائمة كاملة	Life
تَحِيَّةٌ :(تحية، بتحية، تحيتهم): سلام بلفظ حياك الله أو نحوه	Greeting; salutation
اسْتِحْيَاءٌ : خجل واحتشام	Shyness; bashfulness
عَلَى اسْتِحْيَاءٍ: بخجل واحتشام	Shyly; bashfully
مَحْيَا :(محياهم، محياي): حياة	Life; living
مُحْيِي :(لمحيي): واهب الحياة	Quickener; One who raises (the dead to life)
يَحْيَى : أحد أنبياء بني إسرائيل	John; Yahya
حَيَّةٌ : أفعى	Serpent

باب الخاء

* * *

خَائِبٌ :	Rt.(خ ى ب)
خَائِضٌ :	Rt.(خ و ض)
خَائِفٌ :	Rt.(خ و ف)
خَابَ :	Rt.(خ ى ب)
خَاتَمٌ :	Rt.(خ ت م)
خَادَعَ :	Rt.(خ د ع)
خَادِعٌ :	Rt.(خ د ع)
خَارِجٌ :	Rt.(خ ر ج)
خَازِنٌ :	Rt.(خ ز ن)
خَاسِئٌ :	Rt.(خ س أ)
خَاسِرٌ :	Rt.(خ س ر)
خَاشِعٌ :	Rt.(خ ش ع)
خَاصَّةٌ :	Rt.(خ ص ص)
خَاضَ :	Rt.(خ و ض)
خَاضِعٌ :	Rt.(خ ض ع)
خَاطِئٌ :	Rt.(خ ط أ)
خَاطِئَةٌ :	Rt.(خ ط أ)
خَاطَبَ :	Rt.(خ ط ب)
خَافَ :	Rt.(خ و ف)
خَافَتَ :	Rt.(خ ف ت)
خَافَتْ : تصريف خاف	Conj.of خَافَ rt.(خ و ف)
خَافِضٌ :	Rt.(خ ف ض)
خَافِيَةٌ :	Rt.(خ ف ى)
خَالٌ :	Rt.(خ و ل)
خَالَةٌ : مؤنث خال	Fem. of خَالٌ rt.(خ و ل)
خَالِدٌ :	Rt.(خ ل د)
خَالِصٌ :	Rt.(خ ل ص)
خَالِصَةٌ :	Rt.(خ ل ص)
خَالَطَ :	Rt.(خ ل ط)
خَالَفَ :	Rt.(خ ل ف)
خَالِقٌ :	Rt.(خ ل ق)
خَالِيَةٌ :	Rt.(خ ل و)
خَامِدٌ :	Rt.(خ م د)
خَامِسَةٌ :	Rt.(خ م س)
خَانَ :	Rt.(خ و ن)
خَاوِيَةٌ :	Rt.(خ و ى)
خَبَا :	Rt.(خ ب و)
خَبَائِثُ: جمع خبيثة	Plur.of خَبِيْثَةٌ rt.(خ ب ث)
خَبَالٌ :	Rt.(خ ب ل)

* * *

خ ب أ

خَبْءٌ :(الخبء): مخبوء مستتر	That which is hidden

خ ب ت

أَخْبَتَ :(أخبتوا، فتخبت): خشع واطمأن بإيمانه	To humble oneself; to submit humbly; to be lowly

مُخبِتٌ :(المخبتين): خاشع مطمئن بإيمانه — One who humbles himself

خ ب ث

خَبُثَ (ُ) : ردؤ وقبح — To be bad; to be inferior

خَبِيثٌ:الخبيث، الخبيثات، للخبيثين)

خَبِيثٌ[1] : رديء ومكروه لذاته أو لتحريم الله له — Bad; foul; worthless

﴿ وَلاَ تَيَمَّمُوا الْخَبِيثَ مِنْهُ تُنفِقُونَ ﴾ [البقرة 267]

﴿ وَلاَ تَتَبَدَّلُوا الْخَبِيثَ بِالطَّيِّبِ ﴾ [النساء 2]

خَبِيثٌ[2] : فاسد — Vile; unclean

﴿ الْخَبِيثَاتُ لِلْخَبِيثِينَ ﴾ [النور 26]

خَبِيثٌ[3] : المنافق والكافر — Wicked ; evil

﴿ حَتَّى يَمِيزَ الْخَبِيثَ مِنَ الطَّيِّبِ ﴾ [آل عمران 179]

خَبِيثَةٌ :(الخبائث): فاسدة — Abomination ; foul; impure thing

خ ب ر

خُبْرٌ :(خبراً): معرفة ببواطن الأمور — Knowledge

خَبَرٌ :(بخبر، اخباركم، أخبارها)

خَبَرٌ[1] : كلام يعبر به عن واقعة من الواقعات — Tidings; news

﴿ سَآتِيكُمْ مِنْهَا بِخَبَرٍ ﴾ [النمل 7]

خَبَرٌ[2] : ما يعبر به عن واقعة ما؛ واقعة مفزعة — Record; case

﴿ وَنَبْلُوَ أَخْبَارَكُمْ ﴾ [محمد 31]

خَبِيرٌ :(خبير، لخبير، الخبير، خبيراً): عالم دقيق العلم وجاء وصف لله تعالى ؛ عالم ذو خبرة — Aware; informed

خ ب ز

خُبْزٌ :(خبزاً): دقيق يعجن وينضج بالنار — Bread-

خ ب ط

تَخَبَّطَ :(يتخبطه): أوقع في الإضطراب وأصاب بالجنون — To prostrate

خ ب ل

خَبَالٌ :(خبالاً): نقصان وفساد يورث الإضطراب — Infliction of loss; ruin

لا يَأْلُونَ خَبَالاً: لا يقصرون في الإفساد — To spare no pains to ruin; not to fall short of inflicting loss

خ ب و

خَبَا (ـُ) :(خبت) : سكن وخمد (لهبها) — To abate; to become allayed

* * *

خَبِيثٌ :	Rt.(خ ب ث)
خَبِيرٌ :	Rt.(خ ب ر)
خَتَّارٌ :	Rt.(خ ت ر)
خِتَامٌ :	Rt.(خ ت م)

* * *

خ ت ر

خَتَّارٌ : غدار — Traitor; perfidious

خ ت م

خَتَمَ (ِ): (ختم، نختم، يختم): طبع عليه وجعله لا يفهم شيئاً ولا ينفذ اليه الإيمان — To seal; to set a seal

خَاتَمٌ : آخر	Last; sealing
خِتَامٌ :(ختامه): آخره	Seal; sealing
مَخْتُومٌ : مطبوع عليه وجعله لا يفهم شيئاً ولا ينفذ اليه الإيمان	Sealed

***

خَدٌّ :	Rt.(خ د د)

***

خ د د

خَدٌّ :(خدك) : جانب الوجه	Cheek; face
أُخْدُودٌ :(الأخدود) : حفرة مستطيلة	Ditch; pit

خ د ع

خَدَعَ(:):(يخدعوك، يخدعون) : دَبَّر إيقاعاً في المكروه	To deceive; to beguile
خَادَعَ :(يخادعون) : قَدَّر واهماً أو عمل عمل المخادع	To think to beguile; to desire to deceive; to seek to beguile; to strive to deceive
خَادِعٌ : (خادعهم) : مُعاقِب على فعل الخداع	One who beguiles; one who requites the deceit

خ د ن

خِدْنٌ :(أخدان) : صاحب ويطلق على المذكر والمؤنث	Paramour; concubine

خ ذ ل

خَذَلَ (ـُ):(يخذلكم) : تخلى عن نصرة	To withdraw the help; to forsake
خَذُولٌ :(خذولاً) : كثير الخذلان	Deserter in the hour of need; one who fails to aid
مَخْذُولٌ :(مخذولاً) : غير منصور ولا معان	Forsaken; neglected

***

خَرٌّ :	Rt.(خ ر ر)
خَرَابٌ :	Rt.(خ ر ب)
خَرَاجٌ :	Rt.(خ ر ج)
خَرَّاصٌ :	Rt.(خ ر ص)

***

خ ر ب

أَخْرَبَ :(يخربون) : هدّم وتلف	To ruin; to demolish
خَرَابٌ :(خرابها) : هدمٌ وتعطيل	Ruin

خ ر ج

خَرَجَ(ُ):(فخرج، خرجت، تخرج، يخرج...)

خَرَجَ1 : برز — To come forth

﴿ وَمِنْ حَيْثُ خَرَجْتَ فَوَلِّ وَجْهَكَ شَطْرَ الْمَسْجِدِ الْحَرَامِ ﴾ [البقرة 150]

خَرَجَ2 : برز من المقر — To go out; to go away; to go forth

﴿ فَإِنْ خَرَجْنَ فَلاَ جُنَاحَ عَلَيْكُمْ فِي مَا فَعَلْنَ فِي أَنفُسِهِنَّ ﴾ [البقرة 240]

خَرَجَ3 : برز — To come out

﴿ كَبُرَتْ كَلِمَةً تَخْرُجُ مِنْ أَفْوَاهِهِمْ ﴾ [الكهف 5]

خَرَجَ4 : نبت — To spring (forth); to grow

﴿ إنَّهَا شَجَرَةٌ تَخْرُجُ فِي أَصْلِ الْجَحِيمِ ﴾ [الصافات 64]

خَرَجَ[5] : نبع — To flow

﴿ وَإِنَّ مِنْهَا لَمَا يَشَّقَّقُ فَيَخْرُجُ مِنْهُ الْمَاءُ ﴾ [البقرة 74]

أَخْرَجَ: (أخرج، أخرجت، تخرج، نخرج...)

أَخْرَجَ[1] : أبرز وأظهر — To bring forth

﴿ فَأَخْرَجْنَا بِهِ مِنْ كُلِّ الثَّمَرَاتِ ﴾ [الأعراف 57]

أَخْرَجَ[2] : طرد — To expel; to drive out; to drive forth

﴿ لاَ تُخْرِجُوهُنَّ مِنْ بُيُوتِهِنَّ ﴾ [الطلاق 1]

﴿ وَأَخْرِجُوهُمْ مِنْ حَيْثُ أَخْرَجُوكُمْ ﴾ [البقرة 191]

أَخْرَجَ[3] : ابرز وأظهر — To send forth; to put forth

﴿ كَزَرْعٍ أَخْرَجَ شَطْأَهُ ﴾ [الفتح 29]

أَخْرَجَ[4] : ابرز وأظهر — To bring to light; to bring forth

﴿ أَمْ حَسِبَ الَّذِينَ فِي قُلُوبِهِمْ مَرَضٌ أَنْ لَنْ يُخْرِجَ اللَّهُ أَضْغَانَهُمْ ﴾ [محمد 29]

أَخْرَجَ[5] : ابرز وأظهر — To take away; to take out; to turn out.

﴿ فَأَخْرَجْنَاهُمْ مِنْ جَنَّاتٍ وَعُيُونٍ ﴾ [الشعراء 57]

﴿ وَقَدْ أَحْسَنَ بِي إِذْ أَخْرَجَنِي مِنَ السِّجْنِ ﴾ [يوسف 100]

اسْتَخْرَجَ: (استخرجها، وتستخرجوا، وتستخرجون، ويستخرجا...)

اسْتَخْرَجَ[1] : اخرج — To bring out; to produce

﴿ ثُمَّ اسْتَخْرَجَهَا مِنْ وِعَاءِ أَخِيهِ ﴾ [يوسف 76]

اسْتَخْرَجَ[2] : اخرج — To take out; to bring forth

﴿ فَأَرَادَ رَبُّكَ أَنْ يَبْلُغَا أَشُدَّهُمَا وَيَسْتَخْرِجَا كَنزَهُمَا ﴾ [الكهف 82]

خُروجٌ : (خروج، الخروج، للخروج)

خُروجٌ[1] : خروج للقتال في سبيل الله — Going forth

﴿ وَلَوْ أَرَادُوا الْخُرُوجَ لأَعَدُّوا لَهُ ﴾ [التوبة 46]

خُروجٌ[2] : خروج من النار — Going out; getting out

﴿ فَهَلْ إِلَى خُرُوجٍ مِنْ سَبِيلٍ ﴾ [غافر 11]

خُروجٌ[3] : خروج من القبور للبعث والحساب — Resurrection of the dead; rising; coming forth

﴿ وَأَحْيَيْنَا بِهِ بَلْدَةً مَيْتًا كَذَلِكَ الْخُرُوجُ ﴾ [ق 11]

﴿ يَوْمَ يَسْمَعُونَ الصَّيْحَةَ بِالْحَقِّ ذَلِكَ يَوْمُ الْخُرُوجِ ﴾ [ق 42]

يَوْمُ الْخُرُوجِ: الخروج من القبور للبعث والحساب — Day of coming forth (from the graves)

إِخْرَاجٌ: (إخراج، باخراج، اخراجاً، اخراجكم...) :

إِخْرَاجٌ[1] : طرد؛ صدّ — Expulsion; turning out

﴿ وَإِخْرَاجُ أَهْلِهِ مِنْهُ أَكْبَرُ عِنْدَ اللَّهِ ﴾ [البقرة 217]

إِخْرَاجٌ[2] : إبراز وإظهار — Brining forth; forth brining

﴿ ثُمَّ يُعِيدُكُمْ فِيهَا وَيُخْرِجُكُمْ إِخْرَاجًا ﴾ [نوح 18]

One who comes forth; one who emerges; one who goes forth — خَـارِجٌ:(بخـارج، بخـارجين) : مـن يخرج

Outlet; way — مَخْرَجٌ :(مخرجاً) : مخلص يخرج منه

One who brings forth — مُخْرِجٌ:(مخرج، ومخرج) :مُبرز

مُخْرَجٌ:(مخرج،مخرجون،لمخرجون، بمخرجين...)

Going forth; outgoing — مُخْرَجٌ[1] : ؛ إخراج مُرض ، مصدر ميمي

﴿وَقُلْ رَبِّ أَدْخِلْنِي مُدْخَلَ صِدْقٍ وَأَخْرِجْنِي مُخْرَجَ صِدْقٍ﴾ [الاسراء 80]

One who is brought forth (again) — مُخْرَجٌ[2] : مخرج من القبر حيّاً

﴿ أَئِذَا كُنَّا تُرَابًا وَآبَاؤُنَا أَئِنَّا لَمُخْرَجُونَ ﴾ [النمل 67]

Outcast; one who is expelled — مُخْرَجٌ[3] : مطرود من البلد

﴿ قَالُوا لَئِنْ لَمْ تَنْتَهِ يَالُوطُ لَتَكُونَنَّ مِنَ الْمُخْرَجِينَ ﴾ [الشعراء 167]

Tribute; recompense — خَرْجٌ :(خرجاً) : ما يُخرج في مقابل العمل إثابة عليه

Tribute; recompense — خَرَاجٌ :(فخراج) : ما يخرج من غل الأرض

خ ر د ل

Mustard seed — خَرْدَلَة : واحدة الخردل وهو نبات له حب صغير جداً

خ ر ر

To fall (down) — خَرَّ (ِ):(خر مخروا،وتخر، يخرون..) : سقط

خ ر ص

To guess; to lie — خَرَصَ(ُ):(تخرصون، يخرصون) : ألقى القول على ظن وتخمين لا على علم ويقين

Conjecturer; liar — خَرَّاصٌ :(الخراصون) : كذاب

خ ر ط م

Nose — خُرْطُومٌ :(الخرطوم) : أنف

***

خُرْطُومٌ : Rt.(خ ر ط م)

***

خ ر ق

خَرَقَ (ِ) :(خرقها، أخرقتها، خرقوا، تخرق)

To make a hole — خَرَقَ[1] : انقب

﴿ قَالَ أَخَرَقْتَهَا لِتُغْرِقَ أَهْلَهَا ﴾ [الكهف 71]

To attribute; to impute — خَرَقَ[2] : نسب اختلاقاً وافتراء

﴿ وَخَرَقُوا لَهُ بَنِينَ وَبَنَاتٍ بِغَيْرِ عِلْمٍ ﴾ [الأنعام 100]

To cut through; to rend — خَرَقَ[3] : قطع وجاب

﴿ إِنَّكَ لَنْ تَخْرِقَ الأَرْضَ ﴾ [الإسراء 37]

***

خُرُوجٌ : Rt.(خ ر ج)

خَزَائِنُ : جمع خزانة — Plur.of خِزَانَةٌ rt.

(خ ز ن)

***

خ ز ن

خَـــازِنٌ :(بخـــازنين، لخزنـــة، خزنتها)

خَازِنٌ[1] حافظ — Keeper; guard

﴿ وَقَالَ لَهُمْ خَزَنَتُهَا أَلَمْ يَأْتِكُمْ رُسُلٌ مِنْكُمْ ﴾ [الزمر 76]

خَازِنٌ[2] : حافظ — One who stores up; holder of the store of

﴿ وَمَا أَنْتُمْ لَهُ بِخَازِنِينَ ﴾ [الحجر 22]

خِزَانَـةٌ :(خزائن) : مـا يحـرز فيـه الشيء ويحفظ — Treasure

خ ز ى

خَزِيَ (َ) :(ونخزى): ذلّ وهان — To be disgraced

أَخْـزَى: (أخزيتـه، تخزنـا، تخزنـي، يخزي..): أهان وفضح — To disgrace; to bring to disgrace; to confound

خِزْيٌ:(خزي،الخزي) : ذلّ وهان — Disgrace; ignominy; Abasement

أَخْزَى : اهان وفضح — More shameful; much more abasing

مُخْزِ :(مخزي) : مهين وفاضح — One who brings to disgrace; one who confounds

***

خَسَارٌ : Rt.(خ س ر)

***

خ س أ

خَسَأَ (َ) :(اخسؤوا) : بعد وانزجر ذليلاً — To go away

خَاسِئٌ :

خَاسِئٌ[1] : بعيد منزجر — That which is despised and hated

﴿ فَقُلْنَا لَهُمْ كُونُوا قِرَدَةً خَاسِئِينَ ﴾ [البقرة 65]

خَاسِئٌ[2] : متحير كليل — That which is confused; that which is dim

﴿ يَنقَلِبْ إِلَيْكَ الْبَصَرُ خَاسِئًا وَهُوَ حَسِيرٌ ﴾ [الملك 4]

خ س ر

خَسِرَ (َ):(خسر ، خسروا،يخسر): أصابة النقص أو الضياع في نفسه أو أهله أو ماله ؛ اضاع وأهلك فلم ينتفع ؛ أنقص ؛ أدخل النقص فيما يكيل ويزن — To lose; to be a loser; to be lost

أَخْـــسَرَ :(تخسروا،يخســـرون) : أنقص — To make the measure deficient; to cause loss

خُسْرٌ :(خسر ، خسراً) : ضياع — (State of) loss

خَاسِرٌ :(الخاسرون، لخاسرون، الخاسرين، خاسرة)

خَاسِرٌ[1] : ضائع هالك — Loser

﴿ وَهُوَ فِي الآخِرَةِ مِنْ الْخَاسِرِينَ ﴾ [آل عمران 85]

خَاسِرٌ[2] : ضائع — Vain

﴿ قَالُوا تِلْكَ إِذًا كَرَّةٌ خَاسِرَةٌ ﴾ [النازعات 12]

خَسَارٌ :(خسارا) : ضياع وهلاك — Loss; perdition; ruin

خُسْرَانٌ :(الخسران) : ضياع وهلاك — Loss

أَخْسَرُ :(الأخسرون، الأخسرين، بالأخسرين) : أشد ضياعاً — The greatest loser

تَخْسِيرٌ : ضياع — Perdition; loss

مُخْسِرٌ :(المخسرين) : واقع فى خسران الكيل — One who gives less (than the due); one who diminishes

خ س ف

خَسَفَ(ِ):(وخسف، خسفنا، لخسف، يخسف..)

خَسَفَ[1] : جعله يغور — To cause the earth to swallow

﴿ فَخَسَفْنَا بِهِ وَبِدَارِهِ الأَرْضَ ﴾ [القصص 81]

خَسَفَ[2] : ذهب ضوءه — To eclipse; to become dark

﴿ وَخَسَفَ الْقَمَرُ ﴾ [القيامة 8]

خَسَفَ بِهِ : جعل (الأرض) تغور به — To cause the earth to swallow; to abase

خ ش ب

خَشَبَةٌ :(خُشُب) : ما تيبّس من الشجر — Block of wood; big piece of wood.

خُشُبٌ : جمع خشبة — Plur.of خَشَبَةٌ

خ ش ع

خَشَعَ (َ) :(خشعت، تخشع)

خَشَعَ[1] : خضع وتضرع — To be humble; to submit

﴿أَلَمْ يَأْنِ لِلَّذِينَ آمَنُوا أَنْ تَخْشَعَ قُلُوبُهُمْ ﴾ [القلم 43]

خَشَعَ[2] : سكت وخفت — To be low; to be hushed

﴿ وَخَشَعَتْ الأَصْوَاتُ لِلرَّحْمَانِ ﴾ [طه 108]

خُشُوعٌ :(خشوعاً) : خضوع وسكون — Humility

خَاشِعٌ :(خاشعاً، خاشعون، خاشعين، خشعاً)

خَاشِعٌ[1] : متواضع لله بقلبه وجوارحه — One who is humble; one who is humble-minded

﴿ وَإِنَّهَا لَكَبِيرَةٌ إِلاَّ عَلَى الْخَاشِعِينَ ﴾ [البقرة 45]

خَاشِعٌ[2] : ساكن متشقق — That which is humbled; that which falls down

﴿ لَوْ أَنْزَلْنَا هَذَا الْقُرْآنَ عَلَى جَبَلٍ لَرَأَيْتَهُ خَاشِعًا مُتَصَدِّعًا مِنْ خَشْيَةِ اللَّهِ ﴾ [الحشر 21]

خَاشِعٌ[3] : ساكنة لا نبات فيها ولا حياة — That which is still; that which is lowly

﴿ وَمِنْ آيَاتِهِ أَنَّكَ تَرَى الأَرْضَ خَاشِعَةً ﴾ [فصلت 39]

خَاشِعٌ[4] : ساكن ذليل — Downcast

﴿ خَاشِعَةً أَبْصَارُهُمْ تَرْهَقُهُمْ ذِلَّةٌ ﴾ [القلم 43]

خُشَّعٌ : جمع خاشع — Plur.of خَاشِعٌ

***

خُشُوعٌ : — Rt.(خ ش ع)

***

خ ش ى

خَشِيَ(َ):(خشي، خشيت، تخشى، نخشى..) : — To fear

خَشْيَةٌ :(خشية، كخشية، خشيته) : خاف واتقى
Fear

خوف

خ ص ص

اخْتَصَّ :(يختص) : خص بـ
To choose; to select

خَاصَّةً : ضد عامة
Exclusively; in particular

خَصَاصَةٌ : فقر وسوء حال
Poverty

خ ص ف

خَصَفَ (ِ):(يخصفان) : لصق
To hide (by heaping); to cover

خ ص م

اخْتَصَمَ:(اختصموا،يختصمون) : تنازع وتجادل
To contend; to dispute; to quarrel

تَخَاصُمٌ : تنازع وتجادل
Contention; wrangling

خَصْمٌ:(الخصم،خصمان) :

شديد الخصومة

خَصْمٌ[1] : مخاصم
Litigant (s)

﴿ وَهَلْ أَتَاكَ نَبَأُ الْخَصْمِ إِذْ تَسَوَّرُوا الْمِحْرَابَ ﴾
[ص 21]

خَصْمٌ[2] : مخاصم
Opponent; adversary

﴿ هَذَانِ خَصْمَانِ اخْتَصَمُوا فِي رَبِّهِمْ ﴾
[الحج 19]

خَصِمٌ :(خصمون)
Contentious

خَصِيمٌ :(خصيم، خصيماً) :

خَصِيمٌ[1] : شديد الخصومة
Opponent; contender; disputant

﴿ فَإِذَا هُوَ خَصِيمٌ مُبِينٌ ﴾ [النحل 4]

خَصِيمٌ[2] : مُجادل عن
Pleader; advocate

﴿ وَلَا تَكُنْ لِلْخَائِنِينَ خَصِيمًا ﴾ [النساء 105]

خِصَامٌ :(الخصام) : منازعة ومجادلة
Dispute; contention

❋ ❋ ❋

خَصِيْمٌ :
Rt.(خ ص م)

❋ ❋ ❋

خ ض د

مَخْضُودٌ : مقطوع شوكة
Thornless

خ ض ر

خَضِرٌ :(خضراً) : شيء أخضر غض
Green blade; green (foliage)

أَخْضَرُ :(الأخضر، خضر، خضراً) : ذو لون أخضر
Green

مُخْضَرٌّ : (مخضرة) : مكسو بالزرع الأخضر
Green

خُضْرٌ :(خضر،خضراً) : جمع أخضر
Plur.of أَخْضَرُ

خ ض ع

خَضَعَ (َ) :(تخضعن) : ألان ورقق
To be soft

خَاضِعٌ :(خاضعين) : متطامن منقاد
One who bows; one who stoops

❋ ❋ ❋

خَطٌّ :
Rt.(خ ط ط)

خِطَابٌ :
Rt.(خ ط ب)

خَطَايَا: جمع خطيئة — Plur.of خَطِيئَةٌ rt.(خ ط أ)

***

خ ط أ

أَخْطَـأَ :(أخطأتم، أخطأنا) : فعل الخطأ أو الشر عن غير قصد — To make a mistake

خَطَأً : من غير قصد — By mistake

خِطْأً :(خِطأ) : من تعمد من الذنب — Sin; wrong

خَـــاطِئٌ:(الخـاطئون، خـاطئين، خاطئة، بالخاطئة) : منحرف الى الشر — Sinner; sinful; wrongdoer

خَاطِئَــةٌ :(خاطئـة، بالخاطئـة) : الفعلـة أو الفعال الخاطئـة أو الخاطئ أصحابها — Error; sins

خَطِيْئَــــةٌ:(خطيئـــة، خطيئتـــي، خطاياكم، خطايانـا) : ذنـب مقـصود متعمد — Sin; wrong; mistake; fault

خ ط ب

خَاطَـبَ:(خـاطبهم، تخـاطبني) : تكلم مع

خَاطَبَ[1]: تكلم مع — To address

﴿ وَإِذَا خَاطَبَهُمُ الْجَاهِلُونَ قَالُوا سَلاَمًا ﴾ [الفرقان 63]

خَاطَبَ[2]: تكلم مع — To plead; to speak

﴿ وَلاَ تُخَاطِبْنِي فِي الَّذِينَ ظَلَمُوا ﴾ [هود 37]

خَطْـبٌ:(خطبك ، خطبكم، خطبكما، خطبكن) : حال وشأن — Affair; business; errand

مَا خَطْبُكُمْ : ما حالكم وشأنكم — What is your affair? What is your business? What is matter with you?

خِطَــابٌ :(الخطــاب، خطابــا) : مخاطبة وكلام — Speech

فَصْلُ الخِطَابِ: الخطاب الفصل الذي يفصل بين الحق والباطل — Decisive speech; clear judgment

لاَ يَمْلِكُونَ مِنْهُ خِطَاباً: ليس لهم الحق في المخاطبة — With Whom none can converse; they shall not be able to address Him

خِطْبَةٌ : طلب النساء للتزوج — Troth; asking of a women in marriage

خ ط ط

خَطَّ(ُ) : (تخطه) : كتب — To transcribe; to write

خ ط ف

خَطِفَ(َ):(خطف، فتخطفه، يخطف) : أخذ في السرعة — To snatch (away); to take away

تَخَطَّفَ:(فتخطف...): أخـذ فـي سـرعة وقـوة وتكرار — To carry off by force; to ravage; to extirpate

خَطْفَـةٌ :(الخطفـة) : المـرة مـن خطف والمراد اختلاس خبر من السماء — Fragment

خَطِفَ الخَطْفَةَ: اختلس الكلمة مسارقة بسرعة — To snatch a fragment; to snatch off but once

خ ط و

خُطْوَةٌ :(خطوات) : طريق وأثر وعمل — Footstep

* * *

خَطِيئَةٌ : — Rt.(خ ط أ)

خَفٌّ : — Rt.(خ ف ف)

خِفَافٌ : جمع خفيفٌ — Plur.of خَفِيفٌ rt.(خ ف ف)

* * *

خ ف ت

خَافَتَ : تخافت : خفض صوته — To be silent

تَخَافَتَ :يتخافتون : تحادث متساراً — To murmur; to consult securely; to converse in a low tone

خ ف ض

خَفَضَ (ِ) :(واخفض) : حطّ بعد علوّ — To lower

خَفَضَ جَنَاحَهُ: الان جانبه — To be kind; to lower one's wing

خَفَضَ جَنَاحَ الذُّلِ : تواضع — To make oneself submissively gentle; to lower the wing submission

خَافِضٌ :(خافضة) : مُحقّر — That which abases

خ ف ف

خَفَّ (ِ) :(خفت) : قلّ ثقله — To be light

خَفَّفَ :(خفف، يخفف،يخفّف) : رفع من اثقال التكاليف ؛ جعله خفيفاً — To lighten; to relieve

اسْتَخَفَّ :(فاستخف، تستخفونها، يستخفنك)

اسْتَخَفَّ[1] : وجده خفيفا — To find light

﴿وَجَعَلَ لَكُمْ مِنْ جُلُودِ الأَنْعَامِ بُيُوتًا تَسْتَخِفُّونَهَا يَوْمَ ظَعْنِكُمْ﴾ [النحل 80]

اسْتَخَفَّ[2] : وجده خفيفا طائشا أو دعاه الى الطيش — To incite to levity; to persuade to make light

﴿ فَاسْتَخَفَّ قَوْمَهُ فَأَطَاعُوهُ ﴾ [الزخرف 54]

اسْتَخَفَّ[3] : وجده خفيفا ؛ أزال عن الحق والصواب؛ استجهل واستهان به — To hold in light estimation; to make impatient

﴿ وَلاَ يَسْتَخِفَّنَّكَ الَّذِينَ لاَ يُوقِنُونَ ﴾ [الروم 60]

تَخْفِيفٌ : رفع الأثقال والتكاليف — Alleviation

خَفِيفٌ :(خفيفا، خفافاً) : قليل الوزن ضد ثقيل — Light

خ ف ى

خَفِيَ (َ):(تخفى، يخفى، يخفون) : استتر — To be hidden

أَخْفَى :(اخفيتم، أخفيها، تخفوا، يخفون...) : ستر وكتم — To hide; to conceal; to keep hidden

أَكَادُ أُخْفِيهَا : اكاد ازيل عنها غطاءها — I am to keep hidden; I am about to make it manifest

اسْتَخْفَى :(ليستخفوا، يستخفون)

اسْتَخْفَى[1] : استتر — To seek to hide; to hide oneself

﴿ يَسْتَخْفُونَ مِنَ النَّاسِ وَلاَ يَسْتَخْفُونَ مِنَ اللَّهِ ﴾ [النساء 108]

اسْتَخْفَى[2] : استتر — To hide

(thoughts; enmity)

﴿ ألاَ إنَّهُمْ يَثْنُونَ صُدُورَهُمْ لِيَسْتَخْفُوا مِنْهُ ﴾ [هود 5]

خَفِيٌّ :(خفي، خفيا) : مستتر غير ظاهر	Faint; veiled
نَادَى نِداءً خَفِيّاً: مستور عن الناس بعيد عن الرياء	To cry in secret; to call in a low voice
أَخْفَى :(وأخفى) : أشد خفاءاً واستتاراً	More hidden
خُفْيَةً :(وخفية) : استتار	In secret
خَافِيَةٌ : غائمة مستترة	Secret
مُسْتَخْفٍ : مستتر	One who lurks; one who hides

***

خَفِيفٌ :	Rt.(خ ف ف)
خَلاَ :	Rt.(خ ل و)
خَلائِفُ :	Rt.(خ ل ف)
خِلاَفَ :	Rt.(خ ل ف)
خَلاَقٌ :	Rt.(خ ل ق)
خَلاَّقٌ :	Rt.(خ ل ق)
خِلاَلٌ :	Rt.(خ ل ل)
خُلَّةٌ :	Rt.(خ ل ل)

***

خ ل د

خَلَدَ(ـُ) :(تخلدون، يخلد) : دام بقاؤه	To abide (forever)
أَخْلَدَ :(أخلد، اخلده) :	
أَخْلَدَ[1] : سكن وركن	To cling

﴿ وَلَكِنَّهُ أَخْلَدَ إلى الأرْضِ ﴾ [الأعراف 176]

أَخْلَدَ[2] : أدام البقاء	To render immortal; to make immortal

﴿ يَحْسَبُ أَنَّ مَالَهُ أَخْلَدَهُ ﴾ [الهمزة 3]

خُلْدٌ :(الخلد) : دوام وبقاء	Immortality; eternity; abiding for ever
خَالِدٌ :(خالد،خالداً، خالدون، خالدين...) : باقٍ على الدوام	Immortal; one who abides (forever)
خُلُودٌ :(الخلود) : بقاء ودوام	Immortality; abiding
مُخَلَّدٌ :(مخلدون) : مقيم على الدوام أو محلى بالأقراط	Immortal; one who never alternates in age

خ ل ص

خَلَصَ(ُ):(خلصوا) : اعتزل وانفرد عن الناس	To retire
خَلَصُوا نَجِيّاً: اعتزلوا وانفردوا عن الناس يتشاورون ويتناجون فيما بينهم	To confer together apart; to retire; conferring privately together
أَخْلَصَ :(وأخلصوا)	
أَخْلَصَ[1] : محض للتخليص من شوائب الشرك والرياء	To make pure; to be sincere in

﴿ وَاعْتَصَمُوا بِاللَّهِ وَأَخْلَصُوا دِينَهُمْ لِلَّهِ ﴾ [النساء 146]

أَخْلَصَ[2] : خمص	To purify

﴿ إِنَّا أَخْلَصْنَاهُمْ بِخَالِصَةٍ ذِكْرَى الدَّارِ ﴾ [ص 46]

اسْتَخْلَصَ :(استخلصه) :اصطفى — To attach; to choose

خَـالِصٌ :(الخـالص، خالـصاً) : صافٍ ونقي ليس به شائبة

خَالِصٌ[1] : صافٍ ليس به شائبة من غيره — Pure

﴿ مِنْ بَيْنِ فَرْثٍ وَدَمٍ لَبَنًا خَالِصًا ﴾ [النحل 66]

خَالِصٌ[2] : نقيٌ من كل شائبة من شرك — Sincere; pure

﴿ أَلاَ لِلَّهِ الدِّينُ الْخَالِصُ ﴾ [الزمر 3]

خَالِصٌ[3] : مخصوص بـ — Reserved for; specially for

﴿ وَقَالُوا مَا فِي بُطُونِ هَذِهِ الأَنْعَامِ خَالِصَةٌ لِذُكُورِنَا ﴾ [الأنعام 139]

خَالِصَةٌ : مخصوصة وخاصة بـ — Pure thought; pure quality

مُخْلَصٌ:(مخلصاً ، المخلصين) : مختار خالص من الدنس — Purified; chosen; single-minded

مُخْلِـصٌ :(مخلصاً،مخلـصون مخلصين)

مُخْلِصٌ[1] : ممحّص ومنقٍ من شوائب الشرك والرياء — One who makes (religion) pure

﴿ قُلْ اللَّهَ أَعْبُدُ مُخْلِصًا لَهُ دِينِي ﴾ [الزمر 14]

مُخْلِصٌ[2] : ممحّص ومنقٍ من شوائب الشرك والرياء — Sincere

﴿ وَلَنَا أَعْمَالُنَا وَلَكُمْ أَعْمَالُكُمْ وَنَحْنُ لَهُ مُخْلِصُونَ ﴾ [البقرة 139]

خ ل ط

خَلَطَ (:) :(خلطوا) : ضمّ ومزج — To mix; to mingle

خَالَطَ :(تخالطوهم) : عاشر وتداخل — To mingle one's affairs with; to become a co-partner

اخْتَلَطَ :(اختلط، فاختلط) : التصق — To mingle with; to become tangled with; to be mixed with

خَلِيطٌ :(الخلطاء) : شريك — Partner

خُلَطاءُ : جمع خليط — Plur.of خَلِيْطٌ

خ ل ع

خَلَعَ (:) :(فاخلع) : نزَعَ — To take off; to put off

خ ل ف

خَلَفَ(:):(فخلف،خلفتموني،يخلفون، أخلفني) : جاء بَعْدَ ، فعل من بعد ، كان خليفة لـ — To succeed; to be a viceroy; to take one's place

خَلَّفَ :(خلّفوا) : أحَّل أمره — To leave behind

خَالَفَ :(أخالفكم، يخالفون) : قصد الى ما نُهي عنه

خَـالَفَ[1] : قـصد (الـشي) بـع مـا نهى عنه — To do behind one's back; to betake oneself in opposition to

﴿ وَمَا أُرِيدُ أَنْ أُخَالِفَكُمْ إِلَى مَا أَنْهَاكُمْ عَنْهُ ﴾ [هود 88]

خَالَفَ[2](عَنْ) : خرج ، انصرف مخالفا لما أمر به — To go against; to conspire to evade

﴿ فَلْيَحْذَرْ الَّذِينَ يُخَالِفُونَ عَنْ أَمْرِهِ ﴾ [النور 63]

أَخْلَفَ :(فاخلفتكم، أخلفوا، تخلف، يخلف...)

أَخْلَفَ[1] : لم يفِ بالوعد	To fail to keep (the promise); to fail to perform (the promise)

﴿ إِنَّ اللَّهَ لا يُخْلِفُ الْمِيعَادَ ﴾ [الرعد 31]

أَخْلَفَ[2] : ردّه على	To replace; to exceed in reward

﴿ وَمَا أَنفَقْتُمْ مِنْ شَيْءٍ فَهُوَ يُخْلِفُهُ ﴾ [سبأ 39]

تَخَلَّفَ :(يتخلفوا) : تأخر	To stay behind; to remain behind

اَخْتَلَفَ :(اختلف، اختلفتم، تختلفون، يختلفون) :

اَخْتَلَفَ[1] : ذهب إلى خلاف ما ذهب اليه الآخر	To differ

﴿ وَإِنَّ الَّذِينَ اخْتَلَفُوا فِي الْكِتَابِ لَفِي شِقَاقٍ بَعِيدٍ ﴾ [البقرة 176]

اَخْتَلَفَ[2] : ذهب الى خلاف ما ذهب إليه الآخر	To fail to keep (the tryst); to break away (from appointment)

﴿ وَلَوْ تَوَاعَدتُّمْ لاَخْتَلَفْتُمْ فِي الْمِيعَادِ ﴾ [الأنفال 42]

اسْتَخْلَفَ:(استخلف، ويستخلف، يستخلفكم، ليستخلفنكم) :

اسْتَخْلَفَ[1] : جعله خليفة	To make to succeed; to set in place of

﴿ إِنْ يَشَأْ يُذْهِبْكُمْ وَيَسْتَخْلِفْ مِنْ بَعْدِكُمْ مَا يَشَاءُ ﴾ [الأنعام 133]

اسْتَخْلَفَ[2] : جعله خليفة ؛ عمّره في	To make a viceroy; to make a ruler

﴿ عَسَى رَبُّكُمْ أَنْ يُهْلِكَ عَدُوَّكُمْ وَيَسْتَخْلِفَكُمْ فِي الأَرْضِ ﴾ [الأعراف 129]

خَلْفٌ : جيل طالح	Generation

﴿ فَخَلَفَ مِنْ بَعْدِهِمْ خَلْفٌ أَضَاعُوا الصَّلاَةَ ﴾ [مريم 59]

خَلْفَ : (خلفك، خلفكم، خلفنا ،خلفها...) :

خَلْفَ[1] : ضد قُدّام يكون ظرفاً وقد يخرج عن الظرفية فيتصرّف	Behind

﴿ لَهُ مَا بَيْنَ أَيْدِينَا وَمَا خَلْفَنَا ﴾ [مريم 64]

خَلْفَ[2] : ضد قُدّام يكون ظرفاً وقد يخرج عن الظرفية فيتصرّف	After

﴿ لِتَكُونَ لِمَنْ خَلْفَكَ ﴾ [يونس 92]

مِنْ خَلْفِ : من وراء	From behind
خَالِفٌ :(الخالفين): المتأخر القاعد عن القتال	One who remains behind; one who is useless
خَالِفَةٌ:(الخوالف) : المرأة لتخلفها في البيت	Women who is useless; woman who remains behind
خِلاَفَ :(خلاف، خلافك) : خلف وبعد	Behind
مِنْ خِلاَفٍ : مخالفة واختلاف	On alternate sides; on opposite sides
خِلْفَةً : يخلف أحدهما الآخر ويتعاقبان (الليل والنهار)	In succession

خَلِيفَةٌ :(خليفة، خلائف، خلفاء) : من يخلف غيره ويقوم مقامه — Viceroy; successor; khalif

خُلَفَاءُ : جمع خليفة — Plur.of خَلِيفَةٌ

مُخَلَّفٌ :(المخلفون، للمخلفين) : الذي أُخِّر بالإذن له أو أخَّره كسله ونفاقه عن الجهاد — One left behind

مُخْلِفٌ : ناقض الوعد وغير موفٍ به — One who fails to keep promise; one who fails in promise

اخْتِلاَفٌ :(اختلاف، اختلافا) :

اخْتِلاَفٌ[1] : التباين في الطول والقصر والنور والظلمة — Difference (night and day) alternation (night and day)

﴿إِنَّ فِي خَلْقِ السَّمَاوَاتِ وَالأَرْضِ وَاخْتِلاَفِ اللَّيْلِ وَالنَّهَارِ﴾ [البقرة 164]

اخْتِلاَفٌ[2] : تنوّع وتفاوت — Diversity; difference

﴿ وَمِنْ آيَاتِهِ خَلْقُ السَّمَاوَاتِ وَالأَرْضِ وَاخْتِلاَفُ أَلْسِنَتِكُمْ وَأَلْوَانِكُمْ ﴾ [الروم 22]

اخْتِلاَفٌ[3] : تناقض — Discrepancy; incongruity

﴿ وَلَوْ كَانَ مِنْ عِنْدِ غَيْرِ اللَّهِ لَوَجَدُوا فِيهِ اخْتِلاَفًا كَثِيرًا ﴾ [النساء 82]

مُخْتَلِفٌ :(مختلف، مختلفاً، مختلفون، مختلفين) :

مُخْتَلِفٌ[1] : متنوع متفاوت — Diverse; varied; various

﴿ وَمَا ذَرَأَ لَكُمْ فِي الأَرْضِ مُخْتَلِفًا أَلْوَانُهُ ﴾ [النمل 13]

مُخْتَلِفٌ[2] : متباين غير متفق — One who differs; one who is in disagreement

﴿ الَّذِي هُمْ فِيهِ مُخْتَلِفُونَ﴾ [النبأ 3]

مُسْتَخْلَفٌ :(مستخلفين) : الذي يُجعل في يده الشيء يتصرف فيه — Trustee; successor

خ ل ق

خَلَقَ(ـُ):(خلق، خلقت، أخلق، نخلق...) : أوجد وأبدع على غير مثال سبق بعد أن لم يكن — To create

خَلْقٌ :(خلق، لخلق، خلقكم، خلقه...) : موجد، مبدع، من الاسماء الحسنى — Creation

خَالِقٌ :(خالق، الخالق، الخالقون، الخالقين) : موجد، مبدع؛ من الأسماء الحسنى — Creator

خَلاَّقٌ :(الخلاّق) : متمّ الخلق — Creator

مُخَلَّقٌ :(مخلّقة) : مستوى تام الخلق — Shapely; complete in make

اخْتِلاَقٌ : افتراء — Invention; forgery

خَلاَقٌ:(خلاق، بخلاقكم، بخلاقهم) : حظ ونصيب — Portion; share of good; resting-place

خُلُقٌ :

خُلُقٌ[1] : طبع وسجيّة وعادة لازمة — Nature; morality

﴿ وَإِنَّكَ لَعَلى خُلُقٍ عَظِيمٍ ﴾ [القلم 4]

خُلُقٌ[2] : طبع وسجيّة وعادة لازمة — Fable; custom

﴿ إِنْ هَذَا إِلاَّ خُلُقُ الأَوَّلِينَ ﴾ [الشعراء 137]

خ ل ل

خِلاَلٌ :(خلال، خلالكم، خلاله، خلالهما...) :

خِلاَلٌ[1] : صداقة وموادّة أو جمع خُلّة بمعنى صداقة	(Mutual) befriending

﴿ مِنْ قَبْلِ أَنْ يَأْتِيَ يَوْمٌ لاَ بَيْعٌ فِيهِ وَلاَ خِلاَلٌ ﴾ [إبراهيم 31]

خِلاَلَ[2] : بين	Among

﴿ فَجَاسُوا خِلاَلَ الدِّيَارِ ﴾ [الإسراء 5]

﴿ وَلأَوْضَعُوا خِلاَلَكُمْ يَبْغُونَكُمُ الْفِتْنَةَ ﴾ [التوبة 47]

خِلاَلَ[3] : بين	In the midst; in

﴿ وَفَجَّرْنَا خِلاَلَهُمَا نَهَرًا ﴾ [الكهف 33]

خُلَّةٌ : صداقة خالصة	Friendship
خَلِيلٌ :(خليلا، الأخلاء) : صديق مخلص مُحب	Friend

خ ل و

خَلاَ (ُ) :(خلا ، خلت، خلوا، يخلُ)

خَلاَ[1] : مضى	To pass among; to go among

﴿ وَإِنْ مِنْ أُمَّةٍ إِلاَّ خلاَ فِيهَا نَذِيرٌ ﴾ [فاطر 24]

خَلاَ[2] : مضى	To pass away

﴿ تِلْكَ أُمَّةٌ قَدْ خَلَتْ ﴾ [البقرة 41]

خَلاَ[3] : انصرف الى أو اجتمع مع	To go apart; to be alone (with)

﴿ وَإِذَا خَلَوْا إِلَى شَيَاطِينِهِمْ قَالُوا إِنَّا مَعَكُمْ ﴾ [البقرة 14]

خَلاَ[4] : خلص	To be all for; to be exclusively for

﴿ اقْتُلُوا يُوسُفَ أَوْ اطْرَحُوهُ أَرْضًا يَخْلُ لَكُمْ وَجْهُ أَبِيكُمْ [يوسف 9]

خَلَّى :(فخلّوا) : ترك وأرسل	To leave free
خَلَّى سَبِيلَه : لم يتعرض له بقتال أو أسر	To leave one's way free
تَخَلَّى :(وتخلت) : ترك	To be empty; to become empty; to make empty
خَالٍ :(الخالية) : ماضٍ	Past; that which is gone by

خ م د

خَامِدٌ :(خامدون) : ساكت قد مات وصار بمنزلة الرماد الخامد	Extinct; still

***

خُلُودٌ :	Rt.(خ ل د)
خَلَّى :	Rt.(خ ل و)
خَلِيفَةٌ :	Rt.(خ ل ف)
خَلِيلٌ :	Rt.(خ ل ل)

***

خ م ر

خَمْرٌ :(خمر، الخمر، خمراً)

خَمْرٌ[1] : عصير مسكر من عنب وغيره	Strong drink; intoxicant

﴿ إِنَّمَا الْخَمْرُ وَالْمَيْسِرُ وَالأَنصَابُ وَالأَزْلاَمُ رِجْسٌ مِنْ عَمَلِ الشَّيْطَانِ ﴾ [المائدة 90]

﴿ قَالَ أَحَدُهُمَا إِنِّي أَرَانِي أَعْصِرُ خَمْرًا ﴾ [يوسف 36]

خَمْرٌ[2] : شراب لذيذ لا يغتال العقول	Wine; drink

﴿ وَأَنْهَارٌ مِنْ خَمْرٍ لَذَّةٍ لِلشَّارِبِينَ ﴾ [محمد 15]

خِمَارٌ :(بخمرهن) : ما تغطي بـه المرأة رأسها	Head-covering; veil
خُمُرٌ : جمع خِمار	Plur.of خِمارٌ

خ م س

خَمْسَةٌ :(خمسة، بخمسة) : عـدد للمذكر بين الأربعة والستة	Five
خَامِسٌ :(والخامسة) : ما يكمل بـه عدد خمسة	Fifth (person; time)
خَمْـسُونَ :(خمـسين) : خمـس عشرات	Fifty
خُمْسٌ :(خمسة) : جزء من خمسة	One fifth

خ م ص

مَخْمَصَـةٌ : مجاعة وخلاء بطن في الطعام	Hunger

خ م ط

خَمْطٌ : نبات مرّ أو حـامض تعافـه النفس	Bitter

❋ ❋ ❋

خَنَازِيرُ : جمع خِنْزِير	Plur.of خِنْزِيرٌ rt.(خ ن زر)
خَنَّاسٌ :	Rt.(خ ن س)

❋ ❋ ❋

خ ن ز ر

خِنْزِيـرٌ :(خنزيـر ، الخنزيـر ، الخنـازير): حيـوان معروف	Swine

❋ ❋ ❋

خِنْزِيرٌ :	Rt.(خ ن ز ر)

❋ ❋ ❋

خ ن س

خَنَّاسٌ :(الخناس) : من يتأخر أو ينقبض عند ذكر الله (الشيطان)	One who sneaks; one who slinks
خُنَّسٌ :(بالخنس) : كواكـب سيارة لأنها تختفي وتغيب	Planets; stars

خ ن ق

مُنْخَنِقَةٌ :(والمنخنقة) : التي عصر حلقها وضغط عليه حتى ماتت	That which is strangled

❋ ❋ ❋

خُوَارٌ	Rt.(خ و ر)
خَوَالِفُ : جمع خالِفة	Plur.of خالِفَةٌ rt.(خ ل ف)
خَوَّانٌ :	Rt.(خ و ن)

❋ ❋ ❋

خ و ر

خُـوَارٌ : صـياح أو صـوت كـصوت البقر	Lowing sound; mooing sound

خ و ض

خَـاضَ(ـُ): (وخـضتم، نخوض،يخوضـوا...) : تكلـم على غير هدى ؛ تفاوض	To enter into (vain) discourse; to prate; to meddle with; to wade (in vain dispute)
خَوْضٌ:(خوض، خوضهم) : الدفاع في الأباطيل والأكاذيب	Vain discourse; caviling
خَـائِضٌ :(الخائـضين) : : مـن يتكلم على غير هدى أو من يشرع في الباطل ولا يبالي به	One who enters into vain discourses; wader (in vain disputes)

خ و ف

خَـافَ(ـَ):(خاف، خافت، أخاف، نخاف...) : فزع وتوقّع المكروه	To fear
خَـــوَّفَ:(ونخـــوّفهم، يخـــوّف، ويخوّفونك) : بثّ الخوف	To cause to fear; to make to fear; to frighten
خَـوْفٌ :(خوف، الخوف، خوفاً، خوفهم) : انفعال في النفس يحدث لتوقع مكروه أو فوت محبوب	Fear
خَـائِفٌ :(خائفاً، خائفين) : من يصاب بالخوف	One who fears; afraid
إلاَّ خَائِفِينَ : إلا في حالة خوف	Except in fear
خِيْفَةٌ :(خيفته) : خوف	Fear; awe
مِنْ خِيْفَتِهِ : خوفاً منه	For awe of Him
تَخْوِيــفٌ :(تخويفاً) : إصــابة بالخوف	Warning; making some one fear
تَخَوُّفٌ : تنقّص وأخذ من الأطراف	Gradual wasting; causing to suffer gradual loss

خ و ل

خَـوَّلَ:(خوّلناكم، خوّلنـاه، خوّلـه) : ملّك	To grant; to bestow upon; to give
خَالٌ :(خالك، أخوالكم) : أخو الأم	Uncle (on the mother's side)
خَالَـةٌ :(خالاتك، خالاتكم) : أخت الأم	Aunt (On the mother's side)

خ و ن

خَـانَ(ـُ):(فخانتاهما،خانوا، أخنه، تخونوا) : أخلّ بما أتمن عليه	To betray; to act unfaithfully; to be unfaithful
اخْتَانَ :(تختانون، يختانون) : خان خيانة بيّنة	To deceive; to act unfaithfully
خِيَانَـةٌ :(خيانة، خيانتك) : مصدر خانَ	Treachery
خَـائِنٌ :(الخائنين، للخائنين) : من يخون	Betrayer; one who is unfaithful; treacherous
خَائِنَةٌ : خيانة	Treachery
خَائِنَةُ الأَعْيُنِ: خيانة الأعين	Traitor of the eyes; stealthy looks
خَـوَّانٌ :(خوّان، خوّاناً) : كثيـر الخيانة	Treacherous

خ و ى

خَاوٍ :(خاوية)

خَاوٍ [1] : خال أو ساقط	Empty; fallen down

﴿ فَتِلْكَ بُيُوتُهُمْ خَاوِيَةً بِمَا ظَلَمُوا ﴾ [النمل 52]

خَاوٍ [2] : ساقط على الأرض أو فارغ	Hollow

﴿ كَأَنَّهُمْ أَعْجَازُ نَخْلٍ خَاوِيَةٍ ﴾ [الحاقة 7]

خَاوِيَةٌ عَلَى عُرُوشِهَا: ساقطة على سقوفها	Fallen into utter ruin; fallen down upon its roofs

***

خِيَاطٌ : Rt.(خ ى ط)

خِيَامٌ : جمع خيمة — Plur.of خَيْمَةٌ rt.(خ ى م)

خِيَانَةٌ : Rt.(خ و ن)

***

خ ى ب

خَـابَ (-) :(خـاب، وخـاب) : لـم يظفر بما طلب — To fail miserably; to be a failure; to be disappointed

خَائِبٌ :(خائبين) : غير ظافر بما طلب — One who is frustrated; one who is disappointed

خ ى ر

اخْتَـارَ :(واختار، اخترتك، اخترناهم، ويختار) : انتقى وأخذ خير شيء — To choose

تَخَيَّرَ :(تخيرون، يتخيرون) : اختار خير الشيء وانتقاه — To choose

خَيْرٌ :(خير، الخير، الأخيار)

خَيْرٌ [1] : ما فيه نفع وصلاح — Good (thing)

﴿ وَمَا تُنفِقُوا مِنْ خَيْرٍ فَلأَنفُسِكُمْ ﴾ [البقرة 272]

﴿ وَلْتَكُنْ مِنْكُمْ أُمَّةٌ يَدْعُونَ إِلَى الْخَيْرِ ﴾ [آل عمران 104]

خَيْرٌ [2] : اسم تفضيل أصله أخير — Best; better

﴿ ذَلِكُمْ خَيْرٌ لَكُمْ عِنْدَ بَارِئِكُمْ فَتَابَ عَلَيْكُمْ ﴾ [البقرة 54]

﴿ أَتَسْتَبْدِلُونَ الَّذِي هُوَ أَدْنَى بِالَّذِي هُوَ خَيْرٌ ﴾ [البقرة 61]

خَيْـرٌ [3] : أداة للنفـع والـصلاح ؛ خيل — Wealth

﴿ إِنْ تَرَكَ خَيْرًا الْوَصِيَّةُ لِلْوَالِدَيْنِ وَالأَقْرَبِينَ ﴾ [البقرة 180]

خَيْـرٌ [4] : مفـرد مخفـف مـن خَيِّر: صفة مشبهة أو الخير الذي هو أفعل تفضيل — Excellent one; best one

﴿ وَإِنَّهُمْ عِنْدَنَا لَمِنَ الْمُصْطَفَيْنَ الأَخْيَارِ ﴾ [ص 47]

خَيْرَةٌ : (خيرات، بالخيرات)

خَيْـرَةٌ [1] : الفاضـلة مـن النـساء والأمور — Good thing; goodly thing

﴿ فِيهِنَّ خَيْرَاتٌ حِسَانٌ ﴾ [الرحمن 70]

خَيْرَةٌ [2] : الفاضل من الأمور — Good deed; deed of goodness

﴿ وَمِنْهُمْ سَابِقٌ بِالْخَيْرَاتِ بِإِذْنِ اللَّهِ ﴾ [فاطر 32]

خِيَرَةٌ : (الخيرة) : ما يُختار — Choice; say

خ ى ط

خَـيْطٌ :(الخيط) : فتيـل رفيـق مـن — Thread

	قطن أو صوف أو نحوهما
White (black) thread; whiteness (blackness) of the day (night)	الخَيْطُ الأَبْيَضُ(الأسودُ): شعاع الفجر الصادق (سواد الليل)
Needle	خِيَاطٌ :(الخياط) : إبرة
Needle's eye	سَمُّ الخِيَاطِ : ثقب الأبرة

* * *

Rt.(خ و ف)	خِيْفَةٌ :

* * *

خ ى ل

To make to appear; to image	خَيَّل(إلى):(يخيل) : شبّه وصور له حتى ظن الخيال حقيقة
Boaster; proud	مُخْتَالٌ :(مختالاً) : متبختر متكبّر مزهو بفضيلة يراها في نفسه
Horse (s)	خَيْلٌ :(خيل، الخيل، بخيلك) :
Your horse and foot; your forces; riding and on foot.	خَيْلُكَ وَرَجِلُكَ: كل راكب وماش من أعوانك

خ ى م

Pavilion	خَيْمَةٌ :(الخيام) : بيت يتخذه الأعراب من الثياب أو عيدان الشجر

باب الدال

* * *

دَائِبٌ :	Rt.(د أ ب)
دَائِرَةٌ :	Rt.(د و ر)
دَائِمٌ :	Rt.(د و م)
دَابَّةٌ :	Rt.(د ب ب)
دَابِرٌ :	Rt.(د ب ر)
دَاحِضَةٌ :	Rt.(د ح ض)
دَاخِرٌ :	Rt.(د خ ر)
دَاخِلٌ :	Rt.(د خ ل)
دَارَ :	Rt.(د و ر)
دَارٌ :	Rt.(د و ر)
دَاعٍ (ى) :	Rt.(د ع و)
دَافَعَ :	Rt.(د ف ع)
دَافِعٌ :	Rt.(د ف ع)
دَافِقٌ :	Rt.(د ف ق)
دَامَ :	Rt.(د و م)
دَانَ :	Rt.(د ي ن)
دَانٍ :	Rt.(د ن و)
دَاوُدُ :	Rt.(د و د)
دَاوَلَ :	Rt.(د و ل)

* * *

د أ ب

دَأَبَ،دَأْبٌ :(دأب، كدأب، دأباً) :

دَأْبٌ[1] : عادة وشأن — Manner; way; striving

﴿ كَدَأْبِ آلِ فِرْعَوْنَ وَالَّذِينَ مِنْ قَبْلِهِمْ ﴾ [الأنفال 54]

دَأْبٌ[2] : عادة وشأن — Plight; that which befalls someone

﴿ مِثْلَ دَأْبِ قَوْمِ نُوحٍ وَعَادٍ وَثَمُودَ ﴾ [غافر 31]

دَأَباً : جاداً مداوماً بلا فتور — Continuously; as usual

دَائِبٌ :(دائبين) : مستمر في حركته لا يفتر — Constant in pursuing one's course

د ب ب

دَابَّةٌ :(دابة، الدواب) : اسم لكل حيوان وإنسان ذكراً وانثى وغلب على غير العاقل — Beast; animal

د ب ر

دَبَّرَ :(يدبر) : نظر في عواقب الأمر وأدباره ليقع على الوجه المحمود — To regulate; to direct; to order

تَدَبَّرَ :(يتدبرون) : تأمل المعاني وتبصر فيها — To ponder; to meditate on; to reflect on

ادَّبَّرَ = تَدَبَّرَ :(يدبروا، ليدبروا): تأمل — To ponder(over)

أَدْبَرَ :

أَدْبَرَ[1] : أعرض وولى دبره وذهب — To turn (away; back)

﴿ ثُمَّ أَدْبَرَ وَاسْتَكْبَرَ ﴾ [المدثر 23]

أَدْبَرَ 2 : أخذ في الذهاب — To withdraw; to depart

﴿ وَاللَّيْلِ إِذْ أَدْبَرَ ﴾ [المدثر 33]

مُدَبِّرَاتٌ :(فالمدبرات) : ملائكة تسوس الأمر كما أراد الله تعالى — Those who regulate the affair; those who govern the event

مُدْبِرٌ :(مدبراً، مدبرين) : منهزم — One who turns one's back

إِدْبَارٌ : وقت الغروب — Setting

دَابِرٌ : تابع وآخر — Last remnant; root

دُبُرٌ :(دبر، الدّبر، أدبار، ادبارهم) : مؤخرة كل شيء وظهره — Back

وَلَّى عَلَى دُبُرِهِ: انهزم — To turn one's back

أَرْتَدُّ عَلَى دُبُرِهِ: ولى منصرفاً — To turn one's back; to return on one's back

مِنْ دُبُرٍ : من خلف — From behind

د ث ر

مُدَّثِّرٌ :(المدّثر) : لابس الدثار وهو ما فوق الشعار — One who is enveloped in a cloth; one who is clothed

❋❋❋

دَحَا : Rt.(د ح و)

❋❋❋

د ح ر

دُحُوراً : مطرود مبعد — Being outcast; being driven off

مَدْحُورٌ :(مدحوراً) : مطرود مبعد — Driven away; cast away

د ح ض

أَدْحَضَ :(ليدحضوا) : أبطل وأنزل — To refute; to render null

دَاحِضَةٌ : باطلة زائلة لا تقبل — That which has no weight; that which is null

مُدْحَضٌ :(المدحضين) : مغلوب — One who is rejected; one who is cast off

د ح و – ى

دَحَا (:) :(دحاها) : بسط ومهد — To spread; to expand

❋❋❋

دُحُوراً : Rt.(د ح ر)

دُخَانٌ : Rt.(د خ ن)

❋❋❋

د خ ر

دَاخِرٌ :(داخرون، داخرين) : منقاد طائع ذليل — One who is in utter abasement; one who is abased; one who is brought low

د خ ل

دَخَلَ :(دخل، دخلت، تدخلوا، يدخل...)

دَخَلَ 1 : نفذ من ؛ صار داخل — To enter; to go into(to)

﴿ كُلَّمَا دَخَلَ عَلَيْهَا زَكَرِيَّا الْمِحْرَابَ ﴾ [آل عمران37]

﴿ وَدَخَلَ مَعَهُ السِّجْنَ فَتَيَانِ﴾ [يوسف 36]

دَخَلَ 2 : اختلى بالزوجة — To go in to

﴿ فَإِنْ لَمْ تَكُونُوا دَخَلْتُمْ بِهِنَّ فَلاَ جُنَاحَ عَلَيْكُمْ ﴾ [النساء 23]

دَخَلَ 3 : نفذ إلى — To come in

﴿ وَقَدْ دَخَلُوا بِالْكُفْرِ وَهُمْ قَدْ خَرَجُوا بِهِ ﴾ [المائدة 61]

دَخَل عَلَيْهِ البَابَ: دخله وهو فيه — To enter upon someone by the gate

أَدْخَلَ :(وأدخلناه، أدخلناهم، تدخل، يدخل...) :

أَدْخَلَ[1] : جعله ينفذ الى الداخل — To cause to enter; to bring in (to)

﴿ وَأَدْخَلْنَاهُمْ فِي رَحْمَتِنَا إِنَّهُمْ مِنَ الصَّالِحِينَ ﴾ [الأنبياء 86]

أَدْخَلَ[2] : جعله ينفذ الى الداخل — To enter into; to put into

﴿ وَأَدْخِلْ يَدَكَ فِي جَيْبِكَ تَخْرُجْ بَيْضَاءَ ﴾ [النمل 12]

دَاخِلٌ :(داخلون، الداخلين) : من يدخل — One who enters

مُدْخَلٌ :(مدخل، مدخلا) : إدخال — Entry; incoming; entering

مُدَّخَلٌ :(مدخلا) : اسم مكان من ادّخلَ أي أوغلَ في الدخول أو دخل — Place to enter

دَخَلٌ :(دخلا) : غش وخديعة — (Means of) deceit

د خ ن

دُخَانٌ : ما يكون مع اللهيب وقد يقال للبخار وما هو على صورته — Smoke; vapour

* * *

دِرَاسَةٌ : — Rt.(د ر س)

دَرَاهِمُ : جمع درهم — Plur.of دِرْهَمٌ rt.(د ره م)

* * *

د ر أ

دَرَأَ (َ) :(يدرأ، يدرؤون، فادرؤوا) :

دَرَأَ[1]: دفع — To repel; to overcome

﴿ وَيَدْرَءُونَ بِالْحَسَنَةِ السَّيِّئَةَ ﴾ [الرعد 22]

دَرَأَ[2]: دفع — To avert (from)

﴿ وَيَدْرَأُ عَنْهَا الْعَذَابَ أَنْ تَشْهَدَ أَرْبَعَ شَهَادَاتٍ ﴾ [النور 8]

ادَّارَءَ :(اداراتم) : اختلف واختصم وتدافع — To disagree

د ر ج

اسْتَدْرَجَ :(سنستدرجهم) : استنزل درجة بعد درجة — To lead on step by step; to overtake by degrees

دَرَجَةٌ:(درجة، درجات، الدرجات) : منزلة — Degree; rank

رَفَعَهُ دَرَجَاتٍ: أعلاه — To exalt someone in (into) high degrees; to raise by grades; to raise the degrees of someone

د ر ر

مِدْرَارٌ :(مدرارا) : غزير كثير الصب — Abundant showers; abundant rain

دُرِّيٌّ : مضيء متلألئ صاف — Shining (brightly)

د ر س

دَرَسَ (ـُـ): (درست، درسوا، تدرسون، يدرسونها) : كرر القراءة ليحفظ، قرأ — To study; to read

دِرَاسَةٌ : (دراستهم) : قراءة — Reading; study

إِدْرِيسُ : اسم نبي وصف في القرآن بأنه كان صدِّيقاً وصابراً — Idris

د ر ك

أَدْرَكَ : (أدركه، تدرك، تدركه، يدرك...)

أَدْرَكَ[1] : أحاط بـ — To comprehend

﴿ لا تُدْرِكُهُ الأَبْصَارُ وَهُوَ يُدْرِكُ الأَبْصَارَ ﴾ [الأنعام 103]

أَدْرَكَ[2] : لحق — To overtake

﴿ أَيْنَمَا تَكُونُوا يُدْرِكُّمُ الْمَوْتُ ﴾ [النساء 78]

﴿ لا الشَّمْسُ يَنْبَغِي لَهَا أَنْ تُدْرِكَ الْقَمَرَ ﴾ [يس 40]

ادَّارَكَ : (اداركَ، اداركوا)

ادَّارَكَ[1] : تتابع — To reach; to be slight and hasty

﴿ بَلْ ادَّارَكَ عِلْمُهُمْ فِي الآخِرَةِ ﴾ [النمل 66]

ادَّارَكَ[2] : تتابع ولحق بعضهم بعضا — To make to follow one anther; to come up with one another

﴿ حَتَّى إِذَا ادَّارَكُوا فِيهَا جَمِيعًا قَالَتْ أُخْرَاهُمْ لأُولاهُمْ ﴾ [الأعراف 38]

دَرَكٌ : (الدَرَك) : لحاق وإدراك — The act of following up; the act of being overtaken

دَرْكٌ : (دركا) : قعر الشيء ذي العمق — Stage; deep

مُدْرَكٌ : (المدركون) : ملحوق به ومقدور عليه — Overtaken; caught

د ر هـ م

دِرْهَمٌ : عملة فضية يتعامل بها — Silver coin; piece of silver

د ر ى

دَرَى (ـِـ): (أدر، أدري، تدرون، ندري...) : عَلِمَ — To Know

أَدْرَى : (ادراك، ادراكم، يدريك) : أعْلَم — To make to know; to convey; to teach

* * *

دُرِّيٌّ : Rt.(د ر ر)

دَسَّ : Rt.(د س س)

* * *

د س ر

دِسَارٌ : (دسر) : مسمار — Nail

دُسُرٌ : جمع دِسَار — Plur.of دِسَارٌ

د س س

دَسَّ (ـُـ) : (يدسه) : دفن — To bury

د س و

دَسَّى : (دساها) : وضع من شانه وأخفاه لسوئه — To corrupt; to stunt

* * *

دَعَّ : Rt.(د ع ع)

دَعٌّ : Rt.(د ع ع)

دَعَا : Rt.(د ع و)

دُعَاءٌ : Rt.(د ع و)

* * *

د ع ع

دَعَّ (ـُـ) : (يدع، يُدَعُّون) :

دَعٌّ[1] : دفع بعنف وغلظة — To repel; to treat with harshness

﴿ فَذَلِكَ الَّذِي يَدُعُّ الْيَتِيمَ ﴾ [الماعون 2]

دَعٌّ[2] : دفع بعنف وغلظة — To thrust; to drive away with violence

﴿ يَوْمَ يُدَعُّونَ إِلَى نَارِ جَهَنَّمَ دَعًّا ﴾ [الطور 13]

دَعٌّ :(دعًا): دفع في عنف وإزعاج — Thrusting

د ع و

دَعَا (ُ) :(دعا، دعانا، ادعو، تدعوا...)

دَعَا[1]: سأل — To pray

﴿ هُنَالِكَ دَعَا زَكَرِيَّا رَبَّهُ ﴾ [آل عمران 38]

دَعَا[2]: سأل ؛ حثّ — To call; to cry

﴿ وَإِذَا مَسَّ الإِنْسَانَ ضُرٌّ دَعَا رَبَّهُ ﴾ [الزمر 8]

﴿ اسْتَجِيبُوا لِلَّهِ وَلِلرَّسُولِ إِذَا دَعَاكُمْ ﴾ [الأنفال 24]

دَعَا[3]: نسب إلى — To ascribe

﴿ أَنْ دَعَوْا لِلرَّحْمَانِ وَلَدًا ﴾ [مريم 91]

دَعَا[4]: نسب إلى — To proclaim; to assert the relation

﴿ ادْعُوهُمْ لآبَائِهِمْ هُوَ أَقْسَطُ عِنْدَ اللَّهِ ﴾ [الأحزاب 5]

دَعَا[5]: عبد — To invoke; to call upon

﴿ فَلاَ تَدْعُ مَعَ اللَّهِ إِلَهًا آخَرَ فَتَكُونَ مِنَ الْمُعَذَّبِينَ ﴾ [الشعراء 213]

دَعَا[6]: سأل — To summon; to invite

﴿ فَلِذَلِكَ فَادْعُ وَاسْتَقِمْ كَمَا أُمِرْتَ ﴾ [الشورى 15]

د ع و

ادَّعَى :(تدّعون، يدّعون): طلب واستعجل ؛ طلب واشتهى — To pray for; to ask for; to call (for); to desire

دَاعٍ :(داعي، الداعي، الداع، داعيا)

دَاعٍ[1] : سائل — Suppliant

﴿ أُجِيبُ دَعْوَةَ الدَّاعِي إِذَا دَعَانِي ﴾ [البقرة 186]

دَاعٍ[2] : منادٍ — Summoner; inviter

﴿ فَتَوَلَّ عَنْهُمْ يَوْمَ يَدْعُ الدَّاعِي ﴾ [القمر 6]

دَاعِي الله : الحاث على عبادته — Allah's summoner; divine caller

دُعَاءٌ :(دعاء، كدعاء، دعاءكم، بدعائك...)

دُعَاءٌ[1] : نداء — Prayer

﴿ إِنَّ رَبِّي لَسَمِيعُ الدُّعَاءِ ﴾ [إبراهيم 39]

دُعَاءٌ[2] : طلب — Shout; call

﴿ بِمَا لا يَسْمَعُ إِلاَّ دُعَاءً وَنِدَاءً ﴾ [البقرة 171]

دُعَاءٌ[3] : نداء وطلب — Calling upon

﴿ لاَ تَجْعَلُوا دُعَاءَ الرَّسُولِ بَيْنَكُمْ كَدُعَاءِ بَعْضِكُمْ بَعْضًا ﴾ [النور 63]

دَعْوَةٌ :(دعوة، دعوتك، دعوتكما)

دَعْوَةٌ[1] : سؤال — Prayer

﴿ أُجِيبُ دَعْوَةَ الدَّاعِي إِذَا دَعَانِي ﴾ [البقرة 186]

دَعْوَةٌ[2] : طلب ونداء، اسم مرّة — Call

﴿ ثُمَّ إِذَا دَعَاكُمْ دَعْوَةً مِنَ الأَرْضِ ﴾ [الروم 25]

دَعْوَى :(دعواهم):) سؤال ؛ إدّعاء أو سؤال — Prayer; cry; plea

دَعِيٌّ :(أدعياءكم، أدعيائهم) : ابن متبنى أي من ينسب الى غير أبيه الحقيقي — Adopted son

د ف أ

دِفْءٌ : سخونة مما ينتج من غذاء ودواء — Warm clothing

د ف ع

دَفَعَ (َ) :(دفعتم، ادفع، ادفعوا، فادفعوا)

دَفَعَ[1] : اعطى — To deliver over; to make over

﴿ فَإِنْ آنَسْتُمْ مِنْهُمْ رُشْدًا فَادْفَعُوا إِلَيْهِمْ أَمْوَالَهُمْ﴾ [النساء 6]

دَفَعَ[2] : حمى نفسه — To defend oneself

﴿ وَقِيلَ لَهُمْ تَعَالَوْا قَاتِلُوا فِي سَبِيلِ اللَّهِ أَوْ ادْفَعُوا ﴾ [آل عمران 167]

دَفَعَ[3] : ردّ — To repel (evil)

﴿ ادْفَعْ بِالَّتِي هِيَ أَحْسَنُ ﴾ [المؤمنون 96]

دَفْعٌ : ردّ — The act of repelling

دَافَعَ : (يدافع) : — To defend

دَافِعٌ : رادّ — One who averts; one who repels; one who wards off

د ف ق

دَافِقٌ : مصبوب بدفع وسرعة (في الرحم) — That which gushes; that which pours forth

***

دَكٌّ : Rt.(د ك ك)

دَكٌّ : Rt.(د ك ك)

دَكَّاءُ : Rt.(د ك ك)

دَكَّةٌ : Rt.(د ك ك)

***

د ك ك

دَكَّ (ُ):(دكت، فدكتا) : فتت وذرى — To crush; to grind to atoms; to make to crumble to pieces

دَكٌّ :(دكا): متفتت مستوى ؛ تسوية وتهديم — Powder; grinding (to atoms)

دَكَّةٌ : اسم مرة — Crash; crushing

دَكَّاءُ : ارض مسوّاة — That which levels with the ground; low

***

دَلَّ : Rt.(د ل ل)

***

د ل ك

دُلُوكٌ :(لدلوك) : ميل عن كبد السماء وقت الزوال وقبل الغروب — Going down; declining

د ل ل

دَلَّ (ُ) :(دلهم، ادلك، ادلكم، ندلكم) : أرشد — To show; to guide; to point out; to direct

دَلِيلٌ :(دليلا) : ما يستدل به، مرشد — Indication; pilot

د ل و

دَلَّى :(فدلاهما) : أنزل عن رتبة الطاعة — To lead on; to cause to fall

أَدْلَى :(فأدلى، وتدلوا)

أَدْلَى[1] : انزل — To let down

﴿ فَأَرْسَلُوا وَارِدَهُمْ فَأَدْلَى دَلْوَهُ ﴾ [يوسف 19]

أَدْلَى[2] : دفع على سبيل الرشوة — To seek to gain the hearing; to seek to gain access

﴿وَلاَ تَأْكُلُوا أَمْوَالَكُمْ بَيْنَكُمْ بِالْبَاطِلِ وَتُدْلُوا بِهَا إِلَى الْحُكَّامِ﴾ [البقرة 188]

تَدَلَّى :(فتدلى) : انحط من علو الى أسفل — To come down

دَلْوٌ :(دلوه) : إناء يستسقى به من البئر ونحوه — Bucket; pail

***

دُلُوكٌ : Rt.(د ل ك)

دَلِّى : Rt.(د ل و)

دَلِيْلٌ : Rt.(د ل ل)

دَمٌ : Rt.(د م ى)

دِمَاءٌ : جمع دَمٌ — Plur.of دَمٌ rt.(د م ى)

***

د م د م

دَمْدَمَ :(فدمدم) : أهلك وأطبق العذاب — To doom; to crush

د م ر

دَمَّرَ :(دمّر، دمّرنا، دمّرناهم، تُدمّر) : أهلك — To destroy

دَمَّرَ عَلَى : أطبق الهلاك على — To bring down destruction upon; to wipe out

تَدْمِيرٌ :(تدميراً) : إهلاك — Destruction

دَمَّرَ تَدْمِيراً : استأصل ومحى الآثار محواً — To destroy with utter destruction

د م ع

دَمْعٌ :(الدمع) : ماء يسيل من العين عن الحزن أو السرور أو الخشية — Tear (s)

د م غ

دَمَغَ (ـَ) :(فيدمغه) : أبطل وقضى على كأنما أصاب الدماغ — To break the head

د م ى

دَمٌ :(ودم، والدّم، الدّماء، دماءكم...) : سائل أحمر يملأ الشرايين والأوردة — Blood

***

دَنَا : Rt.(د ن و)

***

د ن ر

دِيْنَارٌ :(بدينار) : وزن اختلف في تقديره حسب الواقع وعملة تستعمل حتى اليوم — Piece of gold; dinar

د ن و

دَنَا (ُ) : قَرُبَ — To draw nigh; to draw near

أَدْنَى :(يدنين) : أرخى — To draw close; to draw near

دَانٍ :(دانية): قريبٌ لمن يتناوله ، مرخى مسدول — Near to hand; within reach; close

أَدْنَى :(أدنى، الأدنى)

أَدْنَى[1] : أقرب — Nearest; best; better

﴿ وَأَقْوَمُ لِلشَّهَادَةِ وَأَدْنَى أَلاَّ تَرْتَابُوا ﴾ [البقرة 282]

أَدْنَى[2] : أقرب — More likely; more proper

﴿ ذَلِكَ أَدْنَى أَنْ يَأْتُوا بِالشَّهَادَةِ عَلَى وَجْهِهَا ﴾ [المائدة 108]

أدْنَى[3] : اقلّ(اسم تفضيل) — Lower; worst

﴿ أَتَسْتَبْدِلُونَ الَّذِي هُوَ أَدْنَى بِالَّذِي هُوَ خَيْرٌ ﴾ [البقرة 61]

أدْنَـى[4] : اقل واقرب(اسم تفضيل للمفرد المذكر) — Nearest; lower

﴿ وَلَنُذِيقَنَّهُمْ مِنَ الْعَذَابِ الأَدْنَى ﴾ [السجدة 21]

أدْنَـى[5] : اقل وأقرب(اسم تفضيل للمفرد المذكر) — Low life

﴿ يَأْخُذُونَ عَرَضَ هَذَا الأَدْنَى ﴾ [الأعراف 169]

أدْنَى مِنْ : اقل من — Less than; nearly

دُنْيَـا :(الـدّنيا) : الحيـاة الحاضرة — The world; this world

الحَيَـاةُ الـدُّنيا: الحيـاة الحاضرة — Life of the world; life of this world

❋ ❋ ❋

دُنْيَا :	Rt.(د ن و)
دِهَاقٌ :	Rt.(د ه ق)
دِهَانٌ :	Rt.(د ه ن)

❋ ❋ ❋

د ه ر

دَهْرٌ :(الدّهر) : زمن طويل — Time

د ه ق

دِهَاقٌ :(دهاقاً) : ممتلئ — Full; pure

د ه م

مُـدْهَامٌّ :(مـدهامّتان) : أخضر ضارب الى السواد من الري — Dark green with foliage; that which inclines to darkness (garden)

د ه ن

أدْهَـنَ :(تـدهن، فيـدهنون) : لان ولم يتشدد — To compromise; to be pliant

مُـدْهِنٌ:(مـدهنون) : شاكّ مكذّب متهاون — One who scorns; one who holds in contempt

دُهْنٌ :(بالدّهن) : زيت — Oil

دِهَـانٌ :(كالـدّهان) : أديـم أحمر أو ما يدهن به — Red hide

د ه ى

أدْهَـى : أشـد اصـابة بـالأذى وأبلغ في باب الدواهي والشدائد — More wretched; most grievous

❋ ❋ ❋

دَوَائِرُ : جمع دائرة	Plur.of دَائِرَةٌ rt.(د و ر)
دَوَابٌّ :جمع دابّة	Plur.of دَابَّةٌ rt.(د ب ب)

❋ ❋ ❋

د و د

داوُدُ :(داود، لـداود) : رسـول وملك ينتهي نسبه الى اسحاق — David; Dawood

د و ر

دَارَ (ـُ) :(تـدور) : والـى حركتـه دون استقرار — To roll

أدَارَ :(تديرونها) : تـداول وتعاطى من غير تأجيل — To transfer; to give and take

دَارٌ :(دار ،الدار ، الدّيار ، ديارنـا...) : منزل مبني يسكنه الناس — Home; house; dwelling-place

الدَّارُ الآخِرَةُ: محل الحياة الثانية — Abode of the hereafter; future abode

Dweller — دَيَّارٌ :(ديارا) : احد يدور ويتحرك في الأرض

Turn of fortune; calamity — دَائِـرَةٌ :(دائرة، الدوائر) : هزيمة وشدة من دوائر الدهر

د و ل

To bring by turn; to cause to follow one another — دَاوَلَ :(نداولها) : نقل من واحد الى آخر

Commodity; thing taken by turns — دُوْلَةٌ : شيء متداول

د و م

To endure — دَامَ(ُ):(دامت، داموا، دمت، دمتم) : ثبت

So long as; while — مَادَامَ : مدة قيام

دَائِمٌ :(دائم، دائمون) :

Everlasting; perpetual — دَائِمٌ[1] : غير منقطع

﴿ أُكُلُهَا دَائِمٌ وَظِلُّهَا ﴾ [الرعد 35]

Constant (with على) — دَائِمٌ[2] : غير منقطع

﴿ الَّذِينَ هُمْ عَلَى صَلاَتِهِمْ دَائِمُونَ ﴾ [المعارج 23]

د و ن

دُوْنَ :(دون، دونه، دونها، دونهما...)

Below — دُوْنَ[1] : اقل من

﴿ وَاذْكُرْ رَبَّكَ فِي نَفْسِكَ تَضَرُّعًا وَخِيفَةً وَدُونَ الْجَهْرِ مِنَ الْقَوْلِ ﴾ [الأعراف 205]

Far from — دُوْنَ[2] : اقل من

﴿ مِنْهُمُ الصَّالِحُونَ وَمِنْهُمْ دُونَ ذَلِكَ ﴾ [الأعراف 168]

مِنْ دُوْنِ :

Beside — مِنْ دُوْنِ[1] : من غير

﴿ وَادْعُوا شُهَدَاءَكُمْ مِنْ دُونِ اللَّهِ إِنْ كُنْتُمْ صَادِقِينَ ﴾ [البقرة 23]

To the exclusion of — مِنْ دُوْنِ[2] : من غير

﴿ إِنْ كَانَتْ لَكُمُ الدَّارُ الآخِرَةُ عِنْدَ اللَّهِ خَالِصَةً مِنْ دُونِ النَّاسِ فَتَمَنَّوُا الْمَوْتَ ﴾ [البقرة 94]

In preference to; rather than; in stead of — مِنْ دُوْنِ[3] : الاختصاص ونفي الشركة

﴿ لا يَتَّخِذِ الْمُؤْمِنُونَ الْكَافِرِينَ أَوْلِيَاءَ مِنْ دُونِ الْمُؤْمِنِينَ ﴾ [آل عمران 28]

Before — مِنْ دُوْنِ[4] : قبل أو غير

﴿ فَجَعَلَ مِنْ دُونِ ذَلِكَ فَتْحًا قَرِيبًا ﴾ [الفتح 27]

From; against — مِنْ دُوْنِ[5] : من جهة

﴿ فَاتَّخَذَتْ مِنْ دُونِهِمْ حِجَابًا ﴾ [مريم 17]

﴿ لَمْ نَجْعَلْ لَهُمْ مِنْ دُونِهَا سِتْرًا ﴾ [الكهف 90]

﴿ أَمْ لَهُمْ آلِهَةٌ تَمْنَعُهُمْ مِنْ دُونِنَا ﴾ [الأنبياء 43]

On the side of — مِنْ دُوْنِ[6] : من جهة أو من قرب أو من غير

﴿ حَتَّى إِذَا بَلَغَ بَيْنَ السَّدَّيْنِ وَجَدَ مِنْ دُونِهِمَا قَوْمًا ﴾ [الكهف 93]

Without — مِنْ دُوْنِ[7] : بمعنى التجاوز

﴿ نَحْنُ وَلاَ آبَاؤُنَا وَلاَ حَرَّمْنَا مِنْ دُونِهِ مِنْ شَيْءٍ ﴾ [النحل 35]

***

Rt.(د و ر) — دَيَّارٌ :

Plur.of دَارٌ Rt. (د و ر) — دِيَارٌ : جمع دار

***

د ى ن

دَانَ (ِ): (يدينون) : اتخذ ديناً — To follow a religion

تَـدايَنَ: (تـداينتم) : عامـل بعضهم بعضاً بالدين — To contract a debt; to deal with each other in contracting debt

دَيْنٌ : (بدين) : ما ثبت في الذمة وله أجل يدفع فيه صاحبه — Debt

دِيْنٌ : (دين، الدّين، ديناً، دينه...)

دِيْنٌ[1] : شريعة وطاعة وانقياد لله وعبادته — Religion

﴿ إِنَّ الدِّينَ عِنْدَ اللَّهِ الإِسْلاَمُ ﴾ [آل عمران 19]

دِيْنٌ[2] : قانون وشريعة — Law

﴿ مَا كَانَ لِيَأْخُذَ أَخَاهُ فِي دِينِ الْمَلِكِ ﴾ [يوسف 76]

دِيْنٌ[3] : جزاء — Judgment

﴿ وَإِنَّ الدِّينَ لَوَاقِعٌ ﴾ [الذاريات 6]

دِيْنٌ[4] : جزاء — Due; reward

﴿ يَوْمَئِذٍ يُوَفِّيهِمُ اللَّهُ دِينَهُمُ الْحَقَّ ﴾ [النور 25]

دِيْنٌ[5] : شريعة وطاعة وانقياد لله وعبادته — Obedience; faith

﴿ وَإِذَا غَشِيَهُمْ مَوْجٌ كَالظُّلَلِ دَعَوُا اللَّهَ مُخْلِصِينَ لَهُ الدِّينَ﴾ [لقمان 32]

يَوْمُ الدِّينِ: يوم القيامة والجزاء — Day of judgment

مَدِيْنٌ : (المدينون، مدينين)

مَـدِيْنٌ[1] : مجـزي يُقضى عليه بالبعث — One who is brought to book; one who is brought to judgment

﴿ أَئِذَا مِتْنَا وَكُنَّا تُرَابًا وَعِظَامًا أَئِنَّا لَمَدِينُونَ ﴾ [الصافات 53]

مَـدِيْنٌ[2] : خاضـع منقاد مُستعبَد — One who is in bondage; one who is held under authority

﴿ فَلَوْلاَ إِنْ كُنتُمْ غَيْرَ مَدِينِينَ ﴾ [الواقعة 86]

***

دِيَةٌ : Rt.(و د ى)

دِيْنَارٌ : Rt.(د ن ر)

***

باب الذال

ذ أ ب

ذِئْبٌ :(الذئب) : حيوان مفترس من فصيلة الكلاب — Wolf

ذ أ م

مَذْءُومٌ :(مذءوماً) : مذموم مطرود — Degraded; despised

❋❋❋

ذَائِقٌ :	Rt.(ذ و ق)
ذَاتٌ : جمع ذو	Fem. of ذُو rt.(ذو)
ذَادَ :	Rt.(ذ و د)
ذَارِيَاتٌ :	Rt.(ذ ر و)
ذَاقَ :	Rt.(ذ و ق)
ذَاكِرٌ :	Rt.(ذ ك ر)
ذَاهِبٌ :	Rt.(ذ هـ ب)
ذُبَابٌ :	Rt.(ذ ب ب)

❋❋❋

ذ ب ب

ذُبَابٌ :(الذباب،ذباباً) : حشرة ضارة تنقل بعض الأمراض — Fly

ذ ب ذ ب

مُذَبْذَبٌ :(مذبذبين) : متردد مضطرب — One who sways; one who wavers

❋❋❋

ذ ب ح

ذَبَحَ (َ) :(فذبحوها، أذبحك، لأذبحنه، تذبحوا...) :

ذَبَحَ[1] : قطع الحلق وأزهق الروح — To slay; to kill

﴿ لَأُعَذِّبَنَّهُ عَذَابًا شَدِيدًا أَوْ لَأَذْبَحَنَّهُ ﴾ [النمل 21]

ذَبَحَ[2] : قطع الحلق وأزهق الروح — To sacrifice; to immolate

﴿ إِنَّ اللَّهَ يَأْمُرُكُمْ أَنْ تَذْبَحُوا بَقَرَةً ﴾ [البقرة 67]

﴿ يَابُنَيَّ إِنِّي أَرَى فِي الْمَنَامِ أَنِّي أَذْبَحُكَ ﴾ [الصافات 102]

ذَبَّحَ :(يذبح، يذبحون) : أكثر من الذبح — To slay; to kill

ذِبْحٌ :(بذبح) : مذبوح — Sacrifice; victim

ذ خ ر

ادَّخَرَ :(يدخرون) : اتخذ وأعد للمستقبل — To store (up)

ذ ر أ

ذَرَأَ (َ):(ذرأ، ذرأكم، ذرأنا، يذرؤكم)

ذَرَأَ[1] : ابدع على غير مثال وبث وكثّر — To create

﴿ وَجَعَلُوا لِلَّهِ مِمَّا ذَرَأَ مِنَ الْحَرْثِ وَالْأَنْعَامِ نَصِيبًا ﴾ [الأنعام 136]

ذَرَأَ[2] : ابدع على غير مثال وبث وكثّر — To multiply

﴿ وَهُوَ الَّذِي ذَرَأَكُمْ فِي الْأَرْضِ ﴾ [المؤمنون 79]

ذ ر ر

ذَرَّةٌ : ما يرى في ضوء — Atom

الشمس النافذ من كوّة وغيرها

مِثْقَالَ ذَرَّةٍ : مقدار اصغر نملة أو هباءة — Atom's weight

ذُرِّيَّةٌ :(ذرية،ذريته،وذرياتنا، وذرياتهم...) : ولد الإنسان ذكراً أو أنثى، نسل الإنسان — Offspring; descendants; seed; posterity

ذ ر ع

ذَرْعٌ :(ذرعاً، ذرعها) : مقدار — Length

ضاقَ بِهِ ذَرْعاً: لم يطقه ولم يقو على حمله — To lack strength to protect someone; to feel powerless to protect someone

ذِرَاعٌ :(ذراعاً، ذراعيه)

ذِرَاعٌ[1] : قياس يقدّر به (من المرفق إلى أطراف الأصابع) — Cubit

﴿ ثُمَّ فِي سِلْسِلَةٍ ذَرْعُهَا سَبْعُونَ ذِرَاعًا فَاسْلُكُوهُ ﴾ [الحاقة 32]

ذِرَاعٌ[2] : يَدٌ — Paw

﴿ وَكَلْبُهُمْ بَاسِطٌ ذِرَاعَيْهِ بِالْوَصِيدِ ﴾ [الكهف 18]

ذ ر و

ذَرَا(ُ) :(تذروه): فرّق وبدّد — To scatter

ذَرْوٌ :(ذرواً) : تفريق وتبديد — The act of winnowing; the act of scattering

ذَارٍ :(والذاريات) : رياح تطير بالتراب وتفرقه بدداً — That which winnows; that which scatters far and wide

❋ ❋ ❋

ذَرَّةٌ : Rt.(ذ ر ر)

ذُرِّيَّةٌ : Rt.(ذ ر ر)

❋ ❋ ❋

ذ ع ن

مُذْعِنٌ :(مذعنين) : خائف مطيع — One who is obedient

ذ ق ن

ذَقَنٌ :(الأذقان) :

ذَقَنٌ[1] : مجتمع اللحيين ويطلق على الوجه تعبيراً بالجزء عن الكل — Face

﴿ وَيَخِرُّونَ لِلْأَذْقَانِ يَبْكُونَ ﴾ [الإسراء 109]

ذَقَنٌ[2] : مجتمع اللحيين ويطلق على الوجه تعبيراً بالجزء عن الكل — Chin

﴿ فَهِيَ إِلَى الأَذْقَانِ فَهُمْ مُقْمَحُونَ ﴾ [يس 8]

ذ ك ر

ذَكَرَ (ُ) :(ذكر، ذكرت، تذكر مذكر ...)

ذَكَرَ[1] : استحضر العظمة مع التدبر — To remember; to laud

﴿ فَاذْكُرُونِي أَذْكُرْكُمْ ﴾ [البقرة 152]

﴿فَإِذَا أَفَضْتُمْ مِنْ عَرَفَاتٍ فَاذْكُرُوا اللَّهَ عِنْدَ الْمَشْعَرِ الْحَرَامِ﴾ [البقرة 198]

﴿ فَإِذَا قَضَيْتُمْ مَنَاسِكَكُمْ فَاذْكُرُوا اللَّهَ كَذِكْرِكُمْ آبَاءَكُمْ ﴾ [البقرة 200]

ذَكَرَ[2] : استحضر مع التدبر؛ استحضر مع القيام بالشكر — To call to mind; to bear in mind; to remember

﴿ خُذُوا مَا آتَيْنَاكُمْ بِقُوَّةٍ وَاذْكُرُوا مَا فِيهِ ﴾ [البقرة 63]

﴿ يَابَنِي إِسْرَائِيلَ اذْكُرُوا نِعْمَتِيَ الَّتِي أَنْعَمْتُ عَلَيْكُمْ ﴾ [البقرة 122]

ذَكَرَ[3] : تحدث عن بسوء ؛ نطق بـ — To make mention of ; to speak of

﴿ أَهَذَا الَّذِي يَذْكُرُ آلِهَتَكُمْ ﴾ [الأنبياء 36]

﴿ وَإِذَا ذَكَرْتَ رَبَّكَ فِي الْقُرْآنِ وَحْدَهُ وَلَّوْا عَلَى أَدْبَارِهِمْ نُفُورًا ﴾ [الإسراء 46]

﴿ وَلاَ تَأْكُلُوا مِمَّا لَمْ يُذْكَرْ اسْمُ اللَّهِ عَلَيْهِ ﴾ [الأنعام 121]

ذَكَرَ 4 : استحضر مع التدبّر — To heed; to mind

﴿ فَمَنْ شَاءَ ذَكَرَهُ ﴾ [المدثر 55]

ذَكَّرَ :(فتذكّر، وذكّر، فذكّر، وذكّرهم...)

ذَكَّرَ 1 : بعث على الذكر والإستحضار والتدبّر — To remind

﴿ وَذَكِّرْهُمْ بِأَيَّامِ اللَّهِ ﴾ [إبراهيم 5]

﴿ أَنْ تَضِلَّ إِحْدَاهُمَا فَتُذَكِّرَ إِحْدَاهُمَا الأُخْرَى ﴾ [البقرة 5]

ذَكَّرَ 2 : بعث على الذكر والإستحضار والتدبّر — To admonish; to remind

﴿ وَنَسُوا حَظًّا مِمَّا ذُكِّرُوا بِهِ ﴾ [المائدة 13]

تَـــذَكَّرَ :(تذكّر،تذكّروا،تـــذكّرون، يتذكّر...) : ذكر واستحضر وتدبّر — To be mindful; to reflect; to remember; to mind

ذِكْرٌ :ذكر،ذكراً،الذكر، ذكري...)

ذِكْرٌ 1 : كتاب منزل(القرآن) — Reminder

﴿ أَوَعَجِبْتُمْ أَنْ جَاءَكُمْ ذِكْرٌ مِنْ رَبِّكُمْ ﴾ [الأعراف 63]

ذِكْرٌ 2 : استحضار في القلب مع التدبّر — Remembrance; mentioning

﴿ أَلاَ بِذِكْرِ اللَّهِ تَطْمَئِنُّ الْقُلُوبُ ﴾ [الرعد 28]

﴿ فَأَنسَاهُ الشَّيْطَانُ ذِكْرَ رَبِّهِ ﴾ [يوسف 42]

ذِكْرٌ 3 : شرف — Admonition

﴿ ص وَالْقُرْآنِ ذِي الذِّكْرِ ﴾ [ص 1]

ذِكْرٌ 4 : شرف — Fame; esteem

﴿ وَرَفَعْنَا لَكَ ذِكْرَكَ ﴾ [الشرح 4]

والقُرآنِ ذِي الذِّكْرِ : أقسم بالقرآن ذي الشرف — By the renowned Qur'an; I swear by the Qur'an; full of admonition

ذِكْرَى :(ذكرى، ذكراهم، ذكراها)

ذِكْرَى 1 : تذكّر واستحضار الشيء في القلب والعلم به — Remembrance; recollection

﴿ فَلاَ تَقْعُدْ بَعْدَ الذِّكْرَى مَعَ الْقَوْمِ الظَّالِمِينَ ﴾ [الأنعام 68]

ذِكْرَى 2 : مذكّر من كتاب منزل وغيره — Reminder

﴿ وَلَكِنْ ذِكْرَى لَعَلَّهُمْ يَتَّقُونَ ﴾ [الأنعام 69]

ذِكْرَى 3 : استحضار ونطق وإعلام به — Reminding; telling

﴿ فِيمَ أَنْتَ مِنْ ذِكْرَاهَا ﴾ [النازعات 43]

تَذْكِرَةٌ :(تذكرة، لتذكرة) : ما يبعث على التحدث

تَذْكِرَةٌ 1 : ما يبعث على التذكر — Reminder; memorial

﴿ إِلاَّ تَذْكِرَةً لِمَنْ يَخْشَى ﴾ [طه 3]

﴿ نَحْنُ جَعَلْنَاهَا تَذْكِرَةً وَمَتَاعًا لِلْمُقْوِينَ ﴾ [الواقعة 73]

تَذْكِرَةٌ 2 : ما يبعث على التذكر — Admonishment

﴿ كَلاَّ إِنَّهَا تَذْكِرَةٌ ﴾ [عبس 11]

تَـذْكِيرٌ :(تذكيري) : حمل على الاستحضار والتذكّر — Reminding (someone)

مَـــذْكُورٌ :(مـــذكوراً) : موجود يُتحدث عنه — Remembered; worth mentioning

مُذَكِّرٌ : باعث على التذكر والتدبر — Remembrancer

; reminder

ذَاكِـرٌ :(ذاكرين،الـذاكرات) : مستحضر لعظمة الله — One who remembers

ذَكَرٌ :ذكر، الذكر، الذكور، ذكراناً...) : ضد أنثى — Male

ذُكْرانٌ :(ذكرانا) : جمع ذكَرَ — Plur.of ذَكَرٌ

إدَّكَرَ : تذكر واستحضر — To remember

مُدَّكِّرٌ : مستحضر متدبِّر — One who minds; one who remembers

***

ذُكورٌ : جمع ذكَرَ — Plur.of ذَكَرٌ rt. (ذ ك ر)

***

ذ ك ى

ذَكَّى :(ذكّيتم) : ادركه حيّاً فذبحه — To strengthen; to make lawful (by the death-stroke)

***

ذَكَّى : Rt.(ذ ك ى)

ذَلَّ : Rt.(ذ ل ل)

ذِلّ : Rt.(ذ ل ل)

ذِلَّةٌ : Rt.(ذ ل ل)

ذلِكَ : Rt.(ذ و)

ذلِكُمْ : Rt.(ذ و)

ذلِكُما : Rt.(ذ و)

ذلِكُنَّ : Rt.(ذ و)

***

ذ ل ل

ذَلَّ (ـُ) :(يـذِلّ) : لان وضعف وهان — To be humble; to meet disgrace

ذَلَّلَ :(ذللناها، ذُللت)

ذَلَّلَ[1] : ليّنه وجعله ينقاد لما يُراد منه — To subdue; to subject

﴿ وَذَلَّلْنَاهَا لَهُمْ فَمِنْهَا رَكُوبُهُمْ وَمِنْهَا يَأْكُلُونَ ﴾ [يس 72]

ذَلَّـلَ[2] : دنـى العناقيـد وقربهـا مـن متناولها — To make near

﴿ وَذُلِّلَتْ قُطُوفُهَا تَذْلِيلاً ﴾ [الأنسان 14]

أذَلَّ : :(يُذِلّ) : أهان وقهر — To abase

تَذْلِيلٌ :(تذليلاً) : تسهيل وتقريب — Making near; subjecting

ذُلٌّ :(الذل)

ذُلٌّ[1] : انقياد وطاعة — Submission

﴿ وَاخْفِضْ لَهُمَا جَنَاحَ الذُّلِّ مِنَ الرَّحْمَةِ ﴾ [الأسراء 24]

ذُلٌّ[2] : قهر وانقياد وهوان — Disgrace; dependence

﴿ وَلَمْ يَكُنْ لَهُ وَلِيٌّ مِنَ الذُّلِّ﴾ [الأسراء 111]

ذُلٌّ[3] : قهر وانقياد وهوان — Abasement; disgrace

﴿ وَتَرَاهُمْ يُعْرَضُونَ عَلَيْهَا خَاشِعِينَ مِنَ الذُّلِّ ﴾ [الشورى 45]

ذِلَّةٌ :(ذلة،وذلة، الذلة) : هوان — Humiliation; abasement; ignominy

ذَلِيلٌ :(اذِلّة)

ذَلِيلٌ[1] : مُحتقر مقهور — Contemptible; weak

﴿ وَلَقَدْ نَصَرَكُمُ اللَّهُ بِبَدْرٍ وَأَنْتُمْ أَذِلَّةٌ ﴾ [آل عمران 123]

ذَلِيلٌ[2] : لين منقاد — Humble

﴿ أذِلَّةٍ عَلَى الْمُؤْمِنِينَ أعِزَّةٍ عَلَى الْكَافِرِينَ ﴾ [المائدة 54]

ذَلِيلٌ[3] : محتقر مقهور — One who is in abasement; one who is low.

﴿ وَجَعَلُوا أعِزَّةَ أهْلِهَا أذِلَّةً ﴾ [النمل 34]

أذَلُّ :(أذل، الاذلين) :

أذَلُّ[1] : اكثر هواناً وقهراً — Weaker

﴿ لَيُخْرِجَنَّ الأعَزُّ مِنْهَا الأذَلَّ ﴾ [المنافقون 8]

أذَلُّ[2] : اكثر هواناً وقهراً — Meaner

﴿ إنَّ الَّذِينَ يُحَادُّونَ اللَّهَ وَرَسُولَهُ أُوْلَئِكَ فِي الأذَلِّينَ ﴾ [المجادلة 20]

أذَلُّ[3] : اكثر هواناً وقهراً — Lowest; most abased

﴿ إنَّ الَّذِينَ يُحَادُّونَ اللَّهَ وَرَسُولَهُ أُوْلَئِكَ فِي الأذَلِّينَ ﴾ [المجادلة 20]

ذَلُولٌ :(ذلول، ذلولاً، ذُللاً) :

ذَلُولٌ[1] : سهل ممهد أو ميسر منقاد — Yoked; (that which is) made submissive

﴿ قَالَ إنَّهُ يَقُولُ إنَّهَا بَقَرَةٌ لاَ ذَلُولٌ تُثِيرُ الأرْضَ ﴾ [البقرة 71]

ذَلُولٌ[2] : ممهد يسهل السير في أنحائه — Smooth; subservient

﴿ هُوَ الَّذِي جَعَلَ لَكُمْ الأرْضَ ذَلُولاً فَامْشُوا فِي مَنَاكِبِهَا ﴾ [الملك 15]

ذُلُلٌ : جمع ذلول — Plur.of ذَلُولٌ

***

ذَلُولٌ : — Rt.(ذ ل ل)

ذِمَّةٌ : — Rt.(ذ م م)

***

ذ م م

ذِمَّةٌ : عهد — Honour; ties of covenant

مَذْمُومٌ :(مذموم، مذموماً) : منبوذ مُلام — Condemned; blamed; despised; reprobate

***

ذِمَّةٌ : — Rt.(ذ م م)

***

ذ ن ب

ذَنْبٌ :(ذنب،ذنبك،ذنوب،ذنوبنا ...) :

ذَنْبٌ[1] : إثم ومحرم من الفعل — Crime

﴿ وَلَهُمْ عَلَيَّ ذَنْبٌ فَأخَافُ أنْ يَقْتُلُونِ ﴾ [الشعراء 14]

ذَنْبٌ[2] : إثم ومحرم من الفعل — Sin; fault

﴿ بِأيِّ ذَنْبٍ قُتِلَتْ ﴾ [التكوير 9]

﴿ لِيَغْفِرَ لَكَ اللَّهُ مَا تَقَدَّمَ مِنْ ذَنْبِكَ وَمَا تَأخَّرَ ﴾ [الفتح 2]

ذَنُوبٌ :(ذنوب، ذنوباً) : نصيب — Portion; evil day

***

ذُنُوبٌ : جمع ذَنْب — Plur.of ذَنْبٌ rt. (ذ ن ب)

ذَهَابٌ : — Rt.(ذ هـ ب)

***

ذ هـ ب

ذَهَبَ (:) :(ذهب، ذهب،وتذهب،يذهب...)

ذَهَبَ[1] : سار ومضى — To go (off; away)

﴿ وَذَا النُّونِ إِذْ ذَهَبَ مُغَاضِبًا فَظَنَّ أَنْ لَنْ نَقْدِرَ عَلَيْهِ ﴾ [الأنبياء 87]

﴿ إِنَّا ذَهَبْنَا نَسْتَبِقُ وَتَرَكْنَا يُوسُفَ عِنْدَ مَتَاعِنَا ﴾ [يوسف 17]

ذَهَبَ[2] : زال كناية عن الضعف وجمود الحال — To depart

﴿ وَلَا تَنَازَعُوا فَتَفْشَلُوا وَتَذْهَبَ ﴾ [الأنفال 46]

ذَهَبَ[3](بِ) : أزال — To destroy; to take away; to snatch away (with بِ)

﴿ وَلَوْ شَاءَ اللَّهُ لَذَهَبَ بِسَمْعِهِمْ وَأَبْصَارِهِمْ ﴾ [البقرة 20]

﴿ يَكَادُ سَنَا بَرْقِهِ يَذْهَبُ بِالْأَبْصَارِ ﴾ [النور 43]

ذَهَبَ[4] : هلك — To waste away; to expire

﴿ فَلَا تَذْهَبْ نَفْسُكَ عَلَيْهِمْ حَسَرَاتٍ ﴾ [فاطر 8]

أَذْهَبَ :(أذهب، أذهبتم،يذهب، يذهبكم...) : أزال

أَذْهَبَ[1] : أزال — To remove; to make to pass away; to be rid of

﴿ إِنْ يَشَأْ يُذْهِبْكُمْ وَيَأْتِ بِخَلْقٍ جَدِيدٍ ﴾ [إبراهيم 19]

أَذْهَبَ[2] : أزال — To put away; to make to depart

﴿ وَقَالُوا الْحَمْدُ لِلَّهِ الَّذِي أَذْهَبَ عَنَّا الْحَزَنَ ﴾ [فاطر 34]

أَذْهَبَ[3] : أزال — To squander; to do away with.

﴿ أَذْهَبْتُمْ طَيِّبَاتِكُمْ فِي حَيَاتِكُمُ الدُّنْيَا ﴾ [الأحقاف 20]

ذَاهِبٌ : سائر وماض — One who goes

ذَهَابٌ : إزالة — Withdrawal; carrying away

ذَهَبٌ :(ذهب، ذهباً) : فلز أصفر نفيس — Gold

ذ هـ ل

ذَهَلَ (َ) :(تذهل) : شُغِل — To quit in confusion; to forget

ذ و

ذُو :(ذو، ذا، ذي، ذوا...)

ذُو[1] : صاحب، اسم يُتوصل به على الوصف بأسماء الأجناس والأنواع وهو ملازم للإضافة الى الظاهر دون المضمر — Lord of

﴿ وَاللَّهُ ذُو الْفَضْلِ الْعَظِيمِ ﴾ [البقرة 105]

﴿ وَيَبْقَى وَجْهُ رَبِّكَ ذُو الْجَلَالِ وَالْإِكْرَامِ ﴾ [الرحمن 27]

ذُو[2] : صاحب، اسم يُتوصل به على الوصف بأسماء الأجناس والأنواع وهو ملازم للإضافة الى الظاهر دون المضمر — Owner of; lord of

﴿ إِنَّ رَبَّكَ لَذُو مَغْفِرَةٍ وَذُو عِقَابٍ أَلِيمٍ ﴾ [فصلت 43]

ذُو[3] : صاحب، اسم يُتوصل به على الوصف بأسماء الأجناس والأنواع وهو ملازم للإضافة الى الظاهر دون المضمر — Possessed of; Lord of

﴿ يَالَيْتَ لَنَا مِثْلَ مَا أُوتِيَ قَارُونُ إِنَّهُ لَذُو حَظٍّ عَظِيمٍ ﴾ [القصص 79]

﴿ وَإِنَّهُ لَذُو عِلْمٍ لِمَا عَلَّمْنَاهُ ﴾ [يوسف 68]

ذُوْ[4] : صاحب، اسم يتوصل به على الوصف باسماء الأجناس والأنواع وهو ملازم للإظافة الى الظاهر دون المضمر — Endowed with

﴿ وَيُؤْتِ كُلَّ ذِي فَضْلٍ فَضْلَهُ ﴾ [هود 3]

ذُوْ[5] : صاحب، اسم يتوصل به على الوصف باسماء الأجناس والأنواع وهو ملازم للإظافة الى الظاهر دون المضمر — That which is with

﴿ وَعَلَى الَّذِينَ هَادُوا حَرَّمْنَا كُلَّ ذِي ظُفُرٍ ﴾ [الأنعام 146]

ذُو القُرْبَى : صاحب القرابة — Near of kin; kinsman

ذُو الذِّكْرْ : ذو الشرف (وصف للقرآن) — Renowned; full of admonition

ذُوْ عُسْرَةٍ : ذو ضيق مالي — In straitness; in straitened circumstances

ذُوْ الأَيْدِ : صاحب القوة — Lord of might

غَيْرُ ذِي عِوَجٍ : ليس فيه اختلاف واختلال واضطراب — Without any crookedness; containing no crookedness

غَيْرُ ذِي زَرْعٍ : ليس فيه زرع — Uncultivable; unproductive of fruit

ذَوا عَدْلٍ : صاحب عدل — Just; known for justice

ذُو القَرْنَينِ : لقب الإسكندر الأكبر المقدوني — Dhu'l-Qarneyn; Zulqarnain

ذُو الكِفْلِ : أحد الأنبياء — Dhu'l Kifl: Zulkifl

ذُو النُّون : صاحب الحوت لقب يونس عليه السلام — Dhu'l Nun; Yunis ;

ذَاتُ : مؤنث ذو — Fem. of ذُو

ذَاتُ الصُّدُورُ : الخفايا التي في الصدور — That which is (hidden) in the breast; that which the breasts hide

ذاتُ اليَمينِ وذاتُ الشِّمالِ : الجهة صاحبة اليمين والجهة صاحبة الشمال — To the right and (to) the left

ذاتُ البَيْنِ : الحالة التي بين — Matter of difference

ذَلِكَ :(ذلك، ذلكما، ذلكم، ذلكن): ذا+ كاف الخطاب(بدون هاء التنبيه) — This

ماذا : ما الإستفهامية + ذا — What

مَنْ ذَا : من الإستفهامية + ذا — Who is that

❋ ❋ ❋

ذَوَا : — Rt.(ذ و)

ذَوَاتٌ : — Rt.(ذ و)

ذَوَاتَى : — Rt.(ذ و)

❋ ❋ ❋

ذ و د

ذَادَ (ـُ) :(تذودان) : منع وقوع غنمه عن التفرق أو الاختلاط بغنم الآخرين — To keep back

ذ و ق

ذَاقَ (ُ) :(ذاقا، فذاقت، تذوقوا، يذوقوا...) — To taste

ذَاقَ وبال أمْرِه: أدرك طعم سوء عاقبة عتوّه — To taste the evil consequences of one's deed; to taste the evil result of one's conduct

أَذَاقَ :(فأذاقها، أذاقهم، أذقناهم، نذقه...) : To make to taste

جعله يذوق أو يحس إحساساً عاماً

ذَائِقٌ :(ذائقة، ذائقوا، ذائقون) : One who tastes; that which tastes

مدرك لكل الحواس

***

ذَوَى : Rt.(ذ و)

ذَوِى : Rt.(ذ و)

ذِي : Rt.(ذ و)

***

ذ ى ع

أَذَاعَ :(أذاعوا) : To noise abroad; to speak abroad

أذاع وأفشى

باب الراء

* * *

رَاءَى :	Rt.(ر أ ى)
رَابٍ :	Rt.(ر ب و)
رَابَطَ :	Rt.(ر ب ط)
رابِعٌ :	Rt.(ر ب ع)
رَاجِعٌ :	Rt.(ر ج ع)
راجِفَةٌ :	Rt.(ر ج ف)
رَاحِمٌ :	Rt.(رح م)
رَادٌّ :	Rt.(ر د د)
رَادِفَةٌ :	Rt.(ر د ف)
رَازِقٌ :	Rt.(ر ز ق)
راسِخٌ :	Rt.(ر س خ)
راسٍ :	Rt.(ر س و)
رَاشِدٌ :	Rt.(ر ش د)
رَاضِيَةٌ :	Rt.(ر ض و)
راعٍ :	Rt.(ر ع ى)
رَاعَى :	Rt.(ر ع ى)
رَاغَ :	Rt.(ر و غ)
رَاغِبٌ :	Rt.(ر غ ب)
رَافِعٌ :	Rt.(ر ف ع)
رَاقٍ :	Rt.(ر ق ي)
رَاكِعٌ :	Rt.(ر ك ع)
رَانَ :	Rt.(ر ي ن)
رَاوَدَ :	Rt.(ر و د)
رِءاةٌ :	Rt.(ر أ ى)

* * *

ر أ س

رَأسٌ :(رأس، رأسه) : الرأس من كل شيء أعلاه	Head
رأسُ مالٍ : جملة الأموال التي تستثمر في مجال ما	Capital; principal

ر أ ف

رَأفَةٌ : شفقة ورحمة	Pity; compassion; kindness
رَءُوفٌ : دافع للسوء ؛ صفة لله تعالى	Full of pity; affectionate; compassionate

* * *

رُؤوسٌ : جمع رَأسٌ	Plur.of رَأسٌ rt.(ر أ س)
رَءُوفٌ :	Rt.(ر أ ف)

* * *

ر أ ى

رَأَى (َ) :(رأى، رآك، وترى، نرى...)

رَأَى[1]: نظر بعينه	To see

﴿ فَلَمَّا رَأَيْنَهُ أَكْبَرْنَهُ وَقَطَّعْنَ أَيْدِيَهُنَّ ﴾ [يوسف 31]

رَأَى[2]: أدرك وعلم	To know

﴿ أَلَمْ تَرَوْا كَيْفَ خَلَقَ اللَّهُ سَبْعَ سَمَاوَاتٍ طِبَاقًا ﴾ [نوح 15]

أَرَى :(أراك، أراكم، أريكم، نرى...) : جعله يرى	To show
تَراءَى:(تراءا، تراءت) : رأى بعضهم بعضاً وقال بعضهم لبعض	To come in sight; to see each other

To do (good) to be seen	راءى :(يراءون) : أظهر غير الحقيقة خداعاً
Hypocrisy	رِئاءٌ : خداع بإظهار المرء لغير حالته
To be seen of men	رِئاءَ النـاس: مراءاة لهم وسمعة لا لوجهه تعالى
	رَأْيٌ :(رأي ، الرأي)
Slight	رَأْيٌ[1] : رؤية

﴿ يَرَوْنَهُمْ مِثْلَيْهِمْ رَأْيَ الْعَيْنِ ﴾ [آل عمران 13]

Reflection; thought	رَأْيٌ[2] : اعتقاد

﴿ إِلاَّ الَّذِينَ هُمْ أَرَاذِلُنَا بَادِيَ الرَّأْيِ ﴾ [هود 27]

Without reflection; at first thought	بَادِيَ الـرَّأْيِ : ظاهرة الذي لا روية فيه
Outward appearance; out-ward seeming	رِئْـيٌ :(رئيا) : منظر حسن
Vision; dream	رُؤْيا :(رؤيا، رؤياك، رؤياي...) : ما يرى في المنام

* * *

Rt.(ر ب ب)	رَبّ :
Rt.(ر ب و)	رَبَا :(يربو)
Rt.(ر ب و)	ربا:
Plur.of رَبِيبَةٌ rt.(ر ب ب)	رَبَائِبُ : جمع ربيبة
Rt.(ر ب ط)	رِبَاطٌ :
Rt.(ر ب ع)	رُبَاعُ :
Rt.(ر ب ب)	رَبَّانِيّ :

* * *

Conj.of رَبَا rt.(ر ب و)	رَبَتْ : تصريف ربا

ر ب ب

	رَبٌّ :(ربّ، ربكم، ربنا، أرباب...)
Lord	رَبٌّ[1] : الإله المعبود وحده

﴿ الْحَمْدُ لِلَّهِ رَبِّ الْعَالَمِينَ ﴾ [الفاتحة 2]

lord	رَبٌّ[2] : سيد وراع

﴿ قَالَ مَعَاذَ اللَّهِ إِنَّهُ رَبِّي أَحْسَنَ مَثْوَايَ ﴾ [يوسف 23]

May be; often	رُبَّمـا : رُبّ دخلت عليها ما لإفادة الكثرة
Devoted man; worshipper of the Lord	رِبِّيٌّ :(ربيون) : عالم راسخ في علوم الدين
Stepdaughter	رَبِيبَـةٌ :(ربـائبكم) : ابنة امرأة الرجل من غيره

ر ب ح

To prosper; to be profitable	رَبِحَ (ـَ) :(ربحت) : أتت (التجارة) بالزيادة والربح

ر ب ص

To wait to await	تَرَبَّصَ :(وتربصتم،تربّصون، نتربص،يتربّص،...)
To wait; keeping themselves apart; to keep themselves in waiting	يَتَرَبَّصْنَ بأَنْفُسِهِنَّ : يمكثن منتظرات
(Period of) waiting	تَرَبُّصٌ : انتظار
One who waits; one who awaits	مُتَـرَبِّصٌ :(متربص، متربصون، متربصين) :

منتظر

ر ب ط

رَبَطَ (ـِ) :(ربطنا، يربط) : قوّى بالصبر والشجاعة — To strengthen; to fortify

رَابَطَ :(رابطوا) : حافظ وواضب — To be ready; to remain stead-fast

رِبَاطٌ : ما يربط به — Tether

رِبَاطُ الخَيْلِ : اعدادها لقتال العدو — Tethered horses; horses tied at the frontier.

ر ب ع

رُبْعٌ :(الربع) : جزء من أربعة أجزاء متساوية — One fourth

رُبَاعُ :(ورباع) : أربعة أربعة — By fours

أَرْبَعَةٌ :(أربعة، بأربعة) : عدد معروف — Four

أَرْبَعُونَ :(أربعين) : أربع عشرات — Forty

رَابِعٌ :(رابعهم) : من صار رابع أربعة — Fourth

❋ ❋ ❋

رُبَّمَا : Rt.(ر ب ب)

❋ ❋ ❋

ر ب و

رَبَا (ـُ) :(ربت، يربوا) :

رَبَا[1] : زاد ونما — To swell; to grow

﴿ فَإِذَا أَنزَلْنَا عَلَيْهَا الْمَاءَ اهْتَزَّتْ وَرَبَتْ﴾ [الحج 5]

رَبَا[2] : زاد وزكا — To increase

﴿ وَمَا آتَيْتُمْ مِنْ رِبًا لِيَرْبُوَا فِي أَمْوَالِ النَّاسِ فَلا يَرْبُوا عِنْدَ اللَّهِ ﴾ [الروم 39]

رَبَّى :(ربّياني) : نشأ وأصلح ونمّى — To bring up; to rear; to care for

أَرْبَى : (ويُربي) : نمّى — To cause to prosper; to make fruitful

رَابٍ : (رابيا، رابية)

رَابٍ[1] : عالٍ — That which swells

﴿ فَاحْتَمَلَ السَّيْلُ زَبَدًا رَابِيًا ﴾ [الرعد 17]

رَابٍ[2] : شديد عنيف — Tightening; vehement

﴿ فَأَخَذَهُمْ أَخْذَةً رَابِيَةً ﴾ [الحاقة 10]

أَرْبَى مِنْ : أكثر عدداً أو قوة من — More numerous

رِباً : زيادة مالية من العوض — Usury

رَبْوَةٌ : ما ارتفع وعلا من الأرض — Height; elevated ground; lofty ground

❋ ❋ ❋

رَبِّيّ : Rt.(ر ب و)

رِبِّيّ : Rt.(ر ب ب)

❋ ❋ ❋

ر ت ع

رَتَعَ (ـَ) :(يرتع) : أكل كثيراً — To enjoy oneself

ر ت ق

رَتْقٌ :(رتقاً) : مرتوق: ملتحم بغيره — That which is of one piece; that which is closed up

ر ت ل

رَتَّلَ :(ورتّلناه، ورتّل)

رَتَّلَ[1] : أحسن — To recite; to chant in

مخارج الحروف — measure

﴿ أَوْ زِدْ عَلَيْهِ وَرَتِّلْ الْقُرْآنَ تَرْتِيلاً ﴾ [المزمل 4]

رَتَّــلَ[2] : أحـــسن التأليف وجوْد القراءة — To arrange (in right order)

﴿ كَذَلِكَ لِنُثَبِّتَ بِهِ فُؤَادَكَ وَرَتَّلْنَاهُ تَرْتِيلاً ﴾ [الفرقان 32]

تَرْتِيلٌ :(ترتيلا) :

تَرْتِيــلٌ[1] : تجويــد وتحسين — Recitation; chanting (the Quran) in measure

﴿ أَوْ زِدْ عَلَيْهِ وَرَتِّلْ الْقُرْآنَ تَرْتِيلاً ﴾ [المزمل 4]

تَرْتِيــلٌ[2] : تجويــد وتحسين — Arrangement; arranging in right order

﴿ كَذَلِكَ لِنُثَبِّتَ بِهِ فُؤَادَكَ وَرَتَّلْنَاهُ تَرْتِيلاً ﴾ [الفرقان 32]

***

رَجٌّ :	Rt.(ر ج ج)
رَجَّ :	Rt.(ر ج ج)
رَجَا :	Rt.(ر ج و)
رِجَــالٌ: جمــع رجُــل وكذلك جمع راجلْ ورَجِلٌ	Plur.of رَجُلٌ rt.(ر ج ل) also plur.of رَاجِلٌ and رَجِلٌ rt.(ر ج ل)

***

ر ج ج

رَجَّ (ُ) :(رجّت) : حرّك بشدة — To shake

رَجٌّ :(رجّا) : تحريــك بشدة — Shaking; shock

ر ج ز

رِجْزٌ :(الرجز ، الرّجز ، رجزاً)

رِجْــزٌ[1] : أســوا العذاب — Plague; terror

﴿ لَئِنْ كَشَفْتَ عَنَّا الرِّجْزَ لَنُؤْمِنَنَّ لَكَ ﴾ [الأعراف 134]

رِجْزٌ[2] : وساوس — Uncleanness; fear

﴿ وَيُذْهِبَ عَنكُمْ رِجْزَ الشَّيْطَانِ ﴾ [الأنفال 11]

رِجْــزٌ[3] : أســوا العذاب — Wrath pestilence

﴿ فَأَنزَلْنَا عَلَى الَّذِينَ ظَلَمُوا رِجْزًا مِنَ السَّمَاءِ ﴾ [البقرة 59]

رُجْزٌ :(والرّجز) : ذنب وعبادة الأصنام — Pollution; uncleanness

ر ج س

رِجْسٌ :(رجس،الرّجس،رجساً،رجسهم):أمر قبيح ؛ عذاب وغضب ؛ كفر وشك — Abomination; punishment; indignation

ر ج ع

رَجَعَ (ِ) :(رجع، رجعك، أرجع، ترجع...)

رَجَعَ[1] : عاد إلى ما كان منه البدء — To return; to go back

﴿ وَلَمَّا رَجَعَ مُوسَى إِلَى قَوْمِهِ غَضْبَانَ أَسِفًا ﴾ [الأعراف 150]

رَجَعَ[2] : أعاد — To bring back; to restore

﴿ فَرَجَعْنَاكَ إِلَى أُمِّكَ كَيْ تَقَرَّ عَيْنُهَا ﴾ [طه 40]

تَرَاجَعَ :(يتراجعا) : عاد الى — To come together again; to return to

ما كان عليه مع من يصاحبه — each other

زَجْعٌ :(رجع، رجعه)

رَجْعٌ[1] : بعث ؛ إعادة خلق — Return

﴿ أئِذَا مِتْنَا وَكُنَّا تُرَابًا ذَلِكَ رَجْعٌ بَعِيدٌ ﴾ [ق 3]

رَجْعٌ[2] : مطر — (Returning) rain

﴿ وَالسَّمَاءِ ذَاتِ الرَّجْعِ ﴾ [الطارق 11]

رُجْعَى :(الرجعى) : عودة ومصير — Return

راجِعٌ :(راجعون) : عائد — One who returns

مَرْجِعٌ :(مرجعكم، مرجعهم) : رجوع وعودة — Return

ر ج ف

رَجَفَ (-) :(ترجف) : اضطرب اضطراباً شديداً — To quake; to rock; to resound

رَجْفَةٌ :(الرجفة) : زلزلة — (Dreadful) earthquake; trembling

رَاجِفَةٌ :(الراجفة) : النفخة الأولى في الصور — First trump; that which quakes

مُرْجِفٌ :(المرجفون) : خائض في الفتن والأخبار السيئة — Alarmist; agitator

ر ج ل

رَجُلٌ :(رجل، رجلاً، رجلان، رجال...)

رَجُلٌ[1] : ذكر بالغ من بني آدم — Man

﴿ وَلَوْ جَعَلْنَاهُ مَلَكًا لَجَعَلْنَاهُ رَجُلاً ﴾ [الأنعام 9]

رَجُلٌ[2] : ذكر بالغ من بني آدم — Person; individual

﴿ وَأَنَّهُ كَانَ رِجَالٌ مِنَ الإنسِ يَعُوذُونَ بِرِجَالٍ مِنَ الْجِنِّ ﴾ [الجن 6]

راجِلٌ :(فرجالاً): غير الراكب — One who stands; one who is on foot

فَرِجالاً أو رُكْباناً : مشاة على الأرض او راكبين — Standing or on horseback; on foot or on horseback

رِجْلٌ :(برجلك، رجلين، أرجل، وأرجلكم...) : عضو من أصل الفخذ الى القدم — Foot.

يَفْتَرِينهُ بَيْنَ أيْدِيهِنَّ وأرجُلِهِنَّ : يختلقنه على انه ولدهن من ازواجهن — To produce (any lie) between their hands and feet; to bring (a calumny) which they have forged of themselves

رَجِلٌ :(رجلك) : غير الراكب — One who is on foot

بِخَيْلِكَ ورَجِلِكَ: كل راكبٍ وماشٍ من أعوانك — With your horse and foot; riding and on foot.

ر ج م

رَجَمَ (ُ) :(لرجمناك، لأرجمنك، ترجمون، يرجموك..) : رمى بالحجارة ليقتل ؛ هجر ؛ ضرب وآذى — To stone

رَجْمٌ :(رجماً، رجوماً)

رَجْمٌ[1] : قذف — Missile

﴿ وَجَعَلْنَاهَا رُجُومًا لِلشَّيَاطِينِ ﴾ [الملك 5]

رَجْمٌ[2] : ظنّ من غير دليل	Conjecture; guessing

﴿ وَيَقُولُونَ خَمْسَةٌ سَادِسُهُمْ كَلْبُهُمْ رَجْمًا بِالْغَيْبِ ﴾ [الكهف 22]

رَجْماً بالغَيْبِ: ظنّاً من غير دليل	Guessing at random; making conjecture at what is unknown
رَجِيْمٌ :(رجيم، الرجيم) : مطرود ملعون	Outcast; accursed; worthy to be stoned
مَرْجُومٌ :(المرجومين) : مقتول بالحجارة	Stoned (to death)

ر ج و

رَجَا (ُ) :(ترجو، يرجو، يرجون، وأرجو...)

رَجَا[1] : توقّع وانتظر	To hope for

﴿ وَالْقَوَاعِدُ مِنَ النِّسَاءِ اللاَّتِي لاَ يَرْجُونَ نِكَاحًا ﴾ [النور 60]

رَجَا[2] : خاف	To fear; to look for

﴿ إِنَّهُمْ كَانُوا لاَ يَرْجُونَ حِسَابًا ﴾ [النبأ 27]

أَرْجَى :(ترجي، أرجه) : أخّر	To put off; to defer
مَرْجُوٌّ :(مرجوًّا) : متوقع منه الخير	One in whom hope is placed; one in whom expectations are placed
مُرْجَى :(مرجون) : مؤخر	One who is made to await
رَجَا :(أرجائها) : جانب أو ناحية	Side

***

رُجومٌ : جمع رَجْم	Plur.of رَجْمٌ rt.(رج م)
رَجِيمٌ :	Rt.(ر ج م)
رِحَالٌ : جمع رَحْل	Plur.of رَحْلٌ rt.(ر ح ل)

***

ر ح ب

رَحُبَ (ُ) :(رَحُبَت) : اتّسع	To be vast; to be spacious
مَرْحَباً : ترحيب وأنس	(Word of) welcome

ر ح ق

رَحِيقٌ : هو خالص من كل شراب وأجود الخمور	Drink of purer wine

ر ح ل

رَحْلٌ :(رحل، رحله، رحالهم) : يوضع على البعير لركوب وما يستصحبه الراحل من الأثاث والأوعية	Saddlebag; bag
رِحْلَةٌ : الانتقال للسفر	(Trading) caravans

ر ح م

رَحِمَ(َ) :(رحم، رحمنا،وترحمنا، يرحمكم...): أحسن ونجّى ؛ تجنّ وعطى	To have mercy on
رَحْمَةٌ :(رحمة، ورحمة، برحمتنا، ورحمته): إحسان ونجاة ؛ عطف ومودّة	Mercy
رَاحِمٌ : (الراحمين) : محسن معين	One who shows mercy
رَحْمنٌ :(الرحمن) : اسم في الرحمة ولا يطلق	Beneficent; Beneficent God

إلا على الله وحده وهو من اسمائه الحسنى

رَحِيمٌ :(رحيم، رحيماً، رحماء) Merciful

أَرْحَمُ : اكثر عوناً واحساناً Most merciful

مَرْحَمَةٌ :(بالمرحمة) : رقة وعطف Pity; compassion

رَحِمٌ :(أرحام، أرحامكم، ، أرحامهن)

رَحِمٌ[1] : مكان الجنين في جوف الأنثى Womb

﴿ وَلاَ يَحِلُّ لَهُنَّ أَنْ يَكْتُمْنَ مَا خَلَقَ اللّهُ فِي أَرْحَامِهِنَّ ﴾ [البقرة 228]

رَحِمٌ[2] : قريب Tie of kinship; relationship

﴿ وَأُوْلُوا الأَرْحَامِ بَعْضُهُمْ أَوْلَى بِبَعْضٍ ﴾ [الأنفال 75]

رُحْمٌ :(رحماً) : رحمة أو قرابة Mercy; compassion

***

رُحَمَاءُ : جمع رحيم Plur.of رَحِيمٌ rt.(ر ح م)

رَحْمَةٌ : Rt.(ر ح م)

رَحِيقٌ : Rt.(ر ح ق)

رَحِيمٌ : Rt.(ر ح م)

رُخَاءً : Rt.(ر خ و - ى)

***

ر خ و - ى

رُخَاءً : ليّنة منقادة Fair; gently

***

رَدَّ : Rt.(ر د د)

رَدٌّ : Rt.(ر د د)

***

ر د أ

رِدْءٌ :(ردءاً) : قوة وعون Helper; aider

ر د د

رَدَّ (ُ) :(وردّ، رددناه،تردّون، فردّها...)

رَدَّ[1] : رجّع To restore; to give back; to give once again

﴿ فَرَدَدْنَاهُ إِلَى أُمِّهِ كَيْ تَقَرَّ عَيْنُهَا ﴾ [القصص 13]

﴿ ثُمَّ رَدَدْنَا لَكُمُ الْكَرَّةَ عَلَيْهِمْ ﴾ [الإسراء 6]

رَدَّ[2] : صرف To repulse; to turn back; to turn (on one's back)

﴿ وَرَدَّ اللَّهُ الَّذِينَ كَفَرُوا بِغَيْظِهِمْ ﴾ [الأحزاب 25]

رَدَّ[3] : صيّر To reduce; to render

﴿ ثُمَّ رَدَدْنَاهُ أَسْفَلَ سَافِلِينَ ﴾ [التين 5]

رَدَّ[4] : رجّع To thrust

﴿ جَاءَتْهُمْ رُسُلُهُمْ بِالْبَيِّنَاتِ فَرَدُّوا أَيْدِيَهُمْ فِي أَفْوَاهِهِمْ ﴾ [إبراهيم 9]

رَدَّ[5] : رجّع وعرض To refer

﴿ وَلَوْ رَدُّوهُ إِلَى الرَّسُولِ وَإِلَى أُوْلِي الأَمْرِ مِنْهُمْ لَعَلِمَهُ الَّذِينَ يَسْتَنْبِطُونَهُ مِنْهُمْ ﴾ [النساء 83]

رَدَّ[6] : رجع To return; to bring back

﴿ وَلَمَّا فَتَحُوا مَتَاعَهُمْ وَجَدُوا بِضَاعَتَهُمْ رُدَّتْ إِلَيْهِمْ ﴾ [يوسف 65]

﴿ ثُمَّ تُرَدُّونَ إِلَى عَالِمِ الْغَيْبِ وَالشَّهَادَةِ﴾ [الجمعة 8]

رَدَّ[7] : رجع أو وجّه — To take; to give

﴿ أَوْ يَخَافُوا أَنْ تُرَدَّ أَيْمَانٌ بَعْدَ أَيْمَانِهِمْ ﴾ [المائدة 108]

تَـرَدَّدَ :(يتـرددون) : تراجع وتحوّل — To waver

ارْتَدَّ :(فارتدّ، ارتدوا، ترتدوا، يرتدون...)

ارْتَدَّ[1] : رجع وعاد — To return; to turn back

﴿ إِنَّ الَّذِينَ ارْتَدُّوا عَلَى أَدْبَارِهِمْ مِنْ بَعْدِ مَا تَبَيَّنَ لَهُمُ الْهُدَى الشَّيْطَانُ سَوَّلَ لَهُمْ وَأَمْلَى لَهُمْ ﴾ [محمد 25]

ارْتَدَّ[2] : تحوّل — To become a renegade; to turn back

﴿ وَمَنْ يَرْتَدِدْ مِنْكُمْ عَنْ دِينِهِ فَيَمُتْ وَهُوَ كَافِرٌ فَأُولَئِكَ حَبِطَتْ أَعْمَالُهُمْ ﴾ [البقرة 217]

ارْتَدَّ بَصِيراً: رجع وعاد بصيراً — To become a seer once again; to regain one's sight

رَدٌّ :(ردّها، بردّهن)

رَدٌّ[1] : رَجْعٌ — Taking back

﴿ وَبُعُولَتُهُنَّ أَحَقُّ بِرَدِّهِنَّ ﴾ [البقرة 228]

رَدٌّ[2] : صرْفٌ — Repelling; averting

﴿ بَلْ تَأْتِيهِمْ بَغْتَةً فَتَبْهَتُهُمْ فَلاَ يَسْتَطِيعُونَ رَدَّهَا وَلاَ هُمْ يُنظَرُونَ ﴾ [الأنبياء 40]

رادٌّ:(رادّ، لرادّك، رادّي)

رادٌّ[1] : صارفٌ — One who repels

﴿ وَإِنْ يُرِدْكَ بِخَيْرٍ فَلاَ رَادَّ لِفَضْلِهِ ﴾ [يونس 107]

رادٌّ[2] : راجِعٌ — One who brings back (again)

﴿ إِنَّ الَّذِي فَرَضَ عَلَيْكَ الْقُرْآنَ لَرَادُّكَ إِلَى مَعَادٍ ﴾ [القصص 85]

رادٌّ[3] : راجِعٌ — One who hands over; one who gives away

﴿ فَمَا الَّذِينَ فُضِّلُوا بِرَادِّي رِزْقِهِمْ عَلَى مَا مَلَكَتْ أَيْمَانُهُمْ ﴾ [النحل 71]

مَرَدٌّ :(مردّ، مردّا، مردّنا)

مَرَدٌّ[1] : مصير — Return; turning back

﴿ وَأَنَّ مَرَدَّنَا إِلَى اللَّهِ ﴾ [غافر 43]

مَرَدٌّ[2] : مصرف — Averting

﴿اسْتَجِيبُوا لِرَبِّكُمْ مِنْ قَبْلِ أَنْ يَأْتِيَ يَوْمٌ لاَ مَرَدَّ لَهُ مِنَ اللَّهِ﴾ [الشورى 47]

خَيْرٌ مَرَدّاً : خير مرجعاً وعاقبة — Better for resort; best in yielding fruits

مَرْدُودٌ :

مَرْدُودٌ[1] : معروف — Repelled; averted

﴿ وَإِنَّهُمْ آتِيهِمْ عَذَابٌ غَيْرُ مَرْدُودٍ ﴾ [هود 76]

مَرْدُودٌ[2] : مُصَيَّرٌ — Restored

﴿ يَقُولُونَ أَئِنَّا لَمَرْدُودُونَ فِي الْحَافِرَةِ ﴾ [النازعات 10]

ر د ف

رَدِفَ (ـَـ) : تبـع ووصل — To be close; to draw near

رَادِفَـــةٌ :(الرادفـــة) : — Second trump; that which happens

النفخة الثانية من الصور — afterwards

مُـرْدِفٌ :(مـردفين) : متتابع — That which follows; that which comes rank on rank

ر د م

رَدْمٌ :(ردماً) : سدٌ — Bank; fortified barrier

ر د ى

رَدِىَ (:) :(فتردى) : هلك — To perish

أَرْدَى:(أرداكم، لتردين، ليردوهم) : أهلك — To ruin; to cause to perish; to tumble down into perdition

تَرَدَّى : سقط في مهواة — To perish

مُتَرَدِّيَةٌ :(المتردية) : ساقطة من مكان عال فماتت — That which is dead through falling from a height; that which is killed by a fall

ر ذ ل

أَرْذَلُ :(أرذل، أرذلون، اراذلنا) : اشد رداءة وخسة ؛ خسيس — Most abject; meanest; worst; lowest

* * *

رَزَّاقٌ : — Rt.(ر زق)

* * *

ر ز ق

رَزَقَ(:):(رزقكم،رزقناكم،ترزق،يرزق..): اعطى من الخير والفضل — To give sustenance ; to provide; to make provision; to bestow on

رِزْقٌ :رزق، الرزق، رزقاً، رزقه...)

رِزْقٌ[1] : عطاء من الله بما يخرجه من الأرض أو ينزله من السماء أو يعده للطائعين — Provision; sustenance

﴿ لَهُمْ دَرَجَاتٌ عِنْدَ رَبِّهِمْ وَمَغْفِرَةٌ وَرِزْقٌ كَرِيمٌ ﴾

[الأنفال 4]

رِزْقٌ[2] : نفقة — Feeding; maintenance

﴿ وَعَلَى الْمَوْلُودِ لَهُ رِزْقُهُنَّ وَكِسْوَتُهُنَّ بِالْمَعْرُوفِ ﴾

[البقرة 233]

رازِقٌ : (رازقين) : معطٍ — Sustainer; provider; one who provides

رَزَّاقٌ :(الـرزاق) : كثير العطاء، من أسماء الله — One who gives livelihood; bestower of sustenance

* * *

رَسٌّ : — Rt.(ر س س)

رِسَالَةٌ : — Rt.(ر س ل)

* * *

ر س خ

رَاسِخٌ :(الراسخون) : ثابت متمكن — One who is firm (in knowledge); one who is firmly rooted (in knowledge)

ر س س

رَسٌّ :(الـرَّس) : أخدود أو بئر — Ar-Rass: Rass

أَصْحَابُ الرَّسِّ: أهل قرية كذبوا نبيهم ودفنوه في بئر أو أخدود وهو حي — Dwellers in (of) the Rass

ر س ل

أَرْسَلَ :(أرسل، أرسلناك،أرسله،مُرسل...) — To send

رَسُولٌ :(رسول،الرسول،رسل...) : مبعوث في أمر ديني — Messenger; apostle

رُسُلٌ : جمع رسول — Plur.of رَسُولٌ

رِسَالَةٌ :(رسالة، رسالته، رسالات، برسالاتي..) : دعوة أو أمر ونهي — Message

مُرْسِلٌ : باعث (ومسخر)

مُرْسِلٌ[1] : باعث — One who sends

﴿ إِنَّا مُرْسِلُو النَّاقَةِ فِتْنَةً لَهُمْ ﴾ [القمر 27]

مُرْسِلٌ[2] : باعث ومسخر لغير العاقل — One who releases; one who sends forth

﴿ وَمَا يُمْسِكْ فَلاَ مُرْسِلَ لَهُ مِنْ بَعْدِهِ ﴾ [فاطر 2]

مُرْسَلٌ :(مرسل،مرسلاً،المرسلون، المرسلين...)

مُرْسَلٌ[1] : مبعوث من الله في أمر ديني — Messenger

﴿ قَالَ فَمَا خَطْبُكُمْ أَيُّهَا الْمُرْسَلُونَ ﴾ [الحجر 57]

مُرْسَلٌ[2] : آية أو ملك مرسل بالخير — Emissary

﴿ وَالْمُرْسَلاَتِ عُرْفًا ﴾ [المرسلات 1]

مُرْسَلٌ[3] : مبعوث من الله في أمر ديني — One who is sent

﴿ وَلَقَدْ سَبَقَتْ كَلِمَتُنَا لِعِبَادِنَا الْمُرْسَلِينَ ﴾ [الصافات 171]

* * *

رَسُولٌ : Rt.(ر س ل)

* * *

ر س و

أَرْسَى :(أرساها) : جعل ثابتاً — To make firm; to make fast

رَاسٍ :(رواسي، راسيات) : ثابت

رَاسٍ[1] : جبل ثابت — Firm hills; firm mountains

﴿ وَالأَرْضَ مَدَدْنَاهَا وَأَلْقَيْنَا فِيهَا رَوَاسِيَ ﴾ [الحجر 19]

رَاسٍ[2] : ثابت — Built into the ground

﴿ وَجِفَانٍ كَالْجَوَابِ وَقُدُورٍ رَاسِيَاتٍ ﴾ [سبأ 34]

مُرْسَى :(مرساها،ومرساها)

مُرْسَى[1] : وقت ومستقر — Coming to port

﴿ يَسْأَلُونَكَ عَنِ السَّاعَةِ أَيَّانَ مُرْسَاهَا ﴾ [الأعراف 187]

مُرْسَى[2] : حيث تنتهي وتقف وتستقر السفينة — Anchoring; mooring

﴿ وَقَالَ ارْكَبُوا فِيهَا بِاسْمِ اللَّهِ مَجْرَاهَا وَمُرْسَاهَا ﴾ [هود 41]

* * *

رَشَادٌ : Rt.(ر ش د)

* * *

ر ش د

رَشَدَ (ـُ) :(يرشدون) : اهتدى واستقام — To walk in the right way; to be led aright

رُشْدٌ :(رشد، رشداً، رشده)

رُشْدٌ[1] : إدراك وحسن تصرف — Right way; right directory; righteousness; rectitude

﴿ يَهْدِي إِلَى الرُّشْدِ فَآمَنَّا بِهِ ﴾ [الجن 2]

رُشْدٌ[2] :إدراك وحسن تصرف؛ علم وقدرة على الهداية للدين والخير — Way of truth; right path; guidance; good

﴿ فَإِنْ آنَسْتُمْ مِنْهُمْ رُشْدًا فَادْفَعُوا إِلَيْهِمْ أَمْوَالَهُمْ ﴾ [النساء 4]

رَشَدٌ :(رشداً) : هداية وتوفيق — Way to truth; right path; guidance; good

رَشَادٌ :(الرشاد) : هدى واستقامة — Right conduct; that which is right

رَاشِدٌ :(الراشدون) : مهتد — One who is rightly guided; follower of a right way

رَشِيدٌ :(رشيد، برشيد، الرشيد) : سديد الرأي

رَشِيدٌ[1] : سديد الرأي — One who is upright; one who is right-minded; right-directing

﴿ أَلَيْسَ مِنْكُمْ رَجُلٌ رَشِيدٌ ﴾ [هود 78]

﴿ إِنَّكَ لَأَنْتَ الْحَلِيمُ الرَّشِيدُ ﴾ [هود 87]

رَشِيدٌ[2] :سديد في الرأي ؛ مستقيم — Guide to right behavior; right-guide

﴿ فَاتَّبَعُوا أَمْرَ فِرْعَوْنَ وَمَا أَمْرُ فِرْعَوْنَ بِرَشِيدٍ ﴾ [هود 97]

مُرْشِدٌ :(مُرشداً) : هادٍ — One who guides; one who leads aright

* * *

رَشِيدٌ : Rt.(ر ش د)

* * *

ر ص د

رَصَدٌ :(رصداً)

رَصَدٌ[1] : راصد وحارس — Guard

﴿ فَمَنْ يَسْتَمِعِ الْآنَ يَجِدْ لَهُ شِهَابًا رَصَدًا ﴾ [الجن 9]

رَصَدٌ[2] : راصد وحارس — That which lies in wait

﴿ فَإِنَّهُ يَسْلُكُ مِنْ بَيْنِ يَدَيْهِ وَمِنْ خَلْفِهِ رَصَدًا ﴾ [الجن 27]

إِرْصَادٌ :(وإرصاداً) : ترقب واستعداد — Outpost; ambush

مَرْصَدٌ : رَصد — Ambush

مِرْصَادٌ :(مرصاداً، لبالمرصاد) : مكان الرصد حيث يترقب منه الخزنة أهل الجحيم — That which lies in wait; that which lurks in ambush; place of ambush

ر ص ص

مَرْصُوصٌ : محكم — Solid; firm and compact

* * *

رَضَاعَةٌ : Rt.(ر ض ع)

* * *

ر ض ع

أَرْضَعَ:(أرضعت،أرضعنكم،فسترضع، يرضعن...) : جعل الطفل يمتص اللبن — To suckle; to give suck

اسْتَرضَعَ :(تسترضعوا) : اتخذ مرضعة من غير الأم — To give out to nurse; to engage a wet-nurse

رَضَاعَةٌ :(الرضاعة) : امتصاص لبن الأنثى — Suckling

أُخْتٌ مِنَ الرَّضَاعَةِ: اخت غير مشاركة في الولادة من أحد الأبوين أو كلاهما — Foster- sister

مُرْضِعَةٌ :(مرضعة، المراضع) : مراة ترضع — Nursing mother; foster-mother; woman who gives suck

* * *

رِضْوَانٌ : Rt.(ر ض و)

* * *

ر ض و

رَضِيَ(-َ):(رضي،رضيت،ترضى،يرضى...)

رَضِيَ[1] : اختار — To accept; to choose

﴿ وَرَضِيتُ لَكُمُ الإِسْلَامَ دِينًا ﴾ [المائدة 3]

﴿ وَأَنْ أَعْمَلَ صَالِحًا تَرْضَاهُ ﴾ [النمل 19]

رَضِيَ[2] : احبّ وطاب نفسا به — To like; to desire

﴿ فَلَنُوَلِّيَنَّكَ قِبْلَةً تَرْضَاهَا ﴾ [البقرة 144]

رَضِيَ[3] : قنع واختار — To be content with; to take pleasure in (with ب)

﴿ أَرَضِيتُمْ بِالْحَيَاةِ الدُّنْيَا مِنَ الآخِرَةِ ﴾ [التوبة 38]

رَضِيَ[4] : اجزل له(الله) ثواب ما عمل ،احبّ وودّ — To be (well) pleased with (with عن)

﴿ رَضِيَ اللَّهُ عَنْهُمْ وَرَضُوا عَنْهُ أُوْلَئِكَ حِزْبُ اللَّهِ ﴾ [المجادلة 22]

أَرْضَى :(يرضوكم، يرضونكم، يرضوه) : جعله يرضى — To please; to satisfy

تَرَاضَى:(تراضوا،تراضيتم) : اتفق على ما يرضي — To do by mutual agreement; to agree

ارْتَضَى : رَضِيَ — To approve; to choose; to accept

تَرَاضٍ : رضا من الطرفين — Mutual consent

رَاضٍ :

رَاضٍ[1] : اسم فاعل من رضي لمن تمّ له الرضا — One who is content; one who is glad; one who is well- pleased

﴿ لِسَعْيِهَا رَاضِيَةٌ ﴾ [الغاشية 9]

رَاضٍ[2] : ذات رضى أو مرضيّ — Blissful; pleasant

﴿ فَهُوَ فِي عِيشَةٍ رَاضِيَةٍ ﴾ [الحاقة 21]

رَضِيٌّ :(رضيا) : مرضي عنه — Acceptable; one in whom somebody is well pleased

رِضْوَانٌ:(رضوان، رضوانا، رضوانه) : رضا وكل ما تحبه النفس من النعيم — (Good) pleasure

مَرْضِيٌّ:(مرضيا، مرضية) : مقبول محبوب — Well- pleasing; one with whom somebody is well- pleased

مَرْضَاتٌ :(مرضات، مرضاتي) : رضا — Pleasure

ر ط ب

رَطْبٌ : لين ناعم — That which is wet; that which is green

ندي

زطَبٌ :(رطباً) : تمر النخيل الناضج الحلو — (Fresh) ripe dates

***

رِعاءٌ : جمع راعٍ — Plur.of راعٍ rt.(ر ع ى)

رِعَايَةٌ : — Rt.(ر ع ى)

***

ر ع ب

رُعْبٌ :(رعب، رعباً) : فزع وخوف يملأ القلب — Terror; fear

ر ع د

رَعْدٌ : صوت يدوي عند وميض البرق وقد يتبعه المطر — Thunder

***

رَعَى : — Rt.(ر ع ى)

***

ر ع ى

رَعَى (َ) :(رعوها، ارعوا، راعنا)

رَعَى[1] : ترك ترعى وتأكل من نبات الأرض — To pasture; to feed

﴿ كُلُوا وَارْعَوْا أَنْعَامَكُمْ ﴾ [طه 54]

رَعَـــى[2] : أحـــاط بالحفظ والعناية — To observe

﴿ فَمَا رَعَوْهَا حَقَّ رِعَايَتِهَا ﴾ [الحديد 27]

رَاعَـــى :(راعنـــا) : حفظ وترقب — To listen

رَاعٍ (راعون، الرعاء)

رَاعٍ[1] : حافظ — One who keeps (pledge; trust; covenant)

﴿ وَالَّذِينَ هُمْ لأَمَانَاتِهِمْ وَعَهْدِهِمْ رَاعُونَ ﴾ [المعارج
[32

رَاعٍ[2] : مـــن يحفـــظ الماشية ويرعاها — Shepherd

﴿ قَالَتَا لا نَسْقِي حَتَّى يُصْدِرَ الرِّعَاءُ ﴾ [القصص
[23

رِعَايَـــةٌ :(رعايتهـــا) : حفظ وصيانة — Observance

مَرْعَى :(المرعَى، مرعاها) : ما يُرعى أو مكان الرعي — Pasture; pasturage; herbage

ر غ ب

رَغِبَ (َ) :(ترغبون، يرغب، يرغبوا، فارغب)

رَغِـــبَ[1] : توجـــه ضارعاً سائلاً — To strive to please

﴿ وَإِلَى رَبِّكَ فَارْغَبْ ﴾ [الشرح 8]

رَغِـــــبَ[2](ب) : ظنَّ بـ — To desire (with ب)

﴿وَتَرْغَبُـونَ أَنْ تَنكِحُـوهُنَّ وَالْمُسْتَـضْعَفِينَ ﴾ [النـساء
[127

﴿ وَلاَ يَرْغَبُوا بِأَنفُسِهِمْ عَنْ نَفْسِهِ ﴾
[التوبة 120]

رَغِبَ[3](عن): زهد في — To forsake (with عن)

﴿ وَمَنْ يَرْغَبُ عَنْ مِلَّةِ إِبْرَاهِيمَ إِلاَّ مَنْ سَفِهَ
نَفْسَهُ ﴾ [البقرة 130]

رَغَـــبٌ :(رغبـــا) : رجاء — Longing ; hope

رَغَباً وَرَهَباً: رجاء وخوفاً — In longing and in fear; hoping and fearing

رَاغِبٌ :

رَاغِبٌ[1] : متوجه مطيع — Suppliant; one who makes a humble (petition); one who beseeches (with إلى)

﴿ إنَّا إلَى رَبِّنَا رَاغِبُونَ ﴾ [القلم 32]

رَاغِبٌ[2](عن) : زاهد في ؛ منصرف عن — One who rejects; one who dislikes (with عن)

﴿ أرَاغِبٌ أنْتَ عَنْ آلِهَتِي يَاإبْرَاهِيمُ ﴾ [مريم 46]

ر غ د

رَغَداً : كثيراً طيباً لا تعب فيه — Freely; in abundance

ر غ م

مُرَاغَمٌ :(مراغماً) : موضع الهجرة — (Place of) refuge

***

رُفات : — Rt.(ر ف ت)

***

ر ف ت

رُفَاتٌ :(ورفاتا) : حطام وفتات — Fragments; decayed particles

ر ف ث

رَفَثٌ:(رفث،الرفث)

رَفَثٌ[1] : الاستمتاع بالمرأة — Going in into one's wife

﴿ أُحِلَّ لَكُمْ لَيْلَةَ الصِّيَامِ الرَّفَثُ إلَى نِسَائِكُمْ ﴾ [البقرة 187]

رَفَثٌ[2] : كل ما لا يحسن إتيانه من قول أو فعل: والرفث في الحج الفحش في القول — Lewdness; intercourse

﴿ فَلاَ رَفَثَ وَلاَ فُسُوقَ وَلاَ جِدَالَ فِي الْحَجِّ ﴾ [البقرة 197]

ر ف د

رِفْدٌ :(الرفد) : عطاء وصِلَة — Gift

مَرْفُودٌ :(المرفود) : شيء مُعطى — Given

ر ف رف

رَفْرَفَةٌ :(رفرف) : وسادة وفراش مرتفع — Cushion

رَفْرَفٌ : جمع رفرفة — Plur.of رَفْرَفَةٌ

ر ف ع

رَفَعَ (َ) :(رفع، ورفعنا،ترفعوا،ترفع...)

رَفَعَ[1] : أعلى — To raise (up)

﴿ اللَّهُ الَّذِي رَفَعَ السَّمَاوَاتِ بِغَيْرِ عَمَدٍ تَرَوْنَهَا ﴾ [الرعد 2]

رَفَعَ[2] : أعلى قدره وشرّفه وكرّمه — To exalt

﴿ مِنْهُمْ مَنْ كَلَّمَ اللَّهُ وَرَفَعَ بَعْضَهُمْ دَرَجَاتٍ ﴾ [البقرة 253]

رَفَعَ[3] : جعله يصعد إلى؛ أخذ — To take up

﴿ بَلْ رَفَعَهُ اللَّهُ إلَيْهِ وَكَانَ اللَّهُ عَزِيزًا حَكِيمًا ﴾ [النساء 158]

رَافِعٌ :(رافعة، ورافعك) :

رَافِعٌ[1] : من يأخذ إلى الأعلى أو السماوات العلى — One who causes to ascend

﴿ يَاعِيسَى إِنِّي مُتَوَفِّيكَ وَرَافِعُكَ إِلَيَّ ﴾ [آل عمران 55]

رَافِعٌ[2] : مُعلٍ — That which exalts

﴿ خَافِضَةٌ رَافِعَةٌ ﴾ [الواقعة 3]

رَفِيعٌ : سامٍ عالٍ — Exalter; possessor

مَرْفُوعٌ :(مرفوع، مرفوعة) : عالٍ مرتفع — Raised ; exalted; elevated

ر ف ق

رَفِيقٌ :(رفيقاً) : صاحب — Companion

مِرْفَقٌ :(مرفقاً، مرافق)

مِرْفَقٌ[1] : ما يصل الذراع بالعضد — Elbow

﴿ فَاغْسِلُوا وُجُوهَكُمْ وَأَيْدِيَكُمْ إِلَى الْمَرَافِقِ ﴾ [المائدة 6]

مِرْفَقٌ[2] : ما يرفق به وينتفع ويستعان — Profitable course; pillow

﴿ وَيُهَيِّئْ لَكُمْ مِنْ أَمْرِكُمْ مِرفَقًا ﴾ [الكهف 16]

مُرْتَفَقٌ :(مرتفقاً) : صاحب وكل ما حرص عليه الإنسان للإنتفاع به — Resting-place

***

رَفِيعٌ:	Rt.(ر ف ع)
رَفِيقٌ :	Rt.(ر ف ق)
رِقٌّ :	Rt.(ر ق ق)
رِقَابٌ : جمع رَقَبة	Plur.of رَقَبَةٌ rt.(ر ق ب)

***

ر ق ب

رَقَبَ (ُ) :(ترقب، يرقبوا، يرقبون)

رَقَبَ[1] : راعى — To pay regard; to observe

﴿ لاَ يَرْقُبُوا فِيكُمْ إِلاًّ وَلاَ ذِمَّةً ﴾ [التوبة 8]

رَقَبَ[2] : انتظر — To wait for

﴿ فَرَّقْتَ بَيْنَ بَنِي إِسْرَائِيلَ وَلَمْ تَرْقُبْ قَوْلِي ﴾ [طه 94]

تَرَقَّبَ :(يترقب) : انتظر وتوقع — To be vigilant; to await

ارْتَقَبَ :(فارتقب وارتقبوا، فارتقبهم) : انتظر وتوقع — To watch; to wait

مُرْتَقِبٌ :(مرتقبون) : منتظر متربص — One who waits

رَقِيبٌ :(رقيب، رقيباً):) منتظر ، مترقب ؛ حافظ مراعٍ — Watcher; one who watches

رَقَبَةٌ :(رقبة، الرقاب) : عنق ويراد بها في العرف المملوك الرقيق — Neck; slave

فِي الرِّقَابِ : في تحريرها من الرِّق أو الأسر — Captives

ر ق د

رَاقِدٌ :(رُقود) : نائم — One who sleeps

مَرْقَدٌ :(مرقدنا) : رُقود أو موضع الرُّقاد — Place of sleep; sleeping-place

ر ق ق

رِقٌّ : جلد دقيق يكتب عليه والصحيفة البيضاء — Fine parchment

ر ق م

رَقِيمٌ :(الرقيم) : لوح كتب فيه أسماء أهل الكهف وقصتهم — Inscription

مَرْقُومٌ : بيّن الكتابة لا يُمحى — Written

* * *

رُقُودٌ : جمع راقد — Plur.of رَاقِدٌ rt.(ر ق د)

* * *

ر ق ى

رَقِيَ(َ) :(ترقى) : علا وصعد — To ascend (up)

ارْتَقَى :(ليرتقوا) : صَعِدَ — To ascend

رُقِيٌّ :(لرقيك) : صُعود — Ascension; ascending

رَاقٍ : مَن يعوّذ المريض — Wizard; magician

* * *

رَقِيبٌ : — Rt.(ر ق ب)

رَقِيمٌ : — Rt.(ر ق م)

رِكَابٌ : — Rt.(ر ك ب)

رُكَامٌ : — Rt.(ر ك م)

* * *

ر ك ب

رَكِبَ (َ) :(ركبا مركبوا لتركبن يركبون...)

رَكِبَ[1] : امتطى — To ride

﴿ اللَّهُ الَّذِي جَعَلَ لَكُمُ الأَنْعَامَ لِتَرْكَبُوا مِنْهَا ﴾ [غافر 79]

رَكِبَ[2] : صعد — To embark; to ride

﴿ يَابُنَيَّ ارْكَبْ مَعَنَا وَلا تَكُنْ مَعَ الْكَافِرِينَ ﴾ [هود 42]

رَكِبَ[3] : لاقى أهوالاً وشدائد — To journey; to enter

﴿ لَتَرْكَبُنَّ طَبَقًا عَنْ طَبَقٍ ﴾ [الانشقاق 19]

رَكَّبَ :(ركبك) : صوّر — To constitute; to cast

مُتَرَاكِبٌ :(متراكبا) : ركب بعضه بعضاً كما في سنابل القمح والشعير — Thick-clustered; piled up

رَكْبٌ :(والركب) : الراكبون أو العير — Caravan

رَاكِبٌ : (ركبان) : غير الراجل — One who is on horse

رِكَابٌ : ما يركب عليه وغلب على الإبل — Riding-camels

رَكُوبٌ :(ركوبهم) : ما يُركبُ — That which is for ride

رُكْبَانٌ: جمع رَكْبَ — Plur.of رَكْبٌ

ر ك د

رَاكِدٌ :(رواكد) : هادئ وساكن — Still; motionless

ر ك ز

رِكْزٌ :(ركزاً) : صوت خفيّ — (Slightest) Sound

ر ك س

أَرْكَسَ :(أركسهم، اركسوا) : رَدَّ إلى الكفر والظلال ، نكس — To cast back; to plunge

ر ك ض

رَكَضَ (ُ):(تركضوا، يركضون، أركض)

رَكَضَ[1] : عدا أو فرّ — To flee; to fly

﴿ فلَمّا أحَسُّوا بَأْسَنَا إِذَا هُمْ مِنْها يَرْكُضُونَ ﴾ [الأنبياء 12]

رَكَضَ[2] : ضرب(برجله) — To strike; to urge

﴿ ارْكُضْ بِرِجْلِكَ هَذَا مُغْتَسَلٌ بَارِدٌ وَشَرَابٌ ﴾ [ص 42]

ر ك ع

رَكَعَ (َ) :(يركعون، اركعوا، أركعي) : خشعَ وتواضعَ — To bow down

رَاكِعٌ:(راكعاً،راكعون،الراكعون،والرّكع...): خاشع متواضع — One who bows down

رُكَّعٌ : جمع راكِعْ — Plur of. رَاكِعٌ

ر ك م

رَكَمَ(ُ) :(فيركمه) : ألقى بعضه على بعض — To heap; to pile up

مَرْكُومٌ : مجموع بعضه على بعض — Heaped; piled up

رُكَامٌ :(ركاماً) : ملقى بعضه على بعض — Heap; layers

ر ك ن

رَكَنَ (َ) :(تركن، تركنوا) : مال — To incline

رُكْنٌ :(ركن، بركنه) : جانب قوي

رُكْنٌ[1] : جانب قويَ — Support

﴿ أَوْ آوِي إِلَى رُكْنٍ شَدِيدٍ ﴾ [هود 80]

رُكْنٌ[2] : جانب قويَ — Might; forces

﴿ فَتَوَلَّى بِرُكْنِهِ وَقَالَ سَاحِرٌ أَوْ مَجْنُونٌ ﴾ [الذاريات 39]

* * *

رِمَاحٌ : جمع رُمْحٌ — Plur.of رُمْحٌ rt.(ر م ح)

رَمَادٌ : — Rt.(ر م د)

رُمّانٌ : — Rt.(ر م ن)

* * *

ر م ح

رُمْحٌ :(رماحكم) : قناة يركّب فيها سنان ليُطعن به — Spear; lance

ر م د

رَمَادٌ :(كرماد) : ما تخلف من الإحراق — Ashes

ر م ز

رَمْزٌ :(رمزاً) : غمز بالحاجب والعين أو إيماء دون صوت مع تحريك الشفتين — Sign

ر م ض

رَمَضَانُ : شهر بين شعبان وشوال وهو شهر الصيام الذي أنزل فيه القرآن — Ramadan; Ramazan

ر م م

رَمِيمٌ :(رميم، كالرميم) :

رَمِيمٌ[1] : بالٍ متقطّع — Rotten; rotted away

﴿ قَالَ مَنْ يُحْيِي الْعِظَامَ وَهِيَ رَمِيمٌ ﴾ [يس 78]

رَمِيمٌ[2] : بالٍ متقطّع — Dust; ashes

﴿ مَا تَذَرُ مِنْ شَيْءٍ أَتَتْ عَلَيْهِ إِلَّا جَعَلَتْهُ كَالرَّمِيمِ ﴾ [الذاريات 42]

ر م ن

رُمَّانٌ : (ورمان، والرمان) : فاكهة معروفة يؤكل حبها — Pomegranates

***

رَمَى : — Rt.(ر م ى)

***

ر م ى

رَمَى (ِ) :(رمى، رميت، ترميهم،يرم...)

رَمَى[1] : ألقى — To throw; to smite

﴿ وَمَا رَمَيْتَ إِذْ رَمَيْتَ وَلَكِنَّ اللَّهَ رَمَى ﴾ [الأنفال 17]

رَمَى[2] : ألقى — To cast (against); to pelt

﴿ تَرْمِيهِمْ بِحِجَارَةٍ مِنْ سِجِّيلٍ ﴾ [الفيل 4]

رَمَى[3] : قذف بالزنا — To accuse

﴿ إِنَّ الَّذِينَ يَرْمُونَ الْمُحْصَنَاتِ الْغَافِلَاتِ ﴾ [النور 23]

ر هـ ب

رَهِبَ(َ):(يرهبون، فارهب) : خشي وخاف — To fear; to be afraid

أَرْهَبَ :(ترهبون) : أخاف وأفزع — To frighten; to dismay

اسْتَرْهَبَ:(استرهبوهم) : سعى الى الرهبة حتى أرهب وأفزع — To overawe; to frighten

رَهَبٌ :(الرهب) : خوف وفزع — Fear

رَهْبَةٌ : خوف وفزع — Fear

أَشَدُّ رَهْبَةً : أكثر خوفاً وفزعاً — More awful as a fear; greater in being feared

رَهَبٌ :(رَهَباً) : خوف وخشية — Fear

رَغَباً ورَهَباً: انظر رَغِبَ — See رَغَبٌ rt.(ر غ ب)

رَاهِبٌ :(رهبان، رهباناً، رهبانهم) : نصراني متعبد في صومعته متخلٍ عن المتع والناس — (Christian) monk

رُهْبَانِيةٌ : تخلٍ عن ملاذ الدنيا والناس — Monasticism; Monkery

رُهْبَانٌ : جمع راهب — Plur.of رَاهِبٌ

ر هـ ط

رَهْطٌ :(رهط، رهطك، ارهطي) : عشيرة لا واحد من لفظه

رَهْطٌ[1] : عشيرة لا واحد من لفظه ويطلق على ما دون العشرة من الرجال ليس فيهم امرأة — Person

﴿ وَكَانَ فِي الْمَدِينَةِ تِسْعَةُ رَهْطٍ يُفْسِدُونَ ﴾ [النمل 48]

رَهْطٌ[2] : عشيرة لا واحد من لفظه ويطلق على ما دون العشرة من الرجال ليس فيهم امرأة — Family

﴿ قَالَ يَاقَوْمِ أَرَهْطِي أَعَزُّ عَلَيْكُمْ مِنَ اللَّهِ ﴾ [هود 92]

ر هـ ق

زَهِقَ(َ): (تَرهقها، ترهقهم، يرهق) : أحاط وغطى — To come near (upon); to cover; to stupefy

أَرْهَقَ: (سأرهقه، ترهقني، يرهقهما) : دفع الى — To oppress; to overtake; to constraint;to be hard

❋❋❋

رِهَانٌ : جمع رَهْنٌ — Plur.of رَهْنٌ rt (ر هـ ن)

❋❋❋

ر هـ ن

رَهِينٌ : (رهين، رهينة) : محتبس أي محتبس بعمله — Held in pledge

رَهْنٌ : (فرهان) : ما وضع ليثوب مناب ما أخذ — Pledge; security

ر هـ و

رَهْواً : ساكناً — At rest; intervening

❋❋❋

رَهِينٌ : Rt.(ر هـ ن)

رَوَاحٌ : Rt.(ر و ح)

رَوَاسِيَ : جمع راسٍ — Plur.of راسٍ rt.(ر س ي)

رَوَاكِدُ : جمع راكدٌ — Plur.of راكدٌ rt.(ر ك د)

❋❋❋

ر و ح

أَرَاحَ : (تُريحـون) : ردَّ الى مكان يُستراح فيه — To bring home (cattle) in the evening; to drive back cattle (to home)

رَوَاحٌ : (رواحهـا) : رجوع — Evening course

رُوحٌ : (روح،روحنا،روحه،روحي،...)

رُوحٌ[1] : مـايكون بـه حياة الناس — Spirit

﴿ وَكَلِمَتُهُ أَلْقَاهَا إِلَى مَرْيَمَ وَرُوحٌ مِنْهُ ﴾ [النساء 171]

رُوحٌ[2] : مابـه حيـاة الأجسام — Soul; spirit

﴿ قُلْ الرُّوحُ مِنْ أَمْرِ رَبِّي ﴾ [الإسراء 85]

رُوحٌ[3] : وحي ونبوة — Inspiration

﴿ يُلْقِي الرُّوحَ مِنْ أَمْرِهِ عَلَى مَنْ يَشَاءُ ﴾ [غافر 15]

رُوحُ الْقُدُسِ: جبريل عليه السلام — Holy Spirit

الرُّوحُ الأمين : جبريل عليه السلام — Faithful Spirit; True Spirit

رَوْحٌ : (فروح)

رَوْحٌ[1] : رحمة — Spirit; mercy

﴿ وَلاَ تَيْئَسُوا مِنْ رَوْحِ اللَّهِ ﴾ [يوسف 87]

رَوْحٌ[2] : راحـــة أو نسيم ريح — Breath of life; happiness

﴿ فَرَوْحٌ وَرَيْحَانٌ وَجَنَّةُ نَعِيمٍ ﴾ [الواقعة 89]

رِيحٌ : (ريح، ريحاً، ريحكم، الرياح)

رِيحٌ[1] : هواء متحرك فـي الطبقـات المحيطـة بالأرض — Wind

﴿ وَلِسُلَيْمَانَ الرِّيحَ عَاصِفَةً ﴾ [الأنبياء 81]

رِيحٌ[2] : رائحة — Breath; greatness

﴿ قَالَ أَبُوهُمْ إِنِّي لأَجِدُ رِيحَ يُوسُفَ ﴾ [يوسف 94]

رِيحٌ[3] : دولة وقوة — Strength; power

﴿ وَلاَ تَنَازَعُوا فَتَفْشَلُوا وَتَذْهَبَ رِيحُكُمْ ﴾ [الأنفال 46]

رَيْحَانٌ

رَيْحَـانٌ[1] : : كـل مشموم طيِّب	Fragrance; scented herb

﴿ وَالْحَبُّ ذُو الْعَصْفِ وَالرَّيْحَانُ ﴾ [الرحمن 12]

رَيْحَـانٌ[2] : كـل مشموم طيِّب؛ رزق	Bounty; plenty

﴿ فَرَوْحٌ وَرَيْحَانٌ وَجَنَّةُ نَعِيمٍ ﴾ [الواقعة 89]

ر و د

أَرَادَ :(أراد،أرادني، أريد، نريد...) :

أَرَادَ[1] : شـاء واحـب ومال (رغب)	To wish; to desire; to intend; to mean

﴿ لَوْ أَرَدْنَا أَنْ نَتَّخِذَ لَهْوًا لاَتَّخَذْنَاهُ ﴾ [الأنبياء 17]

﴿ فَأَرَادُوا بِهِ كَيْدًا فَجَعَلْنَاهُمُ الأَسْفَلِينَ ﴾ [الصافات 98]

﴿ إِنَّمَا قَوْلُنَا لِشَيْءٍ إِذَا أَرَدْنَاهُ أَنْ نَقُولَ لَهُ كُنْ فَيَكُونُ﴾ [النحل 40]

﴿ مَاذَا أَرَادَ اللَّهُ بِهَذَا مَثَلاً ﴾ [البقرة 26]

أَرَادَ[2] : شـاء واحـب ومال (رغب)	To incline; to seek

﴿وَمَنْ يُرِدْ فِيهِ بِإِلْحَادٍ بِظُلْمٍ نُذِقْهُ مِنْ عَذَابٍ أَلِيمٍ﴾ [الحج 25]

أَرَادَ[3] : أشرف على	To be about to

﴿ فَوَجَدَا فِيهَا جِدَاراً يُرِيدُ أَنْ يَنْقَضَّ ﴾ [الكهف 77]

رَاوَدَ :(راودتن ،راودتني، تراود سنراود...) :

رَاوَدَ(عن)[1]: جهد في الطلب وفيه معنى المفادعـة : طلـب الجمـاع مـن المتـأبي الممتنع	To ask an evil act (of some one); to seek someone to yield oneself; to seek to make to yield

﴿ قَالَ هِيَ رَاوَدَتْنِي عَنْ نَفْسِي ﴾ [يوسف 26]

رَاوَدَ(عن)[2]: طلبه من	To try to win; to strive to make to yield .

﴿ قَالُوا سَنُرَاوِدُ عَنْهُ أَبَاهُ ﴾ [يوسف 61]

رُوَيْداً : مهلاً وتأنيا	For a while

ر وض

رَوْضَـــةٌ :(روضــة، روضـات) : بـستان مثمـر جميل	Meadow; garden

ر و ع

رَوْعٌ :(الروع) : مـا يُلقـى فـي القلب من الفزع	Awe; fear

ر و غ

زاغ (ُ):

To turn aside (with إلى) — زاغَ[1] : مال أو رجع ليسار في خفية

﴿ فَرَاغَ إِلَى آلِهَتِهِمْ فَقَالَ أَلاَ تَأْكُلُونَ ﴾

﴿ فَرَاغَ إِلَى أَهْلِهِ فَجَاءَ بِعِجْلٍ سَمِينٍ ﴾ [الذاريات 26]

To turn against; to attack(with عَلَى) — زاغَ[2] : أقبل في استخفاء

﴿ فَرَاغَ عَلَيْهِمْ ضَرْبًا بِالْيَمِينِ ﴾ [الصافات 93]

ر و م

The Romans — الرُّوْمُ : دولة أوربية

***

زُوَيْداً : Rt.(ر و د)

رِيَاحٌ : Rt.(ر و ح)

***

ر ي ب

To doubt; to have doubt; to feel doubt — ارْتَابَ: (لارتاب ،وارتابت ،ترتابوا، يرتاب...) : شكّ

Doubt — رَيْبٌ : (ريب، ريبهم) : شكّ

(Evil) accident(s) — رَيْبُ الْمَنُونِ : حوادث الدهر ومصائبه ، حادث الموت المفاجيء

Misgiving; source of disquiet — رِيْبَةٌ : شك ونفاق

Grave; disquietening; hopeless; serious — مُرِيبٌ[1] : يبعث الريبة في النفوس

﴿ وَإِنَّهُمْ لَفِي شَكٍّ مِنْهُ مُرِيبٍ ﴾ [هود 110]

Doubter — مُرِيبٌ[2] : باعث للريبة في النفوس

﴿ مَنَّاعٍ لِلْخَيْرِ مُعْتَدٍ مُرِيبٍ ﴾ [ق 25]

Doubter — مُرْتَابٌ : شاكّ

***

رِيحٌ : Rt.(ر و ح)

رَيْحَانٌ : Rt.(ر و ح)

***

ر ي ش

Splendid vesture; clothing for beauty — رِيشٌ :(وريشا) : زينة ويطلق ما زاد عن حد الضرورة في موارات السوءات

ر ي ع

High place; height — رِيْعٌ : جبل وكل مكان مرتفع

ر ي ن

To become like rust; to be rust — رَانَ (ِ) : غلب وخبث

باب الزاي

❋❋❋

زاجِراتٌ :	(ز ج ر)	Rt.
زادَ :	(ز ي د)	Rt.
زادٌ :	(ز و د)	Rt.
زالَ : (للزول)	(ز و ل)	Rt.
زالَ :(يزال)	(ز ي ل)	Rt.
زانٍ :	(ز ن ى)	Rt.
زاهِدٌ :	(ز هـ د)	Rt.
زاهِقٌ :	(ز هـ ق)	Rt.
زبانيةٌ :	(ز ب ن)	Rt.

❋❋❋

ز ب د

زَبَدٌ : :(زبدا) : خبث ونفايات — Foam; scum

ز ب ر

زَبُورٌ :(زبورَ، زبوراً، زُبُر)

زَبُورٌ[1]: كتاب داود عليه السلام — Psalms

﴿ وَآتَيْنَا دَاوُودَ زَبُورًا ﴾ [النساء 163]

زَبُورٌ[2]: كتاب إلهي — Scripture; book; Psalms

﴿ جَاءُوا بِالْبَيِّنَاتِ وَالزُّبُرِ وَالْكِتَابِ الْمُنِيرِ ﴾ [آل عمران 184]

زُبْرَةٌ : (زبوراً، زُبَر) :

زُبْرَةٌ[1]: قطعة — Piece; block

﴿ آتُونِي زُبَرَ الْحَدِيدِ ﴾ [الكهف 96]

زُبْرَةٌ[2] : قطعة — Sect

﴿ فَتَقَطَّعُوا أَمْرَهُمْ بَيْنَهُمْ زُبُرًا ﴾ [المؤمنين 53]

زُبُرٌ : جمع زَبُورٌ	Plur.of زَبُورٌ
زُبَرٌ : جمع زُبْرَةٌ	Plur.of زُبْرَةٌ
زُبُرٌ : جمع زُبْرَةٌ	Plur.of زُبْرَةٌ

❋❋❋

ز ب ن

زَبَانِيـةٌ :(الزبانية) : ملائكـة يزبنون أي يدفعون أهل النار — Guards of hell; braves of the army

❋❋❋

زَبُورٌ :	(ز ب ر)	Rt.
زُجاجةٌ :	(ز ج ج)	Rt.

❋❋❋

ز ج ج

زُجَاجَـةٌ : :(زجاجة،الزجاجـة) : فتيـل وهو مادة شفافة صافية — Glass

ز ج ر

ازْدَجَـرَ : (وازدُجـر) : انتهـر ومنع — To repulse; to drive away

مُزْدَجَرٌ : ازدجار وانتهار وردع — Prevention; deterrent

زَجْرٌ : (زجراً) : دفع وطرد — The act of driving away with reproof

زَجْرَةٌ : صيحة — Shout; cry

زاجِرَاتٌ :(فالزاجرات) : ملائكة تدفع الشياطين وتنهى العباد عن الشر — Those who drive away with reproof

ز ج و

أَزْجَـى: (يزجـى) : دفـع وساق برفق — To drive (along); to waft; to speed

مُزْجَـى:(مزجـاة) : قليل يرده كل — Poor; scanty

تاجر رغبة عنه

ز ح ز ح

زَحْزَحَ : (زحزح) : دفع ونحى وأبعد — To remove (far away)

مُزَحْزِحٌ : (بمزحزحه) : مُبعد — That which removes (off)

ز ح ف

زَحْفٌ : (زحفاً) : جيش كبير — Army in battle; army marching for war

ز خ رف

زُخْرُفٌ: (زخرف،زخرفاً ،زخرفها)

زُخْـرُف[1]: نقـوش وتزاويق للزينة — Ornaments of gold; embellishment of gold; golden raiment

﴿ وَزُخْرُفًا وَإِنْ كُلُّ ذَلِكَ لَمَّا مَتَاعُ الْحَيَاةِ الدُّنْيَا ﴾ [الزخرف 35]

زُخْرُفٌ[2]: ذهب — Gold

﴿ أَوْ يَكُونَ لَكَ بَيْتٌ مِنْ زُخْرُفٍ ﴾ [الإسراء 93]

زُخْرُفَ القَوْلِ: المعسول المزيّن بالكذب — Plausible discourse; varnished falsehood

❋ ❋ ❋

زرابيُّ : جمع زَرِبيَّةٌ — Plur.of زَرِبيَّةٌ rt.(ز ر ب)

زُرَّاعٌ : جمع زارِعٌ — Plur.of زارِعٌ rt.(ز ر ع)

❋ ❋ ❋

ز ر ب

زَرِبيَّةٌ :(زرابي) : بُسُط — (Silken) carpet

ز ر ع

زَرَعَ(َ-): (تزرعون، تزرعونه) : بذر الحب لينبت وينمو — To sow; to cause to grow; to foster

زارِعٌ: (الزارعون) : من يقوم بالزرع — Fosterer; causer of growth; sower

زَرْعٌ: (زرع ،زرعاً، وزروع) : نبات كل شيء — Crops; seed-produce; cornfield; tillage

ز ر ق

أَزْرَقُ :(زرقاً) : لون معروف — One who is blue-eyed; one who is white-eyed (with terror)

زُرْقٌ : جمع أزرق — Plur.of أَزْرَقُ

❋ ❋ ❋

زُرُوعٌ: جمع زَرْعٌ — Plur.of زَرْعٌ rt.(ز ر ع)

❋ ❋ ❋

ز ر ي

ازْدَرَى : :(تزدري) : احتقر — To scorn; to hold in mean estimation

ز ع م

زَعَمَ(ُ):(زعم، زعمت ،تزعمون، يزعمون...) : قال قولاً يشك فيه ولا يُعلم لعله كذب أو باطل — To claim; to assert; to pretend; to think

زَعْمٌ : (بزعمهم) : دعوى لا تستند الى دليل — Make- believe

زَعِيمٌ : ضامن كفيل — Answerable for; one who is responsible for; one who vouches for

❋ ❋ ❋

زَعِيمٌ : — Rt.(ز ع م)

زَفٌّ : Rt.(ز ف ف)

***

ز ف ر

زَفِيرٌ : (زفير ، وزفيراً)

زَفِيرٌ [1] : صوت ناشيء من إخراج النفس — Sighing; groaning

﴿ فَفِي النَّارِ لَهُمْ فِيهَا زَفِيرٌ وَشَهِيقٌ ﴾ [هود 106]

زَفِيرٌ [2] : صوت جهنم المفزع — Roaring

﴿ سَمِعُوا لَهَا تَغَيُّظًا وَزَفِيرًا ﴾ [الفرقان 12]

***

ز ف ف

زَفَّ (ِ) : (يزفون) : اسرع — To hasten

ز ق م

زَقُّوْمٌ : :(زقوم ، الزقوم) : شجرة مرّة كريهة في جهنم — Zaqqum

***

زَقُّوْمٌ : Rt.(ز ق م)

زَكَا : Rt.(ز ك و)

زَكَاةٌ : Rt.(ز ك و)

***

ز ك ر

زَكَرِيا : نبي من آل عمران ساد قومه بالتقوى والصلاح — Zachariah; Zakariya

ز ك و

زَكَا (ُ) :(يزكو): طهر وصلح — To grow pure; to be pure

زَكَّى :(زكاها، تزكوا ،يزكون ،ويزكيهم) : طهر وصلح — To make to grow; to purify; to attribute purity to; to cause to grow

تَزَكَّى :(تزكى، يتزكى، يزكى) : تطهر — To grow; to purify oneself

أَزْكَى : : أصلح واطهر — Purer; more virtuous; purest

زَكِيٌّ : (زكياً، زكية) :

زَكِيٌّ [1] : طاهر صالح — Faultless; pure

﴿ لأَهَبَ لَكِ غُلاَمًا زَكِيًّا ﴾ [مريم 19]

زَكِيٌّ [2] : طاهر صالح — Innocent

﴿ قَالَ أَقَتَلْتَ نَفْسًا زَكِيَّةً بِغَيْرِ نَفْسٍ ﴾ [الكهف 74]

زَكَاةٌ : (الزكاة): طهر وصلاح ؛ صدقة ؛ قدر من المال واجب شرعا للفقراء — Poor-due; poor-rate

***

زَكَّى : Rt.(ز ك و)

زَكِيٌّ : Rt.(ز ك و)

زَلَّ : Rt.(ز ل ل)

زِلْزَالٌ: Rt.(ز ل ز ل)

***

ز ل ز ل

زَلْزَلَ : (زلزلت، وزلزلوا) : حرك بعنف — To shake (as with earthquake)

زِلْزَالٌ : (زلزالاً، زلزالها)

زِلْزَالٌ [1] : حركة عنيفة — Shaking; shock

﴿ هُنَالِكَ ابْتُلِيَ الْمُؤْمِنُونَ وَزُلْزِلُوا زِلْزَالاً شَدِيدًا ﴾ [الأحزاب 11]

زِلْزَالٌ [2] : اضطراب وتحرك عنيف — Earthquake; shaking

﴿ إِذَا زُلْزِلَتْ الأَرْضُ زِلْزَالَهَا ﴾ [الزلزلة 1]

زَلْزَلَةٌ : حركة عنيفة — Earthquake; violence

ز ل ف

أَزْلَفَ: (أزلفنا ، وأزلفت): دنى وقرّب ؛ أعدّ وهيّأ	To bring nigh; to bring near
زُلْفَـةٌ: (زلفـة ، وزلفـاً) : قـرب ودنو	Nearness
زُلَفٌ : جمع زُلفة	Plur.of زُلْفَة
زُلَفاً مِنَ الليلِ: ساعات من أول الليل	Some watches of the night; first hours of the night
زُلْفَى : منزلة ودرجة	Nearness

ز ل ق

أَزْلَقَ :(ليزلقونك) : صَرَع	To disconcert; to smite
زَلَقٌ : (زلقاً) : مكان أملس تزل فيه القدم	Smooth place; place without plant

ز ل ل

زَلَّ (ـِ) : (زللتم، فتـزل) : انحـرف أي وقـع فـي الـذنب أو أعرض عن الحق	To slip; to slide back
أَزَلَّ : (فأزلهمـا) : أوقـع فـي الخطأ	To cause to deflect; to cause to fall
اسْتَزَلَّ : (استزلهم) : أوقـع في الزلل	To cause to backslide

ز ل م

زَلَمٌ : (الأزلام) : سهم لا ريش فيه	(Divining) arrow

ز م ر

زُمْرَةٌ : (زمراً) : فوج وجماعة من الناس	Troop; company
زُمَرٌ : جمع زُمرة	Plur.of زُمْرَة

ز م ل

مُزَّمِّـلٌ : (المزمـل) : مـن تلفلـف فـي ثيابـه والمراد المستريح الساكن	One who is wrapped up in one's raiment; one who is wrapped up in one's garment

ز م ه ر

زَمْهَرِيـرٌ : (زمهريرا) : شـدة البرد	Bitter (intense) cold

* * *

زمهريرٌ :	Rt.(ز م ه ر)

* * *

ز ن ج ب ي ل

زَنْجَبِيـلٌ : (زنجبيلاً) : نبـات لـه عروق غلاظ تضرب في الأرض حريفة الطعم وكانت العرب تستطعمه	Ginger; Zanjabil

ز ن م

زَنِيْمٌ : دعيّ معروف بالشر	Intrusive; base-born

* * *

زَنَى :	Rt.(ز ن ى)
زِنَى :	Rt.(ز ن ى)

* * *

ز ن ى

زَنَـى(ـِ):(يزنون ، يزنين) : أتـى امرأة بغير وجه شرعي	To commit adultery; to commit fornication
زِنَـى : (الزنـى) : إتيـان المرأة من غير وجه شرعي	Adultery; fornication
زَانٍ : (زان،الزاني، والزانيـة..) : من يرتكب الزنا	Adulterer; fornicator
زانيـةٌ : (زانية،الزانية،والزانية): من ترتكب الزنا	Adulteress; fornicatoress

* * *

زَنِيْمٌ :	Rt.(ز ن م)

* * *

ز هـ د

زَاهِدٌ : (الزاهدين) : غير راغب — One who shows no desire; one who attaches no value

ز هـ ر

زَهْرَةٌ : بهجة وزينة — Flower; splendour

ز هـ ق

زَهَقَ (َ) : (زهق ، تزهق)

زَهَقَ[1] : زال وانقضى — To vanish

﴿ وَقُلْ جَاءَ الْحَقُّ وَزَهَقَ الْبَاطِلُ ﴾ [الإسراء 81]

زَهَقَ[2] : خرج — To pass away; to depart

﴿ يُعَذِّبَهُمْ بِهَا فِي الدُّنْيَا وَتَزْهَقَ أَنفُسُهُمْ ﴾ [الإسراء 85]

زَاهِقٌ : زال وانقضى ، خرج — That which vanishes

زَهُوقٌ : (زهوقاً) : زائل وباطل — Bound to vanish

* * *

زَهُوقٌ : Rt.(ز هـ ق)

زَوَالٌ : Rt.(ز و ل)

* * *

ز و ج

زَوَّجَ : (زوجناكها ،زوجناهم ،يزوجهم،زوّجت)

زَوَّجَ[1] : جعل له أو لها زوجاً — To give in marriage

﴿ فَلَمَّا قَضَى زَيْدٌ مِنْهَا وَطَرًا زَوَّجْنَاكَهَا ﴾ [الأحزاب 37]

﴿ كَذَلِكَ وَزَوَّجْنَاهُمْ بِحُورٍ عِينٍ ﴾ [الدخان 54]

زَوَّجَ[2] : جعلهم أصنافاً منهم الذكور ومنهم الإناث — To mingle; to make of both sorts

﴿ أَوْ يُزَوِّجُهُمْ ذُكْرَانًا وَإِنَاثًا ﴾ [الشورى 50]

زَوَّجَ[3] : قرن بما يشبه — To reunite; to unite

﴿ وَإِذَا النُّفُوسُ زُوِّجَتْ ﴾ [التكوير 7]

زَوْجٌ :(زوج، زوجك، أزواج، أزواجاً...)

زَوْجٌ[1] : بعل المرأة — Husband

﴿ قَدْ سَمِعَ اللَّهُ قَوْلَ الَّتِي تُجَادِلُكَ فِي زَوْجِهَا ﴾ [المجادلة 1]

زَوْجٌ[2] : امرأة — Wife

﴿ فَقُلْنَا يَاآدَمُ إِنَّ هَذَا عَدُوٌّ لَكَ وَلِزَوْجِكَ ﴾ [طه 117]

زَوْجٌ[3] : زوجة — Mate

﴿وَمِنْ آيَاتِهِ أَنْ خَلَقَ لَكُمْ مِنْ أَنفُسِكُمْ أَزْوَاجًا لِتَسْكُنُوا إِلَيْهَا﴾ [الروم 21]

زَوْجٌ[4] : صنف : الشيء معه ما يقارن به — kind; (sexual) pair; class

﴿ سُبْحَانَ الَّذِي خَلَقَ الأَزْوَاجَ كُلَّهَا ﴾ [يس 36]

﴿ وَأَنْبَتَتْ مِنْ كُلِّ زَوْجٍ بَهِيجٍ ﴾ [الحج 5]

﴿ لاَ تَمُدَّنَّ عَيْنَيْكَ إِلَى مَا مَتَّعْنَا بِهِ أَزْوَاجًا مِنْهُمْ ﴾ [الحجر 88]

ز و د

تَزَوَّدَ : (وتزودوا) : اتخذ زاداً — To make provision

زَادٌ : (الزاد) : طعام — Provision

ز و ر

زَارَ :(ُ) (زرتم) : قصد والمراد دفن — To come to

تَزَاوَرَ : مال وانحنى — To move away; to decline

زُورٌ : (زور ، زوراً) : باطل — Falsehood; lie; that which is false

قَوْلُ الزُّورِ : القول الباطل الكاذب — Lying speech; false words

ز و ل

زَالَ (ُ) (زالتا ، لتزول، تزولا)

زَالَ[1] : ذهب وتهدم — To move; to pass away

﴿ وَإِنْ كَانَ مَكْرُهُمْ لِتَزُولَ مِنْهُ الْجِبَالُ ﴾ [إبراهيم 46]

زَالَ[2] : ذهب وتهدم — To deviate; to come to naught

﴿ إِنَّ اللَّهَ يُمْسِكُ السَّمَاوَاتِ وَالأَرْضَ أَنْ تَزُولاَ ﴾ [فاطر 41]

زَوَالٌ : ذهاب وفناء — End; passing away

***

زِيادَةٌ : — Rt.(زي د)

***

ز ي ت

زَيْتٌ : (زيتها): عصارة الزيتون ودهنه — Oil

زَيْتُونٌ : (زيتون ، زيتوناً، زيتونة) : شجر زيتي مثمر تؤكل ثمرته بعد ملحها ويعصر منه الزيت — Olive; olive-tree(s)

ز ي د

زَادَ (ِ) :(زادته،زادتهم، أزيد، تزيدونني…)

زَادَ[1] : احدث زيادة — To increase; to add; to give increase

﴿ فِي قُلُوبِهِمْ مَرَضٌ فَزَادَهُمُ اللَّهُ مَرَضًا ﴾ [البقرة 10]

﴿ مَنْ كَانَ يُرِيدُ حَرْثَ الآخِرَةِ نَزِدْ لَهُ فِي حَرْثِهِ ﴾ [الشورى 20]

زَادَ[2] : نما في ذاته أو أضيف له شيء من جنسه — To be more

﴿ وَأَرْسَلْنَاهُ إِلَى مِائَةِ أَلْفٍ أَوْ يَزِيدُونَ ﴾ [الصافات 147]

ازْدَادَ : زاد — To increase; to add; to have in addition

زِيَادَةٌ : (وزيادة) : ما زاد على الشيء — Excess; addition

مَزِيدٌ : ما يُزاد — Addition; increase

الحُسنَى وزِيادَةٌ : المنزلة الحسنى ويُزاد عليها — Good (reward) and more (than this)

زَيْدٌ : زيد بن حارثة تبناه النبي(ص) — Zeyd; Zaid

ز ي غ

زَاغَ (ِ) :(زاغ، زاغوا، يزغ، يزيغ)

زَاغَ[1] : انحرف (عن القصد) — To deviate; to turn aside

﴿ وَمَنْ يَزِغْ مِنْهُمْ عَنْ أَمْرِنَا نُذِقْهُ مِنْ عَذَابِ السَّعِيرِ ﴾ [سبأ 12]

زَاغَ[2] : اضطرب فزعاً وخوفاً — To grow wild; to turn dull

﴿ وَإِذْ زَاغَتْ الأَبْصَارُ وَبَلَغَتْ الْقُلُوبُ الْحَنَاجِرَ ﴾ [الأحزاب 10]

أَزَاغَ : (أزاغ ، تُزغ) : أمال أو — To make to deviate; to cause

صرف عن الحق — to go astray

زَيْغٌ : انحراف وميل مع الأهواء — Perversity; doubt

ز ي ل

زَالَ(ـَ)/يزال: (زالت،زلتم، يزال، يزالون) : برح/يبْرحُ وتفيدان النفي ويلزم هذين الفعلين تقدّم أداة النفي(مَا زَالَ/لا يَزَالُ) فيدلّ بهما على الإستمرار وهما فعلان ناقصان من أخوات كان — Cease not to be; to be still

زَيَّل (بينَ) : (فزيلنا) : فرّق بين — To separate (between)

تَزَيَّلَ :(تزيّلوا) : تفرّق وتميّز بعض عن بعض — To separate; to be separated one from another

ز ي ن

زَيَّنَ :(زيّن،زيّنا،زيّنه، لأزيّنن...) :

زَيَّنَ[1] : حسّن وجمّل — To make fairseeming; to make to seem fair; to beautify

﴿ إِنَّ الَّذِينَ لَا يُؤْمِنُونَ بِالْآخِرَةِ زَيَّنَّا لَهُمْ أَعْمَالَهُمْ ﴾ [النمل 4]

﴿ حَبَّبَ إِلَيْكُمُ الإِيمَانَ وَزَيَّنَهُ فِي قُلُوبِكُمْ ﴾ [الحجرات 7]

زَيَّنَ[2] : حسّن وجمّل — To deck; to adorn; to beautify

﴿ إِنَّا زَيَّنَّا السَّمَاءَ الدُّنْيَا بِزِينَةٍ الْكَوَاكِبِ ﴾ [الصافات 6]

إِزَّيَّنَ : (ازّينت) : تحسّن — To be embellished; to become garnished

زِينَـةٌ : (زينـة ، زينـتكم ، زينتـه، زينتها..) : اسم لكل ما يتزين به

زِينَةٌ[1] : اسم لكل ما يتزين به — Adornment; ornament; embellishment

﴿ قُلْ مَنْ حَرَّمَ زِينَةَ اللَّهِ الَّتِي أَخْرَجَ لِعِبَادِهِ ﴾ [الأعراف 32]

زِينَةٌ[2] : اسم لكل ما يتزين به — Splendour; finery; pomp

﴿ رَبَّنَا إِنَّكَ آتَيْتَ فِرْعَوْنَ وَمَلأَهُ زِينَةً ﴾ [يونس 88]

زِينَةٌ[3] : اسم لكل ما يتزين به — Feast; festival

﴿ قَالَ مَوْعِدُكُمْ يَوْمُ الزِّينَةِ ﴾ [طه 59]

باب السين

***

سَاءَ : Rt.(س و أ)

سائِبَةٌ : Rt.(س ي ب)

سائِحٌ : Rt.(س ي ح)

سائِغٌ : Rt.(س و غ)

سائِقٌ : Rt.(س و ق)

سائِلٌ : Rt.(س أ ل)

سابِحٌ : Rt.(س ب ح)

سابِغاتٌ : Rt.(س ب غ)

سابَقَ : Rt.(س ب ق)

سابِقٌ : Rt.(س ب ق)

ساجِدٌ : Rt.(س ج د)

ساحَ : Rt.(س ي ح)

ساحَةٌ : Rt.(س و ح)

ساحِرٌ : Rt.(س ح ر)

ساحِلٌ : Rt.(س ح ل)

ساخِرٌ : Rt.(س خ ر)

سادَةٌ : جمع سيِّد Plur.of سيِّدٌ rt.(س و د)

سادِسٌ : Rt.(س د س)

سارَ : Rt.(س ي ر)

سارِبٌ : Rt.(س ر ب)

سارَعَ : Rt.(س ر ع)

سارِقٌ : Rt.(س ر ق)

ساعَةٌ : Rt.(س و ع)

سافِلٌ : Rt.(س ف ل)

ساقٌ : Rt.(س و ق)

ساقَ : Rt.(س و ق)

ساقَطَ : Rt.(س ق ط)

ساقِطٌ : Rt.(س ق ط)

ساكِنٌ : Rt.(س ك ن)

سالَ : Rt.(س ي ل)

سالِمٌ : Rt.(س ل م)

سامَ : Rt.(س و م)

سامِدٌ : Rt.(س م د)

سامِرٌ : Rt.(س م ر)

سامِرِيٌّ : Rt.(س م ر)

ساهٍ : (ساهون) Rt.(س ه و)

ساهِرَةٌ : Rt.(س ه ر)

ساهَمَ : Rt.(س ه م)

ساوَى : Rt.(س و ى)

سُؤالٌ : Rt.(س أ ل)

***

س أ ل

سَـأَلَ(ـَ) : (سأل سألتك ،أسألك ،سألني...) : استخبر وطلب المعرفة ؛ حاسب — To ask; to question

تَسَاءَلَ : (يتساءلون، ليتساءلوا، تساءلون)

تَسَاءَلَ[1] : سأل بعضهم بعضاً — To ask one another

﴿ عَمَّ يَتَسَاءَلُونَ ﴾ [النبأ 1]

تَسَاءَلَ[2] : تناشد وتقاسم ؛ تحالف — To claim of one another; to demand one of another

﴿ وَاتَّقُوا اللَّهَ الَّذِي تَتَسَاءَلُونَ بِهِ وَالأَرْحَامَ ﴾ [النساء 1]

سُؤْلٌ : (سُؤلك): مطلوب — Request; petition

سُؤَالٌ : (بسؤال): طلبٌ — Demand

سائِلٌ: (سائل،السائل...)

سائِلٌ[1] : طالب المعروف — Beggar; one who asks

﴿ وَأَمَّا السَّائِلَ فَلَا تَنْهَرْ ﴾ [الضحى 10]

سائِلٌ[2] : مُستخبِر — Inquirer; seeker; one who asks

﴿ وَقَدَّرَ فِيهَا أَقْوَاتَهَا فِي أَرْبَعَةِ أَيَّامٍ سَوَاءً لِلسَّائِلِينَ ﴾ [فصلت 10]

سائِلٌ[3] : مُستخبِر — Questioner; one who demands

﴿ سَأَلَ سَائِلٌ بِعَذَابٍ وَاقِعٍ ﴾ [المعارج 1]

مَسْؤُولٌ : (مسؤولاً ، مسئولون)

مَسْئُوْلٌ[1] : مُحاسَب — That (one) which (who) is asked; that (one) which (who) is questioned

﴿ وَقِفُوهُمْ إِنَّهُم مَسْئُولُونَ ﴾ [الصافات 24]

مَسْئُوْلٌ[2] : مطلوب الوفاء به — That which is fulfilled; that which is proper to be prayed for

﴿ كَانَ عَلَى رَبِّكَ وَعْدًا مَسْئُولاً ﴾ [الفرقان 16]

مَسْئُوْلٌ[3] : مطلوب الوفاء به — That which is answered for; that which is inquired of

﴿ وَكَانَ عَهْدُ اللَّهِ مَسْئُولاً ﴾ [الأحزاب 15]

س أ م

سَئِمَ(َ): (تسئموا،يسئم،يسئمون): ملّ أو تضجّر — To be tired; to tire;to be averse

❋ ❋ ❋

سَبَّ : Rt.(س ب ب)

سُبَاتٌ : Rt.(س ب ت)

❋ ❋ ❋

س ب أ

سَبَأ : (لسبأ): دولة ذات حضارة قديمة في شرق اليمن — Sheba

س ب ب

سَبَّ (ُ) : (تسبوا ، فيسبوا): نال غيره بالشتم الوجيع — To revile; to abuse

سَبَبٌ : (بسبب ، سببا ، أسباب)

سَبَبٌ[1] : حبل — Rope

﴿ فَلْيَمْدُدْ بِسَبَبٍ إِلَى السَّمَاءِ ثُمَّ لِيَقْطَعْ ﴾ [الحج 15]

سَبَبٌ[2] : وسيلة تمكّن من تحقيق ما يُراد — Road; means of access; course

﴿ إِنَّا مَكَّنَّا لَهُ فِي الأَرْضِ وَآتَيْنَاهُ مِنْ كُلِّ شَيْءٍ سَبَبًا ﴾ [الكهف 84]

س ب ت

سَبَتَ(ِ): ، يسبتون): قام بالواجب المقرر يوم السبت — To keep (the Sabbath)

سَبْتٌ : (السبت ، سبتهم): احد أيام الأسبوع — Sabbath

سُبَاتٌ : (سباتا): راحة وسكون — Repose; rest

س ب ح

سَبَحَ (َ): (يسبحون): دار او جرى في السماء بلا عائق — To float; to travel along swiftly

سَبَّحَ :(سبّح سبّحوا تسبّح نسبّح...)

سَبَّحَ[1] : نزّه وقدّس وأطاع — To glorify; to declare the glory

﴿ سَبَّحَ لِلَّهِ مَا فِي السَّمَاوَاتِ وَالأَرْضِ ﴾ [الحديد 1]

سَبَّحَ[2] : عظّم وأثنى — To hymn; to celebrate

﴿ وَنَحْنُ نُسَبِّحُ بِحَمْدِكَ وَنُقَدِّسُ لَكَ ﴾ [البقرة 30]

سَبْحٌ : (سبحاً)

سَبْحٌ[1] : جري وانطلاق — The act of swimming

﴿ وَالسَّابِحَاتِ سَبْحًا ﴾ [النازعات 3]

سَبْحٌ[2] : جري وانطلاق — Business; occupation

﴿ إِنَّ لَكَ فِي النَّهَارِ سَبْحًا طَوِيلاً ﴾ [المزمل 7]

سَابِحٌ: (والسابحات): جارٍ — One who floats; that which floats

سُبْحَانَ: (سبحان، سبحانك، سبحانه): كلمة تنزيه — Glory

سُبْحَانَ اللهِ : صيغة التنزيه والتسبيح لله تعالى — Glory be to Allah!

تَسْبِيحٌ: (وتسبيحه، تسبيحهم): تنزيه وخضوع — Praise; glorification

مُسَبِّحٌ:(المسبحون، المسبحين): مُنزِّه لله مقدِّس له — One who glorifies (Allah); One who declares (Allah's) glory

س ب ط

سِبْطٌ:(أسباط، أسباطا): قبيلة — Tribe

س ب ع

سَبْعٌ/سَبْعَةٌ :(سبع، سبعاً، سبعة): عدد معروف — Seven

سَبْعُونَ:(سبعون، سبعين): عدد معروف يراد به الكثرة — Seventy

سَبُعٌ :(السبع): حيوان مفترس — Wild beasts

س ب غ

أَسْبَغَ :(واسبغ): أتمّ وأضفى — To load with; to make complete

سَابِغَاتٌ : دروع تغطي جسم المقاتل — Long coats of mail

س ب ق

سَبَقَ(ِ):(سبق، سبقت، تسبق، يسبقون...)

سَبَقَ[1] : نفذ وتمّ — To go forth; to go before

﴿ وَلَقَدْ سَبَقَتْ كَلِمَتُنَا لِعِبَادِنَا الْمُرْسَلِينَ ﴾ [الصافات 171]

سَبَقَ[2] : تقدم — To go forth; to go before

﴿ كَذَلِكَ نَقُصُّ عَلَيْكَ مِنْ أَنْبَاءِ مَا قَدْ سَبَقَ ﴾ [طه 99]

سَبَقَ[3] : تقدم — To be before; to go ahead

﴿ لَوْ كَانَ خَيْرًا مَا سَبَقُونَا إِلَيْهِ ﴾ [الأحقاف 11]

سَبَقَ[4] : تقدم — To do before

﴿إِنَّكُمْ لَتَأْتُونَ الْفَاحِشَةَ مَا سَبَقَكُمْ بِهَا مِنْ أَحَدٍ مِنَ الْعَالَمِينَ﴾ [العنكبوت 28]

سَبَقَ[5] : تقدم — To outstrip; to come in first

﴿ مَا تَسْبِقُ مِنْ أُمَّةٍ أَجَلَهَا وَمَا يَسْتَأْخِرُونَ ﴾ [المؤمنون 43]

سَبَقَ[6] : اعجز وافلت من — To escape

﴿ أَمْ حَسِبَ الَّذِينَ يَعْمَلُونَ السَّيِّئَاتِ أَنْ يَسْبِقُونَا ﴾ [العنكبوت 4]

سَابَقَ :(سابقوا): بارى وبادر — To race; to hasten

اسْتَبَقَ : (واستبقا، فاستبقوا ، نستبق)

اسْتَبَقَ[1] : تبارى وبادر — To vie; to hasten

﴿ وَلِكُلٍّ وِجْهَةٌ هُوَ مُوَلِّيهَا فَاسْتَبِقُوا الْخَيْرَاتِ ﴾ [البقرة 148]

اسْتَبَقَ[2] : تسابق ؛ تناضل برمي السهام وتراهن — To race

﴿ ذَهَبْنَا نَسْتَبِقُ وَتَرَكْنَا يُوسُفَ عِنْدَ مَتَاعِنَا ﴾ [يوسف 17]

سَبْقٌ : (سبقا): تقدم واسراع — The act of hastening; the act of going ahead

سَابِقٌ: (سابقات، سابقون سابقين): متقدم في الخير ؛ مفلت — One who outstrips; winner; one who is foremost

مَسْبُوقٌ : (بمسبوقين): مغلوب عاجز — One who is overcome

س ب ل

سَبِيلٌ :(سبيل سبيلاً سبيله سبل ...)

سَبِيلٌ[1] : طريق سهل واضح — Way

﴿ وَإِنْ يَرَوْا سَبِيلَ الرُّشْدِ لاَ يَتَّخِذُوهُ سَبِيلاً ﴾ [الأعراف 146]

سَبِيلٌ[2] : طريق — Road

﴿ وَلاَ جُنُبًا إِلاَّ عَابِرِي سَبِيلٍ حَتَّى تَغْتَسِلُوا ﴾ [النساء 43]

سَبِيلٌ[3] : حجة أو إثم ؛ عتاب وذم — Way of blame; way of reproach

﴿ لَيْسَ عَلَيْنَا فِي الأُمِّيِّينَ سَبِيلٌ ﴾ [آل عمران 75]

ابْنُ السَّبِيلِ : مسافر لا مال له يكفيه — Wayfarer

سُبُلٌ : جمع سبيل — Plur.of سَبيلٌ

* * *

سبِيّلٌ : — Rt.(س ب ل)

* * *

س ت ت

سِتَّةٌ : ما بين الخمسة والسبعة من الأعداد المعروفة — Six

سِتُّونَ : (ستين): ست عشرات — Sixty

س ت ر

أسْتَتَرَ : (تستترون): غطى نفسه ليختفي — To hide oneself; to veil oneself

سِتْرٌ : (ستراً): غطاء — Shelter

مَسْتُورٌ :(مستوراً): خافٍ لا يُرى — Hidden

* * *

سِتِّينَ : — Same as سِتُّونَ rt. (س ت ت)

* * *

س ج د

سَجَدَ(ـُ):(فسجد سجدوا ،اسجد نسجد...): وضع جبهته على الأرض ؛ انقاد وخضع — To prostrate oneself; to make obeisance; to fall prostrate

سُجُودٌ: (السجود)

سُجُودٌ[1] : مصدر من سجد يسجد إذا وضع جبهته على الأرض — Prostration; making obeisance

﴿ سِيمَاهُمْ فِي وُجُوهِهِمْ مِنْ أَثَرِ السُّجُودِ ﴾ [الفتح 29]

سُجُودٌ[2] : مصدر من سجد يسجد إذا وضع جبهته على الأرض — Prostration; prayers

﴿ وَمِنَ اللَّيْلِ فَسَبِّحْهُ وَأَدْبَارَ السُّجُودِ ﴾ [ق 40]

سُجُودٌ[3] : جمع ساجد — Plur.of سَاجِدٌ

﴿ وَطَهِّرْ بَيْتِيَ لِلطَّائِفِينَ وَالْقَائِمِينَ وَالرُّكَّعِ السُّجُودِ ﴾ [الحج 26]

سَاجِدٌ: (ساجداً، ساجدون سجداً، السجود): من يضع جبهته على الأرض — One who makes prostration; one who prostrates oneself

مَسْجِدٌ : (مسجد، مسجداً، مساجد...)

مَسْجِدٌ[1] : مكان السجود — Place of worship; mosque; masjid

﴿ لَمَسْجِدٌ أُسِّسَ عَلَى التَّقْوَى مِنْ أَوَّلِ يَوْمٍ أَحَقُّ أَنْ تَقُومَ فِيهِ ﴾ [التوبة 108]

مَسْجِدٌ[2] : بيت المقدس أقامه داود عليه السلام — Temple; mosque

﴿ وَلِيَدْخُلُوا الْمَسْجِدَ كَمَا دَخَلُوهُ أَوَّلَ مَرَّةٍ ﴾ [الإسراء 7]

مَسْجِدٌ[3] : موضع الصلاة وفيه الركوع والسجود وهو مكان الخشوع والخضوع — Sanctuary; mosque

﴿ وَمَنْ أَظْلَمُ مِمَّنْ مَنَعَ مَسَاجِدَ اللَّهِ أَنْ يُذْكَرَ فِيهَا اسْمُهُ ﴾ [البقرة 114]

مَسْجِدٌ[4] : مكان السجود — Time of prayer; place of worship

﴿ يَابَنِي آدَمَ خُذُوا زِينَتَكُمْ عِنْدَ كُلِّ مَسْجِدٍ ﴾ [الأعراف 31]

س ج ر

سَجَرَ(ـُ): (يسجرون): أحرق ظاهراً وباطناً — To thrust; to burn

سَجَّرَ : (سُجِّرت): ملأ — To set on fire; to rise

مَسْجُورٌ : (المسجور): مملوءة — Kept filled; swollen

س ج ل

سِجِلٌّ : (السجل): ما يكتب فيه من ورق ونحوه — Record; scroll

سِجِّيلٌ : طينٌ متحجِّرٌ — Backed clay; heated clay

س ج ن

سَجَنَ(ـُ): (ليسجننّه، يسجن، ليسجنن): وضع في السجن — To imprison

مَسْجُونٌ : (المسجونين): من يُوضع في السجن — Prisoner; imprisoned

سِجْنٌ : (السجن): مكان يوضع فيه المتهمون — Prison

صَاحِبُ السِّجْنِ: زميلٌ في السجن — Fellow- prisoner; mate of the prison

سِجِّينٌ : موضعٌ فيه كتاب لأعمال الفجرة — Sijjin

س ج و

سَجَى (ـُ) : موضعٌ فيه كتاب لأعمال الفجرة — To be still; to cover with darkness

* * *

سُجُودٌ: مادة (س ج د) — Rt.(س ج د). Also

وكذلك جمع ساجِد	plur.of سَاجِدٌ rt.(س ج د)
سَجَى :	Rt.(س ج و)
سِجِّيلٌ :	Rt.(س ج ل)
سِجِّينٌ :	Rt.(س ج ن)
سَحابٌ :	Rt.(س ح ب)
سَحَّارٌ :	Rt.(س ح ر)

***

س ح ب

سَحَبَ (ـَ) : (يسحبون): جرّ على وجه الأرض	To drag
سَحَابٌ : (سحاب، سحاباً): غيوم أمطرت أو لم تمطر	Cloud(s)

س ح ت

أَسْحَتَ : (فيسحتكم): استأصل	To destroy; to extirpate
سُحْتٌ: (السحت): مال حرام	Illicit gain; that which is cquired unlawfully

س ح ر

سَحَرَ (ـَ): (سحروا، لتسحرنا، تسحرون): فعل السّحر؛ صرف وخدع	To bewitch; to charm; to cast a spell (on the eye)
سِحْرٌ : (سحر ،بسحر ،السحر سحرهم..): قول أو فعل يترتب عليه أمر خارق للعادة ويقوم على التمويه والخداع	Magic; sorcery; enchantment
سَاحِرٌ : (ساحر، ساحران سحرة...): من يزاول السّحر؛ عالم	Magician; wizard; enchanter
سَحَرَةٌ : جمع ساحِر	Plur.of سَاحِرٌ
سَحَّارٌ : صيغة مبالغة لمن يعمل السحر	Magician; wizard
مَسْحُورٌ : (مسحوراً...): من فعل به السّحر أو من غُذّي بالطعام وعُلّل به	Bewitched; enchanted; deprived of reason
مُسَحَّرٌ : (المسحرين): من فعل به السّحر	Bewitched; deluded
سَحَرٌ : (بسحر، بالأسحار): قطعة من آخر الليل قبيل الفجر	Last watch of night; daybreak

س ح ق

سُحْقاً : (فسحقاً): بُعداً	Far Removed!
سَحِيقٌ : بعيد	Far off; Far-distant
إِسْحَاقُ : أحد الانبياء وابن إبراهيم الخليل من زوجه ساره	Esa'ac; Ishaq

س ح ل

سَاحِلٌ :(بالساحل): شاطئ البحر أو النهر	Bank; shore

س خ ر

سَخِرَ (ـَ): (سخر سخروا تسخر، تسخر ...): أهان وهزأ به	To mock; to scoff; to deride
سَخَّرَ : (سخر، سخرنا، سخرناها، سخرها)	
سَخَّرَ [1] : ذلل ويسر	To subdue; to make subservient; to make to be of service

﴿ وَسَخَّرَ لَكُمُ الشَّمْسَ وَالْقَمَرَ دَائِبَيْنِ ﴾ [إبراهيم 33]

﴿ وَسَخَّرْنَا مَعَ دَاوُودَ الْجِبَالَ يُسَبِّحْنَ وَالطَّيْرَ ﴾ [الأنبياء 79]

سَخَّرَ [2] : سلط	To impose; to make to prevail

﴿ سَخَّرَهَا عَلَيْهِمْ سَبْعَ لَيَالٍ وَثَمَانِيَةَ أَيَّامٍ حُسُومًا ﴾ [الحاقة 7]

اسْتَسْخَرَ : (يستسخرون): سخر فبالغ في السخرية — To scoff

سَاخِرٌ : (الساخرين): من يسخر بغيره — Scoffer; one who laughs to scorn

سِخْرِيٌّ : (سخرياً): مثار للسخرية والاستهزاء — Laughing-stock; mockery; scorn

سُخْرِيٌّ : (سخرياً): من قهر وأخضع — One who is in subjection; one who is compelled to serve without payment

مُسَخَّرٌ : (مسخر، مسخرات): مذلل خاضع أو مقهور مذلل — Made subservient; (made) obedient

س خ ط

سَخِطَ(ـَ): (سخط، يسخطون): اعدّ له سوء العذاب بسبب سوء فعله — To be wroth with; to be enraged; to be of rage; to displease

أسْخَطَ : أغضب وأوجب العذاب — To anger; to displease

سَخَطٌ : غضب ومهانة وسوء عذاب — Condemnation; displeasure

***

سَدٌّ : Rt.(س د د)

***

س د د

سَدٌّ : (سداً، السدين)

سَدٌّ[1] : حاجز — Barrier

﴿ عَلَى أَنْ تَجْعَلَ بَيْنَنَا وَبَيْنَهُمْ سَدًّا ﴾ [الكهف 94]

سَدٌّ[2] : حاجز — Mountain

﴿ حَتَّى إِذَا بَلَغَ بَيْنَ السَّدَّيْنِ وَجَدَ مِنْ دُونِهِمَا قَوْمًا ﴾ [الكهف 93]

سَدِيدٌ : (سديداً): صواب متفق مع العدل والشرع — Straight to the point; right

س د ر

سِدْرٌ : شجر النبق وهو شجر شائك وفي ثمره حلاوة — Lote-tree(s)

سِدْرَةٌ :(سدرة،السدرة): شجرة النبق — A lote-tree

سِدْرَةُ الْمُنْتَهَى: شجرة بأقصى الجنة — Lote – tree of the utmost boundary; farthest lote-tree

س د س

سُدُسٌ :(السدس): جزء من ستة — Sixth part

سَادِسٌ : (سادسهم): من يكمل العدد إلى الستة — The sixth

***

سُدًى : Rt.(س د ى)

***

س د ى

سُدًى : مهمل فلا يُجازى — Aimless

***

سَدِيدٌ : Rt.(س د د)

سَرٌّ : Rt.(س ر ر)

سِرٌّ : Rt.(س ر ر)

سَرَّاءُ : Rt.(س ر ر)

سرائِرُ : جمع سريرة — Plur.of سريرةٌ rt.(س ر ر)

سَرَابٌ : Rt.(س ر ب)

سرابِيلُ : جمع سِرْبال — Plur.of سِرْبالrt. (س ر ب ل)

سِراجٌ :	Rt.(س ر ج)
سَرَاحٌ :	Rt.(س ر ح)
سُرادِقٌ :	Rt.(س ر د ق)
سِراعٌ : جمع سَريع	Plur.of سَريعٌ rt.(س ر ع)

***

س ر ب

سَرَباً : مسلكا خفيّاً	Being free; going away
سَـرَابٌ : (كسراب، سرابا): شـيء لا حقيقة له	Mirage
سَارِبٌ : ظاهر لا خفاء فيه	One who goes freely; one who goes forth

س ر ب ل

سِـرْبَالٌ: (سرابيل، سرابيلهم): قميص أو دروع	Coat; raiment; shirt

س ر ج

سِرَاجٌ : (سراجا): مصباح زاهرٌ ؛ رسول يهتدى به	(Great) lamp; torch

س ر ح

سَـرَحَ (ـ): (تسرحون): تـترك (الماشية) ترعى حيث تشاء	To take out to pasture; to send forth (to pasture)
سَـرَّحَ: (أسـرحكن، سرّحوهن): أرسل وطلّق	To release; to allow to depart
سَرَاحٌ : (سراحا): تطليق المرأة	Release; departing
تَسْرِيحٌ :(فتسريح): تخلية المطلّقة تـتم عدّتها لا يراجعها أحد	Release; the act of letting (a woman) go

س ر د

سَـرْدٌ : (السرد): نـسج الـدروع نـسجاً محكماً بحيث تثبت على جسم المقاتل	Links; making of coats of mails

س ر د ق

سُرادِقٌ :(سرادقها): خيمة وكل ما احيط بالشيء	Tent; curtains

س ر ر

سَرَّ (ُ) : (تسرّ): افرح	To gladden; to give delight
أسَرَّ :(أسرّ ،أسررت ،تسرّون ،يسرّون...)	
أسَرَّ [1] : اخفى	To hide; to conceal

﴿ قَالَ يَابُشْرَى هَذَا غُلاَمٌ وَأَسَرُّوهُ بِضَاعَةً ﴾ [يوسف 19]

أسَرَّ [2] : افضى بالشيء على انّه سِرّ	To confide; to communicate secretly

﴿ وَإِذْ أَسَرَّ النَّبِيُّ إِلَى بَعْضِ أَزْوَاجِهِ حَدِيثًا ﴾ [التحريم 3]

أسَرَّ [3] : اخفى	To feel; to manifest

﴿ وَأَسَرُّوا النَّدَامَةَ لَمَّا رَأَوُا الْعَذَابَ ﴾ [يونس 54]

إِسْـرَارٌ :(إسـرارا، إسـرارهم): اخفاء ؛ خفايا ومكنون النفوس	Secret talk; secret; speaking in secret
سِرٌّ : (سر ، سرّاً ، سرّكم ، سرّهم): ما يكتم أو يُخفى	Secret
سِرّاً وعَلانِيةً: ما يُخفى وما يُعلن	Secretly and openly
سُرُورٌ : (سرورا): لذّة في القلب	Joy; happiness
مَسْرورٌ : (مسرورا): فرح مبتهج	Joyous; joyful
سَرِيرةٌ : (سرائر): ما أخفي في النفوس من النيات والأعمال	Hidden thought; hidden thing

سَرَّاءُ: (السراء): خير ونعمة تسرّ	Ease; happiness
سَرِيرٌ (سرر، سرراً): ما يَجلس أو يَضجع علية	(Raised) couch
سُرُرٌ : جمع سَرِير	Plur.of سريرٌ

س ر ع

سَارَعَ:(سارع، يسارعون سارعوا): مضى وبادر ، رغب في ولاء	To vie one with another; to strive in hasting; to fall hastily
سَرِيعٌ : (سريع، سراعاً)	
سَرِيعٌ[1] : وصف لله يفيد أنه تعالى لا يحتاج إلى رؤية في عقاب الكافرين كما أنهم لن يفلتوا من عذابه	Swift

﴿ إِنَّ رَبَّكَ سَرِيعُ الْعِقَابِ وَإِنَّهُ لَغَفُورٌ رَحِيمٌ ﴾ [الأنعام 165]

سَرِيعٌ[2] : ضدّ بطيء	Hasting forth; making haste

﴿ يَوْمَ يَخْرُجُونَ مِنَ الأَجْدَاثِ سِرَاعًا ﴾ [المعارج 33]

أَسْرَعُ : صيغة تفضيل من سرُعَ	Swiftest; most swift

س ر ف

أَسْرَفَ :(أسرف،أسرفوا،تسرفوا،يسرف...)	
أَسْرَفَ[1] : تجاوز القصد وأفرط	To be prodigal; to act extravagantly; to be extravagant

﴿ وَكُلُوا وَاشْرَبُوا وَلاَ تُسْرِفُوا ﴾ [الأعراف 31]

أَسْرَفَ[2] : تجاوز القصد وأفرط	To exceed the just limits; to commit excess

﴿ فَلاَ يُسْرِفْ فِي الْقَتْلِ إِنَّهُ كَانَ مَنصُورًا ﴾ [الإسراء 33]

إِسْرَافٌ : (إسرافاً، إسرافنا): تجاوز للقصد وإفراط	Extravagance; squandering
مُسْرِفٌ:(مسرف، مسرفون، مسرفين): مفرط متجاوز للقصد	One who is prodigal; one who is extravagant; wanton

س ر ق

سَرَقَ (ـِ) : (سرق ، يسرق، يسرقن): أخذ في خفية دون حق	To steal
اسْتَرَقَ : استمع في خفية	To steal
سَارِقٌ :(سارق، سارقة، سارقون، سارقين): من أخذ مال غيره في خفية	One who steals; thief

س ر م د

سَرْمَدٌ : (سرمداً): زمن دائم طويل	Everlasting

س ر و – س ر ى

سَرَى (ـِ) : (يسر): مضى وذهب	To depart
أَسْرَى : (أسرى، أسر): جعله يسير	To carry; to make to go; to travel; to take away
سَرِيٌّ :(سرِيًا): سَيِّدٌ شريف	Rivulet; stream

* * *

سَرِيعٌ :	Rt.(س ر ع)
سَطًا :	Rt.(س ط و)

* * *

س ط ح

سَطَحَ (ـَ) : (سَطحت): مهّدَ للسكنى	To spread; to make a vast expanse

س ط ر

سَطَرَ (ـُ) : (يسطرون): خط وكتب	To write

مَسْطُورٌ : (مسطور، مسطوراً): مكتوب — Inscribed; written; set forth

مُسْتَطِرٌ : مكتوب — Recorded; written down

إِسْطَارَةٌ : (أساطير): خرافة وأباطيل — Fable; story

مُصَيْطِرٌ : (مصيطر، مصيطرون): متسلط — Watcher; warder; one who is set in absolute authority; one who is given charge of

س ط و

سَطَا (ُ): (يسطون): بطش — To attack; to spring upon

***

سَعَةٌ : Rt.(و س ع)

***

س ع د

سَعِدَ (َ) : (سُعدوا): نقيض شقي أي نعمْ — To be glad; to be happy

سَعِيدٌ : نقيض شقيّ أي متنعم — Happy

س ع ر

سَعَّرَ : (سُعرت) : أوقد وهيّج — To light; to kindle up

سَعِيرٌ : (سعير، سعيراً): نار موقدة أو اسم لجهنم — Flame; burning fire

سُعُرٌ : (وسُعر): جمع سعير ، جنون — Madness; distress

***

سَعَوْا : تصريف سَعَى — Conj.of سَعَى

سَعَى : Rt.(س ع ى)

***

س ع ى

سَعَى (َ) : (سعى،سعوا، تسعى، يسعى،...)

سَعَى[1]: عمل عملاً خيرا كان أو شرا — To strive; to make effort

﴿ وَمَنْ أَظْلَمُ مِمَّنْ مَنَعَ مَسَاجِدَ اللَّهِ أَنْ يُذْكَرَ فِيهَا اسْمُهُ وَسَعَى فِي خَرَابِهَا ﴾ [البقرة 114]

﴿ وَأَنْ لَيْسَ لِلإِنسَانِ إِلاَّ مَا سَعَى ﴾ [النجم 39]

سَعَى[2]: مشى وسار — To run

﴿ وَجَاءَ رَجُلٌ مِنْ أَقْصَى الْمَدِينَةِ يَسْعَى ﴾ [القصص 20]

سَعَى[3]: مشى وسارع — To hasten; to haste

﴿ يَاأَيُّهَا الَّذِينَ آمَنُوا إِذَا نُودِي لِلصَّلاَةِ مِنْ يَوْمِ الْجُمُعَةِ فَاسْعَوْا إِلَى ذِكْرِ اللَّهِ ﴾ [الجمعة 9]

سَعْيٌ :(السعي، سعياً، سعيكم،سعيه...)

سَعْيٌ[1] : عمل — Endeavour; effort

﴿ هَذَا كَانَ لَكُمْ جَزَاءً وَكَانَ سَعْيُكُمْ مَشْكُورًا ﴾ [الإنسان 22]

﴿ إِنَّ سَعْيَكُمْ لَشَتَّى ﴾ [الليل 4]

سَعْيٌ[2] : مشى وسير سريع — The act of hastening

﴿ ثُمَّ ادْعُهُنَّ يَأْتِينَكَ سَعْيًا ﴾ [البقرة 260]

بَلَغَ السَّعْيَ: كبر واستطاع أن يعمل — To be old enough to walk; to attain to working

***

سَعِيدٌ : Rt.(س ع د)

سَعِيرٌ : Rt.(س ع ر)

***

س غ ب

مَسْغَبَةٌ : مجاعة — Hunger

***

سَفاهةٌ : — Rt.(س ف هـ)

***

س ف ح

مَسْفُوحٌ : (مسفوحاً): سائل مصبوب — Poured forth

مُسَافِحٌ : (مسافحين، مسافحات): زانٍ — One who commits adultery; one who fornicates

س ف ر

أسْفَرَ : اضاء واشرق — To shine (forth)

مُسْفِرٌ : (مسفرة): مشرقٌ — Bright (dawn)

سَافِرٌ : (سفرة): ملك يحصى الأعمال — Scribe

سَفَرَةٌ : جمع سافِر — Plur.of سَافِرٌ rt. (س ف ر)

سَفَرٌ :(سفر، سفراً، سفرنا،أسفارنا): مسافة يقطعها المسافر — Journey

سِفْرٌ :(أسفارا): كتاب — Book

س ف ع

سَـفَعَ (ـَ) :(لنسفعن): أخـذ بـ كنايـة عن القهر والإذلال — To seize; to smite

س ف ك

سَفَكَ (ـِ) : (تسفكون، يسفك): أراق — To shed blood

س ف ل

سَافِلٌ : (سافلها، سافلين): ساقط — One who is low

جَعَلَ عَالِيَهَا سَافِلَهَا : : جعل أعلاها ساقطها وادناها — To overthrow; to turn upside down

أَسْفَلُ : (أسفل، أسفلين، السفلى)

أَسْفَلُ[1] : من سفل يسفل: إذا سقط: نقيض الأعلى — Lowest; nethermost; undermost

﴿ إِنَّ الْمُنَافِقِينَ فِي الدَّرْكِ الأَسْفَلِ مِنَ النَّارِ ﴾ [النساء 145]

﴿ وَجَعَلَ كَلِمَةَ الَّذِينَ كَفَرُوا السُّفْلَى ﴾ [التوبة 40]

أَسْفَلُ[2] : من سفل يسفل: إذا سقط: نقيض الأعلى — Below

﴿ إِذْ جَاءُوكُمْ مِنْ فَوْقِكُمْ وَمِنْ أَسْفَلَ مِنْكُمْ ﴾ [الأحزاب 10]

أَسْفَلُ[2]: ذليل مقهور — Lowest; undermost

﴿ فَأَرَادُوا بِهِ كَيْداً فَجَعَلْنَاهُمُ الأَسْفَلِينَ ﴾ [الصافات 98]

سُفْلَى : مؤنث أسفلُ — Fem. of أَسْفَلُ rt. (س ف ل)

س ف ن

سَفِينَةٌ :(السفينة): مَرْكب البحر — Ship; boat

س ف هـ

سَفِهَ (ـَ) : حمل على السفه أي أهلك وخسر — To make a fool of; to befool

سَفَهٌ : (سفها): سفاهة ونقصان عقل وإيمان — Foolishness

سَفَهاً : بسفاهةٍ ونقصان عقل وإيمان — Foolishly; besottedly

سَفَاهَةٌ : حمق ونقصان عقل — Foolishness; folly

سَفِيهٌ : (سفيه، سفيهاً، سفهاء)

سَفِيهٌ[1] : من يتصرف عن جهل أو نقصان دين — foolish; fool

﴿ سَيَقُولُ السُّفَهَاءُ مِنْ النَّاسِ مَا وَلاَّهُمْ عَنْ قِبْلَتِهِمْ ﴾ [البقرة 142]

سَفِيهٌ[2] : سيّء التصرف في الأموال — Unsound in understanding; of low understanding

﴿ فَإِنْ كَانَ الَّذِي عَلَيْهِ الْحَقُّ سَفِيهًا أَوْ ضَعِيفًا ﴾ [البقرة 282]

***

سُفَهَاءُ : جمع سفيه — Plur.of سَفِيه rt.(س ف ه)

سَفِينَةٌ : — Rt.(س ف ن)

سَفِيهٌ : — Rt.(س ف ه)

سِقَايَةٌ : — Rt.(س ق ي)

***

س ق ر

سَقَرُ : النار إذا اشتد حرها وأذاها أو علم على جهنم — Hell; burning

س ق ط

سَقَطَ (ُ): (سقط ، تسقط،سقطوا): وقع — To fall

سُقِطَ فِي يَدِهِ: ندم وتحيّر بعد أن ضلّ — To fear the consequences; to repent

سَاقَطَ : (تُساقط): وقـع أو تابع السقوط — To cause to fall; to bring down; to cause to come down

أَسْقَطَ :(تسقط، نسقط، فأسقط): أنـزل وأوقع — To cause to fall; to bring down; to cause to come down

سَاقِطٌ :(ساقطا): نازل وواقع — Falling

س ق ف

سَقْفٌ :(سقف، سقفاً، سقُفاً): أعلى كل شيء ومنه السماء — Roof

سُقُفٌ : جمع سَقْف — Plur.of سَقْف

س ق م

سَقِيمٌ : مريض — Sick

***

سَقَى : — Rt.(س ق ى)

***

س ق ى

سَقَى (ِ) :(فسقى، سقاهم، تُسقى،نسقي...)

سَقَى[1] : روى — To water; to give to drink

﴿ قَالَتَا لاَ نَسْقِي حَتَّى يُصْدِرَ الرِّعَاءُ ﴾ [القصص 23]

﴿ وَالَّذِي هُوَ يُطْعِمُنِي وَيَسْقِينِي ﴾ [الشعراء 79]

سَقَى[2] : أروى — To make to drink; to slack one's thirst

﴿ وَيُسْقَوْنَ فِيهَا كَأْسًا كَانَ مِزَاجُهَا زَنجَبِيلاً ﴾ [الإنسان 17]

سَقَى[3] : أعطى شرابا — To pour out; to give to drink

﴿ أَمَّا أَحَدُكُمَا فَيَسْقِي رَبَّهُ خَمْرًا ﴾ [يوسف 41]

أَسْقَى :(وأسقيناكم، فأسقيناكموه، نسقيكم، ونسقيه...): سقى وأروى — To give to drink

اسْتَسْقَى :(استسقى،استسقاه): طلب السقيا — To ask for water; to pray for drink

سِقَايَةٌ :

سِقَايَةٌ[1] : سقي الماء — Slacking of (the pilgrim's) thirst; giving of drink (to the pilgrims)

﴿ أَجَعَلْتُمْ سِقَايَةَ الْحَاجِّ وَعِمَارَةَ الْمَسْجِدِ الْحَرَامِ ﴾

[التوبة 19]

سِقَايَةٌ[2] : إناء يُسقى به ويكال — Drinking-cup

﴿ فَلَمَّا جَهَّزَهُمْ بِجَهَازِهِمْ جَعَلَ السِّقَايَةَ فِي رَحْلِ أَخِيهِ ﴾ [يوسف 70]

سُقْيا :(سقياها): اسم من السقي — Drink

❋❋❋

سَقِيمٌ : Rt.(س ق م)

سُكَارَى : جمع سَكْرَان — Plur.of سَكْرَانٌ rt.(س ك ر)

❋❋❋

س ك ب

مَسْكُوبٌ : منساب من غير حدود — Flowing constantly; gushing

س ك ت

سَكَتَ(ـُ): سكن وهدأ — To abate; to calm down

س ك ر

سَكَّرَ : (سُكِّرت): حبس عن النظر أو حير — To cover over

سَكَرٌ :(سكرا): ما يكون منه السكر من خمر وشراب — Strong drink; intoxication

سَكْرَةٌ : (سكرة ، سكرتهم)

سَكْرَةٌ[1] : غشية وشدة — Agony; stupor

﴿ وَجَاءَتْ سَكْرَةُ الْمَوْتِ بِالْحَقِّ ﴾ [ق 19]

سَكْرَةٌ[2] : غلبة الأهواء على العقول — Frenzy of approaching death; intoxication

﴿ لَعَمْرُكَ إِنَّهُمْ لَفِي سَكْرَتِهِمْ يَعْمَهُونَ ﴾

[الحجر 72]

سَكْرَانُ :(سكارى): غائب العقل فلا يدرك — Drunken; intoxicated

س ك ن

سَكَنَ (ـُ) : (تسكنون،ليسكن...)

سَكَنَ[1] : أقام — To dwell; to inhabit

﴿ وَسَكَنْتُمْ فِي مَسَاكِنِ الَّذِينَ ظَلَمُوا أَنْفُسَهُمْ ﴾

[إبراهيم 45]

﴿ فَتِلْكَ مَسَاكِنُهُمْ لَمْ تُسْكَنْ مِنْ بَعْدِهِمْ إِلاَّ قَلِيلاً ﴾

[القصص 58]

سَكَنَ[2] : قر وثبت بعد حركة ، أو اطمأن — To rest; to find rest

﴿ وَلَهُ مَا سَكَنَ فِي اللَّيْلِ وَالنَّهَارِ ﴾ [الأنعام 13]

﴿ وَجَعَلَ مِنْهَا زَوْجَهَا لِيَسْكُنَ إِلَيْهَا ﴾

[الأعراف 189]

أَسْكَنَ :(أسكنت، فأسكناه، ولنسكنكم، ليسكن...)

أَسْكَنَ[1] : أقامة بالمكان — To settle

﴿ رَبَّنَا إِنِّي أَسْكَنتُ مِنْ ذُرِّيَّتِي بِوَادٍ غَيْرِ ذِي زَرْعٍ ﴾ [إبراهيم 37]

أَسْكَنَ[2] : جعله يقر — To cause to settle; to give lodging

﴿ وَأَنْزَلْنَا مِنَ السَّمَاءِ مَاءً بِقَدَرٍ فَأَسْكَنَّاهُ فِي الأَرْضِ ﴾ [المؤمنون 18]

أَسْكَنَ[3] : جعل له سكناً يقيم فيه — To lodge

﴿ أَسْكِنُوهُنَّ مِنْ حَيْثُ سَكَنتُمْ مِنْ وُجْدِكُمْ ﴾ [الطلاق 6]

أَسْكَنَ[4] : جعله يقر ويهدأ — To calm; to cause to become still

﴿ إِنْ يَشَأْ يُسْكِنِ الرِّيحَ ﴾ [الشورى 33]

سَكَنٌ :(سكن ، سكناً)

سَكَنٌ[1] : موضع تطمئن اليه النفوس — Abode

﴿ وَاللَّهُ جَعَلَ لَكُمْ مِنْ بُيُوتِكُمْ سَكَنًا ﴾ [النحل 80]

سَكَنٌ[2] : وقت سكون واطمئنان — Rest; stillness

﴿ فَالِقُ الإِصْبَاحِ وَجَعَلَ اللَّيْلَ سَكَنًا ﴾ [الأنعام 96]

سَكَنٌ[3] : ما تطمئن إليه النفس وتهدأ — Relief; assuagement

﴿ وَصَلِّ عَلَيْهِمْ إِنَّ صَلاَتَكَ سَكَنٌ لَهُمْ ﴾ [التوبة 103]

سَاكِنٌ : (ساكناً): قارّ ثابت — Still; stationary

سَكِينَةٌ : (السكينة ، سكينته): هدوء وثبات وطمأنينة قلب — Peace of assurance; tranquility

مَسْكَنٌ : (مسكنهم،مساكن،مساكنكم، مساكنهم...): مكان سكن — Dwelling-place; dwelling; abode

مَسْكُونٌ :(مسكونة): آهلٌ بالسكان — Inhabited

غَيْرُ مَسْكُونٍ: غير آهل بالسكان — Uninhabited

مَسْكَنَةٌ : (المسكنة): الفقر والخضوع — Wretchedness; humiliation

مِسْكِينٌ : (مسكين،المسكين،مساكين، والمساكين...): فقيرٌ أذله الفقر — Man in need; one who is needy; poor man

سِكِّينٌ :(سكيناً): آلة الذبح أو القطع — Knife

***

سِكِّينٌ : Rt.(س ك ن)

سَكِينَةٌ : Rt.(س ك ن)

سَلاسِلُ : جمع سلسلة — Plur.of سِلْسِلَةٌ rt. (س ل س ل)

سُلاَلَةٌ : Rt.(س ل ل)

سَلاَمٌ : Rt.(س ل م)

***

س ل ب

سَلَبَ (ـُ) : (يسلبهم): نزعَ أو أخذ — To snatch away; to take

س ل ح

سِلاَحٌ : (اسلحتكم ، اسلحتهم): اسم جامع لآلات الحرب — Arms

س ل خ

سَلَخَ (ـُ) : (نسلخ): نزع وفصل — To strip; to draw forth

انْسَلَخَ : (انسلخ ، فانسلخ)

انْسَلَخَ[1] : مضى وانقضى — To pass (away)

﴿ فَإِذَا انسَلَخَ الأَشْهُرُ الْحُرُمُ فَاقْتُلُوا الْمُشْرِكِينَ ﴾ [التوبة 5]

انْسَلَخَ[2] : خرج وفارق — To withdraw oneself; to slough off

﴿ وَاتْلُ عَلَيْهِمْ نَبَأَ الَّذِي آتَيْنَاهُ آيَاتِنَا فَانسَلَخَ مِنْهَا ﴾ [الأعراف 175]

س ل س ب ل

سَلْسَبِيلٌ : (سلسبيلاً): شراب غاية في — Salsabil

السلاسة وسهولة مروره في الحلق لعذوبته

س ل س ل

سِلْسِلَةٌ :(سلسلة، سلاسل، سلاسلاً): حلق من حديد ونحوه يدخل بعضه في بعض — Chain

س ل ط

سَلَّطَ :(لسلطهم، يسلط): مكّن وكتب له الغلبة — To give authority; to give power; To give lordship

سُلْطَانٌ :(سلطان مسلطان سلطاناً، سلطانيه..): قهر وغلبة ؛ حجة وبرهان — Power; authority; warrant

س ل ف

سَلَفَ(ُ):) تقدم وسبق ؛ مضى وانقضى — To happen in the past; to pass; to be past

أَسْلَفَ :(أسلفت، أسلفتم): قدّم — To send before; to do aforetime (before-hand)

سَلَفٌ :(سلفا): سابق كمثل يعتبر به الخلف — Precedent

س ل ق

سَلَقَ (ُ) :(سلقوكم): بسط اللسان بما يؤذي — To scale; to smite

س ل ك

سَلَكَ(ُ):(وسلك سلككم لتسلكوا، نسلكه...)

سَلَكَ[1] : مهّد وشقّ الطرق — To thread; to make

﴿ وَسَلَكَ لَكُمْ فِيهَا سُبُلاً ﴾ [طه 53]

سَلَكَ[2] : ذهب أنى شاء — To go along; to follow; to walk

﴿ لِتَسْلُكُوا مِنْهَا سُبُلاً فِجَاجًا ﴾ [نوح 20]

﴿ ثُمَّ كُلِي مِنْ كُلِّ الثَّمَرَاتِ فَاسْلُكِي سُبُلَ رَبِّكِ ذُلُلاً ﴾ [النحل 69]

سَلَكَ[3] : ادخل — To cause to penetrate; to make to enter; to make to traverse

﴿ كَذَلِكَ سَلَكْنَاهُ فِي قُلُوبِ الْمُجْرِمِينَ ﴾ [الشعراء 200]

سَلَكَ[4] : ادخل وانفذ — To thrust; to cause to enter; to enter; to insert

﴿ اسْلُكْ يَدَكَ فِي جَيْبِكَ تَخْرُجْ بَيْضَاءَ مِنْ غَيْرِ سُوءٍ ﴾ [القصص 32]

سَلَكَ[5] : ادخل وانفذ — To introduce; to take

﴿ فَاسْلُكْ فِيهَا مِنْ كُلٍّ زَوْجَيْنِ اثْنَيْنِ وَأَهْلَكَ ﴾ [المؤمنون 27]

سَلَكَ[6] : انفذ — To make to march

﴿ فَإِنَّهُ يَسْلُكُ مِنْ بَيْنِ يَدَيْهِ وَمِنْ خَلْفِهِ رَصَدًا ﴾ [الجن 27]

س ل ل

تَسَلَّلَ :(يتسللون): انطلق في استخفاء — To steal away

سُلاَلَةٌ : نطفة — Extract; product; draught

س ل م

سَلَّمَ :(سلم، سلمتم، وتسلموا، يسلموا...)

سَلَّمَ[1] : نجى — To save

﴿ وَلَوْ أَرَاكَهُمْ كَثِيرًا لَفَشِلْتُمْ وَلَتَنَازَعْتُمْ فِي الأَمْرِ وَلَكِنَّ اللَّهَ سَلَّمَ ﴾ [الأنفال 43]

سَلَّمَ[2] : أدى ودفع — To pay

﴿ فلاَ جُنَاحَ عَلَيْكُمْ إِذَا سَلَّمْتُمْ مَا آتَيْتُمْ بِالْمَعْرُوفِ ﴾ [البقرة 233]

سَلَّمَ[3] : انقاد وأذعن — To submit

﴿ ثُمَّ لاَ يَجِدُوا فِي أَنفُسِهِمْ حَرَجًا مِمَّا قَضَيْتَ وَيُسَلِّمُوا تَسْلِيمًا ﴾ [النساء 65]

سَلَّمَ[4] : ألقى التحية — To salute; to invoke peace; to greet

﴿ يَاأَيُّهَا الَّذِينَ آمَنُوا صَلُّوا عَلَيْهِ وَسَلِّمُوا تَسْلِيمًا ﴾ [الأحزاب 56]

﴿ فَإِذَا دَخَلْتُمْ بُيُوتًا فَسَلِّمُوا عَلَى أَنفُسِكُمْ ﴾ [النور 61]

أَسْلَمَ :(اسلم،اسلما، تسلمون،فتسلم...)

أَسْلَمَ[1] : أخلص وانقاد — To surrender; to submit

﴿ قُلْ إِنِّي أُمِرْتُ أَنْ أَكُونَ أَوَّلَ مَنْ أَسْلَمَ ﴾ [الأنعام 14]

أَسْلَمَ[2] : أخلص وانقاد — To become (be) a Muslim; To surrender (to Allah)

﴿ إِذْ قَالَ لَهُ رَبُّهُ أَسْلِمْ قَالَ أَسْلَمْتُ لِرَبِّ الْعَالَمِينَ ﴾ [البقرة 131]

أَسْلَمَ[2] : دخل في الإسلام — To become (be) a Muslim; To surrender (to Allah)

﴿ فَإِنْ أَسْلَمُوا فَقَدِ اهْتَدَوا ﴾ [آل عمران 20]

سِلْمٌ :(السّلم): أمان ونجاة وترك الحروب — Submission

سَلَمٌ :(سلم، سلما)

سَلَمٌ[1] : صلح ومهادنة — Peace

﴿ فَإِنْ لَمْ يَعْتَزِلُوكُمْ وَيُلْقُوا إِلَيْكُمُ السَّلَمَ وَيَكُفُّوا أَيْدِيَهُمْ فَخُذُوهُمْ ﴾ [النساء 91]

سَلَمٌ[2] : خضوع واستسلام — Submission

﴿ فَأَلْقَوُا السَّلَمَ مَا كُنَّا نَعْمَلُ مِنْ سُوءٍ ﴾ [النحل 28]

سَلَمٌ[3] : خالص الملكية لـ — One who belongs wholly to some one; one who is wholly owned by someone

﴿ ضَرَبَ اللَّهُ مَثَلًا رَجُلًا فِيهِ شُرَكَاءُ مُتَشَاكِسُونَ وَرَجُلاً سَلَمًا لِرَجُلٍ هَلْ يَسْتَوِيَانِ مَثَلاً ﴾ [الزمر 29]

أَلْقَى السَّلَمَ : خضع واستسلم أو طلب السلام — To make full submission; to offer peace

سَالِمٌ :(سالمون): صحيح لم تلحقه موانع — One who is unhurt; one who is safe

سَلاَمٌ :(سلام، سلاما):

سَلاَمٌ[1] : تحية وتسليم — Peace

﴿ فَقُلْ سَلاَمٌ عَلَيْكُم ﴾ [الأنعام 54]

سَلاَمٌ[2] : أمن ونجاة — Peace

﴿ اهْبِطْ بِسَلَامٍ مِنَّا ﴾ [هود 48]

سَلاَمٌ[3] : فراق ومتاركة — Peace

﴿ سَلَامٌ عَلَيْكَ سَأَسْتَغْفِرُ لَكَ رَبِّي ﴾ [مريم 47]

سَلاَمٌ[4] : أمان واطمئنان — Peace

﴿ وَالسَّلَامُ عَلَيَّ يَوْمَ وُلِدْتُ ﴾ [مريم 33]

سَلاَمٌ[5] : اسم من أسمائه تعالى — Peace

﴿ المَلِكُ القُدُّوسُ السَّلاَمُ ﴾ [الحشر 23]

أَلْقَى السَّلاَمَ : حياه به — To offer peace

سَلِيمٌ : خالص من الشرك والذنوب — Whole; free (from evil)

إِسْلاَمٌ :(إسلام، إسلامكم، إسلامهم): انقياد لله ولما جاء من الشرائع والاحكام — Islam; Surrender(to Allah)

مُسْلِمٌ :(مسلما، مسلمات، مسلمة،مسلمون...): منقاد لله وشرائعه ؛ منقاد طائع — Muslim; one who surrenders (To Allah)

مُسَلَّمٌ :(مسلّمة)

مُسَلَّمٌ[1] : خال من العيوب مطهر من الحرام — Whole; sound

﴿ لاَ ذَلُولٌ تُثِيرُ الأَرْضَ وَلاَ تَسْقِي الْحَرْثَ مُسَلَّمَةٌ لاَ شِيَةَ فِيهَا ﴾ [البقرة 71]

مُسَلَّمٌ[2] : مؤدى لمستحقيه — Paid

﴿ فَتَحْرِيرُ رَقَبَةٍ مُؤْمِنَةٍ وَدِيَةٌ مُسَلَّمَةٌ إِلَى أَهْلِهِ ﴾ [النساء 92]

تَسْلِيمٌ :

تَسْلِيمٌ[1] : انقياد وإذعان — Submission; resignation

﴿ وَمَا زَادَهُمْ إِلاَّ إِيمَانًا وَتَسْلِيمًا ﴾ [الأحزاب 22]

﴿ ثُمَّ لَا يَجِدُوا فِي أَنفُسِهِمْ حَرَجًا مِمَّا قَضَيْتَ وَيُسَلِّمُوا تَسْلِيمًا ﴾ [النساء 65]

تَسْلِيمٌ[2] : تحية وسلام — Salutation

﴿ يَاأَيُّهَا الَّذِينَ آمَنُوا صَلُّوا عَلَيْهِ وَسَلِّمُوا تَسْلِيمًا ﴾ [الأحزاب 56]

مُسْتَسْلِمٌ :(مستسلمون): خاضع منقاد — One who makes full submission; one who is submissive

سُلَّمٌ :(سلم، سلماً): ما يوصل إلى الأمكنة العالية — Ladder; stairway; means

سُلَيْمَانُ : نبي وملك — Solomon; Sulaiman

سَلْهُمْ : تصريف سال — Conj.of سأل rt.(س أ ل)

س ل و

سَلْوَى :(السلوى): طائر يشبه السماني من رتبة الدجاجيات ممتلىء — Quails

❋ ❋ ❋

سَلوى : — Rt. (س ل و)

سليمٌ : — Rt. (س ل م)

سُلَيمان : — Rt. (س ل م)

سَمَى : — Rt. (س م و)

سَمَاءٌ : — Rt.(س م و)

سَمَاعٌ : — Rt.(س م ع)

سِمانٌ : جمع سمين — Plur.of سَمِينٌ rt.(س م ن)

❋ ❋ ❋

س م د

سَامِدٌ :(سامدون): غافل — One who amuses oneself; one who is indulged in varieties

س م ر

سَامِرٌ :(سامراً): متحدث ليلا — One who tells fables by night

سَامِرِيٌّ : رجل ينتمي إلى السامرة إحدى قبائل بني إسرائيل — (As-) Samiri

س م ع

سَمِعَ (َ):(سمع، سمعت،تسمع،اسمع...)

سَمِعَ[1]: أدرك بحاسة السمع — To hear

﴿ هَلْ تُحِسُّ مِنْهُمْ مِنْ أَحَدٍ أَوْ تَسْمَعُ لَهُمْ رِكْزًا ﴾ [مريم 98]

سَمِعَ[2]: علم — To know

﴿لَقَدْ سَمِعَ اللَّهُ قَوْلَ الَّذِينَ قَالُوا إِنَّ اللَّهَ فَقِيرٌ وَنَحْنُ أَغْنِيَاءُ﴾ [آل عمران 181]

أَسْمَعَ :(اسمع، تسمع، سمع، اسمع): جعله يسمع — To make to hear

أَبْصِر بِهِ وأَسْمِعْ : ما أدق بصره وعلمه بما يَسْمع — How clear of sight is He and keen of hearing ; how clear His sight and how clear His hearing

اسَّمَّعَ :(يسّمّعون): استطاع السمع والوصول — To listen

اسْتَمَعَ:(استمع، استمعوه،تستمعون،يستمع...): صغى وأنصت — To listen; to give ear

سَمْعٌ :(السمع،للسمع،سمعكم،سمعه): قوة في الإذن تدرك الأصوات ؛ حاسة السمع — Hearing; the act of hearing

أَلْقَى السَّمْعَ : استمع وأصغى — To give ear; to listen eagerly; to incline one's ear

سَمِيْعٌ :(سميع، سمعياً)

سَمِيْعٌ[1] : صفة لله تعالى تُنبىء عن كمال السمع وشموله — Hearer; one who hears; listener; one who listens

﴿ وَاتَّقُوا اللَّهَ إِنَّ اللَّهَ سَمِيعٌ عَلِيمٌ ﴾ [الحجرات 1]

سَمِيْعٌ[2] : من له القدرة على السَماع وهو: السامع — Hearer; one who hears

﴿ إِنَّا خَلَقْنَا الإنسانَ مِنْ نُطْفَةٍ أَمْشَاجٍ نَبْتَلِيهِ فَجَعَلْنَاهُ سَمِيعًا بَصِيرًا﴾ [الإنسان 2]

سَمَّاعٌ :(سماعون): مبالغ في السَماع والاستماع — Listener; one who listens

مُسْمِعٌ :(بمسمع): من يُسمِعُ غيره — One who makes to hear

مُسْمَعٌ : من اسمعه غيره — One who is made to hear

إِسْمَعْ غَيْرَ مُسْمَعٍ: اسمع لا سمعت وهي دعاء على النبي — Hear you as one who hears not ; may you not be made to hear

مُسْتَمِعٌ :(مستمعهم، مستمعون)

مُسْتَمِعٌ[1] : سامع للأصوات — Listener

﴿ فَلْيَأْتِ مُسْتَمِعُهُمْ بِسُلْطَانٍ مُبِينٍ ﴾ [الطور 38]

مُسْتَمِعٌ[2] : سامع وحافظ — One who hears

﴿ قَالَ كَلاَّ فَاذْهَبَا بِآيَاتِنَا إِنَّا مَعَكُمْ مُسْتَمِعُونَ ﴾ [الشعراء 15]

س م ك

سَمْكٌ :(سمكها): مسافة ما بين الشيء وأعلاه — Height

س م م

سَمٌّ : ثقبٌ — Hole; eye

سَمُّ الخِياطِ : ثقبُ الابرة — Needle's eye

سَمُومٌ : (السموم): حر شديد نافذ في المسام — Breath of fire; scorching wind

نَارُ السَّمُومِ : الريح الحارة القاتلة — Essential fire; intensely hot fire

س م ن

أَسْمَنَ :(يسمن): زاد الجسم لحماً او شحماً — To fatten; to nourish

سَمِيْنٌ :(سمين، سمان): ممتلىء بدين — Fat; fatted

س م و

سَـــمَّى: (سماكم سميتها ســموهم،...): اطلق على، دعا، وصف — To name

تَسْمِيَةٌ : وضع اسم للشيء — The act of naming

مُسَمًّى : معيّن محدّد — Fix; appointed

سَمِيٌّ :(سميا): شـريك أو شـبيه فـي الصفات ، مشارك في الاسم أو الصفة — One that can be named along with another; one who is equal to another

اسْمٌ : (اسم،بسم،أسماء،بأسماء...): علاقة الشيء وما يعرف به — Name

سَمَاءٌ :(سماء، السموات)

سَـمَاءٌ[1] : جهـة تعلـو الأرض وفيها السحاب ومنها ينزل المطر — Sky; cloud

﴿ أَوْ كَصَيِّبٍ مِنَ السَّمَاءِ فِيهِ ظُلُمَاتٌ وَرَعْدٌ
وَبَرْقٌ ﴾ [البقرة 19]

سَمَاءٌ[2] : الكواكب — Heaven

﴿ ثُمَّ اسْتَوَى إِلَى السَّمَاءِ فَسَوَّاهُنَّ سَبْعَ
سَمَاوَاتٍ ﴾ [البقرة 29]

سَمَاءٌ[3] : الكواكب — Roof; ceiling

﴿ فَلْيَمْدُدْ بِسَبَبٍ إِلَى السَّمَاءِ ثُمَّ لِيَقْطَعْ ﴾
[الحج 15]

سَـمَوَاتٌ :(الـسماوات...): الكواكـب والعالم العلوي — Heavens

❋ ❋ ❋

سَمُومٌ : — Rt.(س م م)

سَمَّى : — Rt.(س م و)

سَمِيْعٌ : — Rt.(س م ع)

سَمِينٌ : — Rt.(س م ن)

سِنٌّ : — Rt.(س ن ن)

سَنَا : — Rt.(س ن و)

سَنَابِلُ : جمع سنبلة — Plur.of سُنْبلةٌ rt. (س ن ب ل)

❋ ❋ ❋

س ن ب ل

سُنْبُلَةٌ :(سنبلة، سنبله سنابل سنبلات...): جزء من النبات يتكون فيه الحب — Ear

سُنْبُلٌ : جمع سنبلة — Plur.of سُنْبُلَةٌ

❋ ❋ ❋

سُنَّةٌ : — Rt.(س ن ن)

سَنَةٌ : — Rt.(س ن و)

سِنَةٌ : — Rt.(و س ن)

❋ ❋ ❋

س ن د

مُسَنَّدٌ :(مسندة): ما يحتاج إلى سند أو ما لا نفع فيه — Striped; clad with garments

س ن د س

سُـنْدُسٌ : رقيـق الـديباج وهـو الحريـر المنسوج — (Fine) silk

س ن م

تَـسْنِيْمٌ : عـين فـي الجنـة مكانتهـا عالية — Water of tasnim

س ن ن

سِنٌّ :(السن): عظم ينبت في فكي الفم — Tooth

سُنَّةٌ :(سنة، لسنتنا، سنن): طريقة وسيرة — Way; example; course; method

سُنَنٌ : جمع سنّة — Plur.of سُنَّةٌ

مَسْنُونٌ : محروق بالنار حتى صَقِل — Altered; fashioned in shape

س ن ه

تَسَنَّهَ :(يتسنه): تغيّر أو فسدَ — To rot

س ن و

سَنًا : ضوء — Flash; flashing

سَنَةٌ :(سنة، سنين): عام — Year

* * *

سِنِيْنُ : جمع سَنَةٌ ؛ جدب وشدّة — Plur.of سَنَةٌ rt.(س ن و)

* * *

س ه ر

سَاهِرَةٌ :(بالساهرة): أرض بيضاء لا نبات فيها والمراد أرض المحشر — Face of the earth; place of the day or judgment

س ه ل

سَهْلٌ :(سهولها): المنبسط من الأرض ليس فيه وعورة ولا غلظ — A plain

سَاهَمَ :(فساهم): اقترع والأصل أن يكون بالسهام — To share; to draw lots

س ه و

سَاهٍ :(ساهون): غافل عمّا أمِرَ به — One who is careless; one who is neglectful

سُهولٌ : جمع سَهْل — Plur.of سَهْلٌ rt.(س ه ل)

سَوَاءٌ : — Rt.(س و ي)

سُوَاعٌ : — Rt.(س و ع)

* * *

س و أ

سَاءَ (ُ) :(ساء، ساءت، تسؤكم، ليَسُوءوا...)

سَاءَ[1] : فعل للذم كبئس — To be evil; to be dreadfu

﴿ إِنَّهُ كَانَ فَاحِشَةً وَمَقْتاً وَسَاءَ سَبِيْلاً﴾ [النساء 22]

سَاءَ[2] : قبُح نقيض حسُن — To be evil; to be dreadful

﴿ وَأَمْطَرْنَا عَلَيْهِمْ مَطَرًا فَسَاءَ مَطَرُ الْمُنذَرِينَ ﴾ [الشعراء 173]

سَاءَ[3] : غمّ وأحزن — To trouble

﴿يَاأَيُّهَا الَّذِينَ آمَنُوا لا تَسْأَلُوا عَنْ أَشْيَاءَ إِنْ تُبْدَ لَكُمْ تَسُؤْكُمْ﴾ [المائدة 101]

سَاءَ[4] : أحزن — To grieve; to be evil

﴿ إِنْ تُصِبْكَ حَسَنَةٌ تَسُؤْهُمْ ﴾ [التوبة 50]

سَاءَ[5] : ظهرت الإساءة (في الوجه) — To vex

﴿ فَإِذَا جَاءَ وَعْدُ الآخِرَةِ لِيَسُوءُوا وُجُوهَكُمْ﴾ [الإسراء 7]

سَاءَ وَجْهَهُ : ظهرت الإساءة في وجهه — To ravage someone; to bring someone to grieve

أَسَاءَ :(أساء، أسأتم، أساءوا): فعل السوء — To do evil; to deal in evil

سَوْءٌ :(سوء، السوء): قُبح ويضاف إلى ما يراد ذمّه — Evil

سُوْءٌ :(سوء، سوءا): شيء قبيح أو آفة — Evil; that which is dreadful

سُوْءُ العَذَابِ: شديده أو استمراره — Dreadful doom; most evil punishment; severe torment

Evil; that which is evil — سُوأى :(السوأى): اشد الوان الإساءة

Evil; bad — سَيِّئٌ :(سيّيء، سيّئاً، سيّئة): قبيح ضار

Ill-deed; evil — سَيِّئَةٌ :(سيئة، بالسيئة، سيئات، السّيّئات): ذنب كبير

سَوْءَةٌ :(سوءة، سوءاتكم، سوءاتهم)

Naked corpse; dead body — سَوْءَةٌ[1] : كل ما ينبغي ستره ويراد به جثة الميت

﴿ قَالَ يَاوَيْلَتَا أَعَجَزْتُ أَنْ أَكُونَ مِثْلَ هَذَا الْغُرَابِ فَأُوَارِيَ سَوْأَةَ أَخِي ﴾ [المائدة 31]

Shame; evil inclination — سَوْءَةٌ[2] : عورة

﴿ فَلَمَّا ذَاقَا الشَّجَرَةَ بَدَتْ لَهُمَا سَوْآتُهُمَا ﴾ [الأعراف 22]

Worst — أَسْوَأ : اكثر سوءاً

Evil-doer — مُسِيءٌ :(المسيء): من يفعل السوء

س و ح

Court; home — سَاحَةٌ :(بساحتهم): ناحية وفضاء بين دور القوم

س و د

To blacken; to turn black — إِسْوَدَّ :(اسود، اسودت): صار اسوداً كالفحم

Black — أَسْوَدُ :(أسود، سودٌ): لون معروف نقيض أبيض

Plur of أَسْوَدُ — سُوْدٌ : جمع أسود

Blackened; darkened — مُسْوَدٌّ :(مسوداً مسودة): قاتم كئيب

سَيِّدٌ :(سيد، سيدها، سادتنا)

Prince; leader — سَيِّدٌ[1] : ملك وولي أمر

﴿ وَقَالُوا رَبَّنَا إِنَّا أَطَعْنَا سَادَتَنَا وَكُبَرَاءَنَا ﴾ [الأحزاب 67]

Husband; lord — سَيِّدٌ[2] : زوج

﴿ وَأَلْفَيَا سَيِّدَهَا لَدَى الْبَابِ ﴾ [يوسف 25]

One who is honourable — سَيِّدٌ[3] : فائق في الدين والعقل والخلق

﴿ مُصَدِّقًا بِكَلِمَةٍ مِنَ اللَّهِ وَسَيِّدًا وَحَصُورًا ﴾ [آل عمران 39]

س و ر

To climb — تَسَوَّرَ :(تسوروا): تسلق

Wall; separation — سُوْرٌ :(بسور): ما يحيط بشيء من بناء وغيره

Armlet; bracelet — سِوارٌ :(اساور، أسورة): ما يلبس في اليد من الحلي ويحيط بالمعصم

Chapter; Surah — سُوْرَةٌ :(بسورة، سور): قطعة من القرآن أقلها ثلاث آيات

Plur.of سُوْرَةٌ rt.(س و ر) — سُوَرٌ : جمع سورة

س و ط

Disaster; portion — سَوْطٌ : شدة

س و ع

Hour — سَاعَةٌ :(الساعة): جزء من الوقت لا يلحظ فيه التحديد

Suwa — سُوَاعٌ :(سواعاً): صنم عُبد في قوم نوح ونقل الى العرب فعُبد

س و غ

To swallow (agreeably) — سَاغَ (ـِ) :(يسيغه): استسهل واستطاب

Easy and agreeable to swallow; — سَائِغٌ :(سائغ، سائغاً): طيب وسهل مدخله

palatable; pleasant

س و ف

سَوْفَ: (سوف، وسوف، فسوف،لسوف): حرف يخصص أفعال المضارعة للاستقبال
Will; shall

س و ق

سَاقَ(ـُ): (سقناه، نسوق، سيق، يساقون): بعث وأرسل
To drive

سَائِقٌ : من يسوق إلى المحشر
Driver

مَساقٌ : (المساق): سَوْقٌ
(The act of) driving

سَاقٌ : (ساق،بالساق،ساقيها،بالسوق...)

سَاقٌ[1] : ما فوق القدم الى الركبة
Leg

﴿ فَلَمَّا رَأَتْهُ حَسِبَتْهُ لُجَّةً وَكَشَفَتْ عَنْ سَاقَيْهَا ﴾ [النمل 44]

﴿رُدُّوهَا عَلَيَّ فَطَفِقَ مَسْحًا بِالسُّوقِ وَالأَعْنَاقِ﴾ [ص 33]

سَاقٌ[2] : جذعٌ
Stalk; stem

﴿فَاسْتَغْلَظَ فَاسْتَوَى عَلَى سُوقِهِ يُعْجِبُ الزُّرَّاعَ﴾ [الفتح 29]

سَاقٌ[3] : كناية عن الشدة والفزع(عند الموت وغيره)
Agony; affliction

﴿ وَالْتَفَّتْ السَّاقُ بِالسَّاقِ ﴾ [القيامة 29]

يَوْمَ يُكْشَفُ عَنْ سَاقٍ : يوم شدة الأمر وصعوبة الخطب
One the day when it befalls earnestly; on the day when there shall be a severe affliction

سُوْقٌ : (بالسوق، سوقه، أسواق)

سُوْقٌ[1] : جمع سَاقٌ المعنيان 1 و2
Plur.of سَاقٌ senses 1 and 2

﴿ فَطَفِقَ مَسْحًا بِالسُّوقِ وَالأَعْنَاقِ ﴾ [ص 33]

سُوْقٌ[2] : موضع البيع
Market

﴿ مَالِ هَذَا الرَّسُولِ يَأْكُلُ الطَّعَامَ وَيَمْشِي فِي الأَسْوَاقِ ﴾ [الفرقان 7]

س و ل

سَـوَّلَ : (سَوَّلَ، سوّلت): زيـّنَ وحببَ بقصد الفعل
To commend; to beguile; to seduce

س و م

سَامَ (ـُ) : (يسومهم، يسومونكم): جَشَّمَ وكلَّف مع المشقة
To afflict with; to subject to

أَسَامَ : (تسيمون): ارسل الماشية للرعي
To pasture; to send (cattle; beasts) to pasture

مُسَوِّمٌ : (مسومين): معلّم نفسه أو خيله بعلامة
One who sweeps on; one who makes havoc (angel)

مُسَوَّمٌ : (مسوّمة)
Marked

مُسَوَّمٌ[1] : معلّم بعلامة
Well bred; branded

﴿ مُسَوَّمَةً عِنْدَ رَبِّكَ وَمَا هِيَ مِنَ الظَّالِمِينَ بِبَعِيدٍ ﴾ [هود 83]

مُـسَوَّمٌ[2] : معلـم بمـا يُزينـه أو مُرسـل للرعي
Well bred

﴿وَالْقَنَـاطِيرِ الْمُقَنْطَـرَةِ مِـنَ الـذَّهَبِ وَالْفِضَّةِ وَالْخَيْـلِ الْمُسَوَّمَةِ﴾ [آل عمران 14]

سِيْمَا : (سيماهم،بسيماهم): علامة
Mark

***

سَوًى : Rt.(س و ى)

سُوًى : Rt.(س و ى)

***

س و ى

سَـــــــوَّى :فـــــسوّى سوّاك،فسوّاهن......)

سَوَّى[1] : كمّل — To fashion; to make (complete)

﴿ ثُمَّ مِنْ نُطْفَةٍ ثُمَّ سَوَّاكَ رَجُلاً ﴾ [الكهف 37]

سَوَّى[2] : جعله مستوياً لا تفاوت فيه — To perfect; to make perfect

﴿ وَنَفْسٍ وَمَا سَوَّاهَا ﴾ [الشمس 7]

سَوَّى[3] : جعله مثله سواء — To make equal with (to)

﴿ إِذْ نُسَوِّيكُمْ بِرَبِّ الْعَالَمِينَ ﴾ [الشعراء 98]

سَـوَّى[4] : هـدم فاصـبح(هـو والأرض) سواء — To raze; to level (with the ground)

﴿ فَدَمْدَمَ عَلَيْهِمْ رَبُّهُمْ بِذَنْبِهِمْ فَسَوَّاهَا ﴾ [الشمس 14]

سَـــاوَى : جعـــل (الأشـــياء) تتماثل أو تتعادل — To level up (the gap); to fill up (the space)

اسْتَوَى :(استوى، استوت، تستوي،يستوي...)

اسْتَوَى[1] : وجّه إرادته إلى — To turn; to direct oneself

﴿ ثُمَّ اسْتَوَى إِلَى السَّمَاءِ فَسَوَّاهُنَّ سَبْعَ سَمَاوَاتٍ ﴾ [البقرة 29]

اسْتَوَى[2] : استقر كيف شاء — To mount; to establish oneself

﴿ ثُمَّ اسْتَوَى عَلَى الْعَرْشِ ﴾ [الأعراف 54]

اسْتَوَى[3] : كمل واعتدل — To become full grown

﴿ وَلَمَّا بَلَغَ أَشُدَّهُ وَاسْتَوَى آتَيْنَاهُ حُكْمًا وَعِلْمًا ﴾ [القصص 14]

اسْتَوَى[3] :استقام واعتدل على صورته الحقيقية — To become full grown

﴿ ذُو مِرَّةٍ فَاسْتَوَى ﴾ [النجم 6]

اسْـتَوَى[4] : وصـل واسـتقر ؛ استقرّ — To rest; to be firmly seated; to sit firmly

﴿ وَقُضِيَ الأَمْرُ وَاسْتَوَتْ عَلَى الْجُودِيِّ ﴾ [هود 44]

﴿ لِتَسْتَوُوا عَلَى ظُهُورِهِ ثُمَّ تَذْكُرُوا نِعْمَةَ رَبِّكُمْ إِذَا اسْتَوَيْتُمْ عَلَيْهِ ﴾ [الزخرف 13]

اسْتَوَى[5] : تعادل — To be equal; to be alike

﴿ وَلاَ تَسْتَوِي الْحَسَنَةُ وَلاَ السَّيِّئَةُ ﴾ [فصلت 34]

اسْتَوَى[6] : كمل واعتدل — To rise firm; to stand firmly

﴿ فَاسْتَغْلَظَ فَاسْتَوَى عَلَى سُوقِهِ ﴾ [الفتح 29]

اسْتَوَى عَلَى — See عَرْشٌ rt.

الْعَرْشِ : انظر عَرْش — (ع رش)

سُوًى : نصفٌ وعدل لا تشق المسافة فيه — Convenient; central

سَوَاءٌ :

سَوَاءٌ[1] : متساوٍ او متعادل — Equal; alike; all one

﴿ سَوَاءٌ عَلَيْهِمْ أَأَنْذَرْتَهُمْ أَمْ لَمْ تُنْذِرْهُمْ ﴾ [البقرة 6]

سَوَاءٌ[2] : وسط — Midst; depth

﴿ فَاطَّلَعَ فَرَآهُ فِي سَوَاءِ الْجَحِيمِ ﴾ [الصافات 55]

عَلَى سَوَاءٍ : — Fairly; all alike;

on terms of equality

سَــوَاءُ الـسَّبِيلِ: وسـطه وقصده — Plain road; right direction of the way

سَوِيٌّ :(سوي، سويا)

سَوِيٌّ[1] : مستقيم معتدل — Even; right; of equality

﴿ فَسَتَعْلَمُونَ مَنْ أَصْحَابُ الصِّرَاطِ السَّوِيِّ وَمَنْ اهْتَدَى ﴾ [طه 135]

سَوِيٌّ[2] : مستقيم معتدل — One who is upright

﴿ أَفَمَنْ يَمْشِي مُكِبًّا عَلَى وَجْهِهِ أَهْدَى أَمَّنْ يَمْشِي سَوِيًّا ﴾ [الملك 22]

سَوِيٌّ[3]: سليم الخلق كامل ؛ صحيح سليم — One with no bodily defect; one who is in sound health; well-made

﴿ قَالَ آيَتُكَ أَلاَّ تُكَلِّمَ النَّاسَ ثَلاَثَ لَيَالٍ سَوِيًّا ﴾ [مريم 10]

﴿فَأَرْسَلْنَا إِلَيْهَا رُوحَنَا فَتَمَثَّلَ لَهَا بَشَرًا سَوِيًّا ﴾ [مريم 17]

* * *

سَيَّارَةٌ : — Rt.(س ي ر)

📖

سِيءَ: تصريف ساء — Conj.of سَاءَ rt.(س و أ)

📖

سَيِّئَةٌ : — Rt.(س و أ)

* * *

س ى ب

سَائِبَةٌ : دابّة تسيّب للأصنام — Saibah

س ى ح

سَاحَ (ـُ) : (فسيحوا): سار آمناً — To travel freely; to go about

سَائِحٌ :(سائحون، سائحات): مهاجر في سبيل الله أو صائم أو طالب للعلم — One who fasts; one who inclines to fast

* * *

سَيِّدٌ : — Rt.(س و د)

* * *

س ى ر

سَارَ (ـِ) :(سار، تسير، يسير سيروا...)

سَارَ[1] : انتقل وارتحل — To travel; to journey

﴿ فَلَمَّا قَضَى مُوسَى الأَجَلَ وَسَارَ بِأَهْلِهِ آنَسَ مِنْ جَانِبِ الطُّورِ نَارًا ﴾ [القصص 29]

﴿ أَفَلَمْ يَسِيرُوا فِي الأَرْضِ فَيَنظُرُوا كَيْفَ كَانَ عَاقِبَةُ الَّذِينَ مِنْ قَبْلِهِمْ ﴾ [غافر 82]

سَارَ[2] : اضطرب وانتقل من مقرّه — To move away; to pass away; to journey

﴿ وَتَسِيرُ الْجِبَالُ سَيْرًا ﴾ [الطور 10]

سَيَّرَ :(نسيّر، يسيّركم، سيّرت)

سَيَّرَ[1] : سهل السير والارتزاق — To make to go; to make to travel

﴿ هُوَ الَّذِي يُسَيِّرُكُمْ فِي الْبَرِّ وَالْبَحْرِ ﴾ [يونس 22]

سَيَّرَ[2] : حرّك ونقل — To cause to move; to cause to pass away; to remove

﴿وَيَوْمَ نُسَيِّرُ الْجِبَالَ وَتَرَى الأَرْضَ بَارِزَةً [الكهف 47]

سَيْرٌ :(سير، سيراً)

سَيْرٌ[1] : مسافة بين الأمكنة على مقدار معيّن — Stage; journey

﴿ وَقَدَّرْنَا فِيهَا السَّيْرَ ﴾ [سبأ 18]

سَيْرٌ[2]: اضطراب وانتقال — Movement; the act

شديد	of passing away

﴿ وَتَسِيرُ الْجِبَالُ سَيْرًا ﴾ [الطور 10]

سِيْرَةٌ :(سيرتها): حالة طبيعية	State
سَيَّارَةٌ : رفقة سائرة	Caravan; travellers; seafarers

س ى ل

سَالَ (ِ) :(سالت): جرى ماؤه	To flow
أَسَالَ :(أسلنا): جعله يسيل	To cause to gush forth; to make to flow
سَيْلٌ : ماء غزير يجري على الأرض	Flood; torrent
سَيْلُ الْعَرِمِ : انظر عرمٌ	See عَرِمٌ rt.(ع ر م)

❋❋❋

سِيمَا :	Rt.(س وم)

❋❋❋

س ى ن

سَيْنَاءُ : شبه جزيرة سيناء	Sinai
سِينِينُ : شبه جزيرة سيناء	Sinai
طُورُ سَيْنَاءَ (سِينِينَ): الطور الذي كلّم الله عليه موسى عليه السلام	Mount Sinai

باب الشين

* * *

شاءَ : Rt.(ش ي أ)

شاخِصٌ(ة): Rt.(ش خ ص)

شارِبٌ : Rt.(ش ر ب)

شارَكَ : Rt.(ش ر ك)

شاطِيءٌ : Rt.(ش ط أ)

شاعَ : Rt.(ش ي ع)

شاعِرٌ : Rt.(ش ع ر)

شافِعٌ : Rt.(ش ف ع)

شاقَّ : Rt.(ش ق ق)

شاكِرٌ : Rt.(ش ك ر)

شاكِلةٌ : Rt.(ش ك ل)

شامِخٌ : Rt.(ش م خ)

شانِيءٌ : Rt.(ش ن أ)

شاهِدٌ : Rt.(ش ه د)

شَاوَرَ : Rt.(ش و ر)

* * *

ش أ م

مَشْئَمَةٌ :(المشئمة): شؤم أو ناحية الشمال — Left hand

س أ ن

شَأنٌ :(شان، شانهم)

شَأنٌ[1] : حال وامر — Business; affair

﴿ فَإِذَا اسْتَأْذَنُوكَ لِبَعْضِ شَأْنِهِمْ فَأْذَنْ لِمَنْ شِئْتَ مِنْهُمْ ﴾ [النور 62]

شَأنٌ[2] : حال وامر — State (of glory); power

﴿يَسْأَلُهُ مَنْ فِي السَّمَاوَاتِ وَالأَرْضِ كُلَّ يَوْمٍ هُوَ فِي شَأْنٍ﴾ [الرحمن 29]

ش ب ه

شُبِّهَ : أشكل وخلط ولبّس — To be made to appear

تَشَابَهَ :(تشابه، تشابهت)

تَشَابَهَ[1] : تماثل حتى لا يُستطاع التمييز بينه — To be alike; to seem alike

﴿ إِنَّ الْبَقَرَ تَشَابَهَ عَلَيْنَا ﴾ [البقرة 70]

تَشَابَهَ[2] : تماثل فاحتاج الى فهم ونظر — To be allegorical

﴿ فَأَمَّا الَّذِينَ فِي قُلُوبِهِمْ زَيْغٌ فَيَتَّبِعُونَ مَا تَشَابَهَ مِنْهُ ﴾ [آل عمران 7]

مُتَشَابِهٌ :(متشابه، متشابهاً، متشابهات)

مُتَشَابِهٌ[1] : متماثل — Alike; like of; in resemblance

﴿ وَأُتُوا بِهِ مُتَشَابِهًا ﴾ [البقرة 25]

مُتَشَابِهٌ[2] : محتمل التاويل — Allegorical

﴿ هُنَّ أُمُّ الْكِتَابِ وَأُخَرُ مُتَشَابِهَاتٌ ﴾ [آل عمران 7]

مُتَشَابِهٌ[3] : متماثل — Consistent; conformable

﴿ اللَّهُ نَزَّلَ أَحْسَنَ الْحَدِيثِ كِتَابًا مُتَشَابِهًا ﴾ [الزمر 23]

مُشْتَبِهٌ :(مشتبها): متماثل — That which is alike

* * *

شِتاءٌ : Rt.(ش ت و)

شَتَّى : Rt.(ش ت ت)

* * *

ش ت ت

شَتٌّ :(أشتاتاً): متفرّق — Scattered group; sundry body

أشْتَاتاً : متفرقين — In scattered groups; in sundry bodies; separately; apart

شَـتَّى : مختلـف النـوع والطعـم والرائحـة ؛ مختلـف السبل متنـوع الوجهات؛ متفرق — Diverse; various; dispersed (towards divers ends)

ش ت و

شِتَاءٌ :(الشتاء): زمن البرد — Winter

ش ج ر

شَجَرَ (ـُ) : اشكل والتبس فكان مصدر نزاع — To be in disputes; to become a matter of disagreement

شَجَرَةٌ :(شجرة، شجرتها، شجرها): ما قام من النبات على ساق — A tree

شَجَرٌ : ما قام من النبات على ساق — Trees; a tree

❋ ❋ ❋

شُحٌّ : — Rt.(ش ح ح)

❋ ❋ ❋

ش ح ح

شُحٌّ : (الشح): بخل — Greed; avarice; niggardliness

شَحِيحٌ :(أشحة): ضنين حريص — Niggardly; one who spares help; greedy

ش ح م

شَحْمٌ :(شحومها): الأبيض الدهني المسمّن — Fat

ش ح ن

مَشْحُونٌ :(المشحون): مملوء — Laden (ship)

❋ ❋ ❋

شُحُومٌ : جمع شَحْمٌ — Plur.of شَحْمٌ rt.(ش ح م)

❋ ❋ ❋

ش خ ص

شَخَصَ (ـَ):(تشخص): انفتح ولم يطرف انزعاجاً — To stare (in terror); to be fixedly open

شَاخِصٌ :(شاخصة): مفتوح لا يطرف — That which stares wide (in terror); that which is fixedly open

❋ ❋ ❋

شَدَّ : — Rt.(ش د د)

شِدَادٌ : جمع شديد — Plur.of شَدِيدٌ rt.(ش د د)

❋ ❋ ❋

ش د د

شَدَّ (ـُ) :(شددنا، سنشد، أشدد، شدوا)

شَدَّ1 : قوى — To strengthen; to make strong

﴿ وَشَدَدْنَا مُلْكَهُ وَآتَيْنَاهُ الْحِكْمَةَ وَفَصْلَ الْخِطَابِ ﴾ [ص 20]

شَدَّ2(على) : ختم — To harden (with عَلَى)

﴿ رَبَّنَا اطْمِسْ عَلَى أَمْوَالِهِمْ وَاشْدُدْ عَلَى قُلُوبِهِمْ ﴾ [يونس 88]

شَدَّ3 : قوى — To make fast; to bind firmly

﴿ حَتَّى إِذَا أَثْخَنتُمُوهُمْ فَشُدُّوا الْوَثَاقَ ﴾ [محمد 4]

شَـدَّ الوَثَـاقَ : احكـم قيـد الأسارى — To make a prisoner; to make fast the bond

اشْـتَدَّ بـ :(اشـتدت): قوِيَ — To blow hard (upon; to)

شَدِيدٌ : (شديد، لشديد، شداد، اشدّاء)

شَدِيدٌ[1] : قويّ — Severe; dreadful

﴿ وَاتَّقُوا اللَّهَ وَاعْلَمُوا أَنَّ اللَّهَ شَدِيدُ الْعِقَابِ ﴾ [البقرة 196]

شَدِيدٌ[2] : قويّ — Strong; mighty

﴿ قَالَ لَوْ أَنَّ لِي بِكُمْ قُوَّةً أَوْ آوِي إِلَى رُكْنٍ شَدِيدٍ ﴾ [هود 80]

﴿ وَهُمْ يُجَادِلُونَ فِي اللَّهِ وَهُوَ شَدِيدُ الْمِحَالِ ﴾ [الرعد 13]

شَدِيدٌ[3] : قويّ — Hard

﴿ ثُمَّ يَأْتِي مِنْ بَعْدِ ذَلِكَ سَبْعٌ شِدَادٌ ﴾ [يوسف 48]

أَشَدُّ :

أَشَدُّ[1] : اقوى — Greater; more

﴿إِذَا فَرِيقٌ مِنْهُمْ يَخْشَوْنَ النَّاسَ كَخَشْيَةِ اللَّهِ أَوْ أَشَدَّ خَشْيَةً﴾ [النساء 77]

أَشَدُّ[2] : اسوأ ؛ اقوى — Worse

﴿ وَالْفِتْنَةُ أَشَدُّ مِنَ الْقَتْلِ ﴾ [البقرة 191]

أَشَدُّ[3] : اقوى — Most grievous

﴿ وَيَوْمَ الْقِيَامَةِ يُرَدُّونَ إِلَى أَشَدِّ الْعَذَابِ ﴾ [البقرة 85]

أَشَدُّ[4] : اقوى — Harder

﴿ أَأَنْتُمْ أَشَدُّ خَلْقًا أَمِ السَّمَاءُ بَنَاهَا ﴾ [النازعات 27]

أَشُـدٌّ :(أشـدكم، أشـدّه، أشـدّهما): قوّة — Maturity; full (strength); prime

بَلَـغَ أَشُدَّهُ : اكتملت قوته وعقله — To attain one's maturity; to come to strength

❋ ❋ ❋

شديدٌ : Rt.(ش د د)

شَرٌّ : Rt.(ش ر ر)

شَرابٌ : Rt.(ش ر ب)

❋ ❋ ❋

ش ر ب

شَـرِبَ(ـَ): (شرب،فشربوا،تشربون،يشرب...): جَرَعَ — To drink

أَشْرَبَ :(أشربوا): خالط حُبّه القلب كانه شربه — To make to sink; to make to imbide

شِرْبٌ : نصيب من الماء — Portion of water; right to drink; drinking share of water

شُرْبٌ : مصدر شَرِبَ — The act of drinking

شَارِبٌ :(فشاربون، للشاربين): جارع — One who drinks

شَـرَابٌ :(شراب، الشراب،شراباً، وشرابك...): ما يشرب — Drink

مَشْرَبٌ :(مشربهم، مشارب)

مَشْرَبٌ[1] : مكان الشرب — Drinking-place

﴿ قَدْ عَلِمَ كُلُّ أُنَاسٍ مَشْرَبَهُمْ ﴾ [البقرة 60]

مَشْرَبٌ[2] : مكان الشرب — Drink

﴿ وَلَهُمْ فِيهَا مَنَافِعُ وَمَشَارِبُ أَفَلاَ يَشْكُرُونَ ﴾ [يس 73]

ش ر ح

شَرَحَ (َ) :(اشرح،اشرح): حبّب في ؛ بسط ووسع ووفق	To expand; to open
شَرَحَ صَدْراً: بسط ووسع بالحكمة والنبوة ؛ حبّبه في	To open one's breast; to find ease

ش ر د

شَرِّدْ :(فشرّد): فرّق	To deal with as to strike fear; to scatter (by making an example of)

ش ر ذ م

شِرْذِمَةٌ :(لشرذمة): قليل من الناس	Troop; company

ش ر ر

شَرٌّ :(شرّ، شراً، شرّه):) سوء وفساد ؛ اكثر سوءاً وفساداً	Evil; bad; wicked
شِرِّيرٌ :(الأشرار): كثير الشّر	Wicked; vicious
شَرَرٌ :(بشرر): ما تطاير من النار	Sparks of fire

ش ر ط

شَرْطٌ :(اشراطها): علامة	Token; beginning

ش ر ع

شَرَعَ(َ):(شرع، شرعوا): بيّن ووضّح	To ordain; to prescribe; to make plain
شَارِعٌ :(شرعا): دانٍ ظاهر	Visible; that which appears on the surface of the water
شُرَّعٌ : جمع شارِعٌ	Plur.of شَارِعٌ
شِرْعَةٌ : طريقة	(Divine) law
شَرِيْعَةٌ : طريقة	Clear road; course

ش ر ق

أَشْرَقَ : (أشرقت): أضاء	To shine; to beam
شَرْقِيٌّ :(شرقياً، شرقية): نسبة إلى الشرق	Eastern; of the east
إِشْرَاقٌ :(الإشراق): دخول في وقت الشروق	Sunrise
مُشْرِقٌ :(مشرقين): من دخل في وقت الشروق	One who enters upon the time of sunrise
مَشْرِقٌ :(مشرق، مشرقين، مشارق): مطلع الشمس	East; sun's rising

ش ر ك

أَشْرَكَ :(أشرك، أشركت، أشرك،مشرك...)

أَشْرَكَ[1] : أدخل(في)	To let share; to associate with

﴿ وَأَشْرِكْهُ فِي أَمْرِي ﴾ [طه 32]

أَشْرَكَ[2] : جعل شريكاً في الملك	To ascribe partner(s) (to Allah); to associate others (with Allah); to be an idolater

﴿وَلَتَجِدَنَّهُمْ أَحْرَصَ النَّاسِ عَلَى حَيَاةٍ وَمِنَ الَّذِينَ أَشْرَكُوا﴾ [البقرة 96]

﴿ قُلْ إِنَّمَا أُمِرْتُ أَنْ أَعْبُدَ اللَّهَ وَلاَ أُشْرِكَ بِهِ﴾ [الرعد 36]

شِرْكٌ :(شرك، الشرك، بشرككم)	
شِـرْكٌ[1] : جعْـل إلـه آخر مع الله	Ascribing partners to Allah; polytheism
﴿ لاَ تُشْرِكْ بِاللَّهِ إِنَّ الشِّرْكَ لَظُلْمٌ عَظِيمٌ ﴾ [لقمان 13]	
شِرْكٌ[2] : نصيب	Share; partnership
﴿ وَمَا لَهُمْ فِيهِمَا مِنْ شِرْكٍ وَمَا لَهُ مِنْهُمْ مِنْ ظَهِيرٍ ﴾ [سبأ 22]	
شَرِيكٌ :(شريك،شركاء،شركاءكم، شركاءهم...)	
شَرِيكٌ[1] : مشارك	Partner; associate
﴿ وَجَعَلُوا لِلَّهِ شُرَكَاءَ الْجِنَّ وَخَلَقَهُمْ ﴾ [الأنعام 100]	
شَرِيكٌ[2] : من له شِرْك أي نصيب	Sharer
﴿ فَإِنْ كَانُوا أَكْثَرَ مِنْ ذَلِكَ فَهُمْ شُرَكَاءُ فِي الثُّلُثِ ﴾ [النساء 12]	
﴿ وَإِنْ يَكُنْ مَيْتَةً فَهُمْ فِيهِ شُرَكَاءُ ﴾ [الأنعام 139]	
شُرَكَاءُ : جمع شريك	Plur.of شَرِيكٌ
مُشْرِكٌ :(مشرك،المشركون، مشركة،...): وصف من اشرك بالله غيره	One who ascribes partners to Allah; one who associates others with Allah; idolater
مُشْرِكَةٌ :(مشركة، مشركات): وصف من اشركت بالله غيره	Idolatress
مُشْتَرِكٌ :(مشتركون): شريك	Sharer

ش ر ى

شَرَى(.) :(شروا،يشري،يشرون...): أخذ المبيع ودفع الثمن	To sell
اشْتَرَى : (اشترى،اشتراه،...): شرى فأخذ المبيع ودفع الثمن	To purchase; to buy

***

شَرِيعَةٌ :	Rt.(ش ر ع)
شَرِيكٌ :	Rt.(ش ر ك)

***

ش ط أ

شَطْءٌ :(شطأه): ما خرج (من الزرع) وتفرع	Shoot; sprout
شَاطِئٌ : طرف	Side

ش ط ر

شَطْرٌ :(شطر، شطره): نحو ووجهة	Direction
شَطْرَ : ناحيةَ ووجهةَ	Towards

ش ط ط

أَشَطَّ :(تشطط): جار وأفرط في البعد والتجاوز	To be unjust; to act unjustly
شَطَطٌ :(شططاً): جور وتجاوز للقدر المحدود	Atrocious lie; enormity; extravagant thing

ش ط ن

شَيْطَانٌ :(شيطاناً،شياطين،شياطينهم...): مخلوق خبيث لا يُرى يغري بالفساد والشّر ؛ عاتٍ متمرد من الإنس والجن	Satan; devil

***

شَعَائِرُ : جمع شعيرة	Plur.of شَعِيرةٌ rt.(ش ع ر)

***

ش ع ب

شَعْبٌ :(شعوباً): صنف من الناس	Nation
شُعْبَةٌ :(شعب): فرقة وفرع	Branch

شُعَبٌ : جمع شُعْبَة	Plur.of شُعْبَةٌ
شُعيبٌ : نبي عربي مرسل إلى مدين من نسل إبراهيم	Shu'eyb; Shu'aib

ش ع ر

شَعَرَ (ـُ): (تشعرون، يشعرون): أحسن وعلم	To perceive; to know
أَشْعَرَ : (يشعركم، يُشعرنّ): أعلم	To make known to; to tell
شَعْرٌ : (أشعارها): ما ينبت في الجسم على شكل خيوط	Hair
شِعْرٌ : (الشعر): قول موزون مقفى قصداً	Poetry
شَاعِرٌ : (شاعر، شعراء): من قال الشعر وأجاده	Poet
شُعَرَاءُ : جمع شاعر	Plur.of شَاعِرٌ
شِعْرَى : (الشعرى): نجم شديد اللمعان	Sirius
شَعِيْرَة : (شعائر): معالم ومناسك يطلب القيام بها	Sign; indication; ceremony; monument
مَشْعَرٌ : (المشعر): موضع مناسك الحج	Monument

ش ع ل

اشْتَعَلَ : (واشتعل): انتشر فيه(الشيب)	To shine (with); to flare (with)

❋❋❋

شُعوبٌ : جمع شَعْب	Plur.of شَعْبٌ rt. (ش ع ب)
شُعَيبٌ :	Rt.(ش ع ب)

❋❋❋

ش غ ف

شَغَفَ (ـَ) : (شغفها): أصاب بحب قوي	To smite to the heart; to affect deeply

ش غ ل

شَغَلَ (ـَ) : (شغلتنا): لهى وصرف	To occupy; to keep busy
شُغُلٌ : ما يشغل الإنسان	Occupation

❋❋❋

شَفَا :	Rt.(ش ف و)
شِفَاءٌ :	Rt.(ش ف ي)
شَفَاعةٌ :	Rt.(ش ف ع)
شَفَةٌ (تين):	Rt.(ش ف ه)

❋❋❋

ش ف ع

شَفَعَ (ـَ) : (يشفع، يشفعوا، يشفعون)

شَفَعَ[1] : طلب التجاوز عن سيئة	To intercede

﴿ وَلاَ يَشْفَعُونَ إِلاَّ لِمَنْ ارْتَضَى ﴾ [الأنبياء 28]

شَفَعَ[2] : انظم إلى غيره	To intervene; to join oneself in

﴿ مَنْ يَشْفَعْ شَفَاعَةً حَسَنَةً يَكُنْ لَهُ نَصِيبٌ مِنْهَا ﴾ [النساء 85]

شَافِعٌ : (الشافعين): طالب التنازل عن سيئة	Intercessor; mediator
شَفِيْعٌ : (شفيع،شفعاء،شفعاءكم، شفعاؤنا...): صاحب الشفاعة	Intercessor
شُفَعَاءُ : جمع شفيع	Plur.of شَفِيْعٌ
شَفَاعَةٌ: (شفاعة، شفاعتهم): طلب التجاوز عن سيئة ؛ ملك الشفاعة	Intercession; mediation
شَفْعٌ : (الشفع): ما جعل غيره زوجا وخلاف الوتر	Even

الشَّفْعُ وَالوَتْرِ : انظر وتر

ش ف ق

أَشْفَقَ :(أشفقتم، وأشفق): خاف وحذر — To fear; to quake

مُشْفِقٌ :(مشفقون، مشفقين): خائفٌ — One who is fearful; one who quakes

شَفَقٌ :(الشفق): حمرة تظهر في الأفق من غروب الشمس إلى قبل العشاء — Afterglow of sunset; sunset redness

ش ف ه

شَفَةٌ :(شفتين): جزء لحمي ظاهر من الفم يستر الأسنان — Lip

شَفَتَانِ/ شَفَتَيْنِ: مثنى شفة — Dual of شَفَةٌ

ش ف و

شَفَا : حرف — Brink; edge

ش ف ى

شَفَى (ِ) :(يشف، يشفين): ابرأ من المرض — To heal; to restore health

شِفَاءٌ : ابراء من المرض أو العلة أو الداء — Healing; balm

* * *

شَفِيعٌ : Rt.(ش ف ع)

شَقَّ : Rt.(ش ق ق)

شِقٌّ : Rt.(ش ق ق)

شِقَاقٌ : Rt.(ش ق ق)

شُقَّةٌ : Rt.(ش ق ق)

* * *

ش ق ق

شَقَّ (ُ):(شققنا، أشق)

شَقَّ[1] : فلق — To split in clefts; to cleave asunder

﴿ ثُمَّ شَقَقْنَا الأَرْضَ شَقًّا ﴾ [عبس 26]

شَقَّ[2] : أوقع في المشقة — To make hard; to be hard

﴿ وَمَا أُرِيدُ أَنْ أَشُقَّ عَلَيْكَ ﴾ [القصص 27]

شَاقَّ :(شاقوا،تشاقون،يشاق...): خالف أو عادى — To oppose; to act adversely; to become hostile

تَشَقَّقَ :(تشقق، يشقق): تصدع وبدت شقوقه — To rend asunder; to burst asunder

انْشَقَّ :(انشق،انشقت، تنشق): انفسخ — To split asunder; to rend asunder; to cleave asunder

شَقٌّ :(شقا): فلق — The act of cleaving asunder

شِقٌّ :(بشق): تعب ومشقة — Great trouble; distress

شُقَّةٌ :(الشقة): مسافة يشق قطعها — Distance; tedious journey

أَشَقُّ : اصعب — More painful; more grievous

شِقَاقٌ :(شقاق، شقاقي): خلاف أو عداء — Schism; great opposition

* * *

شِقْوَةٌ : Rt.(ش ق ي)

* * *

ش ق ى

شَقِيَ(َ): (شقوا، تشقى، يشقى): تعب وساءت حاله — To be wretched; to come to toil; to come to grief; to bea unhappy

شَقِيٌّ :(شقى، شقيا)

شَقِيٌّ [1] : تعِس غير سعيد — Wretched; unhappy

﴿ فَمِنْهُمْ شَقِيٌّ وَسَعِيدٌ ﴾ [هود 105]

شَقِيٌّ [2] : محروم ضائع المسعى — Unblest; unblessed; unsuccessful

﴿ وَأَدْعُو رَبِّي عَسَى أَلاَّ أَكُونَ بِدُعَاءِ رَبِّي شَقِيًّا ﴾ [مريم 48]

أَشْقَى :(اشقى، أشقاها): أتعس حالاً — Most wretched; most hapless; most unfortunate; basest

شِقْوَةٌ :(شقوتنا): تعاسة وسوء حال — Evil fortune; adversity

❋❋❋

شَكَّ : Rt.(ش ك ك)

شَكَا : Rt.(ش ك و)

❋❋❋

ش ك ر

شَكَرَ (ـُ):(شكر، شكرتم،أشكر تشكرون...): ذكر النعمة وأثنى عليها — To give thanks; to be thankful

شُكْرٌ :(شكراً): ذِكر النعمة والثناء عليها — Thanks

عَمِلَ شُكْراً : قدم الشكر — To give thanks

شَاكِرٌ :(شاكر، شاكراً، شاكرون، شاكرين)

شَاكِرٌ [1] : ذاكر النعمة مثنٍ(عليه) بها — One who is thankful; one who is grateful

﴿ شَاكِرًا لأَنْعُمِهِ اجْتَبَاهُ وَهَدَاهُ إِلَى صِرَاطٍ مُسْتَقِيمٍ ﴾ [النحل 121]

شَاكِرٌ [2] : مُجازٍ على الأعمال الصالحة — Responsive (Allah); Multiplier of rewards (Allah)

﴿ وَكَانَ اللَّهُ شَاكِرًا عَلِيمًا ﴾ [النساء 147]

شَكُورٌ :(شكور، شكوراً)

شَكُورٌ [1] : كثير ذكر النعمة والثناء على المنعم بها — Thankful; grateful

﴿ إِنَّ فِي ذَلِكَ لآيَاتٍ لِكُلِّ صَبَّارٍ شَكُورٍ ﴾ [إبراهيم 5]

شَكُورٌ [2] : صفة لله تعالى: تعني أنه يضاعف الجزاء — Responsive (Allah); Multiplier of rewards (Allah)

﴿ إِنَّ رَبَّنَا لَغَفُورٌ شَكُورٌ ﴾ [فاطر 34]

مَشْكُورٌ :(مشكوراً): مجازى عليه — That which finds favour; that which finds acceptance; recompensed; accepted

ش ك س

مُتَشَاكِسٌ :(متشاكسون): متنازع متعاسر — One who quarrels with another; one who differs with another

ش ك ك

شَكٌّ : تردد وعدم وصول إلى يقين — Doubt

ش ك ل

شَكْلٌ :(شكله): ما كان على صورة — Kind

(الشيء)

شَاكِلَةٌ :(شاكلته): سجيّة — Rule of conduct; manner

ش ك و

شَكَا (ـُ) :(أشكو): اظهر التضرر متوجعاً — To expose; to complain

اشْتَكَى :(وتشتكي): اظهر التضرر — To complain

مِشْكَاةٌ :(كمشكاة): كُوّة في الحائط غير نافذة يوضع فيها المصباح — Niche

❋ ❋ ❋

شَكورٌ : — Rt.(ش ك ر)

شَمائِلُ : جمع شِمال — Plur.of شِمالٌ rt.(ش م ل)

شِمالٌ : — Rt.(ش م ل)

❋ ❋ ❋

ش م ت

أشْمَتَ :(تُشمت): أفرح العدو — To make to triumph; to make to rejoice

ش م خ

شَامِخٌ :(شامخات): عالٍ مرتفع — High; lofty

ش م أ ز

اشْمَأزَّ :(اشمازت): ضاقَ ونفرَ — To shrink; to be repelled

ش م س

شَمْسٌ :(الشمس، بالشمس، للشمس، شمساً): كوكب مشتعل يمد الأرض بالضوء والحرارة — Sun

ش م ل

اشْتَمَلَ :(اشتملت): تضمّن وأحاط — To contain

شِمَالٌ :(وشمال،الشّمال،بشماله، والشمائل...): مقابل اليمين — Left; left hand

ش ن أ

شَنَئَانٌ : بغض — Hatred

شَانِئٌ :(شانئك): مبغض — Insulter; enemy

❋ ❋ ❋

شِهابٌ : — Rt.(ش هـ ب)

شَهادةٌ : — Rt.(ش هـ د)

❋ ❋ ❋

ش هـ ب

شِهَابٌ :(شهاب، شهاباً، شهب): عود أو خشبة فيها نار ؛ شعلة في الجو — Flame; flaming star

شُهُبٌ : جمع شِهَابٌ — Plur.of شِهَابٌ

ش هـ د

شَهِدَ (ـَ) :(شهد،شهدتم،أشهد، تشهد...): حضر أو علم ؛ أخبر خبراً قطعياً — To bear witness; to testify

اسْتَشْهَدَ :(استشهدوا): أشهد — To call to witness

شَاهِدٌ :(شاهد، شاهداً، شهود، الأشهاد...)

شَاهِدٌ[1] : حاضر — One who abides in one's presence

﴿ وَبَنِينَ شُهُودًا ﴾ [المدثر 13]

﴿ وَشَاهِدٍ وَمَشْهُودٍ ﴾ [البروج 3]

شَاهِدٌ[2] : من يؤدي الشهادة — Witness; bearer of witness

﴿ وَشَهِدَ شَاهِدٌ مِنْ أَهْلِهَا ﴾ [يوسف 26]

﴿ إِنَّا أَرْسَلْنَا إِلَيْكُمْ رَسُولاً شَاهِدًا عَلَيْكُمْ﴾ [المزمل 15]

شَهِيدٌ :(شهيد، بشهيد، شهيدين، شهداء...):

شَهِيدٌ[1] :مؤدي الشهادة — Witness

﴿ وَلَا يُضَارَّ كَاتِبٌ وَلَا شَهِيدٌ﴾
[البقرة 282]

شَهِيدٌ[2]: حاضر الذهن — Witness

﴿ أَوْ أَلْقَى السَّمْعَ وَهُوَ شَهِيدٌ﴾ [ق
37]

شَهِيدٌ[3]: عالِم مطلع — Witness

﴿ وَاللهُ شَهِيدٌ عَلَى مَا تَعْمَلُونَ﴾
[آل عمران 98]

شَهِيدٌ[4]: من قتل في سبيل الله — Martyr

﴿ وَالشُّهَدَاءُ عِنْدَ رَبِّهِمْ لَهُمْ أَجْرُهُمْ﴾
[الحديد 19]

شَهَادَةٌ :(شهادة، للشهادة، شهادات، بشهاداتهم ...)

شَهَادَةٌ[1] : مصدر شهد: أخبر خبراً قطعياً — Testimony

﴿ وَمَنْ أَظْلَمُ مِمَّنْ كَتَمَ شَهَادَةً عِنْدَهُ مِنَ اللَّهِ﴾
[البقرة 140]

شَهَادَةٌ[2] : مصدر حضر — That which is visible; that which is seen

﴿ ذَلِكَ عَالِمُ الْغَيْبِ وَالشَّهَادَةِ الْعَزِيزُ الرَّحِيمُ ﴾
[السجدة 6]

مَشْهَدٌ : حضور — Meeting; presence

مَشْهُودٌ :

مَشْهُودٌ[1] : لا يتخلف عنه أحد لعظم شأنه — That which is witnessed

﴿ إِنَّ قُرْآنَ الْفَجْرِ كَانَ مَشْهُودًا ﴾ [الإسراء 78]

مَشْهُودٌ[2] : لا يتخلف عنه أحد لعظم شأنه — One against whom witness is born

﴿ وَشَاهِدٍ وَمَشْهُودٍ ﴾ [البروج 3]

شُهَدَاءُ : جمع شَهِيدَ — Plur.of شَهِيدٌ

ش هـ ر

شَهْرٌ :(شهر ، شهور ...): جزء من اثني عشر جزءاً من السنة — Month

ش هـ ق

شَهِيقٌ :(شهيق، شهيقاً): ادخال النفس إلى الرئتين ؛ صوت شديد — Groaning; wailing; moaning; roaring

ش هـ و

اشْتَهَى :(اشتهت مشتهي مشتهيه يشتهون...): اشتدت رغبته في — To desire

شَهْوَةٌ :(شهوة، الشهوات)

شَهْوَةٌ[1] : رغبة شديدة — Lust

﴿ إِنَّكُمْ لَتَأْتُونَ الرِّجَالَ شَهْوَةً مِنْ دُونِ النِّسَاءِ ﴾
[الأعراف 81]

شَهْوَةٌ[2] : رغبة شديدة — Joy; desire

﴿ زُيِّنَ لِلنَّاسِ حُبُّ الشَّهَوَاتِ مِنَ النِّسَاءِ وَالْبَنِينَ
وَالْقَنَاطِيرِ الْمُقَنْطَرَةِ مِنَ الذَّهَبِ وَالْفِضَّةِ ﴾
[آل عمران 14]

***

شُهُودٌ : جمع شَاهِدٌ — Plur.of شَاهِدٌ rt. (ش هـ د)

شُهُورٌ :جمع شَهْرٌ — Plur.of شَهْرٌ rt. (ش هـ ر)

شَهِيدٌ : — Rt.(ش هـ د)

شَهِيقٌ : — Rt.(ش هـ ق)

شُوَاظٌ : — Rt.(ش و ظ)

***

ش و ب

شَوْبٌ :(لشوبا): خلط	Drink

ش و ر

أشَارَ :(فأشارت): اوما	To consult with; to take counsel with
شَاوَرَ : (شاورهم): طلب الرأي	Counsel with; to take counsel
شُوْرَى : مراجعة وتشاور	Matter of counsel; taking counsel
تَشَاوُرٌ : (وتشاور) : تبادل الرأي	Consultations; counsel

ش و ظ

شُوَاظٌ : لهبٌ لا دُخان فيه	Heat; flames

ش و ك

شَوْكَةٌ :(الشوكة): قوة وبأس	Arms
ذَاتُ الشَّوْكَةِ: ذات السلاح والقوة وهي النفير	Armed one

***

شَوَى :	Rt.(ش و ي)

***

ش و ى

شَوَى (ِ) :(يشوي): حَرَقَ	To burn; to scald
شَوَى :(للشوى): أطراف اليدين	Head; extremities
نَزَّاعَةٌ لِلشَّوى: انظر نَزَعَ	See نَزَعَ rt.(ن ز ع)

***

شَيَاطِينُ: جمع شَيْطَانٌ	Plur.of شَيْطَانٌ rt. (ش ط ن)

***

ش ى أ

شَاءَ (َ) :(شاء، شئنا،أشاء،تشاء،...): أراد	To will; please
شَيْءٌ :(شيء، شيئاً، أشياء، أشياءهم)	
شَيْءٌ[1] : موجود أو متصَوَّر وجوده	Thing

﴿ وَعَسى أَنْ تَكْرَهُوا شَيْئًا وَهُوَ خَيْرٌ لَكُمْ ﴾ [البقرة 216]

شَيْءٌ[2] : موجود أو متصَوَّر وجوده	Goods; thing

﴿ وَلاَ تَبْخَسُوا النَّاسَ أَشْيَاءَهُمْ ﴾ [الشعراء 183]

شَيْءٌ[2] : مصدر شاءَ وهو ما يصح أن يُعلم ويُخبر عنه حسياً كان أو معنوياً	Thing

﴿ إنَّ اللهَ عَلَى كُلِّ شَيْءٍ قَدِيْرٌ ﴾ [البقرة 20]

ش ي ب

شَيْبٌ : (شيبا): بياض الشعر	Grey hair; hoariness
شَيْبَةٌ : (وشيبة): حال الشيخوخة والهرم	Grey hair; hoary hair
أَشْيَبُ :(شيباً): من ابيضَّ شعره	Hoary; grey-headed
شِيْبٌ : جمع أشْيَب	Plur.of أَشْيَبُ

***

شِيَةٌ :	Rt.(و ش ي)

***

ش ي خ

شَيْخٌ :(شيخ، شيخاً، شيوخاً): من بلغ الشيخوخة	Old man; aged man

ش ي د

مَشِيدٌ : عالٍ مرتفع أو مطلي بالجص وغيره	Lofty; raised high
مُشَيَّدٌ :(مشيدة): عالٍ محكم	Lofty

❋❋❋

شَيْطَانٌ : — Rt.(ش ط ن)

❋❋❋

ش ي ع

شَاعَ (ِ) :(تشيع): ظهر وانتشر — To be spread; to circulate

شِيْعَةٌ :(شيعة، شيعته، شيعاً، أشياعكم)...

شِيْعَةٌ[1] : فرقة من الناس يتابع بعضهم بعضاً — Sect; caste; party

﴿إِنَّ الَّذِينَ فَرَّقُوا دِينَهُمْ وَكَانُوا شِيَعًا لَسْتَ مِنْهُمْ فِي شَيْءٍ﴾ [الأنعام 159]

شِيْعَةٌ[2] : ولي ونصير — Like; fellow

﴿ وَلَقَدْ أَهْلَكْنَا أَشْيَاعَكُمْ فَهَلْ مِنْ مُدَّكِرٍ ﴾ [القمر 51]

شِيَعٌ : جمع شيعة — Plur.of شِيْعَةٌ

❋❋❋

شُيُوخٌ : جمع شيخ — Plur.of شَيْخٌ rt. (ش ي خ)

❋❋❋

باب الصاد

ص

صس~: حرف ورد في مفتتح سورة ص~ — Sad

***

صائِمٌ :	Rt.(ص و م)
صابِئٌ :	Rt.(ص ب أ)
صابِرَ :	Rt.(ص ب ر)
صابِرٌ :	Rt.(ص ب ر)
صاحَبَ :	Rt.(ص ح ب)
صاحِبٌ :	Rt.(ص ح ب)
صاخَّةٌ :	Rt.(ص خ خ)
صادِقٌ :	Rt.(ص د ق)
صارَ :(يصور)	Rt.(ص و ر)
صارَ :(يصير)	Rt.(ص ي ر)
صارِمٌ :	Rt.(ص ر م)
صاعِقَةٌ :	Rt.(ص ع ق)
صاغِرٌ :	Rt.(ص غ ر)
صافٌّ :	Rt.(ص ف ف)
صافِنٌ :	Rt.(ص ف ن)
صالٍ :	Rt.(ص ل ي)
صالِحٌ :	Rt.(ص ل ح)
صامَ :	Rt.(ص و م)
صامِتٌ :	Rt.(ص م ت)
صَبَّ :	Rt.(ص ب ب)
صَبٌّ :	Rt.(ص ب ب)
صَبَا :	Rt.(ص ب و)
صَبَاحٌ :	Rt.(ص ب ح)
صَبَّارٌ :	Rt.(ص ب ر)

***

ص ب أ

صَـابِيءٌ :(صـابئون، صـابئين): عابد الكواكب — Sabaen; Sabian

ص ب ب

صَبَّ(ُ):(فصب ،صببنا ،صبوا، يصب): أنْزل ؛ سَكَبَ — To pour (down)

صَبٌّ :(صبًا): سكْبٌ — The act of pouring in showers; the act of pouring down in abundance

ص ب ح

صَبَّحَ :(صبّحهم): أتى غُدْوةً — To befall in the morning; to overtake in the morning

أَصْبَحَ :(فأصبح، أصبحوا ،فتصبح ،يصبح...)

أَصْبَحَ[1] : صار — To become

﴿ فَأَلَّفَ بَيْنَ قُلُوبِكُمْ فَأَصْبَحْتُمْ بِنِعْمَتِهِ إِخْوَانًا ﴾

[آل عمران 103]

أَصْبَحَ[2] : دخل في الصباح — To enter (upon the time of) the morning

﴿ فَسُبْحَانَ اللَّهِ حِينَ تُمْسُونَ وَحِينَ تُصْبِحُونَ ﴾

[الروم 17]

أَصْبَحَ[3] : دخل في الصباح — To begin

﴿ فَأَصْبَحَ يُقَلِّبُ كَفَّيْهِ عَلَى مَا أَنفَقَ فِيهَا ﴾

[الكهف 42]

صَبْحٌ:(الصبح، صبحاً): أول النهار ؛ فجر	Morning; dawn; daybreak
صَبَاحٌ : أول النهار	Morning
إِصْبَاحٌ : (الإصباح): أول النهار	Day break
مُصْبِحٌ :(مصبحين): داخل في الصباح	One who enters upon the morning
مِصْبَاحٌ :(مصباح،المصباح بمصابيح): سراج	Lamp

ص ب ر

صَبَرَ (ِ):(صبر ،صبرتم،تصبر ،تصبر.): تجلّد ولم يجزع ؛ حبس وضبط نفسه	To have patience; to endure (patiently); to bear with; to be steadfast
صَابَرَ :(صابروا): غالب في الصبر	To outdo all others in endurance; to excel in patience
أَصْبَرُ :(أصبرهم): اكثر صبراً	More patient
مـا أصـبَرَهُم : مـا أطـول بقاءهم	How constant are they in their strife! How bold they are!
اصْطَبَرَ :(واصطبر)	
اصْطَبَرَ [1] : زاد في الصبر	To be patient; to be steadfast; to have patience

﴿ إِنَّا مُرْسِلُو النَّاقَةِ فِتْنَةً لَهُمْ فَارْتَقِبْهُمْ وَاصْطَبِرْ ﴾ [القمر 27]

اصْطَبَرَ [2] : زاد في الصبر	to be constant; to adhere steadily

﴿ وَأْمُرْ أَهْلَكَ بِالصَّلَاةِ وَاصْطَبِرْ عَلَيْهَا ﴾ [طه 132]

صَـبْرٌ :(صبر ،صبراً،الـصبر ، صبرك): تجلد	Patience; steadfastness; endurance
صَـابِرٌ :(صـابرا، صابرون،صـابرين، صـابرة،...): متجلّد	One who is patient; one who is steadfast
صَبَّارٌ : مبالغة في التجلد وعدم الجزع	Patient; steadfast

ص ب ع

إِصْـبَعٌ : (أصـابعهم): أحـد أطراف الكف أو القدم	Finger

ص ب غ

صِبْغٌ : (وصبغ): ما يؤتدم به	Relish; condiment
صِبْغَةٌ : شريعة	Colour; baptism

ص ب و

صَبَا (ُ) : (أصب): مال	To incline; to yearn
صَبِيٌّ :(صبياً): من لم يبلغ الحُلُم	Child; young boy

ص ح ب

صَاحَبَ:(تصاحبني، صاحبهما): رافق	To keep company with; to consort
أَصْحَبَ :(يُصحبون): أجار ومنع	To defend
صَـاحِبٌ:(كـصاحب، صاحبيَ.): ملازم لغيره	Companion; comrade; fellow; owner; inmate
أَصْحَابُ النَّارِ : اهل النار	People (owners) of the fire; inmates of the fire
أَصْحَابُ الجَنَّةِ: اهل الجنة	Dwellers of the Garden

أَصْحَابُ الفِيلِ: الاحباش الذين هاجموا الكعبة	Owners of the elephant
أصْحَاب المَيْمَنةِ (المَشْئَمَةِ): أهل اليمن والبركة أو ناحية اليمين (الشؤم أو ناحية الشمال)	People (those) on right (left) hand
صَاحِبَةٌ:(صاحبة، وصاحبته): زوجة	Consort; wife; spouse

❊ ❊ ❊

صِحَافٌ : جمع صَحْفة	Plur.of صَحْفَةٌ rt. (ص ح ف)

❊ ❊ ❊

ص ح ف

صَحْفَةٌ :(بصحاف): إناء من آنية الطعام	Tray; bowl
صَحِيفَةٌ :(صحف،صحفاً): ما كتب فيه في ورق وغيره ؛ كتاب مُنْزَّلَ	Book; scripture

ص خ خ

صَاخَّةٌ :(الصاخة): صيحة شديدة تكون يوم القيامة	Shout; deafening cry

ص خ ر

صَخْرَةٌ: (الصخرة): واحدة الصخر	A rock
صَخْر : (الصخر): حجارة عظيمة صُلبة	Rocks

❊ ❊ ❊

صَدَّ :	Rt.(ص د د)
صَدٌّ :	Rt.(ص د د)

❊ ❊ ❊

ص د د

صَدَّ(ـُ):(صدّ،صددتم،تصدّون،صددناكم...): أعرض وامتنع	To turn away; to drive away; to debar; to hinder
صَدَّ(ـِ) : (يصدّون): ضجّ	To laugh out; to raise a clamour
صَدٌّ : (صدّ، بصدّهم): إعراضٌ ومنع	The act of hindering; the act of turning from
صُدُودٌ :(صدوداً): إعراضٌ	Aversion
صَدِيدٌ : قيحٌ	Festering

ص د ر

صَدَرَ (ـُ) :(يصدر): عاد	To issue forth; to come forth
أصْدَرَ :(يُصدر): يصرف (عن الماء)	To return; to take away (one's sheep)
صَدْرٌ :(صدراً، صدرك،صدور ،صدوركم...): جزء ممتدٌ من أسفل العنق إلى فضاء الجوف وأطلق على القلب	Breast; bosom; heart

ص د ع

صَدَعَ (ـَ) :(إصدع): جهر بـ	To proclaim; to declare openly
تَصَدَّعَ :(يصّدّعون): تفرق	To be sundered; to become separated
يَصَّدَّعُونَ = يَتَصَدَّعُون	
صُدِّعَ :(يُصدّعون): اصابه الصداع	To get aching of the head; to get affected with headache
مُتَصَدِّعٌ :(متصدعاً): مُتشقق	That which rends asunder; that which splits asunder

صَدْعٌ :(الصدع): شقٌ — A splitting (with plants)

الأَرْضُ ذاتُ الصَّدْعِ: الأرض التي تنشق عن النبات — The earth which splits with plants

ص د ف

صَدَفَ(ِ) :(صدف، يصدفون): أعرض ومال — To turn away

صَدَفٌ :(الصدفين): ناحية وجانبٌ — Cliff; mountain side

ص د ق

صَدَقَ (ُ) :(صدق،فصدقت،صدقتنا، صدقنا...)

صَدَقَ[1]: اخبر بالحق والواقع — To speak the truth

﴿ قُلْ صَدَقَ اللَّهُ فَاتَّبِعُوا مِلَّةَ إِبْرَاهِيمَ حَنِيفًا ﴾ [آل عمران 95]

صَدَقَ[2]: حقق — To fulfill; to make good

﴿ وَقَالُوا الْحَمْدُ لِلَّهِ الَّذِي صَدَقَنَا وَعْدَهُ ﴾ [الزمر 74]

﴿ لَقَدْ صَدَقَ اللَّهُ رَسُولَهُ الرُّؤْيَا بِالْحَقِّ ﴾ [الفتح 27]

صَدَّقَ :(صدق،صدقت،تصدقون،يصدقني...)

صَدَّقَ[1] : اعترف بصدقه — To believe

﴿ وَالَّذِي جَاءَ بِالصِّدْقِ وَصَدَّقَ بِهِ أُولَئِكَ هُمُ الْمُتَّقُونَ ﴾ [الزمر 33]

صَدَّقَ[2] : اقر — To find true

﴿ وَلَقَدْ صَدَّقَ عَلَيْهِمْ إِبْلِيسُ ظَنَّهُ فَاتَّبَعُوهُ ﴾ [سبأ 20]

صَدَّقَ[3] : اعترف بصدقه — To confirm; to verity

﴿ بَلْ جَاءَ بِالْحَقِّ وَصَدَّقَ الْمُرْسَلِينَ ﴾ [الصافات 37]

﴿ فَأَرْسِلْهُ مَعِي رِدْءًا يُصَدِّقُنِي ﴾ [القصص 34]

صَدَّقَ[4] : اعترف بالصدق — To admit the truth; to assent

﴿ نَحْنُ خَلَقْنَاكُمْ فَلَوْلَا تُصَدِّقُونَ ﴾ [الواقعة 57]

صَدَّقَ[5] : اعترف بالصدق — To put faith in; to accept the truth

﴿ وَصَدَّقَتْ بِكَلِمَاتِ رَبِّهَا وَكُتُبِهِ ﴾ [التحريم 12]

تَصَدَّقَ :

تَصَدَّقَ[1] : أداه كصدقة — To give alms

﴿ وَمِنْهُمْ مَنْ عَاهَدَ اللَّهَ لَئِنْ آتَانَا مِنْ فَضْلِهِ لَنَصَّدَّقَنَّ ﴾ [التوبة 75]

تَصَدَّقَ[2] : اعطى — To be charitable

﴿ فَأَوْفِ لَنَا الْكَيْلَ وَتَصَدَّقْ عَلَيْنَا ﴾ [يوسف 88]

تَصَدَّقَ[3] : أداه كصدقة — To remit as almsgiving; to forego (in the way of charity)

﴿ وَأَنْ تَصَدَّقُوا خَيْرٌ لَكُمْ ﴾ [البقرة 280]

﴿ وَدِيَةٌ مُسَلَّمَةٌ إِلَى أَهْلِهِ إِلَّا أَنْ يَصَّدَّقُوا ﴾ [النساء 92]

صِدْقٌ : مطابقة الكلام للواقع — Truth; truthfulness

قَدَمُ صِدْقٍ : سابقة فضل ومنزلة رفيعة — Sure footing; footing of firmness

مُبَوَّأَ صِدْقٍ : منزل ملائم، منزل صالح مرضٍ — Fixed abode; goodly abode

مُخْرَجُ (مُدْخَلُ) صِدْقٍ : إخراج (إدخال)

مرضيّ — Firm incoming (entry); truthful outgoing (going forth)

لِسانُ صِدْقٍ : ثناء حسن — True renown; truthful mention; good report

فِيْ مَقْعَدِ صِدْقٍ : في مكانٍ مرضيّ — Firmly established in the seat of honour

صَادِقٌ :

صَادِقٌ[1] : من يخبر بالواقع — One who is truthful

﴿ لِيَجْزِيَ اللَّهُ الصَّادِقِينَ بِصِدْقِهِمْ ﴾ [الأحزاب 24]

صَادِقٌ[2] : اسم فاعل من صَدَقَ: موفٍ — True

﴿ إِنَّمَا تُوعَدُونَ لَصَادِقٌ﴾ [الذاريات 5]

أَصْدَقُ : أفعل التفضيل من صَدَقَ — More truthful

صَدُقَةٌ :(صدقاتهن): مهر الزوجة — Dowry; marriage potion

صَدَقَةٌ :(صدقة، بصدقة،صدقات،صدقاتكم...): ما يجب أداؤه من الزكاة وما يتقرب به — Whatever is given and sanctified in the cause of Allah as alms

صَدِيقٌ :(صديق، صديقكم): صاحب صادق الودّ — Friend

صِدِّيقٌ :(الصدّيق،صدّيقاً،الصدّيقون...): بالغ الصدق — Truthful one; saint

صِدِّيقَةٌ : مؤنث صدّيق — Truthful woman; saintly woman

تَصْدِيقٌ : اعتراف وإقرار بالصدق — Confirmation; verification

مُصَدِّقٌ: (مصدق ،مصدقاً، المصدقين)

مُصَدِّقٌ[1] : اسم فاعل من صدّق — One who accepts (the truth); one who puts faith (in one's word)

﴿ يَقُولُ أَئِنَّكَ لَمِنَ الْمُصَدِّقِينَ ﴾ [الصافات 52]

مُصَدِّقٌ[2] : اسم فاعل من صدّق — That which confirms; that which verifies

﴿ وَيَكْفُرُونَ بِمَا وَرَاءَهُ وَهُوَ الْحَقُّ مُصَدِّقًا لِمَا مَعَهُمْ ﴾ [البقرة 91]

مُتَصَدِّقٌ: من يتصدّق — One who gives alms; one who is charitable

مُصَّدِّقٌ = مُتَصَدِّقٌ

* * *

صُدُودٌ : — Rt.(ص د د)

صُدُورٌ : جمع صدر — Plur.of صَدْرٌ

Rt.(ص د ر)

* * *

ص د ي

تَصَدَّى : تعرض — To pay regard; to receive with honour

تَصْدِيَةٌ : تصفيق — Hand-clapping; clapping of hands

* * *

صَدِيدٌ : — Rt.(ص د د)

صَدِيقٌ : — Rt.(ص د ق)

صِدِّيقٌ : — Rt.(ص د ق)

صِرٌّ : — Rt.(ص ر ر)

صِراطٌ : — Rt.(ص ر ط)

صَرَّةٌ : Rt.(ص ر ر)

***

ص ر ح

صَرْحٌ :(الصرح، صرحاً)

صَرْحٌ[1] : قصر عال — Hall; place

﴿ قَالَ إِنَّهُ صَرْحٌ مُمَرَّدٌ مِنْ قَوَارِيرَ ﴾ [النمل 44]

صَرْحٌ[2] : قصر عال — (Lofty) tower

﴿ فَاجْعَل لِي صَرْحًا لَعَلِّي أَطَّلِعُ إِلَى إِلَهِ مُوسَى ﴾ [القصص 38]

ص ر خ

اسْتَصْرَخَ :(يستصرخه): استغاث بـ — To cry out for help; to cry for succour

اصْطَرَخَ :(يصطرخون): صاح واستغاث — To cry for help; to cry for succour

صَرِيْخٌ : إغاثة ومغيث — Help; succour

مُصْرِخٌ :(بمصرخكم، بمصرخي): مغيث — One who helps; aider

ص ر ر

أَصَرَّ :(أصرّوا،يصرّ،يصرّوا، يصرّون...): ثبت ولزم — To persist (knowingly); to continue

صِرٌّ : شدّة البرد — Intense cold

صَرَّةٌ : تقطيب الوجه من الكراهة أو صيحة أو ضجّة — Moan; great grief

صَرْصَرٌ :(صرصر، صرصراً): بردٌ وصوتٌ — Roaring blast; roaring wind; raging wind; furious wind

ص ر ط

صِرَاطٌ:(صراط،صراطاً،صراطك،صراطي): طريق — Path; way; road

ص ر ع

صَرِيعٌ :(صرعى): مطروح على الأرض — Lying overthrown

***

صَرْعَى : جمع صريع — Plur.of صَرِيعٌ rt.(ص ر ع)

***

ص ر ف

صَرَفَ(ـِ):(صرف،صرفكم،سأصرف، تصرف...)

صَرَفَ[1] : ردّ — To turn away; to avert; to send off

﴿ فَيُصِيبُ بِهِ مَنْ يَشَاءُ وَيَصْرِفُهُ عَنْ مَنْ يَشَاءُ ﴾ [النور 43]

صَرَفَ[2]: وجّه — To incline towards; to turn towards

﴿ وَإِذْ صَرَفْنَا إِلَيْكَ نَفَرًا مِنَ الْجِنِّ يَسْتَمِعُونَ الْقُرْآنَ ﴾ [الأحقاف 29]

صَرَفَ[3] : حوّل عن الهداية — To turn away; to avert; to send off

﴿ صَرَفَ اللَّهُ قُلُوبَهُم ﴾ [التوبة 127]

صَرَّفَ :(صرّفنا،صرّفناه، نصرّف): بيّن بأساليب مختلفة ؛ أنزل — To display; to explain

انْصَرَفَ :(انصرفوا): تحوّل — To turn away

صَرْفٌ :(صرفاً): دفع — The act of averting; the act of warding off

تَصْرِيفٌ :(وتصريف): توجيه — Ordering (of wind); ordinance; changing (of wind)

مَصْرُوفٌ :(مصروفاً): مردود — Averted

مَصْرِفٌ :(مصرفاً): معْدِل أو مكان ينصرف إليه	Way of escape; place to which one turns away

ص ر م

صَرَمَ(ـِ) :(ليصرمنها): قطع الثمار	To cut off the produce; to pluck the fruit
صَارِمٌ :(صارمين): قـاطع الثمار	One who plucks the fruit; one who cuts the produce
صَرِيمٌ :(كالصريم): مصروم وهـو المقطـوع أو الأرض السوداء لا تنبت شيئاً	Black; barren land; garden whose fruit is plucked

❋❋❋

صَرِيخٌ :	Rt.(ص ر خ)
صَرِيمٌ :	Rt.(ص ر م)

❋❋❋

ص ع د

صَعَدَ (ـَ) :(يصعد): ارتقى	To ascend
أَصْعَدَ :(تُصعدون): بَعدَ خوفاً وفراراً	To climb; to run off precipitately
اصَّـعَّدَ :(يـصَّعَّد): ارتفـع بمشقة	To ascend; to be engaged in afflicting (chastisement); ever-growing (torment)
صَعُودٌ :(صعداً): مشقة	Fearful doom ; distressing punishment
صَعَدٌ :(صعدا): متعدد: شديد ذو مشقة	Severe torment
صَعِيدٌ :(صعيداً): تراب	Soil; earth; ground; mound

ص ع ر

صَعَّرَ :(تُصعّر): أمال غضباً وكبْراً	To turn (the cheek) in scorn; to turn (the cheek) in contempt

ص ع ق

صَعِقَ (ـَ) :(فصعق): هلك	To swoon (away)
أَصْعَقَ :(يُصعقون): أهلك	To make to swoon; to cause to be thunder-stricken
صَـعِقٌ :(صـعقاً): مغـشيٌ عليه	One who is senseless; one in a swoon
صَـاعِقَةٌ:(صاعقة،الصاعقة، الـصواعق): نــارٌ تــسقط من السماء	Thunderbolt; (storm of) lightning; thunder-clap

❋❋❋

صَعُودٌ :	Rt.(ص ع د)
صَعِيدٌ :	Rt.(ص ع د
صَغا :	Rt.(ص غ و)
صَغارٌ :	Rt.(ص غ ر)

❋❋❋

ص غ ر

صَـــاغِرٌ :(صـــاغرون صاغرين،الــصـاغرين): راضٍ بالذّل	One who is brought low; one who is degraded; one who is abject; one who is abased
صَغِيرٌ :(صغير ، صغيراً، صغيرة): قليل القدرة والمنزلة ؛ صغر السن	Small; little
أَصْغَرُ : مبالغة في الصغر	Smaller
صَغَارٌ : ذلة وضعة	Humiliation

ص غ ا

صَغا(ـَ) :(صَغت): مال	To desire; to incline

صَغِيَ (َ) :(لتصغى): مال	To incline towards

***

صغيرٌ :	Rt.(ص غ ر)
صَفٌ :	Rt.(ص ف ف)
صَفَا :	Rt.(ص ف و)

***

ص ف ح

صَفَحَ(َ) :(وتصفحوا، وليصفحوا، واصفح، فاصفح...): أعرض عن المؤاخذة	To pardon; to be indulgent
صَفْحٌ :(الصفح، صفحا): إعراض وإهمال، مبالغة في العفو	Forgiveness
ضَرَبَ عَنْهُ صَفْحاً: أعرض وأهمل	To ignore utterly; to turn away altogether

ص ف د

صَفَدٌ :(الأصفاد): ما يقيّد به	Chain

ص ف ر

أَصْفَرُ :(صفراء، صفر): لون معروف	Yellow; tawny
صُفْرٌ : جمع أصفر	Plur.of أَصْفَرُ
صَفْرَاءُ : مؤنث أصفر	Fem. of أَصْفَرُ
مُصْفَرٌّ :(مصفرا): أصفر اللون	That which turns yellow; that which becomes yellow

ص ف ص ف

صَفْصَفٌ :(صفصفا): أرض ملساء مستوية لا نبات فيها	Empty; smooth level

ص ف ف

صَفٌّ :(صفا): مصفوف على استواء	Rank
صَافٌّ :(صافون، صافات، صواف)	
صَافٌّ[1] : ملك مصطف	That which sets the rank (angel); ranger; that which draws oneself out in rank

﴿ وَالصَّافَّاتِ صَفًّا ﴾ [الصافات 1]

صَافٌّ[2] : باسط أجنحته من غير حركة في الطيران	That which spreads its way; that which expands its wing

﴿ أَوَلَمْ يَرَوْا إِلَى الطَّيْرِ فَوْقَهُمْ صَافَّاتٍ وَيَقْبِضْنَ ﴾ [الملك 19]

صَافٌّ[3] : مجعول صفا	Camel drawn up in line; camel standing in a row

﴿ فَاذْكُرُوا اسْمَ اللَّهِ عَلَيْهَا صَوَافَّ ﴾ [الحج 36]

مَصْفُوفٌ :(مصفوفة)	Ranged; set in lines

ص ف ن

صَافِنٌ :(الصافنات): واقف على ثلاث وطرف حافر الرابعة	Light- footed horse; horse which is still when standing

ص ف ا

أَصْفَى :(أصفاكم): آثر وخص	To distinguish; to choose; to honour
اصْطَفَى:(اصطفى، لاصطفى، اصطفيتك، لاصطفينا ...): اختار	To choose; to prefer; to elect
مُصْطَفًى :(المصطفين): مختار	Elect

مُصَفًّى : خالص — Clear-run; clarified

صَفَا :(الصفا): جبل بمكة يسعى الحاج بينه وبين المروة — As safa; Safa

صَفْوَانٌ : حجر أملس — (Smooth) rock

***

صَكٌّ : — Rt.(ص ك ك)

***

ص ك ك

صَكَّ (ـُ) :(فصكت): لطم تعجّباً — To smite; to strike

***

صَلاةٌ : — Rt.(ص ل و)

صَلّى : — Rt.(ص ل و)

***

ص ل ب

صَلَبَ (ـُ) :(صلبوه، فيصلب): شدّ الأطراف وعلّق — To crucify

صَلَّبَ : (لأصلبنكم، يصلّبوا): بالغ في صلبه — To crucify

صُلْبٌ :(الصُّلب، أصلابكم): فقار الظهر والمراد الذرية — Loins; back

ص ل ح

صَلَحَ (ـُ) : حسُن عمله وخلقه — To do right; to do good

أَصْلَحَ :(وأصلح، وأصلحا، تصلح، يصلح...)

أَصْلَحَ[1] : أزال النفار بين الناس — to make peace; to effect a reconciliation

﴿ وَإِنْ طَائِفَتَانِ مِنَ الْمُؤْمِنِينَ اقْتَتَلُوا فَأَصْلِحُوا بَيْنَهُمَا ﴾ [الحجرات 9]

أَصْلَحَ[2] : أحسن — To amend; to do right; to act aright; to reform

﴿ فَإِنْ تَابَا وَأَصْلَحَا فَأَعْرِضُوا عَنْهُمَا ﴾ [النساء 16]

﴿ الَّذِينَ يُفْسِدُونَ فِي الْأَرْضِ وَلَا يُصْلِحُونَ ﴾ [الشعراء 152]

أَصْلَحَ[3] : أحسن — To improve

﴿ كَفَّرَ عَنْهُمْ سَيِّئَاتِهِمْ وَأَصْلَحَ بَالَهُمْ ﴾ [محمد 2]

أَصْلَحَ[4] : أزال الشقاق بين الناس — To adjust; to make fit; to set aright

﴿ فَاتَّقُوا اللَّهَ وَأَصْلِحُوا ذَاتَ بَيْنِكُمْ ﴾ [الأنفال 1]

صُلْحٌ :(صلح، صلحاً): إزالة الشقاق — Peace; reconciliation

صَالِحٌ :(صالح، صالحاً، الصالحون، الصالحات...)

صَالِحٌ[1] : حسَن — Right; good; righteous

﴿ مَنْ آمَنَ بِاللَّهِ وَالْيَوْمِ الْآخِرِ وَعَمِلَ صَالِحًا ﴾ [البقرة 62]

﴿ وَنَطْمَعُ أَنْ يُدْخِلَنَا رَبُّنَا مَعَ الْقَوْمِ الصَّالِحِينَ ﴾ [المائدة 84]

صَالِحٌ[2] : حسَن — Good one; one who is righteous; that which is good

﴿ لَئِنْ آتَيْتَنَا صَالِحًا لَنَكُونَنَّ مِنَ الشَّاكِرِينَ ﴾ [الأعراف 189]

صَالِحٌ[3] : رسول عربي من بني ثمود — Salih

﴿قَالُوا يَا صَالِحُ قَدْ كُنْتَ فِينَا مَرْجُوًّا قَبْلَ هَذَا ﴾ [هود 62]

إِصْلاحٌ :

(إصلاح،الإصلاح،إصلاحا،إصلاحها)

إصْلاَحٌ[1] : إحسان — Improvement; setting right

﴿ وَيَسْأَلُونَكَ عَنْ الْيَتَامَى قُلْ إِصْلاَحٌ لَهُمْ خَيْرٌ ﴾ [البقرة 220]

إصْلاَحٌ[2] : إحسان — Peace-making; reconciliation

﴿ إلاَّ مَنْ أَمَرَ بِصَدَقَةٍ أَوْ مَعْرُوفٍ أَوْ إِصْلاَحٍ بَيْنَ النَّاسِ ﴾ [النساء 114]

إصْلاَحٌ[3] : تنظيم،إحسان — Fair ordering; reform

﴿ وَلاَ تُفْسِدُوا فِي الأَرْضِ بَعْدَ إِصْلاَحِهَا ﴾ [الأعراف 56]

مُصْلِحٌ:(مصلح، مصلحون، مصلحين): محسن — Peace-maker; reformer; right-doer; one who does (acts) right

ص ل د

صَلْدٌ :(صلدا): صُلبٌ أملس — (Smooth and) bare

ص ل ص ل

صَلْصَالٌ : طينٌ يابسٌ قبل أن تصيبه النار — Potter's clay; dry clay; clay that gives forth sound

ص ل و

صَلَّى :(صلى، تصلّ، يصلوا ، يصلون ...)

صَلَّى[1] : أدّى الصلاة — To pray; to worship

﴿ وَلْتَأْتِ طَائِفَةٌ أُخْرَى لَمْ يُصَلُّوا ﴾ [النساء 102]

صَلَّى[2] : أثنى أو بارك — To bless; to shower blessings

﴿ إِنَّ اللَّهَ وَمَلاَئِكَتَهُ يُصَلُّونَ عَلَى النَّبِيِّ﴾ [الأحزاب 56]

صَلَّى[3] : دعا — To ask blessings; to call for blessings

﴿ صَلُّوا عَلَيْهِ وَسَلِّمُوا تَسْلِيمًا ﴾ [الأحزاب 56]

صَلاَةٌ :(صلاة، بالصلاة، صلاته، صلاتهم...)

صَلاَةٌ[1] : عبادة مشروعة — Prayer; worship

﴿ إِنَّ الصَّلاَةَ كَانَتْ عَلَى الْمُؤْمِنِينَ كِتَابًا مَوْقُوتًا ﴾ [النساء 103]

صَلاَةٌ[2] : دعوة — Blessing

﴿ أُوْلَئِكَ عَلَيْهِمْ صَلَوَاتٌ مِنْ رَبِّهِمْ وَرَحْمَةٌ ﴾ [البقرة 157]

صَلاَةٌ[3] : مكان الصلاة لليهود — Oratory; synagogue

﴿ وَلَوْلاَ دَفْعُ اللَّهِ النَّاسَ بَعْضَهُمْ بِبَعْضٍ لَهُدِّمَتْ صَوَامِعُ وَبِيَعٌ وَصَلَوَاتٌ وَمَسَاجِدُ ﴾ [الحج 40]

صَلَوَاتٌ : جمع صلاة — Plur.of صَلاَةٌ

مُصَلٌّ: (المصلين،للمصلين): مؤدي الصلاة — Worship; one who prays

مُصَلًّى: مكان الصلاة — Place of worship; place of prayer

ص ل ى

صَلِيَ(-):(تصلى، يصلى، يصلاها، يصلون ...): احترق في — To burn; to endure the heat; to be exposed (to hell; fire; burning flame); to enter (into burning fire)

صَلَّى :(صلوه): أدخل (في النار)	To expose (to hell-fire); to cast (into the burning fire);
أصْلَى :(ساصليه،نصليه، نصليه،نصليهم): أحرق أو ألقى في النار	To expose to hell (fire); to cast into hell
اصْطَلَى :(تصطلون): استدفأ	To warm oneself
صَالٍ :(صال، صالوا): داخل (في النار) ومحترق (بها)	One who roasts (at the fire); One who burns (in hell)
صِلِيٌّ :(صليا): دخول أو مقاساة للحر	Burning
تَصْلِيَةٌ : إدخال وإقامة (في النار)	Roasting; burning

❋ ❋ ❋

صَمٌّ :	Rt.(ص م م)
صُمٌّ: جمع أصَمُّ	Plur.of أصَمُّ rt. (ص م م)

❋ ❋ ❋

ص م ت

صَامِتٌ :(صامتون): ساكِتْ	Silent

ص م د

صَمَدٌ :(الصمد): مقصود لقضاء الحاجات و: اسم من اسمائه تعالى	One who is eternally besought of all (Allah); One on whom all depend (Allah)

ص م ع

صَوْمَعَةٌ :(صوامع): بيت العبادة عند النصارى أو متعبّد الناسك	Cloister

ص م م

صَمَّ (َ)(وصمّوا): ذهب سمعه	To become deaf
أصَمَّ :(أصمهم): جعله لا يسمع	To deafen; to make deaf
أصَمُّ :(أصم، صم،الصم، صماً): من لا يسمَعُ	Deaf
صُمٌّ: جمع أصَمُّ	Plur. of أصَمٌّ

ص ن ع

صَنَعَ (َ) :(صنعوا، تصنعون، يصنع، أصنع...)

صَنَعَ[1] : عمِل	To do

﴿ وَلا يَزَالُ الَّذِينَ كَفَرُوا تُصِيبُهُمْ بِمَا صَنَعُوا قَارِعَةٌ ﴾ [الرعد 31]

صَنَعَ[2] : عمل	To make

﴿ وَأَلْقِ مَا فِي يَمِينِكَ تَلْقَفْ مَا صَنَعُوا ﴾ [طه 69]

﴿ فَأَوْحَيْنَا إِلَيْهِ أَنْ اصْنَعْ الْفُلْكَ بِأَعْيُنِنَا وَوَحْيِنَا ﴾ [المؤمنون 27]

صَنَعَ[3] : عمِل	To contrive; to work

﴿ وَحَبِطَ مَا صَنَعُوا فِيهَا ﴾ [هود 16]

صَنَعَ[4] : تولى توجيه؛ تربى بمراقبة أو رؤية	To train; to bring up

﴿ وَلِتُصْنَعَ عَلَى عَيْنِي ﴾ [طه 39]

اصْطَنَعَ :(واصطنعتك): اختار	To attach; to choose
صُنْعٌ :(صنع، صنعاً): عمل ومصنوع	Doing; handiwork; work at hand
صَنْعَةٌ : عمَلُ الصانع	Art of making; making
مَصْنَعَةٌ :(مصانع): كل	Stronghold;

مكـــان عظـــيم مـــن قـــصر وحصن وقرية وبئر وغيرها — strong fortress

ص ن م

صَــنَمٌ :(أصنام،الأصـنام، أصـناماً، أصنامكم): تمثال من حجر أو نحوه عبد من دون الله — Idol

ص ن و

صِنْوٌ :(صنوان): نخل متفرع من أصل واحد — Palm tree which has the same root as others

صِنْوانٌ : جمع صِنْو — Plur.of صِنْوٌ

ص ه ر

صَهَرَ (َ) :(يصهر): اذاب — To melt

صِــهْرٌ :(وصـهراً): قرابــة بالزواج — Kindred by marriage; marriage relationship

***

صَوابٌ : — Rt.(ص و ب)

صُواعٌ : — Rt.(ص و ع)

صَواعِقُ : جمع صاعقة — Plur.of صاعِقةٌ rt. (ص ع ق)

صَوافٌّ : جمع صافٌّ — Plur.of صافٌّ rt. (ص ف ف)

صَوامِعُ : جمع صَوْمعة — Plur.of صَوْمعةٌ rt. (ص م ع)

***

ص و ب

أَصَابَ :(أصاب، اصابت، أصيب، تصبكم...)

أَصَابَ[1] : نزل — To befall

﴿لاَ يَجْرِمَنَّكُمْ شِقَاقِي أَنْ يُصِيبَكُمْ مِثْلُ مَا أَصَابَ قَوْمَ نُوحٍ﴾ [هود 89]

أَصَابَ[2] : انال بالخير — To cause to fall; to make to fall

﴿ فَإِذَا أَصَابَ بِهِ مَنْ يَشَاءُ مِنْ عِبَادِهِ إِذَا هُمْ يَسْتَبْشِرُونَ ﴾ [الروم 48]

أَصَابَ[3] : انزل به شرًا — To smite; to afflict

﴿ أَنْ لَوْ نَشَاءُ أَصَبْنَاهُمْ بِذُنُوبِهِمْ ﴾ [الأعراف 100]

أَصَابَ[4] : قصد — To intend; to desire

﴿ فَسَخَّرْنَا لَهُ الرِّيحَ تَجْرِي بِأَمْرِهِ رُخَاءً حَيْثُ أَصَابَ ﴾ [ص 36]

مُصِيْبٌ :(مصيبها): نازل — That which smites; that which befalls

مُصِيْبَةٌ :

مُصِيْبَةٌ[1] : مكروه يُصيب الإنسان — Misfortune; disaster

﴿ أَوَلَمَّا أَصَابَتْكُمْ مُصِيبَةٌ قَدْ أَصَبْتُمْ مِثْلَيْهَا قُلْتُمْ أَنَّى هَذَا ﴾ [آل عمران 165]

مُصِيْبَةٌ[2] : مكروه يُصيب الإنسان — Calamity

﴿ إِنْ أَنْتُمْ ضَرَبْتُمْ فِي الْأَرْضِ فَأَصَابَتْكُمْ مُصِيبَةُ الْمَوْتِ ﴾ [المائدة 106]

صَوَابٌ :(صوابا): حقٌ — Right (thing)

صَيِّبٌ :(كصيب): مطر نازل أو سحاب — Rainstorm; abundant rain

ص و ت

مكــان عظــيم مــن قــصر وحصن وقرية وبلر وغيرها — strong fortress

ص ن م

صَــنَمٌ :(أصنام،الأصــنام، أصــناماً، أصنامكم): تمثال من حجر أو نحوه عبد من دون الله — Idol

ص ن و

صِنْوٌ :(صنوان): نخل متفرع من أصل واحد — Palm tree which has the same root as others

صِنْوانٌ : جمع صِنْو — Plur.of صِنْوٌ

ص ه ر

صَهَرَ (َ) :(يصهر): أذاب — To melt

صِــهْرٌ :(وصِــهْراً): قرابــة بالزواج — Kindred by marriage; marriage relationship

***

صَوابٌ : — Rt.(ص و ب)

صُواعٌ : — Rt.(ص و ع)

صَواعِقُ : جمع صاعِقة — Plur.of صاعِقةٌ rt. (ص ع ق)

صَوافٌّ : جمع صافٌّ — Plur.of صافٌّ rt. (ص ف ف)

صَوامِعُ : جمع صَوْمعة — Plur.of صَوْمعةٌ rt. (ص م ع)

***

ص و ب

أَصَابَ :(أصاب، اصابت، أصيب، تصبكم...)

أَصَابَ[1] : نزل — To befall

﴿لاَ يَجْرِمَنَّكُمْ شِقَاقِي أَنْ يُصِيبَكُمْ مِثْلُ مَا أَصَابَ قَوْمَ نُوحٍ﴾ [هود 89]

أَصَابَ[2] : انال بالخير — To cause to fall; to make to fall

﴿ فَإِذَا أَصَابَ بِهِ مَنْ يَشَاءُ مِنْ عِبَادِهِ إِذَا هُمْ يَسْتَبْشِرُونَ ﴾ [الروم 48]

أَصَابَ[3] : أنزل به شرًا — To smite; to afflict

﴿ أَنْ لَوْ نَشَاءُ أَصَبْنَاهُمْ بِذُنُوبِهِمْ ﴾ [الأعراف 100]

أَصَابَ[4] : قصد — To intend; to desire

﴿ فَسَخَّرْنَا لَهُ الرِّيحَ تَجْرِي بِأَمْرِهِ رُخَاءً حَيْثُ أَصَابَ ﴾ [ص 36]

مُصِيبٌ :(مصيبها): نازلٌ — That which smites; that which befalls

مُصِيبَةٌ :

مُصِيْبَةٌ[1] : مكروه يصيب الإنسان — Misfortune; disaster

﴿ أَوَلَمَّا أَصَابَتْكُمْ مُصِيبَةٌ قَدْ أَصَبْتُمْ مِثْلَيْهَا قُلْتُمْ أَنَّى هَذَا ﴾ [آل عمران 165]

مُصِيْبَةٌ[2] : مكروه يصيب الإنسان — Calamity

﴿ إِنْ أَنْتُمْ ضَرَبْتُمْ فِي الْأَرْضِ فَأَصَابَتْكُمْ مُصِيبَةُ الْمَوْتِ ﴾ [المائدة 106]

صَوَابٌ :(صوابا): حقٌ — Right (thing)

صَيِّبٌ :(كصيب): مطر نازل أو سحاب — Rainstorm; abundant rain

ص و ت

صَوْتٌ: (صوتك بصوتك، الأصوات، أصواتكم...): كل ما يقرع حاسة السَمع	Voice

ص و ر

صَارَ (ـُ) :(فصرهن): أمال وقرّب	To cause to incline; to train to follow
صَوَّرَ :(صوّركم، صورناكم، يصوّركم): جعل له صورة مجسمة	To fashion; to shape; to form
صُوْرَةٌ :(صورة، صوركم): شكل وتمثال مجسم	Form; shape
مُصَوِّرٌ :(المصوِّر): خالق الصَور على ما يريد وهو من اسمائه الحسنى	Fashioner
صُوْرٌ : ما ينفخ فيه كالقرن	Trumpet

ص و ع

صُوَاعٌ : إناء من ذهب للشرب او مكيال	(Drinking) cup

ص و ف

صُوْفٌ :(أصوافها): شعر يغطي جلد الضأن	Wool

ص و م

صَامَ (ـُ) :(تصوموا، فليصمه): أمسك عن المفطرات	To fast
صَوْمٌ :(صوماً): إمساك عن الكلام	Fast
صِيَامٌ : (صيام،فصيام، صياما): إمساك عن المفطرات	Fasting; fast
صَائِمٌ : (صائمين، صائمات): ممسك عن المفطرات	One who fasts

❋ ❋ ❋

صَيَاصِي:	Plur.of صِيْصِيَةٌ art (ص ي ص)

❋ ❋ ❋

ص ى ح

صَيْحَةٌ :(صيحة، الصيحة): نفخة (مهلكة)	(Awful)cry; shout; rumbling

ص ي د

اصْطَادَ :(فاصطادوا): صاد بمشقة	To go hunting; to hunt
صَيْدٌ :(صيد،الصيد): ما يُصاد	(Wild) game; hunting

ص ى ر

صَارَ (ـِ) :(تصير): ردّ أو رجع	To reach; to come
مَصِيْرٌ :(مصير، مصيراً،مصيركم): رجوع أو مكان الرجوع	Journey's end; journeying; return; resort; destination; eventual coming

ص ى ص

صِيْصِيَةٌ :(صياصيهم): حِصْنٌ	Stronghold; fortress

ص ى ف

صَيْفٌ :(والصيف): فصل من فصول السنة الأربعة	Summer

باب الضاد

***

ضائِقٌ :	Rt.(ض ي ق)
ضاحِكٌ :	Rt.(ض ح ك)
ضَارّ :	Rt.(ض ر ر)
ضارٌّ :	Rt.(ض ر ر)
ضاعَفَ :	Rt.(ض ع ف)
ضاقَ :	Rt.(ض ي ق)
ضالٌّ :	Rt.(ض ل ل)
ضامِرٌ :	Rt.(ض م ر)
ضاهَى :	Rt.(ض ه أ)

***

ض أ ن

ضَـــأْنٌ :(الـضان): ذو الصوف من الغنم — Sheep

ض ب ح

ضَبْحٌ :(ضبحاً): صوت الانفـــــاس فـــــي الجوف حين العدو — The act of snorting; the act of breathing pantingly

ض ج ع

مَــــــضْجَعٌ :(المـــــضاجع، مـضاجعهم): مكــان وضــع الجنــب علىالأرض أو نحوها — Bed; sleeping-place; place where one lies

ض ح ك

ضَحِكَ(ـَ):(فضحكت، تضحون،فليضحكو ...): اظهر سرورا متعجباً ؛ سَخِرَ ؛ فرح — To laugh

أَضْـــحَكَ : مـــنح الاستعداد للضحك — To make to laugh

ضَـاحِكٌ :(ضـاحكاً، ضـاحكة): مُعْجَبٌ — One who laughs; laughing; Wondering

***

ضُحَى :	Rt.(ض ح و)
ضَحِيَ:(تضحى)	Rt.(ض ح و)

***

ض ح و

ضَـــحِيَ (ـَ) :(تـضحى): اصابه حرّ الشمس — To be exposed to the sun's heat; to feel the heat of the sun

ضُحَى :(ضحى، والضحى، ضحاها)

ضُحَى[1] : وقت ارتفاع النهار واشتداده — Daytime morning; early hours of the day

﴿ وَالضُّحَى * وَاللَّيْلِ إِذَا سَجَى ﴾ [الضحى 201]

ضُحَى[2] : وقت ارتفاع النهار واشتداده — Brightness; brilliance

﴿ وَالشَّمْسِ وَضُحَاهَا ﴾ [الشمس 1]

***

ضِدٌّ :	Rt.(ض د د)

***

ض د د

ضِـدٌّ :(ضداً): مخـالف ومنافس أي خصم — Opponent; adversary

***

ضَرَّ :	Rt.(ض ر ر)
ضَرٌّ :	Rt.(ض ر ر)
ضُرٌّ :	Rt.(ض ر ر)
ضرّاءُ :	Rt.(ض ر ر)

ضِرارٌ : Rt.(ض ر ر)

***

ض ر ب

ضَرَبَ(.):(ضربِ،ضربنا، تضربوا، أفنضرب...)

ضَــرَبَ[1] : أصــاب وصدم — To smite; to strike

﴿ فَقُلْنَا اضْرِبْ بِعَصَاكَ الْحَجَرَ ﴾ [البقرة 60]

ضَرَبَ[2] : خبط — To scourge; to beat lightly

﴿ فَعِظُوهُنَّ وَاهْجُرُوهُنَّ فِي الْمَضَاجِعِ وَاضْرِبُوهُنَّ ﴾ [النساء 34]

ضَرَبَ[3] : خبط الأرض — To stamp; to strike

﴿ وَلَا يَضْرِبْنَ بِأَرْجُلِهِنَّ لِيُعْلَمَ مَا يُخْفِينَ مِنْ زِينَتِهِنَّ﴾ [النور 31]

ضَرَبَ[4] : حجز — To draw

﴿ فَضُرِبَ بَيْنَهُمْ بِسُورٍ ﴾ [الحديد 13]

ضَرَبَ[5] : أورد — To coin; to set forth (up)

﴿ ضَرَبَ اللَّهُ مَثَلاً رَجُلاً فِيهِ شُرَكَاءُ مُتَشَاكِسُونَ ﴾ [الزمر 29]

ضَرَبَ[6](في) : سار — To go forth; to travel; to journey; to campaign

﴿إِذَا ضَرَبْتُمْ فِي سَبِيلِ اللَّهِ فَتَبَيَّنُوا ﴾ [النساء 94]

ضَرَبَ[7] : ألقى وأسدل — To bring down; to lay; to make to cleave

﴿ وَلْيَضْرِبْنَ بِخُمُرِهِنَّ عَلَى جُيُوبِهِنَّ ﴾

ضَــرَبَ[8](علــى) : حاط وضيّق على — To set; to bring about

﴿ وَضُرِبَتْ عَلَيْهِمُ الذِّلَّةُ وَالْمَسْكَنَةُ ﴾ [البقرة 61]

ضَــرَبَ[9](علــى) : غطى — To set up

﴿ فَضَرَبْنَا عَلَى آذَانِهِمْ فِي الْكَهْفِ﴾ [الكهف 11]

ضَرْبٌ :(فضربَ،ضرباً)

ضَــرْبٌ[1] : إصــابة وقطع — The act of smiting; the act of striking

﴿ فَرَاغَ عَلَيْهِمْ ضَرْبًا بِالْيَمِينِ ﴾ [الصافات 93]

﴿ فَإِذَا لَقِيتُمُ الَّذِينَ كَفَرُوا فَضَرْبَ الرِّقَابِ ﴾ [محمد 4]

ضَــرْبٌ[2] : ذهــاب وسير(طلباً للرزق) — Travelling; going about

﴿ لِلْفُقَـرَاءِ الَّـذِينَ أُحْـصِرُوا فِـي سَـبِيلِ اللَّـهِ لاَ يَسْتَطِيعُونَ ضَرْبًا فِي الأَرْضِ ﴾ [البقرة 273]

ض ر ر

ضَرَّ (.):(تضرونه،يضر، يضرك،يضرنا...): ألحق مكروهاً أو أذى — To harm; to injure; to hurt; to do hurt

ضَــارَّ :(تــضار، تــضاروهن، يضار): ضام وضايق — To make to suffer; to harass; to injure

اضْــطَرَّ (ـ):(اضـطره، نضطره،أضطر...): ألجأ — To compel; to drive (to necessity)

ضَــرٌّ :(ضـراً، ضـرّه): مكروه وأذى — Harm; hurt

ضُــرٌّ :(ضرّ، ضره..): ســوء حــال أو فقــر أو شدّة في بدن — Harm; misfortune; hurt; affliction

ضَرَرٌ :(الضرر): علّة تقعد عن الجهاد ونحوه — (Disabling) hurt; injury

ضِرارٌ : Rt.(ض ر ر)

* * *

ض ر ب

ضَرَبَ(ُ):(ضرب،ضربنا، تضربوا، أفنضرب...)

ضَرَبَ[1] : أصاب وصدم — To smite; to strike

﴿ فَقُلْنَا اضْرِبْ بِعَصَاكَ الْحَجَرَ ﴾ [البقرة 60]

ضَرَبَ[2] : خبط — To scourge; to beat lightly

﴿ فَعِظُوهُنَّ وَاهْجُرُوهُنَّ فِي الْمَضَاجِعِ وَاضْرِبُوهُنَّ ﴾ [النساء 34]

ضَرَبَ[3] : خبط الأرض — To stamp; to strike

﴿ وَلا يَضْرِبْنَ بِأَرْجُلِهِنَّ لِيُعْلَمَ مَا يُخْفِينَ مِنْ زِينَتِهِنَّ﴾ [النور 31]

ضَرَبَ[4] : حجز — To draw

﴿ فَضُرِبَ بَيْنَهُمْ بِسُورٍ ﴾ [الحديد 13]

ضَرَبَ[5] : أورد — To coin; to set forth (up)

﴿ ضَرَبَ اللَّهُ مَثَلاً رَجُلاً فِيهِ شُرَكَاءُ مُتَشَاكِسُونَ ﴾ [الزمر 29]

ضَرَبَ[6](في) : سار — To go forth; to travel; to journey; to campaign

﴿إِذَا ضَرَبْتُمْ فِي سَبِيلِ اللَّهِ فَتَبَيَّنُوا ﴾ [النساء 94]

ضَرَبَ[7] : ألقى وأسدل — To bring down; to lay; to make to cleave

﴿ وَلْيَضْرِبْنَ بِخُمُرِهِنَّ عَلَى جُيُوبِهِنَّ ﴾

ضَرَبَ[8](على) : حاط وضيق على — To set; to bring about

﴿ وَضُرِبَتْ عَلَيْهِمُ الذِّلَّةُ وَالْمَسْكَنَةُ ﴾ [البقرة 61]

ضَرَبَ[9](على) : غطى — To set up

﴿ فَضَرَبْنَا عَلَى آذَانِهِمْ فِي الْكَهْفِ﴾ [الكهف 11]

ضَرْبٌ :(فضرب،ضرباً)

ضَرْبٌ[1] : إصابة وقطع — The act of smiting; the act of striking

﴿ فَرَاغَ عَلَيْهِمْ ضَرْبًا بِالْيَمِينِ ﴾ [الصافات 93]

﴿ فَإِذا لَقِيتُمُ الَّذِينَ كَفَرُوا فَضَرْبَ الرِّقَابِ ﴾ [محمد 4]

ضَرْبٌ[2] : ذهاب وسير(طلباً للرزق) — Travelling; going about

﴿ لِلْفُقَرَاءِ الَّذِينَ أُحْصِرُوا فِي سَبِيلِ اللَّهِ لاَ يَسْتَطِيعُونَ ضَرْبًا فِي الأَرْضِ ﴾ [البقرة 273]

ض ر ر

ضَرَّ(ُ):(تضرونه،يضر، يضرك،يضرنا...): ألحق مكروهاً أو أذى — To harm; to injure; to hurt; to do hurt

ضَارَّ :(تضار، تضاروهن، يضار): ضام وضايق — To make to suffer; to harass; to injure

اضْطَرَّ(ـُ):(اضطره، نضطره،أضطر ...): ألجأ — To compel; to drive (to necessity)

ضَرٌّ :(ضراً، ضره): مكروه وأذى — Harm; hurt

ضُرٌّ :(ضر، ضره..): سوء حال أو فقر أو شدة في بدن — Harm; misfortune; hurt; affliction

ضَرَرٌ :(الضرر): علة تقعد عن الجهاد ونحوه — (Disabling) hurt; injury

ضَارٌّ: (بضارهم، بضارين): ملحق ضرراً — One who hurts; one who harms; one who injures

ضَرّاءُ: (الضراء، والضراء): شدة كالفقر والسقم والالم — Adversity; affliction; straitness

ضِرَارٌ: (ضراراً): طلب الضرر ومحاول له — Hurt; injury; opposition

مُضَارٌّ: ملحق ضرراً باحد — That which injures; that which harms

مُضْطَرٌّ: (المضطر): مُجبر — One who is wronged; one who is distressed

ض ر ع

تَضَرَّعَ: (تضرعوا يتضرعون يضرّعون): تذلل وخضع — To grow humble; to be humble; to humble oneself

تَضَرُّعٌ: (تضرعاً): تذلل وخضوع — State of being humble; humility

تَضَرُّعاً وخُفْيَةً: علانية وسراً — Humbly and in secret

ضَرِيْعٌ: نبات خبيث منتن يرمي به البحر — Bitter thorn-fruit; thorns

* * *

ضَرِيْعٌ : Rt.(ض رع)

ضِعافٌ : جمع ضعيف — Plur.of ضَعِيفٌ rt. (ض ع ف)

* * *

ض ع ف

ضَعُفَ(ـُ): (ضعف، ضعفوا): ذهبت قوته وصحته — To be weak; to weaken

ضَاعَفَ: (يضاعف يضاعفه يضاعفها، يضاعف...): زاد — To double; to multiply

اسْتَضْعَفَ: (استضعفوني يستضعف، استضعفوا يستضعفون): عدّ ضعيفاً ، استذلّ — To oppress; to deem weak; to despise; to weaken

ضَعْفٌ: (ضعف، ضعفاً): عدم قوة — (State of) weakness

ضِعْفٌ: (ضعف، الضعف ضعفين...): مثلٌ او اكثر — Double; twofold

ضَعِيْفٌ: (ضعيفاً، ضعافاً، ضعفاء، الضعفاء): ذاهب القوة او الصحة — Weak

ضُعَفَاءُ : جمع ضعيف — Plur.of ضَعِيفٌ

أَضْعَفُ : اكثر ضعفاً — Weaker

مُضْعِفٌ: (المضعفون): صاحب الأجر والثواب المضاعف — One who gets manifold

مُضَاعَفٌ: (مضاعفة): كثير — Doubled and quadruped; redoubled

مُسْتَضْعَفٌ: (مستضعفون، مستضعفين...): مستذلّ أو معدود في الضعفاء — One who is deemed (reckoned) weak; weak; oppressed

ض غ ث

ضِغْثٌ : (ضغثاً، أضغاث)

ضِغْثٌ[1] : كل ما جُمِع وقُبِض عليه بجمع الكف ونحوه — (Green) branch

﴿ وَخُذْ بِيَدِكَ ضِغْثًا فَاضْرِبْ بِهِ ﴾ [ص 44]

ضِغْثٌ[2] : ما لا تأويل — Medley

ضَـــارٌّ :(بـــضـارّهم، بضارّين): ملحق ضرراً — One who hurts; one who harms; one who injures

ضَرّاءُ :(الضرّاء، والـضراء): شـدّة كـالفقر والسقم والالم — Adversity; affliction; straitness

ضِـرَارٌ :(ضرارا): طلب الضرر ومحاول له — Hurt; injury; opposition

مُـضَارٌّ : ملحـق ضـرراً باحد — That which injures; that which harms

مُضْطَرٌّ :(المـضطر): مُجبر — One who is wronged; one who is distressed

ض ر ع

تَـضَرَّعَ :(تضرّعوا،يتضرّعون،يـضّرّعون): تذلل وخضع — To grow humble; to be humble; to humble oneself

تَضَرُّعٌ :(تضرعا): تذلل وخضوع — State of being humble; humility

تَضَرُّعاً وخُفْيَةً: علانية وسراً — Humbly and in secret

ضَـرِيْعٌ: نبـات خبيـث منتن يرمي به البحر — Bitter thorn-fruit; thorns

* * *

ضَرِيْعٌ : — Rt.(ض رع)

ضِـــعافٌ : جمع ضَعِيفٌ — Plur.of ضَعِيفٌ rt. (ض ع ف)

* * *

ض ع ف

ضَـعُفَ(ـُ) :(ضـعف، ضـعفوا): ذهبت قوته وصحته — To be weak; to weaken

ضَاعَفَ :(يضاعف،يضاعفه،يضاعفها، يضاعف...): زاد — To double; to multiply

اسْتَضْعَفَ :(استضعفوني،يستضعف، استضعفوا،يستضعفون): عدّ ضعيفاً ، استذل — To oppress; to deem weak; to despise; to weaken

ضَعْفٌ :(ضعف، ضعفاً): عدم قوة — (State of) weakness

ضِـــعْفٌ :(ضـــعف، الـضعف،ضعفين...): مثل او اكثر — Double; twofold

ضَـــــعِيْفٌ :(ضـــعيفاً، ضـــعافاً، ضعفاء، الضعفاء): ذاهب القوة او الصحة — Weak

ضُعَفَاءُ : جمع ضَعِيفٌ — Plur.of ضَعِيفٌ

أَضْعَفُ : اكثر ضعفاً — Weaker

مُضْعِفٌ :(المضعفون): صـاحب الأجـر والثـواب المضاعف — One who gets manifold

مُضَاعَفٌ :(مضاعفة): كثير — Doubled and quadruped; redoubled

مُسْتَضْعَفٌ :(مستضعفون، مستضعفين...): مستذل أو معدود في الضعفاء — One who is deemed (reckoned) weak; weak; oppressed

ض غ ث

ضِغْثٌ : (ضغثا،أضغاث)

ضِـغْثٌ [1] : كل ما جمع وقُبض عليه بجُمع الكف ونحوه — (Green) branch

﴿ وَخُذْ بِيَدِكَ ضِغْثًا فَاضْرِبْ بِهِ ﴾ [ص 44]

ضِغْثٌ [2] : ما لا تأويل — Medley

له من الأحلام

﴿ بَلْ قَالُوا أَضْغَاثُ أَحْلَامٍ ﴾ [الأنبياء 5]

أَضْـغَاثُ أَحْـلَامٍ: اخلاط ملتبسه منها — Medley of dreams; jumbled dreams; muddled dreams; confused dreams

ض غ ن

ضِـغْنٌ :(أضـغانكم، أضـغانهم): حقد شديد — (Secret) hate; malice; spite

❋ ❋ ❋

ضَـفادِعُ : جمع ضِفْدَعٌ — Plur.of ضِفْدَعٌ rt. (ض ف د ع)

❋ ❋ ❋

ض ف د ع

ضِـفْدَعٌ :(الـضفادع): حيوان برمائي ذو نقيق — Frog

❋ ❋ ❋

ضَلٌ : Rt.(ض ل ل)

ضَلالٌ : Rt.(ض ل ل)

ضَلالَةٌ: Rt.(ض ل ل)

❋ ❋ ❋

ض ل ل

ضَلَّ (ِ) :(ضل ،ضللت ،أضل ،تضل...)

ضَلَّ[1] : لم يهتد — To go astray; to wander astray; to stray off; to lose

﴿ وَمَنْ يُشْرِكْ بِاللَّهِ فَقَدْ ضَلَّ ضَلَالًا بَعِيدًا ﴾

[النساء 116]

ضَلَّ[2] : نسي — To err

﴿ أَنْ تَضِلَّ إِحْدَاهُمَا فَتُذَكِّرَ إِحْدَاهُمَا الأُخْرَى ﴾

[البقرة 282]

ضَلَّ[3] : غاب — To be lost; to become lost

﴿ وَقَالُوا أَئِذَا ضَلَلْنَا فِي الأَرْضِ أَئِنَّا لَفِي خَلْقٍ جَدِيدٍ ﴾ [السجدة 10]

ضَلَّ عَنْهُ : غاب — To fail someone; to send astray; to pass away from someone

أَضَلَّ :(أضل ،أضللنا، ولأضلنهم ،تضل...): اضاع ولم يثب ، وقع في الضلال ، جعله لا يهتدي — To send astray; to lead astray; to mislead; to cause to err

ضَـــــــالٌّ :

ضال ،الضالون،...)

ضَالٌّ[1] : حائر — One who wanders; one who is lost (i.e. unrecognized by men)

﴿ وَوَجَدَكَ ضَالًّا فَهَدَى ﴾ [الضحى 7]

ضَالٌّ[2] : جمع ضال: كل من ينحرف عن دين الله الحنيف — One who goes astray

﴿ غَيْرِ الْمَغْضُوبِ عَلَيْهِمْ وَلَا الضَّالِّينَ ﴾ [الفاتحة 7]

أَضَلُّ : اشدُ ضلالاً — Further astray; more erring

تَضْلِيلٌ : تضييع — Confusion

مُـضِلٌّ :(مـضل، مـضلين): صارفٌ عن الهداية — Misleader; one who leads astray

ضَـلَالٌ :(ضلال، ضلالاً، ضلالك): عدم هداية — Error; state of perdition; aberration

ضَـلَالَةٌ :(ضلالة، الضلالة، ضلالتهم): عدم هداية — Error

❋ ❋ ❋

ضَمٌّ : Rt.(ض م م)

* * *

ض م ر

ضَامِرٌ : هزيل قليل اللحم — Lean camel

ض م م

ضَمَّ (-) :(واضمم): قبض وجمع — To thrust; to press; to draw

ض ن ك

ضَنْكٌ :(ضنكاً): ضيق — Narrow; straitened

ض ن ن

ضَنِينٌ : (بضنين): شديد البخل أو بخيل بالشيء النفيس — Avid; tenacious; concealer

* * *

ضَنِينٌ : — Rt.(ض ن ن)

* * *

ض هـ أ

ضَاهَى :(يضاهئون): قال مثل — To imitate

ض و أ

أضَاءَ :(أضاء، أضاءت، يضيء): أنار أو اشرق — To shed light; to illuminate; to glow forth; to flash forth; to shine

ضِيَاءٌ : (ضياء، بضياء..)

ضِيَاءٌ[1] : نور قويّ — Light

﴿ مَنْ إِلَهٌ غَيْرُ اللَّهِ يَأْتِيكُمْ بِضِيَاءٍ أفلاَ تَسْمَعُونَ ﴾ [القصص 71]

ضِيَاءٌ[2] : نور قويّ — Splendour; shining brightness

﴿هُوَ الَّذِي جَعَلَ الشَّمْسَ ضِيَاءً وَالْقَمَرَ نُورًا﴾ [يونس 5]

ض ى ر

ضَيْرٌ : ضرر — Hurt; harm

لا ضَيْرَ : لا ضرر — It is no harm; no harm

ض ي ز

ضِيزَى : جائر — Unfair; unjust

ض ى ع

أضَاعَ:(أضاعوا، أضيع، نضيع، يضيع): اهمل — To waste; to neglect; to suffer; to lose; to ruin

ض ي ف

ضَيَّفَ :(يضيفوهما): أنزل ضيفاً — To make a guest; to entertain as a guest

ضَيْفٌ :(ضيف، ضيفه، ضيفي): نازلٌ عند — Guest (s)

ض ى ق

ضَاقَ(-):(ضاق، ضاقت، يضيق): تألم وتضجر ؛ لم يجد مخرجاً ؛ وقع في ضيق نفسي — To be straitened; to straiten; to become strait

ضَاقَ صَدْرُهُ: حزن وتألم — To be embarrassed; to have one's bosom oppressed

ضَاقَ بِهِ ذَرْعاً: انظر ذَرْعَ — See ذَرْعٌ rt.(ذرع)

ضَيَّقَ :(لتضيقوا):عاشر ولم يسامح — To straiten

ضَيَّقَ عَلَيْهِ : شدد — To straiten (life for) someone

ض ى ق

Distress	ضَيْقٌ : ألم وحزن يضيق به الصدر
Close and narrow; strait and narrow; narrow	ضَيِّقٌ :(ضيقًا): ما لم يتسع
That which is straitened; that which becomes straitened	ضَائِقٌ : (وضائق): حزين متألم

ضَيْقٌ : ألم وحزن يضيق به الصدر	Distress
ضَيِّقٌ :(ضيقًا): ما لم يتسع	Close and narrow; strait and narrow; narrow
ضَائِقٌ : (وضائق): حزين متألم	That which is straitened; that which becomes straitened

باب الطاء

❋ ❋ ❋

طائِرٌ :	Rt.(ط ي ر)
طائِعٌ :	Rt.(ط وع)
طائِفٌ :	Rt.(ط و ف)
طائِفَةٌ :	Rt.(ط و ف)
طَابَ :	Rt.(ط ي ب)
طَارَ :	Rt.(ط ي ر)
طارِدٌ :	Rt.(ط رد)
طارِقٌ :	Rt.(ط ر ق)
طاعَةٌ :	Rt.(ط وع)
طاعِمٌ :	Rt.(ط ع م)
طاغُوتٌ :	Rt.(ط غ ي) or (ط غ و)
طاغٍ :	Rt.(ط غ ي) or (ط غ و)
طاغيةٌ :	Rt.(ط غ ي) or (ط غ و)
طَافَ :	Rt.(ط وف)
طاقةٌ :	Rt.(ط و ق)
طَالَ :	Rt.(ط و ل)
طالِبٌ :	Rt.(ط ل ب)
طالُوتُ :	Rt.(ط ل ت)
طامَّةٌ :	Rt.(ط م م)
طِباقٌ :	Rt.(ط ب ق)

❋ ❋ ❋

ط ب ع

طَبَعَ(َ) :(طبع، نطبع، يطبع، وطبع): أغلق وختم	To seal; to set a seal; to print

ط ب ق

طَبَقٌ :(طبق، طبقاً): حالة ومنزلة	Plane; state
طِباقٌ :(طباقاً): طبقة فوق طبقة	Harmony
طِبَاقاً : طبقة فوقَ طبقة	In harmony; one above another

📖

طِبْنَ : تصريف طاب	Conj.of طَابَ rt. (ط ي ب)

📖

❋ ❋ ❋

طَحَا :	Rt.(ط ح و)

❋ ❋ ❋

ط ح ا

طَحَا (ُ) :(طحاها): بسط	To spread; to extend

❋ ❋ ❋

طَرائِقُ : جمع طريقة	Plur.of طَرِيقةٌ rt.(ط ر ق)

❋ ❋ ❋

ط ر ح

طَرَحَ (َ) :(اطرحوه): ألقى بعيداً	To cast
طَرَحَهُ أَرْضاً: انظر أرْضَ	See أرْضٌ rt.(أ ر ض)

ط ر د

طَرَدَ(ُ):(طردتهم، تطرد، فتطردهم): أبعد استخفافاً	To repel; to repulse; to drive away; to thrust away

باب الطاء

* * *

طائِرٌ :	Rt.(ط ي ر)
طائِعٌ :	Rt.(ط وع)
طائِفٌ :	Rt.(ط و ف)
طائِفةٌ :	Rt.(ط و ف)
طَابَ :	Rt.(ط ي ب)
طَارَ :	Rt.(ط ي ر)
طَارِدٌ :	Rt.(ط رد)
طارِقٌ :	Rt.(ط ر ق)
طاعَةٌ :	Rt.(ط وع)
طاعِمٌ :	Rt.(ط ع م)
طاغُوتٌ :	Rt.(ط غ و) or (ط غ ي)
طاغٍ :	Rt.(ط غ و) or (ط غ ي)
طاغِيةٌ :	Rt.(ط غ و) or (ط غ ي)
طَافَ :	Rt.(ط وف)
طاقةٌ :	Rt.(ط و ق)
طَالَ :	Rt.(ط و ل)
طالِبٌ :	Rt.(ط ل ب)
طالُوتُ :	Rt.(ط ل ت)
طامّةٌ :	Rt.(ط م م)
طِباقٌ :	Rt.(ط ب ق)

* * *

ط ب ع

طَبَعَ(َ): (طبع، نطبع، يطبع، وطُبع): اغلق وختم — To seal; to set a seal; to print

ط ب ق

طَبَــقٌ :(طبـق، طبقـاً): حالــة ومنزلة — Plane; state

طِبـاقٌ :(طباقاً): طبقـة فوق طبقة — Harmony

طِبَاقـاً : طبقـةً فـوقَ طبقة — In harmony; one above another

📖

طِبْنَ : تصريف طابَ — Conj.of طَابَ rt. (ط ي ب)

📖

* * *

طَحَا :	Rt.(ط ح و)

* * *

ط ح ا

طَحَا (ُ) :(طحاها): بسَط — To spread; to extend

* * *

طَرائِــقُ : جمـــع طريقة	Plur.of طَريقةٌ rt.(ط ر ق)

* * *

ط ر ح

طَـرَحَ (َ) :(اطرحوه): ألقـى بعيداً — To cast

طَرَحَهُ أرْضاً: انظر ارْضٌ — See أرْضٌ rt.(أ ر ض)

ط ر د

طَرَدَ(ُ):(طردتهم، تطرد، فتطردهم): أبعد استخفافاً — To repel; to repulse; to drive away; to thrust away

طَارِدٌ :(بطارد): من يطرد، مُبْعِد — One who drives away; one who repulses; one who thrusts away

ط ر ف

طَرْفٌ :(طرف،الطرف، طرفك، طرفهم): عينٌ — Graze; glance; eye

قَاصِراتُ الطَّرْفِ: نساء لا ينظرن إلا إلى أزواجهن — Women of modest gaze; women who restrain the eyes

طَرَفٌ : (طرفاً،طرفي،أطراف،أطرافها)

طَرَفٌ[1] : طائفة — Part; portion

﴿ لِيَقْطَعَ طَرَفًا مِنَ الَّذِينَ كَفَرُوا ﴾ [آل عمران 127]

طَرَفٌ[2] : منتهى كل شيء — End; part

﴿ وَأَقِمْ الصَّلاةَ طَرَفِي النَّهَارِ ﴾ [هود 114]

طَرَفٌ[3] : ناحية — Outlying part; side

﴿ أَوَلَمْ يَرَوْا أَنَّا نَأْتِي الأَرْضَ نَنْقُصُهَا مِنْ أَطْرَافِهَا ﴾ [الرعد 41]

ط ر ق

طَارِقٌ :(والطارق): نجم ثاقب — Morning star; comer by night

طَرِيقٌ :(طريق، طريقاً): سبيلٌ مسلوكةٌ — Road; path

طَرِيقَةٌ :(طريقة، بطريقتكم، طرائق)

طَرِيقَةٌ[1] : رأي ومذهب — Conduct; course

﴿ إِذْ يَقُولُ أَمْثَلُهُمْ طَرِيقَةً إِنْ لَبِثْتُمْ إِلاَّ يَوْمًا ﴾ [طه 104]

طَرِيقَةٌ[2] : ملة الإسلام — Right path; way

﴿ وَأَلَّوْ اسْتَقَامُوا عَلَى الطَّرِيقَةِ لأَسْقَيْنَاهُمْ مَاءً غَدَقًا ﴾ [الجن 16]

طَرِيقَةٌ[3] : مذهب — Traditions

﴿ وَيَذْهَبَا بِطَرِيقَتِكُمْ الْمُثْلَى ﴾ [طه 63]

طَرِيقَةٌ[4] : طبقة فوق طبقة — Path; heaven

﴿ وَلَقَدْ خَلَقْنَا فَوْقَكُمْ سَبْعَ طَرَائِقَ ﴾ [المؤمنون 17]

طَرِيقَةٌ[5] : مذهب وحال — Sect

﴿ كُنَّا طَرَائِقَ قِدَدًا ﴾ [الجن 11]

ط ر ى

طَرِيٌّ :(طريا): لينٌ غضٌ جديد — Fresh

❋ ❋ ❋

طَرِيقٌ : Rt.(ط ر ق)

طَرِيقَةٌ : Rt.(ط ر ق)

❋ ❋ ❋

ط س

طس~ : حرفان وردا في أول سورة النمل — Ta. Sin

❋ ❋ ❋

طَعَامٌ : Rt.(ط ع م)

❋ ❋ ❋

ط س م

طسم~ : حروف وردت في مفتتح بعض السور — Ta. Sin. Mim

ط ع م

طَعِمَ (َ) : (طعمتم،طعموا،يطعمه،يطعمها)

طَعِمَ[1] : أكل — To eat

طَارِدٌ :(بطارد): من يطرد، مُبعد — One who drives away; one who repulses; one who thrusts away

ط ر ف

طَـرْفٌ :(طرف،الطرف، طرفك، طرفهم): عينٌ — Graze; glance; eye

قَاصِراتُ الطَّرْفِ: نساء لا ينظرن إلا إلى أزواجهن — Women of modest gaze; women who restrain the eyes

طَرَفٌ : (طرفاً،طرفي،أطراف،أطرافها)

طَرَفٌ[1] : طائفة — Part; portion

﴿ لِيَقْطَعَ طَرَفًا مِنَ الَّذِينَ كَفَرُوا ﴾ [آل عمران 127]

طَرَفٌ[2] : منتهى كل شيء — End; part

﴿ وَأَقِمْ الصَّلَاةَ طَرَفِي النَّهَارِ ﴾ [هود 114]

طَرَفٌ[3] : ناحية — Outlying part; side

﴿ أَوَلَمْ يَرَوْا أَنَّا نَأْتِي الأَرْضَ نَنْقُصُهَا مِنْ أَطْرَافِهَا ﴾ [الرعد 41]

ط ر ق

طَارِقٌ :(والطارق): نجم ثاقب — Morning star; comer by night

طَرِيقٌ :(طريق، طريقاً): سبيلٌ مسلوكةٌ — Road; path

طَرِيقَةٌ :(طريقة، بطريقتكم، طرائق)

طَرِيقَةٌ[1] : رأي ومذهب — Conduct; course

﴿ إِذْ يَقُولُ أَمْثَلُهُمْ طَرِيقَةً إِنْ لَبِثْتُمْ إِلاَّ يَوْمًا ﴾ [طه 104]

طَرِيقَةٌ[2] : ملة الإسلام — Right path; way

﴿ وَأَلَّوْ اسْتَقَامُوا عَلَى الطَّرِيقَةِ لأَسْقَيْنَاهُمْ مَاءً غَدَقًا ﴾ [الجن 16]

طَرِيقَةٌ[3] : مذهب — Traditions

﴿ وَيَذْهَبَا بِطَرِيقَتِكُمْ الْمُثْلَى ﴾ [طه 63]

طَرِيقَةٌ[4] : طبقة فوق طبقة — Path; heaven

﴿ وَلَقَدْ خَلَقْنَا فَوْقَكُمْ سَبْعَ طَرَائِقَ ﴾ [المؤمنون 17]

طَرِيقَةٌ[5] : مذهب وحال — Sect

﴿ كُنَّا طَرَائِقَ قِدَدًا ﴾ [الجن 11]

ط ر ى

طَرِيٌّ :(طريًا): لينٌ غضٌ جديد — Fresh

❋ ❋ ❋

طَرِيقٌ : — Rt.(ط ر ق)

طَرِيقَةٌ : — Rt.(ط ر ق)

❋ ❋ ❋

ط س

طس~ : حرفان وردا في أول سورة النمل — Ta. Sin

❋ ❋ ❋

طَعَامٌ : — Rt.(ط ع م)

❋ ❋ ❋

ط س م

طسم~ : حروف وردت في مفتتح بعض السور — Ta. Sin. Mim

ط ع م

طَعِمَ (َ) : (طعمتم،طعموا،يطعمه،يطعمها)

طَعِمَ[1]: اكل — To eat

﴿ وَقَالُوا هَذِهِ أَنْعَامٌ وَحَرْثٌ حِجْرٌ لاَ يَطْعَمُهَا إِلاَّ مَنْ نَشَاءُ ﴾ [الأنعام 138]

طَعِمَ[2]: شرب	To taste

﴿ وَمَنْ لَمْ يَطْعَمْهُ فَإِنَّهُ مِنِّي ﴾ [البقرة 249]

أَطْعَمَ : (أطعمه،أطعمهم،ويطعمون ...): رزق	To feed
أَطْعَمَ مِنْ جُوعٍ: رزق منعاً للجوع	To feed against hunger
اسْتَطْعَمَ: سأل الطعام	To ask for food
إِطْعَامٌ : (إطعام،كإطعام): إعطاء الطعام	The act of feeding; giving of food
طَعَامٌ : (طعام،الطعام،طعاماً،طعامك...): ما يؤكل	Food
طَعْمٌ :(طعمه): ما تدركه حاسة الذوق من طعام أو شراب	Flavour; taste

ط ع ن

طَعَنَ (َ) :(وطعنوا): عابَ	To assail; to revile (openly)
طَعْنٌ :(وطعناً): عَيْبٌ	Slandering; taunting

***

طَغَى :	Rt.(ط غ و–ى)

***

ط غ و – ى

طَغَى (َ) : (طغى،طغوا،تطغوا،يطغى...)

طَغَى[1] : تجبر وأسرف في الظلم	To transgress; to exceed the limits

﴿ اذْهَبَا إِلَى فِرْعَوْنَ إِنَّهُ طَغَى ﴾ [طه 43]

طَغَى[2] : فاض وتجاوز الحد	To rise (high)

﴿ إِنَّا لَمَّا طَغَى الْمَاءُ حَمَلْنَاكُمْ فِي الْجَارِيَةِ ﴾ [الحاقة 11]

أَطْغَى :(أطغيته): جعله طاغياً	To cause to rebel; to lead into inordinacy
طَاغٍ :(طاغون، طاغين، للطاغين): مجاوز للحد في الشر	Transgressor; inordinate; froward; one who is outrageous
أَطْغَى : (وأطغى): أشدُّ طغياناً	More rebellious; most inordinate
طَاغِيَةٌ :(بالطاغية): صاعقة	Lightning; roaring violent blast
طَغْوَى :(بطغواها): تجاوز الحد والمغالاة في العصيان	Rebellious pride; inordinacy
طُغْيَانٌ :(طغياناً، طغيانهم): تجاوز للحد ، كفر	Contumacy; rebellion; impiety; disobedience
طَاغُوتٌ :(الطاغوت، والطاغوت ،بالطاغوت): كل ما عبد من دون الله	False deities; Satan(s); idols; false gods

ط ف أ

أَطْفَأَ :(أطفأها، يطفئوا ،ليطفئوا): أخمد (وأزال)	To put out; to extinguish

ط ف ف

مُطَفِّفٌ :(للمطففين): من لا يعدل في الكيل أو الوزن	Defrauder

ط ف ق

طَفِقَ (َ) :(فطفق، طفقا): جعل أو أخذ بفعل	To begin

ط ف ل

طِفْلٌ :(الطفل، طفلاً،	Child; infant; baby

﴿ وَقَالُوا هَذِهِ أَنْعَامٌ وَحَرْثٌ حِجْرٌ لاَ يَطْعَمُهَا إلاَّ مَنْ نَشَاءُ ﴾ [الأنعام 138]

طَعِمَ²: شرب — To taste

﴿ وَمَنْ لَمْ يَطْعَمْهُ فَإِنَّهُ مِنِّي ﴾ [البقرة 249]

أَطْعَمَ : (أطعمه،أطعمهم،ويطعمون ...): رزق — To feed

أَطْعَمَ مِنْ جُوْعٍ: رزق منعاً للجوع — To feed against hunger

اسْتَطْعَمَ: سأل الطعام — To ask for food

إِطْعَامٌ : (إطعام،فاطعام): إعطاء الطعام — The act of feeding; giving of food

طَعَامٌ : (طعام،الطعام،طعاماً،طعامك...): ما يؤكل — Food

طَعْمٌ :(طعمه): ما تدركه حاسة الذوق من طعام أو شراب — Flavour; taste

ط ع ن

طَعَنَ (ـَ) :(وطعنوا): عابَ — To assail; to revile (openly)

طَعْنٌ :(وطعناً): عَيْبٌ — Slandering; taunting

***

طَغَى : Rt.(ط غ و–ى)

***

ط غ و – ى

طَغَى (َ) : (طغى،طغوا،تطغوا،يطغى...)

طَغَى¹ : تجبّر وأسرف في الظلم — To transgress; to exceed the limits

﴿ اذْهَبَا إِلَى فِرْعَوْنَ إِنَّهُ طَغَى ﴾ [طه 43]

طَغَى² : فاض وتجاوز الحد — To rise (high)

﴿ إِنَّا لَمَّا طَغَى الْمَاءُ حَمَلْنَاكُمْ فِي الْجَارِيَةِ ﴾ [الحاقة 11]

أَطْغَى :(اطغيته): جعلهُ طاغياً — To cause to rebel; to lead into inordinacy

طَاغٍ :(طاغون، طاغين، للطاغين): مجاوز للحد في الشر — Transgressor; inordinate; froward; one who is outrageous

أَطْغَى : (وأطغى): أشدُّ طغياناً — More rebellious; most inordinate

طَاغِيَةٌ :(بالطاغية): صاعقة — Lightning; roaring violent blast

طَغْوَى :(بطغواها): تجاوز الحد والمغالاة في العصيان — Rebellious pride; inordinacy

طُغْيَانٌ :(طغياناً، طغيانهم): تجاوز للحد ؛ كفر — Contumacy; rebellion; impiety; disobedience

طَاغُوتٌ :(الطاغوت، والطاغوت ،بالطاغوت): كل ما عبد من دون الله — False deities; Satan(s); idols; false gods

ط ف أ

أَطْفَأَ :(أطفأها، يطفئوا ،ليطفئوا): أخمدَ (وأزال) — To put out; to extinguish

ط ف ف

مُطَفِّفٌ :(للمطففين): من لا يعدل في الكيل أو الوزن — Defrauder

ط ف ق

طَفِقَ (َ) :(فطفق، طفقا): جعل أو أخذ بفعل — To begin

ط ف ل

طِفْلٌ :(الطفل، طفلاً، — Child; infant; baby

أطفــال): ابـــن وبنـــت ؛ ولد حتى البلوغ

***

طَلٌّ : Rt.(ط ل ل)

طَلاقٌ : Rt.(ط ل ق)

***

ط ل ب

طَلَبَ (ُ) :(يطلبه): سعى لادراكه — To follow; to pursue

طَلَبٌ :(طلباً): بحثٌ عن شيء لتحصيله — Making search; finding

طَالِــبٌ :(الطالــب): معبود من دون الله — Seeker; invoker

مَطْلُــوبٌ :(والمطلــوب): مــا يُطلب:ذباب — Sought; invoked

ط ل ت

طَــالُوتُ : اسـمه فـي التـوراة (شـاول) آتـاه الله بسطة فـي الجسم والعلـم واصطفاه ملكا على المؤمنين من قومه — Saul; Talut

ط ل ح

طَلْــحٌ : (وطلــح): شـــجر عظـــام ويراد به الموز — Plantains; banana-tree (with fruits)

ط ل ع

طَلَعَ (ُ) :(طلعت، تطلع): ظهر (نور الشمس) وخرج صباحاً — To rise

أَطْلَعَ :(ليُطلعكم): أظهر له وأعلم — To let someone know; to make someone acquainted with

اطَّلَعَ :(فاطّلع، أطّلع، اطّلعت، أطّلع...)

اطَّلَعَ[1] : اشرف ونظر — To look down

﴿ فَاطَّلَعَ فَرَآهُ فِي سَوَاءِ الْجَحِيمِ ﴾ [الصافات 55]

اطَّلَعَ[2] : نظر ليعرف — To survey; to obtain knowledge; to reach

﴿ فَاجْعَل لِي صَرْحًا لَعَلِّي أَطَّلِعُ إِلَى إِلَهِ مُوسَى ﴾ [القصص 38]

اطَّلَعَ[3] : نظر وعرف — To discover

﴿ وَلا تَزَالُ تَطَّلِعُ عَلَى خَائِنَةٍ مِنْهُمْ ﴾ [المائدة 13]

اطَّلَعَ[4] : غشي وأحرق — To heap over; to rise above

﴿ الَّتِي تَطَّلِعُ عَلَى الأَفْئِدَةِ ﴾ [الهمزة 7]

طُلُوعٌ : الظهور صباحا — Raising

مَطْلَعٌ: وقت الطلوع — (Time of) rising; daybreak

مَطْلِعٌ: مكان الطلوع — Place of the sun's rising

مُطَّلِعٌ :(مطّلعون): ناظر عارف — One who looks (on)

طَلْعٌ : (طلع،طلعها)

طَلْــعٌ[1] : غـلاف يُـشبه الكـوز يتفـتح عـن حـب منضود فيـه مـادة إخصاب النخلة — Sheath; pollen; spadices

﴿ وَمِنَ النَّخْلِ مِنْ طَلْعِهَا قِنْوَانٌ دَانِيَةٌ ﴾ [الأنعام 99]

طَلْــعٌ[2] : غـلاف يُـشبه الكـوز يتفـتح عـن حـب منضود فيـه مـادة إخصاب النخلة — Crop; produce

﴿ طَلْعُهَا كَأَنَّهُ رُءُوسُ الشَّيَاطِينِ ﴾ [الصافات 65]

اطفـــال): ابـــن وبنـــت ؛ ولد حتى البلوغ

* * *

طَلٌّ : Rt.(ط ل ل)

طَلاقٌ : Rt.(ط ل ق)

* * *

ط ل ب

طَلَبَ (ـُ) :(يطلبـه): سـعى لادراكه — To follow; to pursue

طَلَبٌ :(طلبا): بحث عن شيء لتحصيله — Making search; finding

طَالِـــبٌ :(الطالـــب): معبود من دون الله — Seeker; invoker

مَطْلُـوبٌ :(والمطلـوب): مـا يُطلب:ذباب — Sought; invoked

ط ل ت

طَـالُوتُ : اسـمه فـي التـوراة (شـاول) آتـاه الله بـسطة فـي الجـسم والعلـم واصطفاه ملكا على المؤمنين من قومه — Saul; Talut

ط ل ح

طَلْـحٌ : (وطلـح): شـــجر عظـــام ويراد به الموز — Plantains; banana-tree (with fruits)

ط ل ع

طَلَعَ (ُ) :(طلعت، تطلع): ظهر (نور الشمس) وخرج صباحاً — To rise

أطْلَعَ :(ليُطلعكم): أظهر له وأعلم — To let someone know; to make someone acquainted with

اطَّلَعَ :(فاطلع، اطلع، اطلعت، اطلع...)

اطّلَعَ[1] : اشرف ونظر — To look down

﴿ فاطّلَعَ فَرَآهُ فِي سَوَاءِ الْجَحِيمِ ﴾ [الصافات 55]

اطّلَعَ[2] : نظر ليعرف — To survey; to obtain knowledge; to reach

﴿ فَاجْعَل لِي صَرْحًا لَعَلِّي أَطَّلِعُ إِلَى إِلَهِ مُوسَى ﴾ [القصص 38]

اطّلَعَ[3] : نظر وعرف — To discover

﴿ وَلا تَزَالُ تَطَّلِعُ عَلَى خَائِنَةٍ مِنْهُمْ ﴾ [المائدة 13]

اطّلَعَ[4] : غشي وأحرق — To heap over; to rise above

﴿ الَّتِي تَطَّلِعُ عَلَى الأَفْئِدَةِ ﴾ [الهمزة 7]

طُلُوعٌ : الظهور صباحاً — Raising

مَطْلَعٌ: وقت الطلوع — (Time of) rising; daybreak

مَطْلِعٌ: مكان الطلوع — Place of the sun's rising

مُطَّلِعٌ :(مطّلعون): ناظر عارف — One who looks (on)

طَلْعٌ : (طلع،طلعها)

طَلْـعٌ[1] : غـلاف يُـشبه الكُـوز يتفـتح عـن حـب منضود فيـه مـادة إخصاب النخلة — Sheath; pollen; spadices

﴿ وَمِنَ النَّخْلِ مِنْ طَلْعِهَا قِنْوَانٌ دَانِيَةٌ ﴾ [الأنعام 99]

طَلْـعٌ[2] : غـلاف يُـشبه الكُـوز يتفـتح عـن حـب منضود فيـه مـادة إخصاب النخلة — Crop; produce

﴿ طَلْعُهَا كَأَنَّهُ رُءُوسُ الشَّيَاطِينِ ﴾ [الصافات 65]

ط ل ق

طَلَّقَ: (طلّقتم ،طلّقتموهن ،طلّقها ،فطلّقوهن): ألغى عقد الزواج — T divorce ; to put way (a woman)

انْطَلَقَ : (وانطلق ،انطلقتم ،ينطلق ،انطلقوا ...)

انْطَلَقَ[1] : ذهب ومرّ — To go about; to break forth

﴿ وَانطَلَقَ الْمَلأُ مِنْهُمْ أَنْ امْشُوا وَاصْبِرُوا عَلَى آلِهَتِكُمْ ﴾ [ص 6]

انْطَلَقَ[2] : ذهب ومرّ — To depart; to walk forth

﴿ انطَلِقُوا إِلَى ظِلٍّ ذِي ثَلاثِ شُعَبٍ ﴾ [المرسلات 30]

انْطَلَقَ[3] : ذهب ومرّ — To set out; to journey; to go (on)

﴿ فَانطَلَقَا حَتَّى إِذَا رَكِبَا فِي السَّفِينَةِ خَرَقَهَا ﴾ [الكهف 71]

انْطَلَقَ[4] : ذهب ومرّ — To set forth

﴿ إِذَا انطَلَقْتُمْ إِلَى مَغَانِمَ لِتَأْخُذُوهَا ﴾ [الكهف 15]

انْطَلَقَ[5] : صار طلقاً — To speak plainly; to be eloquent (tongue)

﴿ وَيَضِيقُ صَدْرِي وَلا يَنْطَلِقُ لِسَانِي ﴾ [الشعراء 13]

طَلاقٌ :(الطلاق) — Divorce

مُطَلَّقَــةٌ:(المطلقــات، وللمطلقات): مــن ألغــي عقد زواجها — Divorced woman; woman who is divorced

ط ل ل

طَلٌّ :(فطلّ): مطر خفيف — Shower; light rain

***

طُلُوعٌ : Rt.(ط ل ع)

***

ط م ث

طَمَثَ (ِ) :(يطمثهن): باشر المرأة — To touch (a woman)

ط م س

طَمَسَ (ِ) : (لطمسنا ،فطمسنا ،نطمس ،اطمس...)

طَمَـــــسَ[1]: أزال وأذهب(الضوء) — To put out (the eyes); to blind

﴿ وَلَوْ نَشَاءُ لَطَمَسْنَا عَلَى أَعْيُنِهِمْ ﴾ [يس 66]

طَمَسَ[2] : أزال وأذهب — To destroy; to alter

﴿ رَبَّنَا اطْمِسْ عَلَى أَمْوَالِهِمْ ﴾ [يونس 88]

طَمَـــــسَ[3]: أزال وأذهب(الضوء) — To make to lose light; to quench

﴿ فَإِذَا النُّجُومُ طُمِسَتْ ﴾ [المرسلات 8]

طَمَسَ[3]: شوّه — To destroy; to alter

﴿ مِنْ قَبْلِ أَنْ نَطْمِسَ وُجُوهاً ﴾ [النساء 47]

ط م ع

طَمِعَ(َ): (أطمع ،أفتطمعون ،نطمع ،يطمع...): رجا ورغب (وتأمل) — To hope ardently); to have hope; to aspire; to yearn

طَمَعٌ :(طمعاً): رجاء ورغبة — Hope

ط م م

طَامَّةٌ:(الطامة) : يوم القيامة ؛ داهية — Disaster; predominating calamity

ط م ن

اطْمَأَنَّ :(واطمأنوا،اطمأن،اطمأننتم،تطمئن..)

اطْمَأَنَّ[1]: أمن — To feel secure; to be in safety; to be secure

﴿ فَإِذَا اطْمَأْنَنتُمْ فَأَقِيمُوا الصَّلاَةَ ﴾ [النساء 103]

اطْمَأَنَّ[2](ب): سكن ورضي — To be content

﴿ وَرَضُوا بِالْحَيَاةِ الدُّنْيَا وَاطْمَأَنُّوا بِهَا ﴾ [يونس 7]

اطْمَأَنَّ[2]: سكن ورضي — To be at ease; to be at rest; to have rest

﴿ الَّذِينَ آمَنُوا وَتَطْمَئِنُّ قُلُوبُهُمْ بِذِكْرِ اللَّهِ ﴾ [الرعد 28]

مُطْمَئِنٌّ : (مطمئن،مطمئنين،مطمئنة،المطمئنة)

مُطْمَـــئِنٌّ[1]: راضٍ (بالإيمان) — One who is at peace; one who is at rest

﴿ يَاأَيَّتُهَا النَّفْسُ الْمُطْمَئِنَّةُ ﴾ [الفجر 27]

مُطْمَئِنٌّ[2]: راضٍ — That which is secure; that which is content

﴿ وَضَرَبَ اللَّهُ مَثَلاً قَرْيَةً كَانَتْ آمِنَةً مُطْمَئِنَّةً ﴾ [النحل 122]

مُطْمَئِنٌّ[3]: هادىء — One who is content or secure

﴿ يَمْشُونَ مُطْمَئِنِّينَ ﴾ [الاسراء 95]

ط ه

طـه~ : مـن الكلمـات المتـشابهة الـواردة فـي إحدى السور — Ta. Ha

ط ه ر

طَهُرَ (ث) (-) :(يطهرن): اغتـــسلت (المـــرأة) من الحيض — To be cleansed; to become clean

طَهَّرَ : (وطهرك،تطهرهم،يطهر،وطهر ...): برّأ ونزّه من العيوب والآثام ؛ خلّص من النجاسات — To purify; to make pure; to cleanse

تَطَهَّرَ : (تطهرن،يتطهروا،يتطهرون،فاطهروا): ترك الذنوب وعمل الصالحات ؛ نسب نفسه إلى الطهارة ؛ غسل بالماء أو بما يقوم مقامه — To purify oneself; to keep pure; to cleanse oneself

طَهُورٌ :(طهورً): طاهر فـي نفـسه طـاهر لغيره — Pure; that which purifies

أَطْهَرُ : انقى واسلم — Purer; cleaner

تَطْهِيـــرٌ : (تطهيـرا): تبرئة وتنزيه من الرجس — Purification

مُطَهِّرٌ :(مطهرك): مبرأ ومنـــزه مـــن العيوب والآثام — One who purifies; one who cleanses

مُطَهَّرٌ :(مطهّرة، مطهّرون): منزّه من درن الدنيا وانجاسها ؛ بعيد عن الدعوة إلى السوء والباطل والشبهات ؛ من تطهّر من الحدثين الأكبر والأصغر — Pure; purified

مُتَطَهِّـرٌ :(المتطهّرين، المطهّرين): تارك للذنوب عامل بالصلاح — Purifier; one who has care for cleanliness

مُطَّهِّرٌ = مُتَطَهِّرٌ : — One who purifies oneself

❋ ❋ ❋

طَوَّافٌ : — Rt.(ط و ف)

طُوبَى : — Rt.(ط ي ب)

❋ ❋ ❋

ط و د

طَوْدٌ :(كالطود): جبل ذاهب صَعَداً في الجوّ — Mountain

ط و ر

طُوْرٌ : (طور ،الطور): جبلٌ او اسمٌ لجبل — Mountain; mound

طَوْرٌ : (أطواراً): حالٌ وهيئة — Stage; grade

ط و ع

طَوَّعَ :(فطوّعت): زيّن — To facilitate; to impose

أطَاعَ : (أطاع،أطاعونا ،تُطع ،نطيع...): خضع ؛ اتبع وخضع ؛ استجاب إلى — To obey

تَطَوَّعَ: قام بالعبادة طائعـــــا مختــــــاراً دون الزام — To do (good) of one's own accord; to do (good) spontaneously

اسْتَطَاعَ: (استطاع،استطاعوا، تستطيع، يستطيع...): اطاق وقدر — Can; could; to be able

طَوْعاً : انقياداً سهلاً — Willingly

طَاعَةٌ : انقياد — Obedience

طَـــائِعٌ :(طــــائعين): مستجيب — (One who is) obedient

مُطَـــاعٌ : منقــادة لــه الملائكة — Obeyed

مُطَّـــوِّعٌ:(المطَّــوّعين): متصدق — One who gives willingly; one who gives freely

ط و ف

طَافَ (ُ) : (فطاف ،يطوف ،يطوفون ،يُطاف)

طَافَ[1] : دار — To go round (about); to bring round; to wait on

﴿ وَيَطُوفُ عَلَيْهِمْ وِلْدَانٌ مُخَلَّدُونَ ﴾ [الإنسان19]

﴿ يُطَافُ عَلَيْهِمْ بِكَأْسٍ مِنْ مَعِينٍ ﴾

[الصافات 45]

طَافَ[2](على) : ألمّ بـ — To come; to encompass

﴿ فَطَافَ عَلَيْهَا طَائِفٌ مِنْ رَبِّكَ وَهُمْ نَائِمُونَ ﴾

[القلم 19]

اطَّـوَّفَ :(يطّوّف، وليطّوّفوا): سعى بين ؛ دار — To go around (round)

طَـــائِفٌ :(طـــائف، للطائفين)

طَائِفٌ[1] : وسوسة — Visitation

﴿ إِذَا مَسَّهُمْ طَائِفٌ مِنَ الشَّيْطَانِ تَذَكَّرُوا ﴾

[الأعراف 201]

طَـائِفٌ[2]: مـــن يريـــد الطواف — One who goes around; one who makes the round (circuit); one who visits

﴿ وَعَهِدْنَا إِلَى إِبْرَاهِيمَ وَإِسْمَاعِيلَ أَنْ طَهِّرَا بَيْتِيَ لِلطَّائِفِينَ وَالْعَاكِفِينَ ﴾ [البقرة 125]

طَائِفَـةٌ :(طائفة، طائفتـان، طـائفتين): جماعـة أو فرقة — Party

طَوَّافٌ :(طوافون): داخل دون استئذان — One who goes round

طُوفَانٌ :(الطوفان): سيل عظيم ؛ موت جارف — Flood; deluge; widespread death

ط و ق

طَوَّقَ :(سيُطوّقون): كان كالطوق — To bind with for a collar; to cleave to one's neck

أطَـاقَ :(يطيقونـه): قـدر — To afford; to be able

بمشقة — to do

طَاقَةٌ : قدرة واستطاعة — Power; strength

لاَ طَاقَـةَ لَـهُ بِ: لا قدرة واستطاعة له على — To have no power against

ط و ل

طَالَ(ـُ): (طال،فطال،أفطال): بَعُدَ — To seem long; to become prolonged; to grow long

تَطَاوَلَ:(فتطاول): زاد طوله — To drag on; to become prolonged

طَوْلٌ :(الطول)

طَوْلٌ[1] : غنى وقوة — Ampleness of means; wealth

﴿ اسْتَأْذَنَكَ أُوْلُوا الطَّوْلِ مِنْهُمْ ﴾ [التوبة 86]

طَوْلٌ[2] : غنى وقوة — Bounty

﴿ شَدِيدِ الْعِقَابِ ذِي الطَّوْلِ ﴾ [غافر 3]

طُوْلٌ :(طولاً): ارتفاع — Height

طَوِيـلٌ :(طـويلاً): ذو الطول أو خلاف القصير — Long; livelong

❋❋❋

طَوَى : Rt.(ط و ى)

طُوَى : Rt.(ط و ى)

❋❋❋

ط و ى

طَوَى (ـِ) :(نطوي): ضم بعضاً إلى بعض — To roll up

طَـيٌّ :(كطـيّ): إدراج بعض في بعض — Rolling up

طُوَى : اسم للوادي — Tuwa

مَطْوِيٌّ :(مطويات): في قبضة اليد — Rolled (up)

❋❋❋

طَوِيلٌ : Rt.(ط و ل)

طَيٌّ : Rt.(ط و ى)

❋❋❋

ط ي ب

طَابَ (ـِ) :(طاب، طبتم، طبن)

طَابَ[1] : حسُنَ — To seem good

﴿ فَانكِحُوا مَا طَابَ لَكُمْ مِنَ النِّسَاءِ ﴾ [النساء 3]

طَـابَ[2]: تجـرد عـن النقائص — To be good; to be pleased; to be happy

﴿ طِبْتُمْ فَادْخُلُوهَا خَالِدِينَ ﴾ [الزمر 73]

طَابَ[3](عن): تنازل بسماحة — To be pleased to give up

﴿فَإِنْ طِبْنَ لَكُمْ عَنْ شَيْءٍ ﴾ [النساء 4]

طَيِّبٌ : (الطيب،طيبًا،طيبين،طيبات...)

طَيِّبٌ[1] : صالح لذيذ — Good; goodly; wholesome

﴿ وَلا تَتَبَدَّلُوا الْخَبِيثَ بِالطَّيِّبِ ﴾ [النساء 2]

﴿ وَالْبَلَدُ الطَّيِّبُ يَخْرُجُ نَبَاتُهُ بِإِذْنِ رَبِّهِ ﴾ [الأعراف 58]

طَيِّبٌ[2] : صالح لذيذ — Clean; pure

﴿ كُلُوا مِمَّا فِي الأَرْضِ حَلالا طَيِّبًا ﴾ [البقرة 168]

طَيِّـبٌ[3] : مـا تـستلذه النفس — Good thing

﴿ الْيَوْمَ أُحِلَّ لَكُمُ الطَّيِّبَاتُ ﴾ [المائدة 5]

طَيِّبٌ[4] : طاهر — Clean; pure

﴿فَتَيَمَّمُوا صَعِيدًا طَيِّبًا ﴾ [النساء 43]

طَيِّبٌ[5] :كثير الخير ؛ رغد آمن — Happy;good

﴿وَاشْكُرُوا لَهُ بَلْدَةٌ طَيِّبَةٌ ﴾ [سبأ 15]

﴿ فَلَنُحْيِيَنَّهُ حَيَاةً طَيِّبَةً ﴾ [النحل 97]

طُـوبَى : الحسنى والخير أو اسم من أسماء الجنة — Joy; good final state

ط ي ر

طَارَ (:) :(يطير): ارتفع — To fly

تَطَيَّرَ :(تطيرنا): تشاءم — To augur ill; to augur evil

اطَّيَّرَ :(اطيرنا، يطيروا): تطير — To augur evil; to meet with ill luck; to attribute to ill luck

طَيْرٌ :(طير، الطير، طيراً): اسم جنس لما يطير واحده طائر — Bird; flying creature

طَائِرٌ : (طائر ،طائركم ،طائره ،طائرهم)

طَائِرٌ[1] : ما يطير — Bird; flying creature

﴿ وَمَا مِنْ دَابَّةٍ فِي الأَرْضِ وَلا طَائِرٍ يَطِيرُ بِجَنَاحَيْهِ إِلاَّ أُمَمٌ أَمْثَالُكُمْ ﴾ [الأنعام 38]

طَـائِرٌ[2] : ما يُتطير به من تشاؤم أو قدر — Evil; augury

﴿ أَلا إِنَّمَا طَائِرُهُمْ عِنْدَ اللَّهِ ﴾ [الأعراف 131]

طَـائِرٌ[3] : حظ من الخير أو الشر — Actions; augury

﴿ وَكُلَّ إِنسَانٍ أَلْزَمْنَاهُ طَائِرَهُ فِي عُنُقِهِ﴾[الإسراء13]

مُسْتَطِيرٌ :(مستطيراً): متفش منتشر — That which is wide-spreading; that which spreads far and wide

ط ي ن

طِينٌ : (الطين، طينا)

طِينٌ[1] : تراب مختلط بالماء — Clay; wet earth; dust

﴿أَخْلُقُ لَكُمْ مِنَ الطِّينِ كَهَيْئَةِ الطَّيْرِ﴾ [آل عمران 49]

طِينٌ[2] : : تراب مختلط بالماء — Mud; brick

﴿ فَأَوْقِدْ لِي يَاهَامَانُ عَلَى الطِّينِ ﴾ [القصص 38]

باب الظاء

* * *

ظالِمٌ :	Rt.(ظ ل م)
ظَانٌّ :	Rt.(ظ ن ن)
ظَاهَرَ :	Rt.(ظ هـ ر)
ظَاهِرٌ :	Rt.(ظ هـ ر)

* * *

ظ ع ن

ظَعْنٌ :(ظعنكم): سفر وارتحال	Migration; march

ظ ف ر

أَظْفَرَ :(أظفركم): غلّب	To give the victory; to make victor
ظُفُرٌ : ظلف أو مخلب	Claw

* * *

ظَلَّ :	Rt.(ظ ل ل)
ظِلٌّ :	Rt.(ظ ل ل)
ظِلالٌ :	Rt.(ظ ل ل)
ظَلاَّمٌ :	Rt.(ظ ل م)
ظُلَّةٌ :	Rt.(ظ ل ل)

* * *

ظ ل ل

ظَلَّ(ـَ): (ظلّ ،ظلْت ،فظلْتُ ،فيظللن...): دام واستمر	To remain; to keep; to become; to continue
ظَلَّلَ:(ظللنا): مدّد الظل	To cause to overshadow; to make to give shade (with على)
ظِلٌّ : (ظلّ ،ظلاًّ ،ظلال ،ظلاله...)	
ظِلٌّ[1] : ما ووري فيه ضوء الشمس	Shade

﴿ فَسَقَى لَهُمَا ثُمَّ تَوَلَّى إِلَى الظِّلِّ ﴾ [القصص 24]

ظِلٌّ[2] : دخان جهنم	Shadow; covering

﴿ انطَلِقُوا إِلَى ظِلٍّ ذِي ثَلاثِ شُعَبٍ ﴾ [المرسلات 30]

ظُلَّةٌ :(ظلّة ،الظلة، ظلل، كالظلل): مظلة	Covering; shadow; awning
يَـوْمُ الظُّلَّـةِ : يوم أظلتهم السحابة ثم أمطرتهم ناراً	Day of covering ; day of gloom
ظُلَلٌ : جمع ظلّة	Plur.of ظُلَّة
ظَلِيلٌ :(ظليل، ظليلاً): مُجِدٌ ؛ دائم الظل	Plenteous (shade); dense (shade); having the coolness of the shade

ظ ل م

ظَلَمَ(ـِ) : (ظلم ،ظلمنا ،تظلم ،يظلم...)	
ظَلَمَ[1] : أساء وعرّض للعقاب	To do injustice; to do wrong; to wrong; to be unjust; to act unjustly

﴿ إِلاَّ الَّذِينَ ظَلَمُوا مِنْهُمْ فَلا تَخْشَوْهُمْ وَاخْشَوْنِي ﴾ [البقرة 150]

ظَلَمَ[2] : نقص أو أنقص ؛ انتقص حقّه	To withhold; to fall

﴿ كِلْتَا الْجَنَّتَيْنِ آتَتْ أُكُلَهَا وَلَمْ تَظْلِمْ مِنْهُ شَيْئًا ﴾ [الكهف 33]

ظَلَمَ[3] : كفر	To rebel; to

disbelieve (with ب)

﴿ ثُمَّ بَعَثْنَا مِنْ بَعْدِهِمْ مُوسَى بِآيَاتِنَا إِلَى فِرْعَوْنَ وَمَلَئِهِ فَظَلَمُوا بِهَا ﴾ [الأعراف 103]

ظَلَمَ[3] : جار وتجاوز الحق بالنقص أو الزيادة — To do injustice; to wrong

﴿إِنَّ اللهَ لَا يَظْلِمُ مِثْقَالَ ذَرَّةٍ﴾ [النساء 40]

ظُلْمٌ :(ظلم، ظلماً، ظلمه، ظلمهم): جور ومجاوزة للحد ؛ شرك — Wrongdoing; iniquity; injustice

بِظُلْمٍ : بصورة ظالمة — Unjustly; arbitrarily

ظَالِمٌ: (ظالم،ظالمة،الظالمون، الظالمين...): مسيء ؛ جائر متجاوز للحد بالكفر — Wrongdoer; evil-doer; on who is unjust; one who deals unjustly

أَظْلَمُ : اكثر ظلماً — More unjust

ظَلُومٌ :(ظلوم، ظلوماً): كثير الظلم — Tyrant; (very) unjust; wrong-doer

ظَلَّامٌ : (بظلام): ظالم — Tyrant; oppressor; unjust

مَظْلُومٌ :(مظلوما): من أصابه الظلم — Unjustly treated; wrong-fully treated

قُتِلَ مَظْلُوماً : قتل وقد أصابه الظلم — Slain wrongfully; slain unjustly

أَظْلَمَ : ذهب ضوؤه — To darken; to become dark

مُظْلِمٌ : (مظلما،مظلمون)

مُظْلِمٌ[1] : مسودّ — Darkest; densely dark

﴿ كَأَنَّمَا أُغْشِيَتْ وُجُوهُهُمْ قِطَعًا مِنَ اللَّيْلِ مُظْلِمًا ﴾ [يونس 27]

مُظْلِمٌ[2] : داخل في الظلام — One who is in darkness; one who is in the dark

﴿ وَآيَةٌ لَهُمُ اللَّيْلُ نَسْلَخُ مِنْهُ النَّهَارَ فَإِذَا هُمْ مُظْلِمُونَ ﴾ [يس 37]

ظُلْمَةٌ :(ظلمات،كظلمات،الظلمات): سواد وعدم نور ؛ عمى ؛ جهل وشرك ؛ شدّة — (Utter) darkness

* * *

ظَلُومٌ : Rt.(ظ ل م)

ظَلِيلٌ : Rt.(ظ ل ل)

* * *

ظ م أ

ظَمِئَ (ـَ):(تظمئوا): عطش — To thirst; to be thirsty

ظَمَأٌ : عطش — Thirst

ظَمْآنُ :(الظمآن): عطشان — Thirsty one; thirsty man

* * *

ظَنَّ : Rt.(ظ ن ن)

ظَنٌّ : Rt.(ظ ن ن)

* * *

ظ ن ن

ظَنَّ (ُ) : (ظن،ظنا،لأظنك،يظن...)

ظَنَّ[1] : — To think; to deem; to suppose

﴿قَالَ مَا أَظُنُّ أَنْ تَبِيدَ هَذِهِ أَبَداً ﴾ الكهف 35]

ظَنَّ[2] : تيقن — To know (for certain); to be sure

﴿ وَقَالَ لِلَّذِي ظَنَّ أَنَّهُ نَاجٍ مِنْهُمَا اذْكُرْنِي عِنْدَ رَبِّكَ ﴾ [يوسف 42]

﴿ وَظَنَّ دَاوُودُ أَنَّمَا فَتَنَّاهُ ﴾ [ص 24]

﴿ وَظَنَّ أَهْلُهَا أَنَّهُمْ قَادِرُونَ عَلَيْهَا أَتَاهَا أَمْرُنَا ﴾ [يونس 24]

ظَنٌّ : (ظن، الظّن، ظناً، الظنونا ...)

ظَنٌّ[1] : مزاعم — (Vain) thought

﴿ يَظُنُّونَ بِاللَّهِ غَيْرَ الْحَقِّ ظَنَّ الْجَاهِلِيَّةِ ﴾ [آل عمران 154]

ظَنٌّ[2] : علم من غير يقين — Guess; conjecture; opinion

﴿ مَا لَهُمْ بِهِ مِنْ عِلْمٍ إِلاَّ اتِّبَاعَ الظَّنِّ ﴾ [النساء 157]

﴿ ذَلِكَ ظَنُّ الَّذِينَ كَفَرُوا ﴾ [ص 27]

ظَنٌّ[3] : علم من غير يقين — Suspicion

﴿ يَاأَيُّهَا الَّذِينَ آمَنُوا اجْتَنِبُوا كَثِيرًا مِنَ الظَّنِّ ﴾ [الحجرات 12]

ظَانٌّ : (الظانين): زاعم — One who thinks; entertainer of thoughts

* * *

ظُنُونٌ : جمع ظَنٌّ — Plur.of of ظَنٌّ rt. (ظ ن ن)

* * *

ظ ه ر

ظَهَرَ (َ) : (ظهر، يظهرون، يظهروه)

ظَهَرَ[1] : تبين وبرز بعد خفاء — To appear

﴿ وَلا يُبْدِينَ زِينَتَهُنَّ إِلاَّ مَا ظَهَرَ مِنْهَا ﴾ [النور 31]

ظَهَرَ[2] : تبين وبرز بعد خفاء — To be apparent

﴿ قُلْ إِنَّمَا حَرَّمَ رَبِّيَ الْفَوَاحِشَ مَا ظَهَرَ مِنْهَا وَمَا بَطَنَ ﴾ [الأعراف 33]

ظَهَرَ[3] (على) : غلب — To prevail; to have the upper hand

﴿ كَيْفَ وَإِنْ يَظْهَرُوا عَلَيْكُمْ لا يَرْقُبُوا فِيكُمْ إِلاًّ وَلا ذِمَّةً ﴾ [التوبة 8]

ظَهَرَ[4] (على) : تبين — To know; to attain knowledge

﴿ أَوْ الطِّفْلِ الَّذِينَ لَمْ يَظْهَرُوا عَلَى عَوْرَاتِ النِّسَاءِ ﴾ [النور 31]

ظَهَرَ[5]: علا — To surmount; to scale

﴿ فَمَا اسْتَطَاعُوا أَنْ يَظْهَرُوهُ وَمَا اسْتَطَاعُوا لَهُ نَقْبًا ﴾ [الكهف 97]

ظَهَرَ[6]: علا — To recline; to ascend

﴿ لَجَعَلْنَا لِمَنْ يَكْفُرُ بِالرَّحْمَانِ لِبُيُوتِهِمْ سُقُفًا مِنْ فِضَّةٍ وَمَعَارِجَ عَلَيْهَا يَظْهَرُونَ ﴾ [الزخرف 33]

ظَاهَرَ : (وظاهروا، ظاهروهم، تظاهرون، يظاهروا ...)

ظَاهَرَ[1] : عاون — To support; to back up; to help

﴿ ثُمَّ لَمْ يَنْقُصُوكُمْ شَيْئًا وَلَمْ يُظَاهِرُوا عَلَيْكُمْ أَحَدًا ﴾ [التوبة 4]

ظَاهَرَ[2]: قال الزوج لامرأته: أنت عليّ كظهر أمي في التحريم — To declare as mother; to liken the back of one's wife to the back of one's mother; to put away

ظ هـ ر

one's wife by saying she is as one's mother

﴿ الَّذِينَ يُظَاهِرُونَ مِنْكُمْ مِنْ نِسَائِهِمْ مَا هُنَّ أُمَّهَاتِهِمْ ﴾ [المجادلة 2]

أَظْهَرَ : (وأظهره،تظهرون،يُظهر،يظهره)

أَظْهَرَ [1] : أشاع — To make to appear; to cause to appear

﴿ إِنِّي أَخَافُ أَنْ يُبَدِّلَ دِينَكُمْ أَوْ أَنْ يُظْهِرَ فِي الأَرْضِ الْفَسَادَ ﴾ [غافر 36]

أَظْهَرَ [2] : اطلع — To apprise; to make to know

﴿ فَلَمَّا نَبَّأَتْ بِهِ وَأَظْهَرَهُ اللَّهُ عَلَيْهِ عَرَّفَ بَعْضَهُ ﴾ [التحريم 3]

أَظْهَرَ [3] : اطلع — To reveal

﴿ عَالِمُ الْغَيْبِ فَلا يُظْهِرُ عَلَى غَيْبِهِ أَحَدًا ﴾ [الجن 26]

أَظْهَرَ [4]: أعلى — To cause to prevail; to make to prevail

﴿ هُوَ الَّذِي أَرْسَلَ رَسُولَهُ بِالْهُدَى وَدِينِ الْحَقِّ لِيُظْهِرَهُ عَلَى الدِّينِ كُلِّهِ ﴾ [التوبة 33]

أَظْهَرَ [5]: دخل في الظهر — To enter (upon the time) of noonday; to be at midday

﴿ وَلَهُ الْحَمْدُ فِي السَّمَاوَاتِ وَالأَرْضِ وَعَشِيًّا وَحِينَ تُظْهِرُونَ ﴾ [الروم 48]

تَظَاهَرَ :(تظاهرا، تظاهرون): تعاون — To support each other; to back up each other

ظَهْرٌ : (ظهرك،ظهره،ظهوركم،ظهورها...)

ظَهْرٌ [1] : خلف(الإنسان) — Back

﴿ فَنَبَذُوهُ وَرَاءَ ظُهُورِهِمْ ﴾ [آل عمران 187]

ظَهْرٌ [2] : أعلى الشيء ؛ سطح — Surface

﴿ إِنْ يَشَأْ يُسْكِنِ الرِّيحَ فَيَظْلَلْنَ رَوَاكِدَ عَلَى ظَهْرِهِ ﴾ [الشورى 33]

ظَاهِرٌ : (ظاهر،بظاهر،الظاهر،ظاهرة...)

ظَاهِرٌ [1] : واضح — Outwardness; that which is open; outward

﴿ وَذَرُوا ظَاهِرَ الإِثْمِ وَبَاطِنَهُ ﴾ [الأنعام 120]

ظَاهِرٌ [2] : واضح — Appearance; outward

﴿ يَعْلَمُونَ ظَاهِرًا مِنَ الْحَيَاةِ الدُّنْيَا ﴾ [الروم 7]

ظَاهِرٌ [3] : واضح — Easy to be seen

﴿ وَجَعَلْنَا بَيْنَهُمْ وَبَيْنَ الْقُرَى الَّتِي بَارَكْنَا فِيهَا قُرًى ظَاهِرَةً ﴾ [سبأ 18]

ظَاهِرٌ [4] : واضح — outer side; outside

﴿ بَاطِنُهُ فِيهِ الرَّحْمَةُ وَظَاهِرُهُ مِنْ قِبَلِهِ الْعَذَابُ ﴾ [الحديد 13]

ظَاهِرٌ [5] : من أسمائه تعالى — Outward; Ascendant (above all)

﴿ هُوَ الأَوَّلُ وَالآخِرُ وَالظَّاهِرُ وَالْبَاطِنُ ﴾[الحديد 3]

ظَاهِرٌ [6] : غالبٌ — (One who is) uppermost; master

﴿ يَاقَوْمِ لَكُمُ الْمُلْكُ الْيَوْمَ ظَاهِرِينَ فِي الأَرْضِ ﴾ [غافر 26]

ظَهِيرٌ :(ظهير، ظهيراً)

ظَهِيرٌ [1] : نصير ومعين — Helper; backer; aider

﴿ لا يَأْتُونَ بِمِثْلِهِ وَلَوْ كَانَ بَعْضُهُمْ لِبَعْضٍ ظَهِيرًا ﴾ [الإسراء 88]

ظَهِيرٌ [2] : نصير ومعين — Partisan

﴿ وَكَانَ الْكَافِرُ عَلَى رَبِّهِ ظَهِيرًا ﴾ [الفرقان 55]

ظَهِيرَةٌ :(الظهيرة): ظهر — Heat of noon; midday in summer

ظِهْرِيًّا : نسياً منسياً — Put behind; cast behind one's back

❋ ❋ ❋

ظُهُورٌ : جمع ظهر — Plur.of ظَهْرٌ rt.(ظ هـ ر)

ظَهِيرٌ : — Rt.(ظ هـ ر)

ظَهِيرَةٌ : — Rt.(ظ هـ ر)

❋ ❋ ❋

باب العين

***

عائِدٌ : Rt.(ع و د)

عائِلٌ : Rt.(ع ى ل)

عَاب : Rt.(ع ى ب)

عابِدٌ : Rt.(ع ب د)

عابِرٌ : Rt.(ع ب ر)

عاتٍ(يةٌ) Rt.(ع ت و)

عاجِلةٌ : Rt.(ع ج ل)

عادَ : Rt.(ع و د)

عادٌ : Rt.(ع و د)

عادٍ : Rt.(ع د و)

عادٌّ : Rt.(ع د د)

عَادِيَةٌ (اتٌ): Rt.(ع د و)

عَاذَ : Rt.(ع و ذ)

عارِضٌ : Rt.(ع ر ض)

عَاشَرَ : Rt.(ع ش ر)

عاصِفٌ : Rt.(ع ص ف)

عاصِمٌ : Rt.(ع ص م)

عافٍ : Rt.(ع ف و)

عَاقَبَ : Rt.(ع ق ب)

عَاقِبَةٌ : Rt.(ع ق ب)

عَاقِرٌ : Rt.(ع ق ر)

عَاكِفٌ : Rt.(ع ك ف)

عالَ :(تعولوا) Rt.(ع و ل)

عالٍ : Rt.(ع ل و–ى)

عَالَمٌ : Rt.(ع ل م)

عَالِمٌ : Rt.(ع ل م)

عَامٌ : Rt.(ع و م)

عَامِلٌ : Rt.(ع م ل)

عَاهَدَ : Rt.(ع هـ د)

***

ع ب أ

عَبَأَ (َ):(يعبؤ): أقام وزناً — To concern oneself; to care

***

عِبادٌ : جمع عَبْد — Plur of عَبْدٌ rt.(ع ب د)

عِبادَةٌ : Rt.(ع ب د)

***

ع ب ث

عَبِثَ (َ) :(تعبثون): أفسد — To do for vain delight

عَبَثاً : لعبا وعملاً لا فائدة فيه — In vain; for naught

ع ب د

عَبَدَ(ُ):(وعبد،عبدتم،أعبد، نعبد...): انقاد وخضع — To worship; to serve

عَبَّدَ : :(عبدت): اتخذ عبداً — To enslave

عَبْـدٌ : (عبد،العبد،عباد، — Slave; bondman; servant

للعبيد...): رقيق ؛ عابد مطيع

عَابِدٌ : (عابد،عابدات، عابدون،عابدين...): خاضع مؤمن ؛ طائع — Worshiper; one who worships; one who serves

عِبَادَةٌ : (العبادة،عبادتكم، لعبادته،عبادتي...): خضوع طاعة — Worship; service

ع ب ر

عَبَرَ (ُ) :(تعبرون): فسّر وأوّل — To interpret

اعْتَبَرَ :(فاعتبروا): تدبّر واتّعظ — To learn a lesson; to take a lesson

عَابِرٌ :(عابري): مارٌّ — One who journeys; one who travels

عِبْرَةٌ : (عبرة،لعبرة): عِظة — Lesson

ع ب س

عَبَسَ (ِ) : قطّب وجهه — To frown

عَبُوسٌ :(عبوساً): شديد كريه — That which is of frowning; stern

ع ب ق ر

عَبْقَرِيٌّ : (وعبقري): طنافس ثخان — Carpet (s)

❋❋❋

عَبُوسٌ : — Rt.(ع ب س)

عَبِيدٌ : جمع عَبْدٌ — Plur.of عَبْدٌ rt.(ع ب د)

❋❋❋

ع ت ب

اسْتَعْتَبَ :(يستعتبوا، يستعتبون): طلب رفع العتاب والعفو — To make amends; to solicit favour; to grant goodwill; to regard with good will

مُعْتَبٌ :(المعتبين): مجابٌ الى ما طلب — One to whom favour is shown; one who is granted goodwill

📖

عَتَتْ: تصريف عتا — Conj.of عَتَا rt. (ع ت و)

📖

ع ت د

أَعْتَدَ :(وأعتدت، أعتدنا): أعدّ وهيّأ — To prepare

عَتِيدٌ : مهيأ ملازم — Ready; at hand

ع ت ق

عَتِيقٌ :(العتيق): قديم — Ancient

البَيْتُ العَتِيقُ: الكعبة — Ancient House

ع ت ل

عَتَلَ (ُ) :(فاعتلوه): جرّ بعنف — To drag (down)

عُتُلٌّ : جافٍ غليظ — Greedy; ignoble

ع ت و

عَتَا(ُ):(عتت، عتوا): أعرض وتجبر — To rebel; to revolt; to take pride; to persist revoltingly

عُتُوٌّ :(عتوّ ، عتوّاً): تحبّر — Pride; revolt; disdain

عِتِيٌّ :(عتيّا)

عِتِيٌّ[1] : حالة لا سبيل إلى إصلاحها أو مداواتها — Extreme degree

﴿ وَقَدْ بَلَغْتُ مِنَ الْكِبَرِ عِتِيًّا ﴾ [مريم 8]

عِتِيٌّ[2]: تمرّد — Stubbornness in rebellion; exorbitant rebellion

﴿ ثُمَّ لَنَنزِعَنَّ مِنْ كُلِّ شِيعَةٍ أَيُّهُمْ أَشَدُّ عَلَى الرَّحْمَانِ عِتِيًّا ﴾ [مريم 69]

بَلَغَ مِنَ الكِبَرِ عِتِيّاً: بلغ منه مبلغاً كبيراً	To reach infirm old age; to reach the extreme degree of old age
عَاتٍ :(عاتية): شديد العصف	Fierce; violent

***

عِتِيٌّ :	Rt.(ع ت و)
عَتِيدٌ :	Rt.(ع ت د)
عَتِيقٌ :	Rt.(ع ت ق)

***

ع ث ر

عَثَرَ (ُ) :(عثر): اطلع	To ascertain
عُثِرَ عَلَى : أطلع على	To be ascertained
أَعْثَرَ : (أعثرنا): اطلع غيره على	To make one acquainted with a thing; to cause one to understand

ع ث ى

عَثِيَ (َ) :(تعثوا): افسد اشد الإفساد	To do evil; to act corruptly

***

عُجَابٌ :	Rt.(ع ج ب)
عِجافٌ : جمع عَجْفَاء	Plur.of عَجْفَاء rt. (ع ج ف)

***

ع ج ب

عَجِبَ(َ): (عجبت،عجبتم،عجبوا، أتعجبين...): تعجب والمراد انكار السبب	To marvel; to wonder
أَعْجَبَ:(أعجب، أعجبتكم، تعجبك، يعجب...): راق او أسرّ	To please; to cause to wonder; to excite admiration
عُجَابٌ : ما يدعو إلى العجب الشديد	Astounding; strange
عَجَبٌ : (عجباً)	
عَجَبٌ[1] : عجيب	Marvelous; wonderful; wondrous

﴿ فَقَالُوا إِنَّا سَمِعْنَا قُرْآنًا عَجَبًا ﴾ [الجن 1]

عَجَبٌ[2] : عجيب	Wonder; marvel

﴿ أَكَانَ لِلنَّاسِ عَجَبًا أَنْ أَوْحَيْنَا إِلَى رَجُلٍ مِنْهُمْ ﴾ [يونس 2]

﴿ وَاتَّخَذَ سَبِيلَهُ فِي الْبَحْرِ عَجَبًا ﴾ [الكهف 63]

عَجِيبٌ : ما يدعو إلى العجب	Wonderful; strange

ع ج ز

عَجَزَ (ِ) :(أعجزت): ضعف ولم يقدر	To lack the strength; to be unable
أَعْجَزَ : (نعجز ،نعجزه، يعجزه،يعجزون): خرج عن القدرة والسلطان	To escape
عَجُوزٌ :(عجوز ، عجوزاً): كبيرة السن	Old woman
عَجُزٌ :(أعجاز): أصل	Trunk
مُعَاجِزٌ : (معاجزين): ظانٌ انه يعجز	One who challenges; one who opposes; one who thwarts
مُعْجِزٌ :(بمعجز ، معجزي، معجزين ، بمعجزين): هارب مفلت من العقاب	One who escapes

ع ج ف

عَجْفَاءُ :(عِجافٌ): ضـعيفة نحيفة — Lean

ع ج ل

عَجِلَ(ـَ):(وعجلت، أعجلتم، تعجل،متعجل): أسرع — To make haste; to hasten (on)

عَجَّلَ: (لعجّل،عجّلنا،يُعَجّل،عَجّل...): قدّم — To hasten (on); to give in advance

أَعْجَلَ :(اعجلك): دفـع إلـى العجلة — To cause to hasten; to make to hasten

تَعَجَّلَ : اسرع — To hasten (off)

اسْـتَعْجَلَ: (استعجلتم،تستعجل، تستعجلون،يستعجل): طلبَ على وجه السرعة — To seek to hasten; to be impatient; to desire to hasten; to hasten (on)

اسْتِعَجَالٌ :(استعجالهم): طلـبٌ علـى وجـه السرعة — Desire of hastening

عَاجِلَةٌ:(العاجلة): الدنيا — Present life; fleeting life; transitory; that which hastens away

عَجَلٌ : تسرّع — Haste

عَجُـولٌ :(عجـولا): شـديد العجلة — Hasty

عِجْلٌ :(بعجل،العجل، عجلا): وَلَد البقرة — Calf

ع ج م

أَعْجَمُ :(الأعجمين): من لا يفصح ولا يبين — Foreigner; one of any other nation than the Arabs

أَعْجَمِـيٌّ : :(اعجمي، أعجميا، الأعجمين..)

أَعْجَمِيٌّ[1] : غير فصيح — Barbarous; outlandish

﴿ الَّذِي يُلْحِدُونَ إِلَيْهِ أَعْجَمِيٌّ ﴾ [النحل 103]

أَعْجَمِيٌّ[2] : غير فصيح — Foreign tongue

﴿ وَلَوْ جَعَلْنَاهُ قُرْآنًا أَعْجَمِيًّا لَقَالُوا لَوْلاَ فُصِّلَتْ آيَاتُهُ أَأَعْجَمِيٌّ وَعَرَبِيٌّ ﴾ [فصلت 44]

❋ ❋ ❋

عَجُوزٌ : Rt.(ع ج ز)

عَجُولٌ : Rt.(ع ج ل)

عَجِيبٌ : Rt.(ع ج ب)

عَدَّ : Rt.(ع د د)

عَدٌّ : Rt.(ع د د)

عَدَا : Rt.(ع د و)

عَدَاوَةٌ : Rt.(ع د و)

عِدَّةٌ : Rt.(ع د د)

عُدَّةٌ : Rt.(ع د د)

❋ ❋ ❋

ع د د

عَـدَّ(ـُ): (وعدّهم،تعدّوا،نعدّ،نعدّهم): حسَبَ ؛ ظنّ — To reckon; to count; to number

عَدَّدَ:(وعدّده): أحصى مرة بعد أخرى — To arrange; to consider as provision

أَعَدَّ: (أعدّ،لاعدّوا، وأعدّوا،أعدّت): هيّأ وجهّز — To prepare; to make ready; to provide

اعْتَدَّ :(تعتدونها): ترقّب عد الأيام — To reckon

عَدٌّ :(عدّا)

عَدٌّ[1] : حساب وإحصاء — Sum (of days);

number (of days)

﴿ فَلا تَعْجَلْ عَلَيْهِمْ إِنَّمَا نَعُدُّ لَهُمْ عَدًّا ﴾ [مريم 84]

عَدٌّ[2] : حساب وإحصاء — The act of numbering

﴿ لَقَدْ أَحْصَاهُمْ وَعَدَّهُمْ عَدًّا ﴾ [مريم 94]

عَادٌّ :(العادين): حاسِبٌ — One who keeps count; one who keeps account

عَدَدٌ :(عدد، عدداً): مقدار ما يعد مبلغه — Number

عِدَّةٌ : (عدة،العدة، عدتهم،لعدتهن...)

عِدَّةٌ[1] : عدد — Number

﴿ إِنَّ عِدَّةَ الشُّهُورِ عِنْدَ اللَّهِ اثْنَا عَشَرَ شَهْرًا ﴾ [التوبة 36]

عِدَّةٌ[2] : مدة تقضيها المرأة بعد طلاقها أو موت زوجها قبل أن يحل لها الزواج — Period; prescribed time; term

﴿ إِذَا طَلَّقْتُمُ النِّسَاءَ فَطَلِّقُوهُنَّ لِعِدَّتِهِنَّ ﴾ [الطلاق 1]

عُدَّةٌ : ما يعتد به من زاد أو سلاح — Equipment

مَعْدُودٌ :(معدود، معدودة، معدودات): مقدّر؛ قليل — Reckoned; appointed

دَرَاهِمَ مَعْدُودَةٌ: دراهم قليلة — Number of silver coins; a few pieces of silver

ع د س

عَدَسٌ :(وعدسها): حبٌ معروف يتّخذ طعاماً — Lentils

ع د ل

عَدَلَ(.) : (فعدلك، لا عدل، تعدل، يعدلون...)

عَدَلَ[1]: سوّى — To be just; to do justice; to establish justice

﴿ وَأُمِرْتُ لأَعْدِلَ بَيْنَكُمْ ﴾ [الشورى 15]

عَدَلَ[2]: حكم — To establish justice

﴿ وَمِنْ قَوْمِ مُوسَى أُمَّةٌ يَهْدُونَ بِالْحَقِّ وَبِهِ يَعْدِلُونَ ﴾ [الأعراف 159]

عَدَلَ[3]: جعله متسق الخلق — To proportion; to make symmetrical

﴿ الَّذِي خَلَقَكَ فَسَوَّاكَ فَعَدَلَكَ ﴾ [الإنفطار 7]

عَدَلَ[4] : ساوى — To ascribe rivals; to set up equals; to deem equal

﴿ ثُمَّ الَّذِينَ كَفَرُوا بِرَبِّهِمْ يَعْدِلُونَ ﴾ [الأنعام 1]

عَدْلٌ : (عدل،بالعدل)

عَدْلٌ[1] : عدالة وإنصاف — Justice; equity; doing of justice

﴿ إِنَّ اللَّهَ يَأْمُرُ بِالْعَدْلِ وَالإِحْسَانِ وَإِيتَاءِ ذِي الْقُرْبَى ﴾ [النحل 90]

عَدْلٌ[2] : بدل وفدية — Compensation

﴿ وَلا يُقْبَلُ مِنْهَا عَدْلٌ وَلا تَنْفَعُهَا شَفَاعَةٌ ﴾ [البقرة 123]

عَدْلٌ[3] : مقابلٌ ومساوٍ — Equivalent

﴿ أَوْ عَدْلُ ذَلِكَ صِيَامًا لِيَذُوقَ وَبَالَ أَمْرِهِ ﴾ [المائدة 95]

ع د ن

عَدْنٌ : موضع في الجنة ويراد به الاستقرار والاطمئنان — Eden; perpetual abode; perpetuity

📖

عُدْنَا: تصريف عادَ — Conj.of عَادَ rt. (ع و د)

📖

ع د و

عَدَا (:) : (تعد،تعدوا،يعدون)

عَدَا[1] : تجاوز — To overlook; to pass from

﴿ وَلا تَعْدُ عَيْنَاكَ عَنْهُمْ ﴾ [الكهف 28]

عَدَا[2] : تجاوز — To transgress; to exceed the limits; to break (the Sabbath)

﴿ وَقُلْنَا لَهُمْ لا تَعْدُوا فِي السَّبْتِ ﴾ [النساء 154]

عَادَى :(عاديتم): خاصم — To be at enmity (with); to hold to be one's enemy

تَعَدَّى :(يتعدَّ): جاوز — To transgress; to exceed; to go beyond

اعْتَدَى : اعتدى،اعتدوا، تعتدوا،يعتدون...)

اعْتَدَى[1]: ظلم وجاوز الحدّ — To transgress; to exceed the limits

﴿ فَمَنْ اعْتَدَى بَعْدَ ذَلِكَ فَلَهُ عَذَابٌ أَلِيمٌ ﴾ [البقرة178]

اعْتَدَى[2] : قابل العداوة بمثلها — To attack; to inflict injury

﴿ فَمَنْ اعْتَدَى عَلَيْكُمْ فَاعْتَدُوا عَلَيْهِ بِمِثْلِ مَا اعْتَدَى عَلَيْكُمْ﴾ [البقرة 194]

عَدْوٌ :(عدوا): مجاوزة وظلم — Wrongfulness; transgression; tyranny

عَادٍ :(عاد، عادون،العادون): متجاوز حدّ ما يباح — Transgressor; one who transgresses; one who exceeds the limits

عَادِيَةٌ :(والعاديات): فرس تعدو — Courser; runner

مُعْتَدٍ :(معتد، معتدون، معتدين): ظالم متجاوز للحد — Transgressor; one who exceeds the limits

عَدُوٌّ : (عدوّ،عدوًا،أعداء، باعدائكم...): ذو العداوة — Enemy; foe

عَدَاوَةٌ : (عداوة، العداوة): بغض وكراهية — Enmity; hostility;

عُدْوَانٌ : (عدوان،العدوان، عدوانا)

عُدْوَانٌ[1] : مُجاوزة وظلمٌ — Aggression

﴿ تَتَظَاهَرُونَ عَلَيْهِمْ بِالإِثْمِ وَالْعُدْوَانِ ﴾ [البقرة 85]

عُدْوَانٌ[2] : مُجاوزة وظلمٌ — Hostility

﴿ فَإِنْ انتَهَوْا فَلا عُدْوَانَ إِلاَّ عَلَى الظَّالِمِينَ ﴾ [البقرة 193]

عُدْوَانٌ[3] : مُجاوزة وظلمٌ — Injustice; wrong doing

﴿ أَيَّمَا الأَجَلَيْنِ قَضَيْتُ فَلاَ عُدْوَانَ عَلَيَّ ﴾ [القصص 28]

عُدْوَةٌ :(بالعدوة): شاطيء الوادي — Bank (of the valley); side (of the valley)

***

عَذَابٌ : — Rt.(ع ذ ب)

***

ع ذ ب

عَذَّبَ : (وعذّب،لعذّبنا،أعذّبه،تعذّب...)

عَذَّبَ[1] : عاقب ونكّل بـ — To punish; to chastise

﴿ وَيُعَذِّبُ مَنْ يَشَاءُ ﴾ [البقرة 284]

﴿ فَيَوْمَئِذٍ لا يُعَذِّبُ عَذَابَهُ أَحَدٌ ﴾ [الفجر 25]

عَذَّبَ[2] : عاقب ونكّل بـ — To torment

﴿ فَأَرْسِلْ مَعَنَا بَنِي إِسْرَائِيلَ وَلَا تُعَذِّبْهُمْ ﴾ [طه 47]

عَذَابٌ : عقاب وتنكيل — Punishment; astisement; doom; torment

مُعَذِّبٌ: (معذبهم، معذبوها،معذّبين): معاقب ومنكّل — One who punishes; one who chastises

مُعَـذَّبٌ: (بمعذّبين،المعـذبين): معاقب — Punished; doomed; chastised

عَذْبٌ : سائغ — Palatable; fresh; sweet

📖

عُذْتُ : تصريف عاذ — Conj.of عَاذَ rt. (ع و ذ)

📖

ع ذ ر

اعْتَـذَرَ :(تعتـذروا، يعتـذرون): أبـدى أسبابا لمحو الاساءة — To make excuse; to put forth excuses; to excuse oneself

عُذْرٌ :(عذراً): سبب وحجة — Excuse

عُذْراً أَوْ نُذْراً: سببا وحجة — To excuse or to warn; to clear or to warn

مُعَـذِّرٌ :(المعـذّرون): مـن يتكلف الاعذار — One who has an excuse; defaulter

مَعْـذِرَةٌ :(معـذرة، معـذرتهم، معاذيره)

مَعْذِرَةٌ[1] : اعتذار — Excuse

﴿ وَلَوْ أَلْقَى مَعَاذِيرَهُ ﴾ [القيامة 15]

مَعْذِرَةٌ[2] : اعتذار — Freedom from guilt; freedom from blame

﴿ قَالُوا مَعْذِرَةً إِلَى رَبِّكُمْ وَلَعَلَّهُمْ يَتَّقُونَ﴾ [الأعراف 164]

❋ ❋ ❋

عُراةٌ : — Rt.(ع ر ي)

❋ ❋ ❋

ع ر ب

عَرُوبٌ :(عُرُباً): متحببة إلى زوجها — Lover; loving (wife)

عُرُبٌ : جمع عروب — Plur.of عَروبٌ

عَرَبِيٌّ :(وعربي، عربياً)

عَرَبِيٌّ[1] : نازل بلغة العرب ؛ فصيح — Arab; Arabian

﴿ أَأَعْجَمِيٌّ وَعَرَبِيٌّ ﴾ [فصلت 44]

عَرَبِيٌّ[2] : فصيح — Arabic

﴿ وَهَذَا لِسَانٌ عَرَبِيٌّ مُبِينٌ ﴾ [النحل 103]

أَعْـرَابٌ :(الأعـراب): سـكان الباديـة والمتنقلـون فيهـا طلبـاً للكلأ — Wandering Arabs; dwellers of the desert

ع ر ج

عَـرَجَ(ـُـ):(تعـرج، يعـرج، يعرجون): صعد — To ascend; to go up; to mount

أَعْرَجُ : (الأعرج): من يغمز برجله في المشي — Lame

مِعْرَاجٌ :(ومعارج،المعارج)

مِعْرَاجٌ[1] : مصعد — Stair

﴿ سُقُفًا مِنْ فِضَّةٍ وَمَعَارِجَ عَلَيْهَا يَظْهَرُونَ ﴾ [الزخرف 33]

مِعْرَاجٌ[2] : مِنَـة ودرجـة يرفـع اليها العبد — Ascending stairway; way of ascent

﴿ مِنَ اللَّهِ ذِي الْمَعَارِجِ ﴾ [المعارج 3]

ع ر ج ن

عُرْجُونٌ :(كـالعرجون): مـا يحمل التمر — Shriveled palm-leaf; dry palm branch

***

عُرْجُونٌ : — Rt.(ع ر ج ن)

***

ع ر ر

مَعَرَّةٌ : أذى وإساءة — Guilt; something hateful

مُعْتَرٌّ :(والمعتر): متعرض للمعروف من غير سؤال — Suppliant; beggar

ع ر ش

عَرَشَ (ـُ) :(يعرشون): أقام ودعم ؛ اتخذ عريشاً للكروم ونحوها — To build; to contrive; to thatch

عَرْشٌ : (عرش،العرش،عرشك، عروشها):) الملك ؛ سرير الملك ؛ سقف — Throne

خَاوِيَةٌ عَلَى عُرُوشِهَا: انظر خَاوٍ — See خَاوٍ rt.(خ و ى)

اسْتَوَى عَلَى الْعَرْشِ: تولى الملك — To establish Oneself upon the throne (Allah); to be firm in power (Allah)

مَعْـــرُوشٌ :(معروشــات): اقيمت له العروش — Trellised

ع ر ض

عَرَضَ (ِ): (عرضنا ،عرضهم ،يعرض ،تعرضون...)

عَرَضَ[1] : أبدى وأظهر — To show; to present; to expose; to bring before

﴿ ثُـمَّ عَرَضَـهُم عَلَـى الْمَلائِكَةِ﴾ [البقرة 31]

عَرَضَ[2] : أبدى وأظهر — To offer

﴿ إِنَّا عَرَضْنَا الأَمَانَةَ عَلَى السَّمَاوَاتِ وَالأَرْضِ ﴾ [الأحزاب 72]

عَرَّضَ :(عرضتم): لمح — To proclaim; to speak indirectly

أَعْـرَضَ :(اعرض ،أعرضتم ،تعرض ،يعرض...): صدَّ — To turn aside; to turn away; to forsake

عَرْضٌ : (كعرض ،عرضا ،عرضها)

عَرْضٌ[1] : مقابل الطول — Breadth; extensiveness

﴿ وَجَنَّةٍ عَرْضُهَا السَّمَاوَاتُ وَالأَرْضُ ﴾ [آل عمران 133]

عَرْضٌ[2] : ظهور — The act of exposing to view; the act of making plain to view

﴿ وَعَرَضْنَا جَهَنَّمَ يَوْمَئِذٍ لِلْكَافِرِينَ عَرْضًا ﴾ [الكهف 100]

إِعرَاضٌ:(إعراضا...)

إِعرَاضٌ[1] : صدود — Aversion; a turning away

﴿ وَإِنْ كَانَ كَبُرَ عَلَيْكَ إِعْرَاضُهُمْ ﴾ [الأنعام 35]

إِعرَاضٌ[2] : صدود — Desertion

﴿ وَإِنْ امْرَأَةٌ خَافَتْ مِنْ بَعْلِهَا نُشُوزًا أَوْ إِعْرَاضًا ﴾ [النساء 128]

مُعْـــرِضٌ :(معرضـــون، معرضين): صادٌّ — Averse; one who withdraws

عَرَضٌ :(عرض، عرضاً)

عَرَضٌ[1] : متاع — Goods; frail good(s); lure; chance profit

﴿ يَأْخُذُونَ عَرَضَ هَذَا الأَدْنَى ﴾ [الأعراف 219]

﴿ تَبْتَغُونَ عَرَضَ الْحَيَاةِ الدُّنْيَا ﴾ [النساء 94]

عَرَضٌ[2] : متاع — Adventure; advantage

﴿ لَوْ كَانَ عَرَضًا قَرِيبًا وَسَفَرًا قَاصِدًا لاتَّبَعُوكَ ﴾ [التوبة 42]

عَرِيضٌ : كثير ممتد — Lengthy

عَارِضٌ: سحابٌ مُظِلٌ — Cloud traversing the sky

عُرْضَةٌ : مَعْرِض — Hindrance; obstacle

ع ر ف

عَرَفَ(ـِ): (فلعرفتهم،عرفوا، تعرف،يعرفـوا): أدرك (حسـنياً وعقلاً) — To know; to recognize

عَـرَّفَ :(عـرّف، عرّفهـا): اكسب المعرفة — To make known

تَعَارَفَ:(لتعارفوا، يتعارفون): عرف بعضهم بعضاً — To know one another (each other); to recognize one another

اعْتَرَفَ :(فاعترفنا، اعترفوا): أقرّ — To confess; to acknowledge

عُرْفٌ:(عرف، عرفاً): معروف — Kindness; just manner

عُرْفاً : بعضها وراء بعض — One after another

مَعْرُوفٌ : (معروف،المعروف،معروفاً،معروفة...)

مَعْرُوفٌ[1] : كلّ فعل يُعرف حسنُه بالعقل أو بالشَرع — Kindness; just manner

﴿ وَلَهُنَّ مِثْلُ الَّذِي عَلَيْهِنَّ بِالْمَعْرُوفِ ﴾ [البقرة 228]

مَعْرُوفٌ[2] : كلّ فعل يُعرف حسنُه بالعقل أو بالشَرع — Usage

﴿ فَمَنْ عُفِيَ لَهُ مِنْ أَخِيهِ شَيْءٌ فَاتِّبَاعٌ بِالْمَعْرُوفِ ﴾ ا [البقرة 178]

مَعْرُوفٌ[3] : كلّ فعل يُعرف حسنُه بالعقل أو بالشَرع — Right conduct; that which is right

﴿ تَأْمُرُونَ بِالْمَعْرُوفِ وَتَنْهَوْنَ عَنِ الْمُنكَرِ ﴾ [آل عمران 110]

مَعْرُوفٌ[4] : كلّ فعل يُعرف حسنُه بالعقل أو بالشَرع — Known; reasonable

﴿ قُلْ لا تُقْسِمُوا طَاعَةٌ مَعْرُوفَةٌ ﴾ ا [النور 53]

مَعْرُوفٌ[5] : كلّ فعل يُعرف حسنُه بالعقل أو بالشَرع — Lawful; good; recognized; customary

﴿ وَقُلْنَ قَوْلاً مَعْرُوفًا ﴾ [الأحزاب 32]

﴿ وَلَكِنْ لا تُوَاعِدُوهُنَّ سِرًّا إِلاَّ أَنْ تَقُولُوا قَوْلاً مَعْرُوفًا ﴾ [البقرة 235]

أَعْرَافٌ : (الاعراف): ما ارتفع من الأرض د به الحاضر بين الجنة والنار — Heights; elevated places

عَرَفَاتٌ : جبل بالقرب من مكّة — Arafat

ع ر م

عَرِمٌ :(العرم): شديد لا يُطاق أو اسم وادٍ بعينه — Iram

سَيْلُ العَرِمِ : السيل الجارف الذي هدم سد مارب واغرق مملكة سبا — Flood of Iram; torrent of which the rush could not be withstood

ع ر و

اعْتَرَى :(اعتراك): أصاب — To possess; to smite

عُرْوَةٌ :(بالعروة): ما يستمسك به — Hand-hold; handle

* * *

عُروشٌ :جمع عرْش	Plur.of عَرْشٌ rt.(ع رش)

* * *

ع ر ى

عَرِيَ (َ) :(تعرى): تعَرّى	To be naked; to be bare of clothing
عَـرَاءٌ :(بـالعراء): فـضاء لا يستتر فيه بشيء	Vacant surface of the earth; wilderness; naked ground; desert shore

* * *

عَرِيضٌ :	Rt.(ع ر ض)
عَزَّ :	Rt.(ع ز ز)
عِزٌّ :	Rt.(ع ز ز)
عِزَّةٌ :	Rt.(ع ز ز)

* * *

ع ز ب

عَـزَبَ (ـُ) :(يعـزب): بعُـد وخفي	To escape; to become absent; to lie concealed

ع ز ر

عَـزَّرَ :(عزرتمـوهم، عـزروه، تعزروه): قوّى ونصَر	To honour; to support; to assist; to aid
عُزَيْـرٌ : أحـد أعـلام بنـي إسرائيل ويسمى في التوراة عزرا	Ezra; Uzair

ع ز ز

عَزَّ (ُ):(وعزني): غلبَ وقهر	To prevail against; to conquer
أعَزَّ :(تعز): قوّى ورفع	To exalt
عَزَّزَ :(فعززنا): أيّد وقوّى	To reinforce; to strengthen
عِزٌّ :(عزاً): منفعة وقوة	Power; source of strength
عِزَّةٌ :(عزة،العزة، فبعزتك)	
عِزَّةٌ[1] : قوة ومنعة	Might; power; honour; majesty

﴿ ولا يَحْزُنْكَ قَوْلُهُمْ إِنَّ الْعِزَّةَ لِلَّهِ جَمِيعًا ﴾ [يونس 65]

عِـزَّةٌ[2] : حميـة وتكبّـر عـن الحق	(False) pride; self-exaltation

﴿ بَلْ الَّذِينَ كَفَرُوا فِي عِزَّةٍ وَشِقَاقٍ ﴾ [ص 2]

عَزِيزٌ :(عزيز، عزيزاً، بعزيز ،أعزة..)	
عَزِيزٌ[1] : قويّ قادر	Mighty; Almighty

﴿ ذَلِكَ تَقْدِيرُ الْعَزِيزِ الْعَلِيمِ ﴾ [يس 38]

﴿ كَتَبَ اللَّهُ لأَغْلِبَنَّ أنا وَرُسُلِي إِنَّ اللَّهَ قَوِيٌّ عَزِيزٌ ﴾ [المجادلة 21]

عَزِيزٌ[2] : شاقّ وصعب	Mighty; unassailable; strong

﴿ وَلَوْلا رَهْطُكَ لَرَجَمْنَاكَ وَمَا أَنْتَ عَلَيْنَا بِعَزِيزٍ ﴾ [هود 91]

عَزِيزٌ[3] : قويّ قادر	Mighty; unassailable; strong

﴿ وَإِنَّهُ لَكِتَابٌ عَزِيزٌ ﴾ [فصلت 41]

﴿ وَيَنْصُرَكَ اللَّهُ نَصْرًا عَزِيزًا ﴾ [الفتح 3]

عَزِيزٌ[4] : شاقّ وصعب	Hard

﴿ وَمَا ذَلِكَ عَلَى اللَّهِ بِعَزِيزٍ ﴾ [فاطر 17]

عَزِيزٌ[5] : شاقّ وصعب	Grievous

﴿ لَقَدْ جَاءَكُمْ رَسُولٌ مِنْ أَنفُسِكُمْ عَزِيزٌ عَلَيْهِ مَا عَنِتُّمْ ﴾ [التوبة 128]

عَزِيـزٌ[6] : رجـل كـان علـى خزائن مـصر وهو الذي اشترى يوسف عليه السلام وربّاه في بيته	Ruler; chief

﴿ قَالَتْ امْرَأَةُ الْعَزِيزِ الْآنَ حَصْحَصَ الْحَق﴾

[يوسف 51]

﴿ قَالُوا يَاأَيُّهَا الْعَزِيزُ إِنَّ لَهُ أَبًا شَيْخًا ﴾

[يوسف 78]

أَعَـزُّ :(أعز وأعز ،الأعـز): أكثر قوة ومنعة — Mightier; stronger; more esteemed

عُزَّى :(والعزى): من الأصنام التي عبدت في الجاهلية — Al-Uzza; Uzza

ع ز ل

عَـزَلَ(ـِ):(عزلـت): نحـى وابعد — To set aside (temporarily); to separate provisionally

اعْتَزَلَ: (اعتزلتموهم ،اعتزلهم، يعتزلوكم،فـاعتزلوا...): ابتعـد عن — To hold aloof; to keep aloof; to withdraw; to let alone

مَعْزُولٌ :(لمعزولون): ممنوع — Banished

مَعْزِلٌ : جانب معزول — A place separated from the rest

فِـي مَعْـزِلٍ : فـي جانـب معزول — (Standing) aloof

ع ز م

عَزَمَ(ـِ):(عزم، عزمت، عزموا، تعزموا): خذ ولزم ، عقد النية على فعل — To decide upon; to consummate; to be resolved; to be resolved; to be determined

عَزْمٌ :(عزم، العزم ،عزماً): عزيمة ومحافظة على ما أمر به — Steadfast heart; constancy

أُوْلُـوا العَزْمِ : الذين عقدوا النيـة علـى امـضاء الأمـر وهـم مـن الرسـل نـوح وإبراهيم وموسى وعيسى ومحمد عليهم الصلاة والسلام — The stout of heart; apostles endowed with constancy

ع ز ا

عِزَةٌ :(عِزين): فرقة من الناس — Group; party

عِزِينٌ : جمع عزة — Groups; sundry parties

❋❋❋

عُزَّى : — Rt.(ع ز ز)

عَزِيْزٌ : — Rt.(ع ز ز)

عِزِيْنُ : جمع عِزةٌ — Plur.of عِزةٌ rt.(ع ز ا)

❋❋❋

ع س ر

تَعَاسَرَ :(تعاسرتم): لم يتفق وآثر تعسير الأمر — To make difficulties; to disagree

عَسِرٌ : متعب شديد — Hard

عُـسْرٌ :(عسر ،العسر ،عـسراً): ضـيق وشدة — Hardship; difficulty

عُـسْرَةٌ : عجـز عـن الوفـاء بالدين — Hardship; straitness

ذُوْ عُسْرَةٍ : انظر ذو — See ذُو rt.(ذو)

عُسْرَى:(للعسرى): أمر صعب شديد — Adversity; difficult end

عَسِيرٌ :(عسير ، عسيراً): شاقٌ شديد — Hard

ع س ع س ، ع س س

عَسْعَسَ : أقبل (بظلامه) — To close; to depart

ع س ق

عــسق~ : مـن الحـروف الواردة في أوائل السور — Aim. Sin. Quaff.

ع س ل

عَسَلٌ : الصافي مما تخرجه النحل من بطونها — Honey

❋❋❋

عَسَى : — Rt.(ع س ى)

***

ع س ى

عَسَى :(عسى ، عسيتم): فعل للترجي في المحبوب ، فعل للاشفاق في المكروه	Peradventure
فَهَلْ عَسَيْتُمْ : فهل قاربتم	Would you then?

***

عَسِيْرٌ :	Rt.(ع س ر)
عَشَا :	Rt.(ع ش ا)
عِشَاءٌ :	Rt.(ع ش ا)
عِشَارٌ : جمع عُشَراء	Plur.of عُشَرَاءُrt (ع ش ر)

***

ع ش ر

عَاشَرَ :(عاشروهن): خالط وصاحب	To consort with; to treat
عَشِيرٌ :(العشير): مخالط مصاحب	Friend; associate
عَشِيرَةٌ: (عشيرتك وعشيرتكم، عشيرتهم): قبيلة	Tribe; clan
عُشَرَاءُ :(العشار): ناقة مضى على حملها عشرة أشهر	Camel (big with young)
مَعْشَرٌ : جماعة أمرهم واحد	Assembly; company
مِعْشَارٌ : عُشرَ	A tenth; tithe
عَشْرٌ ، عَشْرَةٌ:(عشر، عشراً، عشرة، عشرة...): أول العقود للمؤنث والمذكر	Ten
عِشْرُونَ : ثاني العقود	Twenty

ع ش ا

عَشَا (ُ) :(يعش): أعرض وغفل	To have dim sight; to turn oneself away

عِشَاءٌ : (عشاء،العشاء): أول ظلام الليل	Evening; night
صَلاَةُ العِشَاءِ: آخر الصلوات المفروضة في اليوم الليلة	Prayer of night
عَشِيٌّ :(بالعشي،عشيا): وقت من زوال الشمس إلى المغرب	Evening; nightfall; eventide; early hours of night
عَشِيَّةٌ : عشيٌ	Evening

***

عَشِيٌّ :	Rt.(ع ش ا)
عَشِيَةٌ :	Rt.(ع ش ا)
عَشِيْرٌ :	Rt.(ع ش ر)
عَشِيْرَةٌ :	Rt.(ع ش ر)
عَصَا :	Rt.(ع ص و)

***

ع ص ب

عُصْبَةٌ : (عصبة،بالعصبة): جماعة من الناس مترابطة	Band; company; gang
عَصِيبٌ : شديد	Distressful; hard

ع ص ر

عَصَرَ (ِ):(اعصر ، يعصرون): استخرج ما فيه من دهن أو ماء ؛ استنبط الخير	To press (wine and oil)
عَصْرٌ :(والعصر): دهْرٌ	Declining day; time
إِعْصَارٌ : ريح شديدة	Whirlwind
مُعْصِرَاتٌ : (المعصرات): سحائب تعتصرها الرياح فتمطر	(Rainy) clouds

ع ص ف

عَصْفٌ :(العصف،كعصف،

عصفاً)

عَصْفٌ[1] : ما مأكول من الحب والتين وغيره ؛ ماله قشر أو تبن — Husk; green crops; straw

﴿ وَالْحَبُّ ذُو الْعَصْفِ وَالرَّيْحَانُ ﴾ [الرحمن 12]

عَصْفٌ[2] : حطام التبن ونقاقه — Husk; green crops; straw

﴿ فَجَعَلَهُمْ كَعَصْفٍ مَأْكُولٍ ﴾ [الفيل 5]

عَصْفٌ[3] : شدة هبوب — The act of raging (of hurricanes)

﴿ فَالْعَاصِفَاتِ عَصْفًا ﴾ [المرسلات 2]

عَاصِفٌ:(عاصف، عاصفة): ذو ريح شديدة الهبوب — Stormy; raging (wind)

عَاصِفَاتٌ :(فالعاصفات): رياح شديدة الهبوب — Raging hurricanes

ع ص م

عَصَمَ(ِ):(يعصمك،يعصمكم، يعصمني): حفظ ومنع — To protect; to save; to preserve

اعْتَصَمَ:(اعتصموا،يعتصم، واعتصموا): لجأ إلى واستمسك بـ — To hold fast

اسْتَعْصَمَ :(فاستعصم): طلب العصمة أي امتنع عن الفاحشة — To prove continent; to abstain

عَاصِمٌ : حافظ مانع — Protector; preserver; one who saves

عِصْمَةٌ :(بعصم): رباط الزوجية — Tie (of marriage)

عِصَمٌ : (بعصم): جمع عصمة — Plur.of عِصْمَةٌ

ع ص و

عَصًا :(عصاك،عصاه،عصاي، عصيهم...): ما يُتوكأ عليها أو يضرب بها — Staff; rod

❋ ❋ ❋

عَصَى : — Rt.(ع ص ى)

❋ ❋ ❋

ع ص ى

عَصَى(ِ):(وعصى،عصاني،أعصى، يعصون...): خرج عن الطاعة — To disobey; to rebel; to resist

عَصِيٌّ :(عصيًا): شديد المخالفة لأمر الله — Rebellious; disobedient

عِصْيَانٌ:(والعصيان): امتناع عن الطاعة — Rebellion; disobedience

مَعْصِيَةٌ : (ومعصية): مخالفة ما جيء به — Disobedience

❋ ❋ ❋

عِصِيٌّ : جمع عصا — Plur.of عَصًا rt. (ع ص و)

عِصْيَانٌ : — Rt.(ع ص ى)

عَصَبْ : — Rt.(ع ص ب)

عَضٌّ : — Rt.(ع ض ض)

❋ ❋ ❋

ع ض د

عَضُدٌ : (عضداً، عضدك)

عَضُدٌ[1] : ما بين المنكب إلى الكتف — Arm

﴿ قَالَ سَنَشُدُّ عَضُدَكَ بِأَخِيكَ ﴾ [القصص 35]

عَضُدٌ[2] : معين — Helper; aider

﴿ وَمَا كُنتُ مُتَّخِذَ الْمُضِلِّينَ عَضُدًا ﴾ [الكهف 51]

ع ض ض

عَضَّ (ـَ): (عضوا، يعض): امسك بأسنانه — To bite; to gnaw

ع ض ل

عَضَلَ (ـُ): (تعضلوهن): ضيّق (ومنع من الزواج ظلماً) — To place difficulties in the way; to prevent; to put constraint upon; to straiten

ع ض هـ - و

عِضَةٌ : (عِضين): جُزءٌ — Part; shred

* * *

عِضينَ : جمع عِضَة — Plur.of عِضَةٌ rt. (ع ض هـ- و)

عَطاءٌ : — Rt.(ع ط و)

* * *

ع ط ف

عِطْفٌ : (عِطفه): جنبٌ — Side

ثَانِيَ عِطْفِهِ : مُميلاً جنبه تكبُّراً — Turning away in pride (haughtily)

ع ط ل

عَطَّلَ : (عُطِّلت): خلى بلا داعٍ — To abandon; to leave untended

مُعَطَّلٌ : (معطَّلة): مُهمَل — Deserted

ع ط و

أَعْطَى : (أعطى، أعطيناك، يعطك، أعطوا...)

أَعْطَى[1] : منح — To give

﴿ إِنَّا أَعْطَيْنَاكَ الْكَوْثَرَ ﴾ [الكوثر 1]

أَعْطَى[2] : أدّى — To pay

﴿ حَتَّى يُعْطُوا الْجِزْيَةَ عَنْ يَدٍ وَهُمْ صَاغِرُونَ ﴾ [التوبة 29]

تَعَاطَى : (فتعاطى): تناول (الناقة) بسيفه — To take (the sword)

عَطَاءٌ : (عطاء، عطاؤنا): إحسانٌ — Gift; bounty

ع ظ م

عَظَّمَ : (يعظم): كبَّر وفخّم — To magnify; to respect

أَعْظَمَ : (يُعظم): اكبر — To magnify; to make big

عَظِيمٌ : (عظيم، العظيم، عظيماً)

عَظِيمٌ[1] : مبالغة في العظم — Great

﴿ وَلَقَدْ آتَيْنَاكَ سَبْعًا مِنَ الْمَثَانِي وَالْقُرْآنَ الْعَظِيمَ ﴾ [الحجر 89]

عَظِيمٌ[2] : مبالغة في العظم — Tremendous

﴿ عَلَيْهِ تَوَكَّلْتُ وَهُوَ رَبُّ الْعَرْشِ الْعَظِيمِ ﴾ [التوبة 129]

عَظِيمٌ[3] : مبالغة في العظم — Extreme; grievous

﴿ ذَلِكَ الْخِزْيُ الْعَظِيمُ ﴾ [التوبة 63]

عَظِيمٌ[4] : مبالغة في العظم — Awful; painful

﴿ سَنُعَذِّبُهُمْ مَرَّتَيْنِ ثُمَّ يُرَدُّونَ إِلَى عَذَابٍ عَظِيمٍ ﴾ [التوبة 101]

عَظِيمٌ[5] : مبالغة في العظم — Supreme

﴿ وَرِضْوَانٌ مِنَ اللَّهِ أَكْبَرُ ذَلِكَ هُوَ الْفَوْزُ الْعَظِيمُ ﴾ [التوبة 72]

عَظِيمٌ[6] : من أسمائه تعالى — Great

﴿ وَهُوَ الْعَلِيُّ الْعَظِيمُ ﴾ [البقرة 255]

أَعْظَمُ : اكبر — Greater

عَظْمٌ :(بعظم، العظام،عظاما،عظامه...): قصبُ عليه لحم — Bone

***

عَفَا : Rt.(ع ف و)

***

ع ف ر

عِفْرِيتٌ : نافذ في الأمور مع دهاء — Stalwart; one audacious

ع ف ف

اسْتَعَفَّ : (فليستعفف،وليستعفف،يستعففن)

اسْتَعَفَّ[1] : طلب العفة وهي تمنع النفس عن غلبة الشهوة عليها ؛ صبر — To keep chaste

﴿ وَلْيَسْتَعْفِفِ الَّذِينَ لا يَجِدُونَ نِكَاحًا ﴾ [النور 33]

اسْتَعَفَّ[2] : طلب العفة وهي تمنع النفس عن غلبة الشهوة عليها — To abstain generously; to refrain

﴿ وَمَنْ كَانَ غَنِيًّا فَلْيَسْتَعْفِفْ ﴾ [النساء 6]

تَعَفُّفٌ : (التعفف): تنزّه عن طلب الصدقة — Restraint; abstaining from begging

ع ف و

عَفَا(ُ) :(عفا،عفونا،تعفوا،نعف...)

عَفَا[1] : — To forgive; to pardon

﴿ وَلَقَدْ عَفَا اللَّهُ عَنْهُمْ إِنَّ اللَّهَ غَفُورٌ حَلِيمٌ ﴾ [آل عمران 155]

عَفَا[2] : — To forgo; to relinquish

﴿ إِلاَّ أَنْ يَعْفُونَ أَوْ يَعْفُوَ الَّذِي بِيَدِهِ عُقْدَةُ النِّكَاحِ ﴾ [البقرة 227]

عَفَا[3] : — To grow affluent

﴿ ثُمَّ بَدَّلْنَا مَكَانَ السَّيِّئَةِ الْحَسَنَةَ حَتَّى عَفَوا ﴾ [الأعراف 95]

عَفْوٌ :(العفو)

عَفْوٌ[1] : — Forgiveness

﴿ خُذْ الْعَفْوَ وَأْمُرْ بِالْعُرْفِ ﴾ [الأعراف 199]

عَفْوٌ[2] : — That which can be spared

﴿ وَيَسْأَلُونَكَ مَاذَا يُنفِقُونَ قُلْ الْعَفْوَ ﴾ [البقرة 219]

عَفُوٌّ : (لعفو،،عفوّا): كثير العفو — Clement; Benign; Mild; Forgiving

عَافٍ:(العافين): متجاوز عن الاساءة — One who forgives; one who pardons

عُفِيَ : تصريف عفا — Conj.of عَفا rt. (ع ف و)

***

عِقَابٌ : Rt.(ع ق ب)

***

ع ق ب

عَاقَبَ :(عاقب،عاقبتم،فعاقبوا،عوقب...)

عَاقَبَ[1] : جازى بسوء الفعل — To punish; to retaliate

﴿ وَإِنْ عَاقَبْتُمْ فَعَاقِبُوا ﴾ [النحل 126]

عَاقَبَ[2] : جازى بسوء الفعل — To afflict; to make to suffer

﴿ بِمِثْلِ مَا عُوقِبْتُمْ بِهِ ﴾ [النحل 126]

عَاقَبَ[3]: جازى بسوء الفعل — To have one's turn (of triumph); to succeed in turn

﴿ فَعَاقَبْتُمْ فَآتُوا الَّذِينَ ذَهَبَتْ أَزْوَاجُهُمْ مِثْلَ مَا أَنفَقُوا ﴾ [الممتحنة 11]

أَعْقَبَ :(فأعقبهم): أورث — To make to follow as a consequence

عَقَّبَ: رجع على عقبه ؛ عطف وانتظر — To return; to retrace one's steps

عُقْبٌ :(عُقبا): نهاية — Consequence; a requiting

خَيْرٌ عُقْبًا : احسن نهاية — Best for consequence; best in requiting

عَقِبٌ :(عقبه،عقبيه،أعقابكم، أعقابنا)

عَقِبٌ[1] : عظم مؤخر القدم وهو أكبر عظامها — Heel

﴿ وَمَنْ يَنْقَلِبْ عَلَى عَقِبَيْهِ فَلَنْ يَضُرَّ اللَّهَ شَيْئًا ﴾ [آل عمران 144]

عَقِبٌ[2] : ذرية — Seed; posterity

﴿ وَجَعَلَهَا كَلِمَةً بَاقِيَةً فِي عَقِبِهِ ﴾ [الزخرف 28]

عِقَابٌ : (عقاب،العقاب): عقوبة — Punishment; requital; prosecution

عَقَبَةٌ :(العقبة): مرقى صعب — Ascent; uphill road

عُقْبَى : (عقبى،عقباها)

عُقْبَى[1] : عاقبة (محمودة) — Sequel; (better; happy) issue;

﴿ وَيَدْرَءُونَ بِالْحَسَنَةِ السَّيِّئَةَ أُولَئِكَ لَهُمْ عُقْبَى الدَّارِ ﴾ [الرعد 22]

عُقْبَى[2] : عاقبة — Consequence

﴿ وَلَا يَخَافُ عُقْبَاهَا ﴾ [الشمس 15]

عُقْبَى[3] : عاقبة (محمودة) — Reward; requital

﴿ تِلْكَ عُقْبَى الَّذِينَ اتَّقَوْا ﴾ [الرعد 35]

عَاقِبَةٌ :(عاقبة،العاقبة،عاقبتهما): خاتمة الشيء والمصير الأخير — Consequence ; nature of the consequence; end; sequel

مُعَقِّبٌ: (معقب، معقبات): رادٌّ — One who postpones; repeller

مُعَقِّبَاتٌ : ملائكة النهار وملائكة الليل — Angels (following one another)

ع ق د

عَقَدَ (ِ) :(عقدت): وثق وأكد — To make a covenant

عَقَّدَ :(عقدتم): وثق — To swear in earnest

عَقْدٌ :(بالعقود): عهد — Indenture; obligation

عُقْدَةٌ : (عُقْدَةَ،العقد)

عُقْدَةٌ[1] : توثيق وإبرام — Tie

﴿ وَلَا تَعْزِمُوا عُقْدَةَ النِّكَاحِ حَتَّى يَبْلُغَ الْكِتَابُ أَجَلَهُ ﴾ [البقرة 235]

عُقْدَةٌ[2] : احتباس يحد من الحركة — Knot

﴿ وَاحْلُلْ عُقْدَةً مِنْ لِسَانِي ﴾ [طه 27]

عُقْدَةٌ[2] : موضع عقد الخيط — Knot

﴿ وَمِنْ شَرِّ النَّفَّاثَاتِ فِي الْعُقَدِ ﴾ [الفلق 4]

عُقَدٌ : (العقد): جمع عُقْدَة — Plur.of عُقْدَة

ع ق ر

عَقَرَ (ِ):(فعقر ، فعقروا، فعقروها): نحر — To hamstring; to slay

عَاقِرٌ :(عاقر ، عاقراً): عقيم لا تلد — Barren (woman)

ع ق ل

عَقَلَ (ِ):(عقلوه،تعقلون، — To understand; to have sense

نعقل،يعقلهـا...): ادرك الـشيء على حقيقته

ع ق م

عَقِيمٌ : (عقيم،العقيم،عقيما)

عَقِيمٌ[1] : من لا(يلد أو) تلد — Barren (woman)

﴿ فَصَكَّتْ وَجْهَهَا وَقَالَتْ عَجُوزٌ عَقِيمٌ ﴾ [الذاريات 29]

عَقِـيمٌ[2] : غيـر ممطـرة أو مهلكة — Fatal; disastrous

﴿ وَفِي عَادٍ إِذْ أَرْسَلْنَا عَلَيْهِمُ الرِّيحَ الْعَقِيمَ ﴾ [الذاريات 41]

***

عَقِيمٌ : Rt.(ع ق م)

***

ع ك ف

عَكَـفَ(ـُ) :(يعكفـون): لازم وأقام بنيَّة العبادة — To keep to the worship; to be given up to

عَاكِفٌ :(العاكف،عاكفاً، عاكفون،عاكفين...)

عَـاكِفٌ[1] : مُقيم في المسجد للعبادة — One who abides for devotion; votary

﴿ وَلا تُبَاشِرُوهُنَّ وَأَنْتُمْ عَاكِفُونَ فِي الْمَسَاجِدِ ﴾ [البقرة 187]

عَاكِفٌ[2] : مُقيم (في المسجد) للعبادة — Dweller

﴿ الَّذِي جَعَلْنَاهُ لِلنَّاسِ سَوَاءً الْعَاكِفُ فِيهِ وَالْبَادِ ﴾ [الحج 25]

مَعْكُوفٌ :(معكوفا): محبوس وممنوع — Withheld

***

عَلا : Rt.(ع ل و)

عَلاَّمٌ : Rt.(ع ل م)

عَلامَاتٌ : جمع علامة — Plur of عَلامَةٌ rt. (ع ل م)

عَلانِيةً : Rt.(ع ل ن)

***

ع ل ق

عَلَقٌ : دم غليظ أو جامد — Clot

عَلَقَـةٌ : طـور مـن أطـوار الجنين — A clot

مُعَلَّقَـةٌ :(كالمعلّقـة): مـرأة لا يعاشرها زوجها ولا يطلقها — One in suspense

ع ل م

عَلِمَ (ـَ) :(علم،علمتم،أعلم،تعلم...)

عَلِمَ[1] : عرف وأدرك — To know

﴿ لا تَعْلَمُونَهُمُ اللَّهُ يَعْلَمُهُمْ ﴾ [الأنفال 60]

عَلِمَ[2] : عرف وأدرك — To find; to know

﴿ فَإِنْ عَلِمْتُمُوهُنَّ مُؤْمِنَاتٍ فَلا تَرْجِعُوهُنَّ إِلَى الْكُفَّارِ ﴾ [الممتحنة 10]

عَلَّمَ :(علم،علمتك،تعلمونهن،ولنعلمه...)

عَلَّمَ[1] : عرّف — To teach

﴿ وَعَلَّمَ آدَمَ الأَسْمَاءَ كُلَّهَا ﴾ [البقرة 31]

عَلَّمَ[2] : عرّف — To make known; to teach

﴿ عَلَّمَ الْقُرْآنَ ﴾ [الرحمن 2]

تَعَلَّمَ : عرف — To learn

عَالِمٌ :(عالم،العالمون،عالمين،علماء...)

عَالِمٌ[1] : محيط بـ — Knower; one who knows

﴿ ثُمَّ تُرَدُّونَ إِلَى عَالِمِ الْغَيْبِ وَالشَّهَادَةِ ﴾ [التوبة 94]

عَالِمٌ[2]: عارف — One who is learned; one who is wise

﴿ وَتِلْكَ الأَمْثَالُ نَضْرِبُهَا لِلنَّاسِ وَمَا يَعْقِلُهَا إِلاَّ الْعَالِمُونَ ﴾ [العنكبوت 43]

عَـــالِمٌ[3]: ذو معرفة — Doctor; learned man; one possessed of knowledge; one who is erudite

﴿ كَذَلِكَ إِنَّمَا يَخْشَى اللَّهَ مِنْ عِبَادِهِ الْعُلَمَاءُ ﴾ [فاطر 28]

عُلَمَاءُ : جمع عالِمٌ — Plur .of عَالِمٌ

مَعْلُـــــومٌ :

(معلوم،المعلوم،معلومات)

مَعْلُومٌ[1] : مقدّر — Appointed; known; stated; acknowledged

﴿ فَجُمِعَ السَّحَرَةُ لِمِيقَاتِ يَوْمٍ مَعْلُومٍ ﴾ [الشعراء 38]

﴿ وَيَذْكُرُوا اسْمَ اللَّهِ فِي أَيَّامٍ مَعْلُومَاتٍ ﴾ [الحج 28]

مَعْلُومٌ[2] : معيّن — Well-known

﴿ الْحَجُّ أَشْهُرٌ مَعْلُومَاتٌ ﴾ [البقرة 197]

مُعَلَّمٌ : من علّمه البشر — Taught (by others)

أَعْلَمُ : (أعلم،بما علم): أكثر علماً — More knowing; best knowing; best aware

عَلِيمٌ : (عليم،العليم،لعليم،عليماً)

عَلِيمٌ[1] : واسع المعرفة — All-knowing; Aware

﴿ فَسَوَّاهُنَّ سَبْعَ سَمَاوَاتٍ وَهُوَ بِكُلِّ شَيْءٍ عَلِيمٌ ﴾ [البقرة 29]

عَلِيمٌ[2] : واسع المعرفة — Wise; possessing knowledge

﴿ قَالُوا لا تَخَفْ وَبَشَّرُوهُ بِغُلامٍ عَلِيمٍ ﴾ [الذاريات 28]

عَلِيمٌ[3] : واسع المعرفة — Cunning; knowing; skilled

﴿ وَقَالَ فِرْعَوْنُ ائْتُونِي بِكُلِّ سَاحِرٍ عَلِيمٍ ﴾ [يونس 79]

﴿ قَالَ اجْعَلْنِي عَلَى خَزَائِنِ الأَرْضِ إِنِّي حَفِيظٌ عَلِيمٌ ﴾ [يوسف 55]

عَلاَّمٌ : من علم للمبالغة — Great Knower

عَلاَّمُ الْغُيُوبِ: عارف بكل ما يخفى ويستتر — Great Knower of the unseen things; Knower of things hidden

عِلْـــمٌ: (علم،بعلـم، علمـا العلم،...): معرفة ؛ موعد — Knowledge

عَلَمٌ :(كالأعلام) :مـا يُهتـدى به كالراية والجبل — Banner; mountain

عَالَمٌ:(العالمين،للعالمين)

عَالَمٌ[1] : اجناس مختلفة — World

﴿ الْحَمْدُ لِلَّهِ رَبِّ الْعَالَمِينَ ﴾ [الفاتحة 2]

عَالَمٌ[2] : اجناس مختلفة — Creature

﴿ وَمَا اللَّهُ يُرِيدُ ظُلْمًا لِلْعَالَمِينَ ﴾ [آل عمران 108]

عَالَمٌ[3] : اجناس مختلفة — People

﴿ قَالُوا أَوَلَمْ نَنْهَكَ عَنِ الْعَالَمِينَ ﴾ [الحجر 70]

عَلاَمَــةٌ : :(وعلامـات): امـارة تعرف بها الأشياء — Landmark

ع ل ن

أَعْلَنَ :(أعلنت،أعلنتم،تعلنون، يعلنون،...): أظهر — To proclaim; to publish

عَلانِيةً : (وعلانية): إظهاراً — Openly; publicly

ع ل و

عَلاَ(ُ): (علا، علوا، ولتعلنّ، تعلوا..)

عَلاَ[1] : طغى واستعلى — To exalt (oneself)

﴿ ألاَّ تَعْلُوا عَلَيَّ وأْتُونِي مُسْلِمِينَ ﴾ [النمل 21]

عَلاَ[2] : طغى — To behave insolently; to be a tyrant

﴿ لَتُفْسِدُنَّ فِي الأَرْضِ مَرَّتَيْنِ وَلَتَعْلُنَّ عُلُوًّا كَبِيرًا ﴾ [الإسراء 4]

عَلاَ[3] : استولى على — To conquer; to gain ascendancy

﴿ وَلِيُتَبِّرُوا مَا عَلَوْا تَتْبِيرًا ﴾ [الإسراء 7]

تَعَالَى : تسامى — To be high exalted

تَعَالَوْا : أقبلوا — To come

تَعَالَيْنَ : (فتعالين): أقبلن — To come (fem. imper.)

اسْتَعْلَى: صار عاليا بغلبة — To be the uppermost; to overcome

عَـــالٍ : (لعـــال، عاليـــا، عالين، عالية...)

عَالٍ[1] : رفيع الدرجات — High

﴿ فِي جَنَّةٍ عَالِيَةٍ ﴾ [الحاقة 22]

عَالٍ[2] : متجبر — Tyrant; despotic

﴿ وَإِنَّ فِرْعَوْنَ لَعَالٍ فِي الأَرْضِ ﴾ [يونس 83]

عَالٍ[3] : متجبر — One who is exalted

﴿ أَاسْتَكْبَرْتَ أَمْ كُنتَ مِنَ الْعَالِينَ ﴾ [ص 75]

جَعَلَ عَالِيَهَا سَافِلَهَا: خسف بها الأرض — To turn upside down; to confound utterly

عَالِيَهُمْ : لابسين — Upon them; their raiment

أَعْلَى : (الأعلى، الأعلون، العليا، العلى)

أَعْلَى[1] : اشرف وافضل — High; highest; most high

﴿سَبِّحِ اسْمَ رَبِّكَ الأَعْلَى ﴾ [الأعلى 1]

أَعْلَى[2] : غالب — Uppermost

﴿ وَلاَ تَهِنُوا وَلاَ تَحْزَنُوا وَأَنْتُمُ الأَعْلَوْنَ ﴾ [آل عمران 129]

﴿ قُلْنَا لا تَخَفْ إِنَّكَ أَنْتَ الأَعْلَى ﴾ [طه 68]

أَعْلَى[3] : اشرف وافضل — Sublime; lofty

﴿ وَلِلَّهِ الْمَثَلُ الأَعْلَى ﴾ [النحل 60]

أَعْلَى[4] : مرتفع — High ; lofty

﴿ وَهُوَ بِالأُفُقِ الأَعْلَى ﴾ [النجم 7]

عُلُوٌّ : (علواً، وعلواً)

عُلُوٌّ[1] : رفعة — Exaltation

﴿ سُبْحَانَهُ وَتَعَالَى عَمَّا يَقُولُونَ عُلُوًّا كَبِيرًا ﴾ [الإسراء 43]

عُلُوٌّ[2] : تجبّر — Arrogance; pride

﴿ وَجَحَدُوا بِهَا وَاسْتَيْقَنَتْهَا أَنْفُسُهُمْ ظُلْمًا وَعُلُوًّا ﴾ [النمل 14]

عُلُوٌّ[3] : تجبّر — Insolence; great tyranny

﴿ لَتُفْسِدُنَّ فِي الأَرْضِ مَرَّتَيْنِ وَلَتَعْلُنَّ عُلُوًّا كَبِيرًا ﴾ [الإسراء 4]

عَلِـيٌّ : (علي، العلي، العلي، عليًا): بالغ الرفعة ؛ متسام ؛ من اسمائه تعالى — Exalted; sublime; high

مُتَعَـالٍ : (المتعـال): مـن — High Exalted

اسمائه تعالى

عِلِّيُّونَ ، عِلِّيِّينَ: علم لكتاب تدون فيه أعمال الصالحين من عباد الله	(High) Illiyin

ع ل ى

عَلَى:(على،لعلى،عليّ،علي..)

عَلَى[1] : فوق الشيء	On; upon

﴿ وَعَلَيْهَا وَعَلَى الْفُلْكِ تُحْمَلُونَ ﴾ [المؤمنون 22]

عَلَى[2] : فوقية معنوية	Against

﴿ وَلَهُمْ عَلَيَّ ذَنبٌ ﴾ [الشعراء 14]

عَلَى[3] : بمعنى عِنْدَ	Upon

﴿ أَوْ أَجِدُ عَلَى النَّارِ هُدًى﴾ [طه 10]

﴿ عَلَيْهِمْ دَائِرَةُ السَّوْءِ ﴾ [التوبة 98]

عَلَى[4] : بمعنى في	At

﴿ وَدَخَلَ الْمَدِينَةَ عَلَى حِينِ غَفْلَةٍ ﴾ [القصص 15]

عَلَى[5] : بمعنى مِن	From

﴿ الَّذِينَ إِذَا اكْتَالُوا عَلَى النَّاسِ يَسْتَوْفُونَ ﴾ [المطففين 2]

عَلَى[6] : بمعنى مع	Out of

﴿ وَآتَى الْمَالَ عَلَى حُبِّهِ ﴾ [البقرة 177]

عَلَى[7] : من اجل	For

﴿ وَحَرَّمْنَا عَلَيْهِ الْمَرَاضِعَ مِنْ قَبْلُ ﴾ [القصص 12]

﴿ وَلَتَجِدَنَّهُمْ أَحْرَصَ النَّاسِ عَلَى حَيَاةٍ ﴾ [البقرة 96]

عَلَى[8] : شريطة أن	Provided that; on the ground of(with أنْ)

﴿ إِنِّي أُرِيدُ أَنْ أُنكِحَكَ إِحْدَى ابْنَتَيَّ هَاتَيْنِ عَلَى أَن تَأْجُرَنِي ثَمَانِيَةَ حِجَجٍ ﴾ [القصص 27]

عَلَى[9] : بمعنى لام التعليل	On account of

﴿ وَلِتُكَبِّرُوا اللهَ عَلَى مَا هَدَاكُمْ ﴾[البقرة 185]

عَلَى[10] : بمعنى تحت او أمام	According to; before; under

﴿ وَلِتُصْنَعَ عَلَى عَيْنِي ﴾ [طه 39]

عَلَى[11] : بمعنى ك أو مثل	As; like; on

﴿ فَنَرُدَّهَا عَلَى أَدْبَارِهَا ﴾ [النساء 47]

عَلَى[12] : بمعنى إلى	To

﴿ فَخَرَجَ عَلَى قَوْمِهِ مِنَ الْمِحْرَابِ ﴾ [مريم 11]

***

عُلَى : جمع أعلى	Fem plur.of أَعْلَى rt.(ع ل و)
عَلِيٌّ :	Rt.(ع ل و)
عُلْيا : مؤنث أعلى	Fem. of أَعْلَى rt. (ع ل و–ى)
عَلِيمٌ :	Rt.(ع ل م)
عِلِّيُّونَ :	Rt.(ع ل و)
عِلِّيِّينَ :	Rt.(ع ل و)

عَمَّ : مركبة من عن + ما	Comp. of عن + ما rt. (م ا)

عِمَادٌ : جمع عِمَادَة	Plur.of عِمَادَة rt. (ع م د)

ع م د

تَعَمَّدَ :(تعمدت): قصد	To purpose; to do purposely

عَمُودٌ : (عمد)

عَمُودٌ[1] : ما يرفع به البيت — Support; pillar

﴿ اللَّهُ الَّذِي رَفَعَ السَّمَاوَاتِ بِغَيْرِ عَمَدٍ تَرَوْنَهَا ﴾ [الرعد 2]

عَمُودٌ[2] : ما يرفع به البيت — Column

﴿ فِي عَمَدٍ مُمَدَّدَةٍ ﴾ [الهمزة 9]

عَمَدٌ : جمع عَمُودٌ — Plur.of عَمُودٌ

عِمَادَةٌ :(العماد): عمود قوي — Column; lofty buildings

ذَاتُ العِمَـــــادِ : ذات الأعمدة القويّة — Many-columned; possessors of lofty buildings

مُتَعَمِّداً : قاصداً — Intentionally; on purpose

ع م ر

عَمَرَ (ُ) :(عمروها، يعمر، يعمروا)

عَمَرَ[1] : شيّد الأبنية وسكنها — To build upon (on)

﴿ وَأَثَارُوا الأَرْضَ وَعَمَرُوهَا ﴾ [الروم 9]

عَمَـــرَ[2] : شـــيّد ؛ أقـــام الشعائر — To tend; to visit

﴿ إِنَّمَا يَعْمُرُ مَسَاجِدَ اللَّهِ مَنْ آمَنَ بِاللَّهِ ﴾ [التوبة 18]

عَمَّرَ :(نعمركم، نعمّره، يعمر)

عَمَّـــرَ[1] : أطال العمر — To grant a life long enough; to preserve alive long enough; to cause to live long; to bring into old age

﴿ وَمَنْ نُعَمِّرْهُ نُنَكِّسْهُ فِي الْخَلْقِ ﴾ [يس68]

عَمَّرَ[2] : أطال العمر — To grow old; to have one's life lengthened

﴿ وَمَا يُعَمَّرُ مِنْ مُعَمَّرٍ وَلا يُنْقَصُ مِنْ عُمُرِهِ ﴾ [فاطر 11]

اعْتَمَرَ : أدى العمرة — To visit; to pay a visit

اسْتَعْمَرَ :(استعمركم): جعله يعمّر — To make to husband (the earth); to make to dwell

مَعْمُورٌ : (المعمور): آهل — Frequented; visited

مُعَمَّرٌ :(بمعمر): طويل العمر — One who grows old; one whose life is lengthened

عَمْرٌ :(لعمرك): حياة — Life

لَعَمْرُكَ : صيغة قسم — By thy (your) life!

عُمُـــرٌ :

(العمر ،عمراً،عمرك،عمره)

عُمُرٌ[1] : مدّة الحياة — Life

﴿ وَمِنْكُمْ مَنْ يُرَدُّ إِلَى أَرْذَلِ الْعُمُرِ ﴾ [النحل 70]

عُمُرٌ[2] : مدّة طويلة — (Whole) lifetime

﴿ فَقَدْ لَبِثْتُ فِيكُمْ عُمُرًا مِنْ قَبْلِهِ ﴾ [يونس 16]

عُمْـرَةٌ : (العمرة،بالعمرة): شـعيرة غيـر مقيـدة بـزمن وهـي كالحج فيما عدا الوقوف بعرفة — Visit to Mecca

عِمَارَةٌ : رعاية وإقامة شعائر — Tendance; guarding

عِمْرَانُ : أبو مريم أم عيسى عليه السلام — Imran

ع م ق

عَمِيقٌ : بعيد — Deep; remote

ع م ل

عَمِلَ (َ) :(عمل، عملتم،أعمل، تعمل...)

To do — عَمِلَ[1] : فعل

﴿ وَوَجَدُوا مَا عَمِلُوا حَاضِرًا ﴾ [الكهف 49]

﴿ مَنْ آمَنَ بِاللَّهِ وَالْيَوْمِ الآخِرِ وَعَمِلَ صَالِحًا ﴾ [البقرة 62]

To make — عَمِلَ[2] : فعل

﴿ لِيَأْكُلُوا مِنْ ثَمَرِهِ وَمَا عَمِلَتْهُ أَيْدِيهِمْ ﴾ [يس 35]

To act — عَمِلَ[3] : فعل

﴿ وَمِنْ بَيْنِنَا وَبَيْنِكَ حِجَابٌ فَاعْمَلْ إِنَّنَا عَامِلُونَ ﴾ [فصلت 5]

To work — عَمِلَ[4] : فعل

﴿ قُلْ يَاقَوْمِ اعْمَلُوا عَلَى مَكَانَتِكُمْ إِنِّي عَامِلٌ ﴾ [الزمر 39]

To make — عَمِلَ[1] : فعل وصنع

﴿أَنِ اعْمَلْ سَابِغَاتٍ ﴾ [سبأ 11]

عَمَلٌ :(عمل، العمل، أعمال، أعمالكم...)

Deed — عَمَلٌ[1] : فعل مقصود

﴿ كَذَلِكَ يُرِيهِمُ اللَّهُ أَعْمَالَهُمْ حَسَرَاتٍ عَلَيْهِمْ ﴾ [البقرة 167]

Work — عَمَلٌ[2] : فعل مقصود

﴿ وَقَالُوا لَنَا أَعْمَالُنَا وَلَكُمْ أَعْمَالُكُمْ ﴾ [القصص 55]

Handiwork; doing — عَمَلٌ[3] : فعل مقصود

﴿ قَالَ هَذَا مِنْ عَمَلِ الشَّيْطَانِ ﴾ [القصص 15]

Deed — عَمَلٌ[3] : فعل

﴿وَلَهُمْ أَعْمَالٌ مِنْ دُونِ ذَلِكَ ﴾ [المؤمنون 63]

عَامِلٌ :(عامل، عاملة، عاملون، العاملين)

Worker — عَامِلٌ[1] : فاعل

﴿ أَنِّي لاَ أُضِيعُ عَمَلَ عَامِلٍ ﴾ [آل عمران 195]

One who acts — عَامِلٌ[2] : فاعل

﴿ فَاعْمَلْ إِنَّنَا عَامِلُونَ ﴾ [فصلت 5]

One who labours; toiler — عَامِلٌ[3] : مُجْهدة

﴿ عَامِلَةٌ نَاصِبَةٌ ﴾ [الغاشية 3]

One who collects (the alms); an official (appointed over alms) — عَامِلٌ[4] : من يأخذ الزكاة من أربابها

﴿ إِنَّمَا الصَّدَقَاتُ لِلْفُقَرَاءِ وَالْمَسَاكِينِ وَالْعَامِلِينَ عَلَيْهَا ﴾ [التوبة 60]

ع م م

Uncle on the father's side; father's brother; paternal uncle — عَمٌّ :(عمك، أعمامكم): أخو الأب

Aunt on the father's side; father's sister; paternal aunt — عَمَّةٌ :(عماتك، عماتكم): أخت الأب

ع م ه

To wander blindly; to move blindly — عَمِهَ (-) :(يعمهون): تحيّر وتخبّط

* * *

Plur.of عَمّ rt.(ع م ى) — عُمون : جمع عم

عَمّى : Rt.(ع م ى)

***

ع م ى

عَمِــيَ (ـَ) :(عمـى، عمـوا، فعميت، تعمى)

عَمِيَ[1] : To be blind; to grow blind

﴿ فَمَنْ أَبْصَرَ فَلِنَفْسِهِ وَمَنْ عَمِيَ فَعَلَيْهَا ﴾ [الأنعام 104]

﴿ فَإِنَّهَا لاَ تَعْمَى الأَبْصَارُ وَلَكِنْ تَعْمَى الْقُلُوبُ الَّتِي فِي الصُّدُورِ ﴾ [الحج 46]

عَمِيَ[2] : To be dimmed; to become obscure (with على)

﴿ فَعَمِيَتْ عَلَيْهِمُ الأَنْبَاءُ يَوْمَئِذٍ فَهُمْ لاَ يَتَسَاءَلُونَ ﴾ [القصص 66]

أَعْمَى :(وأعمى): أضلّ عن طريق الهدى — To make blind

عَمَّى :(فعُمّيت): أخفى ولبّس — To make obscure

عَمًى :(عمى،العمى) : خفاء وشبهة ؛ ظلال — Blindness; error; obscurity

أَعْمَى :(أعمى، عمي، عمياً، عميانا): فاقد البصر أو البصيرة — Blind

عَمٍ :(عمون، عمين): أعمى — Blind

عُميانٌ : (عمياناً): جمع أعمى — Plur.of أَعْمَى

عُمْيٌ : (العمي،عمياً): جمع أعمى — Plur.of أَعْمَى

عَمُونَ : (عمون،عمين): جمع عم — Plur.of عَمٍ

***

عَمِيقٌ : Rt.(ع م ق)

عَمِينَ : نفس عمون — Same as عَمُونَ rt. (ع م ى)

***

ع ن

عَنْ: (عن،عنك،عنكم،عنه...)

عَنْ[1] : مِنْ — From

﴿ وَهُوَ الَّذِي يَقْبَلُ التَّوْبَةَ عَنْ عِبَادِهِ ﴾ [الشورى 25]

عَنْ[2] : بمعنى الباء — Out of; of

﴿ وَمَا يَنْطِقُ عَنِ الْهَوَى ﴾ [النجم 3]

عَنْ[3] : للتعليل بمعنى لـ — Because

﴿ وَمَا كَانَ اسْتِغْفَارُ إِبْرَاهِيمَ لأَبِيهِ إِلاَّ عَنْ مَوْعِدَةٍ وَعَدَهَا إِيَّاهُ ﴾ [التوبة 114]

عَنْ[4] : بمعنى بدل — For

﴿ لا تَجْزِي نَفْسٌ عَنْ نَفْسٍ شَيْئًا ﴾ [البقرة 84]

عَنْ[5] : بمعنى على — Against; only from

﴿ وَمَنْ يَبْخَلْ فَإِنَّمَا يَبْخَلُ عَنْ نَفْسِهِ ﴾ [محمد 38]

أَغْنَى عَنْ : كفى ونفع — To avail

رَغِبَ عن : زهد في — To forsake

عَمّا=عَنْ+ما — Of what; of that; concerning that

عَمَّ :عن+مَا — Of what; whereof

***

عَنَا : Rt.(ع ن ى-و)

***

عَنّــا : مركبــة مــن: عن+نا(المتكلم) — Comp. of عَنْ rt. (ع ن)+نا rt.(ن ح ن)

ع ن ب

عِنَبٌ :(عنب، عنباً، اعناب، اعناباً)

عِنَبٌ[1] : شجر العنب — Grapes

﴿ أَوْ تَكُونَ لَكَ جَنَّةٌ مِنْ نَخِيلٍ وَعِنَبٍ ﴾ [الإسراء 91]

عِنَبٌ[2] : شجر العنب — Vine yard

﴿ حَدَائِقَ وَأَعْنَابًا ﴾ [النبأ 32]

ع ن ت

عَنِتَ(-):(عنتم): وقع في شدة ومشقة — To fall into distress; to be in trouble

أَعْنَتَ :(لاعنتكم): أوقع في شدة ومشقة — To overburden

عَنَتٌ : (العنت): مشقة والمراد الفجور — Committing sin; falling into evil

📖

عَنَتِ: تصريف عنا — Conj.of عنا rt(ع ن ى– و)

📖

ع ن د

عَنِيدٌ :(عنيد،عنيداً): معاند للحق — Stubborn; potentate; rebel

عِنْدَ :(عند، عندك، عنكم، عندما...)

عِنْدَ[1] : ظرف مكان ولا تقع إلّا مضافة — With

﴿ لَوْ كَانُوا عِنْدَنَا مَا مَاتُوا وَمَا قُتِلُوا ﴾ [آل عمران 156]

عِنْدَ[2] : ظرف مكان ولا تقع إلّا مضافة — By; at

﴿ عِنْدَ سِدْرَةِ الْمُنْتَهَى ﴾ [النجم 14]

﴿ وَجَدَهَا تَغْرُبُ فِي عَيْنٍ حَمِئَةٍ وَوَجَدَ عِنْدَهَا قَوْمًا ﴾ [الكهف 86]

عِنْدَ[3] : ظرف مكان ولا تقع إلّا مضافة — In the sight of; to

﴿ كَبُرَ مَقْتًا عِنْدَ اللَّهِ أَنْ تَقُولُوا مَا لا تَفْعَلُونَ ﴾ [الصف 3]

عِنْدَ[4] : ظرف مكان ولا تقع إلّا مضافة — Before; in the presence of

﴿ وَلَوْ تَرَى إِذْ الظَّالِمُونَ مَوْقُوفُونَ عِنْدَ رَبِّهِمْ ﴾ [سبأ 31]

عِنْدَ[5] : ظرف مكان ولا تقع إلّا مضافة — Near

﴿ إِنِّي أَسْكَنتُ مِنْ ذُرِّيَّتِي بِوَادٍ غَيْرِ ذِي زَرْعٍ عِنْدَ بَيْتِكَ الْمُحَرَّمِ ﴾ [إبراهيم 37]

مِنْ عندِ : من — From

ع ن ق

عُنُقٌ :(عنقك، عنقه، اعناقهم، الأعناق): رقبة — Neck

ع ن ك ب

عَنْكَبُوتٌ : (العنكبوت): دودة لها أربع أزواج من الأرجل تنسج نسيجاً رقيقاً تصيد به طعامها — Spider

ع ن ى – و

عَنَا (ُ) :(وعنت): خضع — To humble oneself

❋ ❋ ❋

عَنِيْدٌ : — Rt.(ع ن د)

❋ ❋ ❋

ع هـ د

عَهِدَ (ـــ) :(عهد، عهدنا، وعهدنا، أعهد)

عَهِدَ[1] : ألقى العهد وأوصى بحفظه — To charge (with); to impose a duty upon; to enjoin

﴿ وَعَهِدْنَا إِلَى إِبْرَاهِيمَ وَإِسْمَاعِيلَ أَنْ طَهِّرَا بَيْتِيَ لِلطَّائِفِينَ﴾ [البقرة 125]

عَهِدَ[2]: ألقى العهد وأوصى بحفظه	To have a covenant with; to make a pact with; to promise; to give acommandment to

﴿ وَلَقَدْ عَهِدْنَا إِلَى آدَمَ مِنْ قَبْلُ فَنَسِيَ ﴾ [طه 115]

﴿ ادْعُ لَنَا رَبَّكَ بِمَا عَهِدَ عِنْدَكَ ﴾ [الأعراف 134]

عَاهَدَ :(عاهد،عاهدت،عاهدتم،عاهدوا...)

عَاهَدَ[1] : التزم وواثق	To make a covenant; to covenant

﴿ وَمِنْهُمْ مَنْ عَاهَدَ اللَّهَ لَئِنْ آتَانَا مِنْ فَضْلِهِ لَنَصَّدَّقَنَّ ﴾ [التوبة 75]

عَاهَدَ[2] : التزم وواثق	To make a treaty; to have a treaty

﴿ بَرَاءَةٌ مِنَ اللَّهِ وَرَسُولِهِ إِلَى الَّذِينَ عَاهَدْتُمْ مِنَ الْمُشْرِكِينَ﴾ [التوبة 11]

عَهْدٌ : (عهد،عهداً،بعهدكم،...): التزام بميثاق	Covenant; treaty

ع ه ن

عِهْنٌ :(كالعهن): صوف مصبوغ ألواناً	(Flakes of) wool

❋ ❋ ❋

عَوَانٌ :	Rt.(ع و ن)

❋ ❋ ❋

ع و ج

عِوَجٌ :(عوج،عوجاً): انحراف	Crookedness
غَيْرَ ذِي عِوَجٍ: انظر ذو	See ذُو rt.(ذ و)

ع و د

عَادَ(ـُ):(عاد، لعادوا، تعودوا، نعود...): رجع	To return
أَعَادَ :(سنعيدها، يعيد، يعيدكم، أعيدوا...)	
أَعَادَ[1] : ارجع	To return

﴿ مِنْهَا خَلَقْنَاكُمْ وَفِيهَا نُعِيدُكُمْ ﴾ [طه 55]

أَعَادَ[2] : ارجع	To repeat

﴿ كَمَا بَدَأْنَا أَوَّلَ خَلْقٍ نُعِيدُهُ ﴾ [الأنبياء 104]

عَائِدٌ :(عائدون): راجع	One who returns (to disbelief; to evil)
مَعَادٌ : مرجع	Home; destination
عَادٌ: (عاد، عاداً): قبيلة قديمة سميت باسم أبيهم	Ad
عِيدٌ:(عيداً): سرور وفرح	Feast; ever recurring happiness

ع و ذ

عَاذَ(ـُ):(عاذ، أعوذ، يعوذون) : لجأ	To seek refuge; to seek protection; to invoke protection
أَعَاذَ :(أعيذها): حصّن	To crave the protection; to commend the protection
اسْتَعَاذَ :(فاستعذ): لجأ وتحصّن	To seek refuge
مَعَاذَ اللهِ : أعوذ بالله	Allah Forbid!

ع و ر

عَوْرَةٌ :(عورة، عورات)

عَوْرَةٌ[1] : سوءة: ما ينبغي ستره — Nakedness

﴿ أَوْ الطِّفْلِ الَّذِينَ لَمْ يَظْهَرُوا عَلَى عَوْرَاتِ النِّسَاءِ ﴾ [النور 31]

عَوْرَةٌ[2] : سوءة: وقت يلزم فيها الستر — Time of privacy

﴿ ثَلاَثُ عَوْرَاتٍ لَكُمْ لَيْسَ عَلَيْكُمْ وَلاَ عَلَيْهِمْ جُنَاحٌ بَعْدَهُنَّ ﴾ [النور 8]

عَوْرَةٌ[3]: خلل يُخشى دخول العدو منه — Place lying open; place lying exposed

﴿ يَقُولُونَ إِنَّ بُيُوتَنَا عَوْرَةٌ وَمَا هِيَ بِعَوْرَةٍ ﴾ [الأحزاب 13]

ع و ق

مُعَوِّقٌ :(المعوقين): مثبط للعزائم — One who hinders

ع و ل

عَالَ (ُ) :(تعولوا): جار وظلم — To do justice

ع و م

عَامٌ :(عام، عاماً، عامهم، عامين): سنة — Year

ع و ن

أَعَانَ :(وأعانه، فأعينوني): ساعد وقوّى — To help

تَعَاوَنَ :(وتعاونوا): ساعد بعضهم بعضاً — To help one another

اسْتَعَانَ :(نستعين،استعينوا، واستعينوا): طلب العون — To ask for help; to seek help

مُسْتَعَانٌ :(المستعان): مطلوب منه العون — One whose help is to be sought

عَوَانٌ : متوسطة العمر بين الصغر والكبر — Of middle age

عَوانٌ بَيْنَ ذلِكَ: متوسطة العمر بين الصغر والكبر — Between the two conditions; of middle age between that (and this)

ع ي ب

عَابَ (ِ) :(أعيبها): أحدث عيباً — To damage; to mar

❋ ❋ ❋

عِيدٌ : — Rt.(ع و د)

❋ ❋ ❋

ع ي ر

عِيْرٌ :(العير،والعير): قافلة — Caravan; camel-riders

ع ي س

عِيْسَى: ابن مريم كلمة الله ألقاها إلى مريم أنزل الله تعالى عليه الإنجيل ثم رفعه إليه — Jesus; Isa

ع ي ش

عِيشَةٌ : حال المعاش وهيئته — State; life

مَعَاشٌ :(معاشاً): وقت لتحصيل ما يعاش به — Livelihood

مَعِيْشَةٌ : (معيشة،معيشتها، معيشتهم،معايش)

مَعِيْشَةٌ[1] : حياة — Life

﴿ فَإِنَّ لَهُ مَعِيشَةً ضَنكًا ﴾ [طه 124]

مَعِيْشَةٌ[2] : حياة وما بها من بقاء وعيشة — (Means of) livelihood

﴿ نَحْنُ قَسَمْنَا بَيْنَهُمْ مَعِيشَتَهُمْ فِي الْحَيَاةِ الدُّنْيَا ﴾ [الزخرف 32]

ع ي ل

عائِلٌ :(عائلاً): فقير	Destitute
عَيْلَةٌ : فقر	Poverty

ع ي ن

عَيْنٌ : (عين،العين،عيناً،وعيون...)

عَيْنٌ[1] : عضو الإبصار	Eye

﴿ أَلَمْ نَجْعَلْ لَهُ عَيْنَيْنِ ﴾ [البلد 8]

عَيْنٌ[2] : ينبوع الماء	Water spring; fountain

﴿ إِنَّ الْمُتَّقِينَ فِي جَنَّاتٍ وَعُيُونٍ ﴾ [الحجر 45]

عَيْنَاءُ :(عِين): حسنة العين واسعتها	Woman with wide lovely eyes
عِينٌ : جمع عيْناء	Plur.of عَيْنَاءُ
مَعِينٌ : ماء جار ، خمر	Gushing water; water spring

❋ ❋ ❋

عُيُونٌ : جمع عيْنٌ	Plur.of عَيْنٌ rt.(ع ي ن)

❋ ❋ ❋

ع ي ي

عَيِيَ (:) :(أفعيينا، يعي): عجز وتعب	To be wearied; to be tired; to be worn out

باب الغين

❋❋❋

غائِبٌ : Rt.(غ ي ب)

غائِبَةٌ : Rt.(غ ي ب)

غائِطٌ : Rt.(غ و ط)

غاثَ:(يغيث) Rt.(غ ي ث)

غادَرَ : Rt.(غ د ر)

غارٌ : Rt.(غ و ر)

غارِمٌ : Rt.(ع ر م)

غاسِقٌ : Rt.(غ س ق)

غاشِيَةٌ : Rt.(غ ش ى)

غاضَ : Rt.(غ ي ض)

غاظ : Rt.(غ ي ظ)

غافِرٌ : Rt.(غ ف ر)

غافِلٌ : Rt.(غ ف ل)

غالِبٌ : Rt.(غ ل ب)

غاوٍ : Rt.(غ و ي)

❋❋❋

غ ب ر

غابِرٌ : (الغابرين): هالك — One who stays behind

غَبَرةٌ : ما دَقَّ من التراب أو الرماد — Dust

غ ب ن

تَغابُنٌ:(التغابن): انتقاص بعض من بعض — Mutual disillusion; loss and gain

غ ث أ

غُثَاءٌ : ما يحمله السيل من رغوة ومن فتات الأشياء — Stubble; wreckage

❋❋❋

غَدٌ : Rt.(غ د و - ى)

غَدَا : Rt.(غ د و - ى)

غَداءٌ : Rt.(غ د و - ى)

غَداةٌ : Rt.(غ د و - ى)

❋❋❋

غ د ر

غَادَرَ :(نغادر ، يغادر): ترك وابقى — To leave (behind)

غ د ق

غَدَقٌ :(غدقاً): غامر كثير — Abundant

غ د و - ى

غَدَا (:) :(غدوا، غدوت، أغدوا)

غَدَا[1] : ذهب مبكرا — To go betimes; to run (with على)

﴿وَغَدَوْا عَلَى حَرْدٍ قَادِرِينَ﴾ [القلم 25]

غَدَا[2] : ذهب مبكرا — To set forth at daybreak; to go forth early in the morning

﴿وَإِذْ غَدَوْتَ مِنْ أَهْلِكَ تُبَوِّئُ الْمُؤْمِنِينَ﴾

[آل عمران121]

غَدٌ : (لغد، غداً)

غَدٌ[1] : يوم بعد يومك — Morrow

﴿وَلْتَنْظُرْ نَفْسٌ مَا قَدَّمَتْ لِغَدٍ﴾ [الحشر 18]

غَدٌ[2] : : يوم بعد يومك — Tomorrow

﴿وَمَا تَدْرِي نَفْسٌ مَاذَا تَكْسِبُ غَدًا﴾

[لقمان 34]

غُدُوٌّ :(بالغدو، غدواً، غدوها)

غُدُوٌّ[1] : صباح — Morn; morning

﴿ النَّارُ يُعْرَضُونَ عَلَيْهَا غُدُوًّا وَعَشِيًّا ﴾ [غافر 46]

﴿ يُسَبِّحُ لَهُ فِيهَا بِالْغُدُوِّ وَالْآصَالِ﴾ [النور 36]

غُدُوٌّ[2] : سيرٌ في الصباح — Morning course

﴿ وَلِسُلَيْمَانَ الرِّيحَ غُدُوُّهَا شَهْرٌ وَرَوَاحُهَا شَهْرٌ﴾ [سبأ 12]

غَدَاةٌ :(بالغداة): ما بين الفجر إلى طلوع الشمس — Morn; morning

غَدَاءٌ :(غداءنا): طعام الصباح الباكر أو طعام الظهيرة — Breakfast; morning meal

❋ ❋ ❋

غَرَّ : — Rt.(غ ر ر)

غُرَابٌ : — Rt.(غ ر ب)

غَرَابِيبُ : جمع غِرْبِيب — Plur.of غِرْبِيبٌ

rt.(غ ر ب)

غَرَامٌ : — Rt.(غ ر م)

❋ ❋ ❋

غ ر ب

غَرَبَ(تْ) (ـُ) :(غربت، تغرب): اختفت (الشمس) في مغربها — To set

غُرُوبٌ :(الغروب، غروبها): اختفاء الشمس آخر النهار — Sunset

مَغْرِبٌ:(مغرب، المغربين،المغارب،مغاربها...)

مَغْرِبٌ[1] : جهة الغروب — West

﴿ وَلِلَّهِ الْمَشْرِقُ وَالْمَغْرِبُ﴾ [البقرة 115]

مَغْرِبٌ[2] : جهة الغروب — Setting- place

﴿ حَتَّى إِذَا بَلَغَ مَغْرِبَ الشَّمْسِ وَجَدَهَا تَغْرُبُ فِي عَيْنٍ حَمِئَةٍ ﴾ [الكهف 86]

غَرْبِيٌّ :(غربي، غربية): منسوب إلى الغرب — Western; of the west

غُرَابٌ :(غراب،غراباً): طائر أسود اللون غالباً — Raven

غِرْبِيبٌ :(غرابيب): متناهٍ في السواد — Raven-black; intensely black

غ ر ر

غَرَّ (ـُ) :(غرّ ،غرّتكم ،تغرّنكم ،يغررك...): خدع وأطمع أو جرّأ — To beguile; to deceive; to delude

غُرُورٌ :(غرور ، غروراً): خداع — Illusion; guile

غَرُورٌ :(الغرور): كل ما غرّ من مال أو جاه أو شهوة أو إنسان أو شيطان — (Avowed) beguiler; deceiver; arch-deceiver

غ ر ف

اغْتَرَفَ : اخذ — To take in the hollow of the hand; to take with the hand

غُرْفَةٌ :(غرفة، الغرفة،غرفا ،غرفات...):

غُرْفَةٌ[1] : ما غُرِف أي أخذ من ماء باليد — Draught of water; filling the hand; draught of water taken in the hollow of the hand

﴿ إِلاَّ مَنْ اغْتَرَفَ غُرْفَةً بِيَدِهِ ﴾ [البقرة 249]

غُرْفَةٌ[2]: منزل عالٍ في الجنة — Lofty hall; high place; lofty dwelling

﴿ لَكِنْ الَّذِينَ اتَّقَوْا رَبَّهُمْ لَهُمْ غُرَفٌ مِنْ فَوْقِهَا غُرَفٌ مَبْنِيَّةٌ﴾ [الزمر 20]

غُرَفٌ : جمع غُرْفَة — Plur.of غُرْفَةٌ

غ ر ق

أَغْرَقَ :(أغرقنا ،فأغرقناه ،مُغرق، — To drown

نغرقهم...): أهلك غرقاً

غَرْقٌ : (غرقاً): نزع شديد مؤلم بالغ الغاية — Destruction; violence

غَرَقٌ : (الغرق): غلبة الماء على الإنسان فيهلك بالاختناق — The act of drowning

مُغْرَقٌ : (مغرقون، المغرقين): هالك غرقاً — Drowned

غ ر م

غَارِمٌ : (الغارمين): ملتزم ما ضمن وتكفل به — Debtor; one in debt

غَرَامٌ : (غراماً): ملازم — Anguish; lasting evil

مَغْرَمٌ : (مغرم، مغرماً)

مَغْرَمٌ[1] : غرم — Debt

﴿ فَهُمْ مِنْ مَغْرَمٍ مُثْقَلُونَ ﴾ [الطور 40]

مَغْرَمٌ[2] : غرم — Loss; fine

﴿ وَمِنَ الأَعْرَابِ مَنْ يَتَّخِذُ مَا يُنْفِقُ مَغْرَمًا ﴾ [التوبة 98]

مُغْرَمٌ : (لمغرمون): مُهلك بالقحط — One who is laden with debt; one who is burdened with debt

غ ر و

أَغْرَى : (فأغرينا، لنغرينك)

أَغْرَى[1] : أوقع — To stir up; to excite

﴿ فَأَغْرَيْنَا بَيْنَهُمُ الْعَدَاوَةَ وَالْبَغْضَاءَ ﴾ [المائدة 14]

أَغْرَى[2] : حرّض — To urge; to set over

﴿ لَنُغْرِيَنَّكَ بِهِمْ ﴾ [الأحزاب 60]

❋ ❋ ❋

غُرُوبٌ : — Rt.(غ ر ب)

غَرُورٌ : — Rt.(غ ر ر)

غُرُورٌ : — Rt.(غ ر ر)

❋ ❋ ❋

غ ز ل

غَزْلٌ : (غزلها): ما فُتل خيوطاً بالمغزل — Thread; yarn

غ ز و

غَازٍ : (غُزّى): محارب — One who fights in the field; one who engages in fighting

غُزَّى : جمع غازٍ — Plur.of غازٍ

❋ ❋ ❋

غُزَّى : جمع غازٍ — Plur.of غازٍ rt (غ ز و)

غَسّاقٌ : — Rt.(غ س ق)

❋ ❋ ❋

غ س ق

غَسَقٌ : ظلمة أو شدة ظلمة — Dark; darkness

غَاسِقٌ : ليل شديد الظلام — Darkness; utterly dark night

غَسّاقٌ : (غساق، غساقا): ما يسيل من جلود أهل النار وصديدهم — Paralyzing cold; intensely cold water; ice-cold draught

غ س ل

غَسَلَ(ـِ) : (فاغسلوا): أزال الوسخ بالماء — To wash

اغْتَسَلَ : (تغتسلوا): غسل البدن لإزالة النجاسة — To bath; to wash oneself

مُغْتَسَلٌ : مكان الاغتسال وماؤه — Bath; washing

place

غِسْلِينٌ : ما يسيل من جلود أهل النار كالقيح ونحوه — Filth; refuse

* * *

غِسْلِينٌ : Rt.(غ س ل)

غِشَاوَةٌ : Rt.(غ ش ي)

غَشَّى : Rt.(غ ش ي)

* * *

غ ش ى

غَشِيَ(َ) :(غشيهم،فغشيهم،تغشى، يغشى...): غطّى وغمر — To enshroud; to cover; to overtake

غَشِيَ عَلَيْهِ : أغمي عليه — To faint

غَشَّى :(غشّي، فغشّاها، يغشيكم): غطّى ، ألقى على — To cover; to fall upon

أَغْشَى :(فاغشيناهم، يغشى، اغشيت): جعل على بصره غِشاوة — To cover

تَغَشَّى :(تغشّاها): باشر (المرأة) أو واقعها — To cover

غَاشِيَةٌ :(غاشية،الغاشية،غواشٍ)

غَاشِيَةٌ[1] : نازلة مُهلكة — Covering; pall

﴿ أفأمِنوا أنْ تأْتِيَهُمْ غَاشِيَةٌ مِنْ عَذابِ اللّهِ﴾ [يوسف 107]

غَاشِيَةٌ[2] : يوم القيامة — Overwhelming (Calamity)

﴿هَلْ أَتَاكَ حَدِيثُ الْغَاشِيَةِ ﴾ [الغاشية 1]

غَاشِيَةٌ[3] : غطاء — Covering; pall

﴿ لَهُمْ مِنْ جَهَنَّمَ مِهَادٌ وَمِنْ فَوْقِهِمْ غَوَاشٍ﴾ [الأعراف 41]

غِشَاوَةٌ : غطاء — A covering

مُغْشِيٌّ(عليه) :(المغشي): مُغمى (عليه) — Man fainting; one fainting

غ ص ب

غَصْباً : قهراً وظلماً — By force

* * *

غُصَّةٌ : Rt.(غ ص ص)

* * *

غ ص ص

غُصَّةٌ: اعتراض في الحلق من طعام أو شراب — Something which chokes (the partaker)

* * *

غضّ Rt.(غ ض ض)

* * *

غ ض ب

غَضِبَ(َ) :(غضب، غضبوا): سخط وعاقب — To be wroth; to be angry

غَضَبٌ :(غضب ، غضبي): سخط (وعقاب) — Wrath; anger

غَضْبَانُ : ساخط — Angry

مَغْضُوبٌ عَلَيْهِ :(المغضوب): من غضب الله عليه — One who earns (Allah's) anger

مُغَاضِبٌ :(مغاضباً): ساخط (على قومه) — One in anger; one in wrath

غ ض ض

غَضَّ(ُ) :(يغضض، يغضوا، يغضون، واغضض)

غَضَّ[1] : خفض — To lower (the gaze); to cast down (the looks)

﴿وَقُلْ لِلْمُؤْمِنَاتِ يَغْضُضْنَ مِنْ أَبْصَارِهِنَّ﴾ [النور 31]

غَضَّ[2] : خفض	To subdue (the voice); to lower (the voice)

﴿وَاقْصِدْ فِي مَشْيِكَ وَاغْضُضْ مِنْ صَوْتِكَ﴾ [لقمان 19]

***

غِطاءٌ :	Rt.(غ ط و)

***

غ ط ش

أغْطَشَ: (وأغطش): جعله مظلماً	To make dark

غ ط و – ى

غِطَاءٌ :(غطاء، غطاءك): حجاب وستر	Covering; cover; veil

***

غفّارٌ :	Rt.(غ ف ر)

***

غ ف ر

غَفَرَ (ـِ):(غفر ،فغفرنا ،تغفر ،نغفر ...): ستر وعفا عن	To forgive; to pardon;
اسْتَغْفَرَ :(استغفر ،استغفرت ،تستغفر ،يستغفر ...): طلب المغفرة	To Seek pardon
غَافِرٌ :(غافر ،الغافرين): ساتر وعاف	Forgiver; one who shows forgiveness
غَفُورٌ :(غفور ، غفوراً): كثير المغفرة ؛ من اسمائه تعالى	Forgiving
غَفَّارٌ :(لغفار ، الغفار ،غفارا): كثير المغفرة ؛ من اسمائه تعالى	(Most) forgiving
غُفْرَانٌ :(غفرانك): ستر وعفو	Forgiveness
مَغْفِرَةٌ : (مغفرة ،لمغفرة ،بمغفرة): ستر وعفو	Forgivenes s
اسْتِغْفَارٌ : طلب العفو والمغفرة	The act of praying for forgiveness; the act of asking forgiveness
مُسْتَغْفِرٌ :(والمستغفرين): طالب الستر والمغفرة	One who prays for pardon; one who asks forgiveness

غ ف ل

غَفَلَ (ـُ) :(تغفلون): سها	To neglect; to be careless
أَغْفَلَ : (أغفلنا): جعله غافلا ساهيا	To make heedless; to make unmindful
غَافِلٌ: (الغافل ،غافلاً ،غافلون ،الغافلين ...): ساهٍ	One who is unaware; one who is heedless
غَفْلَةٌ : سهو وذهول	Heedlessness; carelessness; forgetfulness
عَلَى حِينِ غَفْلَةٍ: في وقت سهو وذهول	At a time of carelessness

***

غَفُورٌ :	Rt.(غ ف ر)
غَلٌّ :	Rt.(غ ل ل)
غِلٌّ :	Rt.(غ ل ل)
غَلا :(تغلوا)	Rt.(غ ل و)
غَلَى:(يغلي)	Rt.(غ ل ى)
غِلاظٌ : جمع غليظ	Plur.of غليظٌ rt. (غ ل ظ)
غُلامٌ :	Rt.(غ ل م)

***

غ ل ب

غَلَبَ(ِ): (غلبت، غلبوا، تغلبون، يغلب...)

غَلَبَ[1] : انتصر وقهر — To conquer; to overcome; to be victorious

﴿ كَتَبَ اللَّهُ لَأَغْلِبَنَّ أَنَا وَرُسُلِي﴾ [المجادلة 21]

غَلَبَ[2] : اشرف وظهر — To prevail; to win (with عَلَى)

﴿ قَالَ الَّذِينَ غَلَبُوا عَلَى أَمْرِهِمْ﴾ [الكهف 21]

غَلَبٌ : (غلبهم): هزيمة — Defeat; the act of being vanquished

غَالِبٌ : (غالب، غالبون، غالبين، الغالبين...)

غَالِبٌ[1] : منتصر — Victor; one who overcomes; victorious

﴿ فَإِنَّ حِزْبَ اللَّهِ هُمُ الْغَالِبُونَ﴾ [المائدة 56]

غَالِبٌ[2] : قاهر — Predominant; master

﴿ وَاللَّهُ غَالِبٌ عَلَى أَمْرِهِ﴾ [يوسف 21]

مَغْلُوبٌ : مهزوم — Vanquished; overcome

أَغْلَبُ : (غلباً): كثيف ملتف الاشجار — Of thick foliage; thick

غُلْبٌ : جمع اغلب — Plur.of أَغْلَبُ

غ ل ظ

غَلُظَ(ُ) : (واغلظ): قسا وكان شديداً — To be harsh; to be stern

اسْتَغْلَظَ : (فاستغلظ): صار غليظاً — To become stout

غَلِيظٌ : (غليظ، غليظاً، غلاظ)

غَلِيظٌ[1] : مؤكد مشدد — Strong; firm; solemn

﴿ وَأَخَذْنَ مِنكُمْ مِيثَاقًا غَلِيظًا﴾ [النساء 21]

غَلِيظٌ[2] : قاسٍ قويّ — Strong; firm

﴿عَلَيْهَا مَلَائِكَةٌ غِلَاظٌ شِدَادٌ ﴾ [التحريم 6]

غَلِيظٌ[3] : شديد الإيلام — Heavy; harsh; hard

﴿ وَنَجَّيْنَاهُم مِنْ عَذَابٍ غَلِيظٍ﴾ [هود 58]

غِلْظَةٌ : قسوة وشدة — Harshness; hardness

غ ل ف

أَغْلَفُ : (غلف): مغطى — Hardened; covered

غُلْفٌ : جمع أغلف — Plur.of أَغْلَفُ

غ ل ق

غَلَّقَ : (وغلقت): أحكم الإغلاق — To bolt; to make fast

غ ل ل

غَلَّ (ُ) : (غلّ، يغلّ ، يغلل، فغلّوه...)

غَلَّ[1] : خان في مغنم أو مال — To embezzle; to act unfaithfully

﴿ وَمَا كَانَ لِنَبِيٍّ أَنْ يَغُلَّ﴾

[آل عمران 116]

غَلَّ[2] : قيد عن الحركة — To fetter

﴿ غُلَّتْ أَيْدِيهِمْ وَلُعِنُوا بِمَا قَالُوا﴾ [المائدة 64]

غِلٌّ : (غلّ، غلاً): عداوة وحقد كامن — Rancour; ill-feeling

غُلٌّ : (أغلال،والأغلال; أغلالاً ...): طوق من حديد أو جلد يجعل في عنق الاسير أو المجرم — Fetter; carcan

مَغْلُولٌ : (مغلولة): مقيّد — Fettered; chained

غ ل م

غُلَامٌ : (غلام، غلاماً، لغلامين، غلمان،...)

غُلامٌ[1] : صبيّ قارب البلوغ	Boy; lad

﴿ فَانطَلَقَا حَتَّى إِذَا لَقِيَا غُلاَمًا فَقَتَلَهُ﴾ [الكهف 64]

﴿ وَأَمَّا الْجِدَارُ فَكَانَ لِغُلامَيْنِ يَتِيمَيْنِ فِي الْمَدِينَةِ﴾ [الكهف 28]

غُلامٌ[2] : مولود ذكر	Son

﴿ يَازَكَرِيَّا إِنَّا نُبَشِّرُكَ بِغُلاَمٍ اسْمُهُ يَحْيَى﴾ [مريم 7]

غِلْمانٌ : جمع غلام	Plur.of غُلامٌ

غ ل و

غَلاَ(ُ) :(تغلوا): تجاوز الحد	To exaggerate; to stress; to be unduly immoderate; to exceed the limits

غ ل ي

غَلَى (ِ) :(يغلي): فار وطفح بقوة الحرارة	To boil; to seethe
غَلْيٌ :(كغلي): فوران بقوة الحرارة	The act of boiling; the act of seething

* * *

غَلِيظٌ :	Rt.(غ ل ظ)
غَمٌّ :	Rt.(غ م م)
غَمامٌ : جمع غمامة	Plur.of غَمامَةٌ rt. (غ م م)
غُمَّةٌ :	Rt.(غ م م)

* * *

غ م ر

غَمْرَةٌ :(غمرة، غمرتهم، غمرات)

غَمْرَةٌ[1] : ضلالة تغمر صاحبها	(Overwhelming) ignorance; abyss; error

﴿ فَذَرْهُمْ فِي غَمْرَتِهِمْ حَتَّى حِينٍ﴾ [المؤمنون 54]

غَمْرَةٌ[2] : سكرة وشدائد	Pang; agony

﴿ وَلَوْ تَرَى إِذْ الظَّالِمُونَ فِي غَمَرَاتِ الْمَوْتِ﴾ [الأنعام 39]

غ م ز

تَغَامَزَ :(يتغامزون): أشار باستهزاء	To wink one to another; to wink at one another

غ م ض

أَغْمَضَ :(تغمضوا): استحط من ثمن الشيء لرداءته	To have the price lowered

غ م م

غَمٌّ :(غمّ، غمّاً): حزنٌ أو كرب	Great distress; anguish; grief
غُمَّةٌ : شيء أبهم ملتبس	Something which is in doubt; something which remains dubious
غَمَامَةٌ :(الغمام، بالغمام): سحابة	White cloud

غ ن م

غَنِمَ (َ) :(غنمتم)

غَنِمَ[1] : ظفر بمال العدو	To take as spoils of war

﴿ وَاعْلَمُوا أَنَّمَا غَنِمْتُمْ مِنْ شَيْءٍ فَأَنَّ لِلَّهِ خُمُسَهُ وَلِلرَّسُولِ وَلِذِي الْقُرْبَى﴾ [الأنفال 41]

غَنِمَ[2] : ظفر بمال العدو	To win

﴿ فَكُلُوا مِمَّا غَنِمْتُمْ حَلاَلاً طَيِّبًا ﴾ [الأنفال 69]

مَغْنَمٌ :(مغانم):) خيرات ؛ ما يؤخذ من مال الأعداء في الحرب — Spoils; gain; booty

غَنَمٌ :(غنم، غنمي): ضأن وماعز — Sheep

غ ن ي

غَنِيَ (:) :(تغن، يغنوا)

غَنِيَ[1] : كان عامراً بزروع أو ثمار — To flourish; to be in existence

﴿ فَجَعَلْنَاهَا حَصِيدًا كَأَنْ لَمْ تَغْنَ بِالأَمْسِ ﴾ [يونس 24]

غَنِيَ[2] : أقام في النعيم — To dwell

﴿ كَأَنْ لَمْ يَغْنَوْا فِيهَا ﴾ [هود 68]

أَغْنَى :(أغنى، أغناهم، تُغن، يُغنِ...)

أَغْنَى[1] : وهب المال الكثير — To enrich

﴿ وَأَنَّهُ هُوَ أَغْنَى وَأَقْنَى﴾ [النجم 48]

أَغْنَى[2]: شغل عن — To make heedless (of others); to occupy

﴿ لِكُلِّ امْرِئٍ مِنْهُمْ يَوْمَئِذٍ شَأْنٌ يُغْنِيهِ﴾ [عبس 37]

أَغْنَى[3] : كفى ونفع — To avail (against); to shelter from (with مِنْ ; عَنْ)

﴿ قَالُوا مَا أَغْنَى عَنْكُمْ جَمْعُكُمْ ﴾ [الأعراف 48]

﴿ وَلاَ يُغْنِي مِنَ اللَّهَبِ﴾ [المرسلات 31]

اسْتَغْنَى :

اسْتَغْنَى[1] : كان في غِنَى — To be independent

﴿ فَكَفَرُوا وَتَوَلَّوْا وَاسْتَغْنَى اللَّهُ﴾ [التغابن 6]

اسْتَغْنَى[2] : اكتفى — To think of oneself independent; to consider oneself free from need

﴿ أَمَّا مَنْ اسْتَغْنَى﴾ [عبس 5]

غَنِيٌّ :(غنيّ، غنياً، أغنياء)

غَنِيٌّ[1] : كثير المال — Rich (man); wealthy

﴿ وَمَنْ كَانَ غَنِيًّا فَلْيَسْتَعْفِفْ ﴾ [النساء 6]

غَنِيٌّ[2] : غير محتاج إلى سواه — Absolute; independent

﴿ وَاعْلَمُوا أَنَّ اللَّهَ غَنِيٌّ حَمِيدٌ ﴾ [البقرة 267]

﴿وَمَنْ كَفَرَ فَإِنَّ اللَّهَ غَنِيٌّ عَنْ الْعَالَمِينَ﴾ [آل عمران 97]

***

غَوَاشٍ : جمع غاشية — Plur.of غَاشِيَةٌ rt. (غ ش ى)

***

غ و ث

أَغَاثَ :(يُغَاثوا): أجاب (بعكس ما طلب) — To shower; to give water

اسْتَغَاثَ : (فاستغاثه،يستغيثان،تستغيثون،يستغيثوا)

اسْتَغَاثَ[1] : طلب العون — To ask for showers; to cry for water

﴿ وَإِنْ يَسْتَغِيثُوا يُغَاثُوا بِمَاءٍ كَالْمُهْلِ يَشْوِي الْوُجُوهَ﴾ [الكهف 29]

اسْتَغَاثَ[2] : طلب العون — To cry for help; to ask for help

﴿ فَاسْتَغَاثَهُ الَّذِي مِنْ شِيعَتِهِ﴾ [القصص 10]

غ و ر

غَارٌ : (الغار): فجوة في الجبل — Cave

غَوْرٌ :(غوراً): ذاهب في الأرض — (Water) lost in

إلى أسفل — earth; (water) sinking down into the ground

مَغَارَةٌ :(مغارات): فجوة في الجبل — Cavern; cave

غ و ص

غاصَ(ُ):(يغوصون): نزل تحت الماء — To dive (for pearls)

غـوَّاصٌ : (وغـوّاص): كثيـر الغوص — Diver

غ و ط

غَائِطٌ :(الغائط): تبرّز — Closet; privy

غ و ل

غَوْلٌ : ما ينشا عن الخمر من صداع وسكر — Headache; trouble

* * *

غوَى : Rt.(غ و ى)

* * *

غ و ى

غَوَى (ِ) :(غوى،فغوى،غويا): ضَلَّ — To be astray; to be deceived; to go astray

أغْـوى: (أغوينـاهم،أغويتني،لأغوينهم، يغويكم): أضلّ — To send astray; to keep astray; to cause to err; to mislead

غَـيٌّ :(الغي،غياً)

غَيٌّ[1] : ضلال — Error

﴿ لا إِكْرَاهَ فِي الدِّينِ قَدْ تَبَيَّنَ الرُّشْدُ مِنَ الغَيِّ﴾ [البقرة 257]

غَيٌّ[2] : جزاء غيهم وضلالهم — Deception; perdition

﴿ فَسَوْفَ يَلْقَوْنَ غَيًّا﴾ [مريم 59]

غَاوٍ :(الغاوون، الغاوين): ضال — One who leads astray; one who errs; seducer

* * *

غَيٌّ : Rt.(غ و ي)

غيابَةٌ : Rt.(غ ي ب)

* * *

غ ي ب

اغْتَابَ :(يغتب): ذكر بالسوء في الغيبة — To backbite

غَيْبٌ : (غيب،غيبه،الغيب،الغيوب ...)

غَيْبٌ[1] : ماخفي واستتر — Unseen; invisible

﴿ وَمَا كَانَ اللَّهُ لِيُطْلِعَكُمْ عَلَى الْغَيْبِ﴾ [آل عمران 179]

غَيْبٌ[2] : ماخفي واستتر — Secret; things hidden

﴿ إِنِّي أَعْلَمُ غَيْبَ السَّمَاوَاتِ وَالأَرْضِ﴾ [البقرة 33]

غَائِبٌ : (غائبة،غائبين،الغائبين،بغائبين)

غَائِبٌ[1] : خلاف شاهد او حاضر — One who is absent

﴿ فَقَالَ مَا لِيَ لاَ أَرَى الْهُدْهُدَ أَمْ كَانَ مِنَ الْغَائِبِينَ﴾ [النمل 20]

غَائِبٌ[2] : خافٍ — That which is hidden

﴿ وَمَا مِنْ غَائِبَةٍ فِي السَّمَاءِ وَالأَرْضِ إِلَّا فِي كِتَابٍ مُبِينٍ﴾ [النمل 75]

غَيَابَةٌ : قعر — Depth; bottom

غ ي ث

غاثَ(ِ):(يغاث): أمطر — To cause to have rain; to

	cause to have plenteous crops
غَيْثٌ :(غيث،الغيث): مطرٌ	Rain

غ ي ر

غَيَّرَ : (يغير ،فليغيرن ،يغيروا ،): بدّل	To change; to alter
تَغَيَّرَ :(يتغيرَ): مطاوع غيّر : تبدّل	To change
مُغَيِّرٌ :(مغيّرا): مبدّلٌ	One who changes
مُغِيْر (اتٌ):(فالمغيرات): مندفعات للقتال من الخيل أو الإبل	A horse which scours to raid; a horse which makes raid
غَيْرٌ : (غير ،غيركم ،غيره ،غيرها ...)	
غَيْرٌ [1] : بمعنى 'إلاّ' أو 'دون'	No; not

﴿ فَمَنْ اضْطُرَّ غَيْرَ بَاغٍ ﴾ [البقرة 173]

غَيْرٌ [2] : استثنائية بمعنى 'إلاّ'	Save; but

﴿ فَمَا وَجَدْنَا فِيْهَا غَيْرَ بَيْتٍ مِنَ الْمُسْلِمِيْنَ﴾ [الذاريات 36]

غَيْرٌ [3] : وتأتي صفة	Not

﴿غَيْرِ الْمَغْضُوبِ عَلَيْهِم ﴾ [الفاتحة 7]

بِغَيْرِ : بدون	Without

غ ى ض

غَاضَ(.):(تغيض، وغيض): نزل في الأرض وغاب فيها ؛ اسقط (الرحمُ)	To abate; to subside; to fall short of completion

غ ي ظ

غَاظَ(ـِ):(يغيظ): اغضب اشدّ الغضب	To anger; to rage; to enrage
غَيْظٌ :(غيظ،الغيظ،بغيظكم،بغيظهم): غضبٌ	Rage; anger; wrath
غَائِظٌ :(لغائظون): مُغضبٌ	Offender; one who enrages
تَغَيُّظٌ :(تغيّظا): صوت شديد	A crackling; a vehement raging

❋ ❋ ❋

غُيُوبٌ : جمع غَيْبٌ	Plur.of غَيْبٌ rt. (غ ي ب)

❋ ❋ ❋

باب الفاء

ف

ف :

ف[1] : تفيد الترتيب — Then

﴿ الَّذِي خَلَقَكَ فَسَوَّاكَ فَعَدَلَكَ﴾ [الإنفطار 7]

ف[2]: سببية — So

﴿فَيَمُوتُوا لاَ يُقْضَى عَلَيْهِم ﴾ [فاطر 36]

ف[3] : زائدة فتفيد التوكيد — Expletive (for emphasis only)

﴿ وَثِيَابَكَ فَطَهِّرْ ﴾ [المدثر 4]

***

فَاءَ :	Rt.(ف ى أ)
فَائِزٌ :	Rt.(ف و ز)
فَاتَ :	Rt.(ف وت)
فَاتِحٌ :	Rt.(ف ت ح)
فَاتِنٌ :	Rt.(ف ت ن)
فَاجِرٌ :	Rt.(ف ج ر)
فَاحِشَةٌ :	Rt.(ف ح ش)
فَادَى :	Rt.(ف د ى)
فَارَ :	Rt.(ف و ر)
فَارِضٌ :	Rt.(ف ر ض)
فَارِغٌ :	Rt.(ف ر غ)
فَارَقَ :	Rt.(ف ر ق)
فَارِقٌ :(فالفارقات)	Rt.(ف ر ق)
فَارِهٌ :	Rt.(ف ر ه)
فَازَ :	Rt.(ف و ز)
فَاسِقٌ :	Rt.(ف س ق)
فَاصِلٌ :	Rt.(ف ص ل)
فَاضَ :	Rt.(ف ي ض)
فَاطِرٌ :	Rt.(ف ط ر)
فَاعِلٌ :	Rt.(ف ع ل)
فَاقِرَةٌ :	Rt.(ف ق ر)
فَاقِعٌ :	Rt.(ف ق ع)
فَاكِهٌ :	Rt.(ف ك ه)
فَاكِهَةٌ :	Rt.(ف ك ه)
فَالِقٌ :	Rt.(ف ل ق)
فَانٍ :	Rt.(ف ن ي)

***

📖

فَاهُ : إحدى حالات فُوهُ — Accusative. of فُوهُ rt(ف و ه)

📖

ف أ د

فُؤَادٌ :(فؤاد، فؤادك، أفئدة، أفئدتهم): قلب — Heart

ف أ و – ى

فِئَةٌ :(فئة ، فئتكم، فئتان، فئتين)

فِئَةٌ[1] : فرقة أو جماعة — Party; company

﴿ فَمَا لَكُمْ فِي الْمُنَافِقِينَ فِئَتَيْنِ ﴾ [النساء 88]

﴿ كَمْ مِنْ فِئَةٍ قَلِيلَةٍ ﴾ [البقرة 249]

فِئَةٌ[2] : فرقة أو جماعة — Host; army

﴿ قَدْ كَانَ لَكُمْ آيَةٌ فِي فِئَتَيْنِ الْتَقَتَا ﴾ [آل عمران 13]

﴿إِذَا لَقِيتُمْ فِئَةً فَاثْبُتُوا﴾ [الأنفال 45]

ف ت أ

فَتِيءَ (َ): (ما) زال — To cease

تَاللهِ تَفْتَأُ : تالله لا تزال — By Allah; you will not cease to

***

فَتَّاحٌ : Rt.(ف ت ح)

***

ف ت ح

فَتَحَ (َ) :(فتح ، فتحنا، يفتح، افتح...)

فَتَحَ[1] : ازال الإغلاق — To open

﴿ فَلَمَّا نَسُوا مَا ذُكِّرُوا بِهِ فَتَحْنَا عَلَيْهِمْ أَبْوَابَ كُلِّ شَيْءٍ ﴾ [الأنعام 44]

فَتَحَ[2] : هدى وأرشد — To disclose

﴿ أَتُحَدِّثُونَهُمْ بِمَا فَتَحَ اللَّهُ عَلَيْكُمْ لِيُحَاجُّوكُمْ بِهِ ﴾ [البقرة 76]

فَتَحَ[3] : قضى وفصل — To judge; to decide

﴿ فَافْتَحْ بَيْنِي وَبَيْنَهُمْ فَتْحًا ﴾ [الشعراء 118]

فَتَحَ[4](لـ) : نصر — To give a victory

﴿ إِنَّا فَتَحْنَا لَكَ فَتْحًا مُبِينًا ﴾ [الفتح 1]

فَتَّحَ : (تُفتح) — To open

اسْتَفْتَحَ :(استفتحوا، تستفتحوا، يستفتحون)

اسْتَفْتَحَ[1] : طلب الفتح وهو النصر — To ask for a signal triumph; to pray for a victory

﴿ وَكَانُوا مِنْ قَبْلُ يَسْتَفْتِحُونَ عَلَى الَّذِينَ كَفَرُوا ﴾ [البقرة 89]

اسْتَفْتَحَ[2] : طلب الفتح وهو النصر — To seek help; to ask for judgment

﴿ إِنْ تَسْتَفْتِحُوا فَقَدْ جَاءَكُمُ الْفَتْحُ ﴾ [الأنفال 19]

فَتْحٌ :(فتح ، فتحاً)

فَتْحٌ[1] : نصر — Victory

﴿ وَأَثَابَهُمْ فَتْحًا قَرِيبًا ﴾ [الفتح 18]

فَتْحٌ[2] : نصر — Judgment

﴿ إِنْ تَسْتَفْتِحُوا فَقَدْ جَاءَكُمُ الْفَتْحُ ﴾ [الانفال19]

فَتْحٌ[3] : حكم وفصل — Judgment

﴿فَافْتَحْ بَيْنِي وَبَيْنَهُمْ فَتْحاً ﴾ [الشعراء 118]

فَاتِحٌ:(الفاتحين): حاكم فاصل في الأمور — One who makes decision; decider

فَتَّاحٌ :(الفتاح): من أسمائه تعالى — Judge

مُفَتَّحٌ :(مفتحة): : مفتوح مهيّأ للاستقبال — Opened

مِفْتَاحٌ :(مفاتح، مفاتحه): وسيلة من وسائل علم الغيب — Key

ف ت ر

فَتَرَ (ُ):(يفترون): ضعف (عن مداومة التسبيح) — To flag; to be languid

فَتَّرَ :(يفتر): خفف — To relax

فَتْرَةٌ : مضيُ مدة — An interval (of cessation)

ف ت ق

فَتَقَ (ُ) :(ففتقناهما): شق — To part

ف ت ل

فَتِيلٌ :(فتيلاً): خيط رقيق في شق النَّواة — Hair upon a date-stone; down upon a date-stone; husk of a date stone

ف ت ن

فَتَنَ (ِ) :(فتنا، وفتنّاك، تفتنّي، لنفتنهم...)

فَتَنَ[1] : عذّب — To torment

﴿ يَوْمَ هُمْ عَلَى النَّارِ يُفْتَنُونَ ﴾ [الذاريات 13]

فَتَنَ[2] : ابتلى واختبر — To try

﴿ وَفَتَنَّاكَ فُتُوناً ﴾ [طه 40]

فَتَنَ[3] : صرف وصدّ — To seduce

﴿ وَاحْذَرْهُمْ أَنْ يَفْتِنُوكَ عَنْ بَعْضِ مَا أَنزَلَ اللَّهُ إِلَيْكَ ﴾ [المائدة 49]

فَتَنَ[4] : أوقع في الإثم — To tempt

﴿ وَمِنْهُمْ مَنْ يَقُولُ ائْذَنْ لِي وَلَا تَفْتِنِّي﴾ [التوبة 49]

فَتَنَ[5] : عذّب — To persecute; to cause distress

﴿ فَمَا آمَنَ لِمُوسَى إِلاَّ ذُرِّيَّةٌ مِنْ قَوْمِهِ عَلَى خَوْفٍ مِنْ فِرْعَوْنَ وَمَلَئِهِمْ أَنْ يَفْتِنَهُمْ ﴾ [يونس 83]

فُتُونٌ :(فتونا): تخليص من المحن — Trial

فَاتِنٌ :(بفاتنين): مضلٌ مفسد — One who excites; one who causes to fall into trial

مَفْتُونٌ :(المفتون): واقع في الفتنة — Demented; afflicted with madness

فِتْنَةٌ :(فتنة، والفتنة، فتنتك، فتنتكم،...)

فِتْنَةٌ[1] : اختبار وابتلاء — Trial; temptation

﴿ وَاعْلَمُوا أَنَّمَا أَمْوَالُكُمْ وَأَوْلاَدُكُمْ فِتْنَةٌ ﴾ [الأنفال 28]

﴿وَحَسِبُوا أَلاَّ تَكُونَ فِتْنَةٌ فَعَمُوا وَصَمُّوا ﴾ [المائدة 71]

فِتْنَةٌ[2] : صرف الناس عن الدين الحق — Sedition;persecution; torment

﴿ وَلأَوْضَعُوا خِلاَلَكُمْ يَبْغُونَكُمُ الْفِتْنَةَ ﴾ [التوبة 47]

﴿وَالْفِتْنَةُ أَشَدُّ مِنَ الْقَتْلِ ﴾ [البقرة 191]

﴿ ذُوقُوا فِتْنَتَكُمْ هَذَا الَّذِي كُنتُمْ بِهِ تَسْتَعْجِلُونَ ﴾ [الذاريات 14]

فِتْنَةٌ[3] : عذاب أو موضع عذاب — Lure

﴿ لاَ تَجْعَلْنَا فِتْنَةً لِلْقَوْمِ الظَّالِمِينَ ﴾ [يونس 85]

فِتْنَةٌ[4] : صرف الناس عن الدين الحق — Hostility; mischief; harm

﴿ كُلَّ مَا رُدُّوا إِلَى الْفِتْنَةِ أُرْكِسُوا فِيهَا ﴾ [النساء 91]

❋ ❋ ❋

فُتونٌ : Rt.(ف ت ن)

فَتًى : Rt.(ف ت ى)

❋ ❋ ❋

ف ت ى

أَفْتَى :(يفتيكم، أفتنا، أفتوني)

أَفْتَى[1]: بيّن الحكم والرأي — To pronounce; to give a decision; to give decree

﴿ قُلْ اللَّهُ يُفْتِيكُمْ فِي الْكَلاَلَةِ ﴾ [النساء 176]

أَفْتَى[2] : أظهر الحكم والرأى — To expound; to explain

﴿ أَفْتِنَا فِي سَبْعِ بَقَرَاتٍ سِمَانٍ ﴾ [يوسف 46]

اسْتَفْتَى :(تستفت، تستفتيان، ويستفتونك، فاستفتهم...)

اسْتَفْتَى[1]: طلب بيان الحكم والرأي — To consult; To ask for a pronouncement; to ask for a decision

﴿ وَيَسْتَفْتُونَكَ فِي النِّسَاءِ قُلْ اللَّهُ يُفْتِيكُمْ فِيهِنَّ ﴾ [النساء 127]

اسْتَفْتَى[2] : طلب بيان الحكم والرأي — To ask

﴿ فَاسْتَفْتِهِمْ أَهُمْ أَشَدُّ خَلْقًا أَمْ مَنْ خَلَقْنَا ﴾ [الصافات 11]

فَتًى :(فتى ، لفتاه، فتيان، فتية...)

فَتًى[1] : شاب بين المراهقة والرجولة — Young boy; youth

﴿ وَدَخَلَ مَعَهُ السِّجْنَ فَتَيَانِ ﴾ [يوسف 36]

﴿ قَالُوا سَمِعْنَا فَتًى يَذْكُرُهُمْ ﴾ [الأنبياء 60]

فَتًى[2] : خادم — Slave boy

﴿ امْرَأَةُ الْعَزِيزِ تُرَاوِدُ فَتَاهَا عَنْ نَفْسِهِ ﴾ [يوسف 30]

فَتًى[3] : خادم — Servant

﴿ فَلَمَّا جَاوَزَا قَالَ لِفَتَاهُ آتِنَا غَدَاءَنَا ﴾ [الكهف 62]

فَتَاةٌ :(فتياتكم): مؤنث فتى — Fem of فَتًى

فِتْيَةٌ : جمع فتى — Plur.of فَتًى

فَتَيَاتٌ :جمع فتاة — Plur.of فَتَاةٌ

***

فَتِيلٌ : — Rt.(ف ت ل)

فَجٌّ : — Rt.(ف ج ج)

فِجَاجٌ : جمع فجّ — Plur.of فَجٌّ rt. (ف ج ج)

فُجَّارٌ : جمع فاجر — Plur.of فَاجِرٌ rt. (ف ج ر)

***

ف ج ج

فَجٌّ :(فج، فجاج): طريق واسع بعيد — Ravine; path

سُبُلٌ فِجَاجٌ: طرق واسعة بعيدة — Valley-ways; wide paths

ف ج ر

فَجَرَ (ُ) :(تفجر، ليفجر)

فَجَرَ[1] : شقّ — To cause to gush

﴿ وَقَالُوا لَنْ نُؤْمِنَ لَكَ حَتَّى تَفْجُرَ لَنَا مِنْ الأَرْضِ يَنْبُوعًا ﴾ [الإسراء 90]

فَجَرَ[2] : انبعث في المعاصي او الكفر غير مكترث — To deny; to give the lie

﴿ بَلْ يُرِيدُ الإِنسَانُ لِيَفْجُرَ أَمَامَهُ ﴾ [القيامة 5]

فَجَّرَ :(فتفجّر ، يفجّرونها، فُجّرت)

فَجَّرَ[1] : بالغ في الشقّ — To cause to gush

﴿ وَفَجَّرْنَا خِلالَهُمَا نَهَرًا ﴾ [الكهف 23]

فَجَّرَ[2]: شقّ الجوانب — To pour forth; to make to flow (forth)

﴿ وَإِذَا الْبِحَارُ فُجِّرَتْ ﴾ [الإنفطار 3]

تَفَجَّرَ :(يتفجر): انبعث سائلاً — To gush; to burst forth

انْفَجَرَ :(فانفجرت): انبعث سائلاً — To gush (out)

فَاجِرٌ : (فاجراً، فجرة، فجّا،الفجار...): كافر غير مكترث بالكفر — Wicked; lewd; vile

فُجُورٌ :(فجورها): معاصٍ وكفر — That which is wrong

تَفْجِيرٌ :(تفجيرا): انبعاث في — The act of gushing out (forth)

هيئة سائل

فَجَرَةٌ: جمع فاجرٌ — Plur. of فاجِرٌ

فَجْرٌ :(والفجر): انكشاف ظلمة الليل عن ضوء الصبح — Dawn

ف ج و

فَجْوَةٌ : متّسعٌ — Clef; wide space

❋❋❋

فُجورٌ : — Rt.(ف ج ر)

❋❋❋

ف ح ش

فَحْشَاءُ :(الفحشاء): ما هو قبيحٌ شنيعٌ من الأفعال — Lewdness; indecency

فَاحِشَةٌ:(فاحشة،بفاحشة فواحش،...): فعلة قبيحة شنيعة — Lewdness; indecency; lewd thing

❋❋❋

فَخّارٌ : — Rt.(ف خ ر)

❋❋❋

ف خ ر

فَخُورٌ :(فخور ، فخوراً): كثير التعاظم والتكبر — Boaster; boastful

تَفَاخُرٌ :(وتفاخر): تعاظم وتكبرُ — Boasting

فَخّارٌ :(كالفخّار): طين محروق — Potter's clay; earthen vessels

❋❋❋

فَخُورٌ : — Rt.(ف خ ر)

فِداءٌ : — Rt.(ف د ى)

❋❋❋

ف د ى

فَدَى (ِ) :(وفديناه): استنقذ — To ransom

فَادَى :(تفادوهم): تقبل الفدية أو بادل بمثله — To ransom

افْتَدَى: (افتدى،افتدت،لافتدوا،يفتدي...) — To offer as a ransom; to give up to free oneself; to ransom

فِدَاءٌ : تخليصٌ للمفدي بمالٍ أو نحوه — Ransom; redemption; compensation

فِدْيَةٌ : (فدية،ففدية): ما يقدّم من صدقة بطعامٍ أو صوم أو نحوهما من العبادات — Ransom; redemption; compensation

❋❋❋

فَرَّ :(فرّت) — Rt.(ف ر ر)

فُراتٌ : — Rt.(ف ر ت)

فُرادَى : جمع فَرْدٌ — Plur.of فَرْدٌ rt. (ف ر د)

فِرارٌ : — Rt.(ف ر ر)

فِراشٌ : — Rt.(ف ر ش)

فِراقٌ : — Rt.(ف ر ق)

❋❋❋

ف ر ت

فُرَاتٌ :(فرات، فراتاً) : شديدُ العذوبة — Sweet

ف ر ث

فَرْثٌ : بقايا الطعام في الكرش — Refuse

ف ر ج

فَرَجَ (ِ) :(فُرِجت): شقّ — To rive asunder; to rend asunder

فَرْجٌ :(فرج، فروج، فروجهم، فروجهن)

فَرْجٌ[1] : شقٌ — Rift; gap

﴿ كَيْفَ بَنَيْنَاهَا وَزَيَّنَّاهَا وَمَا لَهَا مِنْ فُرُوجٍ ﴾ [ق 6]

فَرْجٌ[2] : ما بين الرِّجلين — Private parts

﴿ وَالَّذِينَ هُمْ لِفُرُوجِهِمْ حَافِظُونَ ﴾ [المؤمنون 5]

﴿ وَقُلْ لِلْمُؤْمِنَاتِ يَغْضُضْنَ مِنْ أَبْصَارِهِنَّ وَيَحْفَظْنَ فُرُوجَهُنَّ ﴾ [النور 31]

حَفِظَ(تْ) فَرْجَهُ(ها): صان (ت) من الفاحشة — To guard one's modesty; to preserve one's chastity

ف ر ح

فَرِحَ(َ) :(فرح، فرحوا، تفرح، يفرح...): سُرَّ وابتهج ؛ استخفته النعمة فتبطر — To rejoice; to be glad; to exult

فَرِحٌ:(فرح، فرحون،فرحين...): مسرور مبتهج — Exultant; jubilant; one who rejoices

ف ر د

فَرْدٌ : (فرداً)

فَرْدٌ[1] : منفرد — Alone; solitary

﴿ وَنَرِثُهُ مَا يَقُولُ وَيَأْتِينَا فَرْدًا ﴾ [مريم 80]

فَرْدٌ[2] : منفرد — Childless; alone

﴿ رَبِّ لاَ تَذَرْنِي فَرْدًا وَأَنْتَ خَيْرُ الْوَارِثِينَ ﴾ [الأنبياء 89]

فُرَادَى: واحداً بعد واحد — Singly

ف ر د س

فِرْدَوسٌ : (الفردوس): بستان والمراد به درجة من درجات الجنة — Paradise

* * *

فِرْدَوْسٌ : Rt.(ف ر د س)

* * *

ف ر ر

فَرَّ (ِ): (فرّت،فررتم،تفرّون،يفرّ): هربَ ، لجأ — To flee; to fly

فِرَارٌ : (الفرار،فراراً)

فِرَارٌ[1] : هربٌ — Flight

﴿ قُلْ لَنْ يَنْفَعَكُمُ الْفِرَارُ إِنْ فَرَرْتُمْ مِنَ الْمَوْتِ أَوْ الْقَتْلِ ﴾ [الأحزاب 16]

فِرَارٌ[2] : هربٌ — Repugnance; the act of fleeing

﴿ فَلَمْ يَزِدْهُمْ دُعَائِي إِلاَّ فِرَارًا ﴾ [نوح 6]

مَفَرٌّ : (المفرّ): مهرب وملجا — Place of refuge

ف ر ش

فَرَشَ(ُ): (فرشناها): بسط — To lay out; to make as a wide extent

فَرْشٌ : (وفرشاً): : انعام صغار لم تبلغ أن يحمل عليها — Food; beasts which are fit for slaughter only

فِرَاشٌ :(فراشاً، فرش)

فِرَاشٌ[1] : مهاد ومستقر — Resting- place

﴿ الَّذِي جَعَلَ لَكُمُ الأَرْضَ فِرَاشًا ﴾ [البقرة 22]

فِرَاشٌ[2] : ما يفرش من متاع — Couch; bed; throne

﴿ وَفُرُشٍ مَرْفُوعَةٍ ﴾ [الواقعة 4]

فُرُشٌ : جمع فِراش — Plur.of فِراشٌ

فَرَاشٌ :(كالفراش): جنس من الحشرات يتهافت حول النار فتحرق — Moths

ف ر ض

فَرَضَ(ِ):(فرض، فرضتم، وفرضناها، تفرضوا...)

فَرَضَ[1] : اوجب — To determine the performance; to be minded to perform

﴿ فَمَنْ فَرَضَ فِيهِنَّ الْحَجَّ فَلاَ رَفَثَ وَلاَ فُسُوقَ ﴾ [البقرة 197]

فَرَضَ[2] : أوجب — To give for a law

﴿ إِنَّ الَّذِي فَرَضَ عَلَيْكَ الْقُرْآنَ لَرَادُّكَ إِلَى مَعَادٍ ﴾ [القصص 85]

فَرَضَ[3] : خصّ وأباح — To make lawful

﴿ قَدْ فَرَضَ اللَّهُ لَكُمْ تَحِلَّةَ أَيْمَانِكُمْ ﴾ [التحريم 2]

﴿ مَا كَانَ عَلَى النَّبِيِّ مِنْ حَرَجٍ فِيمَا فَرَضَ اللَّهُ لَهُ ﴾ [الأحزاب 38]

فَرَضَ[4] : قدّر — To appoint; to ordain

﴿ مَا لَمْ تَمَسُّوهُنَّ أَوْ تَفْرِضُوا لَهُنَّ فَرِيضَةً ﴾ [البقرة 236]

فَرَضَ[5] : أوجب العمل به — To enjoin

﴿ سُورَةٌ أَنزَلْنَاهَا وَفَرَضْنَاهَا ﴾ [النور 1]

فَرِيضَةٌ : (فريضة،الفريضة)

فَرِيضَةٌ[1] : مهر مقدّر — Portion

﴿ مَا لَمْ تَمَسُّوهُنَّ أَوْ تَفْرِضُوا لَهُنَّ فَرِيضَةً ﴾ [البقرة 236]

فَرِيضَةٌ[2] : (مهر) واجب ؛ حكم مفروض — Duty; decree; injunction

﴿ وَلاَ جُنَاحَ عَلَيْكُمْ فِيمَا تَرَاضَيْتُمْ بِهِ مِنْ بَعْدِ الْفَرِيضَةِ ﴾ [النساء 24]

﴿ آبَاؤُكُمْ وَأَبْنَاؤُكُمْ لاَ تَدْرُونَ أَيُّهُمْ أَقْرَبُ لَكُمْ نَفْعًا فَرِيضَةً مِنَ اللَّهِ ﴾ [النساء 11]

مَفْرُوضٌ :(مفروضاً): مقدّر ؛ محدّد — Appointed; legal

فَارِضٌ : مُسِنّة — Cow with calf

ف ر ط

فَرَطَ (ُ) :(يفرط): عجّل بالعدوان — To be before hand; to hasten; to do evil

فَرَّطَ:(فرّطت ،فرّطتم ،فرّطنا ، يفرّطون): قصّر وضيّع — To neglect; to be unmindful; to fall short of duty

مُفْرَطٌ:(مفرطون): مُعجّل العذاب — Abandoned; one sent before

فُرُطٌ :(فرطاً): مُضيّع — That in which due bounds are exceeded

ف ر ع

فَرْعٌ :(فرعها): أعلى الشجرة — Branches

ف ر ع ن

فِرْعَونُ : لقب ملوك مصر في القديم — Pharaoh; Firon

***

فِرْعونُ : Rt.(ف ر ع ن)

***

ف ر غ

فَرَغَ (ُ) :(فرغت، سنفرغ)

فَرَغَ[1] : انتهى(من شؤون الجهاد) — To be relieved; to be free

﴿ فَإِذَا فَرَغْتَ فَانصَبْ ﴾ [الشرح 7]

فَرَغَ[2] : قصد دون الغير — To dispose; to apply oneself

﴿ سَنَفْرُغُ لَكُمْ أَيُّهَا الثَّقَلاَنِ [الرحمن 31]

أَفْرَغَ:(أفرغ، افرغ): صبّ ؛ أنزل وأسبغ — To pour (down); to bestow

فَارِغٌ :(فارغاً): خالٍ — Void; free (from anxiety)

ف ر ق

فَرَقَ (ُ) :(فرقنا، فرقناه، فافرق، يفرق)

فَرَقَ[1] : قسم — To part; to divide

﴿ وَإِذْ فَرَقْنَا بِكُمْ الْبَحْرَ فَأَنْجَيْنَاكُمْ ﴾ [البقرة 50]

فَرَقَ[2] : فصل وبين — To part; to divide

﴿ وَقُرْآنًا فَرَقْنَاهُ لِتَقْرَأَهُ عَلَى النَّاسِ عَلَى مُكْثٍ ﴾ [الإسراء 106]

فَرَقَ[3] : حكم وفصل — To distinguish; to make clear

﴿ فَافْرُقْ بَيْنَنَا وَبَيْنَ الْقَوْمِ الْفَاسِقِينَ ﴾ [المائدة 25]

فَرِقَ (:) :(يفرقون): خاف — To be afraid

فَرَّقَ :(فرّقوا، نفرق، يفرّقوا، يفرّقون)

فَرَّقَ[1] : جعله فرقا — To split up; to sunder

﴿ مِنْ الَّذِينَ فَرَّقُوا دِينَهُمْ وَكَانُوا شِيَعًا ﴾ [الروم 32]

فَرَّقَ[2] : ميّز — To make distinction

﴿ لاَ نُفَرِّقُ بَيْنَ أَحَدٍ مِنْهُمْ وَنَحْنُ لَهُ مُسْلِمُونَ ﴾ [البقرة 136]

فَرَّقَ[3] : أحدث فرقة — To make division

﴿ فَيَتَعَلَّمُونَ مِنْهُمَا مَا يُفَرِّقُونَ بِهِ بَيْنَ الْمَرْءِ وَزَوْجِهِ ﴾ [البقرة 102]

فَارَقَ :(فارقوهن): ترك وطلق — To part from; to separate

تَفَرَّقَ :(تفرق، تفرّقوا، يتفرّقوا، يتفرّقا...)

تَفَرَّقَ[1] : اختلف وتشتت — To separate

﴿ وَلاَ تَكُونُوا كَالَّذِينَ تَفَرَّقُوا وَاخْتَلَفُوا مِنْ بَعْدِ مَا جَاءَهُمْ الْبَيِّنَاتُ ﴾ [آل عمران 105]

تَفَرَّقَ[2] : ابتعد — To be divided; to become separated one from the other(with ب)

﴿ فَاتَّبِعُوهُ وَلاَ تَتَّبِعُوا السُّبُلَ فَتَفَرَّقَ بِكُمْ عَنْ سَبِيلِهِ ﴾ [الأنعام 153]

فَرْقٌ :(فرقاً): تمييزُ وفصل — The act of winnowing; the act of separating one from another

فِرْقٌ : فلق وقطعة — Part

فِرْقَةٌ : جماعة من الناس — Troop; company

فِرَاقٌ : فرقة — A parting; separation

فَارِقٌ :(فالفارقات): ملك يميّز أمراً عن آخر أي الحق عن باطل — One who winnows; one who separates one from another

فَرِيقٌ :(فريق، فريقاً، فريقان، الفريقين): جماعة من الناس — Party; faction

فُرْقَانٌ :(الفرقان، فرقاناً)

فُرْقَانٌ[1] : شرع فاصل بين الحلال والحرام — Criterion of right and wrong; Furqan

﴿ وَإِذْ آتَيْنَا مُوسَى الْكِتَابَ وَالْفُرْقَانَ ﴾ [البقرة 53]

فُرْقَانٌ[2] : هداية يُفرق بها بين الحق والباطل — Discrimination (between right and wrong)

﴿ يَاأَيُّهَا الَّذِينَ آمَنُوا إِنْ تَتَّقُوا اللَّهَ يَجْعَلْ لَكُمْ فُرْقَانًا ﴾ [الأنفال 29]

يَوْمُ الْفُرْقَانِ : : يوم موقعة بدر — Day of discrimination

تَفْرِيقٌ :(وتفريقاً): إحداث فُرقة — Dissension; division

مُتَفَرِّقٌ :(متفرقون، متفرقة)

مُتَفَرِّقٌ[1] : متعدد — Diverse; sundry

﴿ أَأَرْبَابٌ مُتَفَرِّقُونَ خَيْرٌ أَمِ اللَّهُ الْوَاحِدُ الْقَهَّارُ ﴾ [يوسف 39]

مُتَفَرِّقٌ 2 : متعدد — Different

﴿ وَادْخُلُوا مِنْ أَبْوَابٍ مُتَفَرِّقَةٍ ﴾ [يوسف 67]

ف ر هـ

فَارِهٌ :(فارهين): حاذق — One who is skillful; one who exults

* * *

فُروجٌ : جمع فَرْج — Plur.of فَرْجٌ rt. (ف ر ج)

* * *

ف ر ى

افْتَرَى:(افترى،افتريته،لتفتروا،يفترون...): اختلق وكذب — To invent; to forge; to devise

افْتِرَاءٌ : اختلاق وكذب — The act of inventing a lie; the act of gorging a lie

مُفْتَرًى:(مفتريات): مُختلق — invented; forged

مُفْتَرٍ :(مفترٍ،مفترين،المفترين): مختلق كاذب — One who invents; forger

فَرِيٌّ :(فريا): عجيب — Amazing; strange

* * *

فَرِيضَةٌ : Rt.(ف ر ض)

فَرِيقٌ : Rt.(ف ر ق)

* * *

ف ز ز

اسْتَفَزَّ :(يستفزهم، ليستفزّنك، واستفزز)

اسْتَفَزَّ 1 : استخف وأزعج — To excite; to beguile

﴿ وَاسْتَفْزِزْ مَنِ اسْتَطَعْتَ مِنْهُمْ بِصَوْتِكَ ﴾ [الإسراء 64]

اسْتَفَزَّ 2 : استخف وأفزع — To scare; to unsettle

﴿ وَإِنْ كَادُوا لَيَسْتَفِزُّونَكَ مِنَ الأَرْضِ ﴾ [الإسراء 76]

ف ز ع

فَزِعَ (َ):(ففزع،فزعوا): خاف وذعر — To be terrified; to be frightened;to be afraid;to stare in fear

فَزَّعَ :(فزّع): أزال الفزع — To banish; to remove

فَزَعٌ:(الفزع): خوفٌ وذُعرٌ — Horror; fear; terror; fearful event

الفَزَعُ الأَكْبَرُ : انظر أكبر — See أَكْبَرُ rt.(ك ب ر)

* * *

فَسَادٌ : Rt.(ف س د)

* * *

ف س ح

فَسَحَ (َ) :(يفسح، فافسحوا)

فَسَحَ 1 : وسّع — To make (ample) room

﴿ إِذَا قِيلَ لَكُمْ تَفَسَّحُوا فِي الْمَجَالِسِ فَافْسَحُوا ﴾ [المجادلة 11]

فَسَحَ 2 : وسّع — To make way; to give ample

﴿ يَفْسَحِ اللَّهُ لَكُمْ ﴾ [المجادلة 11]

تَفَسَّحَ :(تفسّحوا): وَسّع — To make room

ف س د

فَسَدَ(ُ):(لفسدت، لفسدتا): وَسّع — To be corrupted; to be in a state of disorder; to be disordered

أَفْسَدَ :(أفسدوها،لتفسدن،لنفسد، — To make mischief;

يفسد...): اختل نظام (الشيء) — to work corruption

فَسَادٌ :(فساد،الفساد، فساداً): أوقع الفساد — Corruption; mischief

مُفْسِدٌ :(المفسد، المفسدون، بالمفسدين): فاعل الفساد — Mischief-maker; corrupter; one who makes mischief

ف س ر

تَفْسِيرٌ :(تفسيراً): شرح وتبيين — Argument; significance

ف س ق

فَسَقَ(ُ) :(فسق،فسقوا،تفسقون، يفسقون...): عصى وخرج عن الطاعة او عن حدود الشرع — To commit abomination; to transgress; to rebel; to do evil

فِسْقٌ :(الفسق، فسقاً): عصيان وخروج عن حدود الشرع — Abomination

فَاسِقٌ :(فاسق،فاسقاً،الفاسقون،فاسقين...): عاصٍ خارج عن حدود الشرع — Lewd; evil-liver; evil-doer

فُسُوقٌ : عصيان وخروج عن حدود الشرع — Lewdness; transgression

***

فُسُوقٌ : Rt.(ف س ق)

***

ف ش ل

فَشِلَ :(َ) :(فشلتم، لفشلتم،تفشلا، فتفشلوا...)

فَشِلَ[1] : ضعف وجبُن — To fail; to falter

﴿ حَتَّى إِذَا فَشِلْتُمْ وَتَنَازَعْتُمْ فِي الأَمْرِ ﴾
[آل عمران 152]

فَشِلَ[2] : ضعف وجبُن — To fall away; to show cowardice

﴿ إِذْ هَمَّتْ طَائِفَتَانِ مِنْكُمْ أَنْ تَفْشَلاَ ﴾
[آل عمران 22]

***

فِصَالٌ : Rt.(ف ص ل)

***

ف ص ح

أَفْصَحُ : حدود الشرع — More eloquent

أَفْصَحُ لِسَاناً: اكثر طلاقة — More eloquent in speech; more eloquent of tongue

ف ص ل

فَصَلَ(ُ) :(فصل، فصلت): خرج — To depart; to set out

فَصَلَ (ِ) :(يفصل): حكم — To decide; to judge

فَصَّلَ :(فصل،فصلنا،نفصل، يفصل...): بيّن ووضح — To detail; to expound; to explain

فَصْلٌ :(فصل، الفصل): حكم قاطع أو فاصل بين الحق والباطل — Decisive judgment

يَوْمُ الفَصْلِ: يوم القيامة — Day of decision; day of separation

فَصْلُ الخِطَابِ: القول القاطع للخصومة والخلاف — Decisive speech; clear judgment

كَلِمَةُ(قَوْلُ) الفَصْلِ: الحكم بتأخير العذاب للآخرة — Decisive word

فَاصِلٌ :(الفاصلين): حاكم — Decider

فِصَالٌ :(فصالاً، وفصاله): فِطام — Weaning

فَصِيلَةٌ :(وفصيلته): عشيرة قريبة — Kin; nearest of kinsfolk

تَفْصِيلٌ :(وتفصيل،تفصيلاً): توضيح وتبيين — (Detailed) explanation; exposition; clear explanation; distinctness

مُفَصَّلٌ :(مفصلاً، مفصلات): — Fully explained; made plain; clear

مُبِينٌ

ف ص م

انْفِصَامٌ : انقطاع — The act of breaking (off)

* * *

فَصِيلَةٌ : Rt.(ف ص ل)

فِضَّةٌ : Rt.(ف ض ض)

* * *

ف ض ح

فَضَحَ(َ) :(تفضحون): كشف المعايب — To affront; to disgrace

ف ض ض

انْفَضَّ :(انفضوا، ينفضوا): تفرّق وانصرف — To disperse; to break away

فِضَّةٌ : جوهر نفيس تتخذ منه النقود والحلي وغيرهما — Silver

ف ض ل

فَضَّلَ :(فضّل، فضّلكم، وفضّلناهم، نفضّل...)

فَضَّلَ[1] : ميّز — To prefer; to favour

﴿ وَاللَّهُ فَضَّلَ بَعْضَكُمْ عَلَى بَعْضٍ فِي الرِّزْقِ ﴾ [النحل 71]

﴿ وَأَنِّي فَضَّلْتُكُمْ عَلَى الْعَالَمِينَ ﴾ [البقرة 47]

فَضَّلَ[2] : ميّز — To make to excel

﴿ وَنُفَضِّلُ بَعْضَهَا عَلَى بَعْضٍ فِي الأُكُلِ ﴾ [الرعد 4]

فَضَّلَ[3] : ميّز — To bestow; to grant; to confer

﴿ وَفَضَّلَ اللَّهُ الْمُجَاهِدِينَ عَلَى الْقَاعِدِينَ أَجْرًا عَظِيمًا ﴾ [النساء 95]

تَفَضَّلَ : (يتفضّل): ادّعى الفضل — To make oneself superior; to have superiority

فَضْلٌ :(فضل، الفضل، فضلاً، فضله...)

فَضْلٌ[1] : زيادة وإحسان — Bounty; grace; favour

﴿ فَلَوْلاَ فَضْلُ اللَّهِ عَلَيْكُمْ وَرَحْمَتُهُ لَكُنتُمْ مِنَ الْخَاسِرِينَ ﴾ [البقرة 64]

﴿ ذَلِكَ الْفَضْلُ مِنَ اللَّهِ ﴾ [النساء 70]

﴿ فَانْقَلَبُوا بِنِعْمَةٍ مِنَ اللَّهِ وَفَضْلٍ ﴾ [آل عمران 174]

فَضْلٌ[2] : زيادة وإحسان — Kindness

﴿ وَلاَ تَنسَوُا الْفَضْلَ بَيْنَكُمْ ﴾ [البقرة 237]

تَفْضِيلٌ : (تفضيلاً): وتمييز — Preferment; excellence

ف ض ا - و

أَفْضَى : خلا أو وصل بالوقاع او الخلوة الصحيحة — To go in to (unto)

ف ط ر

فَطَرَ (ُ):(فطر ،فطركم،فطرنا،فطرني...): خلق وأبدع — To create

تَفَطَّرَ :(يتفطرن): تشقق وتصدّع — To be torn; to be rent asunder

انْفَطَرَ :(انفطرت): انشقّ — To cleave asunder

فَاطِرٌ : مبدع — Creator; Originator

فِطْرَةٌ : طبيعة — Nature

فَطْرٌ :(فطور): شقّ — Rift

مُنْفَطِرٌ : منشق — Sent asunder

* * *

فُطورٌ : جمع فطر — Plur.of فطْرٌ rt. (ف ط ر)

فَظٌّ : Rt.(ف ظ ظ)

❋❋❋

ف ظ ظ

فَظٌّ :(فظاً): جاف — Stern; rough

❋❋❋

فَعّالٌ : — Rt.(ف ع ل)

❋❋❋

ف ع ل

فَعَلَ (:) :(فعل، فعلت، تفعل، يفعل...)

فَعَلَ[1] : عمل — To do

﴿ أَتُهْلِكُنَا بِمَا فَعَلَ السُّفَهَاءُ مِنَّا ﴾ [الأعراف 155]

فَعَلَ[2] : عمل — To deal with

﴿ إِنَّا كَذَلِكَ نَفْعَلُ بِالْمُجْرِمِينَ ﴾ [الصافات 34]

فَعَلَ[3] : عمل — To make to befall

﴿ تَظُنُّ أَنْ يُفْعَلَ بِهَا فَاقِرَةٌ ﴾ [القيامة 25]

فِعْلٌ : عمل — A doing

فَعْلَةٌ :(فعلتك): المرّة من الفعل والمراد قتل المصري — Deed

فَاعِلٌ :(فاعل، فاعلون، فاعلين)

فَاعِلٌ[1] : عامل — One who does

﴿ قَالُوا سَنُرَاوِدُ عَنْهُ أَبَاهُ وَإِنَّا لَفَاعِلُونَ ﴾ [يوسف 61]

فَاعِلٌ[2] : عامل — Payer; giver

﴿ وَالَّذِينَ هُمْ لِلزَّكَاةِ فَاعِلُونَ ﴾ [المؤمنون 4]

فَعّالٌ : مبالغة في الفعل — (Mighty; great)doer

مَفْعُولٌ :(مفعولاً): نافذ — Done; fulfilled; executed

ف ق د

فَقَدَ (:) :(تفقدون، نفقد): أضاع — To lose; to miss

تَفَقَّدَ :(وتفقّد): بحث عن — To seek among; to review

ف ق ر

فَقْرٌ :(الفقر): عوزٌ وحاجة — Poverty; destitution

فَقِيرٌ :(فقير ،الفقير ،فقراء ،الفقراء...)

فَقِيرٌ[1] : — Needy; one in need

﴿لَقَدْ سَمِعَ اللَّهُ قَوْلَ الَّذِينَ قَالُوا إِنَّ اللَّهَ فَقِيرٌ وَنَحْنُ أَغْنِيَاءُ ﴾ [آل عمران 181]

فَقِيرٌ[2] : — Poor

﴿ رَبِّ إِنِّي لِمَا أَنزَلْتَ إِلَيَّ مِنْ خَيْرٍ فَقِيرٌ ﴾ [القصص 24]

فَاقِرَةٌ : داهية كأنها تكسر فقار الظهر — Great disaster; great calamity

فُقَرَاءُ: جمع فقير — Plur. of فَقِيرٌ

ف ق ع

فَاقِعٌ : صافٍ — Bright; intensely yellow

ف ق ه

فَقِهَ(:) :(تفقهون ،نفقه ،يفقهوا ،يفقهوه...): فهم — To understand; to apprehend

تَفَقَّهَ :(يتفقهوا): توسّع في الفهم — To gain sound knowledge; to obtain understanding

❋❋❋

فَقِيرٌ : — Rt.(ف ق ر)

فَكٌّ : — Rt.(ف ك ك)

❋❋❋

ف ك ر

فَكَّرَ : أعمل عقله — To consider; to reflect

تَفَكَّرَ :(تتفكروا ،تتفكرون ،يتفكروا ،ويتفكرون..): أعمل عقله — To reflect; to consider

ف ك ك

فَكٌّ: إعتاق — The act of freeing; the act of setting free

مُنْفَكٌّ :(منفكين): منصرف وتارك ما هو عليه — One who leaves off; one who separates (from another)

ف ك ه

تَفَكَّهَ :(تفكهون): تعاطى الفكاهة — To exclaim; to lament

فَكِهٌ :(فكهين): مرحٌ طيّبةٌ نفسه — Jester; one who exults

فَاكِهٌ:(فاكهون ،فاكهين): ناعم العيش — One who takes delight in; one who rejoices; one who is quite happy

فَاكِهَةٌ:(فاكهة، فواكه): ثمارٌ لذيذة — Fruit

***

فُلانٌ : — Rt.(ف ل ن)

***

ف ل ح

أَفْلَحَ:(افلح، تفلحوا ،تفلحون ،يفلح..): ظَفِرَ وفازَ — To be successful

مُفْلِحٌ :(مفلحون، مفلحين): فائزٌ — One who is successful

ف ل ق

انْفَلَقَ :(فانفلق): انشقّ — To cleave asunder; to part

فَلَقٌ :(الفلق): طلوع الصبح — Daybreak; dawn

فَالِقٌ :

فَالِقٌ[1] : من يشقّ (الحب ليُخرج منه النبات) — One who splits (for sprouting); one who causes to germinate

﴿ إِنَّ اللَّهَ فَالِقُ الْحَبِّ وَالنَّوَى ﴾ [الأنعام 95]

فَالِقٌ[2] : مُخرِج(من الليل) — Cleaver; one who causes to break

﴿ فَالِقُ الإِصْبَاحِ وَجَعَلَ اللَّيْلَ سَكَنًا ﴾ [الأنعام 96]

ف ل ك

فُلْكٌ :(الفلك)

فُلْكٌ[1] : سفينة — Ship; ark

﴿ وَاصْنَعْ الْفُلْكَ بِأَعْيُنِنَا وَوَحْيِنَا ﴾ [هود 37]

فُلْكٌ[2] : سفن — Ships

﴿ حَتَّى إِذَا كُنْتُمْ فِي الْفُلْكِ وَجَرَيْنَ بِهِمْ بِرِيحٍ طَيِّبَةٍ ﴾ [يونس 22]

فَلَكٌ : — Orbit; celestial sphere

﴿ كُلٌّ فِي فَلَكٍ يَسْبَحُونَ ﴾ [الأنبياء 33]

ف ل ن

فُلاَنٌ :(فلانا): كناية عن العلم المذكر العاقل — Such a one

ف ن د

فَنَّدَ :(تفندون): خطأ الرأي — To call dotard; to pronounce someone to be weak in judgment

ف ن ن

فَنَنٌ :(افنان): غصنٌ مستقيم من الشجرة — Spreading branch; kind

ف ن ي

فانٍ : هالك — One who passes away

ف هـ م

فَهَّمَ :(ففهمناها): جعله يفهم — To make to understand

❋ ❋ ❋

فَوَاحِشُ : جمع فاحشة — Plur.of فاحِشَة rt. (ف ح ش)

فُواقٌ : — Rt.(ف و ق)

فَواكِهُ : جمع فاكهة — Plur.of فاكِهَة rt. (ف ك ه)

❋ ❋ ❋

ف و ت

فَاتَ(ُ):(فاتكم): ذهب من — To escape; to pass away; to go from

فَوْتٌ : مهرب ونجاة (من العذاب) — Escape

تَفَاوُتٌ : خللٌ وعدم استواء — Fault; incongruity

ف و ج

فَوْجٌ :(فوج،فوجاً،أفواجاً): جماعة من الناس — Multitude; army; host; troop; company

ف و ر

فَارَ (ُ) :(وفار ، تفور)

فَارَ[1]: اشتدّ غليانه وارتفع مافيه — To gush (forth) (the water) ; to overflow

﴿ فَإِذَا جَاءَ أَمْرُنَا وَفَارَ التَّنُّورُ ﴾ [المؤمنون 27]

فَارَ[2] : غلي وهاج — To boil up

﴿ إِذَا أُلْقُوا فِيهَا سَمِعُوا لَهَا شَهِيقًا وَهِيَ تَفُورُ ﴾ [الملك 7]

فَوْرٌ :(فورهم): أول الوقت بلا إبطاء — Haste

مِنْ فَوْرِهِ: في غليان الحال وقبل سكون الأمر — Suddenly; in a headlong manner

ف و ز

فَازَ (ُ) :(فاز ، فأفوز): ظفر — To succeed; to triumph

فَوْزٌ :(فوزا): ظفر — Success; triumph

فَائِزٌ :(الفائزون): ظافر — One who is victorious; one who is triumphant

مَفَازٌ :(مفازاً): ظفر — Achievement

مَفَازَةٌ :(بمفازة، بمفازتهم)

مَفَازَةٌ[1] : منجاة — Safety

﴿ فَلاَ تَحْسَبَنَّهُمْ بِمَفَازَةٍ مِنَ الْعَذَابِ ﴾ [آل عمران 188]

مَفَازَةٌ[2] : نجاة وظفر — Deserts; achievement

﴿ وَيُنَجِّي اللَّهُ الَّذِينَ اتَّقَوا بِمَفَازَتِهِمْ ﴾ [الزمر 61]

ف و ض

فَوَّضَ :(وأفوض): جعل له التصرف أو وكل إلى — To confide; to entrust

ف و ق

أفاقَ : صحا من غشيته — To wake; to recover

فَوْقَ :(فوق، فوقكم، فوقه، فوقها...)

فَوْقَ[1] : ظرف مكان يفيد الإرتفاع والعلو وقد جاء مضافاً إلى الظاهر وإلى الضمير — Above

﴿ وَجَاعِلُ الَّذِينَ اتَّبَعُوكَ فَوْقَ الَّذِينَ كَفَرُوا ﴾ [آل عمران 55]

فَوْقَ[2] : ظرف مكان يفيد الإرتفاع والعلو وقد جاء مضافاً إلى الظاهر وإلى الضمير — Over

﴿ وَهُوَ الْقَاهِرُ فَوْقَ عِبَادِهِ ﴾ [الأنعام 18]

فَوْقَ[3] : ظرف مكان يفيد الإرتفاع والعلو وقد جاء مضافاً إلى الظاهر وإلى الضمير — More than

﴿ فَإِنْ كُنَّ نِسَاءً فَوْقَ اثْنَتَيْنِ ﴾ [النساء 11]

فَوْقَ[4] : ظرف مكان يفيد الإرتفاع والعلو وقد جاء مضافاً إلى الظاهر وإلى الضمير — Upon

﴿ إِنِّي أَرَانِي أَحْمِلُ فَوْقَ رَأْسِي خُبْزًا ﴾ [يوسف36]

فَوَاقٌ : إفاقة وصحوة — Second; delay

ف و م

فُوْمٌ :(وفومها): حنطة أو ثوم — Corn; garlic

ف و ه

فُوْهٌ :(فاه، أفواهكم، أفواههم): فم — Mouth

ف ى

فِي :(في،وفيكم،فيه..)

فِي[1] : داخل ، ضمن ، في رفقة — In; into; among; in company with

﴿ ادْخُلُوا فِي أُمَمٍ قَدْ خَلَتْ مِن قَبْلِكُمْ ﴾ [الأعراف 38]

فِي[2] : بشأن ، بخصوص — About; concerning

﴿أَفِي اللهِ شَكٌّ ﴾ [ابراهيم 4]

فِي[3]: بالمقارنة إلى — In comparison with

﴿ وَمَا الْحَيَاةُ الدُّنْيَا فِي الآخِرَةِ إِلاَّ مَتَاعٌ ﴾ [الرعد 26]

فِي[4] : بسبب ، من أجل — On account of

﴿ إِنَّمَا يَنْهَاكُمُ اللهُ عَنِ الَّذِينَ قَاتَلُوكُمْ فِي الدِّينِ﴾ [الممتحنة 9]

ف ي أ

فَاءَ(.):(فاءت،فاءوا،تفيء): رجع — To return; to go back; to change one's mind

أَفَاءَ : جعله فيئاً أو غنيمة — To give as spoil(s) (of war); to restore

تَفَيَّأَ :(يتفيؤا): تقلب — To incline; to turn (itself) about

ف ى ض

فَاضَ (.) :(تفيض): سال — To overflow

أَفَاضَ :(أفاض، أفضتم، تفيضون، أفيضوا)

أَفَاضَ[1] : جاد — To pour on (water)

﴿ وَنَادَى أَصْحَابُ النَّارِ أَصْحَابَ الْجَنَّةِ أَنْ أَفِيضُوا عَلَيْنَا مِنَ الْمَاءِ ﴾ [الأعراف 38]

أَفَاضَ[2] : أكثر — To murmur; to be engaged in; to say among oneself

﴿ لَمَسَّكُمْ فِي مَا أَفَضْتُمْ فِيهِ عَذَابٌ عَظِيمٌ ﴾ [النور 14]

أَفَاضَ[3] : انصرف — To press on in the multitude; to hasten onwards

﴿ ثُمَّ أَفِيضُوا مِنْ حَيْثُ أَفَاضَ النَّاسُ ﴾ [البقرة 199]

ف ي ل

فِيلٌ :(الفيل): حيوان ضخم استعمل قديماً في الحرب — Elephant

باب القاف

ق

قٓ :	Qaf

✻ ✻ ✻

قائِلٌ :(قائل خالالها، قائلين)	Rt.(ق و ل)
قائِلٌ :(قائلون)	Rt.(ق ي ل)
قائِمٌ :	Rt.(ق و م)
قَابٌ :	Rt.(ق و ب)
قابِلٌ :	Rt.(ق ب ل)
قاتَلَ :	Rt.(ق ت ل)
قادِرٌ :	Rt.(ق د ر)
قارِعَةٌ :	Rt.(ق رع)
قَارُونُ :	Rt.(ق ر ن)
قاسِطٌ :	Rt.(ق س ط)
قاسٍ (قاسية)	Rt.(ق س و)
قاسَمَ :	Rt.(ق س م)
قاصِدٌ :	Rt.(ق ص د)
قاصِراتٌ :	Rt.(ق ص ر)
قاصِفٌ :	Rt.(ق ص ف)
قاضٍ :	Rt.(ق ض ي)
قاضِيَةٌ :	Rt.(ق ض ي)
قاطِعٌ :	Rt.(ق ط ع)
قاعٌ :	Rt.(ق و ع)
قَاعِدٌ :	Rt.(ق ع د)
قالَ :	Rt.(ق و ل)
قالٍ :(قالين)	Rt.(ق ل ي)
قامَ :	Rt.(ق و م)
قانِتٌ :	Rt.(ق ن ت)
قانِطٌ :	Rt.(ق ن ط)
قانِعٌ :	Rt.(ق ن ع)
قاهِرٌ :	Rt.(ق هـ ر)
قَبائِلُ : جمع قبيلة	Plur.of قَبِيلَةٌ rt.(ق ب ل)

✻ ✻ ✻

ق ب ح

مَقْبُوحٌ :(المقبوحين) : مُبعَدٌ من كلّ خير	Hateful

ق ب ر

أَقْبَرَ :(أقبره) : جعل له قبراً	To bury
قَبْرٌ :(قبره، القبور) : موضع الدفن	Grave
مَقْبَرَةٌ :(المقابر) : قبر	Grave

ق ب س

اقْتَبَسَ : (نقتبس) : أفاد من	To borrow
قَبَسٌ : نار وشعلة	Firebrand; brand; live coal
شِهَابٌ قَبَسٌ: شعلة نار ساطعة مقبوسة من أصلها	Borrowed flame; burning firebrand

ق ب ض

قَبَضَ(ِ):(قبضت، قبضناه، يقبض، ويقبضن...)

قَبَضَ 1 :أخذ منه ملء الكف	To seize; to take

ق ب ل

﴿ فَقَبَضْتُ قَبْضَةً مِنْ أَثَرِ الرَّسُولِ ﴾ [طه 96]

قَبَضَ[2] : أزال — To withdraw

﴿ ثُمَّ قَبَضْنَاهُ إِلَيْنَا قَبْضًا يَسِيرًا ﴾ [الفرقان 46]

قَبَضَ[3] : جمع — To close; to contract

﴿ أَوَلَمْ يَرَوْا إِلَى الطَّيْرِ فَوْقَهُمْ صَافَّاتٍ وَيَقْبِضْنَ ﴾ [الملك 19]

قَبَضَ[4] : ضيّق — To straiten

﴿ وَاللَّهُ يَقْبِضُ وَيَبْسُطُ وَإِلَيْهِ تُرْجَعُونَ﴾ [البقرة 245]

قَبَضَ يَدَهُ: بَخِلَ وامتنع عن — To withhold; to be niggardly

قَبْضٌ :(قبضاً) : إزالة — Withdrawal; a taking

قَبْضَةٌ :(قبضة، قبضته): ما يملأ الكف ؛ حوزة أو ملك — Handful

مَقْبُوضٌ :(مقبوضة) : مأخوذ باليد — Taken in hand; taken into possession

ق ب ل

قَبِلَ (ـَ) :(تقبلوا، يُقبل، تَقبل، يُقبل...) : رضي وأخذ بـ — To accept

أَقْبَلَ :(وأقبل، فاقبلت، أقبلنا، وأقبلوا...) : قدم وجاء

أَقْبَلَ[1] : واجه — To come up; to come toward; to come forward; to advance

﴿ قَالُوا وَأَقْبَلُوا عَلَيْهِم مَاذَا تَفْقِدُونَ ﴾ [يوسف 71]

أَقْبَلَ[2] : قدم وجاء — To travel; to proceed

﴿ وَاسْأَلِ الْقَرْيَةَ الَّتِي كُنَّا فِيهَا وَالْعِيرَ الَّتِي أَقْبَلْنَا فِيهَا ﴾ [يوسف 82]

﴿ فَأَقْبَلَتِ امْرَأَتُهُ فِي صَرَّةٍ فَصَكَّتْ وَجْهَهَا ﴾ [الذاريات 29]

تَقَبَّلَ :(فتقبلها،نتقبل،يتقبل،تقبل ...) : رضي عن — To accept

قَابِلٌ : راضٍ (عن التوبة) — Accepter; acceptor

قَبُولٌ : رضا — Acceptance

مُتَقَابِلٌ :(متقابلين): متواجه — Face to face; facing one another

مُسْتَقْبِلٌ : مقبل — Coming towards; advancing towards

قِبْلَةٌ :(قبلة، القبلة، قبلتك، قبلتهم...)

قِبْلَةٌ[1] : الجهة التي يتجه اليها المصلون في صلاتهم — Qiblah

﴿ سَيَقُولُ السُّفَهَاءُ مِنَ النَّاسِ مَا وَلَّاهُمْ عَنْ قِبْلَتِهِمُ الَّتِي كَانُوا عَلَيْهَا ﴾ [البقرة 142]

قِبْلَةٌ[2] : جهة والمراد مسجد — Oratory; place of worship

﴿ وَاجْعَلُوا بُيُوتَكُمْ قِبْلَةً وَأَقِيمُوا الصَّلَاةَ ﴾ [يونس 87]

قَبِيلٌ :(قبيلاً، قبيله)

قَبِيلٌ[1] : كفلاء — Warrant

﴿ أَوْ تَأْتِيَ بِاللَّهِ وَالْمَلَائِكَةِ قَبِيلًا ﴾ [الإسراء 92]

قَبِيلٌ[2] : أتباع — Tribe; host

﴿ إِنَّهُ يَرَاكُمْ هُوَ وَقَبِيلُهُ مِنْ حَيْثُ لاَ تَرَوْنَهُمْ ﴾ [الأعراف 27]

قَبِيلاً : كفلاء	As warrant; face to face
قَبِيلَةٌ :(قبائل) : جماعة تنتمي إلى أصل واحد	Tribe; family
مِنْ قُبُلٍ : من الجهة الأمامية	From before; from front
قُبُلاً : أمام الأعين	In array; confronting; face to face
قِبَلٌ :(قبل) : طاقة	Power
قِبَلَ :(قبل، قبلك، قبله) : جهة	Towards; before
قَبْلَ : (قبل، قبلك، قبلكم، قبلي...) : ظرف للزمان وقد تكون للمكان ويضاف لفظاً أو تقديراً	Before
مِنْ قَبْلُ : قبل	Before

❋ ❋ ❋

قُبورٌ : جمع قَبْرٍ	Plur.of قَبْرٌ rt. (ق ب ر)
قَبولٌ :	Rt.(ق ب ل)
قَبِيلٌ :	Rt.(ق ب ل)
قِتَالٌ :	Rt.(ق ت ل)

❋ ❋ ❋

ق ت ر

قَتَرَ (ـُ): (يقتروا) : ضيّقَ في إنفاقه	To grudge; to be parsimonious
قَتَرَةٌ: قَتَر	Dust; darkness
قَتَرٌ : شبه دُخانٍ يغشى الوجه من كرب أو هول	Blackness; darkness
قَتُورٌ :(قتوراً) : شديد البخل	Grudging; niggardly
مُقْتِرٌ :(المقتر) : فقيرٌ مضيّقٌ عليه	One straitened in circumstances

ق ت ل

قَتَلَ (ـُ) :(وقتل،قتله،أقتل،مقتلوا...)

قَتَلَ[1] : أمات	To kill; to slay

﴿ فَهَزَمُوهُمْ بِإِذْنِ اللَّهِ وَقَتَلَ دَاوُودُ جَالُوتَ ﴾ [البقرة 251]

قَتَلَ[2] : أبعد(هلاكاً)	To curse; to destroy

﴿ قُتِلَ الْخَرَّاصُونَ ﴾ [الذاريات 10]

﴿ قُتِلَ الإِنسَانُ مَا أَكْفَرَهُ ﴾ [عبس 17]

قَتَّلَ :(سنقتل،يقتلون، وقتلوا، يقتلوا...) : بالغ في القتل	To slay; to slaughter; to murder; to kill
قَاتَلَ :(قاتل،قاتلكم،تقاتل، نقاتل..) : حارب	To fight (against)
اقْتَتَلَ :(اقتتل،اقتتلوا،يقتتلان) : حارب بعضهم بعضاً	To fight one with another; to fall to fighting
قَتْلٌ :(قتل، قتلهم) : إزهاق الأرواح	Slaughter; the act of slaying
تَقْتِيلٌ :(تقتيلاً) : إزهاق للأرواح	The act of slaughtering; the act of murdering
قِتَالٌ :(قتال، قتالاً) : محاربة	The act of fighting; warfare
قَتِيلٌ :(القتلى) : مقتول	One who is slain; one who is murdered

❋ ❋ ❋

قَتُورٌ : Rt.(ق ت ر)

قَتِيلٌ : Rt.(ق ت ل)

قِثَّاءٌ : Rt.(ق ث أ)

***

ق ث أ

قِثَّاءٌ :(وقثّائها) : نباتٌ ثماره تشبه الخيار ولكنه أطول منه — Cucumbers

ق ح م

اقْتَحَمَ : أقدم في جرأة ليتجاوز — To attempt

مُقْتَحِمٌ : داخل من غير رويّة أو قهراً — One who rushes blindly; one who plunges in without consideration

ق د

قَدْ : :(قد ،وقد ،لقد ،فقد) : جاءت كثيراً للدلالة على التحقيق والتأكيد

قَدْ 1 : نفس المعنى — Already

﴿ وَقَدْ فَصَّلَ لَكُمْ مَا حَرَّمَ عَلَيْكُمْ ﴾ [الأنعام 119]

قَدْ 2 : نفس المعنى — Truly

﴿ قَدْ يَعْلَمُ مَا أَنْتُمْ عَلَيْهِ ﴾ [النور 64]

قَدْ 3 : نفس المعنى — Of a surety; of a certainty

﴿ قَدْ أَفْلَحَ مَنْ زَكَّاهَا ﴾ [الشمس 9]

قَدْ 4 : نفس المعنى — Frequently

﴿ قَدْ نَرَى تَقَلُّبَ وَجْهِكَ فِي السَّمَاءِ ﴾ [البقرة 144]

ق د ح

قَدْحٌ :(قدحاً) : إخراج الشرر أو النار بصك الأحجار — Sparks of fire; fire striking

ق د د

قَدَّ(ُ) : (قدّت، قُدَّ) : شقّ طولاً — To tear; to rend

قِدَّةٌ :(قدداً) . فرقة من الناس تختلف آراء أفرادها — Sect having different rules; a set following different ways

قِدَدٌ : جمع قِدَّة — Plur.of قِدَّةٌ

ق د ر

قَدَرَ : (ِ) :(فقدر ،فقدرنا ،تقدروا ،نقدر ...)

قَدَرَ 1 : أنزل المنزلة اللائقة — To measure; to esteem; to estimate; to assign (an attribute)

﴿ وَمَا قَدَرُوا اللَّهَ حَقَّ قَدْرِهِ ﴾ [الأنعام 91]

قَدَرَ 2 : قوي(على) — To have power; to control

﴿ لاَ يَقْدِرُونَ عَلَى شَيْءٍ مِمَّا كَسَبُوا ﴾ [البقرة 264]

﴿ ضَرَبَ اللَّهُ مَثَلاً عَبْدًا مَمْلُوكًا لاَ يَقْدِرُ عَلَى شَيْءٍ ﴾ [النحل 75]

قَدَرَ 3 : تغلّب — To be able to achieve

﴿ وَأُخْرَى لَمْ تَقْدِرُوا عَلَيْهَا قَدْ أَحَاطَ اللَّهُ بِهَا ﴾ [الفتح 21]

قَدَرَ 4 : تغلّب — To empower; to have in one's power

﴿ إِلاَّ الَّذِينَ تَابُوا مِنْ قَبْلِ أَنْ تَقْدِرُوا عَلَيْهِمْ ﴾ [المائدة 34]

قَدَرَ[5] : ضيّق	To straiten

﴿ قُلْ إِنَّ رَبِّي يَبْسُطُ الرِّزْقَ لِمَنْ يَشَاءُ وَيَقْدِرُ ﴾ [سبأ 36]

عَلَى أَمْرٍ قَدْ قُدِرَ : على أمرٍ دُبِّر وأُريد	For a predestined purpose; according to a measure already ordained

قَدَّرَ :(وقدّر ،قدّرنا ،قدّروها ،يقدّر ...)

قَدَّرَ[1] :دبّر وحدّد	To measure; to mete out

﴿ وَبَارَكَ فِيهَا وَقَدَّرَ فِيهَا أَقْوَاتَهَا فِي أَرْبَعَةِ أَيَّامٍ ﴾ [فصلت 10]

قَدَّرَ[2] : قضى وحكم	To decree; to destine

﴿ إِلَّا امْرَأَتَهُ قَدَّرْنَا إِنَّهَا لَمِنَ الْغَابِرِينَ ﴾ [الحجر 60]

قَدَّرَ[3] :خطّط ؛ دبّر وحدّد	To plan; to plot

﴿ ثُمَّ قُتِلَ كَيْفَ قَدَّرَ ﴾ [المدثر 20]

قَدَّرَ[4] : دبّر أموره	To proportion; to make according to a measure

﴿ مِنْ نُطْفَةٍ خَلَقَهُ فَقَدَّرَهُ ﴾ [عبس 19]

قَدْرٌ :(قدر، قدراً،قدره)

قَدْرٌ[1] : شرف	Power; predestination; majesty

﴿ إِنَّا أَنْزَلْنَاهُ فِي لَيْلَةِ الْقَدْرِ ﴾ [القدر 1]

قَدْرٌ[2] : مقدار	Measure

﴿ قَدْ جَعَلَ اللَّهُ لِكُلِّ شَيْءٍ قَدْرًا ﴾ [الطلاق 3]

لَيْلَةُ الْقَدْرِ : الليلة التي شرُفت ببدء نزول القرآن فيها	Night of predestination; Night of power; grand night
قَادِرٌ :(قادر، قادرون، قادرين): متمكن من دوام الانتفاع؛ ذو خبرة ؛ مدبّر للأمور بحكمة ؛ مستطيع	One who is able; one who has the power
عَلَى حَرْدٍ قَادِرِينَ: ذو قدرة على حرمان المساكين من حقهم في الثمار	Strong in (this) purpose; having the power to prevent
قَدِيرٌ :(قدير، قديراً): عظيم القدرة ؛ من أسمائه تعالى	Able; powerful
تَقْدِيرٌ :(تقدير ، تقديراً): تحديد ؛ تدبير	The act of measuring; decree; ordinance
مَقْدُورٌ :(مقدوراً) : محكوم به	Made absolute
مِقْدَارٌ :(بمقدار ، مقداره): حكمة وتقدير ؛ قدْرٌ وحدٌّ	Measure
مُقْتَدِرٌ :(مقتدر ،مقتدراً،مقتدرون): عظيم القدرة	One who has complete command; most powerful; Possessor of full power

قَدَرٌ :(قدر ،قدراً،قدرهم،بقدرها...)

قَدَرٌ[1] : حكمة وتدبير	Measure

﴿ إِنَّا كُلَّ شَيْءٍ خَلَقْنَاهُ بِقَدَرٍ ﴾ [القمر 49]

قَدَرٌ[2] : قضاء محكم	Destiny; decree

﴿ وَكَانَ أَمْرُ اللَّهِ قَدَرًا مَقْدُورًا ﴾ [الأحزاب 38]

قَدَرٌ[3] : وقت محدد — Term

﴿ إِلَى قَدَرٍ مَعْلُومٍ ﴾ [المرسلات 22]

قَدَرٌ[4] : طاقة(وسعة) — Means

﴿ عَلَى الْمُوسِعِ قَدَرُهُ وَعَلَى الْمُقْتِرِ قَدَرُهُ ﴾ [البقرة 236]

عَلَى قَدَرٍ : على وفق الوقت المقدّر — By (my) Providence; as ordained

قِدْرٌ :(قدور) : إناءٌ من نحاس أو غيره — Boiler; cooking pot

ق د س

قَدَّسَ :(نقدس) : نزّهَ وعظّمَ — To sanctify; to extol (Allah's) holiness

قُدُسٌ :(القدس) : طُهرَ — Sanctity

رُوحُ الْقُدُسِ: جبريل — Holy Spirit

قُدُّوسٌ : من أسمائه تعالى — Holy (One)

مُقَدَّسٌ :(المقدّس، المقدسة) : مُطَهَّر — Holy; sacred

ق د م

قَدَمَ (ُ) :(يقدم) : سارَ قُدام — To lead; to go before

قَدِمَ (َ) :(قدمنا) : قَصَدَ — To turn; to proceed

قَدَّمَ :(قدّم،قدّمت،قدّموا،وقدّموا...)

قَدَّمَ[1] : فعل سابقاً — To send before

﴿ وَلَنْ يَتَمَنَّوْهُ أَبَدًا بِمَا قَدَّمَتْ أَيْدِيهِمْ ﴾ [البقرة 95]

قَدَّمَ[2] : قرّب وأعدّ — To prepare

﴿ قَالُوا رَبَّنَا مَنْ قَدَّمَ لَنَا هَذَا فَزِدْهُ عَذَابًا ضِعْفًا ﴾ [ص 61]

قَدَّمَ[3] : أنبأ بالوعيد — To give beforehand; to proffer

﴿ قَالَ لاَ تَخْتَصِمُوا لَدَيَّ وَقَدْ قَدَّمْتُ إِلَيْكُمْ بِالْوَعِيدِ ﴾ [ق 28]

قَدَّمَ[4] : أعطى — To offer

﴿ فَقَدِّمُوا بَيْنَ يَدَيْ نَجْوَاكُمْ صَدَقَةً ﴾ [المجادلة 12]

قَدَّمَ[5] : سبق بقول أو فعل — To be forward

﴿ لاَ تُقَدِّمُوا بَيْنَ يَدَيِ اللَّهِ وَرَسُولِهِ ﴾ [الحجرات 1]

تَقَدَّمَ :(تقدّم، يتقدّم) : سَبَقَ

تَقَدَّمَ[1] : سبقَ — To be past

﴿ لِيَغْفِرَ لَكَ اللَّهُ مَا تَقَدَّمَ مِنْ ذَنْبِكَ وَمَا تَأَخَّرَ ﴾ [الفتح 2]

﴿ لِمَنْ شَاءَ مِنْكُمْ أَنْ يَتَقَدَّمَ أَوْ يَتَأَخَّرَ ﴾ [المدثر 37]

قَدَمٌ :(قدم،الأقدام،أقدامكم،أقدامنا ...) : ما يطأ الأرض من الرِّجل — Foot; step

قَدَمُ صِدْقٍ: سابقة فضل — Sure footing; footing of firmness

قَدِيمٌ :(قديم، الأقدمون): من سبق زمانه ؛ يابسٌ — Old; ancient

آبَاؤُكُم الأَقْدَمُونَ: آباؤكم الأسبقون — Your forefathers; your ancient sires

اسْتَقْدَمَ:(تستقدمون، يستقدمون): تقدم على — To advance; to hasten

مُسْتَقْدِمٌ :(المستقدمين) : سبّاق إلى الخير — One who is eager; one who goes before

ق د و

اقْتَدَى :(اقْتَدِه) : فعل مثل فعله تشبهاً به — To follow

مُقْتَدٍ :(مقتدون) : فاعل مثل فعله تشبهاً به — Follower; one who follows

* * *

قُدورٌ : جمع قِدْرٌ — Plur.of قِدْرٌ rt. (ق د ر)

قُدّوسٌ : — Rt.(ق د س)

قَديرٌ : — Rt.(ق د ر)

قَديمٌ : — Rt.(ق د م)

* * *

ق ذ ف

قَذَفَ (ِ) :(قذف ،فقذفناها ،نقذف ،يقذف...)

قَذَفَ[1] : ألقى ورمى — To cast down; to throw

﴿ وَقَذَفَ فِي قُلُوبِهِمُ الرُّعْبَ﴾ [الأحزاب 26]

﴿ فَاقْذِفِيهِ فِي الْيَمِّ ﴾ [طه 39]

﴿ قُلْ إِنَّ رَبِّي يَقْذِفُ بِالْحَقِّ ﴾ [سبأ 48]

قَذَفَ[3] :ألقى القول رجما بالظّن — To aim at; to utter conjectures

﴿ وَيَقْذِفُونَ بِالْغَيْبِ مِنْ مَكَانٍ بَعِيدٍ ﴾ [سبأ 53]

ق ر أ

قَرَأَ (َ): تلا (قرأت ،قرأناه ،فتقرأه...) — To read ; To recite

أَقْرَأَ :(سنقرئك) : علّم القراءة — To make to read; to make to recite

قُرْآنٌ :(قرآن، قرآناً، قرآنه)

قُرْآنٌ[1] : كتاب الله المعجز الذي أنزله على رسوله محمد(ص) — Qur'an; lecture

﴿ وَلَوْ أَنَّ قُرْآنًا سُيِّرَتْ بِهِ الْجِبَالُ ﴾ [الرعد 31]

قُرْآنٌ[2] : قراءة — Reading; recitation

﴿ إِنَّ عَلَيْنَا جَمْعَهُ وَقُرْآنَهُ ﴾ [القيامة 17]

قُرْءٌ: (قروء) : حيض وطهر — Monthly course

قَرَاطِيسُ : — Plur. قِرْطَاسٌ rt (ق ر ط س)

ق ر ب

قَرِبَ(َ):(تقربا ،تقربوا، تقربون ،يقربوا ...)

قَرِبَ[1] : دنا من — To approach; to draw near to ; to draw nigh to

﴿ وَلا تَقْرَبَا هَذِهِ الشَّجَرَةَ ﴾ [البقرة 35]

قَرِبَ[2] : باشر الزوجة — To go in into (a wife); to go near

﴿ وَلاَ تَقْرَبُوهُنَّ حَتَّى يَطْهُرْنَ ﴾ [البقرة 222]

قَرَّبَ :(قرّبا ،وقرّبناه ،تقرّبكم ،يقرّبونا ...)

قَرَّبَ[1] : أدنى — To bring near; to draw nigh

﴿ مَا نَعْبُدُهُمْ إِلاَّ لِيُقَرِّبُونَا إِلَى اللَّهِ زُلْفَى ﴾ [الزمر 3]

قَرَّبَ[2] : قدّم — To offer; to set before

﴿ وَاتْلُ عَلَيْهِمْ نَبَأَ ابْنَيْ آدَمَ بِالْحَقِّ إِذْ قَرَّبَا قُرْبَانًا ﴾ [المائدة 27]

﴿ فَقَرَّبَهُ إِلَيْهِمْ قَالَ أَلاَ تَأْكُلُونَ ﴾ [الذاريات 27]

اقْتَرَبَ :(اقترب، واقترب، اقتربت،...) : دَنَا وتَقَرَّبَ — To draw near; to draw nigh

قُرْبَةٌ :(قربة، قربات) : ما يتقرب به إلى الله — Acceptable offering; means of nearness

قَرِيبٌ :(قريب، قريباً): دانٍ ، عليم بأحوال العباد — Nigh; (very) near; close

قَرِيباً : بعد وقت قريب — Shortly; a short time

مِنْ قَرِيبٍ : مباشرةً — Soon; quickly

قُرْبَى : قُربى ؛ قرابة — Relationship; affinity

ذُو القُرْبَى (أُولُوا القُرْبَى): أصحاب القرابة — Kindred; near of kin

أَقْرَبُ :(أقرب، لأقرب، أقربهم، والأقربون...)

أَقْرَبُ 1 : أدنى — Near; nearest

﴿ وَنَحْنُ أَقْرَبُ إِلَيْهِ مِنْكُمْ وَلَكِنْ لَا تُبْصِرُونَ ﴾ [الواقعة 85]

﴿وَلَتَجِدَنَّ أَقْرَبَهُمْ مَوَدَّةً لِلَّذِينَ آمَنُوا الَّذِينَ قَالُوا إِنَّا نَصَارَى﴾ [المائدة 82]

أَقْرَبُ 2 :ذو قرابة في النسب — Near kindred; near relative

﴿ وَلِلنِّسَاءِ نَصِيبٌ مِمَّا تَرَكَ الْوَالِدَانِ وَالْأَقْرَبُونَ ﴾ [النساء 7]

مُقَرَّبٌ :(المقربون، المقربين) : ذو القرب والمكانة — One who is brought near; one who is drawn nigh; favoured; one who is near

مَقْرَبَةٌ : دُنُوّ أو قرابة النسب — Relationship

ذُو مَقْرَبَةٍ : ذو قرابة في النسب — Near of kin; having relationship

قُرْبَانٌ :(بقربان، قرباناً)

قُرْبَانٌ 1 : ما يتقرب به إلى الله من ذبيحة أو غيرها — Offering; sacrifice

﴿ وَاتْلُ عَلَيْهِمْ نَبَأَ ابْنَيْ آدَمَ بِالْحَقِّ إِذْ قَرَّبَا قُرْبَانًا ﴾ [المائدة 27]

قُرْبَانٌ 2 : نفس المعنى — Way of approach

﴿ فَلَوْلَا نَصَرَهُمُ الَّذِينَ اتَّخَذُوا مِنْ دُونِ اللَّهِ قُرْبَانًا آلِهَةً ﴾ [الأحقاف 28]

* * *

قُرَّةٌ : — Rt.(ق ر ر)

* * *

ق ر د

قِرْدٌ :(قردة) : حيوان ثديي مولع بالتقليد قريب الشبه بالإنسان — Ape

قِرَدَةٌ : جمع قِرْد — Plur.of قِرْدٌ

ق ر ر

قَرَّ :(-):(تقرّ ، وقرن...)

قَرَّ 1 : سُرّ ورَضِي — To be refreshed; to be cooled; to be cool

﴿ فَرَجَعْنَاكَ إِلَى أُمِّكَ كَيْ تَقَرَّ عَيْنُهَا وَلَا تَحْزَنَ ﴾ [طه 40]

قَرَّ 2 : أقام — To stay

﴿ وَقَرْنَ فِي بُيُوتِكُنَّ وَلَا تَبَرَّجْنَ تَبَرُّجَ الْجَاهِلِيَّةِ ﴾ [الأحزاب 33]

قَرَّتْ عَيْنُها : هدأت وفرحت — To be comforted; to have one's eye refreshed; to have one's eye cooled

أَقَرَّ :(أقررتم، أقررنا، نقر)

أَقَرَّ [1] : اعترف — To ratify; to agree

﴿ ثُمَّ أَقْرَرْتُمْ وَأَنْتُمْ تَشْهَدُونَ ﴾ [البقرة 84]

أَقَرَّ [2] : ثَبَّتَ — To cause to remain; to cause to stay

﴿ وَنُقِرُّ فِي الأَرْحَامِ مَا نَشَاءُ ﴾ [الحج 5]

اسْتَقَرَّ : ثبت ولم يتحرك — To stand still; to remain firm

قَرَارٌ :(قرار، قراراً)

قَرَارٌ [1] : استقرار — Stability

﴿ كَشَجَرَةٍ خَبِيثَةٍ اجْتُثَّتْ مِنْ فَوْقِ الأَرْضِ مَا لَهَا مِنْ قَرَارٍ ﴾ [إبراهيم 26]

قَرَارٌ [2] : مُسْتقرٌ — Abode; resting-place; dwelling place

﴿ اللَّهُ الَّذِي جَعَلَ لَكُمُ الأَرْضَ قَرَارًا وَالسَّمَاءَ بِنَاءً ﴾ [غافر 64]

دَارُ القَرَارِ : دار المستقر — Enduring home; abode to settle

قُرَّةٌ : ما قرّت به العين — Joy; refreshment

قُرَّةُ عَيْنٍ : سرور ورضا — Comfort; joy (of the eye); refreshment of the eye

مُسْتَقَرٌّ :(مستقر، مستقراً، مستقرها)

مُسْتَقَرٌّ [1] : مكان الاستقرار ؛ نهاية ؛ مصير — Habitation; resting place; place of rest

﴿ وَلَكُمْ فِي الأَرْضِ مُسْتَقَرٌّ وَمَتَاعٌ إِلَى حِينٍ ﴾ [البقرة 36]

مُسْتَقَرٌّ [2] : زمان استقرار — Term

﴿ لِكُلِّ نَبَإٍ مُسْتَقَرٌّ وَسَوْفَ تَعْلَمُونَ ﴾ [الأنعام 67]

مُسْتَقِرٌّ :(مستقر، مستقراً)

مُسْتَقِرٌّ [1] : ثابت — That which comes to a decision; set; that which has an appointed term

﴿ وَكُلُّ أَمْرٍ مُسْتَقِرٌّ ﴾ [القمر 3]

مُسْتَقِرٌّ [2] : موجود ماثل — Decreed; lasting

﴿ وَلَقَدْ صَبَّحَهُمْ بُكْرَةً عَذَابٌ مُسْتَقِرٌّ ﴾ [القمر 38]

قَارُورَةٌ :(قوارير، قواريرا) : قطعة مسوّاة من الزّجاج — A glass

ق ر ش

قُرَيْشٌ : إحدى قبائل العرب الكبرى — Qureysh; Qureaish

ق ر ض

قَرَضَ (ِ) :(تقرضهم) : تجاوز — To go past; to leave behind

أَقْرَضَ :(أقرضتم، أقرضوا، نقرضوا، يقرض...) : أعطى — To lend; to offer

قَرْضٌ :(قرضاً) : مالٌ يدفع على أن يُرَدّ — Loan; gift

* * *

قِرْطَاسٌ : Rt.(ق ر ط س)

***

ق ر ط س

قِرطَاسٌ :(قرطاس، قراطيس) : ما يكتب فيه من ورق ونحوه	Parchment; paper; writing

ق ر ع

قَارِعَةٌ :(القارعة) : داهية أو عقاب شديد	(Terrible) calamity; disaster

ق ر ف

اقْتَرَفَ :(اقترفتموها ،يقترف ،وليقترفوا ،يقترفون): اكتسب وجمع ؛ عمل	To earn; to acquire; to score
مُقْتَرِفٌ :(مقترفون) : مُكتسِبٌ	One who earns

ق ر ن

قَرْنٌ :(قرن ،قرناً ،القرنين ،القرون...): أهل زمان واحد	Generation
ذُو القَرْنَيْنِ : انظر (ذو)	See ذو rt.(ذو)
قَرِينٌ :(قرين، قريناً، قرينه، قرناء) : مُصاحِبٌ	Comrade; associate; Companion
مُقَرَّنٌ :(مقرنين): مشدود(ون) إلى بعضهم البعض بقرن؛ بحبل	Linked together; bound; fettered; chained
قُرَنَاءُ : جمع قَرِينٌ	Plur.of قَرِينٌ
مُقْرِنٌ :(مقرنين) : مشدودٌ بعض إلى بعض بحبل	One who is capable; one who is able
مُقْتَرِنٌ :(مقترنين) : مصطحب	One who is associated with another; one who comes along with another
قَارُونُ : غنيّ من أغنياء بني إسرائيل آتاه الله مالاً كثيراً فطغى وبغى 📖	Korah; Qaroun
قَرْنَ : تصريف قَرَّ 📖	Conj.of قَرَّ rt. (ق ر ر)

***

قُرُوءٌ : جمع قُرْءٌ	Plur.of قُرْءٌ rt. (ق ر أ)
قُرُونٌ : جمع قَرْنٌ	Plur.of قَرْنٌ rt. (ق ر ن)
قُرَى : جمع قَرْيَةٌ	Plur.of قَرْيَةٌ rt. (ق ری)

***

ق ر ى

قَرْيَةٌ :(قرية ،القرية ،القريتين ،القرى...) : بلدة وتطلق على أهلها	Township; city; town
أمُّ القُرَى : بلدان وتطلق على أهلها 📖	Mother-town; mother city
قَرْنَ : تصريف قَرَّ 📖	Conj.of قَرَّ rt. (ق ر ر)

***

قَرِيبٌ :	Rt.(ق ر ب)
قَرْيَةٌ :	Rt.(ق ر ى)
قُرَيْشٌ :	Rt.(ق ر ش)
قَرِينٌ :	Rt.(ق ر ن)
قَسَا :(لسك)	Rt.(ق س و)

***

ق س ر

قَسْوَرَةٌ : أسَدٌ	Lion

ق س س

قِسِّيسٌ :(قسيسين) : أحد ألقابِ رؤساء النصارى	Priest

ق س ط

أقْسَطَ :(تقسطوا، اقسطوا) : عدل	To deal justly; to deal fairly; to act equitably
قَاسِطٌ : (القاسطون) : جائرٌ	One who is unjust
أقْسَطُ : اكثرُ عدْلاً	More equitable
مُقْسِطٌ :(المقسطين) : عادل	One who is equitable; one who judges equitably
قِسْطٌ : (بالقسط،القسط) : عدْلٌ	Equity ; Just
قِسْطَاسٌ : (بالقسطاس) : ميزانٌ	Balance

* * *

قِسْطَاسٌ :	Rt.(ق س ط)

* * *

ق س م

قَسَمَ : (قسمنا،يقسمون)	
أقْسَمَ : (أقسم،أقسموا،أقسم،تقسم...) : حَلَفَ	To swear
أقْسَمَ جَهْدَ أيْمانِهِ: اجتهد في الحلف باغلظها واوكدها	To swear one's most binding oath; to swear solemnly
قَاسَمَ :(قاسمهما) : حلفَ	To swear to someone
تَقَاسَمَ :(تقاسموا) : أقسم كلٌ للآخر	To swear to each other
اسْتَقْسَمَ:(تستقسموا) : طلب القسم في الميسر أو استفتى في الأمر	To swear (by something); to divide
قَسَمٌ : (قسم،لقسم) : يمين	Oath
قِسْمَةٌ :	
قِسْمَةٌ[1]: توزيع ، تقسيم (التركة)	Division

﴿ تِلْكَ إِذًا قِسْمَةٌ ضِيزَى ﴾ [النجم 22]

قِسْمَةٌ[2] : مقسوم	Something shared

﴿ وَنَبِّئْهُمْ أَنَّ الْمَاءَ قِسْمَةٌ بَيْنَهُمْ ﴾ [القمر 28]

مَقْسُومٌ : مُحَدَّد	Appointed; separate
مُقَسِّمٌ :(المقسمات) : ملك يوزع الأمور على حسب ما أراد الله	One who distributes
مُقْتَسِمٌ :(المقتسمين) : مُقسِّم للقرآن	One who makes division; divider

ق س و

قَسَا (ُ) : (قست،فقست) : غلظَ وصَلُبَ	To harden; to be hardened
قَاسٍ :(قاسية،القاسية) : غليظ بعيد عن الرّحمة	Hard
قَسْوَةٌ : غِلَظ وصلابة	Hardness

* * *

قَسْوَرَةٌ :	Rt.(ق س ر)
قِسِّيسٌ :	Rt.(ق س س)

* * *

ق ش ع ر

اقْشَعَرَّ :(تقشعر) : ارتعد	To creep; to shudder

* * *

قَصَّ :	Rt.(ق ص ص)

قِصاصٌ :	Rt.(ق ص ص)

***

ق ص د

قَصَدَ (ِ) :(واقْصِدْ) : توسَّط	To be modest; to pursue
قَصْدٌ : استقامة أو هداية	Direction; the act of showing (the right path)
قَاصِدٌ :(قاصِداً) : سهلٌ مُيسَّر	Easy; short
مُقْتَصِدٌ:(مقتصد، مقتصدة) : مُعْتَدِلٌ	One who follows the middle course; one who keeps to the moderate course; one who compromises

ق ص ر

قَصَرَ (ُ) :(تَقْصُرُوا) : نَقَصَ	To curtail; to shorten
أَقْصَرَ :(يُقصرون) : كَفَّ	To cease
قَصْرٌ :(قصر، قُصوراً) : بيت فخم واسع	Mansion; tower; castle; palace
قَاصِرَةٌ :(قاصرات) : من تحبس عينها عما لا يجوز لها	A woman who restrains (the eyes)
قَاصِرَاتُ الطَّرْفِ: حابسات عيونهن عما لا يجوز النظر إليه	Those of modest gaze; those who restrain the eyes
مَقْصُورَةٌ :(مقصورات) : المرأة المصونة المُخدَّرة	Close-guarded (woman); confined
مُقَصِّرٌ :(مقصّرين) : قاصّ شعره	One who has one's hair cut; one who has one's hair shaven

ق ص ص

قَصَّ (ُ) :(قصّ، قصصنا، نقص، يقص...)

قَصَّ 1 : روى وحكى	To narrate; to tell; to relate

﴿ فَلَنَقُصَّنَّ عَلَيْهِمْ بِعِلْمٍ وَمَا كُنَّا غَائِبِينَ ﴾ [الأعراف 7]

﴿ فَلَمَّا جَاءَهُ وَقَصَّ عَلَيْهِ الْقَصَصَ قَالَ لاَ تَخَفْ ﴾ [القصص 25]

قَصَّ 2 : تتبّع	To trace; to follow up

﴿ وَقَالَتْ لأُخْتِهِ قُصِّيهِ ﴾ [القصص 11]

قَصَصٌ :(قصص، قصصاً، قصصهم)

قَصَصٌ 1 : رواية للخبر	Narrative; story

﴿ إِنَّ هَذَا لَهُوَ الْقَصَصُ الْحَقُّ﴾ [آل عمران 62]

قَصَصٌ 2 : تتبع للأثر	The act of retracing

﴿ فَارْتَدَّا عَلَى آثَارِهِمَا قَصَصًا ﴾ [الكهف 64]

قِصَاصٌ:(القصاص) : معاقبة الجاني بمثل ما فَعَلَ	Retaliation

ق ص ف

قَاصِفٌ :(قاصفاً) : شديدة الهبوب كاسرة ما تمر به	Hurricane; gale
قَاصِفٌ مِنَ الرِّيحِ: شديدة الهبوب كاسرة ما تمر به	Hurricane of wind; fierce gale

ق ص م

قَصَمَ (ِ):(قَصْماً) : أهْلَكَ — To shatter; to demolish

ق ص و

قَصِيٌّ :(قَصْواً) : بعيد — Far; remote

أقْصَى : (أقصى،الأقصى) : أبْعَدُ — Uttermost; remote(st)

المَسْجِدُ الأقْصَى: المسجد الأبعد — Far Distant Mosque; remote mosque

قُصْوَى :(القصوى) : مؤنث أقصى — Farthest; yonder

❋ ❋ ❋

قُصورٌ : جمع قَصْرٌ — Plur.of قَصْرٌ rt. (ق ص ر)

قُصْوَى : — Rt.(ق ص و)

❋ ❋ ❋

قَصَّيهِ : تصريف قَصَّ — Conj.of قَصَّ rt. (ق ص ص)

ق ض ب

قَضْبٌ : (وقضباً) : نبات رطب يقطعه الناس وتأكله الدواب مرّة بعد أخرى — Green fodder; clover

ق ض ض

انْقَضَّ :(ينقضّ) : تهدّمَ — To fall (into ruin)

❋ ❋ ❋

قَضَى : — Rt.(ق ض ي)

❋ ❋ ❋

ق ض ى

قَضَى (ِ) :(قضى،قضوا،تقضي،يقض...)

قَضَى[1] : أراد وقدّر ، أمر وأوجب — To decree; to pass the decree; to ordain

﴿ وَإِذَا قَضَى أَمْرًا فَإِنَّمَا يَقُولُ لَهُ كُنْ فَيَكُونُ ﴾ [البقرة 117]

قَضَى[2] : أتمّ — To fulfill

﴿ فَلَمَّا قَضَى مُوسَى الأَجَلَ وَسَارَ بِأَهْلِهِ ﴾ [القصص 29]

قَضَى[3] : نال — To satisfy

﴿ إِلاَّ حَاجَةً فِي نَفْسِ يَعْقُوبَ قَضَاهَا ﴾ [يوسف 78]

قَضَى[4] : حكم — To put an end to; to finish with; to take complete effect

﴿ وَنَادَوْا يَامَالِكُ لِيَقْضِ عَلَيْنَا رَبُّكَ ﴾ [الزخرف 77]

قَضَى[5] :حكم — To decide

﴿ ثُمَّ لاَيَجِدُوا فِي أَنفُسِهِمْ حَرَجًا مِمَّا قَضَيْتَ ﴾ [النساء 65]

قَضَى[6] : نال — To accomplish; to perform

﴿ فَلَمَّا قَضَى زَيْدٌ مِنْهَا وَطَرًا زَوَّجْنَاكَهَا ﴾ [الأحزاب 37]

﴿ فَإِذَا قَضَيْتُمْ الصَّلاَةَ فَاذْكُرُوا اللَّهَ ﴾ [النساء 103]

قَضَى[7] : أتمّ — To finish

﴿ فَلَمَّا قُضِيَ وَلَّوْا إِلَى قَوْمِهِمْ مُنْذِرِينَ ﴾ [الأحقاف 49]

قَضَى[8] : أتمّ — To perfect; to make complete

﴿ وَلاَ تَعْجَلْ بِالْقُرْآنِ مِنْ قَبْلِ أَنْ يُقْضَى إِلَيْكَ وَحْيُهُ ﴾ [طه 114]

قَضَى مِنْهَا وَطَراً : انظر وطر — See وَطَرٌ rt. (و ط ر)

قَضَى نَحْبَهُ : وفى أجله — To pay one's vow by death; to accomplish one's vow

قَاضٍ : حاكمٌ — One who decrees; one who decides

قَاضِيَةٌ :(القاضية) : مهلكة والمراد لا حياة بعدها — Death; that which makes an end of

مَقْضِيٌّ :(مقضياً) : محكوم به — Decreed; ordained

❋ ❋ ❋

قِطٌّ : — Rt.(ق ط ط)

❋ ❋ ❋

ق ط ر

قِطْرٌ :(قطر، قطراً) : نحاس أو حديد مذاب — Molten cooper; molten brass

قُطْرٌ :(أقطار ،أقطارها) : ناحية

قُطْرٌ[1] : ناحية — Region

﴿ إِنِ اسْتَطَعْتُمْ أَنْ تَنفُذُوا مِنْ أَقْطَارِ السَّمَاوَاتِ وَالأَرْضِ فَانفُذُوا ﴾ [الرحمن 33]

قُطْرٌ[2] : ناحية — Side; outlying part

﴿ وَلَوْ دُخِلَتْ عَلَيْهِمْ مِنْ أَقْطَارِهَا ثُمَّ سُئِلُوا الْفِتْنَةَ لآتَوْهَا ﴾ [الأحزاب 14]

قَطِرَانٌ : عصارة شجر تُطلى بها الإبل الجربى وهي شديدة الاشتعال — Pitch

ق ط ط

قِطٌّ : نصيب أو كتاب أعمال — Fate; portion

ق ط ع

قَطَعَ (:) :(قطعتم، وقطعنا، تقطعون، يقطع...)

قَطَعَ[1] : أهلك ، بتر — To cut (off); to sever; to cut down

﴿ وَقَطَعْنَا دَابِرَ الَّذِينَ كَذَّبُوا بِآيَاتِنَا ﴾ [الأعراف 72]

﴿ مَا قَطَعْتُمْ مِنْ لِينَةٍ أَوْ تَرَكْتُمُوهَا قَائِمَةً عَلَى أُصُولِهَا فَبِإِذْنِ اللَّهِ ﴾ [الحشر 5]

قَطَعَ[2] : فصل — To cut asunder

﴿وَيَقْطَعُونَ مَا أَمَرَ اللهُ بِهِ أَنْ يُوصَلَ﴾ [البقرة 27]

قَطَعَ[3] :اجتاز — To cross

﴿ وَلاَيَقْطَعُونَ وَادِيًا إِلاَّ كُتِبَ لَهُمْ﴾ [التوبة 121]

قَطَعَ[4] : أهلك — To hang; to cut off

﴿ ثُمَّ لِيَقْطَعْ فَلْيَنظُرْ هَلْ يُذْهِبَنَّ كَيْدُهُ مَا يَغِيظُ ﴾ [الحج 15]

قَطَّعَ :(فقطّع، وقطّعناهم، لأقطّعنّ، تقطّعوا...)

قَطَّعَ[1] : مزّق — To tear; to rend asunder

﴿ وَسُقُوا مَاءً حَمِيمًا فَقَطَّعَ أَمْعَاءَهُمْ ﴾ [محمد 15]

قَطَّعَ[2] : أحدث جرحا — To cut (off; out)

﴿ فَلَمَّا رَأَيْنَهُ أَكْبَرْنَهُ وَقَطَّعْنَ أَيْدِيَهُنَّ ﴾ [يوسف 31]

قَطَّعَ[3] : قدّر على قدر — To cut out

﴿ فَالَّذِينَ كَفَرُوا قُطِّعَتْ لَهُمْ ثِيَابٌ مِنْ نَارٍ ﴾ [الحج 19]

قَطَّعَ[4] : فرّق — To divide; to sunder; to cut up

﴿ وَقَطَّعْنَاهُمُ اثْنَتَيْ عَشْرَةَ أَسْبَاطًا أُمَمًا ﴾ [الأعراف 160]

﴿ وَقَطَّعْنَاهُمْ فِي الْأَرْضِ أُمَمًا ﴾ [الأعراف 168]

قَطَّعَ[5] : امتنع عن الصلة — To sever the ties; to cut off the ties

﴿ فَهَلْ عَسَيْتُمْ إِنْ تَوَلَّيْتُمْ أَنْ تُفْسِدُوا فِي الْأَرْضِ وَتُقَطِّعُوا أَرْحَامَكُمْ ﴾ [محمد 22]

تَقَطَّعَ : (تقطّع، تقطّعت، تقطّعوا)

تَقَطَّعَ[1] : انفصل — To sever; to cut off; to cut asunder; to tear to pieces

﴿ لَقَدْ تَقَطَّعَ بَيْنَكُمْ وَضَلَّ عَنْكُمْ مَا كُنْتُمْ تَزْعُمُونَ ﴾ [الأنعام 94]

تَقَطَّعَ[2] : ذهب وانمحى — To cut asunder

﴿ وَرَأَوُا الْعَذَابَ وَتَقَطَّعَتْ بِهِمُ الْأَسْبَابُ ﴾ [البقرة 166]

تَقَطَّعَ[3] : تقاسم — To break into fragments; to break into sects

﴿ وَتَقَطَّعُوا أَمْرَهُمْ بَيْنَهُمْ كُلٌّ إِلَيْنَا رَاجِعُونَ ﴾ [الأنبياء 93]

قِطْعٌ : (بقطع): جزء — Part; portion

قِطْعَةٌ : (قطع، قطعاً) :

قِطْعَةٌ[1] : جزء — Track

﴿ وَفِي الْأَرْضِ قِطَعٌ مُتَجَاوِرَاتٌ ﴾ [الرعد 4]

قِطْعَةٌ[2] : جزء — Cloak; slice

﴿ كَأَنَّمَا أُغْشِيَتْ وُجُوهُهُمْ قِطَعًا مِنَ اللَّيْلِ مُظْلِمًا ﴾ [يونس 27]

قِطَعٌ : أجزاء جمع قطعة — Plur.of قِطْعَةٌ

قَاطِعٌ : (قاطعة) : باتّ في — One who decides

مَقْطُوعٌ : (مقطوع،مقطوعة)

مَقْطُوعٌ[1] : مستأصل — Cut (off)

﴿ أَنَّ دَابِرَ هَؤُلَاءِ مَقْطُوعٌ مُصْبِحِينَ ﴾ [الحجرات 66]

مَقْطُوعٌ[2] : غير دائم متّصل — Out of reach; intercepted

﴿ لَا مَقْطُوعَةٍ وَلَا مَمْنُوعَةٍ ﴾ [الواقعة 33]

ق ط ف

قِطْفٌ : (قطوف) : العنقود ساعة يقطف — Clustered fruits; fruits

ق ط م ر

قِطْمِيرٌ : شيء يسير وأصله قشرة النواة الرقيقة — White spot on a date-stone; straw

* * *

قِطْمِيرٌ : — Rt.(ق ط م ر)

قُطُوفٌ : جمع قِطْفٌ — Plur.of قِطْفٌ rt. (ق ط ف)

* * *

ق ع د

قَعَدَ (ُ) :(قعد،وقعدوا،لأقعدنَّ،مقعد...)

To sit (down) — قَعَدَ[1] : جلس وانضمَّ

﴿ إِذَا سَمِعْتُمْ آيَاتِ اللَّهِ يُكْفَرُ بِهَا وَيُسْتَهْزَأُ بِهَا فَلَا تَقْعُدُوا ﴾ [النساء 140]

﴿ لاَتَجْعَلْ مَعَ اللَّهِ إِلَهًا آخَرَ فَتَقْعُدَ مَذْمُومًا مَخْذُولاً ﴾ [الاسراء 22]

To sit at home; to sit still — قَعَدَ[2] : تخلف عن الخروج للجهاد في سبيل الله

﴿ وَقَعَدَ الَّذِينَ كَذَبُوا اللَّهَ وَرَسُولَهُ ﴾ [التوبة 90]

To lurk (in ambush); to lie in wait — قَعَدَ[3] : تربَّص بـ

﴿ قَالَ فَبِمَا أَغْوَيْتَنِي لَأَقْعُدَنَّ لَهُمْ صِرَاطَكَ الْمُسْتَقِيمَ ﴾ [الأعراف 16]

The act of sitting (still) — قُعُودٌ :(قعود،قعوداً): تخلف عن الجهاد ؛ جالسون جمع قاعد

قَاعِدٌ :(قاعدون، قاعدين، قواعد)

One who sits (still); holder back — قَاعِدٌ[1] : متخلف عن الجهاد؛ جالس

﴿ وَفَضَّلَ اللَّهُ الْمُجَاهِدِينَ عَلَى الْقَاعِدِينَ أَجْرًا عَظِيمًا﴾ [النساء 95]

Woman who is past child-bearing; woman who is advanced in years — قَاعِدٌ[2] : المرأة التي بلغت سناً لا تحيض فيه

﴿ وَالْقَوَاعِدُ مِنَ النِّسَاءِ اللاَّتِي لاَ يَرْجُونَ نِكَاحًا﴾ [النور 60]

Foundation — قَاعِدَةٌ :(القواعد) : أساس

Seated; sitting — قَعِيدٌ : مصاحِب

مَقْعَدٌ :(مقعد، بمقعدهم، مقاعد)

Seat; sitting-place; place — مَقْعَدٌ[1] : مكان

﴿ فِي مَقْعَدِ صِدْقٍ عِنْدَ مَلِيكٍ مُقْتَدِرٍ﴾ [القمر 55]

﴿ وَأَنَّا كُنَّا نَقْعُدُ مِنْهَا مَقَاعِدَ لِلسَّمْعِ ﴾ [الجن 9]

Position; encampment — مَقْعَدٌ[2] : مكان رفيع طيِّب

﴿ وَإِذْ غَدَوْتَ مِنْ أَهْلِكَ تُبَوِّئُ الْمُؤْمِنِينَ ﴾ [آل عمران 121]

The act of sitting still — مَقْعَدٌ[3] : قعود عن الجهاد

﴿ فَرِحَ الْمُخَلَّفُونَ بِمَقْعَدِهِمْ خِلاَفَ رَسُولِ اللَّهِ ﴾ [التوبة 81]

ق ع ر

Uprooted; torn up — مُنْقَعِرٌ : مُنقلع

* * *

قُعُودٌ :	Rt.(ق ع د)
قَعِيدٌ :	Rt.(ق ع د)
قَفَا :(تقفُ)	Rt.(ق ف و)

* * *

ق ف ل

Lock — قُفْلٌ :(أقفالها) : مِغلاق

ق ف و

To follow — قَفَا (ُ) :(تقفُ): تتبَّعَ

To cause to follow; to make to follow — قَفَّى : (قفينا،وقفينا) : أَتْبَعَ

* * *

قَفَّى :	Rt.(ق ف و)

قُلْ : تصريف قَالَ
Conj.of قَالَ rt. (ق و ل)

قُلٌّ :
Rt.(ق ل ل)

قَلائِدُ : جمع قِلادة
Plur.of قِلادَةٌ rt. (ق ل د)

* * *

ق ل ب

قَلَبَ (ِ) :(تقلبون) : ردّ
To turn (back)

قَلَّبَ :(وقلبوا ،ونقلب ،ونقلبهم ،يقلب...)

قَلَّبَ[1] : تحوّل من ناحية إلى أخرى
To turn over (about; back)

﴿ يَوْمَ تُقَلَّبُ وُجُوهُهُمْ فِي النَّارِ ﴾ [الأحزاب 66]

﴿ وَنُقَلِّبُ أَفْئِدَتَهُمْ وَأَبْصَارَهُمْ كَمَا لَمْ يُؤْمِنُوا بِهِ أَوَّلَ مَرَّةٍ ﴾ [الأنعام 110]

قَلَّبَ[2](كَفَّيْهِ) : ندم
To wring

﴿ فَأَصْبَحَ يُقَلِّبُ كَفَّيْهِ عَلَى مَا أَنفَقَ فِيهَا ﴾ [الكهف 42]

قَلَّب الأُمُورَ : بحثها من جميع نواحيها
To raise difficulties; to meditate plots

تَقَلَّبَ :(تتقلب) : تحيّر واضطرب
To overturn; to turn about

انْقَلَبَ :(انقلب، انقلبتم، فتنقلبوا، ينقلب...)

انْقَلَبَ[1] : صار/ يصير
To turn back; to go back

﴿ فَغُلِبُوا هُنَالِكَ وَانقَلَبُوا صَاغِرِينَ ﴾ [الأعراف 119]

انْقَلَبَ[2] : رجع
To return

﴿ بَلْ ظَنَنتُمْ أَن لَّن يَنقَلِبَ الرَّسُولُ وَالْمُؤْمِنُونَ إِلَى أَهْلِيهِمْ أَبَدًا ﴾ [الفتح 12]

انْقَلَبَ عَلَى وَجْهِهِ : رجع عما كان فيه من خير إلى نقيضه
To fall away utterly; to turn back headlong

تَقَلُّبٌ :(تقلب، وتقلبك، تقلبهم)

تَقَلُّبٌ[1] : تحوّل وانتقال؛ تنقّل
The act of turning over and over

﴿ قَدْ نَرَى تَقَلُّبَ وَجْهِكَ فِي السَّمَاءِ ﴾ [البقرة 144]

﴿ وَتَقَلُّبَكَ فِي السَّاجِدِينَ ﴾ [الشعراء 219]

تَقَلُّبٌ[2] : تحوّل وانتقال
The act of going to and fro; turn of fortune

﴿ لاَ يَغُرَّنَّكَ تَقَلُّبُ الَّذِينَ كَفَرُوا فِي الْبِلاَدِ ﴾ [آل عمران 196]

مُتَقَلَّبٌ :(متقلبكم) : انتقال أو مكان انتقال
One who returns; one who goes back

مُنْقَلَبٌ :(منقلب، منقلباً) : مصير
Place of turning; returning place; resort; (great) reverse

مُنْقَلِبٌ :(منقلبون) : راجع
One who returns; one who goes back

قَلْبٌ :(قلب ،القلب ،قلوب ،القلوب...) : عضو في التجويف الصدري ينظم دوران الدم في الجسم
Heart

ق ل د

قِلاَدَةٌ :(القلائد) : كل ما يحيط بالعنق ويقصد بها البدن المهداة
Garland; sacrificial animal with

garlands

مِقْلادٌ :(مقاليد): خزانة او مفتاح — Key; treasure

ق ل ع

اقْلَعَ :(أقلعي) : كفّ — To be cleared of clouds; to clear away

ق ل ل

قَلَّ (.) : نقص — To be little

قَلَّلَ :(يقللكم) : جعله يبدو قليلاً — To make to see little; to make to appear little

أَقَلَّ :(أقلت) : حمل ورفع — To bear; to bring up

قَلِيلٌ :(قليل، قليلاً، قليلون، قليلة) : ناقص، وصف للأمور الحسيّة والمعنوية

قَلِيلٌ[1] : ناقص، وصف للامور الحسيّة — A few; a little

﴿ فَشَرِبُوا مِنْهُ إِلاَّ قَلِيلاً مِنْهُمْ ﴾ [البقرة 249]

﴿ إِذْ يُرِيكَهُمُ اللَّهُ فِي مَنَامِكَ قَلِيلاً ﴾ [الأنفال 43]

﴿ فَمَا حَصَدْتُمْ فَذَرُوهُ فِي سُنْبُلِهِ إِلَّا قَلِيلًا مِمَّا تَأْكُلُونَ ﴾ [يوسف 47]

قَلِيلٌ[2] : ناقص، وصف للامور الحسيّة — Small; brief; short; trifling

﴿ ثُمَّ يَقُولُونَ هَذَا مِنْ عِنْدِ اللَّهِ لِيَشْتَرُوا بِهِ ثَمَنًا قَلِيلاً ﴾ [البقرة 79]

قَلِيلاً : لمدة قصيرة — For (a short) while; a little; a little while

أَقَلُّ : أنقص — Less; fewer; inferior

ق ل م

قَلَمٌ :(والقلم، بالقلم، أقلام، أقلامهم) : عودٌ مُسَوّى يكتب به — Pen

❋ ❋ ❋

قُلُوبٌ : جمع قلب — Plur.of قَلْبٌ rt.(ق ل ب)

قَلَى : — Rt.(ق ل ي)

❋ ❋ ❋

ق ل ى

قَلَى (.) : ابغض وكره — To hate; to become displeased

قَالٍ :(القالين) : مُبْغِض — One who hates; one who utterly abhors

❋ ❋ ❋

قَلِيلٌ : — Rt.(ق ل ل)

❋ ❋ ❋

📖

قُمْ : تصريف قام — Conj.of قَامَ rt.(ق و م)

📖

ق م ح

مُقْمَحٌ :(مقمحون) : رافع رأسه لضيق الاغلال في عنقه — One who is made stiff-necked; one who has the head raised aloft

ق م ر

قَمَرٌ :(القمر، قمراً ..) : كوكب سيار يدور حول الأرض وينيرها ليلا — Moon

ق م ص

قَمِيصٌ :(قميصه، بقميصي) : ثوب — Shirt

ق م ط ر

قَمْطَرِيرٌ :(قمطريراً) : شديدٌ — That which is

of fate; distressful

ق م ع

مِقْمَعَةٌ :(مقامع) : آلة من حديد معوجة يضرب بها رأس الكافر في جهنم — Hooked rod; whip

ق م ل

قُمَّلٌ :(القمل) : حشرات صغيرة تهلك الزرع — Vermin; lice

* * *

قَمِيصٌ : — Rt.(ق م ص)

قِنا : تصريف وقى — Conj.of وَقَى rt. (و ق ى)

قَنَاطِيرُ : جمع قِنطارٌ — Plur.of قِنطَارٌ rt. (ق ن ط ر)

* * *

ق ن ت

قَنَتَ (ُ) :(يقنت،اقنتي) : خضع — To be obedient; to be submissive; to keep to obedience

قَانِتٌ :(قانت، قانتاً، قانتون، قانتين ...) : خاضعٌ — One who is obedient; one who pays adoration; one who pays adoration; one who is truly obedient

ق ن ط

قَنَطَ(َ) :(قنطوا، تقنطوا، يقنط، يقنطون) : يئس — To despair; to be in despair

قَانِطٌ :(القانطين) : يائس — One who despairs

قَنُوطٌ : شديد اليأس — Desperate; hopeless

* * *

قِنطارٌ : — Rt.(ق ن ط ر)

* * *

ق ن ط ر

قِنطَارٌ : (بقنطار) : معيار مختلف المقدار عند الناس — Heap of wealth (gold); weight of treasure; great sum of money; treasure

مُقَنْطَرٌ :(المقنطرة) : مكدّس — Stored-up; hoarded

القَناطِيرُ المُقَنْطَرَةُ : الأموال المكدسة — Stored-up heaps; hoarded treasures

ق ن ع

قَانِعٌ (القانع) : سائل يرضى باليسر — Beggar; poor man who is contented

مُقْنِعٌ :(مقنعي) : رافع رأسه من شدة الهلع — One whose head is upraised

ق ن و

قِنْوٌ : (قنوان) : عِذْقٌ بما فيه من الرطب — Bunch; cluster

* * *

قِنوانٌ : جمع قِنْوٌ — Plur.of قِنوٌ rt. (ق ن و)

قَنُوطٌ : — Rt.(ق ن ط)

***

ق ن ى

أَقْنَى : أعطى ما يقتنى ويُرضي	To contend; to give to hold

***

قَهَّارٌ :	Rt.(ق هـ ر)

***

ق هـ ر

قَهَرَ (َ) :(تقهر) أذلّ	To oppress
قَاهِرٌ :(قاهر ، قاهرون)	
قَاهِرٌ [1] : غالب وهو من أسمائه تعالى	Omnipotent; supreme; absolute

﴿ وَهُوَ الْقَاهِرُ فَوْقَ عِبَادِهِ وَهُوَ الْحَكِيمُ الْخَبِيرُ ﴾ [الأنعام 18]

قَاهِرٌ [2] :غالب	One who is in power; master

﴿ وَإِنَّا فَوْقَهُمْ قَاهِرُونَ ﴾ [الأعراف 127]

قَهَّارٌ : من اسماء الله الحسنى	The Supreme

📖

قِهِمْ : تصريف وقى	Conj.of وقى rt.(و ق ى)
قُوْ : تصريف وقى	Conj.of وقى rt.(و ق ى)

📖

***

قَوَارِيرُ : جمع قارورة	Plur.of قارورة rt.(ق ر ر)
قَوَاعِدُ :جمع قاعد(ة)	Plur.of قاعِد(ة) rt.(ق ع د)
قَوامٌ :	Rt.(ق و م)
قَوَّامٌ :	Rt.(ق و م)

***

ق و ب

قَابٌ : مقدار	Measure; length
قَابَ قَوْسَيْنِ أَوْ أَدْنَى: مقدار قابي قوس أو أقل من ذلك	Even nearer; two bows or closer still

***

قُوَّةٌ :	Rt.(ق و ي)

***

ق و ت

قُوتٌ :(أقواتها) : طعام	Sustenance; food
مُقِيتٌ :(مقيتاً) : مقتدر	One who oversees; on who controls

ق و س

قَوْسٌ :(قوسين) : أداة على شكل هلال ترمى السهام	Bow
قَابَ قَوْسَيْنِ أَوْ أَدْنَى؛ أنظر قابَ	See قابَ rt. (ق و ب)

ق و ع

قَاعٌ :(قاعاً) : أرض مستوية منخفضة عما يحيط بها	A plain
قِيعَةٌ :(بقيعة) : جمع قاعَ	Desert

ق و ل

قَالَ (ُ) : تكلم ؛ أوصى ؛ ألهم ؛ وسوس	To say
قَالَ عَلَى : افترى	To tell concerning; to say against
قَالَ لِ : افترى	To tell; to invent; to forge
تَقَوَّلَ :(تقوّل ، تقوّله)؛ اختلق	To fabricate;

to invent; to forge

قَوْلٌ :(قول،القول،قولكم،قولنا...)

قَوْلٌ[1] : كلام — Speech; saying

﴿ وَلاَ يَحْزُنكَ قَوْلُهُمْ إِنَّ الْعِزَّةَ لِلَّهِ جَمِيعًا ﴾ [يونس 65]

﴿ وَمَا كَانَ قَوْلَهُمْ إِلاَّ أَنْ قَالُوا رَبَّنَا اغْفِرْ لَنَا ﴾ [آل عمران 147]

﴿ فَقُولاَ لَهُ قَوْلاً لَيِّنًا لَعَلَّهُ يَتَذَكَّرُ أَوْ يَخْشَى ﴾ [طـه44]

قَوْلٌ[2] : أمر — Word

﴿ إِنَّمَا قَوْلُنَا لِشَيْءٍ إِذَا أَرَدْنَاهُ أَنْ نَقُولَ لَهُ كُنْ فَيَكُونُ ﴾ [النحل 40]

قِيلٌ :(قيلاً، قيله) : قول، كلام — Saying; word; utterance; speech; cry

قَائِلٌ :(قائل، قائلها، والقائلين) : متكلم — One who says; one who speaks

قَائِلٌ :(قائلون) : انظر (ق ى ل) — Rt.(ق ى ل)

ق و م

قَامَ (ُ) :(قام،قاموا،نقوم،يقوم)

قَامَ[1] : توقف عن السَّير — To stand up (still)

﴿ وَإِذَا أَظْلَمَ عَلَيْهِمْ قَامُوا ﴾ [البقرة 20]

قَامَ[2] : استجاب — To stand fast; to subsist

﴿ وَمِنْ آيَاتِهِ أَنْ تَقُومَ السَّمَاءُ وَالأَرْضُ بِأَمْرِهِ ﴾ [الروم 25]

قَامَ[3] : حان الموعد — To come; to come to pass

﴿ وَيَوْمَ تَقُومُ السَّاعَةُ يُقْسِمُ الْمُجْرِمُونَ مَا لَبِثُوا غَيْرَ سَاعَةٍ﴾ [الروم 55]

﴿ رَبَّنَا اغْفِرْ لِي وَلِوَالِدَيَّ وَلِلْمُؤْمِنِينَ يَوْمَ يَقُومُ الْحِسَابُ ﴾ [إبراهيم 41]

قَامَ[4](بالقسط) : أقام العدل — To deal

﴿ وَأَنْ تَقُومُوا لِلْيَتَامَى بِالْقِسْطِ ﴾ [النساء 127]

قَامَ[5] : نهض — To arise; to rise up

﴿ قُمْ فَأَنذِرْ ﴾ [المدثر 2]

﴿لاَ يَقُومُونَ إِلَّا كَمَا يَقُومُ الَّذِي يَتَخَبَّطُهُ الشَّيْطَانُ مِنَ الْمَسِّ﴾ [البقرة 270]

قَامَ مَقَامَهُ : حلَّ محله — To take one's place; to stand up in one's place

أَقَامَ : (أقام،أقاموا،تقيموا،نقيم ...)

أَقَامَ[1] : أدى بصورة كاملة ؛ اتبع التعاليم — To establish; to keep up; to observe

﴿ وَأَقَامُوا الصَّلاَةَ وَآتَوُا الزَّكَاةَ ﴾ [البقرة 277]

﴿ لَسْتُمْ عَلَى شَيْءٍ حَتَّى تُقِيمُوا التَّوْرَاةَ وَالإِنجِيلَ﴾ [المائدة 68]

أَقَامَ[2] : التزم بـ — Keep within

﴿ فَإِنْ خِفْتُمْ أَلاَّ يُقِيمَا حُدُودَ اللَّهِ فَلاَ جُنَاحَ عَلَيْهِمَا ﴾ [البقرة 229]

أَقَامَ[3] : اعتدَّ بـ — To assign; to set up

﴿ فَحَبِطَتْ أَعْمَالُهُمْ فَلاَنُقِيمُ لَهُمْ يَوْمَ الْقِيَامَةِ وَزْنًا ﴾ [الكهف 105]

أَقَامَ[4] : توجَّه مخلصا في العمل — To set resolutely; to

turn straight

﴿ فَأَقِمْ وَجْهَكَ لِلدِّينِ حَنِيفًا ﴾ [الروم 30]

أقامَ[5] : رمَّ وأصلح — To repair; to put into a right state

﴿ فَوَجَدَا فِيهَا جِدَارًا يُرِيدُ أَنْ يَنقَضَّ فَأَقَامَهُ ﴾ [الكهف 77]

أقامَ[6] : أدّى بصورة كاملة — To keep upright; to give upright

﴿ وَأَقِيمُوا الشَّهَادَةَ لِلَّهِ ﴾ [الطلاق 2]

اسْتَقَامَ: (استقاموا،يستقيم،استقم،فاستقيما): سلك الطريق القويم — To be upright; to walk aright; to continue on (in) the right path; to be true

قائِمٌ : (قائم،قائماً،قائمون،قائمة ...)

قائِمٌ[1] : واقف — One who stands up

﴿ وَإِذَا رَأَوْا تِجَارَةً أَوْ لَهْوًا انفَضُّوا إِلَيْهَا وَتَرَكُوكَ قَائِمًا ﴾ [الجمعة 11]

قائِمٌ[2] :ثابت باق — that which stands up

﴿ ذَلِكَ مِنْ أَنبَاءِ الْقُرَى نَقُصُّهُ عَلَيْكَ مِنْهَا قَائِمٌ وَحَصِيدٌ ﴾ [هود 100]

قائِمٌ[2] : مراع — One who maintains

﴿ شَهِدَ اللَّهُ أَنَّهُ لَا إِلَهَ إِلَّا هُوَ وَالْمَلَائِكَةُ وَأُولُوا الْعِلْمِ قَائِمًا بِالْقِسْطِ ﴾ [آل عمران 18]

قائِمٌ[3] : مؤدٍّ — One who stands; one who keeps a guard on; one who watches

﴿ وَالَّذِينَ هُمْ بِشَهَادَاتِهِمْ قَائِمُونَ ﴾ [المعارج 33]

قائِمٌ[4] : آتٍ — That which comes

﴿ وَمَا أَظُنُّ السَّاعَةَ قَائِمَةً ﴾ [الكهف 36]

قِيَامٌ: (قيام، قياماً)

قِيَامٌ[1] : جمع قائم — Plur.of قائِمٌ

﴿ الَّذِينَ يَذْكُرُونَ اللَّهَ قِيَامًا وَقُعُودًا وَعَلَى جُنُوبِهِمْ ﴾ [آل عمران 191]

﴿جَعَلَ اللَّهُ الْكَعْبَةَ الْبَيْتَ الْحَرَامَ قِيَامًا لِلنَّاسِ ﴾ [المائدة 97]

قِيَامٌ[2] : أمر تقوم به الحياة — Maintenance; (means of) support; standard

﴿ وَلاَ تُؤْتُوا السُّفَهَاءَ أَمْوَالَكُمْ الَّتِي جَعَلَ اللَّهُ لَكُمْ قِيَامًا ﴾ [النساء 5]

قَوَّامٌ :(قوامون، قوامين):): من يرعى ويقوم بالمصالح ؛ محقق — Maintainer; one who is in charge of

قَيُّومٌ :(القيوم) : القائم الحافظ لكل شيء وهو من أسمائه تعالى — Eternal; Self-subsisting

أَقْوَمُ : أعدلُ وأضبطُ — More (most) upright; more certain; more sure; straightest

مَقَامٌ : (مقام،مقاماً،مقامهما،مقامي...)

مَقَامٌ[1] : منزلة — Position; estate

﴿ إِنَّ الْمُتَّقِينَ فِي مَقَامٍ أَمِينٍ ﴾ [الدخان 51]

﴿عَسَى أَنْ يَبْعَثَكَ رَبُّكَ مَقَامًا مَحْمُودًا ﴾ [الإسراء 79]

مَقَامٌ[2] : محل — Place

﴿أَنَا آتِيكَ بِهِ قَبْلَ أَنْ تَقُومَ مِنْ مَقَامِكَ ﴾ [النمل 39]

﴿ فَآخَرَانِ يَقُومَانِ مَقَامَهُمَا ﴾ [المائدة 107]

مَقَامٌ[3] : مكان(للصلاة) — Place where one stands (to pray); standing place

﴿وَاتَّخِذُوا مِنْ مَقَامِ إِبْرَاهِيمَ مُصَلًّى ﴾ [البقرة 125]

مَقَامٌ[4] : منزلة في الربوبية والسلطان — The act of standing in the presence of (before)

﴿ وَلِمَنْ خَافَ مَقَامَ رَبِّهِ جَنَّتَانِ ﴾ [الرحمن 46]

مَقَامٌ[5] : اقامة — Sojourn; stay; the act of abiding

﴿ إِنْ كَانَ كَبُرَ عَلَيْكُمْ مَقَامِي وَتَذْكِيرِي بِآيَاتِ اللَّهِ فَعَلَى اللَّهِ تَوَكَّلْتُ ﴾ [يونس 71]

مُقَامٌ :(مقام، مقاماً) : إقامة أو مكانها — (Place to) stand; station; place to stay

مُقَامَةٌ :(المقامة) : إقامة — Eternity; that which abides for ever

دَارُ الْمُقَامَةِ : دار الإقامة الدائمة (الجنة) — Mansion of eternity; house abiding for ever

مُقِيمٌ : (مقيم،والمقيمي،المقيمين)

مُقِيمٌ[1] : مؤدٍ وموفٍ — One who establishes (worship); one who keeps up (prayer)

﴿ وَالصَّابِرِينَ عَلَى مَا أَصَابَهُمْ وَالْمُقِيمِ الصَّلَاةِ ﴾ [الحج 35]

مُقِيمٌ[2]: دائم — Lasting; enduring

﴿ وَلَهُمْ عَذَابٌ مُقِيمٌ ﴾ [الزمر 40]

مُقِيمٌ[3] : باقٍ ماثل للعيان — Uneffaced; that which still abides

﴿ وَإِنَّهَا لَبِسَبِيلٍ مُقِيمٍ﴾ [الحجر 76]

قَيِّمٌ :(قيم، قيماً، قيمة): ذات قيمة ، ثابت مقوّم للأمور — Right; correct; straight; rightly directing; true

قَوَامٌ :(قواماً) : عدل ، وسط — Firm station; just mean

قِيَمٌ :(قيماً) : مستقيم لا عوج فيه — (Most) right

إِقَامٌ : (وإقام) : أداء كامل — The act of establishing (of worship); the act of keeping up (of prayer)

إِقَامَةٌ :(إقامتكم) : استقرار — The act of pitching camp; the act of halting

تَقْوِيمٌ : تعديل وإزالة اعوجاج — Stature; make

مُسْتَقِيمٌ :(مستقيم،المستقيم ،مستقيماً) : مستوٍ لا عوج فيه — Straight; right

قِيَامَةٌ :(القيامة) : بعث الناس من القبور — Resurrection

قَوْمٌ : (قَوم،القَوم،ولقومك،قومي...) : جماعة الرجال (والنساء) يجمعهم أمر واحد — People; folk

* * *

قُوَى : جمع قُوَّة — Plur.of قُوَّة rt. (ق و ي)

* * *

ق و ي

قُوَّةٌ :(قوّة،القوة، قوتكم، قُوى)

قُوَّةٌ[1] : جدّ وصدق عزيمة — Power

﴿ إِذْ يَرَوْنَ الْعَذَابَ أَنَّ الْقُوَّةَ لِلَّهِ جَمِيعًا ﴾ [البقرة 160]

قُوَّةٌ[2] : قدرة مادية أو معنوية — Force ; strength

﴿ وَأَعِدُّوا لَهُمْ مَا اسْتَطَعْتُمْ مِنْ قُوَّةٍ وَمِنْ رِبَاطِ الْخَيْلِ ﴾ [الأنفال 60]

﴿ ثُمَّ جَعَلَ مِنْ بَعْدِ قُوَّةٍ ضَعْفًا وَشَيْبَةً ﴾ [الروم 54]

أَشَدُّ قُوَّةً : أقوى — Mightier; more powerful

ذُو الْقُوَّةِ : صاحب القوة — Mighty; processor of strength

شَدِيدُ الْقُوَى : جبريل عليه السلام — One of mighty powers; Lord of Mighty Power

الْعُصْبَةُ أُولُوا الْقُوَّةِ: الجماعة الكثيرة أصحاب القوة — Troop of mighty men; company of men possessed of great strength

قَوِيٌّ :(قوي،القوي،القوي، قويا): قادر — Strong

: من أسمائه تعالى

مُقْوٍ :(للمقوين) : سائر في الصحراء او محتاج — Dweller in the wilderness; wayfarer of the desert

* * *

قِيَامٌ : — Rt.(ق و م)

قِيَامَةٌ : — Rt.(ق و م)

* * *

ق ى ض

قَيَّضَ :(وقيّضنا، نقيّض) : هيأ وأعدّ — To assign; to appoint

* * *

قِيعَةٌ : — Rt.(ق و ع)

* * *

ق ى ل

قَائِلٌ :(قائلون) : نائم وقت القيلولة: نصف النهار — One who sleeps at noon; one who sleeps at midday

مَقِيلٌ :(مقيلا) : مكان الراحة وقت القيلولة — Place of noonday rest; resting-place

قِيلَ : تصريف قال — Conj.of قال rt.(ق و ل)

* * *

قِيلٌ : — Rt.(ق و ل)

قِيَمٌ : — Rt.(ق و م)

قَيِّمٌ : — Rt.(ق و م)

قَيِّمَةٌ : — Rt.(ق و م)

* * *

باب الكاف

ك

ك[1] : تدل على التشبيه والتمثيل

﴿آمِنُوا كَمَا آمَنَ النَّاسُ ﴾ [البقرة 13]

ك[2] : تدل على الخطاب وتكون ضميراً

﴿وَنُقَدِّسُ لَكَ ﴾ [البقرة 30]

ك[3]: حرف دال على الخطاب

﴿إِيَّاكَ نَعْبُدُ ﴾ [الفاتحة 5]

* * *

كاتَبَ :	Rt.(ك ت ب)
كَاتِبٌ :	Rt.(ك ت ب)
كَادَ :(يكاد)	Rt.(ك و د)
كَاد :(يكيد)	Rt.(ك ي د)
كَادِحٌ :	Rt.(ك د ح)
كَاذِبٌ :	Rt.(ك ذ ب)
كَارِهٌ :	Rt.(ك ر ه)
كَاشِفٌ :	Rt.(ك ش ف)
كَاظِمٌ :	Rt.(ك ظ م)
كَافٍ :	Rt.(ك ف ي)
كَافَّةً :	Rt.(ك ف ف)
كَافِرٌ :	Rt.(ك ف ر)
كَافُورٌ :	Rt.(ك ف ر)
كَالَ :	Rt.(ك ي ل)
كَالِحٌ :	Rt.(ك ل ح)
كَامِلٌ :	Rt.(ك م ل)
كَانَ :	Rt.(ك و ن)
كَاهِنٌ :	Rt.(ك ه ن)

* * *

كَمَثَلِ : كصفة — Like the resemblance of

ك أ س

كَأْسٌ :(كئوس، كأساً ..) : قدح يشرب فيه أو ما فيه من شراب — Cup; bowl

ك أ ن

كَأَنْ : مخفف كأن وتدل على التشبيه — As though

﴿كَـأَنْ لَـمْ يَغْنَـوا فِيْهَـا ﴾ [الأعراف 92]

ك أ ن ن

كَأَنَّ : وتدلّ على التشبيه — As though

﴿ الزُّجَاجَةُ كَأَنَّهَا كَوْكَبٌ دُرِّيٌّ﴾ [النور 35]

كَأَنَّمَا : وتدلّ على التشبيه أيضاً — As though

﴿ فَكَأَنَّمَا قَتَلَ النَّاسَ جَمِيْعَاً﴾ [المائدة 32]

ك أ ي ن

كَأَيِّنْ : (وكائن،كأين) : أداة للتكثير — How many

* * *

كَبَّ :	Rt.(ك ب ب)

كَبَائِرُ : جمع كبيرة	Plur.of كَبِيرَةٌ rt.(ك ب ر)
كُبَّارٌ :	Rt.(ك ب ر)

* * *

ك ب ب

كَبَّ (ُ) :(كُبَّتْ) : قلبَ وألقى	To fling down; to throw down
مُكِبٌّ :(مُكِبّاً) : متقلّبٌ	Groping; prone

ك ب ت

كَبَتَ (ِ) : (يكبتهم،كُبِتوا،كُبِتَ) : أذَلَّ وأغاظ	To abase; to overwhelm; to lay down prostrate

ك ب د

كَبَدٌ : مشقّةٌ وعناء	Atmosphere; distress; affliction

ك ب ر

كَبُرَ (ُ) : (كبر،كبرت،يكبر)

كَبُرَ[1] : قَبُحَ	To be grievous; to be dreadful; to be an offence

﴿ كَبُرَتْ كَلِمَةً تَخْرُجُ مِنْ أَفْوَاهِهِمْ ﴾ [الكهف 5]

كَبُرَ[2] : ثَقُلَ	To be grievous; to be dreadful; to be an offence

﴿ إِنْ كَانَ كَبُرَ عَلَيْكُمْ مَقَامِي وَتَذْكِيرِي بِآيَاتِ اللَّهِ فَعَلَى اللَّهِ تَوَكَّلْتُ ﴾ [يونس 71]

كَبُرَ[2] : عظُمَ	To be (too) hard; to be greater

﴿ أَوْ خَلْقًا مِمَّا يَكْبُرُ فِي صُدُورِكُمْ ﴾ [الإسراء 51]

كَبُرَ مَقْتاً : عظُمَ بُغضاً	It is greatly (most) hated
كَبِرَ (َ) :(يكبروا) : زاد سناً أي بلغ سنّ الرشد	To grow up; to attain to full age
كَبَّرَ :(فكبّر، وكبّره) : حَمَدَ وعظّم	To magnify
أَكْبَرَ :(أكبرنه) : عظّمَ	To exalt; to deem great
تَكَبَّرَ :(تتكبر، يتكبرون) : ادّعى الكبر وتجبّر	To show pride; to behave proudly; to magnify oneself; to be proud
اسْتَكْبَرَ : (استكبر ،استكبرت، يستكبر ...) : تعالى	To be scornful; to be arrogant; to behave proudly; to be proud
تَكْبِيرٌ :(تكبيراً) : تعظيمٌ	Magnificence
مُتَكَبِّرٌ :(متكبر ،المتكبر، المتكبرين) : مدّعي الكِبْر	One who is arrogant; one who is proud; scorner
اسْتِكْبَارٌ :(استكباراً) : تعاظمٌ	The act of behaving arrogantly; the act of magnifying oneself in pride
مُسْتَكْبِرٌ : (مستكبراً،مستكبرون، مستكبرين،المستكبرين) : متعاظم	One who is arrogant; one who is proud; one who is scornful

كِبْرٌ :(كبر، كبره)

كِبْرٌ[1] : تعاظم Pride; greatness

﴿ إِنْ فِي صُدُورِهِمْ إِلاَّ كِبْرٌ مَا هُمْ بِبَالِغِيهِ ﴾ [غافر 56]

كِبْرٌ[2] : إثم كبير Greatest share; main part

﴿ وَالَّذِي تَوَلَّى كِبْرَهُ مِنْهُمْ لَهُ عَذَابٌ عَظِيمٌ ﴾ [النور 11]

كِبَرٌ :(الكبر) : شيخوخة (Old) age

عَلَى الكِبَرِ : وقت الشيخوخة In old age

كَبِيرٌ :(كبير ،الكبير ،كبيرهم ،كبيرا ،كبرا ...)

كَبِيرٌ[1] : عظيم Great; chief

﴿ قُلْ فِيهِمَا إِثْمٌ كَبِيرٌ وَمَنَافِعُ لِلنَّاسِ ﴾ [البقرة 219]

﴿ وَلاَ تَسْأَمُوا أَنْ تَكْتُبُوهُ صَغِيرًا أَوْ كَبِيرًا ﴾ [البقرة 282]

﴿ قَالَ كَبِيرُهُمْ أَلَمْ تَعْلَمُوا أَنَّ أَبَاكُمْ قَدْ أَخَذَ عَلَيْكُمْ مَوْثِقًا ﴾ [يوسف 80]

﴿ فَجَعَلَهُمْ جُذَاذًا إِلاَّ كَبِيرًا لَهُمْ ﴾ [الأنبياء 58]

كَبِيرٌ[1] : عظيم (من أسمائه تعالى) Great

﴿ عَالِمُ الْغَيْبِ وَالشَّهَادَةِ الْكَبِيرُ الْمُتَعَالِي ﴾ [الرعد 9]

شَيْخٌ كَبِيرٌ : رجل مسن Very old man; very aged man

كُبَرَاءُ : جمع كبير Plur.of كَبِيرٌ

كَبِيرَةٌ :(كبيرة، لكبيرة، كبائر)

كَبِيرَةٌ[1] : إثم فاحش Enormity; great thing

﴿ الَّذِينَ يَجْتَنِبُونَ كَبَائِرَ الإِثْمِ وَالْفَوَاحِشَ ﴾ [النجم 32]

كَبِيرَةٌ[2] : مؤنث كبير (عظيم؛ شاق) Fem. of كَبِيرٌ Sense 1

﴿ وَإِنَّهَا لَكَبِيرَةٌ إِلاَّ عَلَى الْخَاشِعِينَ ﴾ [البقرة 45]

كَبَائِرَ الأَثْمِ : آثام فاحشة Enormities of sin; worst sins; great sins

كُبَّارٌ :(كبارا) : بالغ السوء Mighty; very great

أَكْبَرُ :(أكبر، أكابر)

أَكْبَرُ[1] : أعظم Great; greatest

﴿ وَلاَ أَصْغَرَ مِنْ ذَلِكَ وَلاَ أَكْبَرَ إِلاَّ فِي كِتَابٍ مُبِينٍ ﴾ [يونس 61]

أَكْبَرُ[2] : أعظم Graver; worse

﴿ وَالْفِتْنَةُ أَكْبَرُ مِنَ الْقَتْلِ ﴾ [البقرة 217]

الفَزَعُ الأَكْبَرُ : البعث للحساب Supreme horror

كُبْرَى :(الكبرى، الكبر): مؤنث أكبر Fem. of أَكْبَرُ sense I.

كُبَرٌ : جمع كُبْرَى Plur.of كُبْرَى

إِحْدَى الكُبَرِ : إحدى الدواهي One of the greatest (portents); one of the greatest (misfortunes)

كِبْرِيَاءُ :(الكبرياء): العظمة والسلطان ؛ سيطرة Greatness; majesty

ك ب ك ب

كَبْكَبَ :(فكبكبوا) : قلب وألقى To hurl down; to throw down

❋ ❋ ❋

كبيرٌ : Rt.(ك ب ر)

كِتَابٌ : Rt.(ك ت ب)

* * *

ك ت ب

كَتَبَ (ُ) : (كتب،كتبنا،كتبوه،نكتب...)

كَتَبَ[1] : سَجَّل — To write; to record in writing

﴿ فَوَيْلٌ لِلَّذِينَ يَكْتُبُونَ الْكِتَابَ بِأَيْدِيهِمْ ثُمَّ يَقُولُونَ هَذَا مِنْ عِنْدِ اللَّهِ ﴾ [البقرة 79]

كَتَبَ[2] : أثبت وعدّ — To write down; to enroll; to inscribe

﴿ يَقُولُونَ رَبَّنَا آمَنَّا فَاكْتُبْنَا مَعَ الشَّاهِدِينَ ﴾ [المائدة 83]

كَتَبَ[3] : أوجَبَ — To prescribe

﴿ يَاأَيُّهَا الَّذِينَ آمَنُوا كُتِبَ عَلَيْكُمُ الصِّيَامُ ﴾ [البقرة 183]

﴿ سَلاَمٌ عَلَيْكُمْ كَتَبَ رَبُّكُمْ عَلَى نَفْسِهِ الرَّحْمَةَ ﴾ [الأنعام 54]

كَتَبَ[4] : قدَّر — To decree; to write down; to get written

﴿ فَالآنَ بَاشِرُوهُنَّ وَابْتَغُوا مَا كَتَبَ اللَّهُ ﴾ [البقرة 187]

﴿ قُلْ لَنْ يُصِيبَنَا إِلاَّ مَا كَتَبَ اللَّهُ لَنَا ﴾ [التوبة 51]

﴿ وَلَوْلاَ أَنْ كَتَبَ اللَّهُ عَلَيْهِمُ الْجَلاَءَ لَعَذَّبَهُمْ فِي الدُّنْيَا ﴾ [الحشر 3]

ك ت ب

اكْتَتَبَ :(اكتتبها) : جمع وسجّل — To write down; to get written

كَاتَبَ :(فكاتبوهم) : تعاقد (على التحرير) — To write (an emancipation) for (a slave); to give (a slave) the writing

كَاتِبٌ : (كاتب،كاتباً،كاتبون،كاتبين)

كَاتِبٌ[1] : عارف الكتابة — Scribe

﴿ وَلْيَكْتُبْ بَيْنَكُمْ كَاتِبٌ بِالْعَدْلِ ﴾ [البقرة 282]

كَاتِبٌ[2] : مسجِّل ؛ عارف الكتابة — One who records; one who writes down

﴿ فَلاَ كُفْرَانَ لِسَعْيِهِ وَإِنَّا لَهُ كَاتِبُونَ ﴾ [الأنبياء 94]

كِتَابٌ : (كتابك،كتابنا،كتب،الكتب...)

كِتَابٌ[1] : كتاب سماوي ؛ القرآن — Book; scripture

﴿ ذَلِكَ الْكِتَابُ لاَ رَيْبَ فِيهِ هُدًى لِلْمُتَّقِينَ ﴾ [البقرة 2]

كِتَابٌ[2] : مكاتبة — Writing

﴿ وَالَّذِينَ يَبْتَغُونَ الْكِتَابَ مِمَّا مَلَكَتْ أَيْمَانُكُمْ فَكَاتِبُوهُمْ ﴾ [النور 33]

﴿ وَلَا تَعْزِمُوا عُقْدَةَ النِّكَاحِ حَتَّى يَبْلُغَ الْكِتَابُ أَجَلَهُ ﴾ [البقرة 235]

كِتَابٌ[3] : قدَر ؛ قضاء — (Prescribed) term

﴿ وَمَا كَانَ لِنَفْسٍ أَنْ تَمُوتَ إِلاَّ بِإِذْنِ اللَّهِ كِتَابًا ﴾ [آل عمران 145]

كِتَابٌ[4] : حُكم أو أمر مكتوب — Ordinance

﴿ إِنَّ الصَّلَاةَ كَانَتْ عَلَى الْمُؤْمِنِينَ كِتَابًا مَوْقُوتًا ﴾ [النساء 103]

كِتَابٌ[5] : مكتوب	Letter

﴿ اذْهَب بِكِتَابِي هَذَا فَأَلْقِهِ إِلَيْهِمْ ﴾ [النمل 28]

أَهْلُ الكِتَابِ : اتباع التوراة والإنجيل	People of the Scripture; Followers of the Book
مَكْتُوبٌ :(مكتوباً) : مدوّن	Described; written down

ك ت م

كَتَمَ (ُ) :(كتم،تكتموا،تكتم،يكتم...) : أخفى	To hide; to conceal

ك ث ب

كَثِيبٌ :(كثيباً) : رمل متراكم	Heap(s) of sand
كَثِيبٌ مَهِيلٌ: رمل متجمع سائل منهال	Heap of running sand; heaps of sand let loose

ك ث ر

كَثُرَ (ُ) :(كثر،كثرت): زاد	To be much; to be numerous; to be many
كَثَّرَ :(كثركم) : جعل كثيراً	To multiply
أَكْثَرَ :(فأكثرت، اكثروا) : أتى بكثير	To multiply; to lengthen
اسْتَكْثَرَ :(لاستكثرت، استكثرتم، تستكثر): طلب الكثير ؛ استحوذ على كثير من ؛ عدَّ كثيراً	To have abundance; to have much; to take away a great part; to receive again with increase
كَثْرَةٌ :(كثرة، كثرتكم) : زيادة	Multitude; abundance; great number; plenty
كَثِيرٌ :(كثير ،وكثير ،كثيرة، كثيرا...)	
كَثِيرٌ[1] : غالبية	Many; much; numerous

﴿ وَدَّ كَثِيرٌ مِنْ أَهْلِ الْكِتَابِ لَوْ يَرُدُّونَكُمْ مِنْ بَعْدِ إِيمَانِكُمْ كُفَّارًا ﴾ [البقرة 109]

﴿ لاَ خَيْرَ فِي كَثِيرٍ مِنْ نَجْوَاهُمْ إِلاَّ مَنْ أَمَرَ بِصَدَقَةٍ ﴾ [النساء 114]

﴿ كَمْ مِنْ فِئَةٍ قَلِيلَةٍ غَلَبَتْ فِئَةً كَثِيرَةً بِإِذْنِ اللَّهِ ﴾ [البقرة 249]

كَثِيرٌ[2] : زائد مضاعف	In plenty; abundant

﴿ وَفَاكِهَةٍ كَثِيرَةٍ ﴾ [الواقعة 32]

أَكْثَرُ (مِنْ) : ازيد من ؛ معظم	Most of; more (than)
كَوْثَرٌ :(الكوثر) : الكثير وقيل نهر في الجنة	Abundance; heavenly fountain; Kauser

❋ ❋ ❋

كَثِيبٌ :	Rt.(ك ث ب)
كَثِيرٌ :	Rt.(ك ث ر)

❋ ❋ ❋

ك د ح

كَدْحٌ :(كدحاً) : سعي ودأب	The act of striving hard (to attain); the act of working towards
كَادِحٌ : ساعٍ ودائب	One who strives hard (to attain); one who works towards

ك د ر

انْكَدَرَ :(انكدرت) : تساقط — To fall; to darken

ك د ي

أكْدَى : (وأكدى) : بخل — To grudge; to withhold

❋ ❋ ❋

كَذَّابٌ : — Rt.(ك ذ ب)

كِذَّابٌ : — Rt.(ك ذ ب)

❋ ❋ ❋

ك ذ ب

كَذَبَ (ِ) : (كذب،فكذبت، تكذبون، يكذبون): افترى واختلق ، أخطأ ، أخبر بما يخالف الواقع — To tell a lie; to lie; to be untrue

كَذَّبَ : (كذب،كذبت،فكذبوا،وكذب): أنكر ؛ نسبَ الكذبَ إلى أو لم يؤمن — To give the lie to; to deny; to reject; to call a lie

كَذِبٌ : (كذب، كذباً، كذبه)

كَذِبٌ[1] : إخبار بخلاف الواقع والإعتقاد — A lie

﴿ وَيَقُولُونَ عَلَى اللَّهِ الْكَذِبَ وَهُمْ يَعْلَمُونَ ﴾ [آل عمران 75]

كَذِبٌ[2] : مكذوب فيه — False

﴿ وَجَاءُوا عَلَى قَمِيصِهِ بِدَمٍ كَذِبٍ ﴾ [يوسف 18]

افترى الكَذِبَ(كَذِباً) ، اختلق الكذب — To invent a lie; to call a lie

كَاذِبٌ: (كاذب،كاذباً،كاذبون،كاذبة...)

كَاذِبٌ[1] : متصف بالكذب — A liar; one who lies

﴿ ثُمَّ نَبْتَهِلْ فَنَجْعَلْ لَعْنَةَ اللَّهِ عَلَى الْكَاذِبِينَ ﴾ [آل عمران 61]

كَاذِبٌ[2] : شيء متصف بالكذب — That which lies; that which denies; that which belies

﴿ نَاصِيَةٍ كَاذِبَةٍ خَاطِئَةٍ ﴾ [العلق 16]

﴿ لَيْسَ لِوَقْعَتِهَا كَاذِبَةٌ ﴾ [الواقعة 2]

كَذَّابٌ : (كذاب،الكذاب) : كثير الكذب — Liar

كَذَّابٌ أَشِرٌ : بطرٌ متكبر — Rash liar; insolent liar

كِذَّابٌ :(كذابا) : تكذيب — The act of lying; the act of giving the lie (to the truth); strong denial

مَكْذُوبٌ : غير صادق — Belied

تَكْذِيبٌ : إنكار — Denial; the act of giving the lie

مُكَذِّبٌ :(المكذبون،مكذبين،المكذبين، المكذبين) : مَنْ يكذِّبُ — One who denies; rejecter

❋ ❋ ❋

كِرَامٌ: جمع كريم — Plur.of كَرِيمٌ rt.(ك ر م)

❋ ❋ ❋

ك ر ب

كَرْبٌ : ضيق وغمٌّ — Distress; affliction

❋ ❋ ❋

كَرَّةٌ : — Rt.(ك ر ر)

❋ ❋ ❋

ك ر ر

كَرَّةٌ :(الكرة،كرتين): عودة ؛ غلبة — Return; a returning; turn

ك ر س

كُرْسِيٌّ :(كرسيه): ما يُجلس — Throne;

عليه ؛ مَلَك(الله) — knowledge

ك ر م

كَرَّمَ :(كرّمت، كرّمنا) : فضّل أو شرّف — To honour

أَكْرَمَ :(اكرمن، اكرمه، تكرمون، أكرمي) : شرّف — To honour; to treat with honour

أَكْرَمَ مَثْوَاهُ : أنزله منزلاً — To receive somebody honourably; to give somebody an honourable abode

كَرِيمٌ :(كريم، كريماً، كرام،كراما ....)

كَرِيمٌ[1] : شريف(مرتضى) — Gracious; noble; honourable

﴿ إِنْ هَذَا إِلاَّ مَلَكٌ كَرِيمٌ ﴾ [يوسف 31]

﴿ كِرَامٍ بَرَرَةٍ ﴾ [عبس 16]

كَرِيمٌ[2] : طيب موفور — Bountiful; rich; honourable

﴿ لَهُمْ دَرَجَاتٌ عِنْدَ رَبِّهِمْ وَمَغْفِرَةٌ وَرِزْقٌ كَرِيمٌ ﴾ [الأنفال 4]

الْعَرْشُ الْكَرِيمُ: مصدر الخير — Throne of Grace; Honourable Dominion

أَكْرَمُ :(أكرمكم، الأكرم) — Most bounteous

إِكْرَامٌ :(الإكرام) : إنعام — Glory

مُكَرَّم :(مكرّمة) : مُشرّف — Honoured

مُكْرَمٌ : (مكرمون،المكرمين) : مُعظّم — Honoured

مُكْرِمٌ : مُعِزّ — One who gives honour; one who makes (somebody) honourable

ك ر ه

كَرِهَ (·) :(كره، كرهتموه، تكرهوا،يكرهون...)

كَرِهَ[1] : أبغض — To hate; to dislike; to abhor

﴿ فَإِنْ كَرِهْتُمُوهُنَّ فَعَسَى أَنْ تَكْرَهُوا شَيْئًا وَيَجْعَلَ اللَّهُ فِيهِ خَيْرًا كَثِيرًا ﴾ [النساء 19]

﴿ أَيُحِبُّ أَحَدُكُمْ أَنْ يَأْكُلَ لَحْمَ أَخِيهِ مَيْتًا فَكَرِهْتُمُوهُ ﴾ [الحجرات 12]

كَرِهَ[2] : أبغض — To be averse; to dislike

﴿ وَيُحِقُّ اللَّهُ الْحَقَّ بِكَلِمَاتِهِ وَلَوْ كَرِهَ الْمُجْرِمُونَ ﴾ [يونس 82]

كَرَّهَ : (وكرّه) : بغّض — To make (something) hateful

أَكْرَهَ:(أكرهتنا، تكره، تكرهوا، يكرههنّ ...): أجبر وأرغم — To force; to compel

كَرْهٌ :(كرهاً) : إجبار — Repugnance

كَرْهاً : اجبارا — Unwillingly; against one's will

كُرْهٌ :(كره، كرهاً) : مكروه غير محبب — Something hateful; object of dislike

كُرْهاً : بمشقّة — With reluctance; with trouble

كارِهٌ:(كارهون،لكارهون كارهين) : مبغض — One who is averse to; one who hates; one who is reluctant; one who is unwilling

إِكْرَاهٌ :(إكراه، إكراههن) : إجبار وإرغام — Compulsion

مَكْرُوهٌ :(مكروهاً) : مستقبح — Hateful

❋ ❋ ❋

كَرِيمٌ : — Rt.(ك ر م)

كَسَا : — Rt.(ك س و)

كَسَادٌ : — Rt.(ك س د)

كُسالى: جمع كَسِلٌ — Plur.of كَسِلٌ rt. (ك س ل)

❋ ❋ ❋

ك س ب

كَسَبَ (ِ):(كسب، كسبا، كسبت،تكسب...) : فَعَلَ وتَحمّل ؛ أخفى واعتقد ؛ جَمَعَ وحَصّل — To earn

اكْتَسَبَ: (اكتسب ،اكتسبت ،اكتسبن ،اكتسب) : حَصّل — To earn; to deserve

ك س د

كَسَادٌ:(كسادها) : بوار وعدم رواج — Slackness; the act of remaining unsold

ك س ف

كِسْفَةٌ :(كِسَفاً، كسفاً) : قطعة — Fragment; portion

كِسَفٌ : جمع كِسْفة — Plur.of كِسْفَةٌ

كَسِلٌ :(كسالى) : متثاقل — Sluggish; languid; idler

ك س و

كَسَا(ُ) :(فكسونا، نكسوها، وأكسوهم): غطّى ؛ منح كسوة — To clothe

ك ش ط

كَشَطَ (ِ): (كشطت): أزال — To tear away; to remove a cover

ك ش ف

كَشَفَ (ِ) : (كشف،كشفنا،وكشف،اكشف...)

كَشَفَ[1] : أزال — To relieve; to draw off; to remove

﴿ فَلَمَّا كَشَفْنَا عَنْهُ ضُرَّهُ مَرَّ كَأَنْ لَمْ يَدْعُنَا ﴾ [يونس 12]

﴿ لَمَّا آمَنُوا كَشَفْنَا عَنْهُمْ عَذَابَ الْخِزْيِ ﴾ [يونس 98]

﴿أَمَّنْ يُجِيبُ الْمُضطَرَّ إِذَا دَعَاهُ وَيَكْشِفُ السُّوءَ﴾ [النمل62]

كَشَفَ[2] : أظهر — To bare (with عن)

﴿ فَلَمَّا رَأَتْهُ حَسِبَتْهُ لُجَّةً وَكَشَفَتْ عَنْ سَاقَيْهَا ﴾ [النمل 44]

كُشِفَ عَنْ سَاقٍ: كناية عن اشتداد الأمر لهول القيامة — To befall in earnest; to be in a severe affliction

كَاشِفٌ : رافع ومزيل ؛ مصدر: كَشْف — One who removes; on who withdraws; one who relieves

كَشْفٌ : إزالة — Removal (of distress); the act of ridding (of misfortune)

ك ظ م

كَاظِمٌ :(كاظمين)

كَاظِمٌ[1] : كاتم — One who controls (one's anger); one who restrains (one's anger)

﴿وَالْكَاظِمِينَ الْغَيْظَ وَالْعَافِينَ عَنْ النَّاسِ﴾ [آل عمران 134]

كَاظِمٌ[2] : منطوٍ على غمٍّ وهمٍّ — That which chokes; one who grieves inwardly

﴿ إِذْ الْقُلُوبُ لَدَى الْحَنَاجِرِ كَاظِمِينَ ﴾ [غافر 18]

كَظِيمٌ : شديد الإخفاء لما يَشْعر به من الحزن — Full of (inward) rage; full of wrath; wroth inwardly

مَكْظُومٌ : مملوء غيظاً وغمّاً — One in despair; one in distress

❋ ❋ ❋

كظيمٌ : Rt.(ك ظ م)

❋ ❋ ❋

ك ع ب

كَعْبٌ :(الكعبين) : عظم نأتي في جانب القدم عند التقائه بالساق — Ankle

كَعْبَةٌ : (الكعبة) : بيت الله الحرام بمكة المكرمة — Kaaba

كَاعِبٌ :(وكواعب) : فتاة بارزة النّهد — Woman showing freshness of youth; maiden

❋ ❋ ❋

كفٌّ : Rt.(ك ف ف)

كُفٌّ : Rt.(ك ف ف)

❋ ❋ ❋

ك ف أ

كُفُوٌ :(كفوا) : مُساوٍ — Comparable; like

❋ ❋ ❋

كِفَاتٌ : Rt.(ك ف ت)

كُفَّارٌ : جمع كافرٍ — Plur.of كافِرٌ rt.(ك ف ر)

كَفَّارٌ : Rt.(ك ف ر)

كَفَّارَةٌ : Rt.(ك ف ر)

❋ ❋ ❋

ك ف ت

كِفَاتٌ :(كفاتاً) : جامعة للأحياء فوق ظهرها وللأموات في باطنها — Receptacle; that which draws together to itself

ك ف ر

كَفَرَ (ُ): (كفر كفرت تكفر ، نكفر ...)

كَفَرَ[1] :جاوز حدود الإيمان — To disbelieve; to be an unbeliever

﴿ وَمَا كَفَرَ سُلَيْمَانُ وَلَكِنَّ الشَّيَاطِينَ كَفَرُوا ﴾ [البقرة 102]

كَفَرَ[2] : لم يؤمن ؛ جحد نعمة الله — To be ungrateful

﴿ وَمَنْ كَفَرَ فَإِنَّ رَبِّي غَنِيٌّ كَرِيمٌ ﴾ [النمل 40]

﴿ فَكَفَرَتْ بِأَنْعُمِ اللَّهِ فَأَذَاقَهَا اللَّهُ لِبَاسَ الْجُوعِ ﴾ [النحل 112]

كَفَرَ[3] : حرم الإثابة على — To deny; to reject

﴿وَمَا يَفْعَلُوا مِنْ خَيْرٍ فَلَنْ يُكْفَرُوهُ﴾ [آل عمران 115]

كَفَّرَ : (كفرّ لكفّرنا سكفّر يكفّر...) : ستر ولم يعاقب على — To remit; to rid; to remove

مَا أَكْفَرَهُ : ما أشدّ كفره — How ungrateful is he!

كَفَرَ : (كفر كفراً كفره كفرهم...)

كُفْرٌ 1 : إنكار لوجود الله — Disbelief

﴿وَمَنْ يَتَبَدَّلِ الْكُفْرَ بِالْإِيمَانِ فَقَدْ ضَلَّ سَوَاءَ السَّبِيلِ﴾ [البقرة 108]

كُفْرٌ 2 : جحود بنعمة الله — Thanklessness; ungratefulness

﴿أَلَمْ تَرَى إِلَى الَّذِينَ بَدَّلُوا نِعْمَةَ اللَّهِ كُفْرًا﴾ [إبراهيم 28]

كَافِرٌ : (كافر ،الكافر ،الكفار ،الكفرة...)

كَافِرٌ 1 : منكر وجود الله ؛ غير مؤمن — Disbeliever; one who disbelieves

﴿وَمَنْ لَمْ يَحْكُمْ بِمَا أَنزَلَ اللَّهُ فَأُولَئِكَ هُمْ الْكَافِرُونَ﴾ [المائدة 44]

﴿وَهُمْ بِالآخِرَةِ هم كَافِرُونَ﴾ [هود 19]

كَافِرٌ 2 : جاحد بنعمة الله — One who is ungrateful

﴿يَعْرِفُونَ نِعْمَةَ اللَّهِ ثُمَّ يُنكِرُونَهَا وَأَكْثَرُهُمْ الْكَافِرُونَ﴾ [النحل 83]

كُفُورٌ :(كفوراً) : جحود وإنكار — The act of denying; disbelief; ingratitude

كَفُورٌ :(كفور ، الكفور لكفور ،كفوراً) : ممعن في الكفر والجحود — Thankless person; ingrate

كَفَّارٌ : شديد الكفر — Ingrate; impious; very ungrateful

كَفَّارَةٌ :(كفارة، كفارته) : قربة شرعها الله لستر الخطايا ومغفرتها — Expiation

كُفْرَانٌ : إنكار وعدم إثابة — Rejection; denial

كَافُورٌ :(كافوراً) : طيب يؤخذ من شجر الكافور — Kafur; Camphor

ك ف ف

كَفَّ (ـُ) : (كفّ ،كففت ،يكفّ ، كفّوا...)

كَفَّ 1 : منع — To withhold; to restrain

﴿فَعَجَّلَ لَكُمْ هَذِهِ وَكَفَّ أَيْدِيَ النَّاسِ عَنْكُمْ﴾ [الفتح 20]

كَفَّ 2 : منع وأبطل — To drive off; to ward off

﴿لَوْ يَعْلَمُ الَّذِينَ كَفَرُوا حِينَ لاَيَكُفُّونَ عَنْ وُجُوهِهِمُ النَّارَ﴾ [الأنبياء 39]

كَفٌّ : (كفّيه) : راحة اليد — Hand

كافَّةً : جميعاً — All

ك ف ل

كَفَلَ(ـُ): (يكفل ،يكفله ،يكفلونه) : عال — To be the guardian; to nurse; to take charge of; to rear

كَفَّلَ :(وكفّلها) : جعل كافلاً لـ — To give into the charge of; to make someone the guardian of another

أكَفَلَ : (أكفلنيها) : جعل كافلاً راعياً للشؤون — To entrust; to make over

كِفْلٌ :(كفل ،الكفل ،كفلين)

كِفْلٌ[1] : نصيب — Consequence; responsibility

﴿ وَمَنْ يَشْفَعْ شَفَاعَةً سَيِّئَةً يَكُنْ لَهُ كِفْلٌ مِنْهَا ﴾ [النساء 85]

كِفْلٌ[2] : حظ ؛ نصيب — Portion

﴿ يُؤْتِكُمْ كِفْلَيْنِ مِنْ رَحْمَتِهِ ﴾ [الحديد 28]

ذُو الكِفْلِ : أحد الأنبياء قيل هو إلياس او زكريا أو يوشع بن نون — Duul-Kifl; Zulkifl

كَفِيلٌ : (كفيلا) : رقيب وشاهد — Surety

❊ ❊ ❊

كُفُوٌ : — Rt.(ك ف أ)

📖

كُفُّوا : تصريف كفَّ — Conj.of rt. (ك ف ف)

📖

كَفُورٌ : — Rt.(ك ف ر)

كُفُورٌ : — Rt.(ك ف ر)

كَفَى : — Rt.(ك ف ى)

❊ ❊ ❊

ك ف ى

كَفَى (:): (كفى ،كفيناك ،يكف ،يكفهم): بلغ منتهى الكفاية ؛ حمى من — To suffice; to be sufficient; to be sufficient for; to defend from

كَافٍ :(بكاف) : حام وموف كل الحاجات — One who is sufficient for; one who defends

❊ ❊ ❊

كَفِيلٌ : — Rt.(ك ف ل)

📖

كَفَّيْهِ : — Dual of كَفّ rt. (ك ف ف)

📖

كُلٌّ : — Rt.(ك ل ل)

كَلٌّ : — Rt.(ك ل ل)

📖

كُلاَ : تصريف أكَلَ — Conj.of أكل rt. (أ ك ل)

📖

كَلأً : — Rt.(ك ل ا)

كَلاَلَةٌ : — Rt.(ك ل ل)

كَلامٌ : — Rt.(ك ل م)

كِلاَ : — Rt.(ك ل و)

❊ ❊ ❊

ك ل أ

كَلأَ (:) : (يكلؤكم) : حفظ ورعى — To guard

ك ل ب

كَلْبٌ :(الكلب ،وكلبهم ...) : حيوان معروف — Dog

مُكَلِّبٌ :(مكلّبين) : مُعلِّم الجوارح طريقة الكلاب في الصيد — One who trains beasts and birds of prey to hunt

❊ ❊ ❊

كِلْتَا : مؤنث كلا — Fem. of كِلَا rt.(ك ل و)

كِلْتُمْ : تصريف كَالَ — Conj.of كَالَ rt. (ك ى ل)

* * *

كالِحٌ :(كالحون) : عابس في غمٍّ وحزن — One who is glum; one who is in severe affliction

ك ل ف

كَلَّفَ: (كلّف،يكلّف،تكلّف) : حمّلَ وألزَمَ — To task; to impose a duty; to tax

مُتَكَلِّفٌ :(المتكلّفين) : متكرّه للأعمال غير المرغوب فيها — One who simulates; one who affects

ك ل ل

كَلٌّ : عبءٌ — Burden

كُلٌّ : (كلّ،كلّه،كلّها،كلّهم)

كُلٌّ[1] : لفظ يدلّ على الشمول والإستغراق وتضاف لفظاً أو تقديراً — All; every; each

﴿ كُلُّ الطَّعَامِ كَانَ حِلاًّ لِبَنِي إِسْرَائِيلَ ﴾ [آل عمران 93]

﴿ وَهَمَّتْ كُلُّ أُمَّةٍ بِرَسُولِهِمْ لِيَأْخُذُوهُ ﴾ [غافر 5]

﴿ قَالَ لِكُلٍّ ضِعْفٌ وَلَكِنْ لَا تَعْلَمُونَ ﴾ [الأعراف 38]

كُلٌّ[2] : لفظ يدلّ على الشمول والإستغراق وتضاف لفظاً أو تقديراً — Complete; total; utter

﴿ وَلاَتَبْسُطْهَا كُلَّ الْبَسْطِ ﴾ [الإسراء 29]

﴿ فَلاَ تَمِيلُوا كُلَّ الْمَيْلِ فَتَذَرُوهَا كَالْمُعَلَّقَةِ ﴾ [النساء 129]

كُلَّمَا : ظرف زمان يفيد الشرط — As often as; whenever; when

كُلُّ ما : ظرف زمان يفيد الشرط — Whenever; so often as

كَلاَلَةٌ : حال من لا وارث له من ولد او والد — Distant kindred; distant heir; person who has neither parents nor offspring

ك ل ل ا

كَلاَّ : للروع والزجر ؛ النفي ؛ بمعنى (ألا) للتنبه ؛ حقّاً — Nay; by no means

ك ل م

كَلَّمَ : (كلّمَ،كلّمه،أكلّم،نكلّم...): خاطب ؛ نطق — To speak; to address the word

تَكَلَّمَ: (تتكلّم،يتكلّم،يتكلّمون..) : نطق بكلام — To speak; to talk word(s)

كَلاَمٌ :(كلام، بكلامي) ؛ خطاب — Word(s)

كَلِمةٌ : (كلمة،كلمتنا،كلمات،كلماته...)

كَلِمةٌ[1] : كلام يوضّحه السياق ؛ وعد — Word

﴿ وَلَقَدْ سَبَقَتْ كَلِمَتُنَا لِعِبَادِنَا الْمُرْسَلِينَ ﴾ [الصافات 171]

كَلِمةٌ[2] : كلام يوضّحه السياق ؛ وعد — Proposition

﴿ قُلْ يَاأَهْلَ الْكِتَابِ تَعَالَوْا إِلَى كَلِمَةٍ سَوَاءٍ ﴾ [آل عمران 64]

كَلِمةٌ[3] : قضاء وحكم — Verdict

﴿ وَكَلِمَةُ اللهِ هِيَ الْعُلْيَا ﴾ [التوبة 40]

كَلِمَةٌ سَوَاءٌ : حكمة أو إدارة ؛ — Agreement;

قَضاء ؛ علم واسع ؛ حلم وشريعه — equitable proposition

تَكْلِيمٌ : (تكليماً) : خطاب — The act of speaking; the act of addressing the word

❋ ❋ ❋

كُلَّمَا (كُلَّ ما): — Rt.(ك ل ل)

❋ ❋ ❋

ك ل و

كِلاَ :(كلاهما، كلتا) : اسم يدل على أثنين — Both

ك م

كَمْ : استفهامية ؛ خبريةً للتكثير ؛ احتمال الاستفهام والخبر — How many; how long a time

ك م ل

أَكْمَلَ :(أكملتُ، لتكملوا)

أَكْمَلَ[1] : أتمّ — To perfect

﴿ الْيَوْمَ أَكْمَلْتُ لَكُمْ دِينَكُمْ ﴾ [المائدة 3]

أَكْمَلَ[2] : أتمّ — To complete

﴿ وَلِتُكْمِلُوا الْعِدَّةَ وَلِتُكَبِّرُوا اللَّهَ عَلَى مَا هَدَاكُمْ ﴾ [البقرة 185]

كَامِلٌ : (كاملين،كاملة) : تامّ — Complete; undiminished; in all

حَوْلَانِ كَامِلَانِ: سنتان تامتان — Two whole years

ك م م

كُمٌّ، كِمٌّ :(أكمام، أكمامها) : غلاف الثمار والحب — Sheath; a covering

ك م هـ

أَكْمَهُ :(الأكمه) : من ولد أعمى أو فقد بصره — Blind from birth

ك ن د

كَنُودٌ :(لكنود) : شديد الجحود لنعم الله — Ingrate; ungrateful

ك ن ز

كَنَزَ (ـُ) :(كنزتم، تكنزون، يكنزون) : جمّع وأدّخر — To hoard up

كَنْزٌ :(كنز، كنزهما، كنوز) : مال مدفون تحت الأرض ويراد به المال الكثير — Treasure

ك ن س

كُنَّسٌ : (الكنّس) : كواكب تختفي أحياناً في مدارها — Stars and planets which occasionally hide themselves

ك ن ن

أَكَنَّ :(أكننتم، تكن) : أخفى وأضمر — To hide; to conceal; to keep concealed

كِنَانٌ :(أكِنَّة) : غطاء — Veil; a covering

كِنٌّ :(أكناناً) : ما يستر من بناء ونحوه — Place of refuge; place of retreat

مَكْنُونٌ : مصون محفوظ — Hidden; (carefully) Protected; kept hidden

❋ ❋ ❋

كَنُودٌ : — Rt.(ك ن د)

كُنُوزٌ : جمع كنز — Plur.of كَنْز rt.(ك ن ز)

❋ ❋ ❋

ك هـ ف

كَهْفٌ :(الكهف، كهفهم) : غار واسع أو بيت محفور في الجبل — Cave

ك هـ ل

كَهْلٌ :(وكهلا) : من جاوز الثلاثين إلى نحو الخمسين — One is his manhood; one of old age; one in maturity

ك هـ ن

كَاهِنٌ : (كاهن،بكاهن) : من يدّعي التنبؤ بالغيب — Soothsayer; diviner

ك هـ ى ع ص

كهيعص~ : مجموعة الأحرف الهجائية افتتحت بها سورة مريم — Ka. Ha. Ya. Ain. Sad.

***

كَوَاعِبُ :جمع كاعبٌ — Plur.of كَاعِبٌ rt.(ك ع ب)

كَوَافِرُ :جمع كافرة — Plur.of كَافِرَةٌ rt.(ك ف ر)

كَوَاكِبُ: جمع كوكبٌ — Plur.of كَوكَبٌ rt. (ك و ك ب)

***

ك و ب

كُوبٌ :(وأكواب،وأكواب) : قدح يشرب فيه — Drinking-cup; beaker; goblet

***

كَوْثَرٌ : (الكوثر) — Rt.(ك ث ر)

***

ك و د

كَادَ(): (كاد،كادت،أكاد،تكاد...) : قارب — To be almost; to be all but; to be well-nigh; to be about to

ك و ر

كَوَّرَ :(يكور،ويكور ، كُوِّرت)

كَوَّرَ 1 : لفّ في استدارة — To overthrow; to cover

﴿ إِذَا الشَّمْسُ كُوِّرَتْ ﴾ [التكوير 1]

كَوَّرَ 2 : أدخل شيئاً في الآخر متعاقبين — To make to succeed; to make to cover

﴿ يُكَوِّرُ اللَّيْلَ عَلَى النَّهَارِ وَيُكَوِّرُ النَّهَارَ عَلَى اللَّيْلِ ﴾ [الزمر 5]

ك و ك ب

كَوْكَبٌ :(كوكب، كوكباً،الكواكب) : نجم — Star; planet

ك و ن

كَانَ () : (كان،كانت،يكون،تكون...)

كَانَ 1 : تجيء ناقصة وتدلّ على زالاتصاف اسمها بخبرها في الماضي — To be

﴿ وَلاَ تَكُونُوا كَالَّذِينَ نَسُوا اللَّهَ فَأَنسَاهُمْ أَنْفُسَهُمْ ﴾ [الحشر 19]

كَانَ 2 : زائدة لتأكيد المعنى ؛ صار — To become

﴿ وَكَانَتْ الْجِبَالُ كَثِيبًا مَهِيلاً ﴾ [المزمّل 14]

كَانَ لَهُ : وجب عليه؛ استحق له — To have

مَا كَانَ لَهُ أَنْ : لا يليق به؛ ليس بمقدوره — It is not fitting for… that; not to have in one's power

إِنْ كُنْتُ قُلْتُهُ : لو ثبت عليّ قوله — If I used to say it; if I had said it

مَكَانٌ :(مكان، مكاناً، مكانكم، مكانه)

مَكَانٌ 1 : موضع — Place

﴿ وَإِذْ بَوَّأْنَا لِإِبْرَاهِيمَ مَكَانَ الْبَيْتِ ﴾ [الحج 26]

مَكَانٌ[2] : ناحية؛ جانب — Side; quarter

﴿ وَجَاءَهُمُ الْمَوْجُ مِنْ كُلِّ مَكَانٍ ﴾ [يونس 22]

مَكَانٌ[3] : منزلة — Station

﴿وَرَفَعْنَاهُ مَكَاناً عَلِيّاً﴾ [مريم 57]

شَرٌّ مَكَاناً : شرٌّ منزلة — Worse in place (plight; case; position)

مَكَانَةٌ : (مكانتكم،مكانتهم)

مَكَانَةٌ[1] : موضع — Place

﴿ وَلَوْ نَشَاءُ لَمَسَخْنَاهُمْ عَلَى مَكَانَتِهِمْ ﴾ [يس 67]

مَكَانَةٌ[2] : حالة وقدرة — Manner; ability; state

﴿ قُلْ يَاقَوْمِ اعْمَلُوا عَلَى مَكَانَتِكُمْ إِنِّي عَامِلٌ ﴾ [الأنعام 135]

***

كَوَى : Rt.(ك و ى)

***

ك و ى

كَوَى (ِ) : (فتكوى): حرق — To brand

ك ى

كَيْ : حرف يفيد التعليل — So that

كَيْلاَ ، كَيْ لاَ : التعليل مع النفي — So that not; in order not

ك ي د

كادَ (ِ): (كِدنا،أكيد،فيكيدوا،يكيدون ...) : دبَّر — To plot;to circumven t; to contrive; to make a scheme

كَيْدٌ : (كيد،كيداً،كيدكم،كيدهنّ...) : احتيال في الإضرار — Plot; plan; stratagem; guile; snare

أَرَادَ بِهِ كَيْداً : احتال للأضرار به — To set (design) a snare against; to desire war against

مَكِيدٌ : (المكيدون) : من أحبط تدبيره — Ensnared; vanquished in war

ك ي ف

كَيْفَ :

كَيْفَ[1] : اسم للإستفهام — How

﴿ أَلَمْ تَرَوْا كَيْفَ خَلَقَ اللَّهُ سَبْعَ سَمَاوَاتٍ طِبَاقًا ﴾ [نوح 15]

كَيْفَ[2] : لبيان الحال — As

﴿ هُوَ الَّذِي يُصَوِّرُكُمْ فِي الْأَرْحَامِ كَيْفَ يَشَاءُ ﴾ [آل عمران 6]

ك ي ل

كَالَ (ِ) : (كالوهم، كلتم) : أعطى بالكيل — To measurer (out)

اكْتَالَ : (اكتالوا، نكتل) : أخذ ما يكال بالشراء أو غيره — To take the measure; to obtain the measure; to get the measure

كَيْلٌ : ما يكال او التقدير بالمكيال — Measure

أَوْفَى الكَيْلَ (المِكْيَالَ): أدّاه كاملاً — To give full measure; to fill up the measure

مِكْيَالٌ : (المكيال) : ما يكال به أو الكيل — Measure

❋ ❋ ❋

كَيْلا، كَيْ لاَ :	Rt.(ك ي)

❋ ❋ ❋

ك ي ن

اسْتَكانَ :(استكانوا) : خضع وذلّ	To humble oneself; to abase oneself

باب اللام

ل

لَ[1] : توكيد مضمون الجملة — Verily; surely; certainly; indeed

﴿ إِنَّ رَبِّي لَسَمِيعُ الدُّعَاءِ ﴾ [إبراهيم 39]

لَ[2] : للقسم — By

﴿ لَعَمْرُكَ إِنَّهُمْ لَفِي سَكْرَتِهِمْ يَعْمَهُونَ ﴾ [الحجر 72]

لَ[3] : داخلة على أداة شرط للإيذان — Certainly; indeed

﴿ لَئِنْ أُخْرِجُوا لا يَخْرُجُونَ مَعَهُمْ ﴾ [الحشر 12]

لِ[1] : حرف جر للملك — To; for

﴿ لِلَّهِ مَا فِي السَّمَاوَاتِ وَمَا فِي الأَرْضِ ﴾ [البقرة 284]

لِ[2] : حرف جر للإختصاص — Belonging to; deserving

﴿ وَلِلَّهِ الْعِزَّةُ وَلِرَسُولِهِ وَلِلْمُؤْمِنِينَ ﴾ [المنافقون 8]

لِ[3] : حرف جر للتعليل — Because of

﴿ لإِيلاَفِ قُرَيْشٍ ﴾ [قريش 1]

لِ[4] : حرف جر للصيرورة — In order to

﴿ فَالْتَقَطَهُ آلُ فِرْعَوْنَ لِيَكُونَ لَهُمْ عَدُوًّا وَحَزَنًا ﴾ [القصص 8]

لِ[5] : حرف جر بمعنى 'إلى' — To

﴿ بِأَنَّ رَبَّكَ أَوْحَى لَهَا ﴾ [الزلزلة 5]

لِ[8] : بمعنى 'في' الظرفية — In

﴿ وَنَضَعُ الْمَوَازِينَ الْقِسْطَ لِيَوْمِ الْقِيَامَةِ ﴾ [الأنبياء 47]

لِ[7] : حرف جر بمعنى 'على' — On

﴿ يَخِرُّونَ لِلأَذْقَانِ سُجَّدًا ﴾ [الإسراء 107]

لِ[8] : بمعنى 'في' الظرفية — Of; about

﴿ قَالَ مُوسَى أَتَقُولُونَ لِلْحَقِّ لَمَّا جَاءَكُمْ أَسِحْرٌ هَذَا ﴾ [يونس 77]

لاَ : النفي ؛ النهي ؛ التقوية — (1) Not; no (2) Redundant (i.e. for linguistic purposes only)

لاَ... وَلاَ: لا + و+لا — Neither... nor

* * *

لاَئِمٌ :	Rt.(ل و م)
لاَمَ :	Rt.(ل و م)
لاَبِثٌ :	Rt.(ل ب ث)
لاَتَ :	Rt.(ل و ت)
لاتَ :(يلتكم)	Rt.(ل ي ت)
اللاَّتُ :	Rt.(ل و ت)
لاَزِبٌ :	Rt.(ل ز ب)
لاَعِبٌ :	Rt.(ل ع ب)
لاَعِنٌ :	Rt.(ل ع ن)
لاَغِيةٌ :	Rt.(ل غ و)
لاَقِ :(لاقيه)	Rt.(ل ق ي)
لاَقَى :	Rt.(ل ق ي)
لاَمَسَ :	Rt.(ل م س)

لانَ :(لين) — Rt.(ل ي ن)

لاهِ :(لاهوة) — Rt.(ل ه و)

❋ ❋ ❋

ل أ ل أ

لُؤْلُؤٌ :(لؤلؤ ، لؤلؤا ،ولؤلؤا ،اللؤلؤ): درّ وهو جوهر نفيس — Pearl(s)

❋ ❋ ❋

لِباسٌ : — Rt.(ل ب س)

❋ ❋ ❋

ل ب ب

لُبٌّ :(الألباب): عقل — Heart; understanding

أُولُوا الألْبَابِ: أصحاب العقول والإدراك — Men of understanding

ل ب ث

لَبِثَ(:): (لبث،فلبث،يلبثوا،يلبثون ...): أقام — To tarry; to stay; to remain; to continue with

مَا لَبِثَ أَنْ : أسرع — To make no delay

لابِثٌ :(لابثين): مقيم — One who abides; one who lives

تَلَبَّثَ :(تلبثوا): أقام — To hesitate; to stay

ل ب د

لُبَدٌ :(لبدا): كثير متجمع — Vast; much

لِبَـدَةٌ :(لبـدا): شـعر متجمـع والمراد جماعات — Stifling crowd; dense crowd

لِبَدٌ :جمع لِبْدَة — Plur.of لِبْدَة rt. (ل ب د)

ل ب س

لَبَسَ (:) :(ولبسنا ،ألبسون،ولبسوا،ولو لبسوا...)

لَبَسَ[1] : خلط — To obscure; to confound; to mix up

﴿ الَّذِينَ آمَنُوا وَلَمْ يَلْبِسُوا إِيمَانَهُمْ بِظُلْمٍ ﴾ [الأنعام 82]

﴿ وَلاَتَلْبِسُوا الْحَقَّ بِالْبَاطِلِ ﴾ [البقرة 42]

لَبَسَ[2] : خلط — To bewilder; to throw into

﴿ أَوْ يَلْبِسَكُمْ شِيَعًا وَيُذِيقَ بَعْضَكُمْ بَأْسَ بَعْضٍ ﴾ [الأنعام 65]

لَبِسَ (:) :(تلبسونها،يلبسون): ارتدى — To wear; to attire

لِبَاسٌ :(لباس،لباساً،لباسهم،لباسهما)

لِبَاسٌ[1] : ثوب والمراد السّتر — Raiment; dress; apparel; garment; clothing

﴿ يَنـزِعُ عَنْهُمَـا لِبَاسَـهُمَا لِيُرِيَهُمَـا سَـوْآتِهِمَا ﴾ [الأعراف 27]

﴿ هُنَّ لِبَاسٌ لَكُمْ وَأَنْتُمْ لِبَاسٌ لَهُنَّ﴾ [البقرة 187]

لِبَاسٌ[2] : ما يلبس ويستر العورة — A covering

﴿ وَهُوَ الَّذِي جَعَلَ لَكُمُ اللَّيْلَ لِبَاسًا ﴾ [الفرقان 47]

لِبَاسٌ[3] : أقصى درجة — Grab; utmost degree

﴿ فَأَذَاقَهَا اللَّهُ لِبَاسَ الْجُوعِ وَالْخَوْفِ ﴾ [النحل 112]

لَبْسٌ: شك وارتياب — Confusion

لَبُوسٌ : ما يلبس من ثياب أو آلة حرب — Garment(of mail);coat of mail

ل ب ن

لَبَنٌ :(لبن، لبناً): سائل أبيض يكون في إناث الإنسان والحيوان — Milk

***

لبوسٌ : — Rt.(ل ب س)

لَجَّ : — Rt.(ل ج ج)

***

ل ج أ

مَلْجَأً : ملاذ — Refuge

***

لُجَّةٌ : — Rt.(ل ج ج)

***

ل ج ج

لَجَّ(ِ): (لجوا،للجوا): تمادى — To persist

لُجَّةٌ : ماء كثير — Pool; great expanse of water

لُجيٌّ : متلاطمة أمواجه — Vast and abysmal; deep

***

لُجيٌّ : — Rt.(ل ج ج)

***

ل ح د

أَلْحَدَ : (يلحدون)

أَلْحَدَ[1] : مال عن الحق — To blaspheme; to violate the sanctity of; to deviate from the right way; to distort

﴿ فَادْعُوهُ بِهَا وَذَرُوا الَّذِينَ يُلْحِدُونَ فِي أَسْمَائِهِ ﴾ [الأعراف 180]

﴿ إِنَّ الَّذِينَ يُلْحِدُونَ فِي آيَاتِنَا لَا يَخْفَوْنَ عَلَيْنَا ﴾ [فصلت 40]

أَلْحَدَ[2] : يطعن في صحة أو يؤوّل تأويلاً خاطئاً — To hint falsely; to reproach

﴿ لِسَانُ الَّذِي يُلْحِدُونَ إِلَيْهِ أَعْجَمِيٌّ ﴾ [النحل 103]

إِلْحَادٌ :(بإلحاد): ميل عن الحق — Partiality; injustice

مُلْتَحَدٌ :(ملتحداً): ملجأ وملاذ — Refuge

ل ح ف

إِلْحَافٌ :(إلحافاً): في إلحاح — Importunity

ل ح ق

لَحِقَ (َ) :(يلحقوا): أدرك — To join

أَلْحَقَ :(ألحقتم، ألحقنا، وألحقني): جعله مثله أو معه — To join with; to cause to join; to unite with

ل ح م

لَحْمٌ :(لحم،ولحم، لحماً، لحومها): ما يكسو العظم في الحيوان أو الطير أو السمك — Meat; flesh

ل ح ن

لَحْنٌ : فحوى — Burden; intent

لَحْنُ القَوْلِ : ما يتضمنه من معانٍ — Intent of one's speech; burden of one's talk

***

لُحُومٌ : جمع لَحْمٌ — Plur.of لَحْمٌ rt. (ل ح م)

***

ل ح ى

لِحْيَةٌ :(بلحيتي): شعر الذقن والخدين — Beard

***

لُدٌّ : جمع ألدّ — Plur.of ألدّ rt.

لدا : (ل د د) Rt.(ل د ى)

* * *

ل د د

ألَدُّ :(ألدّ، لدًا)

ألَدُّ[1] : شديد في الجدل والخصومة — Forward; vehemently contentious

﴿ وَتُنذِرَ بِهِ قَوْمًا لُدًّا ﴾ [مريم 97]

ألَدُّ[2] : شديد في الجدل والخصومة — Most rigid; most violent

﴿ وَهُوَ أَلَدُّ الْخِصَامِ ﴾ [البقرة 240]

ل د ن

لَدُنْ : ظرف بمعنى عند — At; near; with

مِنْ لَدُنْ : من عند — From; from before; from the presence of

* * *

لَدَى : Rt.(ل د ى)

* * *

ل د ى

لَدَى ، لَدَا : (لدى،لدينا،لديه،لديهم...)

لَدَى[1] : ظرف بمعنى 'عند' — At; the

﴿ وَأَلْفَيَا سَيِّدَهَا لَدَى الْبَابِ ﴾ [يوسف 25]

﴿ إِذِ الْقُلُوبُ لَدَى الْحَنَاجِرِ كَاظِمِينَ ﴾ [غافر 18]

لَدَى[2] : ظرف بمعنى 'عند' — With

﴿ فَلَمَّا كَلَّمَهُ قَالَ إِنَّكَ الْيَوْمَ لَدَيْنَا مَكِينٌ أَمِينٌ ﴾ [يوسف 54]

﴿ إِنَّ لَدَيْنَا أَنكَالًا وَجَحِيمًا ﴾ [المزمل 12]

لَدَى[3] : ظرف بمعنى 'عند' — In the presence of

﴿ قَالَ لَا تَخْتَصِمُوا لَدَيَّ وَقَدْ قَدَّمْتُ إِلَيْكُمْ بِالْوَعِيدِ ﴾ [ق 28]

* * *

لَذَّ : Rt.(ل ذ ذ)

لَذَّةٌ : Rt.(ل ذ ذ)

* * *

ل ذ ذ

لَذَّ (َ) :(تلذّ): وجد لذيذاً — To find sweet; to delight

لَذَّةٌ : لذيذة سارّة — Delight

* * *

لِزَامٌ : Rt.(ل زم)

* * *

ل ز م

ألزَمَ :(ألزمناه، وألزمهم، أنلزمكموها)

ألزَمَ[1] : أوجب على — To compel to accept; to constrain (to accept); to impose; to make to keep

﴿ أَنُلْزِمُكُمُوهَا وَأَنتُمْ لَهَا كَارِهُونَ ﴾ [هود 28]

﴿ وَأَلْزَمَهُمْ كَلِمَةَ التَّقْوَى ﴾ [الفتح 26]

ألزَمَ[2] : جعل لازماً — To fasten; to make to cling

﴿ وَكُلَّ إِنسَانٍ أَلْزَمْنَاهُ طَائِرَهُ فِي عُنُقِهِ ﴾ [الإسراء 13]

لِزَامٌ :(لزاماً): شديد متماسك — That which is inevitable; that which is made to cleave

* * *

لِسَانٌ : Rt.(ل س ن)

* * *

لَسْتُ : تصريف لَيْس — Conj.of لَيْسَ rt. (ل ى س)

ل س ن

لِسَانٌ : (لسان لسانا أو السنة، السنتهم ...)

لِسَانٌ 1 : عضو في الفم للذوق والنُّطق — Tongue

﴿ وَلِسَانًا وَشَفَتَيْنِ ﴾ [البلد 9]

لِسَانٌ 2 : لغة(ونطق) — Language

﴿ وَمَا أَرْسَلْنَا مِنْ رَسُولٍ إِلاَّ بِلِسَانِ قَوْمِهِ ﴾ [إبراهيم 4]

لِسَانٌ 3 : سمعة(طيبة) وذكر(حسن) — Mention; renown; report

﴿ وَاجْعَلْ لِي لِسَانَ صِدْقٍ فِي الآخِرِينَ ﴾ [الشعراء 84]

لِسانُ صِدْقٍ : انظر صدق — See صِدْقٌ rt. (ص د ق)

ل ط ف

تَلَطَّفَ :(وليتلطف): ترفق — To be courteous; to behave with gentleness

لَطِيفٌ :(لطيف، لطيفا)

لَطِيفٌ 1 : من اسمائه تعالى — Subtitle; Knower of subtleties

﴿ وَهُوَ يُدْرِكُ الأَبْصَارَ وَهُوَ اللَّطِيفُ الْخَبِيرُ ﴾ [الأنعام 103]

لَطِيفٌ 2 : مُدبِّر — Tender; Benignant; Gracious

﴿ إِنَّ رَبِّي لَطِيفٌ لِمَا يَشَاءُ ﴾ [يوسف 100]

﴿ اللَّهُ لَطِيفٌ بِعِبَادِهِ يَرْزُقُ مَنْ يَشَاءُ ﴾ [الشورى 19]

* * *

لَطِيفٌ : Rt.(ل ط ف)

لَظَى : Rt.(ل ظ ى)

* * *

ل ظ ى

تَلَظَّى : اشتد لهيبها — To flame

لَظَى : لهب النار الشديد واسم من أسماء جهنم — Fire of hell; flaming fire

ل ع ب

لَعِبَ (َ) :(تلعب، يلعب، يلعبوا، يلعبون): تسلى ولها — To play; to sport; to jest

لَعِبٌ :(لعب، لعبا ...): عبث — Play; (idle) sport; joke

لاعِبٌ :(لاعبين، اللاعبين): هازل عابث — One who does something in play; one who does something for (in) sport; jester; trifler

* * *

لَعَلَّ : Rt.(ل ع ل ل)

* * *

ل ع ل ل

لَعَلَّ : (لعلَّ،لعلك،لعله،لعلهم...): حرف ناسخ يفيد الترجي والتعليل — So that…may; that… may; haply … may; perhaps

ل ع ن

لَعَنَ (َ): (لعن،لعناهم،نلعنهم،يلعن ...) : سخط وأبعد ؛ عاب وسبّ — To curse

لَعْنٌ :(لعناً): سخط وإبعاد من الخير وطردٌ — Curse

لَعْنَةٌ :(لعنة، لعنتي ...): سخطة وطردة — A curse

لاعِنٌ : (اللاعنون): سابٌ — One who has the power to curse; one who curses

مَلْعُونٌ :(ملعونين، ملعونة): مبعد من رحمة الله — Accursed; cursed

❋ ❋ ❋

لَغَا :(والغوا) — Rt.(ل غ و)

❋ ❋ ❋

ل غ ب

لُغُوبٌ : تعب وإعياء — Weariness; fatigue

ل غ و

لَغَا (ُ) :(والغوا): عاب وشوش — To drown the hearing; to make noise

لَغْوٌ :(اللغو، لغوا ...)

لَغْوٌ[1] : ما يصدر عن غير قصدد — That which is unintentional; that which is vain

﴿ لاَ يُؤاخِذُكُمْ اللَّهُ بِاللَّغْوِ فِي أَيْمَانِكُمْ ﴾ [البقرة 225]

لَغْوٌ[2] : فحش؛ ما هو قبيح من القول؛ الكلام المستقبح — Vain conversation; vain discourse; senseless play

﴿ وَإِذَا مَرُّوا بِاللَّغْوِ مَرُّوا كِرَامًا ﴾ [الفرقان 72]

لاغِيةٌ : كلمة فاحشة — Idle speech; vain talk

❋ ❋ ❋

لُغُوبٌ : — Rt.(ل غ ب)

❋ ❋ ❋

ل ف ت

لَفَتَ (ِ) :(لتلفتنا): صرف — To prevent; to turn away

التَفَتَ :(يلتفت): مال وجهه يميناً أو شمالاً — To turn round; to turn back

ل ف ح

لَفَحَ (َ) :(تلفح): حرق — To burn; to scorch

ل ف ظ

لَفَظَ (ِ) :(يلفظ): نطق — To utter

ل ف ف

التَفَّ :(والتفت): التوى — To be heaped; to be combined

لَفِيفٌ :(لفيفا، ألفافاً)

لَفِيفٌ[1] : أجناس مختلفة — Crowd of various nations gathered together

﴿ فَإِذَا جَاءَ وَعْدُ الْآخِرَةِ جِئْنَا بِكُمْ لَفِيفًا ﴾ [الإسراء 104]

لَفِيفٌ[2] : ملتفُّ الأوراق — Thick foliage; dense and luxuriant trees

﴿ وَجَنَّاتٍ أَلْفَافًا ﴾ [النبأ 16]

ل ف ى

أَلْفَى :(ألفوا، ألفيا، ألفينا)

أَلْفَى[1] : وجد — To find

﴿ قَالُوا بَلْ نَتَّبِعُ مَا أَلْفَيْنَا عَلَيْهِ آبَاءَنَا ﴾ [البقرة 170]

أَلْفَى[2] : وجد — To meet

﴿ وَقَدَّتْ قَمِيصَهُ مِنْ دُبُرٍ وَأَلْفَيَا سَيِّدَهَا لَدَى الْبَابِ ﴾ [يوسف 25]

***

لفيفٌ : Rt.(ل ف ف)

لِقَاءٌ : Rt.(ل ق ى)

***

ل ق ب

لَقَبٌ :(بالألقاب): ما يفيد المدح أو الذم — Nickname

ل ق ح

لاقِحٌ :(لواقح): ما يلقح به الشجر والنبات — That which fertilizes

ل ق ط

الْتَقَطَ :(فالتقطه، يلتقطه): التشل — To take; to find

ل ق ف

لَقِفَ (َ) :(تلقف): ابتلع — To swallow (up); to eat up

ل ق م

الْتَقَم :(فالتقمه): ابتلع — To swallow

لُقْمَانُ : حكيم عربي — Lugman

***

لقى : Rt.(ل ق ي)

***

ل ق ى

لَقِيَ : (َ) :(لقوا، لقوكم،تلقوه،يلقون...)

لَقِيَ[1] : قابل — To meet; to fall in with

﴿ وَإِذَا لَقُوا الَّذِينَ آمَنُوا قَالُوا آمَنَّا ﴾ [البقرة 14]

﴿ وَلَقَدْ كُنْتُمْ تَمَنَّوْنَ الْمَوْتَ مِنْ قَبْلِ أَنْ تَلْقَوْهُ ﴾ [آل عمران 143]

لَقِيَ[2] : وجد — To find

﴿ وَنُخْرِجُ لَهُ يَوْمَ الْقِيَامَةِ كِتَابًا يَلْقَاهُ مَنْشُورًا ﴾ [الإسراء 13]

لَقَّى :(ولقاهم، لتلقى، يلقاها، يُلقّون)

لَقَّى[1] : أعطى — To make to find; to cause to meet

﴿ وَمَا يُلَقَّاهَا إِلاَّ ذُو حَظٍّ عَظِيمٍ ﴾ [الإنسان 11]

لَقَّى[2] : أعطى — To make to receive

﴿ وَإِنَّكَ لَتُلَقَّى الْقُرْآنَ مِنْ لَدُنْ حَكِيمٍ عَلِيمٍ ﴾ [النمل 26]

لاقَى :(يلاقوا): قابل — To meet with

أَلْقَى : (ألقى،ألقاه،ألقي،ملقون...)

أَلْقَى[1] : رمى — To cast (down; forth; out); to throw (down); to fling (down)

﴿ وَأَلْقَى الأَلْوَاحَ وَأَخَذَ بِرَأْسِ أَخِيهِ يَجُرُّهُ إِلَيْهِ ﴾ [الأعراف 150]

﴿ سَأُلْقِي فِي قُلُوبِ الَّذِينَ كَفَرُوا الرُّعْبَ ﴾ [الأنفال 12]

﴿ فَأَلْقَى عَصَاهُ فَإِذَا هِيَ ثُعْبَانٌ مُبِينٌ ﴾ [الأعراف 107]

أَلْقَى[2] : وجّه — To convey; to communicate

﴿ إِنَّمَا الْمَسِيحُ عِيسَى ابْنُ مَرْيَمَ رَسُولُ اللَّهِ وَكَلِمَتُهُ أَلْقَاهَا إِلَى مَرْيَمَ ﴾ [النساء 171]

أَلْقَى[3] : قذف — To charge with; to make to light

﴿ إِنَّا سَنُلْقِي عَلَيْكَ قَوْلاً ثَقِيلاً ﴾ [المزمل 4]

أَلْقَى[4] : أعلن — To set; to put

﴿ فَأَلْقَوُا السَّلَمَ مَا كُنَّا نَعْمَلُ مِن سُوءٍ ﴾ [النحل 28]

ألقى[5] : وضع — to offer; to make

﴿ وَلَقَدْ فَتَنَّا سُلَيْمَانَ وَأَلْقَيْنَا عَلَى كُرْسِيِّهِ جَسَدًا ﴾ [ص 34]

ألقى[6] : قدم — To tender; to put forth

﴿ وَلَوْ أَلْقَى مَعَاذِيرَهُ ﴾ [القيامة 15]

ألقى[7] : وضع — To propose; to suggest; to make a suggestion; to cast

﴿ فَيَنسَخُ اللَّهُ مَا يُلْقِي الشَّيْطَانُ ثُمَّ يُحْكِمُ اللَّهُ آيَاتِهِ ﴾ [الحج 52]

ألقى[8] : أنزل على — To inspire

﴿ وَمَا كُنتَ تَرْجُوا أَن يُلْقَى إِلَيْكَ الْكِتَابُ إِلاَّ رَحْمَةً مِّن رَّبِّكَ ﴾ [القصص 86]

أَلْقَى السَّمْعَ : استمع وأصغى — To give ear

أَلْقَى القَوْلَ : أبلغه — To fling the saying; to give back the reply

أُلقِيَ ساجِداً : خرّ ساجداً — To fall down prostrate; to be thrown down; prostrating (oneself)

تَلَقَّى : (فتلقّى،تلقّونه،متلقاهم،يتلقّى): أخذ ؛ تناقل ؛ استقبل — To receive

الْتَقَى : (التقي،التقتا،التقيتم،يلتقيان): تقابل ؛ تجاور — To meet

لاقٍ :(لاقيه) : واجد — One who finds (true); one who meets with

لِقَاءٌ :(لقاء، لقاءنا، لقائه)

لِقَاءٌ[1] : مثول بين يدي — Meeting

﴿ أُولَئِكَ الَّذِينَ كَفَرُوا بِآيَاتِ رَبِّهِمْ وَلِقَائِهِ ﴾ [الكهف 105]

لِقَاءٌ[2] : مثول لدى — A receiving

﴿ وَلَقَدْ آتَيْنَا مُوسَى الْكِتَابَ فَلَا تَكُن فِي مِرْيَةٍ مِّن لِّقَائِهِ ﴾ [السجدة 23]

تِلْقَاءَ : جهة — Towards

مِنْ تِلْقَاءِ نَفْسِهِ: من ذات نفسه بغير وحي — Of one's own accord; of oneself

تَلاقٍ :(التلاق): تقابل — Meeting

مُلاقٍ:(ملاق،ملاقوا،ملاقو،ملاقيك...): ماثل لدى أو مواجه — One who meets

مُلْقٍ :(ملقون، ملقين، فالملقيات)

مُلْقٍ[1] : رامٍ — One who casts; one who throws; thrower

﴿ قَالَ لَهُم مُّوسَى أَلْقُوا مَا أَنتُم مُّلْقُونَ ﴾ [يونس 80]

مُلْقٍ[2] : مُنزِل — One who brings down

﴿ فَالْمُلْقِيَاتِ ذِكْرًا * عُذْرًا أَوْ نُذْرًا ﴾ [المرسلات 5–6]

مُتَلَقٍّ :(المتلقيان): ملك موكل بتسجيل أعمال العباد — Receiver

ل ك ن

لَكِنَّ ، لَكِنْ : (لكنّ،لكن،لكنكم، لكنهم...): حرف للاستدراك بنفس أو ثبات — But; still; nevertheless

ل م

لَمْ :(لم، ألم، فلم، أفلم ...): حرف لنفي المضارع وقلبه إلى الماضي	Not

* * *

لَمَّا :	Rt.(ل م م ا)
لَمّاً :	Rt.(ل م م)

* * *

لَمْتَنَّنِي : تصريف لام	Conj.of لاَمَ rt. (ل و م)

ل م ح

لَمْحٌ :(كلمح): نظرة خاطفة	Twinkling(of an eye)

ل م ز

لَمَزَ (ِ):(تلمزوا، يلمزك، يلمزون): عاب	To defame; to find fault with; to taunt; to blame; to point at
لُمَزَة : عيّاب	Traducer; defamer

ل م س

لَمَسَ (ُ) :

لَمَسَ 1 :(لمسنا، فلمسوه): تناول	To touch; to feel

﴿ وَلَوْ نَزَّلْنَا عَلَيْكَ كِتَابًا فِي قِرْطَاسٍ فَلَمَسُوهُ بِأَيْدِيهِمْ لَقَالَ الَّذِينَ كَفَرُوا إِنْ هَذَا إِلاَّ سِحْرٌ مُبِينٌ ﴾ [الأنعام 7]

لَمَسَ 2 : وصل إلى	To seek (to reach)

﴿ وَأَنَّا لَمَسْنَا السَّمَاءَ فَوَجَدْنَاهَا مُلِئَتْ حَرَسًا شَدِيدًا وَشُهُبًا ﴾ [الجن 8]

لاَمَسَ :(لامستم): مسّ الجلد من غير حائل كناية عن الجماع	To touch; to have contact with
الْتَمَسَ :(فالتمسوا): طلب	To seek

ل م م

لَمًّا : جمعاً	Indiscriminately; altogether; entirely
أَكْلاً لَمًّا : جمعاً بين الحلال والحرام	With devouring greed; devouring (everything) indiscriminately
لَمَمٌ :(اللمم): ذنوب صغيرة أو مقاربة الذنب	Unwilled offences; passing idea

ل م م ا

لَمَّا :(لمّا، فلمّا، ولمّا،)

لَمَّا 1 : حرف لنفي المضارع ويمتد نفيها إلى الحال	Not yet

﴿ لَمَّا يَذُوقُوا عَذَابِ ﴾ [ص 8]

لَمَّا 2 : تدخل على الماضي	When

﴿ فَقَدْ كَذَّبُوا بِالْحَقِّ لَمَّا جَاءَهُمْ ﴾ [الأنعام 5]

لَمَّا 3 : حرف استثناء بمعنى "إلاّ"	But

﴿ إِنْ كُلُّ نَفْسٍ لَمَّا عَلَيْهَا حَافِظٌ ﴾ [الطارق 4]

ل ن

لَنْ :(لن، ألن، فلن، ولن): حرف للنفي المضارع في المستقبل	Not; by no means

لِنْتَ : تصريف لانَ	Conj.of لانَ rt.(ل ى ن)

ل هـ ب

لَهَبٌ : ما يرتفع من النار كأنّه لسان أو اضطرام النار واشتعالها	Flame
أبو لَهَبٍ : لقب عبد العزى بن عبد المطلب عم النبي (ص)	Abu Lahab

ل هـ ث

لَهَثَ (َ) :(يلهث): أخرج لسانه عطشاً	To pant with the tongue (a dog); to loll out the tongue (a dog)

ل هـ م

ألْهَمَ :(فألهمها): ألقى في الرّوع	To inspire

ل هـ و

ألْهَى : (ألهاكم تلهكم تلهيهم يلهيهم): شغل وصرف	To distract; to divert; to beguile
تَلَهَّىً : انصرف وأعرض	To be distracted; to divert oneself
لَهْوٌ :(لهو ، ولهو ،لهوا): الانشغال بما لا يجدي	Idle talk; pastime; idle sport
لَهْوُ الحَدِيثِ : ما لا أساس له	Mere pastime of discourse; frivolous talk
لاَهٍ :(لاهية): منصرف	That which is preoccupied; that which trifles

ل و

لَوْ : حرف امتناع ؛ حرف شرط في المستقبل كإن ؛ حرف مصدري ؛ للتمني	If
وَلَوْ : لو	Although

❊ ❊ ❊

لَوّاحٌ :(لوّاحة)	Rt.(ل و ح)
لواذٌ :	Rt.(ل و ذ)
لَواقِحُ : جمع لاقحٌ	Plur.of لاقِحٌ rt. (ل ق ح)
لَوّامٌ :(اللوّامة)	Rt.(ل و م)

❊ ❊ ❊

ل و ت

اللاّتُ : صنم كان في الجاهلية لثقيف بالطائف أو لقريش بنخله	Al-Lat
لاَتَ : :(ولات): حرف نفي بمعنى ليس مختصاً بالوقت	To be no longer; to pass a way (the time)
لاتَ حِيْنَ مَنَاصٍ: ليس الوقت وقت فرار وخلاص	It was no longer the time for escape; the time of escaping had passed away

ل و ح

لَوْحٌ :(لوح، ألواح ...)

لَوْحٌ[1] : سجلّ(فيه ما كان وما وسيكون)	Tablet

﴿ فِي لَوْحٍ مَحْفُوظٍ ﴾ [البروج 2]

﴿ وَكَتَبْنَا لَهُ فِي الأَلْوَاحِ مِنْ كُلِّ شَيْءٍ مَوْعِظَةً ﴾ [الأعراف 145]

لَوْحٌ[2] : صفحة عريضة من الخشب ونحوه	Plank

﴿ وَحَمَلْنَاهُ عَلَى ذَاتِ أَلْوَاحٍ وَدُسُرٍ ﴾ [القمر 13]

لَوّاحٌ :(لواحة): مغيّر (الجلود إلى	That which

السواد لشدّة الحرارة) — shrivels; that which scorches

ل و ذ

لِوَاذٌ :(لواذاً): لجوء — The act of hiding oneself; the act of concealing oneself

ل و ط

لُوطٌ :(لوط، لوطاً ولوطاً): أحد أنبياء بني إسرائيل وابن أخي سيدنا إبراهيم ومعاصر له — Lot; Lut

ل و ل ا

لَوْلاَ :

لَوْلاَ[1] : حرف امتناع لوجود — Unless

﴿ فَلَوْلاَ فَضْلُ اللَّهِ عَلَيْكُمْ وَرَحْمَتُهُ لَكُنتُمْ مِنَ الْخَاسِرِينَ﴾ [البقرة 64]

لَوْلاَ[2]: للعرض وهو طلب بلين أو رفق — Will you not?; have they not? ... etc.

﴿ لَوْلاَ أَخَّرْتَنَا إِلَى أَجَلٍ قَرِيبٍ ﴾ [النساء 77]

لَوْلاَ[3] : للتحضيض وهو طلب بشدّة — If only

﴿ فَلَوْلاَ إِذْ جَاءَهُمْ بَأْسُنَا تَضَرَّعُوا ﴾ [الأنعام 43]

ل و م

لاَمَ (ُ) :(المتنني، تلومونني، لوموا): عذل وأنّب — To blame

تَلاَوَمَ :(يتلاومون): عذل بعضهم بعضاً — To self reproach; to blame each other

لاَئِمٌ: عاذل — One who finds fault

لَوْمَةٌ : مرة من اللّوم — Blame; censurer

لَوَّامٌ :(اللّوّامة): كثير اللوم والعذل — One who is accusing oneself

مَلُومٌ :(بملوم، ملوماً ملومين): محل لوم — Blameworthy; blamable; reprobate

مُلِيمٌ : مستحق للّوم — One who blames oneself; blameworthy; blamable; reprobate

ل و م ا

لَوْمَا : حرف تحضيض كلولا — Why not

* * *

لَوَّامَةٌ : — Rt. (ل و م)

* * *

ل و ن

لَوْنٌ :(لونها، ألوانكم، ألوانه، ألوانها): ما يقوم بالجسم من بياض وسواد او نحوهما ؛ جنس ونوع — Colour; hue; species

لَوَّوا : تصريف لوى — Conj.of لَوَّى rt. (ل و ى)

ل و ى

لَوَى : (ِ) :(تلووا، لوون، يلوون)

لَوَى[1] : انحرف عن جادّة الصواب — To lapse; to swerve

﴿ وَإِنْ تَلْوُوا أَوْ تُعْرِضُوا فَإِنَّ اللَّهَ كَانَ بِمَا تَعْمَلُونَ خَبِيرًا ﴾ [النساء 135]

لَوَى[2] : وقف — To pay heed; to wait (with عَلى)

﴿ إِذْ تُصْعِدُونَ وَلاَ تَلْوُونَ عَلَى أَحَدٍ ﴾ [آل عمران 153]

لَوَى لِسَانَهُ بِ : أمال عن الصحيح إلى المحرف — To distort with the tongue

لَوَى: (لوّا) : امال إعراضاً وسخرية — To avert; to turn back

لَيٌّ : (ليًا): إمالة وتحريف — The act of distorting (with the tongue)

❋ ❋ ❋

لَيٌّ : — Rt.(ل و ى)

لَيالٍ : (ليالٍ، ليالي): جمع ليلة — Plur.of لَيْلَةٌ rt. (ل ى ل)

ل ي ت

لاتَ (ـِ) : (يلتكم): نقص — To withhold; to diminish

لَيْتَ : (ليت، ليتنا، ليتني، ليتها): حرف ناسخ للتمني — Would that

يَا لَيْتَ : للتمني — Would that

يا لَيْتَنِي : للتمني — Would that I …

يا لَيْتَهَا : للتمني — Would that it …

ل ي س

لَيْسَ : (ليس،ليست،لست،أليس...): فعل ناسخ للنفي والتقرير — Not

ل ي ل

لَيْلٌ : (ليل، ليلاً، ليلها): ما يعقب النهار من الظلام — Night

لَيْلَةٌ : (ليلة، ليالٍ، ليالي): من غروب الشمس إلى شروقها — One night

ل ي ن

لانَ : (ـِ) : (لنت، تلين)

لانَ[1] : صار سهلاً ليناً — To be lenient; to deal gently

﴿ فَبِمَا رَحْمَةٍ مِنَ اللَّهِ لِنْتَ لَهُمْ ﴾ [آل عمران 159]

لانَ[2] : رَقَّ — To soften; to become pliant

﴿ ثُمَّ تَلِينُ جُلُودُهُمْ وَقُلُوبُهُمْ إِلَى ذِكْرِ اللَّهِ ذَلِكَ هُدَى اللَّهِ ﴾ [الزمر 23]

ألانَ : (وألنا): جعل ليناً سهل الطرق — To make supple; to make pliant

لِينَةٌ : كل نوع من النخل سوى العجوة — Palm-tree

لَيِّنٌ : (ليناً): رقيق — Gentle

باب الميم

م

مَـ—ما (مَ، فيمَ، عمَّ، فيم...): أداة استفهامية بعد حرف الجر — For interrogation after a prefixed preposition

مَآبٌ : — Rt.(أ و ب)

مَآرِبُ : جمع مأربة — Plur.of مَأرَبَةٌ rt.(أ ر ب)

م ا

مَا :(مَا، بما، فيما، وبما...)

مَا[1] : نافية — Not (negative)

﴿ مَا ضَلَّ صَاحِبُكُمْ وَمَا غَوَى ﴾ [النجم 2]

﴿ مَا أَنْتَ بِنِعْمَةِ رَبِّكَ بِمَجْنُونٍ ﴾ [القلم 2]

﴿ مَا هَذَا بَشَرًا ﴾ [يوسف 31]

مَا[2] : استفهامية — What(interrogative)

﴿ وَمَا تِلْكَ بِيَمِينِكَ يَامُوسَى ﴾ [طه 17]

﴿ فِيمَ أَنْتَ مِنْ ذِكْرَاهَا ﴾ [النازعات 43]

مَا[3] : شرطية — Whatever; whatsoever(condition)

﴿ وَمَا تَفْعَلُوا مِنْ خَيْرٍ يَعْلَمْهُ اللَّهُ ﴾ [البقرة 197]

مَا[4] : تعجبية — How (for admiration)

﴿ قُتِلَ الإِنْسَانُ مَا أَكْفَرَهُ ﴾ [عبس 17]

مَا[5] : مصدرية — That which

﴿ حَتَّى إِذَا ضَاقَتْ عَلَيْهِمُ الأَرْضُ بِمَا رَحُبَتْ ﴾ [التوبة 118]

﴿ عَزِيزٌ عَلَيْهِ مَا عَنِتُّمْ ﴾ [التوبة 128]

مَا[6] : زائدة للتوكيد — Expletive (not needed for the sense

﴿ فَبِمَا رَحْمَةٍ مِنَ اللَّهِ لِنْتَ لَهُمْ ﴾ [آل عمران 159]

مَا[7] : مصدرية ظرفية — As long as; far as

﴿ وَأَوْصَانِي بِالصَّلاَةِ وَالزَّكَاةِ مَا دُمْتُ حَيًّا ﴾ [مريم 31]

﴿ وَكُنْتُ عَلَيْهِمْ شَهِيدًا مَا دُمْتُ فِيهِمْ ﴾ [المائدة 117]

مَادُمْتُ : مدة دوامي — As long as I remained

مَثَلاً مَا : أي مثل كان — A parable of any kind whatsoever

مَا طَابَ لَكُم : ما حلَّ لكم — Such as may be agreeable to you

* * *

مَاءٌ : — Rt.(م و ه)

مَائِدَةٌ : — Rt.(م ي د)

مَاتَ : — Rt.(م و ت)

مَاجَ :(يموج) — Rt.(م و ج)

مَادَ :(تميد) — Rt.(م ي د)

مَارَ :(ُ)(تمور) — Rt.(م و ر)

مَارَ :(ِ)(تمير) — Rt.(م ي ر)

مَارِجٌ : — Rt.(م ر ج)

مَارِدٌ : — Rt.(م ر د)

مَارُوتُ : — Rt.(م ر ت)

مَارَى : — Rt.(م ر ى)

مَازَ :(يميز) Rt.(م ي ز)

مَاعُونٌ : Rt.(م ع ن)

مَاكِثٌ : Rt.(م ك ث)

مَاكِرٌ : Rt.(م ك ر)

مَالٌ : Rt.(م و ل)

مَالَ :(تميلوا) Rt.(م ي ل)

مَالِيءٌ : Rt.(م ل أ)

مَالِكٌ : Rt.(م ل ك)

مَانِعٌ : Rt.(م ن ع)

مَاهِدٌ : Rt.(م ه د)

مِائَةٌ، مِائتين: Rt.(م أ ي)

مُؤْتَفِكَةٌ : Rt.(أ ف ك)

مُؤتٍ : Rt.(أ ت ى)

مَأتِيٌّ : Rt.(أ ت ى)

مُؤَجَّلٌ : Rt.(أ ج ل)

مَاجُوجُ : Rt.(م ج ج); (م أ ج ج)

مُؤَذِّنٌ : Rt.(أ ذ ن)

مُؤصَدَةٌ : Rt.(و ص د); (أ ص د)

مَأكُولٌ : Rt.(أ ك ل)

مُؤَلَّفَةٌ : Rt.(أ ل ف)

مُؤمِنٌ : Rt.(أ م ن)

مَأمَنٌ : Rt.(أ م ن)

مَأمُونٌ : Rt.(أ م ن)

مأوَى : Rt.(أ و ى)

* * *

م أ ى

مِائَةٌ :(مائة، مائتين): من أسماء العدد — One hundred

مَائَتَين : مثنى مائة — Two hundred

* * *

مُبَارَكٌ : Rt.(ب ر ك)

مُبتَلٍ : Rt.(ب ل و)

مَبثُوثٌ : Rt.(ب ث ث)

مُبْدٍ :(مبديه) Rt.(ب د و)

مُبَدِّلٌ : Rt.(ب د ل)

مُبَذِّرٌ : Rt.(ب ذ ر)

مُبَرَّءٌ : Rt.(ب ر أ)

مُبْرِمٌ : Rt.(ب ر م)

مَبسُوطَةٌ (ان): Rt.(ب س ط)

مُبَشِّرٌ : Rt.(ب ش ر)

مُبْصِرٌ (ةٌ) : Rt.(ب ص ر)

مُبْطِلٌ : Rt.(ب ط ل)

مُبْعَدٌ : Rt.(ب ع د)

مَبعُوثٌ : Rt.(ب ع ث)

مُبْلِسٌ : Rt.(ب ل س)

مَبْلَغٌ : Rt.(ب ل غ)

مَبْنِيٌّ : Rt.(ب ن ى)

مُبَوَّأً : Rt.(ب و أ)

مُبِينٌ : Rt.(ب ى ن)

مُبَيَّنٌ : Rt.(ب ى ن)

* * *

مِتُّ : تصريف ماتَ — Conj.of ماتَ Rt.(م و ت)

* * *

مَتابٌ : Rt.(ت و ب)

مَتَاعٌ : Rt.(م ت ع)

مُتَبَرٌ : Rt.(ت ب ر)

مُتَبَرِّجَةٌ : Rt.(ب ر ج)

مُتَّبَعٌ : Rt.(ت ب ع)

مُتَتَابِعٌ : Rt.(ت ب ع)

مُتَجَانِفٌ : Rt.(ج ن ف)

مُتَجَاوِر(ات): Rt.(ج و ر)

مُتَحَرِّفٌ : Rt.(ح ر ف)

مُتَحَيِّزٌ : Rt.(ح و ز)

مُتَّخِذٌ : Rt.(أ خ ذ)

مُتَرَاكِبٌ : Rt.(ر ك ب)

مَتْرَبَةٌ : Rt.(ت ر ب)

مُتَرَبِّصٌ : Rt.(ر ب ص)

مُتَرَدِّيَةٌ : Rt.(ر د ى)

مُتْرَفٌ : Rt.(ت ر ف)

مُتَشَابِهٌ : Rt.(ش ب ه)

مُتَشَاكِسٌ : Rt.(ش ك س)

مُتَصَدِّعٌ : Rt.(ص د ع)

مُتَصَدِّقٌ : Rt.(ص د ق)

مُتَطَهِّرٌ : Rt.(ط ه ر)

***

م ت ع

مَتَّعَ: (متّعت،متّعهم،فأمتّعه،نمتّعهم): مدد له في الحياة مع اسباغ النعم ؛ أعطى بعض المال عن الطلاق ، نعّم — To cause to enjoy; to provide; to give provision; to grant enjoyment

تَمَتَّعَ: (تمتّع،يتمتّعو،يتمتّعو ، تمتّع): أتمّ (العمرة) ؛ نعم — To enjoy (life; oneself); to content oneself with; to profit

اسْتَمْتَعَ: (استمتع،استمتعتم،فاستمتعتم، فاستمتعوا): تمتّعَ (بالمعاشرة) — To enjoy; to seek content; to profit

مَتَاعٌ : (متاع،متاعاً،متاعنا،وامتعتكم...)

مَتَاعٌ[1] : ملذات ، ما يتمتع به — Provision; comfort

﴿ وَلَكُمْ فِي الأَرْضِ مُسْتَقَرٌّ وَمَتَاعٌ إِلَى حِينٍ ﴾ [البقرة 36]

مَتَاعٌ[2] : حوائج ، ما ينتفع به — Property; goods; belongings; luggage; baggage

﴿ قَالَ مَعَاذَ اللَّهِ أَنْ نَأْخُذَ إِلاَّ مَنْ وَجَدْنَا مَتَاعَنَا ﴾ [يوسف 79]

﴿ وَدَّ الَّذِينَ كَفَرُوا لَوْ تَغْفُلُونَ عَنْ أَسْلِحَتِكُمْ وَأَمْتِعَتِكُمْ ﴾ [النساء 102]

مُتَعَالٍ : Rt.(ع ل و - ى)

مُتَعَمِّدٌ : Rt.(ع م د)

مُتَفَرِّقٌ : Rt.(ف ر ق)

مُتَقَابِلٌ : Rt.(ق ب ل)

مُتَقَلَّبٌ : Rt.(ق ل ب)

مُتَّقٍ : Rt.(و ق ي)

مُتَّكَأٌ : Rt.(و ك أ)

مُتَّكِئٌ : Rt.(و ك أ)

مُتَكَبِّرٌ : Rt.(ك ب ر)

مُتَكَلِّفٌ : Rt.(ك ل ف)

مُتَلَقِّ(يان) : Rt.(ل ق ى)

مُتِمٌّ : Rt.(ت م م)

❋ ❋ ❋

مُتُّمْ : تصريف مات — Conj.of مَاتَ rt. (م و ت)

مِتُّمْ : تصريف مات — Conj.of مَاتَ rt. (م و ت)

م ت ن

مَتِينٌ : (متين، المتين): شديد القوة ؛ من أسمائه تعالى — Strong; firm; effective

مِتْنَا : تصريف مات — Conj.of مَاتَ rt. (م و ت)

❋ ❋ ❋

مُتَنَافِسٌ : Rt.(ن ف س)

مُتَوَسِّمٌ : Rt.(و س م)

مُتَوَفٍّ :(متوفيك) Rt.(و ف ى)

مُتَوَكِّلٌ : Rt.(و ك ل)

مَتَى : Rt.(م ت أ)

مَتِينٌ : Rt.(م ت ن)

مَثَابَةٌ : Rt.(ث و ب)

مَثَانٍ : Rt.(ث ن ى)

مَثْبُورٌ : Rt.(ث ب ر)

مِثْقَالٌ : Rt.(ث ق ل)

مُثْقَلٌ (ة) : Rt.(ث ق ل)

❋ ❋ ❋

م ت ى

مَتَّى: ظرف زمان للاستفهام — When

م ث ل

تَمَثَّلَ :(فتمثل): تصوّر — To assume the likeness of; to appear (as)

أَمْثَلُ :(أمثلهم): افضل — Best; fairest

أَمْثَلُهم طَرِيقَةً : أعدلهم وأفضلهم رأياً ومذهباً — Their best in conduct; fairest of them in course

مِثْلٌ: :(مثلهم،ومثله...): مساوٍ ؛ مشابه — Like; similar; equivalent; equal

مِثْلَيْهَا : ضعفيها — Twice (as great); twice as much as it

مِثْلَيْهِم : ضعفيهم — Twice their number; twice as many as themselves

مَثَلٌ :(مثل، كمثل ، المثل ،مثلاً...)

مَثَلٌ[1] : صفة عجيبة — Likeness; parable

﴿ مَثَلُهُمْ كَمَثَلِ الَّذِي اسْتَوْقَدَ نَارًا ﴾ [البقرة 17]

مَثَلٌ[2] : قصة وعبرة — Like; state

﴿ أَمْ حَسِبْتُمْ أَنْ تَدْخُلُوا الْجَنَّةَ وَلَمَّا يَأْتِكُمْ مَثَلُ الَّذِينَ خَلَوْا مِنْ قَبْلِكُمْ ﴾ [البقرة 214]

مَثَلٌ[3] : صفة — Similitude; attribute

﴿ لِلَّذِينَ لاَ يُؤْمِنُونَ بِالآخِرَةِ مَثَلُ السَّوْءِ وَلِلَّهِ الْمَثَلُ الأَعْلَى ﴾ [النحل 60]

مَثَلٌ[4] : ما يجري التشبيه به لبلوغه الغاية في معنى من المعاني — Example

﴿ فَجَعَلْنَاهُمْ سَلَفًا وَمَثَلًا لِلآخِرِينَ ﴾ [الزخرف 56]

﴿ وَجَعَلْنَاهُ مَثَلاً لِبَنِي إِسْرَائِيلَ ﴾ [الزخرف 59]

مَثُلَةٌ :(المثلات): حالة تستوجب عقوبة وتنكيلاً	Exemplary punishment
مُثْلَى :(المثلى): فضلى	Best
تِمْثَالٌ :(وتماثيل، التماثيل): صورة مجسّدة كالصنم	Image; statue

❊ ❊ ❊

مَثْنَى :	Rt.(ث ن ى)
مَثُوبَةٌ :	Rt.(ث و ب)
مَثْوَى :	Rt.(ث و ى)
مَجَالِسُ : جمع مَجْلِس	Plur.of مَجْلِس rt. (ج ل س)
مُجَاهِدٌ :	Rt.(ج هـ د)
مُجْتَمِعٌ :	Rt.(ج م ع)

❊ ❊ ❊

م ج ج

مَاجُوجُ : قبيلة يقال أنها من ولد يافث بن نوح	Magog

م ج د

مَجِيدٌ : (مجيد،المجيد): شريف عالٍ ؛ عليّ فوق كل شيء من أسمائه تعالى	Glorious; owner of glory

❊ ❊ ❊

مُجَنَّدٌ :	Rt.(ج ن د)
مُجْرِمٌ :	Rt.(ج ر م)
مَجْرَى :(مجريها):	Rt.(ج ر ى)

❊ ❊ ❊

م ج س

مَجُوسٌ :(المجوس): قوم كانوا يعبدون النار والشمس والقمر	Magians

❊ ❊ ❊

مَجْمَعٌ :	Rt.(ج م ع)
مَجْمُوعٌ :	Rt.(ج م ع)
مَجْنُونٌ :	Rt.(ج ن ن)
مَجُوسٌ :	Rt.(م ج س)
مُجِيبٌ :	Rt.(ج و ب)
مَجِيدٌ :	Rt.(م ج د)
مَحَا :(يمحُ، يمحوا)	Rt.(م ح و)
مَحَارِيبُ: جمع مِحْرَاب	Plur.of مِحْرَابٌ rt. (ح ر ب)
مِحَالٌ :	Rt.(م ح ل)
مَحَبَّةٌ :	Rt.(ح ب ب)
مُحْتَضَرٌ :	Rt.(ح ض ر)
مُحْتَظِرٌ :	Rt.(ح ظ ر)
محجوبٌ :	Rt.(ح ج ب)
مَحْجُورٌ :	Rt.(ح ج ر)
مُحْدَثٌ :	Rt.(ح د ث)
مَحْذُورٌ :	Rt.(ح ذ ر)
مِحْرَابٌ :	Rt.(ح ر ب)
مُحَرَّرٌ :	Rt.(ح ر ر)
مُحَرَّمٌ :	Rt.(ح ر م)
مَحْرُومٌ :	Rt.(ح ر م)
مُحْسِنٌ :	Rt.(ح س ن)
مَحْسُورٌ :	Rt.(ح س ر)

مَحْشُورٌ (ةٌ) : Rt.(ح ش ر)

* * *

م ح ص

مَحَّصَ :(ليمحص): خلّص وطهّر — To prove; to purge

* * *

مُحْصِنٌ : Rt.(ح ص ن)

مُحْصَنَةٌ : Rt.(ح ص ن)

مُحَصَّنٌ (ةٌ) : Rt.(ح ص ن)

مُحْضَرٌ : Rt.(ح ض ر)

مَحْظُورٌ : Rt.(ح ظ ر)

مَحْفوظٌ : Rt.(ح ف ظ)

* * *

م ح ق

مَحَقَ(:):(ويمحق): أهلك وأبطل — To deprive of blessings; to blight

* * *

مُحْكَمٌ : Rt.(ح ك م)

* * *

م ح ل

مِحالٌ :(المحال): كيْد وبطش — Wrath; prowess

شَدِيدُ المِحَالِ: شديد المكايدة أو القوة أو العقوبة — Mighty in wrath; mighty in prowess

* * *

مُحِلٌّ :(مُحلّي) Rt.(ح ل ل)

مَحِلٌّ : Rt.(ح ل ل)

مُحَلِّقٌ : Rt.(ح ل ق)

مُحَمَّدٌ : Rt.(ح م د)

مَحْمُودٌ : Rt.(ح م د)

* * *

م ح ن

امْتَحَنَ : (امتحن...)

امْتَحَنَ[1] : اختبر وصفّى — To prove

﴿ الَّذِينَ امْتَحَنَ اللَّهُ قُلُوبَهُمْ لِلتَّقْوَى ﴾

[الحجرات 3]

امْتَحَنَ[2] : اختبر وصفّى — To examine

﴿ إِذَا جَاءَكُمْ الْمُؤْمِنَاتُ مُهَاجِرَاتٍ فَامْتَحِنُوهُنَّ ﴾

[الممتحنة 10]

م ح و

مَحَا (:) : (محونا،يمح،يمحوا)

مَحَا[1] : أزال وأبطل — To make to pass away; to make dark

﴿ فَمَحَوْنَا آيَةَ اللَّيْلِ وَجَعَلْنَا آيَةَ النَّهَارِ مُبْصِرَةً ﴾

[الإسراء 12]

مَحَا[2] : أزال وأبطل — To wipe out; to blot out; to efface

﴿ وَيَمْحُ اللَّهُ الْبَاطِلَ وَيُحِقُّ الْحَقَّ بِكَلِمَاتِهِ ﴾

[الشورى 24]

* * *

مُحيي : Rt.(ح ى ى)

مَحْيَا : Rt.(ح ى ى)

مَحِيصٌ : Rt.(ح ى ص)

مَحِيضٌ : Rt.(ح ى ض)

مُحِيطٌ : Rt.(ح و ط)

مَخَاضٌ : Rt.(م خ ض)

مُخْبِتٌ : Rt.(خ ب ت)

مُخْتَالٌ : Rt.(خ ى ل)

مُخْتَلِفٌ : Rt.(خ ل ف)

مَخْتُومٌ : Rt.(خ ت م)

مَخْذُولٌ : Rt.(خ ذ ل)

* * *

م خ ر

مَاخِرَةٌ :(مواخر): سفينة تشق الماء فيسمع لها صوت — That which ploughs the sea; that which cleaves the sea

* * *

مَخْرَجٌ : Rt.(خ ر ج)

مُخْرَجٌ : Rt.(خ ر ج)

مُخْرِجٌ : Rt.(خ ر ج)

مُخْزٍ :(مُخْزِي) Rt.(خ ز ى)

مُخْسِرٌ : Rt.(خ س ر)

* * *

م خ ض

مَخَاضٌ :(المخاض): وجع الولادة — Pangs of childbirth; throes (of childbirth)

* * *

مُخْضَرٌّ (ة) : Rt.(خ ض ر)

مَخْضُودٌ : Rt.(خ ض د)

مُخَلَّدٌ : Rt.(خ ل د)

مُخْلَصٌ : Rt.(خ ل ص)

مُخْلِصٌ : Rt.(خ ل ص)

مُخْلِفٌ : Rt.(خ ل ف)

مُخَلَّفٌ : Rt.(خ ل ف)

مُخَلَّقٌ (ة) : Rt.(خ ل ق)

مَخْمَصَةٌ : Rt.(خ م ص)

مَدَّ : Rt.(م د د)

مُدٌّ : Rt.(م د د)

مَدائِنُ: جمع مدينة — Plur.of مَدِينَةٌ rt.(م د ن)

مِدَادٌ : Rt.(م د د)

مُدْبِرٌ : Rt.(د ب ر)

مُدَبِّر (ات) : Rt.(د ب ر)

مُدَّةٌ :(مُدَّتِهِم) Rt.(م د د)

مُدَّثِّرٌ : Rt.(د ث ر)

مُدْحَضٌ : Rt.(د ح ض)

مَدْحُورٌ : Rt.(د ح ر)

مُدْخَلٌ : Rt.(د خ ل)

مُدَّخَلٌ : Rt.(د خ ل)

* * *

م د د

مَدَّ (ُ) : (مدّ، مددناها، تمدنّ، نمدّ...)

مَدَّ[1] : To spread (out); to extend; to make plain

﴿ وَهُوَ الَّذِي مَدَّ الأَرْضَ وَجَعَلَ فِيهَا رَوَاسِيَ وَأَنْهَارًا ﴾ [الرعد 3]

مَدَّ[2] : To strain

﴿ لاَ تَمُدَّنَّ عَيْنَيْكَ إِلَى مَا مَتَّعْنَا بِهِ أَزْوَاجًا مِنْهُمْ ﴾ [الحجر 88]

مَدَّ[3] : To stretch

﴿ فَلْيَمْدُدْ بِسَبَبٍ إِلَى السَّمَاءِ ثُمَّ لِيَقْطَعْ ﴾ [الحج 15]

مَدَّ[4] : To prolong; to lengthen

﴿ كَلاَّ سَنَكْتُبُ مَا يَقُولُ وَنَمُدُّ لَهُ مِنَ الْعَذَابِ مَدًّا ﴾ [مريم 79]

مَدَّ[5] : To increase; to help; to plunge

﴿ وَالْبَحْرُ يَمُدُّهُ مِنْ بَعْدِهِ سَبْعَةُ أَبْحُرٍ ﴾ [لقمان 27]

أَمَدَّ : (امدكم،امددناكم،اتمدونن،نمد...): فتح — To supply; to provide; to assist; to help; to aid

مَدٌّ : (مدّا): إطالة وإمهال — The act of prolonging; the act of lengthening; etc.

مَدَدٌ : (مددا): زيادة — Additional help; addition

مُدَّةٌ : (مدتهم): وقت — Allotted period

مَمْدُودٌ : (ممدود، ممدودا)

مَمْدُودٌ[1] : سابغ — Extended; spreading

﴿ وَظِلٍّ مَمْدُودٍ ﴾ [الواقعة 30]

مَمْدُودٌ[2] : كثير — Ample; vast

﴿ وَجَعَلْتُ لَهُ مَالاً مَمْدُودًا ﴾ [المدثر 12]

مُمَدَّدٌ : (ممددة): مطول — Outstretched; extended

مُمِدٌّ : (ممدكم): معط — One who helps; one who assists

مِدَادٌ : (مدادا): سائل يكتب به — Ink

* * *

مِدْرَارٌ :	Rt.(د ر ر)
مُدْرَكٌ :	Rt.(د ر ك)
مُدَّكِرٌ :	Rt.(ذ ك ر)

* * *

م د ن

مَدِينَةٌ : (المدينة، المدائن)

مَدِينَةٌ[1] : عاصمة مصر أو احدى مدنها على عهد فرعون؛ مصر جامع — City

﴿ وَقَالَ نِسْوَةٌ فِي الْمَدِينَةِ امْرَأَةُ الْعَزِيزِ تُرَاوِدُ فَتَاهَا عَنْ نَفْسِهِ ﴾ [يوسف 30]

﴿ قَالُوا أَرْجِهِ وَأَخَاهُ وَأَرْسِلْ فِي الْمَدَائِنِ حَاشِرِينَ ﴾ [الأعراف 111]

مَدِينَةٌ[2] : المدينة المنوّرة — Al-Madina

﴿ وَمِمَّنْ حَوْلَكُمْ مِنَ الأَعْرَابِ مُنَافِقُونَ وَمِنْ أَهْلِ الْمَدِينَةِ ﴾ [التوبة 101]

* * *

مُدْهَامَّةٌ (ان):	Rt.(د هـ م)
مُدْهِنٌ :	Rt.(د هـ ن)

* * *

م د ي ن

مَدْيَنُ: قرية على البحر الأحمر بين المدينة والشام ؛ سكانها — Midian; Madyan

* * *

مَدِينٌ :	Rt.(د ى ن)
مَدِينَةٌ :	Rt.(م د ن)
مَذْءُومٌ :	Rt.(ذ أ م)
مُذَبْذَبٌ :	Rt.(ذ ب ذ ب)
مُذْعِنٌ :	Rt.(ذ ع ن)
مُذَكِّرٌ :	Rt.(ذ ك ر)
مَذْكُورٌ :	Rt.(ذ ك ر)
مَذْمُومٌ :	Rt.(ذ م م)
مَرَّ :	Rt.(م ر ر)
مَرٌّ :	Rt.(م ر ر)
مِرَاءٌ :	Rt.(م ر ى)

مَراضِعٌ : جمع مُرْضِعَة — Plur.of مُرْضِعَةٌ rt.(ر ض ع)

مُراغَمٌ : — Rt.(ر غ م)

مَرافِقٌ : جمع مِرْفَق — Plur.of مِرْفَقٌ rt.(ر ف ف)

❋ ❋ ❋

م ر أ

مَرِيءٌ :(مريئا): سائغ — Wholesome

أَكَلَه هَنيئاً مَرِيئاً: أكله طيباً سائغاً حميد المغبة — To be welcome to absorb (in one's wealth); to eat with enjoyment and with wholesome result

إمْرُؤٌ/إمْرأً/إمْرِيءٌ: رجل — Man

إمْرَأَةٌ:(إمرأة،إمرأتان،)

إمْرَأَةٌ[1] : أنثى من البشر — Woman

﴿ وَامْرَأَةً مُؤْمِنَةً إِنْ وَهَبَتْ نَفْسَهَا لِلنَّبِيِّ ﴾ [الأحزاب 50]

﴿ فَإِنْ لَمْ يَكُونَا رَجُلَيْنِ فَرَجُلٌ وَامْرَأَتَانِ ﴾ [البقرة 282]

إمْرَأَةٌ[2] : زوجة — Wife

﴿ ضَرَبَ اللَّهُ مَثَلاً لِلَّذِينَ كَفَرُوا امْرَأَةَ نُوحٍ وَامْرَأَةَ لُوطٍ ﴾ [التحريم 10]

﴿ وَقَدْ بَلَغَنِيَ الْكِبَرُ وَامْرَأَتِي عَاقِرٌ ﴾ [آل عمران 40]

م ر ت

مارُوتُ : كان هو وهاروت ملكين كلفا تعليم الناس السحر في بابل فتنة لهم — Marut

❋ ❋ ❋

مَرَّةٌ : — Rt.(م ر ر)

مِرَّةٌ : — Rt.(م ر ر)

❋ ❋ ❋

م ر ج

مَرَجَ (ُ) : خلط — To give independence to; to make to flow freely

مَارِجٌ : لهب شديد ساطع — Flame

مَارِجٌ مِنْ نَارٍ : لهب صاف لا دخان فيه — Smokeless fire; flame of fire

مَرِيجٌ : مختلط مضطرب — Troubled case; state of confusion

مَرْجَانٌ:(والمرجان): جوهر نفيس احمر اللون — Coral-stone; (small) pearls

❋ ❋ ❋

مَرْجِعٌ : — Rt.(رج ع)

مُرْجِفٌ : — Rt.(ر ج ف)

مَرْجُوٌّ : — Rt.(ر ج و)

مَرْجُومٌ : — Rt.(ر ج م)

مُرْجَى :(مُرجون) — Rt.(ر ج و)

❋ ❋ ❋

م ر ح

مَرِحَ (َ) :(تمرحون): اشتدّ فرحه — To behave insolently; to be petulant

مَرَحٌ :(مرحاً): شدّة العُجب والإختيال — Pertness; exultance

مَرَحاً : بعجب واختيال، مختالا — Exultingly; with pertness

❋ ❋ ❋

مَرْحَباً : — Rt.(رح ب)

مَرْحَمَةٌ : — Rt.(ر ح م)

* * *

م ر د

مَرَدَ (ُ) :(مردوا): تعوّد واستمرّ	To persist; to be stubborn
مَارِدٌ : عاتٍ	Froward; rebellious
مَرِيدٌ :(مريد، مريداً): شديد العتوّ	Froward; rebellious
مُمَرَّدٌ : مطليّ مصقول	Made smooth

* * *

مَرَدٌّ :	Rt.(ر د د)
مُرْدِفٌ :	Rt.(ر د ف)
مَرَدُوا : تصريف مَرَدَ	Conj.of مَرَدَ rt. (م ر د)
مَرْدُودٌ :	Rt.(رد د)

* * *

م ر ر

مَرَّ (ُ): (مرّ ،فمرّت ،تمرّ ،يمرّون...): مضى ؛ اجتاز	To pass (away; on); to move about
مَرٌّ : مرور	The act of passing away; flight
مُسْتَمِرٌّ : دائم مستحكم	Prolonged; constant; transient
أَمَرُّ : أشدّ	More bitter; most bitter
مَرَّةٌ : (مرّة،مرّتان،مرّتين،مرّات): واحد المرّات	Time
أَوَّلَ مَرَّةٍ : في البداية	At the first; at first; first time
مَرَّتَيْنِ : مثنى مَرّة	Twice
مَرَّةً أُخْرَى : المرة	Another time

التالية

مِرَّةٌ : قوّة	Vigour; strength
ذُوْ مِرَّةٍ : صاحب قوّة	One vigorous; Lord of strength

* * *

مُرْسَاهَا : انظر مُرْسَى	See مُرْسَى rt. (ر س و)
مُرْسِلٌ :	Rt.(ر س ل)
مُرْسَلٌ :	Rt.(ر س ل)
مُرْسَى:	Rt.(ر س و)
مُرْشِدٌ :	Rt.(ر ش د)
مِرْصَادٌ :	Rt.(ر ص د)
مَرْصَدٌ :	Rt.(ر ص د)
مَرْصُوصٌ :	Rt.(ر ص ص)

* * *

م ر ض

مَرِضَ (َ) :(مرضتُ): اعتلّ	To be sick; to sicken
مَرَضٌ :(مرض، مرضاً): علّة تصيب الجسم أو النفس	Disease
مَرِيضٌ :(المريض، مريضاً، مرضى): من إصابته علّة في الجسم أو النفس	Sick
مَرْضَى : جمع مَرِيض	Plur.of مَرِيضٌ

* * *

مَرْضَاتٌ :	Rt.(ر ض و)
مُرْضِعَةٌ :	Rt.(ر ض ع)
مَرْضَى : جمع مريض	Plur.of مَرِيضٌ rt. (م ر ض)

مَرْضِيٌّ : — Rt.(ر ض و)

مَرْعَاهَا : انظر مَرْعَى — See مَرْعَى rt. (ر ع ى)

مَرْعًى : — Rt.(ر ع ى)

مِرْفَقٌ : — Rt.(ر ف ق)

مَرْفُودٌ : — Rt.(ر ف د)

مَرْفُوعٌ : — Rt.(ر ف ع)

مَرْقَدٌ : — Rt.(ر ق د)

مَرْقُومٌ : — Rt.(ر ق م)

مَرْكُومٌ : — Rt.(ر ك م)

* * *

م ر و

مَرْوَةٌ :(والمروة): جبل بمكة — Al-Marwa

م ر ى

مَارَى :(تمار ، افتمارونه، يمارون): جادل — To dispute; to contend

امْتَرَى:(تمترنّ، تمترون، يمترون): شكّ — To doubt; to dispute; to have doubt in

تَمَارَى :(فتماروا، تتمارى): شكّ وكذّب — To dispute; to doubt

مُمْتَرٍ :(الممترين): شاكّ مكذّب — Doubter; disputer; on who wavers; waverer

مِرْيَةٌ : شكّ وتردد — Doubt

مِرَاءٌ : جدال — The act of contending; contention

مَرْيَمُ : مريم البتول أم عيسى عليه السلام — Mary; Mariam

* * *

مَرِيءٌ : — Rt.(م ر أ)

مُرِيبٌ : — Rt.(ر ي ب)

مِرْيَةٌ : — Rt.(م ر ى)

مَرِيجٌ : — Rt.(م ر ج)

مَرِيدٌ : — Rt.(م ر د)

مَرِيضٌ : — Rt.(م ر ض)

مَرْيَمُ : — Rt.(م ر ى)

مِزَاجٌ : — Rt.(م ز ج)

* * *

م ز ج

مِزَاجٌ :(ومزاجه، مزاجها): ما يخلط به — Mixture; admixture

* * *

مُزْجَى :(مزجاة) — Rt.(ز ج و)

مُزَحْزِحٌ : — Rt.(ز ح ز ح)

مُزْدَجَرٌ : — Rt.(ز ج ر)

* * *

م ز ق

مَزَّقَ :(ومزّقناهم، مُزّقتم): قطّع وفرّق — To scatter abroad; to disperse (in dust)

مُمَزَّقٌ : تمزيق — Dispersal; place of scattering

* * *

مُزَّمِّلٌ : — Rt.(ز م ل)

* * *

م ز ن

مُزْنَةٌ : :(المزن): سحابة — (Rain) Cloud

مُزْنٌ : جمع مُزْنة — Plur.of مُزْنَةٌ

* * *

مَزِيدٌ :	Rt.(ز ى د)
مَسٌّ :	Rt.(م س س)
مَسٌّ :	Rt.(م س س)
مَسَاجِدُ : جمع مَسْجِد	Plur.of مَسْجِدٌ rt. (س ج د)
مِسَاسٌ :	Rt.(م س س)
مُسَافِحٌ :	Rt.(س ف ح)
مَسَاقٌ :	Rt.(س و ق)
مَسَاكِنُ : جمع مَسْكَنَ	Plur.of مَسْكَنٌ rt. (س ك ن)
مَسَاكِينُ : جمع مِسكِينَ	Plur.of مِسكِينٌ rt. (س ك ن)
مَسْئُولٌ :	Rt.(س أ ل)
مُسَبِّحٌ :	Rt.(س ب ح)
مَسْبُوقٌ :	Rt.(س ب ق)
مُسْتَأْخِرٌ :	Rt.(أ خ ر)
مُسْتَأْنِسٌ :	Rt.(أ ن س)
مُسْتَبْشِرٌ (ة) :	Rt.(ب ش ر)
مُسْتَبْصِرٌ :	Rt.(ب ص ر)
مُسْتَبِينٌ :	Rt.(ب ى ن)
مُسْتَخْفٍ :	Rt.(خ ف ى)
مُسْتَخْلَفٌ :	Rt.(خ ل ف)
مُسْتَسْلِمٌ :	Rt.(س ل م)
مُسْتَضْعَفٌ :	Rt.(ض ع ف)
مُسْتَطَرٌ :	Rt.(س ط ر)
مُسْتَطِيرٌ :	Rt.(ط ى ر)
مُسْتَعَانٌ :	Rt.(ع و ن)

مُسْتَغْفِرٌ :	Rt.(غ ف ر)
مُسْتَقْبِلٌ :	Rt.(ق ب ل)
مُسْتَقْدِمٌ :	Rt.(ق د م)
مُسْتَقَرٌّ :	Rt.(ق ر ر)
مُسْتَقِرٌّ :	Rt.(ق ر ر)
مُسْتَقِيمٌ :	Rt.(ق و م)
مُسْتَكْبِرٌ :	Rt.(ك ب ر)
مُسْتَمِرٌّ :	Rt.(م ر ر)
مُسْتَمْسِكٌ :	Rt.(م س ك)
مُسْتَمِعٌ :	Rt.(س م ع)
مُسْتَنْفِرٌ (ة) :	Rt.(ن ف ر)
مُسْتَهْزِءٌ :	Rt.(هـ ز أ)
مُسْتَودَعٌ :	Rt.(و د ع)
مَسْتُورٌ :	Rt.(س ت ر)
مُسْتَيقِنٌ :	Rt.(ى ق ن)
مَسْجِدٌ :	Rt.(س ج د)
مَسْجُورٌ :	Rt.(س ج ر)
مَسْجُونٌ :	Rt.(س ج ن)

* * *

م س ح

مَسَح (َ) : (وامسحوا): مرّ يدَه على	To rub (lightly); to wipe
مَسْحٌ : تربيت أو قطع	The act of slashing with a sword
مَسِيحٌ :(المسيح، والمسيح): لقب عيسى عليه السلام	Messiah

* * *

مُسَحَّرٌ :	Rt.(س ح ر)

مَسْحورٌ : Rt.(س ح ر)

***

م س خ

مَسَخَ (َ):(المسخناهم): حوَّل صورته إلى صورة قبيحة — To transform; to fix

***

مُسَخَّرٌ : Rt.(س خ ر)

***

م س د

مَسَدٌ : ليف — Palm-fiber; strongly-twisted robe

***

مُسْرِفٌ : Rt.(س ر ف)

مَسْرورٌ : Rt.(س ر ر)

***

م س س

مَسَّ(َ):(مسَّ،مسَّته، مسَّتهم، مسَّتكم...)

مَسَّ[1] :لمس — To touch

﴿ قَالَتْ رَبِّ أَنَّى يَكُونُ لِي وَلَدٌ وَلَمْ يَمْسَسْنِي بَشَرٌ ﴾ [آل عمران 47]

مَسَّ[2] : أصاب ولحق — To afflict; to touch

﴿ إِنْ يَمْسَسْكُمْ قَرْحٌ فَقَدْ مَسَّ الْقَوْمَ قَرْحٌ مِثْلُهُ ﴾ [آل عمران 140]

مَسَّ[3] : — To overtake; to come upon

﴿ قَالَ أَبَشَّرْتُمُونِي عَلَى أَنْ مَسَّنِيَ الْكِبَرُ ﴾ [الحجر 54]

مَسَّ[4] : أصاب — To befall

﴿ وَإِذَا مَسَّهُ الْخَيْرُ مَنُوعًا ﴾ [المعارج 21]

تَمَاسٌّ : (يتماسَّا): استمتعا وتباشرا مباشرة الأزواج — To touch one another (each other)

مَسٌّ : (مسّ،المسّ): جنون ؛ إصابة — Touch

مِسَاسٌ : ملامسة — Mutual contact

لا مِسَاسَ : لا تمسني ولا أمسك — Touch (me) not!

***

مَسْطورٌ : Rt.(س ط ر)

مَسْغَبَةٌ : Rt.(س غ ب)

مُسْتَنفِرٌ (ة) : Rt.(س ف ر)

مَسْفوحٌ : Rt.(س ف ح)

***

م س ك

أَمْسَكَ : (امسك،لأمسكتم،تمسكوا،يمسك...)

أَمْسَكَ[1] : حبس لـ — To catch

﴿ فَكُلُوا مِمَّا أَمْسَكْنَ عَلَيْكُمْ ﴾ [المائدة 4]

أَمْسَكَ[2] : تمسك بالإبقاء — To hold on

﴿ وَلاَ تُمْسِكُوا بِعِصَمِ الْكَوَافِرِ ﴾ [الممتحنة 10]

أَمْسَكَ[3] : حفظ(من السقوط) — To grasp; to uphold; to hold back

﴿ إِنَّ اللَّهَ يُمْسِكُ السَّمَاوَاتِ وَالأَرْضَ أَنْ تَزُولاَ ﴾ [فاطر 41]

أَمْسَكَ[4] : أبقى حياً — To keep

﴿ أَيُمْسِكُهُ عَلَى هُونٍ أَمْ يَدُسُّهُ فِي التُّرَابِ ﴾ [النحل 59]

﴿ أَمْسِكْ عَلَيْكَ زَوْجَكَ وَاتَّقِ اللَّهَ ﴾ [الأحزاب 37]

أمْسَكَ[5] : منع — To withhold (to)

﴿ أَمَّنْ هَذَا الَّذِي يَرْزُقُكُمْ إِنْ أَمْسَكَ رِزْقَهُ ﴾ [الملك 21]

أمْسَكَ[6] : حفظ واقتصد — To withhold(to)

﴿ هَذَا عَطَاؤُنَا فَامْنُنْ أَوْ أَمْسِكْ بِغَيْرِ حِسَابٍ ﴾ [ص 39]

أمْسَكَ[7] : حفظ(في البيت) — To retain ; to confine

﴿ فَأَمْسِكُوهُنَّ بِمَعْرُوفٍ أَوْ سَرِّحُوهُنَّ بِمَعْرُوفٍ ﴾ [البقرة 231]

﴿ فَإِنْ شَهِدُوا فَأَمْسِكُوهُنَّ فِي الْبُيُوتِ حَتَّى يَتَوَفَّاهُنَّ الْمَوْتُ ﴾ [النساء 15]

مَسَّكَ (بـ) :(يمسكون): تمسك وحافظ — To make to keep; to hold fast

اسْتَمْسَكَ :(استمسك، فاستمسك)

اسْتَمْسَكَ[1] : تمسك — To grasp; to lay hold on; to take hold on

﴿ فَمَنْ يَكْفُرْ بِالطَّاغُوتِ وَيُؤْمِنْ بِاللَّهِ فَقَدِ اسْتَمْسَكَ بِالْعُرْوَةِ الْوُثْقَى ﴾ [البقرة 256]

اسْتَمْسَكَ[2] : تمسك — To hold fast

﴿ فَاسْتَمْسِكْ بِالَّذِي أُوحِيَ إِلَيْكَ ﴾ [الزخرف 43]

إمْسَاكٌ : إبقاء على الزوجة بمراجعتها — The act of retaining; the act of keeping

مُمْسِكٌ :(ممسك، ممسكات): حابس أو مانع — One who withholds; withholder; one who restrains

مُسْتَمْسِكٌ :(مستمسكون): مرتبط — One who holds fast

مِسْكٌ : ضرب من الطيب يؤخذ من بعض الغزلان — Musk

* * *

مَسْكَنَةٌ :	Rt.(س ك ن)
مَسْكَنٌ :	Rt.(س ك ن)
مَسْكُوبٌ :	Rt.(س ك ب)
مَسْكُونٌ(ة) :	Rt.(س ك ن)
مِسْكِينٌ :	Rt.(س ك ن)
مُسْلِمٌ :	Rt.(س ل م)
مُسَلَّمٌ (ة) :	Rt.(س ل م)
مُسْمَعٌ :	Rt.(س م ع)
مُسْمِعٌ :	Rt.(س م ع)
مُسَمًّى :	Rt.(س م و)
مُسَنَّدٌ (ة) :	Rt.(س ن د)
مَسْنُونٌ :	Rt.(س ن ن)
مُسْوَدٌّ :	Rt.(س و د)
مُسَوَّمٌ :	Rt.(س و م)

* * *

م س ى

أَمْسَى :(تمسون): دخل في المساء — To enter the night; to enter upon the time of the evening

* * *

مُسِيءٌ :	Rt.(س و أ)
مَسِيحٌ :	Rt.(م س ح)

مشّاء : Rt.(م ش ى)

مَشارِبُ : جمع مَشْرَب Plur.of مَشْرَبٌ rt. (ش ر ب)

مَشارِقُ : جمع مَشْرِق Plur.of مَشْرِقٌ rt. (ش ر ق)

مَشْئَمَةٌ : Rt.(ش أ م)

مُتَشابِهٌ : Rt.(ش ب ه)

مُشْتَرِكٌ : Rt.(ش ر ك)

***

م ش ج

مَشْجٌ، مَشِيجٌ:(أمشاج): أخلاط مختلفة الألوان والصفات — Thickened fluid; life-germ uniting itself

***

مَشْحُونٌ : Rt.(ش ح ن)

مَشْرَبٌ : Rt.(ش ر ب)

مَشْرِقٌ : Rt.(ش ر ق)

مُشْرِقٌ : Rt.(ش ر ق)

مُشْرِكٌ : Rt.(ش ر ك)

مَشْعَرٌ : Rt.(ش ع ر)

مُشْفِقٌ : Rt.(ش ف ق)

مِشْكَاةٌ : Rt.(ش ك و)

مَشْكُورٌ : Rt.(ش ك ر)

مَشْهَدٌ : Rt.(ش ه د)

مَشْهُودٌ : Rt.(ش ه د)

***

مَشَوْا : تصريف مشى Conj.of مَشَى rt. (م ش ى)

م ش ي

مَشَى (ي) : (مشوا،تمشون،يمشون،امشوا...)

مَشَى[1] : سار — To walk

﴿ وَقَالُوا مَالِ هَٰذَا الرَّسُولِ يَأْكُلُ الطَّعَامَ وَيَمْشِي فِي الأَسْوَاقِ ﴾ [الفرقان 7]

مَشَى[2] : استمر في السير — To go

﴿ وَانطَلَقَ الْمَلأُ مِنْهُمْ أَنِ امْشُوا وَاصْبِرُوا عَلَىٰ آلِهَتِكُمْ ﴾ [ص 6]

مَشْيٌ : (مشيك): سير وخطو — The act of bearing; the act of going about

مَشَّاءٌ : كثير السير — Spreader abroad (of slanders); one who goes about with slanders

***

مَشِيدٌ : Rt.(ش ى د)

مُشَيَّدٌ (ة) : Rt.(ش ى د)

مَصَابِيحُ : جمع مصباح Plur.of مِصْبَاحٌ rt. (ص ب ح)

مَصَانِعُ : جمع مصنعة Plur.of مَصْنَعَةٌ rt. (ص ن ع)

مِصْبَاحٌ : Rt.(ص ب ح)

مُصْبِحٌ : Rt.(ص ب ح)

مُصَدِّقٌ : Rt.(ص د ق)

مُصَّدِّقٌ : Rt.(ص د ق)

***

م ص ر

مِصْرٌ ، مِصْرُ :

مِصْرٌ[1] : مدينة — Settled country

مستكملة المرافق والخدمات

ويراد بها القطر المعروف

﴿ اهْبِطُوا مِصْرًا فَإِنَّ لَكُمْ مَا سَأَلْتُمْ ﴾

[البقرة 71]

مِصْرُ [2] : مدينة مستكملة المرافق والخدمات ويراد بها القطر المعروف — Egypt

﴿ وَقَالَ الَّذِي اشْتَرَاهُ مِنْ مِصْرَ لامْرَأَتِهِ أَكْرِمِي مَثْوَاهُ ﴾ [يوسف 21]

❋ ❋ ❋

مُصْرِخٌ : Rt.(ص ر خ)

مَصْرِفٌ : Rt.(ص ر ف)

مَصْرُوفٌ : Rt.(ص ر ف)

مُصْطَفَى : Rt.(ص ف ا)

مُصْفَرٌّ : Rt.(ص ف ر)

مَصْفُوفٌ(ة) : Rt.(ص ف ف)

مُصَفًّى : Rt.(ص ف ا)

مُصْلِحٌ : Rt.(ص ل ح)

مُصَلٍّ :(المصلين) Rt.(ص ل و)

مُصَلًّى : Rt.(ص ل و)

مُصَوِّرٌ : Rt.(ص و ر)

مُصِيبٌ : Rt.(ص و ب)

مُصِيبَةٌ : Rt.(ص و ب)

مَصِيرٌ : Rt.(ص ي ر)

مُصَيْطِرٌ : Rt.(س ط ر)

مَضَاجِعُ : جمع مضجع — Plur.of مَضْجَعٌ rt. (ض ج ع)

مُضَارٌّ : Rt.(ض ر ر)

مُضَاعَفٌ(ة): Rt.(ض ع ف)

❋ ❋ ❋

📖

مَضَتْ : تصريف مضى — Conj.of مَضَى rt. (م ض ى)

📖

❋ ❋ ❋

مُضْطَرٌّ : Rt.(ض ر ر)

مُضْعِفٌ : Rt.(ض ع ف)

❋ ❋ ❋

م ض غ

مُضْغَةٌ : قطعة لحم بقدر ما يمضغ — Little lump; lump of flesh

❋ ❋ ❋

مُضِلٌّ : Rt.(ض ل ل)

مَضَى : Rt.(م ض ى)

❋ ❋ ❋

م ض ى

مَضَى(ِ):(مضى، مضت، أمضى، أمضوا): سبق وسلف ؛ مكث ؛ سار وذهب — To go before (on; forth); to pass

مُضِيٌّ : (مضياً): ذهاب — The act of going forward; the act of going on

❋ ❋ ❋

مُطَاعٌ : Rt.(ط و ع)

م ط ر

أَمْطَرَ :(أمطرنا، فأمطر، أمطرت): أنزل مطراً — To rain (down)

مَطَرٌ :(مطر، مطراً): ماء نازل من السماء — Rain

مَطَرُ السَّوْءِ : مطر بالحجارة — Fatal rain; evil rain

مُمْطِرٌ :(ممطرنا): منزل ماء السماء	That which brings rain; that which causes rain

***

مُطَفِّفٌ :	Rt.(ط ف ف)
مَطْلِعٌ :	Rt.(ط ل ع)
مَطْلَعٌ :	Rt.(ط ل ع)
مُطَّلِعٌ :	Rt.(ط ل ع)
مطلّقةٌ :	Rt.(ط ل ق)
مَطْلُوبٌ :	Rt.(ط ل ب)
مُطْمَئِنٌّ :	Rt.(ط م ن)
مُطَهَّرٌ :	Rt.(ط هـ ر)
مُطَهِّرٌ :	Rt.(ط هـ ر)
مُطَّهِّرٌ =مُتَطَهِّرٌ :	Rt.(ط هـ ر)

***

م ط و

تَمَطّى :(يتمطّى): تبختر في مشيته	To walk away in haughtiness

***

مُطَوِّعٌ :	Rt.(ط و ع)
مَطْوٍ :(مطويات)	Rt.(ط و ى)
مُظْلِمٌ :	Rt.(ظ ل م)
مَظْلُومٌ :	Rt.(ظ ل م)

***

م ع

مَعَ : (مع،معك،معه، معي....): ظرف للمصاحبة	With; together; in company with

***

مُعَاجِزٌ :	Rt.(ع ج ز)
مَعادٌ :	Rt.(ع و د)
مَعاذُ :	Rt.(ع و ذ)
مَعَاذِيرُ : جمع مَعْذِرَة	Plur.of مَعْذِرَةٌ rt. (ع ذ ر)
مَعارِجُ : جمع مِعْرَاج	Plur.of مِعْرَاجٌ rt. (ع ر ج)
مَعَاشٌ :	Rt.(ع ي ش)
مَعَايِشُ : جمع مَعِيشَة	Plur.of مَعِيشَةٌ rt. (ع ى ش)
مُعْتَبٌ :	Rt.(ع ت ب)
مُعْتَدٍ :	Rt.(ع د و)
مُعْتَرٌّ :	Rt.(ع ر ر)
مُعْجِزٌ :	Rt.(ع ج ز)
مَعْدودٌ :	Rt.(ع د د)
مُعَذَّبٌ :	Rt.(ع ذ ب)
مُعَذِّبٌ :	Rt.(ع ذ ب)
مُعَذِّرٌ :	Rt.(ع ذ ر)
مَعْذِرَةٌ :	Rt.(ع ذ ر)
مَعَرَّةٌ :	Rt.(ع ر ر)
مُعْرِضٌ :	Rt.(ع ر ض)
مَعْرُوشٌ(ات) :	Rt.(ع ر ش)
مَعْروفٌ :	Rt.(ع ر ف)

***

م ع ز

مَعْزٌ :(المعز): فصيلة من الغنم تمتاز بالشعر والذنب القصير	Goats

***

مَعْزِلٌ :	Rt.(ع ز ل)
مَعْزُولٌ :	Rt.(ع ز ل)

مِعْشارٌ : Rt.(ع ش ر)

مَعْشَرٌ : Rt.(ع ش ر)

مُعْصِرَاتٌ : Rt.(ع ص ر)

مَعْصِيَةٌ : Rt.(ع ص ى)

مُعَطَّلٌ(ة) : Rt.(ع ط ل)

مُعَقِّبٌ : Rt.(ع ق ب)

مَعْكُوفٌ : Rt.(ع ك ف)

مُعَلَّقٌ(ة) : Rt.(ع ل ق)

مُعَلِّمٌ : Rt.(ع ل م)

مَعْلُومٌ : Rt.(ع ل م)

مُعَمَّرٌ : Rt.(ع م ر)

مَعْمُورٌ : Rt.(ع م ر)

* * *

م ع ن

مَــاعُونٌ :(الماعون): اسم جامع لمنافع البيت كالقدر والفأس : Small kindness; (daily) necessaries of life

مَعِينٌ :(معين،ومعين): ماء حار ؛ خمر : (Water) spring; gushing water

* * *

مُعَوِّقٌ : Rt.(ع و ق)

* * *

م ع ى

مِعًى :(أمعاءهم): مصارين : Bowels

📖

مَعِيَ : انظر مَعَ : See مَعَ rt (م ع)

📖

* * *

مَعِيشَةٌ : Rt.(ع ى ش)

مَعِينٌ : Rt.(م ع ن)and (ع ي ن)

مَغَارَةٌ(ات) : Rt.(غ ور)

مَغَارِبُ : جمع مَغْرِب : Plur.of مَغْرِبٌ rt. (غ ر ب)

مَغَاضِبٌ : Rt.(غ ض ب)

مَغَانِمُ : جمع مَغْنَم : Plur.of مَغْنَمٌ rt. (غ ن م)

مُغْتَسَلٌ : Rt.(غ س ل)

مَغْرِبٌ : Rt.(غ ر ب)

مُغْرَقٌ : Rt.(غ ر ق)

مُغْرَمٌ : Rt.(غ ر م)

مَغْرَمٌ : Rt.(غ ر م)

مَغْشِيٌّ : Rt.(غ ش ى)

مَغْضُوبٌ : Rt.(غ ض ب)

مَغْفِرَةٌ : Rt.(غ ف ر)

مَغْلُوبٌ : Rt.(غ ل ب)

مَغْفِرَةٌ : Rt.(غ ف ر)

مَغْلُوبٌ : Rt.(غ ل ب)

مَغْلُولٌ (ةٌ) : Rt.(غ ل ل)

مُغْنٍ :(مغنون) Rt.(غ ن ى)

مُغَيِّرٌ : Rt.(غ ى ر)

مُغِيرَةٌ(ات) : Rt.(غ ى ر)

مَفَاتِحُ : جمع مُفْتَاح : Plur.of مُفْتَاحٌ rt. (ف ت ح)

مَفَازٌ : Rt.(ف و ز)

مَفَازَةٌ : Rt.(ف و ز)

مُفَتَّحٌ(ة) :	Rt.(ف ت ح)
مُفتَرٍ :(مفترٍ مفترون مفترين)	Rt.(ف ر ى)
مُفتَرًى :(مفترًى، مفتريات)	Rt.(ف ري)
مَفتُونٌ :	Rt.(ف ت ن)
مَفَرٌّ :	Rt.(ف ر ر)
مُفرَطٌ :	Rt.(ف ر ط)
مَفرُوضٌ :	Rt.(ف ر ض)
مُفسِدٌ :	Rt.(ف س د)
مُفصَّلٌ :	Rt.(ف ص ل)
مَفعُولٌ :	Rt.(ف ع ل)
مُفلِحٌ :	Rt.(ف ل ح)
مَقَابِرُ : جمع مَقبَرة	Plur.of مَقبَرَةٌ rt. (ق ب ر)
مَقَاعِدُ : جمع مَقعَد	Plur.of مَقعَدٌ rt. (ق ع د)
مَقَالِيدُ : جمع مِقلاد	Plur.of مِقلادٌ rt. (ق ل د)
مَقَامٌ :	Rt.(ق و م)
مُقَامٌ :	Rt.(ق و م)
مُقَامَةٌ :	Rt.(ق و م)
مَقَامِعُ : جمع مِقمعة	Plur.of مِقمَعَةٌ rt. (ق م ع)
مَقبوحٌ :	Rt.(ق ب ح)
مَقبُوضٌ(ةٌ) :	Rt.(ق ب ض)

❋ ❋ ❋

م ق ت

مَقْتٌ :(لمقتَ، مقتاً، مقتكم): بغض وكراهية	Hatred; abhorrence

❋ ❋ ❋

مُقتَحِمٌ :	Rt.(ق ح م)
مُقتَدٍ :(مقتدون)	Rt.(ق د و)
مُقتَدِرٌ :	Rt.(ق د ر)
مُقتِرٌ :	Rt.(ق ر ن)
مُقتَرِفٌ :	Rt.(ق ر ف)
مُقتَرِنٌ :	Rt.(ق ر ن)
مُقتَسِمٌ :	Rt.(ق س م)
مُقتَصِدٌ :	Rt.(ق ص د)
مِقدَارٌ :	Rt.(ق د ر)
مُقَدَّسٌ :	Rt.(ق د س)
مَقدُورٌ :	Rt.(ق د ر)
مَقرَبَةٌ :	Rt.(ق ر ب)
مُقَرَّبٌ :	Rt.(ق ر ب)
مُقرِنٌ :	Rt.(ق ر ن)
مُقسِطٌ :	Rt.(ق س ط)
مُقَسِّمٌ(ات):	Rt.(ق س م)
مَقسُومٌ :	Rt.(ق س م)
مُقَصِّرٌ :	Rt.(ق ص ر)
مَقصُورَةٌ(ت):	Rt.(ق ص ر)
مَقضِيٌّ :	Rt.(ق ض ى)
مَقطُوعٌ :	Rt.(ق ط ع)
مَقعَدٌ :	Rt.(ق ع د)
مُقمَحٌ :	Rt.(ق م ح)
مُقَنطَرٌ (ة) :	Rt.(ق ن ط ر)
مُقنِعٌ :	Rt.(ق ن ع)
مُقوٍ :(المقوين)	Rt.(ق و ى)
مُقِيتٌ :	Rt.(ق و ت)

مَقِيلٌ : Rt.(ق ى ل)

مُقِيمٌ : Rt.(ق و م)

مُكَاءٌ : Rt.(م ك و)

مَكَانٌ : Rt.(ك و ن)

مَكَانَةٌ : Rt.(ك و ن)

مُكِبٌّ : Rt.(ك ب ب)

مَكَّةُ : Rt.(م ك ك)

مَكْتُوبٌ : Rt.(ك ت ب)

***

م ك ث

مَكَثَ (ُ) : (فمكث، فيمكث، امكثوا)

مَكَثَ[1] : أقام واستمر — To tarry; to remain

﴿ وَأَمَّا مَا يَنفَعُ النَّاسَ فَيَمْكُثُ فِي الأَرْضِ ﴾ [الرعد 17]

﴿ فَمَكَثَ غَيْرَ بَعِيدٍ ﴾ [النمل 22]

مَكَثَ[2] : أقام وانتظر — To wait; to stop; to abide

﴿ فَقَالَ لأَهْلِهِ امْكُثُوا إِنِّي آنَسْتُ نَارًا ﴾ [طه 10]

مُكْثٌ : تؤدة وتمهل — The act of tarrying; the act of waiting; the act of remaining

عَلَى مُكْثٍ: على تؤدة وتمهل — At intervals; by slow degrees

مَاكِثٌ : (ماكثون، ماكثين): مقيم — One who tarries; one who remains; one who stays; one who abides

***

مُكَذِّبٌ : Rt.(ك ذ ب)

مَكْذُوبٌ : Rt.(ك ذ ب)

***

م ك ر

مَكَرَ (ُ): (مكر ،مكرنا ،تمكرون،ويمكرون ...): خدع واحتال في تدبير الشيء ؛ جازى الماكر على مكره — To plot; to plan; to scheme; to devise a plan

مَكْرٌ : (مكر ،مكراً ...)

مَكْرٌ[1] : خدع واحتال في تدبير الشر — Plot; plan

﴿ إِنَّ هَذَا لَمَكْرٌ مَكَرْتُمُوهُ فِي الْمَدِينَةِ ﴾ [الأعراف 123]

مَكْرٌ[2] : تدبير — Sly talk

﴿ فَلَمَّا سَمِعَتْ بِمَكْرِهِنَّ أَرْسَلَتْ إِلَيْهِنَّ ﴾ [يوسف 31]

مَكْرٌ[3] : مجازاة على الخداع وعقاب — Plot;plan

﴿ قُلِ اللهُ أَسْرَعُ مَكْراً ﴾ [يونس 21]

مَاكِرٌ :(الماكرين): مخادع — Plotter; planner; schemer

***

مُكْرَمٌ : Rt.(ك ر م)

مُكْرَمٌ(ة) : Rt.(ك ر م)

مُكْرِمٌ : Rt.(ك ر م)

مَكْرُوهٌ : Rt.(ك ر ه)

مَحْظُورٌ : Rt.(ك ظ م)

***

م ك ك

مَكَّةُ : البلد الحرام مقر بيت الله ومقصد الحجيج — Mecca

م ك ل

مِيكالُ :(وميكال): أحد الملائكة المقربين | Michael; Meekaeel

م ك ن

مَكَّنَ :(مكّن هكناكم، مكناهم، نمكّن...): ثبّت ووطّد | To establish; to give power

أمْكَنَ(مِنْ) :(فأمكن): أقدر اعداءه عليه | To give power over; to give mastery over

مَكِينٌ :

مَكِينٌ [1] : عظيم القدرة والمنزلة | One whose rank is firmly established; honourable; one who has an honourable place

﴿ قَالَ إِنَّكَ الْيَوْمَ لَدَيْنَا مَكِينٌ أَمِينٌ ﴾ [يوسف 54]

﴿ ذِي قُوَّةٍ عِندَ ذِي الْعَرْشِ مَكِينٍ ﴾ [التكوير 20]

مَكِينٌ [2] : ثابت لا يتزعزع عن موضعه | Safe; firm; secure

﴿ فَجَعَلْنَاهُ فِي قَرَارٍ مَكِينٍ ﴾ [المرسلات 21]

❋ ❋ ❋

مَكْنُونٌ : | Rt.(ك ن ن)

❋ ❋ ❋

م ك و

مُكَاءٌ : صفير بالأفواه | Whistling

❋ ❋ ❋

مِكْيَالٌ : | Rt.(ك ى ل)

مَكِيْدٌ : | Rt.(ك ى د)

مكينٌ : | Rt.(م ك ن)

مَلائِكةٌ : جمع مَلَك | Plur.of مَلَكٌ rt.

(م ل ك)

مُلاقٍ :(ملاقوا ملاقو ملاقيكم ملاقوه) | Rt.(ل ق ى)

❋ ❋ ❋

م ل أ

مَلأَ (َ) :(لاملأن، ملئت، مُلئتْ): شغل فراغا | To fill with

امْتَلأَ : أفعم | To be filled up

مِلْءٌ : مقدار ما يملؤ | Quantity that fills anything

مِلْءُ الأَرْضِ : مقدار ما يملؤها | Earthful

مَالِيءٌ :(فمالئون): مشبعَ | One who fills

مَلأٌ :(الملأ ملأه، ملئه، ملئهم): أشراف القوم ووجوههم ؛ كل من حول | Chieftains; chiefs; leaders; notables

المَلأُ الأَعْلَى: الملائكة | Highest Chiefs; Exalted Assembly

❋ ❋ ❋

مِلَّةٌ : | Rt.(م ل ل)

مُلْتَحَدٌ : | Rt.(ل ح د)

مَلْجأٌ : | Rt.(ل ج أ)

❋ ❋ ❋

م ل ح

مِلْحٌ : مالح | Salt

❋ ❋ ❋

مَلْعُونٌ : | Rt.(ل ع ن)

❋ ❋ ❋

م ل ق

إِمْلاقٌ : افتقار | Poverty; penury

❋ ❋ ❋

مُلْقٍ :(ملقون، فالملقيات، ملاقين) | Rt.(ل ق ي)

❋ ❋ ❋

م ل ك

مَلَكَ(ِ): (ملكت...)

مَلَكَ[1] : استولى — To possess

﴿ فَإِنْ خِفْتُمْ أَلاَّ تَعْدِلُوا فَوَاحِدَةً أَوْ مَا مَلَكَتْ أَيْمَانُكُمْ ﴾ [النساء 3]

مَلَكَ[2] : استطاع — To control

﴿ قَالَ رَبِّ إِنِّي لاَ أَمْلِكُ إِلاَّ نَفْسِي وَأَخِي ﴾ [المائدة 25]

مَلَكَ[3] : ساد — To rule over

﴿ إِنِّي وَجَدتُّ امْرَأَةً تَمْلِكُهُمْ وَأُوتِيَتْ مِن كُلِّ شَيْءٍ ﴾ [النمل 23]

لا يَمْلِكُ مِنهُ خِطَاباً: ليس له الحق في المخاطبة — To be unable to converse with; to be unable to address

مَلْكٌ :(بملكنا): قدرة خاصة — Will; accord

مُلْكٌ :(ملك، ملكاً ملكه...): تمليك أو ما يملك — Kingdom; sovereignty; kingship; reign

مَلِكٌ :(ملك، ملكاً، ملوك، ملوكاً): صاحب الأمر والسلطة على جماعة — King

مَالِكٌ :(مالك، مالكون): سيد ؛ أحد الملائكة ؛ حائز — Owner; master

يَا مَالِكُ : تناديك يا مالك — O master! O Malik!

مَلِيكٌ : ملك، من أسمائه تعالى — King

مَمْلوكٌ : رقيق — Chattel; one who is the property of others

مَلَكُوتٌ : مُلك تام ؛ مبالغة في المُلك — Dominion; kingdom

مَلَكٌ :(ملك،والملك...)

مَلَكٌ[1] : واحد الملائكة — Angel

﴿ وَلاَ أَعْلَمُ الْغَيْبَ وَلاَ أَقُولُ إِنِّي مَلَكٌ ﴾ [هود 31]

مَلَكٌ[2] : جنس الملائكة — Angels

﴿ وَجَاءَ رَبُّكَ وَالْمَلَكُ صَفّاً صَفّاً ﴾ [الفجر 22]

م ل ل

أَمَلَّ :(يمل، وليملل...): كرر العبارة ليكتبها الكاتب — To dictate

مِلَّةٌ :(ملة، ملتكم، ملتنا، ملتهم): دين وشريعة — Religion

م ل و

أَمْلَى : (أملى،أمليت،أملي،تملى...)

أَمْلَى[1] : أمهل ولم يعجل العقوبة — To grant respite; to give respite; to bear (long); to indulge a long while; to suffer long

﴿ فَأَمْلَيْتُ لِلَّذِينَ كَفَرُوا ﴾ [الرعد 32]

﴿ وَأُمْلِي لَهُمْ إِنَّ كَيْدِي مَتِينٌ ﴾ [الأعراف 173]

أَمْلَى[2] : قال له فكتب عنه — To dictate; to read out

﴿ اكْتَتَبَهَا فَهِيَ تُمْلَى عَلَيْهِ بُكْرَةً وَأَصِيلاً ﴾ [الفرقان 5]

مَلِيٌّ :(مليّاً): زمن طويل — Long time

مَلِيّاً : زمناً طويلاً — For a long while; for a time

❋ ❋ ❋

مُلُوكٌ : جمع ملك — Plur.of مَلِكٌ rt.

(م ل ك)

مَلُومٌ : Rt.(ل و م)

❋ ❋ ❋

م ل ى

أَمْلَى : (يُملي): قال فكتب عنه — To dictate; to read out

❋ ❋ ❋

مَلِيٌّ :	Rt.(م ل و)
مَلِيكٌ :	Rt.(م ل ك)
مُلِيمٌ :	Rt.(ل و م)
مَمَاتٌ :	Rt.(م و ت)
مُمْتَرٍ :(ممترين)	Rt.(م ر ي)
مُمِدٌّ :	Rt.(م د د)
مَمْدُدٌ(ة) :	Rt.(م د د)
مَمْدُودٌ :	Rt.(م د د)
مُمَرَّدٌ :	Rt.(م ر د)
مُمَزَّقٌ :	Rt.(م ز ق)
مُمْسِكٌ :	Rt.(م س ك)
مُمْطِرٌ :	Rt.(م ط ر)
مَمْلُوكٌ :	Rt.(م ل ك)
مَمْنُوعٌ(ة) :	Rt.(م ن ع)
مَمْنُونٌ :	Rt.(م ن ن)

❋ ❋ ❋

م ن

مَنْ : (من ،أمن ،ومن ،فمن....)

مَنْ[1] : استفهامية — Who(interrogative)

﴿ وَمَن يَغْفِرُ الذُّنُوبَ إِلاَّ اللَّهُ ﴾ [آل عمران 135]

﴿ قَالَ فَمَنْ رَبُّكُمَا يَامُوسَى ﴾ [طه 49]

مَنْ[2] : موصولة — Who(relative)

﴿أَلَمْ تَرَى أَنَّ اللَّهَ يَسْجُدُ لَهُ مَنْ فِي السَّمَاوَاتِ وَمَنْ فِي الأَرْضِ ﴾ [الحج 18]

مَنْ[3] : شرطية — Whoever; whoso (condition)

﴿ وَمَنْ يَبْتَغِ غَيْرَ الإِسْلاَمِ دِينًا فَلَنْ يُقْبَلَ مِنْهُ ﴾ [آل عمران 85]

مِنْ : (من ،أفمن ،لمن ،ومن....)

مِنْ[1] : للابتداء(مكان) — From (place)

﴿ سُبْحَانَ الَّذِي أَسْرَى بِعَبْدِهِ لَيْلاً مِنَ الْمَسْجِدِ الْحَرَامِ ﴾ [الإسراء 1]

مِنْ[2] : للابتداء(زمان) — From (time)

﴿ لَمَسْجِدٌ أُسِّسَ عَلَى التَّقْوَى مِنْ أَوَّلِ يَوْمٍ أَحَقُّ أَنْ تَقُومَ فِيهِ﴾ [التوبة 108]

مِنْ[3] : للتبعيض — Of; out of

﴿ مِنْهُمْ مَنْ كَلَّمَ اللَّهُ ﴾ [البقرة 252]

﴿ لَنْ تَنَالُوا الْبِرَّ حَتَّى تُنْفِقُوا مِمَّا تُحِبُّونَ ﴾ [آل عمران 92]

مِنْ[4] : للبيان — Concerning

﴿ يَاوَيْلَنَا قَدْ كُنَّا فِي غَفْلَةٍ مِنْ هَذَا ﴾ [الأنبياء 97]

مِنْ[5] : بمعنى'في' — Synonymous of في (in; on)

﴿ إِذَا نُودِي لِلصَّلاَةِ مِنْ يَوْمِ الْجُمُعَةِ ﴾ [الجمعة 9]

مِنْ[6] : بمعنى"على" Synonymous of على (over)

﴿ وَنَصَرْنَاهُ مِنَ الْقَوْمِ الَّذِينَ كَذَّبُوا بِآيَاتِنَا ﴾ [الأنبياء 77]

مِنْ[7] : للتعليل Because

﴿ كُلَّمَا أَرَادُوا أَنْ يَخْرُجُوا مِنْهَا مِنْ غَمٍّ ﴾ [الحج 22]

﴿ مِمَّا خَطِيئَاتِهِمْ أُغْرِقُوا ﴾ [نوح 25]

مِنْ[8] : البدل Instead of

﴿ أَرَضِيتُمْ بِالْحَيَاةِ الدُّنْيَا مِنَ الآخِرَةِ ﴾ [التوبة 38]

مِنْ[9] : زائدة للتوكيد Expletive (not needed for sense)

﴿ مَا عَلَى الْمُحْسِنِينَ مِنْ سَبِيلٍ ﴾ [التوبة 91]

* * *

مَنٌّ : 🕮 Rt.(م ن ن)

مِنًّا : انظر مِنْ 🕮 See مِنْ rt.(م ن)

مَنَاةُ : Rt.(م ن ى)

مُنَادٍ : ([illegible]) Rt.(ن د ى)

مَنَازِلُ: جمع مَنزِل Plur.of مَنزِلٌ rt. (ن ز ل)

مَنَاسِكُ : جمع مَنْسَك Plur.of مَنْسَكٌ rt (ن س ك).

مَنَاصٌ : Rt.(ن و ص)

مَنَاعٌ : Rt.(م ن ع)

مَنَافِعُ: جمع مَنْفَعة Plur.of مَنْفَعةٌ rt. (ن ف ع)

مُنَافِقٌ : Rt.(ن ف ق)

مَنَاكِبُ : جمع مَنْكِب Plur. f مَنْكِبٌ rt. (ن ك ب)

مَنَامٌ : Rt.(ن و م)

مُنْبَثٌّ : Rt.(ب ث ث)

مُنْتَشِرٌ : Rt.(ن ش ر)

مُنْتَصِرٌ : Rt.(ن ص ر)

مُنْتَظِرٌ : Rt.(ن ظ ر)

مُنْتَقِمٌ : Rt.(ن ق م)

مُنْتَهٍ :(مُنتهون) Rt.(ن ه ى)

مُنْتَهَى : Rt.(ن ه ى)

مَنْثُورٌ : Rt.(ن ث ر)

مُنَجٍّ :(منجوك، منجوهم) Rt.(ن ج و)

مُنْخَنِقَةُ : Rt.(خ ن ق)

مُنْذِرٌ : Rt.(ن ذ ر)

مُنْزَلٌ : Rt.(ن ز ل)

مُنَزَّلٌ : Rt.(ن ز ل)

مُنْزِلٌ : Rt.(ن ز ل)

مِنْسَاةٌ : Rt.(ن س أ)

مَنْسَكٌ : Rt.(ن س ك)

مَنْسِيٌّ : Rt.(ن س ى)

مُنْشَأَةٌ(ات) : Rt.(ن ش أ)

مُنْشِئٌ : Rt.(ن ش أ)

مُنْتَشَرٌ (ة) : Rt.(ن ش ر)

مَنْشُورٌ : Rt.(ن ش ر)

مَنْصُورٌ : Rt.(ن ص ر)

مَنْضُودٌ : Rt.(ن ض د)

مَنْطِقٌ : Rt.(ن ط ق)

مَنْظَرٌ : Rt.(ن ظ ر)

❋ ❋ ❋

م ن ع

مَنَعَ (َ) : (منع منعك نمنعهم ولنمنعكم ...)

مَنَعَ[1] : حال وحجب — To prevent

﴿ وَمَا مَنَعَ النَّاسَ أَنْ يُؤْمِنُوا إِذْ جَاءَهُمُ الْهُدَى ﴾ [الإسراء 94]

مَنَعَ[2] : حجب وحمى — To hinder; To protect; to defend

﴿ قَالُوا أَلَمْ نَسْتَحْوِذْ عَلَيْكُمْ وَنَمْنَعْكُمْ مِنَ الْمُؤْمِنِينَ ﴾ [النساء 141]

مَنَعَ[3] : حجب وبخل — To refuse; to withhold

﴿ وَيَمْنَعُونَ الْمَاعُونَ ﴾ [الماعون 7]

مَانِعٌ :(مانعتهم): حام — That which protects; that which defends

مَنُوعٌ :(منوعا): كثير المنع — One who grudges; niggardly

مَنَّاعٌ : كثير المنع — Hinderer; forbidder

مَمْنُوعٌ :(ممنوعة): محجوب — Forbidden

❋ ❋ ❋

مُنْفَطِرٌ : Rt.(ف ط ر)

مُنْفِقٌ : Rt.(ن ف ق)

مُنْفَكٌّ : Rt.(ف ك ك)

مَنْفُوشٌ : Rt.(ن ف ش)

مُنْقَعِرٌ : Rt.(ق ع ر)

مُنْقَلَبٌ : Rt.(ق ل ب)

مُنْقَلِبٌ : Rt.(ق ل ب)

مَنْقُوصٌ : Rt.(ن ق ص)

مُنْكَرٌ : Rt.(ن ك ر)

مُنْكِرٌ : Rt.(ن ك ر)

❋ ❋ ❋

م ن ن

مَنَّ (ُ): (منّ منَنّا فمنْ يمنّ...): أنعم؛ عيّر بعطائه ؛ تباهى على (وتفاخر) — To show favour; to show grace; to confer a benefit; to bestow favour

مَنٌّ : (بالمن منّاً)

مَنٌّ[1] : تعداد للنعم وتباهٍ — Reproach

﴿ يَاأَيُّهَا الَّذِينَ آمَنُوا لاَ تُبْطِلُوا صَدَقَاتِكُمْ بِالْمَنِّ وَالأَذَى ﴾ [البقرة 264]

مَنٌّ[2] : انعام بفك الأسر — Grace; favour

﴿ فَشُدُّوا الْوَثَاقَ فَإِمَّا مَنًّا بَعْدُ وَإِمَّا فِدَاءً ﴾ [محمد 4]

مَنٌّ[3] : صمغ حلو المذاق تفرزه بعض الأشجار — Manna

﴿ وَظَلَّلْنَا عَلَيْكُمُ الْغَمَامَ وَأَنْزَلْنَا عَلَيْكُمُ الْمَنَّ وَالسَّلْوَى ﴾ [البقرة 57]

مَمْنُونٌ : مقطوع — Cut off

غَيْرُ مَمْنُونٍ : غير مقطوع — Unfailing; never to be cut off; enduring

مَنُونٌ :(المنون): موت — Time

❋ ❋ ❋

مِنْهَاجٌ : Rt.(ن ه ج)

مُنْهَمِرٌ : Rt.(ه م ر)

مَنُوعٌ : Rt.(م ن ع)

مَنُونٌ : Rt.(م ن ن)

❋ ❋ ❋

م ن ى

مَنَّى :(ولأمنينه، ويمنيهم): جعله يتمنى	To arouse desires; to stir up desires; to excite vain desires
أمْنَى :(تمنون، تُمنى، يُمنى): قذف النطفة	To emit; to pour forth; to gush forth
تَمَنَّى :(تمنى،تمنوا،تتمنوا،يتمنونه...)	
تَمَنَّى[1] : رغب في هداية القوم	To recite; to desire

﴿ وَمَا أَرْسَلْنَا مِنْ قَبْلِكَ مِنْ رَسُولٍ وَلاَ نَبِيٍّ إِلاَّ إِذَا تَمَنَّى أَلْقَى الشَّيْطَانُ فِي أُمْنِيَّتِهِ ﴾ [الحج 52]

تَمَنَّى[2] : طلب	To long for; to yearn; to invoke

﴿ إِنْ زَعَمْتُمْ أَنَّكُمْ أَوْلِيَاءُ لِلَّهِ مِنْ دُونِ النَّاسِ فَتَمَنَّوُا الْمَوْتَ إِنْ كُنْتُمْ صَادِقِينَ ﴾ [الجمعة 6]

تَمَنَّى[3] : رغب	To covet

﴿ وَلاَ تَتَمَنَّوْا مَا فَضَّلَ اللَّهُ بِهِ بَعْضَكُمْ عَلَى بَعْضٍ ﴾ [النساء 32]

أُمْنِيَةٌ :(أمنيته،أماني،الأماني،بأمانيكم...)	
أُمْنِيَةٌ[1] : ما يرغب فيه المرء ويتشهاه	Recitation

﴿ وَمَا أَرْسَلْنَا مِنْ قَبْلِكَ مِنْ رَسُولٍ وَلاَ نَبِيٍّ إِلاَّ إِذَا تَمَنَّى أَلْقَى الشَّيْطَانُ فِي أُمْنِيَّتِهِ ﴾ [الحج 52]

أُمْنِيَةٌ[2] : ما يرغب فيه المرء ويتشهاه	(Vain) desire

﴿ لَيْسَ بِأَمَانِيِّكُمْ وَلاَ أَمَانِيِّ أَهْلِ الْكِتَابِ ﴾ [النساء 123]

أُمْنِيَةٌ[3] : ما يرغب فيه المرء ويتشهاه	Heresy; lie

﴿ وَمِنْهُمْ أُمِّيُّونَ لاَ يَعْلَمُونَ الْكِتَابَ إِلاَّ أَمَانِيَّ ﴾ [البقرة 78]

مَنِيٌّ : ما يخرج من ماء عند ثورة الشهوة	Fluid; semen
مَنَاةُ : (ومناة): صخرة بين مكة والمدينة تعبدها ثقيف	Manat

* * *

مُنِيبٌ :	Rt.(ن و ب)
مُنِيرٌ :	Rt.(ن و ر)
مُهَاجِرٌ :	Rt.(هـ ج ر)
مِهَادٌ :	Rt.(م هـ د)
مُهَانٌ :	Rt.(هـ و ن)
مُهْتَدٍ :(مهتد،مهتدون،المهتدى، مهتدين)	Rt.(هـ د ى)

* * *

م هـ د

مَهَدَ (ـَ) :(يمهدون): وطأ	To make provision; to prepare (good)
مَهَّدَ :(مهدت): وطأ وهيأ	To make (life) smooth; to adjust the affairs
مَاهِدٌ :(الماهدون): موطيء مثبت	Spreader; one who spreads out
تَمْهِيدٌ :(تمهيداً): تثبيت	The act of making life smooth; the act of adjusting the affairs
مَهْدٌ :(مهد،مهداً)	
مَهْدٌ[1] : فراش يهيأ للطفل(والمقصود سهولة العيش ويسره)	Resting-place; bed; expanse

﴿ الَّذِي جَعَلَ لَكُمُ الأَرْضَ مَهْدًا ﴾ [طه 53]

مَهْدٌ[2] : فراش يُهيأ للطفل — Cradle

﴿ وَيُكَلِّمُ النَّاسَ فِي الْمَهْدِ وَكَهْلاً وَمِنَ الصَّالِحِينَ ﴾ [آل عمران 46]

مِهَادٌ :(مهاد،مهادا ...)

مِهَادٌ[1] : فِراش موطأ — Resting-place; abode

﴿ فَحَسْبُهُ جَهَنَّمُ وَلَبِئْسَ الْمِهَادُ ﴾ [البقرة 206]

مِهَادٌ[2] : فِراش موطأ — (Even) expanse

﴿ أَلَمْ نَجْعَلْ الأَرْضَ مِهَادًا ﴾ [النبأ 6]

مِهَادٌ[3] : فِراش موطأ — Bed

﴿ لَهُمْ مِنْ جَهَنَّمَ مِهَادٌ وَمِنْ فَوْقِهِمْ غَوَاشٍ ﴾ [الأعراف 41]

❋ ❋ ❋

مَهْزُومٌ : Rt.(هـ ز م)

مُهْطِعٌ : Rt.(هـ ط ع)

❋ ❋ ❋

م هـ ل

مَهِّلْ :(فمهّل، ومهّلهم): أجلْ وأخّر — To give a respite; to grant a respite; to respite

أَمْهِلْ :(أمْهلهم): أنظر ورفق بـ — To deal gently; to leave alone

مُهْلٌ :(كالمهل): عكر الزيت أو المذاب من النحاس والحديد ونحوهما — Molten brass; molten lead; molten copper

❋ ❋ ❋

مَهْلِكٌ : Rt.(هـ ل ك)

مُهْلَكٌ : Rt.(هـ ل ك)

مُهْلِكٌ : Rt.(هـ ل ك)

❋ ❋ ❋

م هـ م ا

مَهْمَا : شرطية — Whatever

م هـ ن

مَهِينٌ : قليل حقير — Contemptible; that which is held with light estimation; despicable; feeble; mean

❋ ❋ ❋

مَهِيلٌ : Rt.(هـ ى ل)

مُهَيْمِنٌ : Rt.(هـ م ن)

مُهِينٌ : Rt.(هـ و ن)

مَهِينٌ : Rt.(م هـ ن)

مَوَاخِرُ : جمع ماخرة — Plur.of مَاخِرَةٌ rt. (م خ ر)

مَوَازِينُ: جمع ميزان — Plur.of مِيزَانٌ rt. (و ز ن)

مَوَاضِعُ:جمع مَوْضِع — Plur.of مَوْضِعٌ rt. (و ض ع)

مَوَاطِنُ: جمع مَوْطِن — Plur.of مَوْطِنٌ rt. (و ط ن)

مُوَاقِعٌ: Rt.(و ق ع)

مَوَاقِعُ: جمع مَوْقِع — Plur.of مَوْقِعٌ rt. (و ق ع)

مَوَاقِيتُ: جمع مِيقَات — Plur.of مِيقَاتٌ rt. (و ق ت)

مَوَالِي : جمع مَوْلَى — Plur of مَوْلَى rt. (و ل ى)

مَوْئِلٌ : Rt.(و أ ل)

مَوْءُودَةٌ : Rt.(و أ د)

مَوْبِقٌ :	Rt.(و ب ق)

❊ ❊ ❊

م و ت

مَاتَ(ُ): (مات ،وماتو ،تموت ،نموت): فقد الحياة	To die; to be dead
أَمَاتَ : (أمات ،أماته ،نميت ،يميت ...): سلب الحياة	To cause to die; to make to die; to cause death
مَوْتٌ : (موتاً ،الموت ،موته ،موتكم...): فقد الحياة	Death
مَوْتَةٌ : (موتة ،موتتنا): المرة من الموت	(One single) death
مَيِّتٌ: (ميت، ميتون ، ميتين، موتى):) فارق الحياة ؛ لاثبات فيه	One who is dead; one who dies; dead
مَوْتَى : الموتى): جمع ميّت	Plur.of مَيِّتٌ
مَيْتٌ :(ميتاً، أموات، أمواتاً): فاقد الحياة (تخفيف ميّت)	Dead
مَيْتَةٌ :	
مَيْتَةٌ[1] : حيوان مات من غير ذبح	Carrion; that which dies of itself

﴿ إِنَّمَا حَرَّمَ عَلَيْكُمُ الْمَيْتَةَ وَالدَّمَ وَلَحْمَ الْخِنزِيرِ ﴾ [البقرة 173]

مَيْتَةٌ[2] : مؤنث مَيْت	Fem. of مَيْتٌ

﴿ وَآيَةٌ لَهُمُ الأَرْضُ الْمَيْتَةُ أَحْيَيْنَاهَا ﴾ [يس 33]

مَمَاتٌ :(المماك، ومماتهم، ومماتي): موت	Death

❊ ❊ ❊

مَوْثِقٌ :	Rt.(و ث ق)

❊ ❊ ❊

م و ج

مَاجَ (ُ) :(يموج): اختلط وتداخل	To surge; to be in conflict with
مَوْجٌ: (موج ،الموج): ما ارتفع من ماء البحر أو النهر	Wave(s)

❊ ❊ ❊

مَوَدَّةٌ :	Rt.(و د د)

❊ ❊ ❊

م و ر

مَارَ (ُ):(تمور): تحرّك وتدافع	To move from side to side; to heave; to be convulsed; to be in a state of commotion
مَوْرٌ :(موراً): ذهاب وجيئة	The act of heaving; the act of moving from side to side

م و س

مُوسَى : أحد الأنبياء المقرّبين من أولي العزم كلمه الله وأوحى إليه التوراة	Moses; Musa

❊ ❊ ❊

مُوسِعٌ :	Rt.(و س ع)
مُوسَى :	Rt.(م و س)
مُوصٍ :	Rt.(و ص ى)
مَوضُوعٌ(ة) :	Rt.(و ض ع)
مَوضُونٌ(ة):	Rt.(و ض ن)
مَوطِئٌ :	Rt.(و ط أ)
مَوْعِدٌ :	Rt.(و ع د)
مَوْعِدَةٌ :	Rt.(و ع د)
مَوْعِظَةٌ :	Rt.(و ع ظ)
مَوْعُودٌ :	Rt.(و ع د)
مَوْفُورٌ :	Rt.(و ف ر)

مُوْفِ :(موفون)	Rt.(و ف ى)
مُوَفٌّ :(موفوهم)	Rt.(و ف ى)
مُوْقَدٌ(ة) :	Rt.(و ق د)
مُوْقِنٌ :	Rt.(و ق ن)
مَوْقُوتٌ :	Rt.(و ق ت)
مَوْقُوذَةٌ :	Rt.(و ق ذ)
مَوْقُوفٌ :	Rt.(و ق ف)

❋ ❋ ❋

م و ل

مالٌ :(المال بمال،أموال،اموالا...): ما يملكه الفرد أو الجماعة من متاع أو عقار أو نقود أو حيوان — Wealth; property; possession

❋ ❋ ❋

مُوَلٍّ :(مولّيها)	Rt.(و ل ى)
مَوْلُودٌ :	Rt.(و ل د)
مَوْلَى :	Rt.(و ل ى)

❋ ❋ ❋

م و ه

مـاءٌ : (ماء،كماء،ما،ماءكم...)

ماءٌ[1] : سائل لطيف شفاف عذب — Water

﴿ وَأَنْزَلَ مِنَ السَّمَاءِ مَاءً فَأَخْرَجَ بِهِ مِنَ الثَّمَرَاتِ ﴾ [البقرة 22]

ماءٌ[2] : نطفة — Fluid; water

﴿ ثُمَّ جَعَلَ نَسْلَهُ مِنْ سُلَالَةٍ مِنْ مَاءٍ مَهِينٍ ﴾ [السجدة 8]

❋ ❋ ❋

مُوهِنٌ :	Rt.(و ه ن)
مَيْتٌ :	Rt.(م و ت)
مَيِّتٌ :	Rt.(م و ت)
مَيْتَةٌ :	Rt.(م و ت)
مِيثَاقٌ :	Rt.(و ث ق)

❋ ❋ ❋

م ى د

مادَ(ِ):(تميد): اضطرب ولم يستقر — To quake; to convulse; to be convulsed

مائِدةٌ : خوان يوضع عليه الطعام أو الطعام نفسه — Table (spread with food); food

م ى ر

مارَ (ِ):(ونمير): جلب الميرة وهي الطعام — To get provision; to bring corn

❋ ❋ ❋

مِيرَاثٌ :	Rt.(و ر ث)

❋ ❋ ❋

م ي ز

مازَ (ِ) :(يميز): فصل وفرز — To separate

تَمَيَّزَ :(تميّز): تمزق — To burst

امْتَازَ :(وامتازوا): اعتزل وانفرد — To be separated; to get aside

❋ ❋ ❋

مِيزَانٌ :	Rt.(و ز ن)
مَيْسِرٌ :	Rt.(ى س ر)
مَيْسَرَةٌ :	Rt.(ى س ر)
مَيْسُورٌ :	Rt.(ى س ر)
مِيعَادٌ :	Rt.(و ع د)
مِيقَاتٌ :	Rt.(و ق ت)
مِيكَالُ :	Rt.(م ك ل)

❋ ❋ ❋

م ى ل

مالَ (:) :(تميلوا، فيميلون)

مالَ[1]: انحرف والمراد ظلّ	To disincline; to deviate; to go astray

﴿ فلاَ تَمِيلُوا كُلَّ المَيْلِ فَتَذَرُوهَا كَالمُعَلَّقَةِ ﴾ [النساء 129]

﴿ وَيُرِيدُ الَّذِينَ يَتَّبِعُونَ الشَّهَوَاتِ أَنْ تَمِيلُوا مَيْلاً عَظِيمًا ﴾ [النساء 27]

مالَ[2] : حمل	To attack; to turn upon (with على)

﴿ وَدَّ الَّذِينَ كَفَرُوا لَوْ تَغْفُلُونَ عَنْ أَسْلِحَتِكُمْ وَأَمْتِعَتِكُمْ فَيَمِيلُونَ عَلَيْكُمْ مَيْلَةً وَاحِدَةً ﴾ [النساء 102]

مَيْلٌ :(الميل، ميلاً): ضلال	Disinclination; deviation
مَيْلَةٌ: حملة ، اسم مرّة	Sudden attack

❋ ❋ ❋

مَيْمَنَةٌ :	Rt.(ى م ن)

❋ ❋ ❋

باب النون

ن

ن~ : حرف ورد في مفتتح سورة القلم — Num

❋ ❋ ❋

ناءَ :(تنوء) — Rt.(ن و أ)

نائِمٌ : — Rt.(ن و م)

ناجٍ : — Rt.(ن ج و)

ناجَى : — Rt.(ن ج و)

نادِ :(ناديكم، ناديه) — Rt.(ن د و)

نادِمٌ : — Rt.(ن د م)

نادَى : — Rt.(ن د ى)

نارٌ : — Rt.(ن و ر)

نازَعَ : — Rt.(ن ز ع)

نازِعٌ(ات) : — Rt.(ن ز ع)

ناسٌ : — Rt.(ن و س)

ناسِكٌ : — Rt.(ن س ك)

ناشِئَةٌ : — Rt.(ن ش أ)

ناشِر(ات) : — Rt.(ن ش ر)

ناشِطٌ : — Rt.(ن ش ط)

ناصِبٌ(ة) : — Rt.(ن ص ب)

ناصِحٌ : — Rt.(ن ص ح)

ناصِرٌ : — Rt.(ن ص ر)

ناصِيةٌ : — Rt.(ن ص و)

ناضِرٌ(ة) : — Rt.(ن ض ر)

ناظِرٌ : — Rt.(ن ظ ر)

ناعِمٌ (ة): — Rt.(ن ع م)

نافِقَ : — Rt.(ن ف ق)

نافِلَةٌ : — Rt.(ن ف ل)

ناقَةٌ : — Rt.(ن و ق)

ناقُورٌ : — Rt.(ن ق ر)

ناكِبٌ : — Rt.(ن ك ب)

ناكِسٌ : — Rt.(ن ك س)

ناهٍ :(ناهون) — Rt.(ن ه ى)

❋ ❋ ❋

ن أ ى

نأى (َ) : (نأى، ينأون): بعُد — To go far away; to avoid

نأى بِجانِبِهِ : تكبّر — To be averse; to turn aside; to behave proudly

❋ ❋ ❋

نَبَاتٌ : — Rt.(ن ب ت)

❋ ❋ ❋

ن ب أ

نَبّأَ : (نبأني، نبأكما، سأنبئك، لتنبئنهم...): أخبر — To inform; to tell

أنْبَأَ : (أنبأك، أنبأهم، أنبئهم، أنبئوني): أخبر — To inform; to tell

اسْتَنْبَأَ :(ويستنبئونك): طلب أن يُخبر — To ask to inform

نَبَأٌ : (نبأ، النبأ، أنباء، الأنباء ...)

نَبَأٌ[1] : خبر ذو شأن — Tale; story ; narrative; history

﴿ وَاتْلُ عَلَيْهِمْ نَبَأَ الَّذِي آتَيْنَاهُ آيَاتِنَا فَانسَلَخَ مِنْهَا ﴾ [الأعراف 175]

﴿ وَاتْلُ عَلَيْهِمْ نَبَأَ إِبْرَاهِيمَ ﴾ [الشعراء 69]

نَبَأٌ[2] : خبر ذو شأن — Tidings

﴿عَمَّ يَتَسَاءَلُونَ * عَنِ النَّبَإِ الْعَظِيمِ ﴾ [النبأ 2]

نَبَأٌ[3] : خبر ذو شأن — Announcement; prophecy

﴿ لِكُلِّ نَبَإٍ مُسْتَقَرٌّ وَسَوْفَ تَعْلَمُونَ ﴾ [الأنعام 67]

نَبِيٌّ : (نبي،نبيًا،النبيون،أنبياء...): من اصطفاه الله من عباده وأوحى إليه بشريعة من شرائعه — Prophet

نُبُوَّةٌ :(النبوة،والنبوة): منزلة النبي وجملة مميزاته — Prophethood; prophecy

ن ب ت

نَبَتَ (ـُ) :(تنبت): نشأ وظهر من الأرض — To grow; to produce

أَنْبَتَ : (أنبتت،أنبتكم،تنبت،منبت)...

أَنْبَتَ[1] : أخرج نباتا — To grow; to put forth

﴿ كَمَثَلِ حَبَّةٍ أَنْبَتَتْ سَبْعَ سَنَابِلَ ﴾ [البقرة 261]

أَنْبَتَ[2]: أنشأ — To cause to grow; to make to grow

﴿ وَاللَّهُ أَنْبَتَكُمْ مِنَ الأَرْضِ نَبَاتًا ﴾ [نوح 17]

نَباتٌ :(نبات، نباتا،وتباتا، نباته)

نَباتٌ[1] : ما يخرج من الأرض من زرع وشجر — Plant; vegetable; growth; herbage; buds

﴿ وَاضْرِبْ لَهُمْ مَثَلَ الْحَيَاةِ الدُّنْيَا كَمَاءٍ أَنْزَلْنَاهُ مِنَ السَّمَاءِ فَاخْتَلَطَ بِهِ نَبَاتُ الأَرْضِ ﴾ [الكهف 45]

﴿ وَهُوَ الَّذِي أَنزَلَ مِنَ السَّمَاءِ مَاءً فَأَخْرَجْنَا بِهِ نَبَاتَ كُلِّ شَيْءٍ ﴾ [الأنعام 99]

نَباتٌ[2] : إنباتا — Growth; a growing

﴿ وَأَنْبَتَهَا نَبَاتًا حَسَنًا ﴾ [آل عمران 37]

ن ب ذ

نَبَذَ (ـِ) : (نبذ،فنبذتها،فانبذ،انتبذ...)

نَبَذَ[1] : طرح — To cast aside; to set aside; to fling

﴿ نَبَذَ فَرِيقٌ مِنَ الَّذِينَ أُوتُوا الْكِتَابَ كِتَابَ اللَّهِ وَرَاءَ ظُهُورِهِمْ ﴾ [البقرة 101]

﴿ فَنَبَذْنَاهُ بِالْعَرَاءِ وَهُوَ سَقِيمٌ ﴾ [الصافات 145]

﴿ كَلاَّ لَيُنْبَذَنَّ فِي الْحُطَمَةِ ﴾ [الهمزة 4]

نَبَذَ[2] : طرح العهد والمراد إنهاء العمل به — To throw back

﴿ وَإِمَّا تَخَافَنَّ مِنْ قَوْمٍ خِيَانَةً فَانْبِذْ إِلَيْهِمْ عَلَى سَوَاءٍ ﴾ [الأنفال 58]

نَبَذَ[3] : طرح — To throw in the casting

﴿ فَقَبَضْتُ قَبْضَةً مِنْ أَثَرِ الرَّسُولِ فَنَبَذْتُهَا ﴾ [طه 96]

انْتَبَذَ :(انتبذت،فانتبذت): اعتزل وانفرد — To withdraw; to draw aside

ن ب ز

تَنابَزَ :(تنابزوا): تعاير — To call one another names

ن ب ط

اسْتَنْبَطَ: (يستنبطونه): استخرج — To be able to think out; to search out the knowledge

ن ب ع

يَنْبوعٌ :(ينبوعا، ينابيع): عين الماء — (Water) spring; fountain

❋ ❋ ❋

نُبُوَّةٌ : Rt.(ن ب أ)

نَبِيٌّ : Rt.(ن ب أ)

❋ ❋ ❋

ن ت ق

نَتَقَ (ُ) :(نتقنا): رفع — To shake

ن ث ر

انْتَثَرَ :(انتثرت): تفرق — To be dispersed

مَنْثُورٌ :(منثوراً): متفرق — Scattered

* * *

نَجَا : Rt.(ن ج و)

نَجَاةٌ : Rt.(ن ج و)

* * *

ن ج د

نَجْدٌ :(النجدين): مرتفع من الأرض والمراد طريق الخير والشر — Conspicuous way; mountain way

ن ج س

نَجَسٌ : قذر ودنس — Uncleanness; filth

ن ج ل

إِنْجِيلٌ :(الإنجيل،والإنجيل): كتاب الله المنزل على عيسى ابن مريم عليه السلام — Gospel; Injeel

ن ج م

نَجْمٌ : (نجم،وبالنجم ،نجوم،النجوم،...)

نَجْمٌ[1] : أحد الأجرام السماوية المضيئة بذاتها — Star

﴿ النَّجْمُ الثَّاقِبُ ﴾ [الطارق 3]

نَجْمٌ[2] : ما لا ساق له من النبات — Herbs

﴿ وَالنَّجْمُ وَالشَّجَرُ يَسْجُدَانِ ﴾ [الرحمن 6]

ن ج و

نَجَا (ُ) :(نجا، نجوت)

نَجَا[1] : سلم — To escape; to be secure from

﴿قَالَ لاَ تَخَفْ نَجَوْتَ مِنَ الْقَوْمِ الظَّالِمِينَ﴾ [القصص 25]

نَجَا[2] : سلم — To find deliverance; to be released

﴿ وَقَالَ الَّذِي نَجَا مِنْهُمَا وَادَّكَرَ بَعْدَ أُمَّةٍ ﴾ [يوسف 45]

نَجَّى : (نجّاكم،نجّانا،ننجّي،وينجّي...): أنقذ — To deliver; to save; to rescue; to bring safe

أَنْجَى : (أنجانا،أنجاكم،ننجّ،ونجيه...): أنقذ — To deliver; to save; to rescue

نَاجَى :(ناجيتم): سارّ بالحديث — To hold conference with; to consult

تَنَاجَى :(تناجيتم، تتناجوا، يتناجون،تناجوا): تبادل الحديث سراً — To confer together; to give counsel to each other; to conspire together

نَاجٍ : سالم — One who is released; one who finds deliverance

نَجَاةٌ :(النجاة): سلامة — Deliverance; salvation

نَجِيٌّ :(نجياً): متسارّ — One who confers privately with another; one who holds communion with

نَجْوَى : (نجوى،النجوى،نجواكم،نجواهم)

نَجْوَى[1] : حديث خفي أو مسارة — Conspiracy; secret counsel(s); secret conference

﴿ أَلَمْ تَرَى إِلَى الَّذِينَ نُهُوا عَنْ النَّجْوَى ثُمَّ يَعُودُونَ لِمَا نُهُوا عَنْهُ ﴾ [المجادلة 8]

﴿ لاَ خَيْرَ فِي كَثِيرٍ مِنْ نَجْوَاهُمْ إِلاَّ مَنْ أَمَرَ بِصَدَقَةٍ ﴾ [النساء 114]

نَجْوى[2] : حديث خفي أو مُسَارة — Conference; consultation

﴿ إِذَا نَاجَيْتُمْ الرَّسُولَ فَقَدِّمُوا بَيْنَ يَدَيْ نَجْوَاكُمْ صَدَقَةً ﴾ [المجادلة 12]

نَجْوى[3] : مُتناجٍ مُتسارٌ — One who takes secret counsel

﴿ إِذْ يَسْتَمِعُونَ إِلَيْكَ وَإِذْ هُمْ نَجْوَى ﴾ [الإسراء 47]

أسَرَّ النَّجْوَى : أخفوا التناجي أشدّ الإخفاء — To keep one's counsel secret; to confer in secret

مُنَجٍّ :(منجّوك، منجّوهم): منقذ — One who delivers

* * *

نُجُومٌ : جمع نَجْمٌ — Plur.of نَجْمٌ rt. (ن ج م)

نَجِيٌّ : — Rt.(ن ج و)

نُحَاسٌ : — Rt.(ن ح س)

* * *

ن ح ب

نَحْبٌ :(نحبه): نذر — Vow

قَضَى نَحْبَهُ : انظر قَضَى — See قَضَى rt. (ق ض ى)

ن ح ت

نَحَتَ (ِ) :(متحتون وتنحتون،ينحتون): قشر وبرى — To hew (out); to carve

ن ح ر

نَحَرَ (َ) :(وانحر): ذبح الأضحية — To sacrifice

ن ح س

نَحْسٌ : شؤمٌ وشرٌ — Constant calamity; bitter ill-luck

نَحِسَةٌ :(نحسات): منحوسة مشؤومة — Evil; unlucky

نُحَاسٌ : (ونحاس): دخان لا لهب فيه — Molten brass; smoke without flame

ن ح ل

نَحْلٌ :(النحل): حشرة من الفصيلة النحلية تقذف العسل في الخلية — Bees

نِحْلَةٌ : عطيّة أو فريضة — Free gift

ن ح ن

نَحْنُ : ضمير يُعبّر به الإثنان أو الجمع المخبرون عن أنفسهم وقد يعبر به الواحد عن التعظيم — We

ن خ ر

نَخِرٌ :(نخرة): بالٍ هشّ — Crumbled; rotten

ن خ ل

نَخْلَةٌ :(نخلة، نخل،ونخلاً، النخيل...): شجرة من الفصيلة النخلية يزرع لثمره المعروف بالبلح أو التمر — Palm tree; date-palm

نَخْلٌ :(نخل،ونخل،ونخل، النخل...): جمع نَخْلَةٌ — Plur.of نَخْلَةٌ

* * *

نَخِيلٌ : (نخيل ونخيل، والنخيل): جمع نَخْلَةٌ — Plur.of نَخْلَةٌ rt. (ن خ ل)

نِدَاءٌ :	Rt.(ن د ى)
نَدَامَةٌ :	Rt.(ن د م)

***

ن د د

نِدٌّ :(أندادا): نظير	Rival; object of worship; equal; like

ن د م

نَادِمٌ :(نادمين ،النادمين): آسف	One who repents; one who regrets; repentant; penitent
نَدَامَةٌ :(الندامة): أسف وحسرة	Remorse; regret
أَسَرَّ النَّدَامة : اخفى الغمّ والحسرة	T feel remorse; to be filled with remorse; to manifest regret

ن د و

نَادٍ : :(ناديكم ،ناديه)	
نَادٍ[1] : مجلس	Meeting; assembly

﴿ وَتَأْتُونَ فِي نَادِيكُمُ الْمُنكَرَ ﴾ [العنكبوت 29]

نَادٍ[2] :عشيرة ؛ من يجتمع في مجلس	Henchmen; council

﴿ فَلْيَدْعُ نَادِيَه ﴾ [العلق 17]

نَدِيٌّ : (نديًا): مجلس	Army; assembly

ن د ى

نَادَى :(نادى،نادانا ...)	
نَادَى[1] : دعا	To cry (out)

﴿ وَنَادَى أَصْحَابُ الْجَنَّةِ أَصْحَابَ النَّارِ أَنْ قَدْ وَجَدْنَا مَا وَعَدَنَا رَبُّنَا حَقًّا ﴾ [الأعراف 44]

﴿ فَنَادَوْا صَاحِبَهُمْ فَتَعَاطَى فَعَقَرَ ﴾ [القمر 29]

﴿ وَإِذَا نَادَيْتُمْ إِلَى الصَّلَاةِ اتَّخَذُوهَا هُزُوًا وَلَعِبًا ﴾ [المائدة 58]

نَادَى[2] : دعا	To proclaim; to summon

﴿وَنَادَى فِرْعَوْنُ فِي قَوْمِهِ قَالَ يَاقَوْمِ أَلَيْسَ لِي مُلْكُ مِصْرَ﴾ [الزخرف 51]

﴿ فَحَشَرَ فَنَادَى ﴾ [النازعات 23]

تَنَادَى :(فتنادوا): نادى بعضهم بعضاً	To cry out one into another; to call out to each other
تَنَادٍ :(التناد): منادة الى المحشر	The act of summoning; the act of calling out
نِدَاءٌ : دعاء ؛ صوت غير مفهوم الكلمات	A cry
مُنَادٍ :(المناد ، مناديا): داعٍ	Crier; preacher

ن ذ ر

نَذَرَ (ُ) :(نذرت ، نذرتم): أوجب على نفسه ؛ وهب	To vow
أَنْذَرَ : (أنذر ،أنذرتكم،تنذر ،ينذر ...): أعلم وخوّف	To warn
نَذْرٌ :(نذر ،النذر ،نذورهم): ما أوجبه الإنسان على نفسه من صدقة أو عبادة	A vow
نُذْرٌ :(نذراً): إعلام وتخويف	Warning
نُذُرٌ : (ونذر ،النذر ،بالنذر ،والنذر): جمع نذير وهو الرسول أو الأمر المخيف	Warning
نَذِيرٌ	

:(نذير ،نذيراً،نذر ،بالنذر ...)

نَذِيرٌ[1] :رسول مبلغ مخوف؛ منذر — Warner

﴿ وَمَا أَرْسَلْنَاكَ إِلاَّ كَافَّةً لِلنَّاسِ بَشِيرًا وَنَذِيرًا ﴾ [سبأ 28]

﴿ هَذَا نَذِيرٌ مِنَ النُّذُرِ الأُولَى ﴾ [النجم 56]

نَذِيرٌ[2] : رسول أو أمر مخيف — Warning

﴿ فَكَيْفَ كَانَ عَذَابِي وَنُذُرِ ﴾ [القمر 16]

نَذِيرٌ[3] : إنذاراً — Warning

﴿ إِنَّهَا لَإِحْدَى الْكُبَرِ * نَذِيراً لِلْبَشَرِ ﴾

مُنْذِرٌ :(منذر ، منذرون، منذرين، المنذرين...): معلم ومبلغ — Warner; one who warns

مُنْذَرٌ :(المنذرين): من يُنذر — Warned

* * *

نُذُورٌ : جمع نَذْر	Plur.of نَذْرٌ rt. (ن ذ ر)
نَذِيرٌ :	Rt.(ن ذ ر)
نَزَّاعٌ (ة) :	Rt.(ن ز ع)

* * *

ن ز ع

نَزَعَ (ـَ) : (نزع،ونزعنا،تنزع،ينزع...)

نَزَعَ[1] : أخرج وأخذ — To remove; to take off; to withdraw

﴿ وَنَزَعْنَا مَا فِي صُدُورِهِمْ مِنْ غِلٍّ ﴾ [الأعراف 43]

﴿ وَلَئِنْ أَذَقْنَا الإِنسَانَ مِنَّا رَحْمَةً ثُمَّ نَزَعْنَاهَا مِنْهُ إِنَّهُ لَيَئُوسٌ كَفُورٌ ﴾ [هود 9]

نَزَعَ[2] : أخرج — To draw forth

﴿ وَنَزَعَ يَدَهُ فَإِذَا هِيَ بَيْضَاءُ لِلنَّاظِرِينَ ﴾ [الأعراف 108]

نَزَعَ[3] : سلب — To tear off; to pull off

﴿ تُؤْتِي الْمُلْكَ مَنْ تَشَاءُ وَتَنْزِعُ الْمُلْكَ مِمَّنْ تَشَاءُ ﴾ [آل عمران 26]

نَزَعَ[4] : سلب واقتلع — To take away; to withdraw

﴿ يَنْزِعُ عَنْهُمَا لِبَاسَهُمَا لِيُرِيَهُمَا سَوْآتِهِمَا ﴾ [الأعراف 27]

نَزَعَ[5] : جذب واقتلع — To sweep away; to tear away

﴿ تَنْزِعُ النَّاسَ كَأَنَّهُمْ أَعْجَازُ نَخْلٍ مُنْقَعِرٍ ﴾ [القمر 20]

نَازَعَ :(ينازعنك): جادل وخاصم — To dispute

تَنَازَعَ : (تنازعتم،فتنازعوا،تنازعوا،يتنازعون...)

تَنَازَعَ[1] : اختلف — To dispute; to have a dispute; to quarrel; to debate

﴿ وَأَطِيعُوا اللَّهَ وَرَسُولَهُ وَلَا تَنَازَعُوا فَتَفْشَلُوا ﴾ [الأنفال 46]

تَنَازَعَ[2] : تجاذب — To pass from one to another

﴿ يَتَنَازَعُونَ فِيهَا كَأْسًا لاَ لَغْوٌ فِيهَا وَلاَ تَأْثِيمٌ ﴾ [الطور 23]

نَازِعٌ :(والنازعات): رام بالقوس والمراد ملك ينزع روح الكافر وقيل غير ذلك — One who drags forth (to destruction); angel who violently pulls out the souls of the wicked

نَزَّاعٌ :(نزاعة): جذاب — Eager; dragging

forcibly

نَزَّاعَةٌ لِلشَّوَى : قلاعة للأطراف أو جلد الرأس — Eager to roast; dragging (forcibly) by the head

ن ز غ

نَزَغَ (َ) :(نزغ،ينزغ، ينزغنك)

نَزَغَ[1] : أفسد — To sow discord; to sow dissension; to make strife

﴿ بَعْدِ أَنْ نَزَغَ الشَّيْطَانُ بَيْنِي وَبَيْنَ إِخْوَتِي ﴾ [يوسف 100]

﴿ إِنَّ الشَّيْطَانَ يَنزَغُ بَيْنَهُمْ ﴾ [الإسراء 53]

نَزَغَ[2] : استخف أو أصاب — To wound; to afflict; to reach; to cause mischief

﴿ وَإِمَّا يَنزَغَنَّكَ مِنَ الشَّيْطَانِ نَزْغٌ فَاسْتَعِذْ بِاللَّهِ ﴾ [الأعراف 200]

نَزْغٌ : وسوسة — Slander; whisper; false imputation; interference

ن ز ف

نَزَفَ (َ) :(يُنزَفون): نفد شرابه وذهب عقله — To get madness; to become mad; to get exhausted from drink

أَنْزَفَ :(يُنزِفون):): نفد شرابه وذهب عقله — To get madness

ن ز ل

نَزَلَ (ِ) :(فنزل، ينزل): هبط — To descend; to come down

نَزَّلَ : (نزّل ،نزّلنا ،تنزّل ،ينزّل. . .)

نَزَّلَ[1] : أنزل — To reveal

﴿ ذَلِكَ بِأَنَّ اللَّهَ نَزَّلَ الْكِتَابَ بِالْحَقِّ ﴾ [البقرة 176]

﴿ سَمَّيْتُمُوهَا أَنتُمْ وَآبَاؤُكُمْ مَا نَزَّلَ اللَّهُ بِهَا مِن سُلْطَانٍ ﴾ [الأعراف 71]

نَزَّلَ[2] : أنزل — To cause to come down; to cause to send down; to cause to descend; to bring down

﴿وَلَئِن سَأَلْتَهُمْ مَنْ نَزَّلَ مِنَ السَّمَاءِ مَاءً فَأَحْيَا بِهِ الأَرْضَ﴾ [العنكبوت 63]

أَنْزَلَ : (أنزل ،أنزلت ،وأنزلنا ،أنزلناه. . .)

أَنْزَلَ[1] : جعله ينزل ويهبط — To reveal

﴿ وَإِذَا قِيلَ لَهُمْ مَاذَا أَنزَلَ رَبُّكُمْ قَالُوا أَسَاطِيرُ الأَوَّلِينَ ﴾ [النحل 24]

﴿ إِنَّا أَنزَلْنَاهُ فِي لَيْلَةِ الْقَدْرِ ﴾ [القدر 1]

أَنْزَلَ[2]: جعله ينزل ويهبط — To send down; to cause to descend

﴿ أَنزَلَ مِنَ السَّمَاءِ مَاءً فَسَالَتْ أَوْدِيَةٌ بِقَدَرِهَا﴾ [الرعد 17]

أَنْزَلَ[3] : جعله ينزل ويهبط — To cause to land; to cause to disembark

﴿ وَقُلْ رَبِّ أَنزِلْنِي مُنزَلاً مُبَارَكًا ﴾ [المؤمنون 29]

تَنَزَّلَ : (تنزّلت ،تتنزّل ،يتنزّل): نزل في تمهل وتدرج — To descend; to come down

نُزُلٌ :(فنزل، نزلاً، نزلهم): منزل يعد للضيوف وفيه طعامهم — Welcome; entertainment

نَزْلَةٌ : مرة — Time; descent

تَنْزِيلٌ :(تنزيل، تنزيلاً)

تَنْزِيلٌ[1] : إنزال ؛ مُنزَل — Revelation; the act of revealing in portions

﴿ تَنزِيلُ الْكِتَابِ لاَ رَيْبَ فِيهِ مِنْ رَبِّ الْعَالَمِينَ ﴾ [السجدة 2]

﴿ إِنَّا نَحْنُ نَزَّلْنَا عَلَيْكَ الْقُرْآنَ تَنْزِيلاً ﴾ [الإنسان 23]

تَنْزِيلٌ[2] : إنزالاً — Descent; the act of descending

﴿ وَيَوْمَ تَشَقَّقُ السَّمَاءُ بِالْغَمَامِ وَنُزِّلَ الْمَلاَئِكَةُ تَنْزِيلاً ﴾ [الفرقان 25]

مَنْزِلٌ :(منازل): مكان نزول — Mansion; stage

مُنْزِلٌ :(منزلها): جاعله ينزل — One who sends down

مُنَزَّلٌ : مُنزل — Revealed

مُنْزِلٌ :(منزلون،المنزلون، منزلين)

مُنْزِلٌ[1] : مَنْ قام بالإنزال أو الهبوط — One who sends down; one who brings down; one who causes to come down

﴿ إِنَّا مُنزِلُونَ عَلَى أَهْلِ هَذِهِ الْقَرْيَةِ رِجْزًا مِنَ السَّمَاءِ ﴾ [العنكبوت 34]

﴿ أَأَنتُمْ أَنزَلْتُمُوهُ مِنَ الْمُزْنِ أَمْ نَحْنُ الْمُنزِلُونَ ﴾ [الواقعة 79]

مُنْزِلٌ[2] : مُنعم مُضيف — Host; one who brings to land; one who causes to alight

﴿ أَلاَ تَرَوْنَ أَنِّي أُوفِي الْكَيْلَ وَأَنَا خَيْرُ الْمُنزِلِينَ ﴾ [يوسف 59]

﴿ وَقُل رَّبِّ أَنزِلْنِي مُنزَلاً مُّبَارَكًا وَأَنتَ خَيْرُ الْمُنزِلِينَ ﴾ [المؤمنون 29]

مُنْزَلٌ :(منزلاً، منزلين)

مُنْزَلٌ[1] : مُرسل ؛ من أرسل — Sent down

﴿ أَلَن يَكْفِيَكُمْ أَن يُمِدَّكُمْ رَبُّكُم بِثَلاَثَةِ آلاَفٍ مِّنَ الْمَلاَئِكَةِ مُنزَلِينَ ﴾ [آل عمران 124]

مُنْزَلٌ[2] : مكان نزول — Landing-place; an alighting

﴿ وَقُل رَّبِّ أَنزِلْنِي مُنزَلاً مُّبَارَكًا ﴾ [المؤمنون 29]

* * *

نِسَاءٌ : — Rt.(ن س و)

* * *

ن س أ

نَسِيءٌ :(النسيء): تأخير — Postponement (of a sacred month)

مِنْسَأَةٌ :(منسأته): عصا — Staff

ن س ب

نَسَبٌ :(نسباً، أنساب): قرابة — Kinship; kindred by blood; blood relationship; tie of relationship

ن س خ

نَسَخَ (َ) :(ننسخ، فينسخ):

نَسَخَ[1] : أزال وأبطل — To abrogate

﴿ مَا نَنسَخْ مِنْ آيَةٍ أَوْ نُنسِهَا نَأْتِ بِخَيْرٍ مِّنْهَا أَوْ مِثْلِهَا ﴾ [البقرة 106]

نَسَخَ[2] : أزال وأبطل — To abolish; to

annul

﴿ فَيَنسَخُ اللَّهُ مَا يُلْقِي الشَّيْطَانُ ثُمَّ يُحْكِمُ اللَّهُ آيَاتِهِ ﴾ [الحج 52]

To cause to be recorded; to write	اسْتَنْسَخَ :(نستنسخ): طلب الكتابة
Inscription; writing	نُسْخَةٌ :(نسختها): أصل مكتوب والمراد اللوح المحفوظ

ن س ر

Nasr	نَسْرٌ :(ونسراً): صنم على صورة نسر كانت تعبده حمير

ن س ف

To break into scattered dust; to carry away as dust; to carry away from the roots; to blow away	نَسَفَ(ـِ): (لننسفنّه،ينسفها،نُسفت): اقتلع من الأصل وذرى في الفضاء
The act of carrying away as dust; the act of breaking into scattered dust	نَسْفٌ :(نسفا): تذرية

ن س ك

One who performs sacred rites; one who observes acts of devotion	ناسِكٌ :(ناسكوه): متعبِّدٌ لله
Sacrifice; offering	نُسُكٌ :(نسك، ونسكي): ذبيحة
Sacred rite; ritual; (act of) devotion; way of worship; way of devotion	مَنْسَكٌ :(منسكاً، مناسككم، مناسكنا): موطن العبادة، أعمال الحج كالوقوف بعرفة ، متعبَّد

ن س ل

To hasten out; to hie (into); to break forth	نَسَلَ (ـِ) :(ينسلون): سارع في السير
	نَسْلٌ :(والنسل ، نسله)
Cattle; stock	نَسْلٌ[1] : أولاد

﴿ لِيُفْسِدَ فِيهَا وَيُهْلِكَ الْحَرْثَ وَالنَّسْلَ ﴾ [البقرة 205]

Seed; progeny	نَسْلٌ[2] : أولاد

﴿ ثُمَّ جَعَلَ نَسْلَهُ مِنْ سُلَالَةٍ مِنْ مَاءٍ مَهِينٍ ﴾ [السجدة 84]

ن س و

Women	نُسْوَةٌ : (نسوة،النسوة): اسم لجماعة إناث الناس
	نِساءٌ : (نساء،النساء،نساءكم،نسائهن ...)
Women	نِساءٌ[1] : اسم لجماعة إناث الناس

﴿ لِلرِّجَالِ نَصِيبٌ مِمَّا اكْتَسَبُوا وَلِلنِّسَاءِ نَصِيبٌ مِمَّا اكْتَسَبْنَ﴾ [النساء 32]

Wives	نِساءٌ[2] : اسم لجماعة إناث الناس

﴿ الَّذِينَ يُظَاهِرُونَ مِنْكُمْ مِنْ نِسَائِهِمْ مَا هُنَّ أُمَّهَاتِهِمْ ﴾ [المجادلة 2]

ن س ى

To forget; to neglect	نَسِيَ(ـَ):(نسي،ونسوا،كتنسى، نتساكم...): غاب عن ذاكرته وحافظته ؛ غفل ؛ ترك ولم يعمل بـ ؛ عامل معاملة المنسي
To cause to forget; to make to forget	أَنْسَى:(أنسوكم،انسانيه،ننسها، ينسينك...): حمل على النسيان ؛ جعله منسياً

Thing of naught	نَسْيٌ :(نسياً): شيء تافه حقير شانه ان يُنسى
Forgetful	نَسِيٌّ :(نسيّاً): شديد النسيان
Forgotten	مَنْسِيٌّ :(منسيّاً): متروك مهمل
Forgotten thing of naught; thing quite forgotten	نَسْيٌ مَنْسِيٌّ : شيء حقير متروك لا يخطر ببال

❋ ❋ ❋

Rt.(ن س أ)	نَسِيءٌ :

❋ ❋ ❋

ن ش أ

To breed up; to make	نَشَّأَ :(ينشّأ): ربّى
To create; to produce; to bring forth; to raise; to make	أَنْشَأَ : (أنشا ،أنشأكم ،ونُنشئكم ،ينشي ...): خلق
Vigil; rising	نَاشِئَةٌ : قيام الليل والعبادة فيه
Creation; growth; bringing forth	نَشْأَةٌ :(النشأة): أسم مرّة: إحياءة
Creation; growth	إِنْشَاءٌ : خلق
Producer; grower	مُنْشِيءٌ :(المنشئون): خالق
Displayed; reared aloft	مُنْشَأَةٌ :(المنشآت): مخلوقة محدثة ؛ سفينة مرفوعة الشراع

📖

Conj.of شَاءَ rt. (ش ى أ)	نَشَأَ : تصريف شاء

📖

ن ش ر

To spread; to lay open	نَشَرَ (ُ) : (ينشر ،نُشرت): بسط وفتح
To bring to life again; to raise to life; to revive	أَنْشَرَ : (أنشرنا، أنشره، ينشرون): أحيا ؛ بعث حياً بعد الموت
To disperse; to scatter; to range widely	انْتَشَرَ :(تنتشرون، فانتشروا): تفرّق
The act of causing earth's vegetation to revive; the act of scattering clouds to their destined places	نَشْرٌ :(نشرا): بسط
One who causes earth's vegetation to revive; one who scatters clouds to their destined places	نَاشِرٌ :(والناشرات): من ينشر كالنبي أو الملك أو الريح
	نُشُورٌ :(نشورا ،النشور)
Resurrection; a raising again	نُشُورٌ [1]: بعث بالإحياء بعد الموت

﴿ أَفَلَمْ يَكُونُوا يَرَوْنَهَا بَلْ كَانُوا لَا يَرْجُونَ نُشُورًا ﴾ [الفرقان 40]

A rising up: resurrection	نُشُورٌ [2] : مماثل للبعث بعد الموت

﴿ وَجَعَلَ النَّهَارَ نُشُورًا ﴾ [الفرقان 47]

Outstretched; unrolled; wide open	مَنْشُورٌ :(منشور ، منشوراً): مبسوط مفتوح
Open; spread out	مُنَشَّرٌ :(مُنشّرة): مبسوط غاية البسط
Raised (from the dead) again	مُنْشَرٌ :(بمنشرين): مبعوث حياً بعد الموت
That which	مُنْتَشِرٌ : متفرّق

spreads abroad; scattered

ن ش ز

نَشَزَ (ُ) : (أنشزوا ...): نهض وقام	To come up higher; to go up higher; to rise up
أَنْشَزَ : (ننشزها): : رفع بتركيب وتأليف الأجزاء فيعظم الحجم ويرتفع	To adjust; to set together
نُشُوزٌ : (نشوزا، نشوزهن): جفوة وبعد	Ill treatment; rebellion; desertion; ill usage

ن ش ط

نَشْطٌ : (نشطاً): استلال أرواح المؤمنين برفق أو نشاط خيل الغزاة في خروجها من بلد إلى آخر	The act of consoling (the spirits of the righteous) tenderly; the act of drawing out the souls of the blessed gently
ناشِطٌ : (والناشطات): ملك يستلّ أرواح المؤمنين برفق أو خيل الغزاة تنشط في خروجها من بلد إلى آخر	One who consoles (the spirits of the righteous); one who draws out the souls of the blessed gently (angel)

***

نُشُورٌ :	Rt.(ن ش ر)
نُشُوزٌ :	Rt.(ن ش ز)
نَصَارَى : جمع نصرانيّ	Plur.of نَصْرانِيٌّ rt. (ن ص ر)

***

ن ص ب

نَصَبَ (ِ) : (نصبت): أقام ورفع	To set up; to fix firmly
نَصِبَ (َ) : (فانصب): جدّ وتعب	To toil; to nominate
نُصْبٌ : (بنصب): داء وبلاء	Distress; toil
نَصَبٌ : (نصب نصبا): تعب شديد	Toil; fatigue
نُصُبٌ : (نصب، النصب ،أنصاب)	
نُصُبٌ [1] : ما كان ينصب للعبادة من دون الله	Stone set up (for idols); idols

﴿ وَمَا ذُبِحَ عَلَى النُّصُبِ ﴾ [المائدة 3]

نُصُبٌ [2] : وثن كان يُعبد	Goal

﴿ كَأَنَّهُمْ إِلَى نُصُبٍ يُوفِضُونَ ﴾ [المعارج 43]

نَصِيبٌ : حصّة وجزء (نصيب نصيباً نصيبك نصيبهم)	Portion; share; fortune; chance
ناصِبٌ : (ناصبة): تَعِبٌ	Weary; toiling

ن ص ت

أَنْصَتَ : (انصتوا): سكن وسمع	To give ear; to listen; to pay heed

ن ص ح

نَصَحَ (َ) : (ونصحت نصحوا أنصح وأنصح)

نَصَحَ [1] : أرشد لما فيه الصلاح	To advise; to give good advice

﴿ لَقَدْ أَبْلَغْتُكُمْ رِسَالَةَ رَبِّي وَنَصَحْتُ لَكُمْ ﴾ [الأعراف 79]

نَصَحَ [2] : أخلص	To be true; to be sincere

﴿ وَلاَ عَلَى الَّذِينَ لاَ يَجِدُونَ مَا يُنفِقُونَ حَرَجٌ إِذَا نَصَحُوا لِلَّهِ وَرَسُولِهِ ﴾ [التوبة 91]

نُصْحٌ : (نصحي): ارشاد لما فيه الصلاح	Counsel; advice

ناصِحٌ: (ناصح، ناصحون، للناصحين): مرشد — one who gives advice; advisor

نَصُوْحٌ: (نصوحاً): خالص لا شائبة فيه — Sincere (repentance)

ن ص ر

نَصَرَ (ُ): (نصر، نصركم، تنصروا، ينصر...)

نَصَرَ [1]: أعان وأيّد — To give victory; to assist; to help

﴿ وَلَقَدْ نَصَرَكُمُ اللَّهُ بِبَدْرٍ وَأَنْتُمْ أَذِلَّةٌ ﴾ [آل عمران 123]

﴿وَلَيَنصُرَنَّ اللَّهُ مَنْ يَنصُرُهُ إِنَّ اللَّهَ لَقَوِيٌّ عَزِيزٌ﴾ [الحج 40]

نَصَرَ [2]: نجّى وخلّص — To deliver; to help (with (مِن))

﴿ وَنَصَرْنَاهُ مِنَ الْقَوْمِ الَّذِينَ كَذَّبُوا بِآيَاتِنَا ﴾ [الأنبياء 77]

تَنَاصَرَ: (تناصرون): نصر بعضهم بعضاً — To help one another; to help each other

انْتَصَرَ: (انتصر، وانتصروا، تنتصران، ينتصرون...)

انْتَصَرَ [1]: أعان على النصر؛ انتقم؛ استطاع النجاة — To help oneself; to come to help; to give help

﴿ هَلْ يَنْصُرُونَكُمْ أَوْ يَنْتَصِرُونَ ﴾ [الشعراء 93]

﴿ فَدَعَا رَبَّهُ أَنِّي مَغْلُوبٌ فَانْتَصِرْ ﴾ [القمر 10]

انْتَصَرَ [2]: أخذ حقّه — To defend oneself; to vindicate oneself

﴿ وَالَّذِينَ إِذَا أَصَابَهُمُ الْبَغْيُ هُمْ يَنْتَصِرُونَ ﴾ [الشورى 39]

اسْتَنْصَرَ: (استنصره، استنصروكم): طلب النصر — To seek help; to appeal; to ask one's assistance

نَصْرٌ: (نصر، النصر، نصراً، نصرنا...): عون وتأييد — Victory; help; succour

ناصِرٌ: (ناصر، ناصراً، ناصرين): مُعين — Helper

نَصِيرٌ: (نصير، أنصار، أنصاراً، نصارى): مُعين — Helper

المُهاجِرونَ والأنْصارُ: من انتقلوا من مكة إلى المدينة فراراً بدينهم وأهل المدينة من الأوس والخزرج — Muhajirin and Ansar; Muhajirs and Ansars

مَنْصُورٌ: (منصوراً، المنصورون): مُعان مؤيد — Assisted; aided; helped

مُنْتَصِرٌ: (منتصر، منتصراً، منتصرين ...): متحصّن — One who saves oneself; victorious

نَصْرانِيٌّ: (نصرانياً، نصارى ...): من يتبع المسيح عليه السلام نسبة إلى ناصرة — Christian

ن ص ف

نِصْفٌ: (نصف، نصفه، ونصفه..): أحد شطري الشيء — Half

ن ص و

ناصِيَةٌ: (ناصية، ناصيتها، بالنواصي ...): شعر مقدّم الرأس — Forelock; forehead

* * *

نَصُوحٌ: Rt.(ن ص ح)

نَصِيبٌ : Rt.(ن ص ب)

نَصِيرٌ : Rt.(ن ص ر)

نَضَّاخٌ(تان): Rt.(ن ض خ)

* * *

ن ض ج

نَضِجَ (َ) :(نضجت): احترق — To be consumed; to be thoroughly burned

ن ض خ

نَضَّاخٌ :(نضاختان): فوار بالماء النابع من الأرض — Abundant; gushing forth (copiously and continuously)

ن ض د

نَضِيدٌ : متراكم منسق — Ranged; set one above another closely

مَنْضُودٌ : متتابع في السقوط ؛ منسق منظم — Spread over one another; piled one after another; clustered

ن ض ر

نَضْرَةٌ : بهجة وإشراق — Brightness; radiance; ease

ناضِرٌ :(ناضرة): حسن مشرق — Resplendent; bright

* * *

نَضِيدٌ : Rt.(ن ض د)

* * *

ن ط ح

نَطِيحَةٌ :(والنطيحة): مقتولة بالنطح — That which is killed by (the goring of) the horns

ن ط ف

نُطْفَةٌ : منيّ — Drop (of seed); small seed; drop of fluid; life-germ

ن ط ق

نَطَقَ (ِ) :(تنطقون، ينطق، ينطقون): تكلّم — To speak

أَنْطَقَ :(أنطق، أنطقنا): جعله يتكلّمَ — To give speech; to make to speak

* * *

نَطِيحَةٌ : Rt.(ن ط ح)

* * *

ن ظ ر

نَظَرَ (ُ) : (نظر فنظر ،أنظر ولتنظر ...)

نَظَرَ [1] : وجّه بصره — To look; to glance

﴿ وَإِذَا مَا أُنزِلَتْ سُورَةٌ نَظَرَ بَعْضُهُمْ إِلَى بَعْضٍ ﴾ [التوبة 27]

نَظَرَ [2] : فكّر وتأمّل — To see; to consider

﴿ فَنَظَرَ نَظْرَةً فِي النُّجُومِ ﴾ [الصافات 88]

﴿ ثُمَّ جَعَلْنَاكُمْ خَلائِفَ فِي الأَرْضِ مِنْ بَعْدِهِمْ لِنَنْظُرَ كَيْفَ تَعْمَلُونَ ﴾ [يونس 14]

﴿ فَلْيَنظُرِ الإِنسَانُ مِمَّ خُلِقَ ﴾ [الطارق 5]

نَظَرَ [3] : توقّع وترقّب — To wait; to await

﴿ ثُمَّ نُفِخَ فِيهِ أُخْرَى فَإِذَا هُمْ قِيَامٌ يَنظُرُونَ ﴾ [الزمر 68]

﴿ فَهَلْ يَنظُرُونَ إِلاَّ سُنَّةَ الأَوَّلِينَ ﴾ [فاطر 43]

نَظَرَ [4] : شمل بالرحمة ؛ أحسن — To be kind and merciful to

﴿ وَلا يَنظُرُ إِلَيْهِمْ يَوْمَ الْقِيَامَةِ ﴾ [آل عمران 77]

انظُرْنا : تأن بنا ولا تعجل علينا	"Look upon us!"; unzurna
أَنْظَرَ :(أنظرني، فأنظرني): أمهل وتأنىّ على	To (give) respite; to reprieve
نَظَرٌ : هيئة الإبصار	A look
انْتَظَرَ :(ينتظر، ينتظرون، وانتظر، انتظروا): ترقّب وتوقّع	To wait; to await
ناظِرٌ : (ناظرين، ناظره، فناظرة، للناظرين...)	
ناظِرٌ [1] : مشاهد	Beholder; one who looks

﴿ فاقِعٌ لَوْنُها تَسُرُّ النَّاظِرِينَ﴾ [البقرة 68]

ناظِرٌ [2] : شاخص	One who looks to

﴿ إِلَى رَبِّهَا نَاظِرَةٌ ﴾ [القيامة 23]

ناظِرٌ [3] : منتظر ومترقّب	One who waits

﴿ وَإِنِّي مُرْسِلَةٌ إِلَيْهِمْ بِهَدِيَّةٍ فَنَاظِرَةٌ بِمَ يَرْجِعُ الْمُرْسَلُونَ ﴾ [النمل 35]

نَظْرَةٌ : مرّة من النظر	Glance
نَظِرَةٌ :(فنظرة): إمهال وتأخير	Postponement
مُنْظَرٌ :(منظرون، منظرين ..): مؤخر ممهل	Granted respite; respited; reprieved
مُنْتَظِرٌ :(منتظرون، المنتظرين): مترقّب	One who waits; one who awaits

❋ ❋ ❋

نِعاجٌ : جمع نَعْجة	Plur.of نَعْجَة rt. (ن ع ج)
نُعاسٌ :	Rt.(ن ع س)

❋ ❋ ❋

ن ع ج

نَعْجَةٌ :(نعجة، نعجتك، نعاجه): أنثى الضأن	Ewe

ن ع س

نُعَاسٌ :(النعاس، نعاساً): أول النوم	Slumber; calm

ن ع ق

نَعَقَ (ِ) :(ينعق): صاح	To call out

ن ع ل

نَعْلٌ :(نعليك): حذاء	Shoe

ن ع م

نَعَّمَ :(ونعّمه): يسّر العيش في رفاهية	To make to lead an easy life
أَنْعَمَ : (أنعم،أنعمت،أنعمنا،أنعميا): منح	To bestow favour on; to confer benefit on; to confer favour on
ناعِمٌ :(ناعمة): مشرق	Calm; happy
نَعْمَةٌ : (نعمة،النعمة): رفاهية وطيب عيش	Pleasant things; goodly things; ease and comfort (in this life)
نَعْماءُ : خفض ودعة؛ مال	Bounty; grace; favour
نِعْمَةٌ :(نعمة، نعمتك، أنعم،لانعمه...): كل خير ديني أو دنيوي	Grace; favour
نِعَمٌ : جمع نِعْمَة	Plur.of نِعْمَة
نَعِيمٌ :(نعيم، نعيماً): كل ما يستطاب ويستمتع به	Bliss; delight; pleasure
نَعَمٌ :(نعم، أنعام ، أنعاماً، أنعامكم...) : إبل وبقر وغنم	Domestic animals; cattle
نِعْمَ :(نعم،ونعم،فنعم): فعل يفيد المدح	To be excellent; to be bountiful

نِعِمَّا: (نعمّا،فنعمّا): أصلها نِعْمَ ما — To be well; to be comely; to be excellent

نَعَمْ : حرف جواب لإثبات ما بعده — Yes; yea

* * *

نَعِيْمٌ : Rt.(ن ع م)

* * *

ن غ ض

انْغَضَ:(فسينغضون): حرّك إنكاراً أو تعجباً واستهزاء — To shake

* * *

نَفّاثٌ(ات): Rt.(ن ف ث)

نَفَادٌ : Rt.(ن ف د)

نِفَاقٌ : Rt.(ن ف ق)

* * *

ن ف ث

نَفّاثٌ(ة):(النفاثات): ساحرة تنفث في عقد الخيط تأكيداً لسحرها — One who blows

النّفاثاتُ في العُقَدِ: سواحر ينفثن في عقد الخيط تأكيداً لسحرهن — Malignant witch crafts; blowers on knots

ن ف ح

نَفْحَةٌ : مرّة من هبوب الريح أو قطعة — Breath; blast

ن ف خ

نَفَخَ (ُ) : (ونفخ،نفخت،فأنفخ،فتنفخ. . .): بثّ الرّوح في ؛ بعث الرّيح بقوة في — To blow

نَفْخَةٌ : اسم مرّه — (Single) blow

ن ف د

نَفِدَ (َ):(نفد، نفدت، تنفد ، ينفد): فني أو انتهى — To be exhausted; to be used up; to come to an end; to waste away

نَفَادٌ : فناء — Wasting away; coming to an end

ن ف ذ

نَفَذَ (ُ):(تنفذوا، تنفذون،فانفذوا): اخترق — To penetrate; to pass through

ن ف ر

نَفَرَ (ِ):(نفر، تنفروا، ينفروا، فانفروا): خرج من موطنه ؛ أسرع إلى الجهاد — To go forth; to go out to fight

نَفَرٌ :(نفر، نفراً)

نَفَرٌ 1 : رهط الرجل وعشيرته — Men; followers

﴿ أنا أكْثَرُ مِنْكَ مَالاً وَأعَزُّ نَفَرًا ﴾ [الكهف 34]

نَفَرٌ 2 : من ثلاثة إلى عشرة من الرجال — Company; party

﴿ قُلْ أُوحِيَ إِلَيَّ أَنَّهُ اسْتَمَعَ نَفَرٌ مِنَ الْجِنِّ فَقَالُوا إِنَّا سَمِعْنَا قُرْآنًا عَجَبًا ﴾ [الجن 1]

نُفُورٌ :(ونفور، نفوراً): تباعد عن الحق — Aversion; frowardness; repugnance

نَفِيرٌ :(نفيراً): أنصار الرجل وعشيرته — Soldiery

أكْثَرُ نَفِيراً : أكثر عدداً أو عشيرة — More in soldiery; numerous band

مُسْتَنْفِرٌ :(مستنفرة): فزع مشرّد — One who takes fright; frightened

ن ف س

تَنَفَّسَ : ظهر — To brighten; to breathe

تَنَافَسَ:(فليتنافس): تسابق — To strive for bliss; to aspire

مُتَنَافِسٌ :(المتنافسون): متسابق — One who strives (for bliss); aspirer

نَفْسٌ : (نفس،كنفس،نفوسهم،والأنفس...)

نَفْسٌ[1] : ذات — Person; man; human being

﴿ وَاتَّقُوا يَوْمًا لاَ تَجْزِي نَفْسٌ عَنْ نَفْسٍ شَيْئًا ﴾ [البقرة 48]

نَفْسٌ[2] : الروح التي بها الحياة — Soul

﴿ قَالَ أَقَتَلْتَ نَفْسًا زَكِيَّةً بِغَيْرِ نَفْسٍ ﴾ [الكهف 74]

﴿ وَقَتَلْتَ نَفْسًا فَنَجَّيْنَاكَ مِنَ الْغَمِّ ﴾ [طه 40]

نَفْسٌ[3] : ضمير وقلب — Mind

﴿ تَعْلَمُ مَا فِي نَفْسِي﴾ [المائدة 116]

نَفْسٌ[4] : الذات الإلهيّة — Mind

﴿وَلا أَعْلَمُ مَا فِي نَفْسِكَ ﴾ [المائدة 116]

نَفْسٌ[5] : ذات — Self; oneself

﴿ النَّبِيُّ أَوْلَى بِالْمُؤْمِنِينَ مِنْ أَنْفُسِهِمْ ﴾ [الأحزاب 6]

﴿ وَاذْكُرْ رَبَّكَ فِي نَفْسِكَ تَضَرُّعًا وَخِيفَةً ﴾ [الأعراف 205]

﴿ يَوْمَ تَأْتِي كُلُّ نَفْسٍ تُجَادِلُ عَنْ نَفْسِهَا ﴾ [النحل 111]

مِنْ تِلْقَاءِ نَفْسِهِ: انظر تلقاء — See تِلْقَاء rt. (ل ق ى)

طابَ لَهُ عنْ شَيْءٍ مِنهُ نَفْساً: تنازل عنه بسماحة — To remit a part of one's own accord; to be pleased to give up a portion of oneself

ن ف ش

نَفَشَ(ُ) :(نفشت): انتشر ليلاً للرّعي — To stray and browse by night; to pasture by night

مَنْفُوشٌ :(المنفوش): منتشر متفرّق — Carded; loosened

ن ف ع

نَفَعَ(َ) :(نفعت،نفعها،تنفع،ينفع ..): أفاد — To benefit; to profit; to be of use; to avail

نَفْعٌ :(نفعاً، نفعه، نفعهما): إفادة — Benefit; profit; use; usefulness

مَنْفَعَةٌ :(منافع ومنافع): فائدة — Means of profit; benefit; advantage; use

ن ف ق

أَنْفَقَ: (أنفق،أنفقت،تنفقوا،ينفق...): بذل — To spend; to expend; to bestow

نَفَقَةٌ : (نفقة،نفقاتهم)

نَفَقَةٌ[1] : ما يُبذل من مال ونحوه — Spending; contribution

﴿ وَمَا مَنَعَهُمْ أَنْ تُقْبَلَ مِنْهُمْ نَفَقَاتُهُمْ إِلَّا أَنَّهُمْ كَفَرُوا بِاللَّهِ ﴾ [التوبة 54]

﴿ وَلاَ يُنفِقُونَ نَفَقَةً صَغِيرَةً وَلاَ كَبِيرَةً وَلاَ يَقْطَعُونَ وَادِيًا إِلاَّ كُتِبَ لَهُمْ ﴾ [التوبة 121]

نَفَقَةٌ[2] : ما يبذل من مال ونحوه — Alms

﴿ وَمَا أَنفَقْتُمْ مِنْ نَفَقَةٍ أَوْ نَذَرْتُمْ مِنْ نَذْرٍ فَإِنَّ اللَّهَ يَعْلَمُهُ ﴾ [البقرة 270]

إِنْفَاقٌ :(الأنفاق): بذل المال — The act of spending

ونحوه

مُنفِقٌ :(المنفقين): باذل للمال ونحوه — One who spends (benevolently)

نَافَقَ :(نافقوا): أظهر خلاف ما يبطن — To be hypocrite; to become hypocrite

نِفاقٌ :(النفاق، نفاقاً..): أظهار خلاف ما يبطن المرء — Hypocrisy

مُنافِقٌ :(منافقون، منافقين، منافقات...): من يظهر خلاف ما يبطن، من يظهر الإسلام ويبطن الكفر رغبة أو رهبة — One who is a hypocrite (in religion)

نَفَقٌ :(نفقاً): طريق مغطى في باطن الأرض — Way; opening

ن ف ل

نافِلَةٌ :

نافِلَةٌ[1] : زيادة — Largess; that which is beyond what is incumbent

﴿ وَمِنَ اللَّيْلِ فَتَهَجَّدْ بِهِ نَافِلَةً لَكَ ﴾ [الإسراء 79]

نافِلَةٌ[2] : زيادة — Grandson; son's son

﴿ وَوَهَبْنَا لَهُ إِسْحَاقَ وَيَعْقُوبَ نَافِلَةً وَكُلاً جَعَلْنَا صَالِحِينَ ﴾ [الأنبياء 72]

نَفْلٌ :(الأنفال): غنيمة — Spoil of war; windfall

❋ ❋ ❋

نُفُورٌ : — Rt.(ن ف ر)

نُفُوسٌ : جمع نفس — Plur.of نفسٌ rt. (ن ف س)

❋ ❋ ❋

ن ف ى

نَفَى (ِ) :(ينفوا): أبعد — To expel

نُفِيَ مِنَ الأَرْضِ: أبعد أو سجن — To be expelled out of the land; to be imprisoned

❋ ❋ ❋

نَفِيرٌ : — Rt.(ن ف ر)

❋ ❋ ❋

ن ق ب

نَقَّبَ :(فنقبوا): فتش — To overrun; to go about and about

نَقْبٌ :(نقباً): ثقب وخرق — The act of piercing; the act of making a hole in

نَقِيبٌ :(نقيباً): رئيس — Chieftain

ن ق ذ

أَنْقَذَ : (فأنقذكم،حتنقذ،ينقذون،ينقذون) : نجى — To save; to rescue; to deliver

اسْتَنْقَذَ :(يستنقذوه): استخلص — To rescue; to take back

ن ق ر

نَقَرَ (ُ) :(نقر): نفخ في — To sound

نَقِيرٌ :(نقيراً): النقيرة في ظهر النواة — Speck on a date-stone; dint in a date-stone

لاَ يُظْلَمُ نَقِيراً : لا يظلم قدر النُقيرة في ظهر النواة — Not to be wronged the dint in a date-stone; not to be dealt with a jot unjustly

نَاقُورٌ :(الناقور): آلة كالبوق يُنفخ بها — Trumpet

📖

نُقِرَ : تصريف نَقَرَ — Conj.of نَقَرَ rt. (ق ر ر)

ن ق ص

نَقَصَ (ُ): (نقص ،تنقصوا ،أخذ قصها ،ينقصوكم ،انقصْ...): اقتطع وأكل ؛ قلّل — To diminish; to abate; to lessen

نَقَصَ المِكْيالَ : قلّل المكيال — To give short measure

نَقْصٌ : (ونقص): اقتطاع وأخذ — Diminution; loss; dearth

مَنْقُوصٌ : مأخوذ منه — Diminished; abated

غَيْرُ مَنْقُوصٍ : تام كامل — Undiminished; unabated

نَقْصُ : تصريف قَصَّ — Conj.of قَصَّ rt. (ق ص ص)

ن ق ض

نَقَضَ (ُ) : (نقض ،تنقضوا ،ينقضون)

نَقَضَ[1] : — To break (a covenant)

﴿ الَّذِينَ يَنقُضُونَ عَهْدَ اللَّهِ مِن بَعْدِ مِيثَاقِهِ ﴾ [البقرة 27]

نَقَضَ[2] : — To unravel

﴿ وَلاَ تَكُونُوا كَالَّتِي نَقَضَتْ غَزْلَهَا مِنْ بَعْدِ قُوَّةٍ ﴾ [النحل 92]

أَنْقَضَ : حمّل فوق ما يطاق — To weigh down; to press heavily

نَقْضٌ :(نقضهم): إبطال — The act of breaking (a covenant)

ن ق ع

نَقْعٌ :(نقعا): غبار منتشر — Dust

ن ق م

نَقَمَ (ِ) : (نقموا ،تنقم ،تنقمون)

نَقَمَ[1] : عاب وأنكر — To seek revenge; to take vengeance; to take revenge

﴿ وَمَا تَنقِمُ مِنَّا إِلاَّ أَنْ آمَنَّا بِآيَاتِ رَبِّنَا لَمَّا جَاءَتْنَا ﴾ [الأعراف 126]

نَقَمَ[2] : عاب وأنكر — To blame; to find fault with

﴿ قُلْ يَا أَهْلَ الْكِتَابِ هَلْ تَنقِمُونَ مِنَّا إِلاَّ أَنْ آمَنَّا بِاللَّهِ ﴾ [المائدة 59]

انْتَقَمَ :(فانتقمنا، فينتقم): عاقب — To take vengeance; to take retribution; to inflict retribution; to requite

انْتِقَامٌ : عقاب — The act of requiting (the wrong); retribution

ذُو انْتِقَامٍ : ذو عقاب — Able to requite (the wrong); Lord of retribution

مُنْتَقِمٌ :(منتقمون): مُعاقب — One who takes vengeance; one who inflicts retribution; one who punishes

***

نَقِيبٌ :	Rt.(ن ق ب)
نَقِيرٌ :	Rt.(ن ق ر)
نِكَاحٌ :	Rt.(ن ك ح)
نَكَالٌ :	Rt.(ن ك ل)

***

ن ك ب

ناكِبٌ :(لناكبون): منحرف — One who is astray; one who deviates

مَنكِبٌ :(مناكبها): ناحية — Path; spacious side

ن ك ث

نَكَثَ (ُ):(نكث، نكثوا، ينكث، ينكثون): نقض وأخل — To break (one's oath; faith)

نِكْثٌ :(أنكاثا): ما حُلَّ من الغزل المفتول — Thin filament; untwisted strand of a rope

ن ك ح

نَكَحَ(ِ): (نكح،نكحتم،تنكح،ينكح....): تزوّج — To marry a husband or wife

أنْكَحَ : (أنكحك): زوّج — To give in marriage

اسْتَنْكَحَ :(يستنكحها): تزوّج — To ask in marriage; to marry

نِكاحٌ : (النكاح،نكاحاً)

نِكاحٌ 1 : زواج — Marriage

﴿ وَلاَ تَعْزِمُوا عُقْدَةَ النِّكَاحِ حَتَّى يَبْلُغَ الْكِتَابُ أَجَلَهُ ﴾ [البقرة 235]

نِكاحٌ 2 : زواج — Match; means to marry

﴿ وَلْيَسْتَعْفِفِ الَّذِينَ لَا يَجِدُونَ نِكَاحًا حَتَّى يُغْنِيَهُمُ اللَّهُ مِنْ فَضْلِهِ ﴾ [النور 33]

بَلَغَ النِّكاحَ : بلغ السن المؤهل للزواج — To reach the marriageable age; to attain puberty

ن ك د

نَكِدٌ :(نكدا): قليل ضعيف — Useless; scanty

ن ك ر

نَكِرَ (َ) :(نكرهم): جهل واستوحش — To mistrust; to deem strange

نَكَّرَ :(نكّروا): غيّر الشكل والهيئة — To disguise; to alter

أنكَرَ :(تنكرون، ينكر، ينكرونها): جحد — To deny

نُكْرٌ : (نكرا)

نُكْرٌ 1 : مُستنكَر — Horrid; evil

﴿ لَقَدْ جِئْتَ شَيْئًا نُكْرًا ﴾ [الكهف 74]

نُكْرٌ 2 : شديد — Awful; exemplary; dire; stern

﴿ فَحَاسَبْنَاهَا حِسَابًا شَدِيدًا وَعَذَّبْنَاهَا عَذَابًا نُكْرًا ﴾ [الطلاق 8]

نُكُرٌ : مستنكر ، شديد — Painful; hard

نَكِيرٌ :

نَكِيرٌ 1 : جحد وإنكار — Refusal; denial

﴿ مَا لَكُمْ مِنْ مَلْجَإٍ يَوْمَئِذٍ وَمَا لَكُمْ مِنْ نَكِيرٍ ﴾ [الشورى 47]

نَكِيرٌ 2 : عذاب — Abhorrence; disapproval

﴿ وَلَقَدْ كَذَّبَ الَّذِينَ مِنْ قَبْلِهِمْ فَكَيْفَ كَانَ نَكِيرِ ﴾ [الملك 18]

أنْكَرُ : أقبح — Harshest; most hateful

مُنْكِرٌ : (منكرون،منكرة)

مُنْكِرٌ 1 : جاهل — One who knows not; one who recognizes not

﴿ فَدَخَلُوا عَلَيْهِ فَعَرَفَهُمْ وَهُمْ لَهُ مُنْكِرُونَ ﴾ [يوسف 58]

مُنْكِرٌ 2 : جاحد — One who rejects; one who refuses

﴿ وَهَذَا ذِكْرٌ مُبَارَكٌ أَنزَلْنَاهُ أَفَأَنْتُمْ لَهُ مُنكِرُونَ ﴾ [الأنبياء 50]

مُنْكَرٌ :(منكر، بالمنكر، منكراً، منكرون ...)

Indecency; wickedness; evil; that which is evil; wrong — مُنْكَرٌ [1] : ما يُنكره الشرع أو العقل

﴿ يَابُنَيَّ أَقِمِ الصَّلاةَ وَأْمُرْ بِالْمَعْرُوفِ وَانْهَ عَنِ الْمُنكَرِ ﴾ [لقمان 17]

Denial — مُنْكَرٌ [2] : : ما يُنكره الشرع أو العقل

﴿ وَإِذَا تُتْلَى عَلَيْهِمْ آيَاتُنَا بَيِّنَاتٍ تَعْرِفُ فِي وُجُوهِ الَّذِينَ كَفَرُوا الْمُنكَرَ ﴾ [الحج 72]

Unknown; strange — مُنْكَرٌ [3] : مجهول أو ما تستوحش منه النفوس

﴿ إِذْ دَخَلُوا عَلَيْهِ فَقَالُوا سَلامًا قَالَ سَلامٌ قَوْمٌ مُنكَرُونَ ﴾ [الذاريات 25]

To utter an ill word; to utter hateful words — قَالَ مُنْكَراً مِنَ الْقَوْلِ: قال فضيعاً منه ينكره الشرع والعقل

ن ك س

To hang down; to turn upside down — نَكَسَ (ُ) :(نكسوا): قلب: جعل اعلاه اسفله

To be utterly confounded; to be made to hang down the head — نُكِسَ عَلَى رَأْسِهِ: رجع عما عرفه ؛ اختلط عقله وذهنه

To reverse; to reduce to an abject state — نَكَّسَ :(ننكسه): ارجع إلى الضعف

One who hangs down the head — نَاكِسٌ :(ناكسوا): مطأطئ راسه من الذل

ن ك ص

To turn back — نَكَصَ (ِ) :(نكص، تنكصون): رجع إلى الخلف أو انثنى عما كان فيه ؛ رجع عن الحق

To take flight; to turn back on one's heel — نَكَصَ عَلَى عَقِبَيْهِ : رجع عما كان قد اعتزمه وأحجم عنه

ن ك ف

To disdain; to be scornful; to scorn — اسْتَنْكَفَ :(استنكفوا، يستنكف): امتنع متأففاً

ن ك ل

Heavy fetter — نِكْلٌ :(أنكالا): قيد

نَكَالٌ :(نكال، نكالا)

(Exemplary) punishment — نَكَالٌ [1] : عقوبة شديدة

﴿ جَزَاءً بِمَا كَسَبَا نَكَالاً مِنَ اللَّهِ ﴾ [المائدة 38]

Example — نَكَالٌ [2] : عقوبة شديدة

﴿ فَجَعَلْنَاهَا نَكَالاً لِمَا بَيْنَ يَدَيْهَا وَمَا خَلْفَهَا ﴾ [البقرة 66]

The act of inflicting punishment; the act of giving an exemplary punishment — تَنْكِيلٌ :(تنكيلا): عقاب شديد

***

نَكِيرٌ : Rt.(ن ك ر)

نَمَارِقُ : جمع نُمْرُقَة — Plur.of نُمْرُقَةٌ rt. (ن م ر ق)

***

ن م ر ق

Cushion — نُمْرُقَةٌ :(نمارق): وسادة

ن م ل

نَمْلَةٌ :(نملة، النمل): حشرة صغيرة ضئيلة الجسم تعيش في جماعة متعاونة	Ant
أنْمُلَةٌ :(الأنامل): طرف الإصبع	Finger tip; end of the finger
نَمْلٌ: جمع نَمْلَة	Plur. of نَمْلَةٌ

ن م م

نَمِيمٌ :(بنميم): نميمة وهي حديث الوشاية للإفساد بين الناس 🕮	Slanders
نَمِيزُ : تصريف ماز 🕮	Conj.of مَاز rt. (م ى ر)

ن هـ ج

مِنْهاجٌ :(ومنهاجاً): طريق واضح	(Traced-out) way

ن هـ ر

نَهَرَ (ـَ) :(فلا تنهر، تنهرهما): زجر	To repulse; to drive away; to chide
نَهَرٌ ، نَهْرٌ :(نهر، نهراً، أنهار، أنهاراً...): أخدود واسع مستطيل في الأرض يجري فيه الماء	River
نَهارٌ :(نهار، نهاراً): وقت من طلوع الشمس إلى غروبه	Day
وَجْهُ النَّهارِ : أوّله	Opening of the day; first part of the day

✻ ✻ ✻

نَهَى :	Rt.(ن هـ ى)
نُهَى :	Rt.(ن هـ ى)

✻ ✻ ✻

ن هـ ى

نَهَى (ـَ) : (نهى، نهاكم، ألهاكم، ننهى...)

نَهَى[1] : طلب الكف	To forbid (from)

﴿ وَمَا آتَاكُمْ الرَّسُولُ فَخُذُوهُ وَمَا نَهَاكُمْ عَنْهُ فَانْتَهُوا ﴾ [الحشر 7]

﴿ وَأَمَرُوا بِالْمَعْرُوفِ وَنَهَوْا عَنْ الْمُنْكَرِ ﴾ [الحج 41]

﴿ أَلَمْ تَرَى إِلَى الَّذِينَ نُهُوا عَنْ النَّجْوَى ﴾ [المجادلة 80]

نَهَى[2] : منع	To preserve (with عَنْ) from; to keep away from

﴿ إِنَّ الصَّلاةَ تَنْهَى عَنْ الْفَحْشَاءِ وَالْمُنْكَرِ ﴾ [العنكبوت 45]

تَنَاهَى :(يتناهون): نهى بعضهم بعضاً	To restrain one another; to forbid each other

انْتَهَى : (فانتهى، انتهوا، تنته، ينته...)

انْتَهَى[1] : كف عن القول؛ استجاب للنهي	To desist; to cease

﴿ وَلا تَقُولُوا ثَلاثَةٌ انتَهُوا خَيْرًا لَكُمْ ﴾ [النساء 171]

انْتَهَى[2] : امتنع ؛ استجاب للنهي	To abstain; to keep back

﴿ وَمَا آتَاكُمْ الرَّسُولُ فَخُذُوهُ وَمَا نَهَاكُمْ عَنْهُ فَانْتَهُوا ﴾ [الحشر 7]

نَاهٍ :(الناهون): قائم بالنهي	One who forbids
نُهَى :(النهى): عقول	Thought; understanding
أُوْلُوا النُّهَى: أصحاب العقول والبصائر	Men of thought; those endowed with understanding

مُنْتَهًى : (المنتهى منتهاها منتهون)

مُنْتَهًى[1] : إنتهاء — Goal

﴿ وَأَنَّ إِلَى رَبِّكَ الْمُنْتَهَى ﴾ [النجم 42]

مُنْتَهًى[2] : انتهاء(عملها) — Term; goal

﴿ إِلَى رَبِّكَ مُنتَهَاهَا ﴾ [النازعات 44]

سِدْرَةُ الْمُنْتَهَى : سدرة تنتهي إليها علوم الخلائق — Lote-tree of the utmost boundary; farthest lote-tree

مُنْتَهٍ :(منتهون): مستجيب للنّهي — One who desists

***

نَوَاصٍ :(النواصي) — Plurناصيةrt

(ن ص و)

***

ن و أ

نَاءَ (ُ) :(لتنوء): ثقل على — To weigh down; to be a burden

ن و ب

أَنَابَ: (وأناب،أنابوا،أنيب، ينيب ...): رجعَ عما كان فيه من شرّ — To turn in repentance; to turn repentant; to turn time after time

مُنِيبٌ :(منيب، منيباً، منيبين): راجع إلى الله في أموره كلها — One who turns (to Allah) in repentance; penitent; oft-returning (to Allah)

ن و ح

نُوحٌ :(نوح، نوحا،ونوحاً): أحد الأنبياء من اولي العزم أوحى الله إليه صنع الفلك — Noah; Nuh

ن و ر

نَارٌ :(نار بالنار، ناراً): عنصر طبيعي فعال يمثله النور والحرارة — Fire

نُورٌ : (نور بالنور نوراً نوركم...): ما به الإبصار أو الهدي ، هداية ، إشراق الهداية — Light

مُنِيرٌ :(منير، منيرا...): مضيء — That which gives light; illuminating

ن و س

نَاسٌ :(الناس،والناس،للناس، بالناس): اسم للجمع من بني آدم واحدة إنسان على غير لفظه — People; mankind; men

ن و ش

تَنَاوُشٌ :(التناوش): تناول الإيمان والتوبة — The act of reaching (faith); the act of attaining (faith)

ن و ص

مَنَاصٌ : ملجأ ومفرّ — (Time of) escape

ن و ق

نَاقَةٌ :(ناقة،والناقة): أنثى الإبل — She-camel; camel

ن و م

نَوْمٌ :(نوم، والنوم، نومكم): نعاس يخالط القلب — Sleep

نَائِمٌ :(نائمون): من ينام — One who sleeps

مَنَامٌ : (المنام،منامك،منامكم،منامها)

مَنَامٌ[1] : نوم — Sleep; slumber; the act of sleeping

﴿ اللَّهُ يَتَوَفَّى الْأَنفُسَ حِينَ مَوْتِهَا وَالَّتِي لَمْ تَمُتْ فِي مَنَامِهَا﴾ [الزمر 42]

مَنَامٌ[2] : نوم (والمراد الحلم) — Dream

﴿ يَابُنَيَّ إِنِّي أَرَى فِي الْمَنَامِ أَنِّي أَذْبَحُكَ ﴾ [الصافات 102]

﴿ إِذْ يُرِيكَهُمُ اللَّهُ فِي مَنَامِكَ قَلِيلاً ﴾ [الأنفال 43]

ن و ن

نُونٌ :(النون): حوت	Fish
ذَوْ النُّونِ: يونس النبي عليه السلام سمي بذلك لأن الحوت التقمه ثم أخرجه من جوفه	Dhun-Nun (Lord of the fish); Yunis

* * *

نَوًى : جمع نَوَاة	Plur.of نَوَاةٌ rt. (ن و ى)

* * *

ن و ى

نَوَاةٌ :(والنوى): بذرة التمر والزبيب ونحوهما	Date-stone; stone

ن ى ل

نالَ (:) : ([illegible] ...)

نالَ[1] : أصاب(وحصل على)	To attain; to gain

﴿ لَنْ تَنَالُوا الْبِرَّ حَتَّى تُنْفِقُوا مِمَّا تُحِبُّونَ ﴾ [آل عمران 92]

﴿وَلا يَطَئُونَ مَوْطِئًا يَغِيظُ الْكُفَّارَ وَلا يَنَالُونَ مِنْ عَدُوٍّ نَيْلا﴾ [التوبة 120]

نالَ[2] : ارتفع إلى	To reach

﴿ لَنْ يَنَالَ اللَّهَ لُحُومُهَا وَلاَ دِمَاؤُهَا ﴾ [الحج 37]

نالَ[3] : أدرك وشمل	To include

﴿ قَالَ وَمِنْ ذُرِّيَّتِي قَالَ لا يَنَالُ عَهْدِي الظَّالِمِينَ ﴾ [البقرة 124]

نالَ[4] : لحق	To come upon; to overtake

﴿ إِنَّ الَّذِينَ اتَّخَذُوا الْعِجْلَ سَيَنَالُهُمْ غَضَبٌ مِنْ رَبِّهِمْ ﴾ [الأعراف 152]

نالَهُ بِرَحْمَةٍ : يدركه برحمة	To show mercy; to bestow mercy on
نَيْلٌ :(نيلاً): إدراك وإصابة	Gain; that which one attains

باب الهاء

هـ ا

ها : ترِدُ على ثلاثة أوجه: اسم فعل بمعنى خُذ وضمير للمؤنث فتستعمل مجرورة الموضع ومنصوبته وللتنبيه	Lo! Behold!

هـ ا أ

هاؤُمْ : اسم فعل بمعنى خذوا	Take! Lo

هـ ا ت

هَاتُوا : أحضِروا!	Bring!

❋ ❋ ❋

هَاجَ :(يهيج)	Rt.(هـ ى ج)
هَاجَرَ :	Rt.(هـ ج ر)
هَادَ : (هدنا)	Rt.(هـ و د)
هَادٍ :(هادٍ،هادي،هادياً)	Rt.(هـ د ى)
هارٍ :	Rt.(هـ و ر)
هَارُوتُ :	Rt.(هـ ر ت)
هَالِكٌ :	Rt.(هـ ل ك)
هَامَ : (يهيمون)	Rt.(هـ ى م)
هَامَانُ :	Rt.(هـ م ن)
هَامِدٌ(ة) :	Rt.(هـ م د)
هَاوِيةٌ :	Rt.(هـ و ى)
هؤلاءِ :	Rt.(أ و ل اء)
📖 هَبْ : تصريف وَهَبَ	Conj.of وَهَبَ rt.(و هـ ب)
📖 هَبَاءٌ :	Rt.(هـ ب و)

❋ ❋ ❋

هـ ب ط

هَبَطَ (ِ) : (يهبط،اهبط،فاهبط،اهبطا ...)

هَبَطَ[1] : انحدر	To fall down

﴿ وَإِنَّ مِنْهَا لَمَا يَهْبِطُ مِنْ خَشْيَةِ اللَّهِ ﴾ [البقرة 74]

هَبَطَ[2]: نزل	To go down from; to go forth from; to descend

﴿ قَالَ اهْبِطُوا بَعْضُكُمْ لِبَعْضٍ عَدُوٌّ ﴾ [الأعراف 24]

﴿ قِيلَ يَانُوحُ اهْبِطْ بِسَلَامٍ مِنَّا وَبَرَكَاتٍ ﴾ [هود 48]

هَبَطَ[3] : نزل	To enter; to go down into

﴿ اهْبِطُوا مِصْرًا فَإِنَّ لَكُمْ مَا سَأَلْتُمْ ﴾ [البقرة 61]

هـ ب و

هَبَاءً : ذرات تراب ترى في ضوء الشمس نافذة من كوّة	Motes; (floating) dust

هـ ج د

تَهَجَّدَ :(فتهجد): استيقظ من النوم لصلاة نافلة الليل	To awake (for worship); to pray tahajjud

هـ ج ر

هَجَرَ (ُ) : (تهجرون،فاهجر،واهجرن،واهجرهم...)

هَجَرَ[1] : ترك أو هذى	To rave; to talk nonsense

في شأنه

﴿ مُسْتَكْبِرِينَ بِهِ سَامِرًا تَهْجُرُونَ ﴾ [المؤمنون 67]

هَجَرَ[2] : ترك — To shun

﴿ وَالرُّجْزَ فَاهْجُرْ ﴾ [المدثر 5]

هَجَرَ[3] : ترك — To banish apart; to leave alone

﴿ وَاللاَّتِي تَخَافُونَ نُشُوزَهُنَّ فَعِظُوهُنَّ وَاهْجُرُوهُنَّ فِي الْمَضَاجِعِ ﴾ [النساء 34]

هَجَرَ[4] : ترك — To depart from; to leave; to part from; to avoid

﴿ لَئِنْ لَمْ تَنتَهِ لأَرْجُمَنَّكَ وَاهْجُرْنِي مَلِيًّا ﴾ [مريم 46]

﴿ وَاصْبِرْ عَلَى مَا يَقُولُونَ وَاهْجُرْهُمْ هَجْرًا جَمِيلاً ﴾ [المزمل 10]

هَاجَرَ : (هاجر ،هاجرن، فتهاجروا،يهاجر ...):ترك وطنه، انتقل من دار إلى دار — To migrate; to emigrate; to flee (one's house); to leave one's home

هَجْرٌ :(هجراً): تركٌ وتجنّب — Leave-taking; avoidance

مَهْجُورٌ :(مهجوراً): متروك — Of no account; forsaken

مُهاجِرٌ : (مهاجر ،مهاجراً،مهاجرات،المهاجرين)

مُهاجِرٌ[1]: تارك وطنه في سبيل الله — Fugitive; one who flees (one's house)

﴿ وَمَنْ يَخْرُجْ مِنْ بَيْتِهِ مُهَاجِرًا إِلَى اللَّهِ وَرَسُولِهِ ﴾ [النساء 100]

مُهاجِرٌ[2] : من انتقل من مكّة الى المدينة فراراً بدينه — Muhajir

﴿ لَقَدْ تَابَ اللَّهُ عَلَى النَّبِيِّ وَالْمُهَاجِرِينَ وَالأَنصَارِ ﴾ [التوبة 117]

هـ ج ع

هَجَعَ (ـَ) :(يهجعون): نام ليلاً — To sleep

* * *

هَدّ : — Rt.(هـ د د)

* * *

هـ د د

هَدٌّ :(هدّاً): مهدوم متناثر — The act of falling in ruins; the act of falling down in pieces

هـ د م

هَدَّمَ :(لهدمت): نقض وخرّب — To pull down

هـ د هـ د

هُدْهُدٌ :(الهدهد): طائر رقيق المنقار له قنزعة على راسه — Hoopoe

* * *

هَدَى : — Rt.(هـ د ى)

هُدَى : — Rt.(هـ د ى)

* * *

هـ د ى

هَدَى (ـِ) : (هدى،هداكم،أهدك،تهدوا)

هَدَى[1] : أرشد الى الإيمان ووفق اليه — To guide

﴿ وَاللَّهُ لاَ يَهْدِي الْقَوْمَ الظَّالِمِينَ ﴾ [البقرة 258]

﴿ أَتُرِيدُونَ أَن تَهْدُوا مَنْ أَضَلَّ اللَّهُ ﴾ [النساء 88]

هَدَى[2] : أرشد إلى الإيمان	To show; to keep on; to guide to

﴿ اهْدِنَا الصِّرَاطَ الْمُسْتَقِيمَ ﴾ [الفاتحة 6]

﴿فاحْكُمْ بَيْنَنَا بِالْحَقِّ وَلا تُشْطِطْ وَاهْدِنَا إِلَى سَوَاءِ الصِّرَاطِ﴾ [ص 22]

هَدَى[3] : وجّه وقاد (على سبيل التهكم)	To lead

﴿ فَاهْدُوهُمْ إِلَى صِرَاطِ الْجَحِيمِ ﴾ [الصافات 23]

هَدَى[4] : حقّق	Guide

﴿ وَاللَّهُ لَا يَهْدِي كَيْدَ الْخَائِنِينَ ﴾ [يوسف 52]

هَدَى[5] : عرّف وبيّن	To be clear; to point out the right way

﴿ أَوَ لَمْ يَهْدِ لَهُمْ ﴾ [السجدة 26]

اهْتَدَى: (اهتدى، اهتدوا، تهتدي، يهتدوا...): قبل الهداية واستجاب للإرشاد؛ صار مهتدٍ ؛ آمن ؛ تعرف واستبان	To be (rightly) guided; to follow the right direction; to walk (go) aright
هادٍ : مرشد إلى الهدى	Guide; one who guides
هُدًى: (هدى، الهدى..): هداية ؛ اهتداء	Guidance
أَهْدَى : أكثر هداية	More (rightly) guided; better guided; best guided
مُهْتَدٍ : (مهتد، المهتد، المهتدون، المهتدين...): مستجيب للهداية ؛ عارف	Led aright; rightly guided; follower of the right path
هَدْيٌ : (الهدي ، هدياً): ما يهدي إلى الرحم من النّعم	Offering; gift
هَدِيَّةٌ : (بهدية، بهديتكم): ما يقدّم للغير بدون عوض	Gift; present

هـ ذ ا

هذَا : (هذا، أهذا، بهذا، أفبهذا...): اسم إشارة للمفرد المذكر	This (masc. sing.)

هـ ذ ا ن

هذَانِ : اسم إشارة للمثنى المذكر	Masc. Dual of هَذا

هـ ذ هـ

هذهِ : (هذه، وهذه): اسم إشارة للمفرد المؤنث	Fem. Sing. of هَذا

هـ ر ب

هَرَبٌ : (هرباً): فرار	Flight

هـ ر ت

هارُوتُ : رفيق ماروت ملكان هبطا ببابل فعلما الناس السحر فتنة لهم	Harut

هـ ر ع

هُرِعَ : (يهرعون): أسرع في اضطراب	To make haste; to hasten on; to rush on

هـ ر ن

هرُونُ : أحد أنبياء بني إسرائيل وهو أخو موسى	Aaron; Haroun

* * *

هَرُونُ :	Rt.(هـ ر ن)
هَزَّ :	Rt.(هـ ز ز)

* * *

هـ ز أ

اسْتَهْزَأَ : (أستهزئ، يستهزئون، يستهزئ، يستهزأ...): استخفّ	To mock; to deride

وحقّر ؛ أهان وعاقب

مُسْتَهْزِئٌ: (مستهزءون، المستهزئين): مستخفّ ساخر — One who mocks; scoffer

هُزُوٌ: (هزوا): استخفاف وسخرية — Jest; laughing-stock; mockery

ه ز ز

هَزَّ (ُ): (وهزي): حرّك بشيء من القوة — To shake

اهْتَزَّ: (اهتزت، تهتز): تحرّك — To writhe; to be set in motion

ه ز ل

هَزْلٌ: (بالهزل): هذيان وما لا جدوى منه — Pleasantry; joke

ه ز م

هَزَمَ (ِ): (فهزموهم، سيهزم): قهر وغلب — To rout; to put to flight

مَهْزُومٌ: مغلوب — Defeated; put to flight

***

هُزُوٌ: Rt.(ه ز أ)

هَشَّ: Rt.(ه ش ش)

***

ه ش ش

هَشَّ (ُ): (وأهش): ضرب ورق الشجر فسقط — To beat down branches; to beat down leaves to make them fall

ه ش م

هَشِيمٌ: (كهشيم، هشيماً): يابس متكسِّر — Dry twigs; dry fragments of tress; that which is dry and broken into pieces

***

هَشِيمٌ: Rt.(ه ش م)

***

ه ض م

هَضْمٌ: (هضماً): نقص حقّ — The begrudging of one's wage; the withholding of that which is due

هَضِيمٌ: متداخل بعضه في بعض — Thin and smooth; heavy (sheath)

طَلْعُها هَضِيمٌ: متداخل طلعها بعضه في بعض — Heavy-sheathed (palm-trees); having fine spadices

***

هَضِيمٌ: Rt.(ه ض م)

***

ه ط ع

مُهْطِعٌ: (مهطعين): مسرع في خوف ؛ مسرع — One who hastens on; one who comes hurrying on in fear; one who keeps staring open-eyed

ه ك ذ ا

هكَذَا: للتنبيه والتشبيه والإشارة — Like this; thus

ه ل

هَلْ: (هل، فهل، وهل): من حروف المعاني تستعمل في الاستفهام — Particle of interrogation; Whether? Are you? Is there?… etc.

ه ل ع

هَلُوعٌ: (هلوعاً): شديد الجزع — (Very) anxious; of a hasty temperament

ه ل ك

هَلَكَ (:) :(هلك ، ليهلك، أهلكت، ويهلكون....)

هَلَكَ[1] : مات — To die; to perish

﴿ إِنِ امْرُؤٌ هَلَكَ لَيْسَ لَهُ وَلَدٌ وَلَهُ أُخْتٌ ﴾ [النساء 176]

﴿ لِيَهْلِكَ مَنْ هَلَكَ عَنْ بَيِّنَةٍ ﴾ [الأنفال 42]

هَلَكَ[2] : ذهب وضاع — To go (away)

﴿ هَلَكَ عَنِّي سُلْطَانِيَهْ ﴾ [الحاقة 29]

أَهْلَكَ : (أهلك ،أهلكت ،أتهلكنا ،نهلك...)

أَهْلَكَ[1] : فعل ما يفضي إلى الهلاك ؛ عاقب بالإهلاك — To cause to perish; to destroy

﴿ وَإِنْ يُهْلِكُونَ إِلاَّ أَنفُسَهُمْ وَمَا يَشْعُرُونَ ﴾ [الأنعام 26]

﴿ قَالَ رَبِّ لَوْ شِئْتَ أَهْلَكْتَهُمْ مِن قَبْلُ وَإِيَّايَ ﴾ [الأعراف 155]

أَهْلَكَ[2] : أفنى — To waste; to destroy

﴿ يَقُولُ أَهْلَكْتُ مَالاً لُبَدًا ﴾ [البلد 6]

هَالِكٌ :(هالك، الهالكين): من يهلك — One who perishes

مُهْلِكٌ :(مهلك ،مهلكهم، مهلكي، مهلكوها ...): مُعاقِب بالإهلاك — One who destroys

مُهْلَكٌ :(المهلكين): مُعاقَب بالهلاك — Destroyed

مَهْلِكٌ :(مهلك ،مهلكهم): هلاك أو زمانه أو مكانه — Destruction

تَهْلُكَةٌ :(التهلكة): هلاك وما يفضي إليه — Ruin; perdition

هـ ل ل

أَهَلَّ :(أهل): رفع الصوت باسم من تُقدَّم إليه الذبيحة — To invoke; to dedicate

هِلالٌ :(أهلة): قمر إلى سبع ليال في أول الشهر القمري وقبل نهايته بمثلها — New moon

هـ ل م

هَلُمَّ :

هَلُمَّ[1] : إئت ؛ أقبل — Come!

﴿ قَدْ يَعْلَمُ اللَّهُ الْمُعَوِّقِينَ مِنكُمْ وَالْقَائِلِينَ لِإِخْوَانِهِمْ هَلُمَّ إِلَيْنَا ﴾ [الأحزاب 18]

هَلُمَّ[2] : هات وأحضر — Bring!

﴿ قُلْ هَلُمَّ شُهَدَاءَكُمُ الَّذِينَ يَشْهَدُونَ أَنَّ اللَّهَ حَرَّمَ هَذَا ﴾ [الأنعام 150]

هـ م

هُمْ :(هم، أهم، بهم،فهم،...): ضمير الغائب الجمع المذكر — They (mas.); them (mas.); their (mas.)

* * *

هَمَّازٍ : Rt.(هـ م ز)

* * *

هـ م ا

هُمَا :(هما ،يهما،أهما،فهما،بهما...): ضمير الغائب المثنى المذكر والمؤنث — They two (dual of هم); them (dual); their (dual)

هـ م د

هَامِدٌ :(هامدة): ساكن مجدب — Barren; sterile

هـ م ر

Pouring (down)	مُنْهَمِرٌ : منسكب بقوة

ه م ز

Slander	هُمَزَةٌ : كثير العيب للناس في غيبتهم
Detractor; defamer	هَمَّازٌ : عيّاب
(Evil) Suggestions	هَمَزَاتٌ : وساوس

ه م س

Faint murmur; soft sound	هَمْسٌ :(همساً): صوت خافت خفيّ

ه م م

هَمَّ (ُ) :(همّ، همّت،ليهمت، وهمّوا، ...)

To purpose; to determine	هَمَّ[1] : عزم

﴿ وَكَفَرُوا بَعْدَ إِسْلامِهِمْ وَهَمُّوا بِمَا لَمْ يَنَالُوا ﴾ [التوبة 74]

To desire; to make for	هَمَّ[2] : عزم وقصد

﴿ وَلَقَدْ هَمَّتْ بِهِ وَهَمَّ بِهَا لَوْلا أَنْ رَأَى بُرْهَانَ رَبِّهِ ﴾ [يوسف 24]

To render anxious	أَهَمَّ :(أهمتهم): أقلق
To be anxious on one's own account; to be rendered anxious by one's own soul	أَهَمَّتْهُ نَفْسُهُ : أقلقه نفسه فلا يهتم بأي أمر آخر

ه م ن

Haman	هامَانُ :(هامان،وهامان): كان وزيراً لفرعون موسى وكبير كهنته

ه م ن

Guardian; watcher	مُهَيْمِنٌ :(مهيمن،...): مشرف ومسيطر

ه ن ن

They (fem. plur.); them (fem. plur.); their (fem. plur.)	هُنَّ :(هنّ،جهنّ،لهنّ، فلهنّ): ضمير الغائب الجمع المؤنث

ه ن ا

There; then	هُنَالِكَ : اسم إشارة للبعيد مكاناً أو مكانة

ه ن أ

Enjoyable; digestible	هَنِيءٌ :(هنيئاً): سائغ مقبول
See مَرِيءٌ rt.(م ر أ)	أَكَلَهُ هَنِيئاً مَرِيئاً: انظر مريء
To eat and drink in health; to eat and drink at ease; to eat and drink pleasantly	أَكَلَ وشَرِبَ هَنِيئاً : أكل وشرب بصورة سائغة مقبولة

* * *

Rt.(ه ن أ)	هَنِيءٌ :

* * *

ه و د

هادَ (ُ) :(هادوا، هدنا)

To turn	هادَ[1] : تاب ورجع

﴿ وَاكْتُبْ لَنَا فِي هَذِهِ الدُّنْيَا حَسَنَةً وَفِي الآخِرَةِ إِنَّا هُدْنَا إِلَيْكَ ﴾ [الأعراف 156]

To become a Jew	هادَ[2] : دان باليهودية

﴿ فَبِظُلْمٍ مِنَ الَّذِينَ هَادُوا حَرَّمْنَا عَلَيْهِمْ طَيِّبَاتٍ أُحِلَّتْ لَهُمْ ﴾ [النساء 16]

هُودٌ :(هود ، هوداً)

Hud	هُودٌ[1] : النبي هود عليه السلام

﴿ إِذْ قَالَ لَهُمْ أَخُوهُمْ هُودٌ أَلاَ تَتَّقُونَ ﴾ [الشعراء 124]

هُودٌ[2] : يهود(جمع هائد) — Jews

﴿ وَقَالُوا لَنْ يَدْخُلَ الْجَنَّةَ إِلاَّ مَنْ كَانَ هُودًا أَوْ نَصَارَى ﴾ [البقرة 111]

ه ه ن ا

هٰهُنَا : للتنبيه والإشارة إلى المكان — Here

ه و

هُوَ :(هو ، فهو، لهو ، وهو): ضمير الغائب المفرد المذكر — He; it (mas.)

❋ ❋ ❋

هَوَاءٌ : — Rt.(ه و ى)

❋ ❋ ❋

ه و ر

انْهَارَ :(فانهار): سقط وانهدم — To topple; to break down

هَارٍ : هائر : مشرف على السقوط — Crumbling and overhang; cracking and hollowed

ه و ن

أَهَانَ :(أهانن، يهن): أذلّ — To scorn; to despise; to disgrace; to abase

هَوْنٌ :(هوناً): هيّن ليّن — Modesty; humbleness

مَشَى هَوْناً : مشى مشياً هيّناً ليّناً — To walk modestly; to walk in humbleness

هُوْنٌ :(هون ، الهون): هوان وذلة — Contempt; degradation; ignominy; disgrace; humiliation

هَيِّنٌ :(هيّن، هيّناً): مسهل ميسّر — Easy; trifle

أَهْوَنُ : اسهل وايسر — Easier; easy

مُهِينٌ : (مهين، مهيناً ..): مذلّ — Shameful; disgracefil

مُهَانٌ :(مهاناً): ذليل — Disdained; one in abasement

❋ ❋ ❋

هَوَى : — Rt.(ه و ى)

هَوًى : — Rt.(ه و ى)

❋ ❋ ❋

ه و ى

هَوَى (ِ) :(هوى، تهوي)

هَوَى[1] : سقط في المغرب — To set; to go down

﴿ وَالنَّجْمِ إِذَا هَوَى ﴾ [النجم 1]

هَوَى[2] : سقط بـ — To blow; to carry off

﴿ فَتَخْطَفُهُ الطَّيْرُ أَوْ تَهْوِي بِهِ الرِّيحُ فِي مَكَانٍ سَحِيقٍ ﴾ [الحج 31]

هَوَى[3] : سقط — To be lost; to perish

﴿ وَمَنْ يَحْلِلْ عَلَيْهِ غَضَبِي فَقَدْ هَوَى ﴾ [طه 81]

هَوَى[4] : مال وأقبل — To yearn

﴿ فَاجْعَلْ أَفْئِدَةً مِنَ النَّاسِ تَهْوِي إِلَيْهِمْ ﴾ [إبراهيم 37]

هَوِيَ (َ) : (تهوى): أحبّ — To desire; to incline

أَهْوَى : أسقط — To destroy; to overthrow

اسْتَهْوَى : (استهوته): اغوى وأمال إلى الضلال — To infatuate; to make to fall down

هَوًى — (Low) desires;

:(الهوى،هواه،أهواء،أهواءكم ....): نفس مائله إلى الشهوة ؛ ميل النفس إلى الشهوة	lust; passion
هَواءٌ : خالٍ خاوٍ وخلوٌ الهواء	Air; vacant
هاوِيَةٌ : ساقطة نازلة	Bereft and hungry one; abyss

هـ ى

هِيَ : (هي، فهي، لهي، وهي): ضمير الغائبة	She; it (fem.)
هِيَه = هِيَ: ضمير الغائبة وهاء السكت التي تزاد عند الوقف	It (fem.)

هـ ي أ

هَيَّأ :(يهيئ، هيئ): أعدّ ، فتح ويسّر	To shape; to prepare; to provide
هَيْئَةٌ :(كهيئة): شكل أو صورة	Likeness; form

هـ ي ت

هَيْتَ : تعالَ ؛ أقبلْ	Come forward!

هـ ي ج

هَاجَ(ِ) :(يهيج): أصفرّ وييبس	To wither (away); to dry up

هـ ى ل

مَهِيْلٌ :(مهيلاً) مدفوع ساقط بعضه في إثر بعض	Let loose; poured out

هـ ى م

هامَ (ِ) :(يهيمون): ذهب متخبطاً على غير هدى	To stray; to wander abroad like one bewildered
أهْيَمُ، هَيماءُ :(الهيم): عطشان اشدّ العطش	Thirsty camel
هِيْمٌ :جمع أهيم، هيماء	Plur.of هَيماءُ، أهْيَمُ

❋❋❋

هَيِّنٌ :	Rt.(هـ و ن)

هـ ى هـ ا ت

هَيْهاتَ : اسم فعل بمعنى بَعُدَ	Begone; far

باب الواو

و

وَ[1] : عاطفة — And

﴿ فَأَخَذْنَاهُمْ بِالْبَأْسَاءِ وَالضَّرَّاءِ ﴾ [الأنعام 42]

وَ[2] : للحال — Whilst; when

﴿ قَالُوا لَئِنْ أَكَلَهُ الذِّئْبُ وَنَحْنُ عُصْبَةٌ ﴾ [يوسف 14]

وَ[3] : للمعيّة — Together with

﴿ اسْكُنْ أَنْتَ وَزَوْجُكَ الْجَنَّةَ ﴾ [البقرة 35]

﴿ يَاجِبَالُ أَوِّبِي مَعَهُ وَالطَّيْرَ ﴾ [سبأ 10]

وَ[4] : للقسم — By (for oath)

﴿ وَالْفَجْرِ * وَلَيَالٍ عَشْرٍ ﴾ [الفجر 1-2]

وَ[5] :اقترانها بـ" إمّا " — Or (after إمّا)

﴿ إِنَّا هَدَيْنَاهُ السَّبِيلَ إِمَّا شَاكِرًا وَإِمَّا كَفُورًا ﴾ [الإنسان 3]

وَ[6] : زائدة — Expletive (not needed for the sense

﴿ حَتَّى إِذَا جَاءُوهَا وَفُتِحَتْ أَبْوَابُهَا ﴾ [الزمر 73]

وَلَكِنْ: و+ لكن(ل ك ن) — But

* * *

وَابِلٌ	Rt.(و ب ل)
وَاثِق :	Rt.(و ث ق)
وَاجِفٌ(ة) :	Rt.(و ج ف)
وَاحِدٌ :	Rt.(و ح د)
وَادٌّ :	Rt.(و د د)
وَادٍ :	Rt.(و د ى)
وَارِثٌ :	Rt.(و ر ث)
وَارِدٌ :	Rt.(و ر د)
وَارَى :	Rt.(و ر ى)
وَازِرَةٌ :	Rt.(و ز ر)
وَاسِعٌ :	Rt.(و س ع)
وَاصِبٌ :	Rt.(و ص ب)
وَاطَأَ :	Rt.(و ط أ)
وَاعَدَ :	Rt.(و ع د)
وَاعِظٌ :	Rt.(و ع ظ)
وَاعٍ :(واعية)	Rt.(و ع ى)
وَاقٍ :	Rt.(و ق ى)
وَاقِعٌ :	Rt.(و ق ع)
وَاقِعَةٌ :	Rt.(و ق ع)
وَالٍ :	Rt.(و ل ى)
وَالِدٌ :	Rt.(و ل د)
وَاهٍ :(واهية)	Rt.(و هـ ى)

* * *

و أ د

مَوْءُودَةٌ:(الموءودة): مدفونة حية خشية العار — Girl-child buried alive; female infant buried alive

و أ ل

مَوْئِلٌ :(موئلا): ملجأ — Escape; refuge

* * *

وَبَالٌ :	Rt.(و ب ل)

* * *

و ب ر

وَبَرٌ :(أوبارها): في الإبل كالصوف للغنم	Fur

و ب ق

أَوْبَقَ :(يوبقهن): أهلك	To cause to perish; to make founder of
مَوْبِقٌ :(موبقاً): موضع هلاك	Gulf of doom; separation

و ب ل

وابِلٌ : مطر غزير	Rainstorm; heavy rain
وَبالٌ : عاقبة سيئة وجزاء وخيم	Ill-effects; evil-consequences; unwholesome result; evil result
وَبِيلٌ :(وبيلاً): شديد	Violent
أَخَذَهُ أَخْذاً وَبِيلاً: أخذه أخذاً شديداً	To seize him with no gentle grip; to lay a violent hold

❋ ❋ ❋

وَبِيلٌ :	Rt.(و ب ل)

❋ ❋ ❋

و ت د

وَتَدٌ،وَتِدٌ :(أوتاداً، الأوتاد): ما يغرز في أرض أو جدار ونحوهما ليشد به الشيء	Bulwark; spike; projection
ذُو الأَوْتادِ : فرعون وأوتاده مثبتات ملكه من جنود ونحوها	Firmly planted; lord of might; lord of hosts; lord of spikes

و ت ر

وَتَرَ (ِ):(يتركم): نقص	To grudge (the reward of); to bring to naught
تَتْرا ؛ تَتْرَى : واحداً بعد واحد	One after another
وَتْرٌ :(والوتر): فردي الأشياء ضد الشفع	Odd; single
الشَّفْعُ والوَتْرُ : الفردي من الأشياء وزوجيها	The even and the odd

و ت ن

وَتِينٌ :(الوتين): عرق من القلب يغذي الجسم بالدم النقي	Life-artery; aorta

❋ ❋ ❋

وَتِينٌ :	Rt.(و ت ن)
وَثاقٌ :	Rt.(و ث ق)

❋ ❋ ❋

و ث ق

واثَقَ :(واثقكم): عاهد	To bind (firmly)
أَوْثَقَ :(يوثق): شدّ الوثاق	To bind
وَثاقٌ :(الوثاق، وثاقه): ربط بحبل أو نحوه يُشدّ به	Bond; that with which anything is bound
شَدُّ الوَثاقَ: أحكم قيد الأسرى	To make fast of bonds; to make fast of bonds; to make a prisoner
وُثْقَى :(الوثقى): محكمة وثيقة	Firmest
مَوْثِقٌ :(موثقاً): عهد مؤكد	An undertaking; (firm) covenant
مِيثاقٌ : (ميثاق، الميثاق ميثاقاً ميثاقكم)	
مِيثاقٌ[1] : عهدٌ مؤكد	Covenant

﴿ وَمِنَ الَّذِينَ قَالُوا إِنَّا نَصَارَى أَخَذْنَا مِيثَاقَهُمْ ﴾ [المائدة 14]

مِيثاقٌ[2] : عهدٌ مؤكد	Ratification; confirmation

﴿ الَّذِينَ يَنقُضُونَ عَهْدَ اللَّهِ مِنْ بَعْدِ مِيثَاقِهِ ﴾ [البقرة 27]

أَخَذَ مِيثَاقاً :أخذ عهداً مؤكداً — To make a covenant; to lay a charge on; to take a pledge

و ث ن

وَثَنٌ :(الأوثان، أوثاناً): تمثال من حجر أو نحوه يتخذ للعبادة — Idol

و ج ب

وَجَبَ(ِ):(وجبت): سقط إلى الأرض — To fall (dead); to fall down

و ج د

وَجَدَ (ِ) : (وجد،فوجدا،أجد،تجد....)

وَجَدَ[1] : لَقِيَ — To find

﴿ النَّبِيَّ الأُمِّيَّ الَّذِي يَجِدُونَهُ مَكْتُوبًا عِنْدَهُمْ فِي التَّوْرَاةِ وَالإِنجِيلِ ﴾ [الأعراف 157]

وَجَدَ[2] : لقي أو ملك — To be conscious; to perceive

﴿ قَالَ أَبُوهُمْ إِنِّي لأَجِدُ رِيحَ يُوسُفَ ﴾ [يوسف 94]

وُجْدٌ :(وجدكم): وسع — Wealth; means

و ج س

أَوْجَسَ : (أوجس،فأوجس): شعر وأحس — To conceive

و ج ف

أَوْجَفَ :(أوجفتم): أسرع في السير — To urge; to press forward

واجِفٌ :(واجفة): خافق مضطرب — Beating painfully; palpitating

و ج ل

وَجِلَ (َ) :(وجلت، توجل): فزع وخاف — To feel fear; to fear; to be full of fear; to tremble

وَجِلٌ :(وجلون، وجلة): خائف — Afraid; full of fear

و ج هـ

وَجَّهَ :(يوجهه): جعله مستقبلاً ؛ أرسل في جهة — To direct; to send

تَوَجَّهَ : قصد — To turn one's face

وَجْهٌ : (وجه،لوجه،وجوهاً،وجوهكم....)

وَجْهٌ[1] : ما تواجه به الناس من الرأس وفيه معظم الحواس — Face

﴿ اذْهَبُوا بِقَمِيصِي هَذَا فَأَلْقُوهُ عَلَى وَجْهِ أَبِي يَأْتِ بَصِيرًا ﴾ [يوسف 93]

وَجْهٌ[2] : ذات — Countenance; pleasure

﴿ وَلِلَّهِ الْمَشْرِقُ وَالْمَغْرِبُ فَأَيْنَمَا تُوَلُّوا فَثَمَّ وَجْهُ اللَّهِ ﴾ [البقرة 115]

وَجْهٌ[3] : ذات وعناية — Regard; favour

﴿ اقْتُلُوا يُوسُفَ أَوِ اطْرَحُوهُ أَرْضًا يَخْلُ لَكُمْ وَجْهُ أَبِيكُمْ ﴾ [يوسف 9]

وَجْهٌ[4] : ذات واتجاه — Purpose; self

﴿ فَإِنْ حَاجُّوكَ فَقُلْ أَسْلَمْتُ وَجْهِيَ لِلَّهِ وَمَنِ اتَّبَعَنِي ﴾ [آل عمران 20]

وَجْهٌ[5] : أول(الشيء) — Opening; first part

﴿ آمِنُوا بِالَّذِي أُنْزِلَ عَلَى الَّذِينَ آمَنُوا وَجْهَ النَّهَارِ وَاكْفُرُوا آخِرَهُ ﴾ [آل عمران 72]

أَتَى بِالشَّهَادَةِ عَلَى وَجْهِهَا : أتى بالشهادة على ذاتها وحقيقتها — To bear the witness; to give testimony truly

انْقَلَبَ عَلَى وَجْهِهِ : رجع عما كان فيه من خير إلى نقيضه — To fall away utterly; to turn back headlong

وِجْهَةٌ : قبلة وشبهها — Goal; direction

وَجِيْهٌ :(وجيهاً): ذو شرف ومنزلة — Illustrious; well-esteemed; worthy of regard

❋ ❋ ❋

وُجُوهٌ : جمع وَجْه — Plur.of وَجْهٌ rt. (و ج ه)

وَجِيهٌ : — Rt.(و ج ه)

❋ ❋ ❋

و ح د

وَحْدَهُ : منفرداً — Alone; only

واحِدٌ : (واحد،واحداً،واحدة،فواحدة...)

واحِدٌ[1] : من أسمائه تعالى — One; single

﴿ لَقَدْ كَفَرَ الَّذِينَ قَالُوا إِنَّ اللَّهَ ثَالِثُ ثَلَاثَةٍ وَمَا مِنْ إِلَٰهٍ إِلَّا إِلَٰهٌ وَاحِدٌ ﴾ [المائدة 73]

واحِدٌ[2] : لا ثاني له — One; single

﴿ وَهُوَ الَّذِي أَنشَأَكُمْ مِنْ نَفْسٍ وَاحِدَةٍ ﴾ [الأنعام 98]

واحِدٌ[3] : مفرد ؛ منفرد — Alone; single

﴿ فَقَالُوا أَبَشَرًا مِنَّا وَاحِدًا نَتَّبِعُهُ ﴾ [القمر 24]

وَحِيدٌ :(وحيداً): منفرد — Lonely; alone

و ح ش

وَحْشٌ :(الوحوش): ما لا يستأنس به من الدواب — Wild beast; wild animal

❋ ❋ ❋

وُحُوشٌ : جمع وَحْش — Plur.of وَحْشٌ rt. (و ح ش)

❋ ❋ ❋

و ح ى

أَوْحَى : (أوحى،أوحينا ،نوحي،يوحى...)

أَوْحَى[1] : بلّغ عن طريق الوحي — To reveal; to inspire

﴿ إِنْ هُوَ إِلاَّ وَحْيٌ يُوحَى ﴾ [النجم 4]

أَوْحَى[2] : سخّر — To reveal

﴿ فَقَضَاهُنَّ سَبْعَ سَمَاوَاتٍ فِي يَوْمَيْنِ وَأَوْحَى فِي كُلِّ سَمَاءٍ أَمْرَهَا ﴾ [فصلت 12]

أَوْحَى[3] : وسوس — To suggest; to inspire

﴿ وَإِنَّ الشَّيَاطِينَ لَيُوحُونَ إِلَى أَوْلِيَائِهِمْ لِيُجَادِلُوكُمْ ﴾ [الأنعام 121]

أَوْحَى[4] : أشار وأومأ — To signify; to make known

﴿ فَأَوْحَى إِلَيْهِمْ أَنْ سَبِّحُوا بُكْرَةً وَعَشِيًّا ﴾ [مريم 11]

أَوْحَى[5] : ألهم — To inspire

﴿ وَأَوْحَيْنَا إِلَى أُمِّ مُوسَى ﴾

وَحْيٌ :(وحي، وحياً، وحينا، وحيه...): تبليغ ويطلق على الموحى به ؛ إلقاء في القلب — Revelation; inspiration

❋ ❋ ❋

وَدٌّ : — Rt.(و د د)

وَدٌّ : — Rt.(و د د)

وُدٌّ : — Rt.(و د د)

❋ ❋ ❋

و د د

وَدَّ(َ): (ودّ،ودّت،تودّ،يودّ...): أحبّ وتمنى — To long; to love; to wish (ardently); to like

وَادَّ :(يوادّون): تبادل الودّ — To love; to

befriend

وُدٌّ :(وُدًّا): مودّه ومحبة في القلوب — Love

وَدُودٌ :(ودود،الودود): شديد الودّ لأوليائه ؛ من أسمائه تعالى — Loving; loving-kind

مَوَدَّةٌ:(مودّة،المودّة): محبَة — Love; affection; loving kindness

وَدٌّ :(وَدًّا): صنم على صورة رجل كان معبوداً في الجاهلية — Wadd

و د ع

وَدَعَ(َ):(ودَعَ): ترك وهجر — To disregard; to leave unregarded

وَدَّعَ :(ودَّعك): ترك وهجر — To forsake

مُسْتَوْدَعٌ :(ومستودع، ومستودعها): استيداع أو مكانه — Repository; depository

و د ق

وَدْقٌ :(الودق): مطر — Rain

***

وَدُودٌ : — Rt.(و د د)

***

و د ى

دِيَةٌ : (ودية،فدية): ما يقدم لأولياء القتيل من مالٍ عوضاً عن دمه — Blood-money

وادٍ :(وادٍ، وادياً، أودية، أوديتهم): منفرَج بين الجبال أو التلال — Valley

و ذ ر

وَذَرَ (َ):(تذر،تذرنّ،ذرني، يذرها ...)(يستعمل في الحاضر والأمر فقط) — Used only in the present and imperative

وَذَرَ [1] : ترك — To leave

﴿ ذَرْنِي وَمَنْ خَلَقْتُ وَحِيدًا ﴾ [المدثر 11]

﴿أَتَذَرُ مُوسَى وَقَوْمَهُ لِيُفْسِدُوا فِي الأَرْضِ﴾ [الأعراف 127]

وَذَرَ [2] : ترك — To forsake

﴿ أَتَدْعُونَ بَعْلاً وَتَذَرُونَ أَحْسَنَ الْخَالِقِينَ ﴾ [الصافات 125]

***

وَرَاءَ : — Rt.(و ر ى)

***

و ر ث

وَرِثَ(َ): (ورث،ورثه،ترثوا،نرث...): صار له شيء ممّا يخص قريبه بعد موته ؛ نال وعلم ؛ ملك — To inherit; to be an heir

أَوْرَثَ : (أورثكم،أورثنا ،أورثناها ،نورث....)

أَوْرَثَ [1]: ملّك وآتى — To cause to inherit; to make to inherit

﴿ وَأَوْرَثْنَا الْقَوْمَ الَّذِينَ كَانُوا يُسْتَضْعَفُونَ مَشَارِقَ الأَرْضِ وَمَغَارِبَهَا الَّتِي بَارَكْنَا فِيهَا ﴾ [الأعراف 137]

أَوْرَثَ [2] : ملّك وآتى عن طريق التلقي عن الرسل وأتباعهم — To give as (for an) inheritance

﴿ ثُمَّ أَوْرَثْنَا الْكِتَابَ الَّذِينَ اصْطَفَيْنَا مِنْ عِبَادِنَا ﴾ [فاطر 32]

وارِثٌ:(وارث،وارثون، وارثين، ورثة): من يستحق مال الميت ؛ مالك — Heir; inheritor

تُراثٌ : (التراث): ما يخلفه الميت من مال يورث عنه — Heritage(s)

مِيْراثٌ : مَلك — Inheritance; heritage

و ر د

وَرَدَ (ـِ) :(وردَ، وردوها): بلغ وأشرف ؛ دخل — To come to

أَوْرَدَ :(فأوردهم): أدخل — To lead for watering-place; to bring down to

وِرْدٌ :(الورد، ورداً)

وِرْدٌ[1] : منهل يُستقى منه — Watering-place; place

﴿ وَبِئْسَ الْوِرْدُ الْمَوْرُودُ ﴾ [هود 98]

وِرْدٌ[2] : جماعة واردون — Weary herd; thirsty herd

﴿ ونَسُوقُ الْمُجْرِمِينَ إِلَى جَهَنَّمَ وِرْدًا ﴾

[مريم 86]

وارِدٌ :(واردها، واردهم، واردون)

وارِدٌ[1] : داخل — One who comes to; one who approaches

﴿ وَإِنْ مِنْكُمْ إِلاَّ وارِدُهَا كَانَ عَلَى رَبِّكَ حَتْمًا مَقْضِيًّا ﴾ [مريم 71]

وارِدٌ[2] : من يستقي ؛ من يأتي منهلاً أو غيره — Water-drawer

﴿ وَجَاءَتْ سَيَّارَةٌ فَأَرْسَلُوا وَارِدَهُمْ فَأَدْلَى دَلْوَهُ ﴾

[يوسف 19]

مَوْرُودٌ :(المورود): مدخول إليه — Led to; brought to

وَرْدٌ :(وردة): كالورد في حمرته — Rosy; red

وَرْدَةٌ : مؤنث وَرْدٌ — Fem. of وَرْدٌ

وَرِيدٌ : (الوريد): احد العروق التي تحمل الدّم الفاسد في الجسم — Jugular vein; life-vein

حَبْلُ الْوَرِيدِ : عرق يحمل الدّم الفاسد في الجسم — Jugular vein; life-vein

و ر ق

وَرَقَةٌ :(ورقة، ورق): ما سقط من الشجر — Leaf

وَرِقٌ :(بورقكم): دراهم فضيّة — Silver coin

و ر ى

وَارَى :(فأواري، يواري، ووري): ستر — To hide; to cover; to conceal

تَوَارَى :(توارت، يتوارى)

تَوَارَى[1] : استتر — To hide oneself

﴿ يَتَوَارَى مِنَ الْقَوْمِ مِنْ سُوءِ مَا بُشِّرَ بِهِ ﴾ [النحل 59]

تَوَارَى[2]: استتر — To be taken out of sight; to set (the sun)

﴿ فَقَالَ إِنِّي أَحْبَبْتُ حُبَّ الْخَيْرِ عَنْ ذِكْرِ رَبِّي حَتَّى تَوَارَتْ بِالْحِجَابِ ﴾ [ص 32]

أَوْرَى :(تورون): أوقد — To strike (out)

مُورِيَاتٌ :(فالموريات): خيل تصك الحجارة بحوافرها فيتطاير منها الشرَر — those who strikes sparks of fire; Those who produce fire striking

وَرَاءَ : (وراء، وراءكم، وراءه، ورائي)

وَرَاءَ[1] : خلف — Behind

﴿ فَنَبَذُوهُ وَرَاءَ ظُهُورِهِمْ وَاشْتَرَوْا بِهِ ثَمَنًا قَلِيلًا ﴾

[آل عمران 187]

وَرَاءَ[2] : أمام — Before; behind

﴿ وَكَانَ وَرَاءَهُمْ مَلِكٌ ﴾ [الكهف 79]

وَرَاءَ[3] : بعد — After;beyond

﴿ فَبَشَّرْنَاهَا بِإِسْحَاقَ وَمِنْ وَرَاءِ إِسْحَاقَ يَعْقُوبَ ﴾ [هود 71]

﴿ قَالُوا نُؤْمِنُ بِمَا أُنزِلَ عَلَيْنَا وَيَكْفُرُونَ بِمَا وَرَاءَهُ ﴾ [البقرة 91]

الله من ورائِه مُحِيطٌ : الله مدرك الأمر من جميع نواحيه من خلفهم — Allah; all unseen; surrounds him; Allah encompasses him on every side

كان من ورائِه: كان من خلفه — To fall to the rear; to go to one's rear

* * *

وَرِيدٌ : — Rt.(و ر د)

* * *

و ز ر

وَزَرَ (ِ):(تزر ، يزرون): حمل — To bear

وِزْرٌ :(وزر ،وزرا ،وزرك،أوزارا ...): حمل ، ثقل — Burden; load

وازِرَةٌ : حاملة للوزر — Laden (soul); bearer of a burden

وَزَرٌ : ملجأ يعتصم به — (Place of) refuge

وَزِيرٌ :(وزيراً): معين ومساعد — Henchman; aider

و ز ع

وَزَعَ (َ) :(يوزعون): كفّ ومنع (عن التفرق) — To keep back

أوْزَعَ :(أوزعني): ألهم — To arouse; to grant

و ز ن

وَزَنَ (ِ) :(وزنوهم، وزنوا): قدّر بواسطة الميزان — To weigh

وَزْنٌ :(وزن، وزناً)

وَزْنٌ[1] : قضاء بالعدل، عدل — A weighing; a measuring out

﴿ وَالْوَزْنُ يَوْمَئِذٍ الْحَقُّ ﴾ [الأعراف 8]

وَزْنٌ[2] :قدر — Weight; balance

﴿ فَلاَ نُقِيمُ لَهُمْ يَوْمَ الْقِيَامَةِ وَزْنًا ﴾ [الكهف 105]

مِيزَانٌ :(ميزان ،موازين، موازينه): آلة يقدّر بها وزن الأشياء — Measure (of good deeds); scale; balance; weight

* * *

وَزِيرٌ : — Rt.(و ز ر)

* * *

و س ط

وَسَطَ(َ):(فوسطن): صار في الوسط بين الطرفين — To cleave; to rush upon

وَسَطٌ :(وسطاً): معتدل — Middle

أوْسَطُ : (أوسط،أوسطهم،الوسطى)

أوْسَطُ[1] : متوسط — Middle; midmost

﴿ حَافِظُوا عَلَى الصَّلَوَاتِ وَالصَّلاةِ الْوُسْطَى ﴾ [البقرة 238]

أوْسَطُ[2] : أقرب إلى الإعتدال — Average; middling

﴿ فَكَفَّارَتُهُ إِطْعَامُ عَشَرَةِ مَسَاكِينَ مِنْ أَوْسَطِ مَا تُطْعِمُونَ أَهْلِيكُمْ ﴾ [المائدة 89]

أوْسَطُ[3] : اعدل — Best

﴿ قَالَ أَوْسَطُهُمْ أَلَمْ أَقُلْ لَكُمْ لَوْلا تُسَبِّحُونَ ﴾ [القلم 28]

وُسْطَى :(الوسطى): مؤنث أوسط — Fem. of أوْسَط

و س ع

وَسِعَ(َ):(وسع ،وسعت، — To comprehend;

وسعت): استوعب وأحاط	to embrace; to include; to extend over
وُسْعٌ :(وسعها): جهد وطاقة	Scope; capacity; extent of one's capacity
واسِعٌ :(واسع، واسعاً، واسعة)	
واسِعٌ[1] : رحيب	Spacious

﴿ أَلَمْ تَكُنْ أَرْضُ اللَّهِ وَاسِعَةً فَتُهَاجِرُوا فِيهَا ﴾ [النساء 97]

واسِعٌ[2] : من صفاته تعالى: المحيط بكل شيء أو الكثير العطاء الذي يسعُ لما يُسأل	All-embracing; ample-giving

﴿ إِنَّ اللَّهَ وَاسِعٌ عَلِيمٌ ﴾ [البقرة 115]

واسِعٌ[3] : من صفاته تعالى: المحيط بكل شيء أو الكثير العطاء الذي يَسعُ لما يُسأل	Vast; liberal

﴿ إِنَّ رَبَّكَ وَاسِعُ الْمَغْفِرَةِ ﴾ [النجم 32]

سَعَةٌ :(سعة وسعة، والسعة، سعته): كثرة ووفرة من المال ؛ اتساع	Abundance; ease
مُوْسِعٌ :(موسع، لموسعون)	
مُوْسِعٌ[1] : موسر في سعة من المال	Rich; wealthy

﴿ وَمَتِّعُوهُنَّ عَلَى الْمُوسِعِ قَدَرُهُ وَعَلَى الْمُقْتِرِ قَدَرُهُ ﴾ [البقرة 236]

مُوْسِعٌ[2] : مزيد (الشي) اتساعاً	One who makes of large extent; maker of things ample

﴿ وَالسَّمَاءَ بَنَيْنَاهَا بِأَيْدٍ وَإِنَّا لَمُوسِعُونَ ﴾ [الذاريات 47]

و س ق

وَسَقَ (ِ) : ضمّ وجمع	To enshroud; to drive on
اتَّسَقَ : اكتمل نوره وصار بدراً	To be at the full; to grow full

و س ل

وَسِيلَةٌ :(الوسيلة): وصلة وقربة	Way of approach; means of access; means of nearness

و س م

وَسَمَ (ِ) :(سنسمه): جعل له سمة وعلامة	To brand
مُتَوَسِّمٌ :(للمتوسمين): متعرّف لحقائق الأمور	One who reads the signs; one who examines

و س ن

سِنَةٌ : غفوة خفيفة تسبق النوم	Slumber

❋ ❋ ❋

وَسْوَاسٌ :	Rt.(و س و س)

❋ ❋ ❋

و س و س

وَسْوَسَ :(وسوس، توسوس، يوسوس): أوحى وزيّن	To whisper; to make an evil suggestion
وَسْواسٌ :(الوسواس): شيطان يوسوس لغيره	Whisperer

❋ ❋ ❋

وَسَيْلَةٌ :	Rt.(و س ل)

❋ ❋ ❋

و ش ى

شِيَةٌ : علامة	Mark; blemish

و ص ب

واصِبٌ :(واصب، واصباً): دائم لازم — Perpetual; constant

واصِباً : دائماً لازماً — For ever

و ص د

مُؤْصَدَ:(مؤصدة): مغلق — Closed in; closed over

وَصِيْدٌ :(بالوصيد): فناء الدار والكهف — Threshold; entrance

و ص ف

وَصَفَ(ِ):(تصف،تصفون، يصفون): ذكر وبين — To describe; to ascribe; to attribute; to expound; to relate; to allege

وَصْفٌ:(وصفهم): ذكر (بغير ما يليق) — Attribution; the act of attributing

و ص ل

وَصَلَ (ِ) :(تصل، يصل، يصلوا،يصلون)

وَصَلَ[1] : بلغ — To reach

﴿ فَلَمَّا رَأَى أَيْدِيَهُمْ لا تَصِلُ إِلَيْهِ نَكِرَهُمْ ﴾ [هود 70]

وَصَلَ[2] : انتسب بقرابة أو حلف — To seek refuge; to reach

﴿ إِلاَّ الَّذِينَ يَصِلُونَ إِلَى قَوْمٍ بَيْنَكُمْ وَبَيْنَهُمْ مِيثَاقٌ ﴾ [النساء 90]

وَصَلَ[3] : برّ أو أحسن — To unite; to join

﴿ وَيَقْطَعُونَ مَا أَمَرَ اللَّهُ بِهِ أَنْ يُوصَلَ ﴾ [البقرة 27]

وَصَّلَ :(وصلنا): بلغ أو جعل متصلاً في النزول — To cause to reach; to make to reach

وَصِيلَةٌ : ناقة وصلت سبع أبطن — Wasilah

* * *

وَصَّى : Rt.(و ص ى)

* * *

و ص ى

وَصَّى :(وصى، وصاكم، وصَيْنا): أمر — To enjoin; to command; to commend

أَوْصَى : (وأوصاني،توصون،يوصي،يوصيكم. . .)

أَوْصَى[1] : أمر وفرض — To enjoin; to charge

﴿ وَأَوْصَانِي بِالصَّلاةِ وَالزَّكَاةِ مَا دُمْتُ حَيًّا ﴾ [مريم 31]

﴿ يُوصِيكُمُ اللَّهُ فِي أَوْلادِكُمْ لِلذَّكَرِ مِثْلُ حَظِّ الأُنْثَيَيْنِ ﴾ [النساء 11]

أَوْصَى[2] :عهد لـ — To bequeath

﴿ فَلأُمِّهِ السُّدُسُ مِنْ بَعْدِ وَصِيَّةٍ يُوصِي بِهَا أَوْ دَيْنٍ ﴾ [النساء 11]

تَوَاصَى :(أتواصوا،وتواصوا)

تَوَاصَى[1] : أوصى بعضهم بعضاً — To exhort one another; to enjoin on each other

﴿ وَتَوَاصَوْا بِالْحَقِّ وَتَوَاصَوْا بِالصَّبْرِ ﴾ [العصر 3]

تَوَاصَى[2]: أوصى بعضهم بعضاً — To hand down as an heirloom; to change each other

﴿ أَتَوَاصَوْا بِهِ بَلْ هُمْ قَوْمٌ طَاغُونَ ﴾ [الذاريات 53]

مُوصٍ : مانح الوصية — Testator

وَصِيَّةٌ :

وَصِيَّةٌ[1] : عهد بما يُوصى به — Legacy; bequest; will

﴿ كُتِبَ عَلَيْكُمْ إِذَا حَضَرَ أَحَدَكُمُ الْمَوْتُ إِنْ تَرَكَ خَيْرًا الْوَصِيَّةُ لِلْوَالِدَيْنِ وَالأَقْرَبِينَ ﴾

[البقرة 180]

وَصِيَّةٌ[2] : أمرٌ(من الله) — Commandment; ordinance

﴿ وَصِيَّةٌ مِنَ اللَّهِ وَاللَّهُ عَلِيمٌ حَلِيمٌ ﴾

[النساء 12]

تَوْصِيَةٌ: عهد بما يراد الوصية به — The act of making (a) bequest; testamentary disposition (of property)

* * *

وَصِيَّةٌ : Rt.(و ص ى)

وَصِيدٌ : Rt.(و ص د)

وَصِيلَةٌ : Rt.(و ص ل)

* * *

و ض ع

وَضَعَ (َ) : (ووضع،وضعت،تضع،ضع...)

وَضَعَ[1] : أظهر — To place; to lay down

﴿ وَوُضِعَ الْكِتَابُ فَتَرَى الْمُجْرِمِينَ مُشْفِقِينَ مِمَّا فِيهِ ﴾ [الكهف 49]

وَضَعَ[2] : أقام — To appoint

﴿ إِنَّ أَوَّلَ بَيْتٍ وُضِعَ لِلنَّاسِ لَلَّذِي بِبَكَّةَ مُبَارَكًا ﴾

[آل عمران 96]

وَضَعَ[3] : أقام — To set; to make

﴿ وَالسَّمَاءَ رَفَعَهَا وَوَضَعَ الْمِيزَانَ ﴾

[الرحمن 7]

وَضَعَ[4] : خلع وألقى — To lay aside; to put off

﴿ وَحِينَ تَضَعُونَ ثِيَابَكُمْ مِنَ الظَّهِيرَةِ ﴾

[النور 58]

وَضَعَ[5] : رفع — To ease; to relieve; to remove (with عَنْ)

﴿ وَوَضَعْنَا عَنْكَ وِزْرَكَ ﴾ [الشرح 2]

﴿ وَيَضَعُ عَنْهُمْ إِصْرَهُمْ وَالأَغْلالَ الَّتِي كَانَتْ عَلَيْهِمْ ﴾ [الأعراف 157]

وَضَعَ[6] : ولدت (الأنثى) — To be delivered of; to bring forth; to lay down

﴿ قَالَتْ رَبِّ إِنِّي وَضَعْتُهَا أُنْثَى ﴾

[آل عمران 36]

﴿ وَتَضَعُ كُلُّ ذَاتِ حَمْلٍ حَمْلَهَا ﴾ [الحج 2]

وَضَعَ[7] : ألقى — To lay down; to lay aside

﴿ وَلا جُنَاحَ عَلَيْكُمْ إِنْ كَانَ بِكُمْ أَذًى مِنْ مَطَرٍ أَوْ كُنْتُمْ مَرْضَى أَنْ تَضَعُوا أَسْلِحَتَكُمْ ﴾

[النساء 102]

حَتَّى تَضَعَ الحربُ أوْزارَها: حتى تطرح أثقالها وسلاحها — Till the war lays down its burden; until the war terminates

أَوْضَعَ :(ولأوضعوا): أسرع — To hurry to and fro; to hurry about

مَوْضِعٌ:(مواضعه): مكان والمراد اللفظ والمعنى — Context; place

مَوْضُوعٌ:(موضوعة): معدّ — Set at hand; ready

مصفوف بين الإيدي — placed

و ض ن

مَوْضُونٌ :(موضونة): محكم النسج مرتفع بالجوهر — Lined; decorated

و ط أ

وَطِئَ:(َ):(تطؤوها، تطئوهم، يطئون): داس أو دخل من قبل ؛ غزا — To tread; to step

وَاطَأَ :(ليواطئوا): طابق — To make up; to make to agree

وَطْأً :(وطئاً): كلفة وجهد — The act of treading; keen impression

مَوْطِئٌ :(موطئاً): دخول أو مكان دخول — Step; path

و ط ر

وَطَرٌ :(وطرا): حاجة — Necessary formality (of divorce; release); want

قَضَى مِنْها وَطَراً: نال منها بغيته — To perform the necessary formality (of divorce) from her; to accomplish his want of her

و ط ن

مَوْطِنٌ :(مواطن): موقع — Field; battlefield

و ع د

وَعَدَ (ِ) : (وعد،موعدتكم،أتعدانني،نعدهم...)

وَعَدَ[1] : منح الأمل — To promise

﴿ وَكُلاًّ وَعَدَ اللَّهُ الْحُسْنَى ﴾ [النساء 95]

﴿ رَبَّنَا وَأَدْخِلْهُمْ جَنَّاتِ عَدْنٍ الَّتِي وَعَدْتَهُمْ ﴾ [غافر 8]

وَعَدَ[2] : أخبر وأنذر(وبشّر) — To threaten

﴿ أُفٍّ لَكُمَا أَتَعِدَانِنِي أَنْ أُخْرَجَ ﴾ [الأحقاف 17]

﴿ فَأْتِنَا بِمَا تَعِدُنَا إِنْ كُنتَ مِنَ الصَّادِقِينَ ﴾ [الأعراف 70]

واعَدَ :(واعدنا، واعدناكم، تواعدوهن)

واعَدَ[1] : وعد — To appoint; to appoint a time

﴿ وَوَاعَدْنَا مُوسَى ثَلاثِينَ لَيْلَةً وَأَتْمَمْنَاهَا بِعَشْرٍ ﴾ [الأعراف 142]

واعَدَ[2] : وعد — To make a covenant with

﴿ قَدْ أَنجَيْنَاكُمْ مِنْ عَدُوِّكُمْ وَوَاعَدْنَاكُمْ جَانِبَ الطُّورِ الأَيْمَنَ﴾ [طـه 80]

واعَدَ[3] : شارك الوعد — To plight troth with (a woman); to give a promise

﴿ وَلَكِنْ لا تُوَاعِدُوهُنَّ سِرًّا إِلاَّ أَنْ تَقُولُوا قَوْلاً مَعْرُوفًا ﴾ [البقرة 235]

تَوَاعَدَ :(تواعدتم): وعد بعضهم بعضاً — To tryst to meet one another; to make a mutual appointment

وَعْدٌ :(وعد، وعداً، وعدك، وعده): التزام بأمر إزاء الغير — Promise

وَعِيدٌ : (وعيد،الوعيد،بالوعيد): إنذار وتهديد — Threatening; threat

مَوْعِدٌ : (موعد،موعدا،موعدك، موعدكم...):

مَوْعِدٌ[1] : زمان الوعد ؛ وَعْد — Appointed term;

promise; appointment; tryst

﴿ بَلْ لَهُمْ مَوْعِدٌ لَنْ يَجِدُوا مِنْ دُونِهِ مَوْئِلاً ﴾ [الكهف 58]

﴿ أَمْ أَرَدْتُمْ أَنْ يَحِلَّ عَلَيْكُمْ غَضَبٌ مِنْ رَبِّكُمْ فَأَخْلَفْتُمْ مَوْعِدِي ﴾ [طه 86]

مَوْعِدٌ[2] : زمان الوعد — Promised time; appointed tryst

﴿ بَلِ السَّاعَةُ مَوْعِدُهُمْ وَالسَّاعَةُ أَدْهَى وَأَمَرُّ ﴾ [القمر 46]

مَوْعِدٌ[3] : مكان الوعد — Promised place; appointed place

﴿ وَإِنَّ جَهَنَّمَ لَمَوْعِدُهُمْ أَجْمَعِينَ ﴾ [الحجر 43]

﴿ وَمَنْ يَكْفُرْ بِهِ مِنَ الْأَحْزَابِ فَالنَّارُ مَوْعِدُهُ ﴾ [هود 17]

مَوْعِدَةٌ : وعد — Promise

مَوْعودٌ :(الموعود): ما وعد به — Promised

مِيْعَادٌ : (الميعاد): زمن يتحقق فيه الوعد أو مكانه — Promise; tryst

و ع ظ

وَعَظَ(:): (أوعظت ،أعظك ،تعظون، يعظكم...): نصح وذكر بالعواقب — To exhort;to admonish

واعِظٌ :(الواعظين): ناصح — One who admonishes; one who preaches

مَوْعِظَةٌ:(موعظة ،وموعظة): نصيحة وتذكير بالعواقب — Admonition; exhortation

و ع ى

وَعَى (:) :(تعيها): حفظ وفهم — To remember; to retain

أَوْعَى : (فأوعى ،يوعون):

أَوْعَى[1] : جمع وحفظ في وعاء حرصاً وتأميلاً — To withhold; to shut up

﴿ وَجَمَعَ فَأَوْعَى ﴾ [المعارج 18]

أَوْعَى[2] : ضمر وجمع (في صدره) — To hide

﴿ وَاللَّهُ أَعْلَمُ بِمَا يُوعُونَ ﴾ 23 [الانشقاق]

واعِيَةٌ : حافظة — That which remembers; that which retains (in the memory)

وِعاءٌ :(وعاء ،باوعيتهم): ما يحفظ فيه الشيء — Bag; sack

* * *

وَعِيْدٌ : Rt.(وع د)

وُفاقٌ : Rt.(و ف ق)

* * *

و ف د

وَفْدٌ :(وفدا): جماعة قاصدة — Goodly company; one who receives honour.

و ف ر

مَوْفُورٌ :(موفورا): تام غير ناقص — Ample; full

و ف ض

أَوْفَضَ :(يوفضون): عدا في سرعة — To race; to hasten on

و ف ق

وَفَّقَ :(يوفق): أصلح — To make of one mind; to effect harmony

وِفاقٌ :(وفاقا): مطابق مساوٍ — The act of corresponding; the act of being proportioned

تَوْفِيقٌ : (توفيقي ،وتوفيقا)

تَوْفِيقٌ[1] : إصلاح — Harmony; concord

﴿ إِنْ أَرَدْنَا إِلاَّ إِحْسَانًا وَتَوْفِيقًا ﴾ [النساء 62]

تَوْفِيقٌ[2] : إصلاح وسداد — Welfare; direction of affairs to a right issue

﴿ وَمَا تَوْفِيقِي إِلاَّ بِاللَّهِ عَلَيْهِ تَوَكَّلْتُ وَإِلَيْهِ أُنِيبُ ﴾ [هود 88]

* * *

وَفَّى : Rt.(و ف ى)

* * *

و ف ى

وَفَّى :(وفّى ،فوفّاه ،مُوفّ ، ووفّيَه.. .): أدّى ما عليه كاملا — To pay in full; to repay in full; to pay back in full

أَوْفَى :

أَوْفَى[1] : أدّى ما عليه وافيا كاملاً — To fulfill; to keep

﴿ بَلَى مَنْ أَوْفَى بِعَهْدِهِ وَاتَّقَى فَإِنَّ اللَّهَ يُحِبُّ الْمُتَّقِينَ ﴾ [آل عمران 76]

أَوْفَى[2] : أدّى كاملاً — To fill up; to give full measure

﴿ أَلا تَرَوْنَ أَنِّي أُوفِي الْكَيْلَ وَأَنَا خَيْرُ الْمُنْزِلِينَ ﴾ [يوسف 59]

تَوَفَّى : (توفّاهم ،توفّته ،متوفّاهم ،يتوفّى ...)

تَوَفَّى[1] :قبض الروح — To cause to die; to take in death

﴿ الَّذِينَ تَتَوَفَّاهُمُ الْمَلائِكَةُ ظَالِمِي أَنفُسِهِمْ ﴾ [النحل 28]

﴿ وَلَكِنْ أَعْبُدُ اللَّهَ الَّذِي يَتَوَفَّاكُمْ ﴾ [يونس 104]

تَوَفَّى[2] : أخذ وافياً بالروح والبدن — To take; to receive

﴿ فَلَمَّا تَوَفَّيْتَنِي كُنتَ أَنْتَ الرَّقِيبَ عَلَيْهِمْ ﴾[المائدة 117]

﴿ اللَّهُ يَتَوَفَّى الأَنْفُسَ حِينَ مَوْتِهَا وَالَّتِي لَمْ تَمُتْ فِي مَنَامِهَا﴾ [الزمر 42]

استوفى :(يستوفون): أخذ وافيا تاما — To demand full measure

أَوْفَى : (أوفى ،الأوفى)

أَوْفَى[1] : أعظم وفاءً — More faithful; better in fulfilling

﴿ وَمَنْ أَوْفَى بِعَهْدِهِ مِنَ اللَّهِ ﴾ [التوبة 111]

أَوْفَى[2] : أعظم وفاءً — Fullest

﴿ ثُمَّ يُجْزَاهُ الْجَزَاءَ الأَوْفَى ﴾ [النجم 41]

مُوَفٍ :(والموفون): مؤدٍّ بصورة تامةً — Performer (of a promise); one who keeps (one's treaty)

مُوَفٍّ :(لموفّوهم): مُعط وافيا — One who pays back (in full)

مُتَوَفٍّ :(متوفّيك) : آخذ وافياً بالروح والبدن أو جاعله يستوفي الأجل — One who gathers; one who terminates the period of one's stay (on earth)

* * *

وَقَارٌ : Rt.(و ق ر)

* * *

و ق ب

وَقَبَ (.) : دخل وأظلم — To be intense; to come-as utterly dark night

و ق ت

أقِّتَ :(أُقِّتت): عيِّن وقتاً أو بلَغ الميقات — To bring into an appointed term; to gather at an appointed time

وَقْتٌ : (وقت، أوقاتها): مقدار من الزّمان قدّر لأمر ما — (Proper) time

مِيقَاتٌ : (ميقات،...): وقت — Appointed time; appointed term; appointed tryst; fixed time

مَوْقُوتٌ :(موقوتا): محدّد وقته — Timed

و ق د

أوْقَدَ : (أوقدوا،توقدون،يوقدون،فأوقد ...)

أوْقَدَ[1] : أشعل — To kindle; to light

﴿ كُلَّمَا أَوْقَدُوا نَارًا لِلْحَرْبِ أَطْفَأَهَا اللَّهُ ﴾ [المائدة 64]

أوْقَدَ[1] : أشعل ورفع اللهب — To kindle; to light

﴿ كَأَنَّهَا كَوْكَبٌ دُرِّيٌّ يُوقَدُ مِنْ شَجَرَةٍ مُبَارَكَةٍ ﴾ [النور 35]

أوْقَدَ[2] : أشعل — To smelt; to melt

﴿ وَمِمَّا يُوقِدُونَ عَلَيْهِ فِي النَّارِ ابْتِغَاءَ حِلْيَةٍ ﴾ [الرعد 17]

اسْتَوْقَدَ : أوقد — To kindle

وَقُودٌ :(وقود،الوقود،وقودها): ما يوقد به — Fuel

مُوْقَدٌ :(الموقدة): مشتعل — Kindled

و ق ذ

مَوْقُوذَةٌ:(والموقوذة): مضروبة حدّ الموت — Dead animal through beating; animal beaten to death

و ق ر

وَقَّرَ :(توقّروه): عظّم — To revere

وَقَارٌ :(وقارا): عظمة — Dignity; greatness

وَقْرٌ :(وقر، وقراً): ثقل في السّمع — Deafness; heaviness

وِقْرٌ :(وقرا): حمل ثقيل — Burden (of the rain); load (of minute things in space)

و ق ع

وَقَعَ (:) : (وقع،وقعت،تقع،فقعو ...)

وَقَعَ[1] : نزل وحصل — To fall

﴿ قَالَ قَدْ وَقَعَ عَلَيْكُمْ مِنْ رَبِّكُمْ رِجْسٌ وَغَضَبٌ ﴾ [الأعراف 71]

وَقَعَ[2] : وضع الجبهة على الأرض — To fall down

﴿ فَإِذَا سَوَّيْتُهُ وَنَفَخْتُ فِيهِ مِنْ رُوحِي فَقَعُوا لَهُ سَاجِدِينَ ﴾ [الحجر 29]

وَقَعَ[3] : نزل وتحقّق — To befall

﴿ إِذَا وَقَعَتِ الْوَاقِعَةُ ﴾ [الواقعة 1]

وَقَعَ[4] : ثبت — To be vindicated; to be established

﴿ فَوَقَعَ الْحَقُّ وَبَطَلَ مَا كَانُوا يَعْمَلُونَ ﴾ [الأعراف 118]

وَقَعَ[5] : نزل وحصل — To be fulfilled

﴿ وَوَقَعَ الْقَوْلُ عَلَيْهِمْ بِمَا ظَلَمُوا فَهُمْ لَا يَنْطِقُونَ ﴾ [النمل 85]

أوْقَعَ : (يوقع): أحدث — To cast; to cause to spring

واقِعٌ : (واقع،لواقع)

واقِعٌ[1] : ساقط(على) — That which falls (down)

﴿ وَإِذْ نَتَقْنَا الْجَبَلَ فَوْقَهُمْ كَأَنَّهُ ظُلَّةٌ وَظَنُّوا أَنَّهُ وَاقِعٌ بِهِمْ ﴾ [الأعراف 171]

واقِعٌ[2] : نازل — That which befalls; that which comes to pass

﴿ إِنَّ عَذَابَ رَبِّكَ لَوَاقِعٌ ﴾ [الطور 7]

﴿ فَيَوْمَئِذٍ وَقَعَتِ الْوَاقِعَةُ ﴾ [الحاقة 15]

واقِعٌ[3] : متحقق ثابت — That which comes about

﴿ وَإِنَّ الدِّينَ لَوَاقِعٌ ﴾ [الذاريات 6]

واقِعَةٌ: (الواقعة): نازلة لا محالة من أسماء القيامة — (Great) event

مَوْقِعٌ :(بمواقع): مكان الوقوع — Place; place of falling

وَقْعَةٌ:(لوقعتها): حصول وثبوت — A befalling; a coming to pass

مُوَاقِعٌ :(مواقعوها): واقع في — One who falls into

و ق ف

وَقَفَ(على)(ـِ): (وُقِفوا): أمسك وحبس، فهم وتبيَّن واطَّلع على — To stop; to make to stop

مَوْقُوفٌ:(موقوفون): محبوس — Brought up (before); made to stand (before)

* * *

وَقُودٌ :	Rt.(و ق د)
وَقَى :	Rt.(و ق ى)

* * *

و ق ى

وَقَى(ـِ): (ووقانا،فوقاه،تق،تقيكم...): حمى وحفظ — To preserve; to save; to ward off

اتَّقَى: (اتَّقى،واتَّقوا،متَّقون، يتَّق...):حمى نفسه بوقاية ، استمسك بتقوى الله — To ward off (evil); to guard against; to observe one's duty; to keep one's duty; to fear

أتْقَى :(الأتقى، أتقاكم): اكثر تقوى — Most righteous; best in conduct; most careful of one's duty; one who guards most (against evil)

وَاقٍ : حامٍ وحافظ — Defender; protector

تَقِيٌّ :(تقيًا): متَّقٍ يلزم الطاعة ويتجنب المعصية — Devout; God-fearing; one who guards against evil.

تُقاةٌ :(تقاة، تقاته): اتقاء وخوف — Observance (of one's duty); fear

تَقْوَى :تقوى، تقواها، تقواهم)

تَقْوَى[1] : اتقاء من عذاب الله — Piety; protection against evil; fear of Allah; devotion

﴿ وَأَنْ تَعْفُوا أَقْرَبُ لِلتَّقْوَى ﴾ [البقرة 237]

﴿ أَفَمَنْ أَسَّسَ بُنْيَانَهُ عَلَى تَقْوَى مِنَ اللَّهِ وَرِضْوَانٍ خَيْرٌ ﴾ [التوبة 109]

تَقْوَى[2] : اتقاء من عذاب الله — That which is right

﴿ فَأَلْهَمَهَا فُجُورَهَا وَتَقْوَاهَا ﴾ [الشمس 8]

مُتَّـــــقٍ :(المتقـــون، المتقين،للمتقين،بـــالمتقين...): صـــاحب تقـــوى بطاعـــة الله والبعد عن معصيته
One who wards off (evil); one who guards against (evil); pious; God-fearing

و ك أ

تَوَكَّأَ :(أتوكّأ): اعتمد
To lean; to recline

اتَّكَأَ :(يتكئون): اعتمد على ما يحتوي (الشيء)
To recline

مُتَّكِيءٌ :(متكئون، متكئين): معتمد مستقر
One who reclines

مُتَّكَأٌ : ما يعتمد عليه من وسادة ونحوها
Cushioned coach; repast

و ك د

تَوْكِيدٌ :(توكيدها): إحكام
Asseveration; confirmation

و ك ز

وَكَزَ (:) :(فوكزه): ضرب بجمع الكف وهي مضمومة الأصابع
To strike with the fist

و ك ل

وَكَّلَ :(وكّلنا،وُكّل): عهد بـ
To entrust; to give charge of

تَوَكَّلَ :(توكّلت،توكّلنا، نتوكّل،وتوكل...): اعتمد وفوّض أمره
To put trust in; to place trust in; to rely on

وَكِيلٌ :(وكيل، وكيلا)

وَكِيلٌ[1] : من أسمائه تعالى؛حافظ ومهيمن
Guardian; trustee; defender; protector; warden

﴿ رَبُّ الْمَشْرِقِ وَالْمَغْرِبِ لاَ إِلَهَ إِلاَّ هُوَ فَاتَّخِذْهُ وَكِيلًا ﴾ [المزمل 9]

﴿ ثُمَّ لاَ تَجِدُ لَكَ بِهِ عَلَيْنَا وَكِيلًا ﴾ [الإسراء 86]

وَكِيلٌ[2] : حافظ ومهيمن
One who is put in charge of; one who is placed in charge of

﴿ وَكَذَّبَ بِهِ قَوْمُكَ وَهُوَ الْحَقُّ قُلْ لَسْتُ عَلَيْكُمْ بِوَكِيلٍ ﴾ [الأنعام 66]

﴿ وَمَا جَعَلْنَاكَ عَلَيْهِمْ حَفِيظًا وَمَا أَنْتَ عَلَيْهِمْ بِوَكِيلٍ ﴾ [الأنعام 107]

مُتَوَكِّلٌ :(المتوكلون، المتوكّلين): معتمد (على الله)
One who puts trust in; reliant

❋ ❋ ❋

وَكِيلٌ : Rt.(و ك ل)

وَلَايَةٌ : Rt.(و ل ى)

❋ ❋ ❋

و ل ج

وَلَجَ (:) :(يلج): دخل
To enter; to go (down) into

أَوْلَجَ :(تولج،وتولج، يولج،ويولج): أدخل الواحد في الآخر ليتعاقبا طولاً وقصراً
To cause to pass; to make to pass; to make to enter; to cause to enter

وَلِيجَةٌ : بطانة وحاشية
Familiar; adherent

و ل د

وَلَدَ (:) :(ولد،ولدتهم،ألد، يلد...): صار له ولد ؛ وضع بعد مدة الحمل
To bear a child; to bear a son; to beget; to give birth

وُلِدَ :(ولد،ولدتُ،يولد): كان له أب وأمّ
To be born

وَلَدٌ : (وَلَد،وَلَده،الأَوْلاد،أولادكم...)

Son — وَلَدٌ[1] : مولود ذكراً كان أو أنثى

﴿ وَقَالُوا اتَّخَذَ اللَّهُ وَلَدًا سُبْحَانَهُ ﴾ [البقرة 116]

Child — وَلَدٌ[2] : مولود ذكراً كان أو أنثى

﴿ وَالْوَالِدَاتُ يُرْضِعْنَ أَوْلادَهُنَّ حَوْلَيْنِ كَامِلَيْنِ ﴾ [البقرة 233]

Children; progeny — أَوْلادٌ : جمع وَلَد

والِدٌ : (والِد،والِده،الوالدان،بوالديه...)

Father; parent — والِدٌ[1] : أَبٌ

﴿ وَلا مَوْلُودٌ هُوَ جَازٍ عَنْ وَالِدِهِ ﴾ [لقمان 33]

﴿ وَقَضَى رَبُّكَ أَلاَّ تَعْبُدُوا إِلاَّ إِيَّاهُ وَبِالْوَالِدَيْنِ إِحْسَانًا ﴾ [الإسراء 23]

One who begets — والِدٌ[2] : أَبٌ

﴿ وَوَالِدٍ وَمَا وَلَدَ ﴾ [البلد 3]

Parents; father and mother — الوالِدانِ : الأب والأم

Mother — والِدةٌ : (والدة،والدتك،والدتي،الوالدات...): أمّ

وَلِيدٌ : (وليداً،ولدان،الولدان)

Child — وَلِيدٌ[1] : خادم عبد(ويشمل الإماء بالتغليب)؛طفلٌ لقريب عهده بالولادة

﴿ إِلاَّ الْمُسْتَضْعَفِينَ مِنَ الرِّجَالِ وَالنِّسَاءِ وَالْوِلْدَانِ ﴾ [النساء 98]

﴿ قَالَ أَلَمْ نُرَبِّكَ فِينَا وَلِيدًا ﴾ [الشعراء 18]

Youth — وَلِيدٌ[2] : شابٌ خادم

﴿ وَيَطُوفُ عَلَيْهِمْ وِلْدَانٌ مُخَلَّدُونَ ﴾ [الإنسان 19]

Plur.of وَلِيدٌ — وِلْدَانٌ : جمع وليد

Child — مَوْلُودٌ : (مولود،المولود): من وُلِدَ

Father — مَوْلُودٌ لَهُ : والد

***

Rt.(و ل ى) — وَلَى :

Rt.(و ل ى) — وَلَّى :

***

و ل ى

To be near — وَلِيَ(ـِ) :(يلونكم): دنا منه في المكان

وَلَّى : (ولّى،ولاّهم،تولّون،نولّه...)

To turn back; to turn away — وَلَّى[1] : ذهب وانصرف؛ اتّجه

﴿ وَإِذَا تُتْلَى عَلَيْهِ آيَاتُنَا وَلَّى مُسْتَكْبِرًا ﴾ [لقمان 7]

﴿ لَوْ يَجِدُونَ مَلْجَأً أَوْ مَغَارَاتٍ أَوْ مُدَّخَلًا لَوَلَّوْا إِلَيْهِ ﴾ [التوبة 57]

To make to turn; — وَلَّى[2] : وجّه إلى

﴿ قَدْ نَرَى تَقَلُّبَ وَجْهِكَ فِي السَّمَاءِ فَلَنُوَلِّيَنَّكَ قِبْلَةً تَرْضَاهَا ﴾ [البقرة 144]

To turn to — وَلَّى[3] : مكّن من

﴿ نُوَلِّهِ مَا تَوَلَّى وَنُصْلِهِ جَهَنَّمَ وَسَاءَتْ مَصِيرًا ﴾ [النساء 115]

To let to have power; to make to befriend — وَلَّى[4] : مكّن من نصرة أو إغواء

﴿ وَكَذَلِكَ نُوَلِّي بَعْضَ الظَّالِمِينَ بَعْضًا بِمَا كَانُوا يَكْسِبُونَ ﴾ [الأنعام 129]

To turn to flee; to go back retreating — وَلَّى مُدْبِراً (عَلَى دُبُرِهِ) : نكص ورجع أو رجع منهزما

تَوَلَّى : (تولّى،تولّاه،تولّوا،يتولّ...)

تَوَلَّى[1] : أعرض وانصرف — To turn away (back; aside); to go (back);

﴿ إنّا قَدْ أُوحِيَ إِلَيْنَا أَنَّ الْعَذَابَ عَلَى مَنْ كَذَّبَ وَتَوَلَّى ﴾ [طه 48]

﴿ فَتَوَلَّى عَنْهُمْ وَقَالَ يَاقَوْمِ لَقَدْ أَبْلَغْتُكُمْ رِسَالَةَ رَبِّي ﴾ [الأعراف 79]

تَوَلَّى[2] : قصد واتّجه — To withdraw

﴿ فَسَقَى لَهُمَا ثُمَّ تَوَلَّى إِلَى الظِّلِّ ﴾ [القصص 24]

تَوَلَّى[3] : قام بِ؛ تحمّل — To take upon oneself; to have

﴿ وَالَّذِي تَوَلَّى كِبْرَهُ مِنْهُمْ لَهُ عَذَابٌ عَظِيمٌ ﴾ [النور 11]

تَوَلَّى[4] : ارتبط بِ وحالف — To take for a friend; to befriend; to be friendly with

﴿ أَلَمْ تَرَى إِلَى الَّذِينَ تَوَلَّوْا قَوْمًا غَضِبَ اللَّهُ عَلَيْهِمْ ﴾ [المجادلة 14]

تَوَلَّى[5] : أحبّ ونصر — to take for guardian

﴿ وَمَنْ يَتَوَلَّ اللَّهَ وَرَسُولَهُ وَالَّذِينَ آمَنُوا فَإِنَّ حِزْبَ اللَّهِ هُمُ الْغَالِبُونَ ﴾ [المائدة 56]

تَوَلَّى[6] : صار والياً — To hold command

﴿ فَهَلْ عَسَيْتُمْ إِنْ تَوَلَّيْتُمْ ﴾ [محمد 22]

والٍ : حامٍ ومدافع — Defender; protector

مُوَلٍّ :(مولّيها): متّجه قاصد — One who turns

وَلِيٌّ : (وليّ،وليّاً،وليّكم،أولياء...)

وَلِيٌّ[1] : ناصر معين — (Protecting) guardian

﴿ وَمَا لَكُمْ مِنْ دُونِ اللَّهِ مِنْ وَلِيٍّ وَلا نَصِيرٍ ﴾ [البقرة 107]

وَلِيٌّ[2] : حليف ونصير — Partisan; friend

﴿ إِنَّمَا ذَلِكُمُ الشَّيْطَانُ يُخَوِّفُ أَوْلِيَاءَهُ ﴾ [آل عمران 175]

وَلِيٌّ[3] : نصير — One who is favoured; favourite

﴿ إِنْ زَعَمْتُمْ أَنَّكُمْ أَوْلِيَاءُ لِلَّهِ مِنْ دُونِ النَّاسِ فَتَمَنَّوُا الْمَوْتَ﴾ [الجمعة 6]

وَلِيٌّ[4] : وصيّ ومن يقوم بالأمر — Heir

﴿ فَهَبْ لِيْ مِن لَدُنْكَ وَلِيّاً ﴾ [مريم 5]

وَلايَةٌ:(الولاية، ولايتهم): نصرة ، مناصرة وإرث — Protection; duty to protect; guardianship

أَوْلَى:(أولى، الأوليان)

أَوْلَى[1]: أحقّ — Nearer (in compassion)

﴿ وَأُوْلُوا الأَرْحَامِ بَعْضُهُمْ أَوْلَى بِبَعْضٍ ﴾ [الأنفال 75]

﴿ إِنْ يَكُنْ غَنِيًّا أَوْ فَقِيرًا فَاللَّهُ أَوْلَى بِهِمَا ﴾ [النساء 135]

أَوْلَى[2]: أحقّ — Nearly concerned; nearest in kin

﴿فَآخَرَانِ يَقُومَانِ مَقَامَهُمَا مِنَ الَّذِينَ اسْتَحَقَّ عَلَيْهِمُ الأَوْلَيَانِ﴾ [المائدة 107]

أَوْلَى[3]: دعاء بالويل والمراد ويلك ما تكره — Woe to

﴿ فَأَوْلَى لَهُمْ *طَاعَةٌ وَقَوْلٌ مَعْرُوفٌ ﴾ [محمد20-21]

أَوْلَى[4]: أجدر، أحق — Most worthy; deserving most

﴿ ثُمَّ لَنَحْنُ أَعْلَمُ بِالَّذِينَ هُمْ أَوْلَى بِهَا صِلِيًّا ﴾ [مريم 70]

مَوْلَى: (مولى، مولاكم، موالي، مواليكم...)

مَوْلَى[1] : ناصر معين — Patron; befriender; protecting friend

﴿ وَإِنْ تَوَلَّوْا فَاعْلَمُوا أَنَّ اللَّهَ مَوْلَاكُمْ نِعْمَ الْمَوْلَى وَنِعْمَ النَّصِيرُ ﴾ [الأنفال 40]

مَوْلَى[2] : وريث — Heir

﴿ وَلِكُلٍّ جَعَلْنَا مَوَالِيَ مِمَّا تَرَكَ الْوَالِدَانِ وَالأَقْرَبُونَ ﴾ [النساء 33]

مَوْلَى[3] : من يتولى ويقوم بالشأن — Owner; master

﴿ يَقْدِرُ عَلَى شَيْءٍ وَهُوَ كَلٌّ عَلَى مَوْلَاهُ ﴾ [النحل 76]

مَوْلَى[4] : ابن العم — Relative; cousin

﴿ وَإِنِّي خِفْتُ الْمَوَالِيَ مِنْ وَرَائِي ﴾ [مريم 5]

مَوْلَى[5] : مناصر في الدين — Client; friend

﴿ فَإِنْ لَمْ تَعْلَمُوا آبَاءَهُمْ فَإِخْوَانُكُمْ فِي الدِّينِ وَمَوَالِيكُمْ ﴾ [الأحزاب 5]

﴿ يَوْمَ لَا يُغْنِي مَوْلًى عَنْ مَوْلًى شَيْئًا ﴾ [الدخان 41]

❋❋❋

وَلِيجَةٌ : Rt.(و ل ج)

وَلِيدٌ : Rt.(و ل د)

❋❋❋

و ن ى

وَنَى (:) :(ونيا): ضعف وفتر — To be faint; to be remiss

❋❋❋

وَهَّابٌ : Rt.(و هـ ب)

وَهَّاجٌ : Rt.(و هـ ج)

❋❋❋

و هـ ب

وَهَبَ (:):(وهب، وهبت، يهب، وهبنا...): أعطى بلا عوض ؛ فتح وأنعم — To bestow; to grant; to give; to vouchsafe

وَهَّابٌ :(الوهاب): كثير العطاء واسم من أسمائه تعالى — Bestower; great giver; most liberal giver

و هـ ج

وَهَّاجٌ :(وهاجاً): مشبعُ الحرارة والضوء — Dazzling; shining

و هـ ن

وَهَنَ (:) :(وهن، وهنوا، تهنوا)

وَهَنَ[1] : ضَعُفَ — To wax feeble; to be weakened

﴿ قَالَ رَبِّ إِنِّي وَهَنَ الْعَظْمُ مِنِّي ﴾ [مريم 4]

وَهَنَ[2] : ضعف وجبُن — To faint; to be infirm; to relent; to be weak-hearted; to be slack; to quail

﴿ فَمَا وَهَنُوا لِمَا أَصَابَهُمْ فِي سَبِيلِ اللَّهِ ﴾ [آل عمران 146]

﴿ وَلَا تَهِنُوا فِي ابْتِغَاءِ الْقَوْمِ ﴾ [النساء 104]

وَهْنٌ :(وهن، وهناً): ضعف — Weakness; fainting

أَوْهَنُ : أضعف — Frailest

مُوْهِنٌ : مضعف ومبطل — One who makes weak; weakener

و هـ ى

واهِ :(واهية): ساقط غير مستمسك ومؤذن بالسقوط	Frail

❋ ❋ ❋

وُورِيَ : تصريف وارَى في المجهول	Pass. Conj.of وَارَى rt.(و ر ى)

❋ ❋ ❋

و ى ك أ ن

وَيْكَأَنَّ:(ويكأن، ويكأنه): مكونة من (وي) و (كأنّ)	Ah; welladay! Ah (know)!

و ى ل

وَيْلٌ :(ويل، ويلك، ويلكم، ويلنا): عذاب وكلمة وعيد وتهديد	Woe
وَيْلَةٌ :(ويلتي، ويلتنا): فضيحة	Woe; shame
يا وَيْلَتَي : عبارة تفجّع وتحسّر	Oh; woe is me! O wonder!

باب الياء

يا

يا :(يا، ويا): حرف نداء — O!

* * *

يَابِسٌ : Rt.(ى ب س)

يَاقُوتٌ : Rt.(ى ق ت)

يَأْتَلِ : مادة (أ ل و) Rt.(أ ل و)

يَاجُوجُ : Rt.(ى ج ج)

* * *

ي أ س

يَئِسَ (َ) : (يئس،ييئس،ـيأسوا،ييأس ...)

يَئِسَ[1] : انقطع أمله — To despair; to be in despair; to have no hope

﴿ إِنَّهُ لا يَيْئَسُ مِنْ رَوْحِ اللَّهِ إِلاَّ الْقَوْمُ الكَافِرُونَ ﴾ [يوسف 87]

يَئِسَ[2] : علم — To know

﴿ أَفَلَمْ يَيْئَسْ الَّذِينَ آمَنُوا أَنْ لَوْ يَشَاءُ اللَّهُ لَهَدَى النَّاسَ جَمِيعًا ﴾ [الرعد 31]

اسْتَيْأَسَ :(استيئس، استيئسوا): انقطع أمله — To despair

يَئُوسٌ :(ليئوس، يئوسا): شديد اليأس — Despairing; one in despair

يُؤْلُونَ :مادة (أ ل ى – و) Rt.(أ ل ى – و)

يَأْنِ : مادة (أ ن ى) Rt.(أ ن ى)

يَؤُودُهُ : مادة (أ و د) Rt.(أ و د)

يَئُوسٌ : Rt.(ى أ س)

* * *

ي ب س

يَبَسٌ :(يبسا): جافٌ — Dry

يابِسٌ :(يابس، يابسات): جافٌ — (That which is) dry

* * *

يَتَامَى : جمع يَتِيم — Plur.of يَتِيمٌ rt.(ي ت م)

* * *

ي ت م

يَتِيمٌ :(يتيم، يتيماً، يتيمين، يتامى): من فقد أباه ولم يبلغ وقد يقال ذلك لمن بلغ استصحابا للأصل — Orphan

* * *

يَتِيمٌ : Rt.(ى ت م)

* * *

ي ث ر ب

يَثْرِبُ : مدينة الرسول — Yathrib; Yasrib

ي ج ج

يَاجُوجُ : قبيلة من ولد يافث من نوح — Gog

* * *

يَحْمُومٌ : Rt.(ح م م)

يَحْيَى : Rt.(ح ى ى)

يَدٌ : Rt.(ى د ى)

يَدَىْ : Rt.(ى دى)

* * *

ي د ي

يَدٌ : (يد،يدك،أيدي،ايديهما ...)

يَدٌ[1] : عضو معروف — Hand

﴿ وَقَالَتِ الْيَهُودُ يَدُ اللَّهِ مَغْلُولَةٌ غُلَّتْ أَيْدِيهِمْ ﴾ [المائدة 64]

يَدٌ[2] : تمثيل للملك والتصرف — Power ; hand

﴿ بِيَدِكَ الْخَيْرُ إِنَّكَ عَلَى كُلِّ شَيْءٍ قَدِيرٌ ﴾ [آل عمران 26]

﴿ إِذَا قُمْتُمْ إِلَى الصَّلاةِ فَاغْسِلُوا وُجُوهَكُمْ وَأَيْدِيَكُمْ ﴾ [المائدة 6]

يَدٌ[2] : — Power ; hand

﴿ تَبَّتْ يَدَا أَبِي لَهَبٍ وَتَبَّ ﴾ [المسد 1]

﴿ وَاذْكُرْ عِبَادَنَا إِبْرَاهِيمَ وَإِسْحَاقَ وَيَعْقُوبَ أُوْلِي الأَيْدِي ﴾ [ص 45]

بَيْنَ يَدَي :

بَيْنَ يَدَي[1] : أمام — Before

﴿ إِذَا نَاجَيْتُمُ الرَّسُولَ فَقَدِّمُوا بَيْنَ يَدَيْ نَجْوَاكُمْ صَدَقَةً ﴾ [المجادلة 12]

﴿ فَإِنَّهُ نَزَّلَهُ عَلَى قَلْبِكَ بِإِذْنِ اللَّهِ مُصَدِّقًا لِمَا بَيْنَ يَدَيْهِ ﴾ [البقرة 97]

بَيْنَ يَدَي[2] : أمام — In the presence of

﴿ يَاأَيُّهَا الَّذِينَ آمَنُوا لا تُقَدِّمُوا بَيْنَ يَدَيِ اللَّهِ وَرَسُولِهِ ﴾ [الحجرات 1]

بَيْنَ يَدَي[3] : أمام — Heralding; as heralds; before

﴿ وَهُوَ الَّذِي يُرْسِلُ الرِّيَاحَ بُشْرًا بَيْنَ يَدَيْ رَحْمَتِهِ ﴾ [الأعراف 57]

سُقِطَ فِي يَدِهِ : تحير وندم أشدّ الندم — To fear the consequences; to repent

عَنْ يَدٍ : عن ذل واستلام — Readily; in acknowledgement of superiority

ي س

يس~ : علم السورة أو اسم من أسماء النبي — Ya Sin

ي س ر

يَسَّرَ : (يسّرنا ،يسّرناه ،ويسّرك ،فسنيسّره . .)

يَسَّرَ[1] : — To make easy; to ease

﴿ وَلَقَدْ يَسَّرْنَا الْقُرْآنَ لِلذِّكْرِ فَهَلْ مِنْ مُدَّكِرٍ ﴾ [القمر 17]

﴿ وَيَسِّرْ لِي أَمْرِي ﴾ [طه 26]

يَسَّرَ[2] : — To make the way easy; to ease; to ease the way; to make the way smooth

﴿ وَنُيَسِّرُكَ لِلْيُسْرَى ﴾ [الأعلى 8]

تَيَسَّرَ : أمكن وتهيأ — To be easy

اسْتَيْسَرَ : أمكن وتهيأ — To be obtained with ease; to be easy to obtain

يُسْرٌ : (يسر ،يسراً): سهولة وسعة — Ease; that which is easy; that which is mild

يَسِيرٌ : (يسير ،يسيرا)

يَسِيرٌ[1] : سهل — Easy; light

﴿ إِنَّ ذَلِكَ فِي كِتَابٍ إِنَّ ذَلِكَ عَلَى اللَّهِ يَسِيرٌ ﴾ [الحج 70]

يَسِيرٌ[2] : قليل — Gradual

﴿ ثُمَّ قَبَضْنَاهُ إِلَيْنَا قَبْضًا يَسِيرًا ﴾ [الفرقان 46]

إلا يَسِيراً : إلا قليلا — But little; but a little while

يُسْرَى :(اليسرى): طريق اسهل	State of ease
مَيْسُورٌ :(ميسوراً): سهل لَيِّن	Reasonable; gentle
مَيْسَرَةٌ : مقدرة	(Time of) ease
مَيْسِرٌ :(والميسر): قمار العرب في الجاهلية بالأزلام والقداح	Games of chance

ي س ع

الْيَسَعَ : احد الأنبياء الذين وصفوا في القرآن الكريم	Elisha; Al- Yasha

ي س ف

يُوسُفُ : (يوسف، ويوسف،ليوسف،بيوسف): أحد أنبياء بني إسرائيل	Joseph; Yusuf

❋ ❋ ❋

يَسِيرٌ :	Rt.(ى س ر)

❋ ❋ ❋

ي ع ق

يَعْقُوبُ :(يعقوب، ويعقوب): هو إسرائيل وابن أسحق بن إبراهيم	Jacob; Yaqoub
يَعُوقُ :(ويعوق): صنم على صورة فرس كانت تعبده قبيلة مراد في الجاهلية	Ya'uq ;Yauq

❋ ❋ ❋

يَعُوقٌ :	Rt.(ي ع ق)

❋ ❋ ❋

ي غ ث

يَغُوثُ : صنم على سورة اسد كانت تعبده قبيلة مذحج في الجاهلية	Yaguth; Yaghus

❋ ❋ ❋

يَغُوث :	Rt.(ى غ ث)

❋ ❋ ❋

ي ق ت

ياقُوتٌ :(الياقوت): حجر كريم شفاف مشرب بالحمرة في الغالب	Jacinth; ruby

ي ق ط ن

يَقْطِينٌ : كل نبات ينبسط على الأرض ولا ساق له وغلب على القرع	Gourd
شَجَرَةٌ مِنْ يَقْطِينٍ: نبتة من القرع الكبير	Gourd plant; tree of gourd

❋ ❋ ❋

يَقْطِينٌ :	Rt.(ى ق ط ن)

❋ ❋ ❋

ي ق ظ

يَقِظٌ :(أيقاظاً): صاحٍ مستيقظ	Awake

ي ق ن

أيْقَنَ :(يوقنون، يوقنون): علم على وجه اليقين	To be certain; to be sure; to have certainty

اسْتَيْقَنَ : (واستيقنتها،ليستيقن)

اسْتَيْقَنَ[1] : علم على وجه اليمين	To have certainty; to be certain

﴿ لِيَسْتَيْقِنَ الَّذِينَ أُوتُوا الْكِتَابَ ﴾ [المدثر 31]

اسْتَيْقَنَ[2]: علم على وجه اليمين	To acknowledge; to be convinced

﴿ وَجَحَدُوا بِهَا وَاسْتَيْقَنَتْهَا أَنْفُسُهُمْ ظُلْمًا وَعُلُوًّا ﴾ [النمل 14]

يَقِينٌ : (يقين، اليقين،يقينا)

يَقِينٌ[1] :علم ثابت لا شكَ	Certainty

فيه

﴿ وَإِنَّهُ لَحَقُّ الْيَقِينِ ﴾ [الحاقة 51]

يَقِينٌ[2] : صادق لا شك فيه — Sure

﴿ وَجِئْتُكَ مِنْ سَبَإٍ بِنَبَإٍ يَقِينٍ ﴾ [النمل 22]

يَقِينٌ[3] : موت — The inevitable; death

﴿ وَاعْبُدْ رَبَّكَ حَتَّى يَأْتِيَكَ الْيَقِينُ ﴾ [الحجر 99]

﴿ حَتَّى أَتَانَا الْيَقِينُ ﴾ [المدثر 47]

مُوقِنٌ :(موقنون، موقنين،الموقنين): عالم علم اليقين — One who has sure faith; one who is sure

مُسْتَيْقِنٌ :(بمستيقنين): عالم على وجه اليقين — One who is convinced; one who is sure

* * *

يَقِينٌ : — Rt.(ى ق ن)

* * *

يَكُ : تصريف كان — Conj.of كَانَ rt.(ك و ن)

يَكوناً :(وليكوناً): مادة (ك و ن): متصلا بنون التوكيد الخفيفة — Rt.(ك و ن)

يَلِتْكُم : مادة (ل ي ت) — Rt.(ل ى ت)

* * *

يَمٌّ : — Rt.(ى م م)

* * *

يُمِلُّ : تصريف أمل — Conj.of أَمَلَّ (م ل ل)

ي م م

تَيَمَّمَ : (فتيمموا،تيمموا)

تَيَمَّمَ[1] : قصد — To seek; to aim to

﴿ وَلا تَيَمَّمُوا الْخَبِيثَ مِنْهُ تُنفِقُونَ ﴾ [البقرة 267]

تَيَمَّمَ[2] : قصد — To go to; to betake oneself to

﴿ أَوْ لامَسْتُمُ النِّسَاءَ فَلَمْ تَجِدُوا مَاءً فَتَيَمَّمُوا صَعِيدًا طَيِّبًا ﴾ [المائدة 6]

يَمٌّ :(اليم)

يَمٌّ[1] : بحر ملحاً كان ماؤه أو عذباً — Sea

﴿ فَأَغْرَقْنَاهُمْ فِي الْيَمِّ بِأَنَّهُمْ كَذَّبُوا بِآيَاتِنَا ﴾ [الأعراف 136]

﴿ فَنَبَذْنَاهُمْ فِي الْيَمِّ ﴾ [القصص 40]

يَمٌّ[2] : بحر ملحاً كان ماؤه أو عذباً — River

﴿ أَنْ اقْذِفِيهِ فِي التَّابُوتِ فَاقْذِفِيهِ فِي الْيَمِّ ﴾ [طه 39]

ي م ن

يَمِينٌ : (يمين ،باليمين،أيمان،أيمانهن. . .)

يَمِينٌ[1] : جهة اليمين — Right

﴿ يَتَفَيَّأُ ظِلالُهُ عَنْ الْيَمِينِ وَالشَّمَائِلِ سُجَّدًا لِلَّهِ ﴾ [النحل 48]

﴿ لَقَدْ كَانَ لِسَبَإٍ فِي مَسْكَنِهِمْ آيَةٌ جَنَّتَانِ عَنْ يَمِينٍ وَشِمَالٍ ﴾ [سبأ 15]

يَمِينٌ[2] : يدٌ يُمنى — Right hand

﴿ فَرَاغَ عَلَيْهِمْ ضَرْبًا بِالْيَمِينِ ﴾ [الصافات 93]

﴿ لأَخَذْنَا مِنْهُ بِالْيَمِينِ ﴾ [الحاقة 45]

يَمِينٌ[3] : حلفٌ وقسَمٌ — Oath

﴿ لاَ يُؤَاخِذُكُمُ اللّهُ بِاللَّغْوِ فِي أَيْمَانِكُمْ ﴾

[البقرة 225]

يَمِينٌ[4]: حلف وقسم	Covenant (on oath); agreement (confirmed by an oath)

﴿ أَمْ لَكُمْ أَيْمَانٌ عَلَيْنَا بَالِغَةٌ إِلَى يَوْمِ الْقِيَامَةِ ﴾

[القلم 39]

أَتَاهُ عن اليَمينِ: أتاه عن الناحيةَ التي كان منها الحق فيصرفه عنها	To come into somebody imposing; to come to somebody from the right hand
أَيْمَنُ :(الأيمن): في اليمين	Right; holy; blessed
مَيْمَنَةٌ :(الميمنة): يمن وسعادة	Right hand

* * *

يَمِينٌ :	Rt.(ى م ن)
يَنَابِيعُ : جمع يَنْبُوعٌ	Plur.of يَنْبُوعٌ rt.(ن ب ع)
يَنْبُوعٌ :	Rt.(ن ب ع)

* * *

ي ن س

يُونُسُ : ابن متى، من أنبياء بني إسرائيل، صاحب الحوت	Jonah; Yunus

ي ن ع

يَنْعٌ :(وينعه): نُضج	Ripeness; the act of ripening

ي هـ د

يَهُودِيٌّ : (يهوديًا): أحد بني إسرائيل	A Jew
يَهُودٌ : (اليهود): بنو إسرائيل نسبوا الى يهوذا أحد أبناء يعقوب	Jews

يَهِدِّي : نفس يَهتَدِي	Same as يَهتَدِي rt. (هـ د ى)

* * *

يُوسُفُ :	Rt.(ى س ف)

* * *

يُوَقَ : تصريف وَقَى	Conj.of وَقَى rt. (و ق ى)

ي و م

يَوْمٌ :(يوم، يوماً، يومين، أيام...): زمن مقداره من طلوع الشمس الى غروبها	Day
اليَوْمَ : الوقت الحاضر	This day
يَوْمَئِذٍ :(يومئذ فيومئذ، ويومئذ): حينئذٍ	On that day

* * *

يُونُسُ :	Rt.(ى ن س)

* * *

Printed in Great Britain
by Amazon